Das allgemeine verbraucherschützende Widerrufsrecht gemäß § 355 BGB

Studien zum europäischen

Privat- und Prozeßrecht

Herausgegeben von Manfred Wolf

Band 6

PETER LANG

Frankfurt am Main · Berlin · Bern · Bruxelles · New York · Oxford · Wien

Nikolaj Fischer

Das allgemeine verbraucherschützende Widerrufsrecht gemäß § 355 BGB

Ein Beitrag zur Dogmatik der Wirkungsweise von Widerrufsrechten im Privatrecht

PETER LANG
Europäischer Verlag der Wissenschaften

Bibliografische Information Der Deutschen Bibliothek
Die Deutsche Bibliothek verzeichnet diese Publikation in der Deutschen Nationalbibliografie; detaillierte bibliografische Daten sind im Internet über <http://dnb.ddb.de> abrufbar.

D 30
ISSN 1434-2405
ISBN 3-631-39982-0

www.peterlang.de

Für Silke

Vorwort

Die vorliegende Arbeit wurde im Mai 2002 fertiggestellt und lag dem Fachbereich Rechtswissenschaft der Johann Wolfgang Goethe-Universität Frankfurt/M. im Sommersemester 2002 als Dissertation vor. Gesetzgebung, Rechtsprechung und Literatur konnten vor Drucklegung bis Ende August 2002 berücksichtigt werden.

Mein besonderer Dank gilt meinem Doktorvater, Herrn Prof. Dr. Peter Gilles, der das Thema dieser Dissertation angeregt und ihren Entstehungsprozeß konstruktiv-kritisch - und damit überaus hilfreich - begleitet hat.

Mein Dank gebührt darüber hinaus Herrn Prof. Dr. Bernhard Hahn, der die Arbeit als Zweitgutachter beurteilt hat. Da diese Dissertation zugleich einen akademischen „Ausbildungsabschnitt" abgeschlossen hat, sei an dieser Stelle auch allen denjenigen Hochschullehrern und sonstigen Ausbildern gedankt, durch die ich in die Lage versetzt wurde, eine Promotionsleistung zu erbringen.

Ferner danke ich meinen Arbeitskollegen, Bekannten und Freunden für Verständnis und Unterstützung sowie meiner Familie und besonders meinen Eltern, die mir Studium und Ausbildung erst ermöglicht haben.

Und ganz besonders danke ich meiner lieben Verlobten Silke Lampe, der diese Arbeit gewidmet ist.

Frankfurt am Main, im August 2002

Nikolaj Fischer

INHALTSVERZEICHNIS

ABKÜRZUNGSVERZEICHNIS

a.A.	anderer Auffassung
a.a.O.	am angegebenen Ort
a.E.	am Ende
a.F.	alte Fassung
ABl.	Amtsblatt
ABl. EG	Amtsblatt der Europäischen Gemeinschaften
Abs.	Absatz
AbzG	Gesetz betreffend die Abzahlungsgeschäfte
AcP	Archiv für die civilistische Praxis
AG	Amtsgericht
AGB	allgemeine Geschäftsbedingungen
AGBG	Gesetz zur Regelung des Rechts der allgemeinen Geschäftsbedingungen
AK	Alternativkommentar
amtl.	amtlich/e
Anm.	Anmerkung
AnwBl	Anwaltsblatt
Art.	Artikel
AT	Allgemeiner Teil
Aufl.	Auflage
AuslInvmG	Gesetz über den Vertrieb ausländischer Investmentanteile und über die Besteuerung ausländischer Investmentanteile
AVB	Allgemeine Versicherungsbedingungen
BB	Der Betriebs-Berater
Bd.	Band
BDSG	Bundesdatenschutzgesetz
Begr.	Begründung
Beil.	Beilage
BGB	Bürgerliches Gesetzbuch
BGBl.	Bundesgesetzblatt, mit und ohne Ziffer = Teil I
BGH	Bundesgerichtshof
BGHZ	Entscheidungen des Bundesgerichtshofs in Zivilsachen
BMJ	Bundesministerium der Justiz
BR-Dr.	Bundesrats-Drucksache
BT-Dr.	Bundestags-Drucksache
BT	Besonderer Teil
beispielsw.	beispielsweise
Beschl.	Beschluß
BVerfG	Bundesverfassungsgericht
BVerfGE	Amtliche Sammlung der Entscheidungen des Bundesverfassungsgerichts
bzgl.	bezüglich

bzw.	beziehungsweise
ca.	circa
CR	Computer und Recht
ders.	derselbe
d.h.	das heißt
DB	Der Betrieb
DiskE	Diskussionsentwurf
dies.	dieselbe
DJT	Deutscher Juristentag
DNotZ	Deutsche Notarzeitschrift
DRiZ	Deutsche Richterzeitung
DRTV	Direct Response-Television
DuR	Demokratie und Recht
EG	Europäische Gemeinschaft, Einführungsgesetz
EGBGB	Einführungsgesetz zum Bürgerlichen Gesetzbuch
EGV	EG-Vertrag
EGGVG	Einführungsgesetz zum Gerichtsverfassungsgesetz
EGVVG	Einführungsgesetz zum Versicherungsvertragsgesetz
EGZPO	Einführungsgesetz zur Zivilprozeßordnung
Einl.	Einleitung
ErbbauRVO, ErbbauRVo	Erbbaurechtsverordnung
etc.	et cetera
EU	Europäische Union
EuGH	Europäischer Gerichtshof
EuGH Slg., EuGHE	Entscheidungssammlung des EuGH
Eur.	Euro
EuR	Europarecht
EUV	Vertrag über die Europäische Union (Maastricht-Vertrag)
e.V.	eingetragener Verein
evtl.	eventuell
EWG	Europäische Wirtschaftsgemeinschaft
EWiR	Entscheidungen zum Wirtschaftsrecht
EWS	Europäisches Wirtschafts- und Steuerrecht
f., ff.	folgend, folgende
FARL	Fernabsatzrichtlinie
FernAG	Fernabsatzgesetz
FernUSG	Gesetz zum Schutz der Teilnehmer am Fernunterricht
Fn., FN.	Fußnote
FS	Festschrift
G	Gesetz
GbR	Gesellschaft des bürgerlichen Rechts
gem.	gemäß

GG	Grundgesetz
ggf.	gegebenenfalls
grds.	grundsätzlich
GRUR	Gewerblicher Rechtsschutz und Urheberrecht
GS	Gedächtnisschrift
HausratsVO	Hausratsverordnung
h.L.	herrschende Lehre
h.M.	herrschende Meinung
Hs.	Halbsatz
Hg.	Herausgeber
HWiG	Gesetz über den Widerruf von Haustürgeschäften und ähnlichen Geschäften
i.d.F.	in der Fassung
i.d.R.	in der Regel
i.d.S.	in diesem Sinn
i.e.S.	im engeren Sinn
IPR	Internationales Privatrecht
i.S.d.	im Sinne des
i.S.v.	im Sinne von
iVm.	in Verbindung mit
i.w.S.	im weiteren Sinne
insbes.	insbesondere
JA	Juristische Arbeitsblätter
JR	Juristische Rundschau
Jura	Juristische Ausbildung
JuS	Juristische Schulung
JR	Juristische Rundschau
JZ	Juristenzeitung
K&R	Kommunikation und Recht
KAGG	Gesetz über Kapitalanlagegesellschaften
KF	Konsolidierte Fassung
Kfz., KFZ	Kraftfahrzeug
KG	Kammergericht
KJ	Kritische Justiz
krit.	kritisch
LG	Landgericht
LM	Lindenmaier/Möhring, Nachschlagewerk des BGH
m. Anm.	mit Anmerkung
m.w.N.	mit weiteren Nachweisen
MDR	Monatsschrift für deutsches Recht
MK	Münchener Kommentar
MMR	Multimedia und Recht
Mot.	Motive
n.F.	neue Fassung

NJ	Neue Justiz
NJW	Neue Juristische Wochenschrift
NJW-CoR	NJW-Computerreport
NJW-RR	NJW-Rechtsprechungs-Report Zivilsachen
Nr.	Nummer
o.g.	oben genannt
OLG	Oberlandesgericht
OLGZ	Entscheidungen der Oberlandesgerichte in Zivilsachen einschließlich der freiwilligen Gerichtsbarkeit
PFV	Positive Forderungsverletzung
Pkw, PKW	Personenkraftwagen
ProdHaftG	Produkthaftungsgesetz
PVV	Positive Vertragsverletzung
RabelsZ	Rabels Zeitschrift für ausländisches und internationales Privatrecht
RegE	Regierungsentwurf
recht	Zeitschrift „recht“ – „Eine Information des BMJ“ (bis 1998)
rechtskr., rkr.	rechtskräftig
RG	Reichsgericht
RGRK	Reichsgerichtsrätekommentar
RGZ	Entscheidungen des Reichsgerichts in Zivilsachen
RiLi	Richtlinie
RIW	Recht der internationalen Wirtschaft
Rn., RN.	Randnummer
Rspr.	Rechtsprechung
S.	Satz, Seite
s.	siehe
SigG	Signaturgesetz
SigVO	Signaturverordnung
Slg.	Sammlung
sog.	sogenannte/r/s
StGB	Strafgesetzbuch
str.	streitig
st. Rspr.	ständige Rechtsprechung
TDG	Teledienstegesetz
TzWrG	Gesetz über die Veräußerung von Teilzeitnutzungsrechten an Wohngebäuden
u.a.	unter anderem/und andere
UKlaG	Gesetz über Unterlassungsklagen bei Verbraucherrechts- und anderen Verstößen
umstr.	umstritten
Univ.	Universität
unstr.	unstreitig
UrhG	Gesetz über Urheberrecht und verwandte Schutzrechte

Urt.	Urteil
UWG	Gesetz gegen den unlauteren Wettbewerb
VAG	Versicherungsaufsichtsgesetz
VerbrKrG	Verbraucherkreditgesetz
VerbrKr-RiLi	Richtlinie zur Angleichung der Rechts- und Verwaltungsvorschriften der Mitgliedstaaten über den Verbraucherkredit
VersR	Versicherungsrecht
VGH	Verwaltungsgerichtshof
vgl.	vergleiche
VO	Verordnung, Rechtsverordnung
VOB	Verdingungsordnung für Bauleistungen
Vol.	Volume
Vor, vor	Vorbemerkung
VuR	Verbraucher und Recht
VVG	Versicherungsvertragsgesetz
VwVfG	Verwaltungsverfahrensgesetz
WechselG	Wechselgesetz
WM	Wertpapier-Mitteilungen
WRP	Wettbewerb in Recht und Praxis
z.B.	zum Beispiel
ZAP	Zeitschrift für die Anwaltspraxis
ZBB	Zeitschrift für Bankrecht und Bankwirtschaft
ZEuP	Zeitschrift für Europäisches Privatrecht
Zfs	Zeitschrift für Schadensrecht
ZHR	Zeitschrift für das gesamte Handels- und Wirtschaftsrecht
ZIP	Zeitschrift für Wirtschaftsrecht und Insolvenzpraxis
ZVP	Zeitschrift für Verbraucherpolitik
zit.	zitiert
ZPO	Zivilprozeßordnung
ZRP	Zeitschrift für Rechtspolitik
zust.	zustimmend
ZZP	Zeitschrift für Zivilprozeß

A. Einleitung

Widerrufsrechte gehören neben Informationspflichten zu dem „klassischen Instrumentarium" des Verbraucherschutzes[1]. Bisher fehlte eine - im Wortlaut - einheitliche und in diesem Sinne „allgemeine" Regelung der „verbraucherschützenden Widerrufsrechte"[2] nicht nur im Bürgerlichen Gesetzbuch[3], d.h. eine Vorschrift, die die Voraussetzungen und die Folgen des ausgeübten Widerrufsrechts bestimmt, aber nicht selbst die Fälle, in denen dem Verbraucher ein Widerrufsrecht zusteht. Auch die „besonderen" Widerrufsrechte, die speziell zum Schutz der Verbraucher geschaffen wurden - und in diesem Sinne als „verbraucherschützend"[4] verstanden werden - fanden sich bislang nur in den verbraucherschützenden Sondergesetzen[5]. Bereits seit dem - am 30.06.2000 in

---

1 Grundlegend zum Verbraucherschutz *K. Simitis*, „Verbraucherschutz – Schlagwort oder Rechtsprinzip", 1976; *Dauner-Lieb*, Verbraucherschutz, 1983; *D. Hart/Köck*, ZRP 1991, S. 61 ff.; *G. Hönn*, Keio Law Review, Commemorative Issue, 1990, S. 201 ff.; *Hönn*, GS *D. Schultz*, 1987, S. 79 ff.; *Teske*, in *Magoulas/J. Simon*: Recht und Ökonomie, 1985, S. 15 ff.; *Limbach*, JuS 1985, S. 10 ff.; *Tonner*, KJ 1985, S. 107 ff.; *Reich*, ZRP 1984, S. 215; *H.P. Westermann*, in: Bundesministerium der Justiz (BMJ) (Hg.): Gutachten und Vorschläge zur Überarbeitung des Schuldrechts, Bd. III, 1983, S. 1 ff.; *Gilles*, JA 1980, S. 1 ff.; *Gilles*, ZRP 1979, S. 265 ff.; *von Hippel*, DRiZ 1979, S. 208 ff.; *Reifner*, ZVP 1978, S. 203 ff.; *Goll*, GRUR 1976, S. 486 ff.; *Tonner*, DuR 1975, S. 119 ff.; *Reich*, ZRP 1974, S. 187 ff.; *Burmann*, WRP 1973, S. 313 ff.; *von Hippel*, JZ 1972, S. 417 ff.; zum Verbraucherschutz auf europäischer Ebene vgl. *Reich*, VuR 1999, S. 3 ff. m.w.N.

2 Umfassend zu verbraucherschützenden Widerrufsrechten: *Fuchs*, AcP 196 (1996), S. 313 ff.; *S. Lorenz*, Unerwünschter Vertrag, S. 55 ff.; 122 ff.; *Medicus*, in Bundesministerium der Justiz (BMJ) (Hg.): Gutachten und Vorschläge zur Überarbeitung des Schuldrechts, Band I, 1981, S. 479 ff.; jeweils m.w.N.

3 Bürgerliches Gesetzbuch (BGB) vom 18.08.1896 (RGBl. S. 195; BGBl. III 400-2), zuletzt geändert durch das am 01.08.2002 in Kraft getretene „Gesetz zur Änderung des Rechts der Vertretung durch Rechtsanwälte vor den OLG" v. 23.07.2002 (OLG-Vertretungsänderungsgesetz), BGBl. 2002 I S. 2850, BT-Dr. 14/8763, vgl. dazu BT-Dr. 14/9266, BT-Dr. 14/9633, vgl. dazu nur *N. Fischer*, DB 2002, S. 1643 ff. m.w.N.; zuvor durch Art. 1 des „Gesetzes zur Modernisierung des Schuldrechts" vom 26.11.2001, (Schuldrechtsmodernisierungsgesetz), BGBl. 2001 I S. 3138, in Kraft seit dem 01.01.2002. Im folgenden bezeichnet der Zusatz „a.F." nur die dadurch bedingten Änderungen des BGB.

4 Im Gegensatz zu den diversen „Widerrufsmöglichkeiten", wie sie das BGB vorsieht, vgl. dazu unten, Teil B.I.1.

5 Vgl. für die bisherigen widerrufsrechtlichen Regelungen: § 7 I Verbraucherkreditgesetz (VerbrKrG) vom 17.12.1990 (BGBl. I S. 2840), § 1 I Haustürwiderrufsgesetz (HWiG) vom 16.01.1986 (BGBl. I S. 122), § 5 Teilzeitwohnrechtegesetz (TzWrG) in der Fassung der Bekanntmachung vom 29.06.2000 (BGBl. I S. 957), § 8 IV Versicherungsvertragsgesetz (VVG) vom 30.05.1908 (RGBl. S. 263), § 4 Fernunterrichtsschutzgesetz (FernUSG) in der Fassung vom 30.06.2000 (BGBl. I S. 1671 ff.), § 3 Fernabsatzgesetz (FernAG) vom 27.06.2000 (BGBl. I S. 897). Siehe auch § 23 I Gesetz über Kapitalanlagegesellschaften (KAGG) vom 16.04.1957 in der Fassung vom 14.01.1970 (BGBl. I S. 127), zuletzt geändert durch Gesetz v. 16.07.1998 (BGBl. I 1842), §§ 11, 15h Gesetz

seinen wesentlichen Teilen in Kraft getretenen - „Gesetz über Fernabsatzverträge und andere Fragen des Verbraucherrechts sowie zur Umstellung von Vorschriften auf Euro" vom 27.06.2000[6] hat sich die Rechtslage auf dem Gebiet der verbraucherschützenden Widerrufsrechte grundlegend geändert: Durch das Artikelgesetz vom 27.06.2000 wurde nämlich nicht nur das Fernabsatzgesetz in Umsetzung der Fernabsatzrichtlinie[7] (FARL) der Europäischen Gemeinschaft (EG) geschaffen, sondern mit § 361a BGB (a.F.) wurde erstmals ein „allgemeines" verbraucherschützendes Widerrufsrecht in das BGB eingeführt. Damit wurden zum einen die verbraucherschützenden Widerrufsrechte bereits „im Ansatz" in das BGB integriert:[8] Durch die Verweisung der „besonderen" Widerrufsrechte auf das „allgemeine" verbraucherschützende Widerrufsrecht im BGB lag damit sämtlichen Widerrufsrechten ein einheitlicher Wortlaut zugrunde. Zum anderen soll dieses einheitliche Widerrufsrecht insbesondere hinsichtlich seiner Wirkungsweise eine „dogmatische Neukonstruktion"[9] erfahren haben, die auch für § 355 BGB als Nachfolgeregelung gelten soll. Dies betrifft auch den Gegenstand der vorliegenden Untersuchung, die sich mit der Wirkungsweise verbraucherschützender Widerrufsrechte befaßt, d.h. mit der Frage, wie das (ausgeübte) Widerrufsrecht „rechtstechnisch" funktioniert.

I. Anlaß

Angesichts eines wachsenden Einflusses des Europarechts und speziell der Richtlinien auf das „Recht des Verbraucherschutzes"[10] besteht Klärungsbedarf nicht nur hinsichtlich der Frage, ob und wie durch die Umsetzungsakte in das bestehende System und die Regelungsmuster des Privatrechts eingegriffen

---

über den Vertrieb ausländischer Investmentanteile (AuslInvmG) vom 28.07.1969 (BGBl. I S. 986), zuletzt geändert durch Gesetz v. 24.03.1998 (BGBl. I S. 529).

6 BGBl. I S. 897 mit Berichtigung S. 1139. Während die Widerrufsrechte nach § 361a BGB (a.F.) sowie gemäß §§ 3 I 1 FernAG, 5 I TzWrG, 4 I 1 FernUSG ab dem 30.06.2001 Geltung erlangten, traten die Widerrufsrechte nach §§ 1 I HWiG, 7 I VerbrKrG erst am 01.10.2000 in Kraft - vgl. Art. 10 des „Gesetzes über Fernabsatzverträge und andere Fragen des Verbraucherrechts sowie zur Umstellung von Vorschriften auf Euro" vom 27.06.2000, BGBl. I S. 897 ff., 909.

7 Die EG-Richtlinie über den Verbraucherschutz bei Vertragsabschlüssen im Fernabsatz, Richtlinie 97/7/EG des Europäischen Parlaments und des Rates vom 20.05.1997, ABl. EG Nr. L 144 vom 04.06.1997, S. 19, ist seit dem 15.06.1997 in Kraft. Vgl. hierzu *Martinek*, NJW 1998, S. 207 f.

8 Auf § 361a BGB (a.F.) haben die Widerrufsrechte gemäß §§ 3 FernAG; 1 HWiG; 7, 9 II VerbrKrG; 5 TzWrG; § 4 FernUSG verwiesen sowie § 13a III UWG.

9 *S. Lorenz*, JuS 2000, S. 833 ff., 833, 838.

10 Im folgenden wird unter dem „Recht des Verbraucherschutzes" die Gesamtheit aller rechtlichen Regelungen verstanden, die dem Schutz des „Verbrauchers" (vgl. § 13 BGB) dienen sollen. Siehe dazu insbesondere Art. 95 III des Vertrags zur Gründung der Europäischen Gemeinschaft (EGV) vom 07.02.1992 i.d.F. vom 02.10.1997, BGBl. 1998 II S. 387 ff., 465; sowie *W.-H. Roth*, JZ 2001, S. 475 ff., 475, 488; *Larenz/Wolf*, AT, 8. Aufl., S. 53 ff. m.w.N.

wird,[11] sondern auch hinsichtlich der Tragfähigkeit der bisherigen Begründungen der verschiedenen dogmatischen Konstruktionen verbraucherschützender Widerrufsrechte. Das Thema „Europäischer Verbraucherschutz und BGB-Systematik“[12] erfreut sich vor dem Hintergrund der „Europäisierung des Zivilrechts“[13] nicht nur anhaltender Aktualität und zunehmender Bedeutung, sondern ist in seiner Brisanz bisher vielfach unterschätzt worden, vielleicht deshalb, weil die Folgen dieses „Einbruchs“ für das deutsche Privatrecht noch kaum abzusehen sind.[14] Die Frage nach den Gefahren für das bestehende Privatrechtssystem stellt sich auch und insbesondere für die „Schuldrechtsmodernisierung“[15]. Dieses Reformgesetz des Bundes hat u.a. die EG-Richtlinie zum Verbrauchsgüterkauf[16], die bis zum 31.12.2001 umgesetzt werden mußte, zum Anlaß genommen, das Schuldrecht des BGB zum Teil völlig neu zu gestalten. Da im Rahmen des „Schuldrechtsmodernisierungsgesetzes“[17] die Widerrufsrechte

---

11 Siehe *W.-H. Roth*, JZ 2001, S. 475 ff., 475, 483, 488; vgl. auch *Zimmermann*, in *W. Ernst/R. Zimmermann* (Hg.): Zivilrechtswissenschaft und Schuldrechtsreform, S. 1 ff., 20.

12 Siehe z.B. *W.-H. Roth*, JZ 2001, S. 475 ff. m.w.N.

13 Vgl. *Zimmermann*, in *Ernst/Zimmermann* (Hg.), Zivilrechtswissenschaft und Schuldrechtsreform, S. 1 ff., 16 ff.; *Artz*, NJW 2001, S. 1703 f., 1703; *Larenz/Wolf*, AT, 8. Aufl., S. 53 ff.; jeweils m.w.N.

14 Vgl. *W.-H. Roth*, JZ 2001, S. 475 ff., 475; *Zimmermann*, in *Ernst/Zimmermann* (Hg.), Zivilrechtswissenschaft und Schuldrechtsreform, S. 1 ff., 16 ff., 20; im Hinblick auf den RefE des FernAG *Härting*, CR 1999, S. 507 ff., 508, 511; vgl. im übrigen den Ausblick unter Teil D.II.

15 Vgl. das „Gesetz zu Modernisierung des Schuldrechts“ vom 26.11.2001, BGBl. 2001 I S. 3138. Siehe für die Gesetzesbegründung den seit dem 09.05.2001 vorliegenden Regierungsentwurf (RegE), BT-Dr. 14/6040. Dieser ist aus dem erstmals im September 2000 vorgelegten Diskussionsentwurf (DiskE) und der darauf basierenden „Konsolidierten Fassung“ (KF) der im Januar 2001 gebildeten „Kommission zur Überarbeitung des Entwurfs“ hervorgegangen. Vgl. zu den vorausgegangenen Grundlagen-Arbeiten der „Kommission zur Überarbeitung des Schuldrechts“ den Kommissionsbericht: BMJ (Hg.): Abschlußbericht der Kommission zur Überarbeitung des Schuldrechts, 1992; sowie *Rolland*, NJW 1992, S. 2377 ff. Siehe im Detail unten, Teil B.IV. Vgl. zum Überblick nur *Barth*, ZAP 10/2001, S. 567; NJW-Wochenspiegel, NJW 48/2001, S. XLIX; *Henssler*, ZAP 22/2001, S. 1391 ff. (Fach 2, S. 291 ff.); jeweils m.w.N.

16 Richtlinie 1999/44/EG des Europäischen Parlaments und Rates vom 25.05.1999 zu bestimmten Aspekten des Verbrauchsgüterkaufs und der Garantie für Verbrauchsgüter, ABl. EG Nr. L 171 vom 07.07.1999, S. 12. Die anderen EG-Vorgaben, die mit dem „Schuldrechtsmodernisierungsgesetz“ erfüllt werden sollen, sind die Zahlungsverzugsrichtlinie 2000/31/EG vom 29.06.2000 (ABl. EG Nr. L 200 S. 35) und die Art. 10, 11 und 18 der E-Commerce-Richtlinie 2000/31/EG vom 08.06.2000 (ABl. EG Nr. L 178 S. 1); siehe dazu die amtliche Begründung zum „Schuldrechtsmodernisierungsgesetz“, BT-Dr. 14/6040, S. 79.

17 Auf der Grundlage der Konsolidierten Fassung (KF) (vgl. §§ 311d-312c KF, siehe dazu *W.-H. Roth*, JZ 2001, S. 475 ff., 487 ff., 489) des Diskussionsentwurfs (DiskE). Vgl. zu den Regelungen des DiskE *Hager*, in *Ernst/Zimmermann* (Hg.), Zivilrechtswissenschaft und Schuldrechtsreform, S. 429 ff., 446 ff. Siehe allgemein zu DiskE und KF

des HWiG, des FernAG, des TzWrG und des VerbrKrG in das BGB transferiert wurden[18], führt dies in Verbindung mit der Einbeziehung auch der materiellrechtlichen Regelungen des AGB-Gesetzes zu bisher unabsehbaren Folgen für die privatrechtliche Dogmatik und Rechtsanwendung.[19] Für die Wirkungsweise des einheitlichen verbraucherschützenden Widerrufsrechts ergeben sich aufgrund der „Schuldrechtsmodernisierung" inhaltlich keine Änderungen, da sich der Wortlaut des § 361a I 1 BGB a.F. (fast) unverändert in § 355 I 1 BGB wiederfindet. Aus diesem Grund kann für eine Analyse der Wirkungsweise des „allgemeinen" verbraucherschützenden Widerrufsrechts gemäß § 355 BGB auch in vielerlei Hinsicht an die Vorschrift des § 361a BGB (a.F.)[20] als Vorgängerregelung angeknüpft werden.

Weiterhin ist darauf hinzuweisen, daß die Praxis der bisherigen Umsetzung der zahlreichen EG-Richtlinien zum Verbraucherschutz in deutsches Recht nicht nur einen „Bruch"[21] in der bisherigen zivilrechtlichen Systematik bedeutet, sondern daß sie darüberhinaus auch deutlich ein systematisches und dogmatisches Verständnis der verbraucherschützenden Widerrufsrechte aufzeigt, das deren dogmatisch exakte Wirkungsweise verkennt und damit deren Anwendung in der Rechtspraxis erschwert. Bereits daher besteht Klärungsbedarf bezüglich der Wirkungsweise des Widerrufsrechts in dogmatischer, systematischer und praktischer Hinsicht. Hinzu kommt ein verbraucherrechtspolitischer Aspekt, da das Widerrufsrecht generell als Instrumentarium zum Schutze des Verbrauchers auf europäischer und nationaler Ebene eingesetzt wird.[22] Herkömmlicherweise wird das verbraucherschützende Widerrufsrecht damit gerechtfertigt, daß der Verbraucher (vgl. § 13 BGB) gegenüber dem Unternehmer (siehe § 14 I BGB) bei dem Abschluß von Verträgen in vielerlei Hinsicht benachteiligt ist: Die (Wieder-)Herstellung des „gestörten Verhandlungsgleichgewichts"[23] oder die Kompensation der „informationellen und psychischen Unterlegenheit"[24] des Ver-

---

Altmeppen, DB 2001, S. 1131 ff., 1131; zum RegE z.B. *Däubler-Gmelin*, NJW 2001, S. 2281 ff.

18 Vgl. dazu die amtliche Begründung, BT-Dr. 14/6040, mit den speziellen Widerrufsrechtsregelungen: § 312 für das Haustürgeschäft; § 312d für das Fernabsatzgeschäft; § 485 für das Teilzeitwohnrechtegeschäft und § 495 für den Verbraucherdarlehensvertrag - jeweils bezogen auf das allgemeine Widerrufsrecht des § 355. Siehe auch unten, Teil B.IV.

19 Siehe nur *W.-H. Roth*, JZ 2001, S. 475 ff., 489 ff.

20 Vgl. zur sog. „Ankerlösung" als Kompromiß allgemeiner und sonderprivatrechtlicher Kodifikationen eines Widerrufsrechts nur *Artz*, NJW 2001, S. 1703 f., 1704.

21 Siehe z.B. *W.-H. Roth*, JZ 2001, S. 475 ff., 483, 488; *Zimmermann*, in *Ernst/Zimmermann* (Hg.), Zivilrechtswissenschaft und Schuldrechtsreform, S. 1 ff., 16 ff., 20.

22 Siehe z.B. *Berger*, Jura 2001, S. 289 ff., 289; *Gaertner/Gierschmann*, DB 2000, S. 1601 ff., 1601; *S. Lorenz*, JuS 2000, S. 833 ff., 834.

23 *Larenz/Wolf*, AT, 8. Aufl., S. 726 f., 780; vgl. auch *M. Lieb*, AcP 178 (1978), S. 196 ff.

24 *Larenz/Wolf*, AT, 8. Aufl., S. 780. Zu berücksichtigen ist dabei aber, daß es nach wie vor ungeklärt ist, in welchem Umfang die „Vertragsentschließungsfreiheit" der Ver-

brauchers soll gerade durch die Gewährung eines Widerrufsrechts, das die „Lösung“[25] oder „Abstandnahme“[26] vom „unerwünschten Vertrag“[27] ermöglicht, gewährleistet werden. Für diese Zwecksetzung ist das Verständnis der Wirkungsweise des verbraucherschützenden Widerrufsrechts von entscheidender Bedeutung, da Probleme bei der Anwendung, Handhabbarkeit und Ausübung des Widerrufsrechts maßgebend davon abhängen, wie dessen Wirkungsweise dogmatisch-konstruktiv aufgefaßt wird. Dies haben insbesondere die Ansätze verdeutlicht, die sich mit der Lösung der Probleme befaßt haben, die dem Verbraucher entstehen, wenn die herkömmliche Sichtweise zur Annahme einer „Schwebezeit“ bezüglich der Wirksamkeit des Vertrags führt.[28] Diese herkömmliche Sichtweise soll im folgenden als „vertrags(wirksamkeits)bezogene“ Sicht bezüglich der Wirkungsweise der verbraucherschützenden Widerrufsrechte bezeichnet werden, weil sie einseitig und dogmatisch ungenau auf die „Wirksamkeit“ des „Vertrags“, auf den die Willenserklärung des Verbrauchers gerichtet ist, abstellt. Auch und insbesondere ist die „vertragsbezogene“ Betrachtungsweise Hauptursache für zahlreiche Gefahren, die im folgenden kurz skizziert werden sollen:

Sowohl dem deutschen Verbraucherschutzrecht als auch den Bemühungen um Verbraucherschutz auf Gemeinschaftsebene[29] drohen erhebliche Gefahren aus dem herkömmlichen Verständnis der Wirkungsweise verbraucherschützender Widerrufsrechte.[30] Dies folgt daraus, daß es entscheidend von der dogmatischen Konstruktion abhängt, inwieweit der Verbraucher Rechte aus einem bereits geschlossenen Vertrag erhält und inwieweit die Ausübung des Widerrufsrechts dazu führt, daß vertragliche Rechte überhaupt entstehen oder mit Wirkung ex nunc oder ex tunc[31] wieder erlöschen.[32] Deutlich zeigt sich dies bei der Frage, ob dem Verbraucher ein Recht zum Besitz einer gelieferten Ware oder vertragliche Erfüllungsansprüche auch für die Zeit vor Ausübung des Widerrufsrechts zustehen.[33] Diese Bedrohungen der Effektivität des Widerrufsrechts können

---

braucher überhaupt gefährdet ist, vgl. dazu nur *Heinbuch*, Theorien und Strategien, S. 191 ff. m.w.N.

25 Zur „Lösung“ vom Vertrag vgl. z.B. *S. Lorenz*, Unerwünschter Vertrag, 1997; *Artz*, NJW 2001, S. 1703 f., 1704.

26 *Schwenzer*, JA 1979, S. 473 ff.; S. 505 ff.

27 Vgl. *S. Lorenz*, Unerwünschter Vertrag, (passim).

28 Siehe in jüngerer Zeit *K. Pudor*, Die Wirkungsweise verbraucherschützender Widerrufsrechte, Frankfurt/M. 2000; *J. Büßer*, Das Widerrufsrecht des Verbrauchers, Frankfurt/M., 2001; *P. Certa*, Widerruf und schwebende Unwirksamkeit nach den Verbraucherschutzgesetzen, Mannheim 2000. Vgl. zu den Anwendungsproblemen z.B. *Pfeiffer/Dauck*, NJW 1997, S. 30 ff., 33; *Ollmann*, WM 1992, S. 2005 ff.; jeweils m.w.N.

29 Siehe dazu krit. *W.-H. Roth*, JZ 2001, S. 475 ff., 479 ff. m.w.N.

30 Vgl. für einen ersten Überblick *Pudor*, Wirkungsweise, insbesondere S. 25 ff. m.w.N.

31 Siehe dazu nur *Gernhuber*, WM 1998, S. 1797 ff., 1799 m.w.N.

32 Vgl. dazu insbesondere *Mankowski*, WM 2001, S. 793 ff.; 833 ff.; jeweils m.w.N.

33 Siehe *Gernhuber*, WM 1998, S. 1797 ff., 1800; *Pfeiffer/Dauck*, NJW 1997, S. 30 ff., 33; *Ollmann*, WM 1992, S. 2005 ff.; jeweils m.w.N.

sich - auch angesichts der zunehmend komplexen Modalitäten der Geltendmachung des Widerrufsrechts[34] - leicht zu einer „Ineffizierungsgefahr" für das Widerrufsrecht als verbraucherrechtliches Schutzinstrument ausweiten. Hinzu kommt noch die - nach wie vor bestehende - Vielfalt der verbraucherschützenden Widerrufsrechtsregelungen. Dieser Zustand hat bereits vor Einführung des § 361a BGB (a.F.) dazu geführt, daß die diesbezügliche Rechtslage gerade für den zu schützenden Verbraucher unübersichtlich und zum Teil auch undurchschaubar war.[35] So war angesichts der „Normenflut und Rechtszersplitterung"[36] in diesem Bereich schon früher von einem „Regelungswirrwarr"[37] auf dem Gebiet des Verbraucherrechts die Rede. Dieser Befund, der ein „Rechtssicherheitsproblem"[38] andeutet, beruht letztlich darauf, daß zum einen die EG-Richtlinien und zum anderen die Umsetzungs-Gesetzgebung hierzulande bei den Regelungen des Widerrufsrechts ein „schwer überschaubares, fast schon chaotisches Durcheinander angerichtet"[39] haben. Diese Kritik bezieht sich insbesondere auf die konstruktive Ausgestaltung der verbraucherschützenden Widerrufsrechte, für die in erster Linie der Umsetzungsgesetzgeber verantwortlich ist.[40] Zudem sind die dogmatischen und systematischen Zusammenhänge zwischen verbraucherschützenden Widerrufsrechten als Sonderprivatrecht und den allgemeinen Grundsätzen und Regelungsmustern des BGB[41] bezüglich „Vertragsauflösungen" und „Rückgängigmachung" von Willenserklärungen nach wie vor kaum geklärt, woraus sich weitere Unsicherheiten, Unklarheiten und vielfältige Widersprüche ergeben, nicht zuletzt auch für das Verständnis der Wirkungsweise von Widerrufsrechten. Die bis vor kurzem zu beobachtende Regelung zahlreicher Materien in Sondergesetzen außerhalb des BGB beruht nach zutreffender Beobachtung darauf, daß der Gesetzgeber jeweils ein besonderes Regelungsbedürfnis für bestimmte Sachgebiete annahm und die entsprechende Kodifikation - oft aus speziellem Anlaß - auch nur sachgebietsbezogen und

---

[34] Vgl. nur § 361a I-III BGB (a.F.). Siehe zum Spezialproblem der „qualifizierten elektronischen Signatur" (vgl. den früheren § 361a I 4 BGB a.F. und den ursprünglichen § 355 II 2 BGB), die sich auch in § 309 Nr. 12b) BGB (§ 11 Nr.15b S. 2 AGBG) findet, *Hensen*, ZIP 2000, S. 1151 f., 1151; s.a. die Richtlinie des Europäischen Parlaments und Rates vom 13.12.1999 über gemeinschaftliche Rahmenbedingungen für elektronische Signaturen, Richtlinie 99/93/EG (ABl. EG 2000 Nr. L 13/12).

[35] Siehe die Begründung zu § 361a BGB, BT-Dr. 14/2658, S. 42, 46. Vgl. zudem *Gilles*, ZRP 1979, S. 265 ff., 265 f. m.w.N.

[36] *Gilles*, ZRP 1979, S. 265 ff., 265.

[37] *Gilles*, ZRP 1979, S. 265 ff., 266. Vgl auch *H. Weis*, in: *Ernst/Zimmermann* (Hg.), Zivilrechtswissenschaft und Schuldrechtsreform, S. 25 ff., 28, der von einem „Flickenteppich" der Sondergesetze spricht.

[38] *Gilles*, ZRP 1979, S. 265 ff., 266.

[39] *Palandt*, 60. Aufl., *Heinrichs* zu § 361a BGB, Rn. 3.

[40] Siehe z.B. die Kritik von *Härting*, CR 1999, S. 507 ff., 508, daß die Verfasser des RefE zum FernAG z.T. keine große Mühe darauf verwendet hätten, die Formulierungen der FARL der Terminologie des deutschen Privatrechts anzupassen.

[41] Zu der „zufälligen" Abgrenzung von Sonderprivatrechten und allgemeinem Zivilrecht siehe nur *M. Lieb*, AcP 178 (1978), S. 196 ff. m.w.N.

situativ und damit „punktualistisch oder partikularistisch“[42] schaffte, ohne sich um Grundlagen aus sowie Harmonisierung mit dem BGB und seiner Systematik auch nur ansatzweise Gedanken zu machen. Die Folge war, daß zum einen gemeinsame Prinzipien der verbraucherschützenden Sondergesetze und zum anderen die Einordnung der Sondergesetze unter die Systematik des BGB im wesentlichen ungeklärt blieben.[43] Die daraus resultierenden Folgen zeigten sich in aller Schärfe, als der Gesetzgeber dazu überging, insbesondere die richtlinienbedingten Änderungen im BGB selbst vorzunehmen. Diese Tendenz der (Re-)Integration der Sondergesetze in das BGB, die dem früheren Trend, Sondergesetze außerhalb des BGB zu schaffen,[44] zuwiderläuft, begann u.a. bei dem Überweisungsgesetz, das die §§ 676a-h in das BGB einfügte,[45] und setzte sich mit der Einführung des ersten „allgemeinen“ verbraucherschützenden Widerrufsrechts gemäß § 361a BGB (a.F.) - als Schnittstelle und Verbindung von Verbraucherschutzrecht mit allgemeinem Zivilrecht - und den sonstigen Neuerungen[46] des Umsetzungsgesetzes zur Fernabsatzrichtlinie fort. Mit der erstmaligen Formulierung eines - im Wortlaut - einheitlichen verbraucherschützenden Widerrufsrechts sollte den beschriebenen Mißständen zwar abgeholfen werden.[47] Dies gelang aber zum einen nur teilweise[48] und zum anderen kamen damit noch weitere Widersprüche, Unklarheiten und somit auch entsprechende Gefahren hinzu: Durch die übereilte Umsetzung der Fernabsatzrichtlinie fehlte es beim Umsetzungsgesetz u.a. an Systematik[49] und gründlicher dogmatischer Arbeit.[50] Auch die Übersichtlichkeit der damit geschaffenen

---

42 *Gilles*, ZRP 1979, S. 265 ff., 265.

43 So z.B. *Larenz/Wolf*, AT, 8. Aufl., S. 53.

44 Siehe dazu *Gilles*, JA 1980, S. 1 ff., 4 f.; *Gilles*, ZRP 1979, S. 265 ff., 265 f.; jeweils m.w.N.

45 Das Überweisungsgesetz vom 21.07.1999 (BGBl I S. 1642) dient der Umsetzung der Richtlinie 97/5/EG des Europäischen Parlaments und des Rates vom 27.01.1197 über grenzüberschreitende Überweisungen (ABl. EG Nr. L 43 S. 25) sowie der teilweisen Umsetzung der Art. 3 und 5 der Richtlinie 98/26/EG des Europäischen Parlaments und des Rates vom 19.05.1998 über die Wirksamkeit von Abrechnungen in Zahlungs- und Wertpapierliefer- und -abrechnungssystemen (ABl. EG Nr. L 166 S. 45).

46 Siehe dazu z.B. *Bülow/Artz*, NJW 2000, S. 2049 ff.; *S. Lorenz*, JuS 2000, S. 833 ff.; *Tonner*, BB 2000, S. 1413 ff., *Härting/Schirmbacher*, MDR 2000, S. 917 ff.; jeweils m.w.N.

47 Die amtliche Begründung zu § 361a BGB spricht von „Vereinheitlichung“ der Rechtsfolgen der Verbraucherschutzgesetze, siehe BT-Dr. 14/2658, S. 46.

48 Siehe dazu nur *S. Lorenz*, JuS 2000, S. 833 ff., 835.

49 Vgl. z.B. *Tonner*, BB 2000, S. 1413 ff., 1414 ff.; *Härting/Schirmbacher*, MDR 2000, S. 917 ff., 921; *Härting*, CR 1999, S. 507 ff., 511. Vgl. auch *Zimmermann*, in *Ernst/ Zimmermann* (Hg.): Zivilrechtswissenschaft und Schuldrechtsreform, S. 1 ff., 17 f.

50 Dies zeigt sich u.a. am RefE zum FernAG, wonach dem Verbraucher aufgrund der zunächst gewählten dogmatischen Konstruktion der „schwebenden Unwirksamkeit“ bis zur Ausübung des Widerrufsrechts kein Anspruch auf Lieferung der Sache zustehen sollte, obwohl die FARL dies ausdrücklich vorgab. Siehe dazu § 3 FernAG des RefE (BMJ, Referat I B 2 3420/12-41); Art. 6 I 1 FARL (Richtlinie 97/7/EG des Euro-

Rechtslage war fragwürdig, da neben den allgemeinen Regelungen des Widerrufsrechts (gemäß § 361a BGB a.F.) weiterhin die Spezialregelungen (in den Sondergesetzen) wegen ihrer jeweiligen Modifikationen zu beachten waren;[51] dies gilt grundsätzlich auch für die Neuregelungen des „Schuldrechtsmodernisierungsgesetzes". Weiterhin zeigten sich schon sehr früh terminologische Ungereimtheiten[52] und Schwierigkeiten bei dem in das BGB transferierten sog. „Allgemeinen Teil des Verbraucherrechts"[53] (vgl. §§ 13, 14 BGB). Angesichts dessen wurde bereits die Unfähigkeit des Umsetzungs-Gesetzgebers für „BGB-adäquate Gesetzgebung" vermutet.[54] Diese Probleme aufgrund der teilweisen Integration von Verbraucherrecht und der Verankerung des verbraucherschützenden Widerrufsrechts im BGB resultierten im wesentlichen aus der Verbindung von sonderprivatrechtlichem Verbraucherrecht mit allgemeinen Zivilrecht und den jeweiligen unterschiedlichen Wertungen[55]. Da eine einheitliche Zielsetzung der verbraucherschützenden Regelungen - ebenso wie gemeinsame Begriffsbildungen - bislang fehlt, besteht (fast) unvermindert eine höchst komplexe „Konkurrenzlage der Spezialbestimmungen"[56]. Die durch vielfältige wechselseitige Einflüsse und Verschränkungen zwischen verbraucherschützendem Sonderprivatrecht und allgemeinem Zivilrecht gekennzeichnete Rechtslage[57] wurde durch die Einführung von § 361a BGB (a.F.) folglich auch mit weiteren Konkurrenz- und Überschneidungsproblemen angereichert,[58] die sich im wesentlichen bei § 355 BGB fortsetzen. Damit sind auch für die Zukunft Sorgen um die „innere Einheit" des BGB nicht unberechtigt:[59] Die Änderungen durch die „Schuldrechtsmodernisierung" führen zwar einerseits dazu, daß einige alte Probleme und Zweifelsfragen beseitigt werden[60], andererseits

---

päischen Parlaments und des Rates vom 20.05.1997, ABl. EG Nr. L 144 vom 04.06.1997, S. 19) sowie *Bülow*, ZIP 1999, S. 1293 ff.

51 Zur Wirkungsweise dieser Regelungen siehe *S. Lorenz*, JuS 2000, S. 833 ff., 835; s.a. Teil B.III.1.

52 Siehe z.B. den Begriff von „Verbraucher" in § 13 BGB und „Unternehmer" in § 14 I BGB, vgl. dazu z.B. *Hensen*, ZIP 2000, S. 1151 f., 1151; *Flume*, ZIP 2000, S. 1427 ff., 1427 f.

53 *Berger*, Jura 2001, S. 289 ff., 293; vgl. auch *Larenz/Wolf*, AT, 8. Aufl., S. 53.

54 Vgl. *Flume*, ZIP 2000, S. 1430.

55 Zu den Wertungsunterschieden siehe insbesondere *Gilles*, JA 1980, S. 1 ff., 4 f. m.w.N.

56 *Gilles*, JA 1980, S. 1 ff., 2 m.w.N. Vgl. zum Problem des Widerrufsrechts bei Realkreditverträgen z.B. *Habersack*, WM 2000, S. 981 ff.; *N. Fischer*, DB 2002, S. 727 ff.; siehe auch *N. Fischer*, DB 2002, S. 1266 ff.; *N. Fischer*, DB 2002, S. 1643 ff.; jeweils m.w.N.

57 Siehe *Gilles*, JA 1980, S. 1 ff., 5 f. m.w.N.

58 Vgl. dazu *Tonner*, BB 2000, S. 1413 ff., 1417; *Fuchs*, ZIP 2000, S. 1273 ff., 1286; *Gaertner/Gierschmann*, DB 2000, S. 1601 ff., 1603.

59 Vor der „Erosion des BGB" warnen z.B. *W.-H. Roth*, JZ 2001, S. 475 ff., 487; *Dreher*, JZ 1997, S. 167 ff., 176 f.; vgl. zu der „Erosion des Privatrechts" nur *Leible*, EWS 2001, S. 471 ff., 476 f.

60 Vgl. im Detail Teil B.IV.

kommen aber auch neue Probleme hinzu[61]. Gerade und spätestens mit dem Zusammentreffen fast aller verbraucherschützenden Widerrufsrechte im BGB sollte ein einheitliches und stimmiges dogmatisches Konzept der Wirkungsweise der Widerrufsrechte vorliegen, das zudem in die Systematik des BGB paßt. Dies gilt erst recht vor dem Hintergrund, daß weitere Richtlinien mit verbraucherschützendem Inhalt[62] in Kürze umzusetzen sind und die Umsetzung europäischen Rechts als „Daueraufgabe"[63] zu erwarten ist. In diesem Rahmen ist auch nicht auszuschließen, daß weitere verbraucherschützende Widerrufsrechte im deutschen Recht aus europäischen Vorgaben erwachsen. Nur ein in sich schlüssiges Gesamtkonzept der widerrufsrechtlichen Wirkungsweise ist in der Lage zu verhindern, daß aus der ohnehin für das deutsche Privatrecht befürchteten „permanenten Baustelle mit zwei Architekten"[64] hinsichtlich der Widerrufsrechte eine „Bausünde oder -ruine" wird.

Daher ergeben sich Notwendigkeit und Anlaß einer Untersuchung der Wirkungsweise verbraucherschützender Widerrufsrechte nicht zuletzt aus den bedrohlichen Folgen des bisherigen Verständnisses der Wirkungsweise von Widerrufsrechten im Privatrecht. Eine besondere Brisanz gewinnen diese Gefahren angesichts des Umstandes, daß eine Diskussion in der Zivilrechtswissenschaft zu § 361a BGB (a.F.) wegen der Eile der Umsetzung der Fernabsatzrichtlinie - im Gegensatz zu der Fernabsatzrichtlinie selbst[65] - ausgeblieben ist.[66] Damit wurde auch die Möglichkeit vertan, korrigierend auf den (Umsetzungs-) Gesetzgeber einzuwirken, wie dies zum Teil jedenfalls bei dem Diskussionsentwurf zum „Schuldrechtsmodernisierungsgesetz" der Fall war.[67] Somit fällt insbesondere der Zivilrechtswissenschaft die Aufgabe zu, angesichts dieser Gefahren zu reagieren und die allgemeinen Wertungen und Lehren der verbraucherschützenden Sonderprivatrechte untereinander und im Verhältnis zum

---

61 So z.B. der richtlinienwidrige § 357 III BGB, der in seiner aktuellen Fassung zu einer „faktischen Aushöhlung" des Widerrufsrechts nach § 355 BGB führt - vgl. z.B. *Brüggemeier/Reich*, BB 2001, S. 213 ff., 215, 219; *Gilles/Fischer*, OLG Dresden EWiR § 3 FernAbsG 1/01, S. 1145 f.

62 Siehe z.B. den Vorschlag für die Richtlinie über den Fernabsatz von Finanzdienstleistungen vom 14.10.1998, KOM (98) 468, ABl. 1998 C 385/10, auch abgedruckt in WM 1999, S. 1477 ff.; vgl. dazu *K. Riesenhuber*, WM 1999, S. 1441 ff.

63 *W.-H. Roth*, JZ 2001, S. 475 ff., 483.

64 *W.-H. Roth*, JZ 2001, S. 475 ff., 488.

65 Siehe z.B. *Micklitz*, ZEuP 1999, S. 875 ff.; *Willingmann*, VuR 1998, S. 395 ff.

66 So *Tonner*, BB 2000, S. 1413 ff., 1413 m.w.N. Vgl. für den RefE des FernAG z.B. *Micklitz/Reich*, BB 1999, S. 2093 ff.; *Bülow*, ZIP 1999, S. 1293 ff.; *Härting*, CR 1999, S. 507 ff.; *Waldenberger*, K&R 1999, S. 345 ff.; jeweils m.w.N. Das Fehlen einer breiten wissenschaftlichen Diskussion gilt im übrigen auch für die Integration der Sondergesetze in das BGB, die mit dem „Schuldrechtsmodernisierungsgesetz" realisiert wurde - vgl. *Zimmermann*, in *Ernst/Zimmermann* (Hg.): Zivilrechtswissenschaft und Schuldrechtsreform, 2001, S. 1 ff., 20; *W.-H. Roth*, JZ 2001, S. 475 ff., 490.

67 Vgl. dazu *Altmeppen*, DB 2001, S. 1131 ff., 1131.

BGB (und dessen Grundlagen und Wertungen) herauszuarbeiten, und wo nicht vorhanden, herauszubilden.[68]

II. Ziele

Mit dem geschilderten Anlaß sind auch die Ziele dieser Untersuchung vorgegeben: Es gilt, die genannten Gefahren abzuwehren und die damit zusammenhängenden Probleme zu lösen und zwar aus den vielfältigsten Erwägungen heraus, von denen insbesondere die dogmatischen, verbraucherschutzrechtlichen-, verfahrens(justiz)politischen und schließlich auch die praktischen Aspekte hervorgehoben werden sollen.

In dogmatischer Hinsicht ist der Versuch zu unternehmen, die Wirkungsweise des „allgemeinen" verbraucherschützenden Widerrufsrechts in der Gestalt des aktuellen § 355 I 1 BGB (sowie des früheren § 361a I 1 BGB a.F.) - jeweils im Zusammenspiel mit den spezialgesetzlichen Modifikationen - zu analysieren. Dabei steht im Vordergrund, die widerrufsrechtliche Wirkungsweise nach der Dogmatik und Systematik des BGB zu erklären. Dies ist schon deshalb von entscheidender Bedeutung, da die Anknüpfung an die Regelungen und Wertungen des BGB helfen kann, bisher fehlende oder zumindest uneinheitliche Systematik zu überwinden. Zugleich besteht dadurch auch die Möglichkeit, die bisherige Sichtweise, die für die Wirkungsweise an die „Vertragswirksamkeit" anknüpft, zu überwinden. Der Grund für ein solches Vorgehen und damit zugleich die Berechtigung für einen solchen Ansatz liegt darin, daß erst die dogmatisch ungenaue Einordnung der Wirkungsweise des ausgeübten Widerrufsrechts als „Unwirksamkeitsvoraussetzung" des (erst noch entstehenden) „Vertrags" zu den skizzierten dogmatischen Unklarheiten, Problemen und Gefahren geführt hat. In diesem Rahmen soll auch ein Ansatzpunkt dafür geschaffen werden, allgemeine Grundsätze zur Wirkungsweise verbraucherschützender Widerrufsrechte herauszubilden und ihr Verhältnis zu den nicht speziell verbraucherschützenden Widerrufsrechten des BGB (vgl. z.B. § 130 I 2 BGB) aufzuzeigen. Dies ist bereits aufgrund der „Verzahnung" von § 355 I 1 BGB als „allgemeines verbraucherschützendes Widerrufsrecht im BGB" mit den jeweiligen widerrufsrechtlichen Spezialregelungen notwendig, zumal diese gesetzgeberische Vorgehensweise gerade in diesem Punkt ausdrücklich begrüßt worden ist.[69] Die bereits vorhandenen „Spannungslagen" zwischen allgemeinem Zivilrecht und Verbraucherschutzrecht als Sonderprivatrecht können spätestens bei der Integration der Sondergesetze in das BGB dazu führen, daß die „innere Einheit" des BGB vollends aufgelöst wird oder „systemsprengendes Gedankengut" der Sondergesetze[70] zur für die Rechtsanwendungspraxis bedrohlichen Störungen der

---

[68] So *Larenz/Wolf*, AT, 8. Aufl., S. 53.

[69] Siehe noch zu § 361a BGB (a.F.) z.B. *S. Lorenz*, JuS 2000, S. 833 ff., 843; *Kamanabrou*, WM 2000, S. 1417 ff., 1426; *W.-H. Roth*, JZ 2001, S. 475 ff., 490, Fn. 176.

[70] Siehe *Gilles*, JA 1980, S. 1 ff., 4 ff.

BGB-Dogmatik führt. Dabei ist es Aufgabe und Anliegen eines solchen Ansatzes, der im folgenden als „willenerklärungsbezogene“ Sichtweise bezeichnet werden soll, den Versuch einer „neuen“ Betrachtung der Wirkungsweise des verbraucherschützenden Widerrufsrechts zu wagen, wobei jedenfalls zum Teil an bisherige Ansätze[71] zur Bestimmung der widerrufsrechtlichen Wirkungsweise angeknüpft werden kann. Dabei soll die herrschende Privatrechtsdogmatik[72] und die Rechtsprechung der Zivilgerichte[73] zu der Wirkungsweise verbraucherschützendender Widerrufsrechte nicht unkritisch übernommen, sondern grundlegend hinterfragt werden.

Die rechtspolitischen Ziele dieser Arbeit liegen vorrangig darin, den geschilderten Gefahren für das deutsche Privatrecht auf der einen und für das europäisch geprägte Verbraucherrecht auf der anderen Seite zu begegnen. Dies soll weniger durch Regelungsneuvorschläge als durch die Aufforderung zur Wahrung der „gewachsenen“ Strukturen der Privatrechtsdogmatik - sowohl bei nötigen Detailkorrekturen der aktuellen Rechtslage als auch bei künftigen „Grundsatz“-Reformen - geschehen. Die Gefahren für das Privatrecht betreffen dabei sowohl das sonderprivatrechtliche Verbraucherschutzrecht als auch das „allgemeine“ Zivilrecht[74] des BGB. Dabei ist insbesondere die „Rechtssicherheitsgefahr“[75] durch unübersichtliche und undurchschaubare Verbraucherrechtsregelungen sowie die Zuspitzung derselben durch die uneinheitliche und unsystematisierte Umsetzungsgesetzgebung hervorzuheben. Diese Gefahren für „Verbraucher-Rechtssicherheit“ und „Rechtssicherheit“ im „neuen“ Bürgerlichen Recht generell haben in der Privatrechtswissenschaft bisher bei weitem nicht die Beachtung gefunden, die der Problematik angemessen wäre. Zwar mehren sich - und dies schon vor der „Schuldrechtsmodernisierung“ - die Stimmen, die angesichts „Regelungswirrwarr“[76], Normenflut und „Systemchaotik“[77] warnend auf die Folgen für die Handhabbarkeit des Privatrechts insgesamt hinweisen.[78] Jedoch bedarf es erst solcher radikaler Umwälzungen für das Regelungssystem des Privatrechts wie das „Schuldrechtsmodernisierungsgesetz“, um einen „Aufschrei der Entrüstung“[79] hervorzurufen, der sich allerdings im wesentlichen nicht auf das fehlende Vorhandensein und die spärliche Entwicklung verbraucherrechtsystematischer Grundsätze und Lehren und die jeweiligen Zu-

---

71 Vgl. z.B *Gernhuber*, WM 1998, S. 1797 ff.

72 Siehe dazu z.B. *Bülow*, NJW 1991, S. 129 ff., 131; *Bülow/Artz*, NJW 2000, S. 2049 ff., 2052. Siehe dazu im Detail unten, Teil B.I.-IV.

73 Vgl. z.B. BGHZ 131, 82 ff., 84, sowie unten, Teil C.V.1.b).

74 Siehe für verbraucherschützende Regelungen im BGB z.B. die §§ 13, 14, 241a BGB.

75 Vgl. *Gilles*, ZRP 1979, S. 265 ff., 266.

76 *Gilles*, ZRP 1979, S. 265 ff., 266.

77 Siehe *Palandt*, 60. Auflage, *Heinrichs* zu § 361a BGB, Rn. 3.

78 Vgl. z.B. *W.-H. Roth*, JZ 2001, S. 475 ff., 487, 490; s.a. schon *Gilles*, ZRP 1979, S. 265 ff., 265.

79 Siehe *Barth*, ZAP 10/2001, S. 567; *Altmeppen*, DB 2001, S. 1131 ff., 1131.

sammenhänge mit dem BGB[80] bezieht. Über die Frage, welche praktischen Folgen dies wiederum für die Durchsetzung verbraucherschützender Rechte hat, kann aufgrund weitgehend fehlender Untersuchungen[81] hierzu nur spekuliert werden, aber die derzeitige rechtstatsächliche Praxis der (Nicht-) Durchsetzung verbraucherschützender Rechte[82] zeigt bereits, welche Hürden und Schwierigkeiten insbesondere für den Verbraucher und die ihn beratenden Institutionen, Verbände und Vereine bestehen, das bestehende materielle Recht auch tatsächlich zu erkennen und durchzusetzen.[83] Schon aus diesem Grund sollte darüber nachgedacht werden, inwieweit es den Zielsetzungen des Verbraucherschutzes auf nationaler und europäischer Ebene entspricht, den bereits bestehenden und wenigstens zum Teil bekannten Sonderregelungen des Verbraucherrechts im deutschen Recht weitere Detailregelungen hinzuzufügen[84] und damit die Zahl der „situativen“ und „punktualistischen“[85] Lösungen zu vermehren. Dies gilt unabhängig davon, ob dies in weiteren Sondergesetzen (wie zuletzt dem FernAG) oder im BGB selbst geschieht. Gerade die „Rückkehr zum BGB“ ist dabei in letzter Zeit zu beobachten - vgl. § 361a BGB (a.F.) sowie die Änderungen durch die „Modernisierung“ des Schuldrechts.[86] Als rechtspolitisches Ziel ist für diesen Aspekt daher festzuhalten, der um sich greifenden „Systematisierungsarmut“ und dem fehlenden Bemühen um eine „klare Linie“ im deutschen Verbraucherschutzrecht eine klare Absage zu erteilen.[87] Ein solches wünschenswertes einheitliches und vorausschauendes Gesamtkonzept des Verbraucherschutzes[88] muß einerseits den Vorgaben der diversen EG-Richtlinien zum Verbraucherschutz entsprechen und andererseits mit Systematik und Dogmatik des Privatrechts vereinbar sein.

---

80 Vgl. allgemein *W.-H. Roth*, JZ 2001, 475 ff., 489 f.; *Zimmermann*, in *Ernst/Zimmermann* (Hg.): Zivilrechtswissenschaft und Schuldrechtsreform, 2001, S. 1 ff., 19 ff.; beispielsweise krit. zur Überführung des AGBG in das allgemeine Schuldrecht (§§ 305 ff. BGB), *M. Wolf*, Sechs Thesen zu Schuldrechtsreform und AGB-Gesetz, NJW-Informationen, NJW 25/2001, S. XVI f.; *M. Wolf/Pfeiffer*, ZRP 2001, S. 303 ff.

81 Siehe aber die ausführlichen Gutachten von *Medicus* und *H.P. Westermann*, beide in BMJ (Hg.): Gutachten und Vorschläge zur Überarbeitung des Schuldrechts, Köln 1981; *Medicus*: Verschulden bei Vertragsverhandlungen, Band I, S. 479 ff.; *H.P. Westermann*: Verbraucherschutz, Band III (1983), S. 1 ff.

82 Vgl. zu den tatsächlichen Mißständen und rechtlichen Problemen auf dem Gebiet des Fern- und Direktunterrichtswesens nur *Gilles/Heinbuch/Gounalakis*, Unterrichtsrecht, S. 21 ff. m.w.N.

83 Siehe zu Kundenschutz und Kundenschutzpolitik auf Unterrichtssektor *Gilles/Heinbuch/Gounalakis*, Unterrichtsrecht, S. 26 ff. m.w.N.

84 Vgl. z.B. das „Verbrauchsgüterkaufrecht“ nach der Schuldrechtsreform (§§ 474 ff. BGB); für die alternative „Eins-zu-eins-Umsetzungslösung“ nur *Ernst/Gsell*, ZIP 2000, S. 1410 ff.

85 *Gilles*, ZRP 1979, S. 265 ff., 265.

86 Vgl. *Zimmermann*, in *Ernst/Zimmermann* (Hg.): Zivilrechtswissenschaft und Schuldrechtsreform, 2001, S. 1 ff., 17 f.

87 Siehe mit dieser Tendenz auch *W.-H. Roth*, JZ 2001, S. 475 ff., 483.

88 Vgl. bereits *Gilles*, JA 1980, S. 1 ff., 1, 6.

In rechtspolitischer Hinsicht[89] sind jedoch nicht nur die Gefahren für das europäische wie nationale Verbraucherrecht auf der einen und das Privatrecht auf der anderen Seite einzudämmen, sondern Rechtswissenschaft, Rechtsanwendungspraxis und schließlich auch die (Umsetzungs-) Gesetzgebung sollen durch die angestrebte Systematisierung der verbraucherschützenden Widerrufsrechtsregelungen und ihrer Zusammenhänge mit den allgemeinen Grundlagen im BGB „Systematisierungshilfen" erhalten. Für die Privatrechtswissenschaft ist es nicht nur im Bereich des Verbraucherschutzrechts notwendig, gemeinsame dogmatische Grundlagen der verbraucherschützenden Widerrufsrechte zu erhalten. Vielmehr wird es angesichts der Tendenz der (Re-) Integration von verbraucherschützenden Regelungen in das BGB[90] immer wichtiger, die „besonderen" Lehren des Sonderprivatrechts im Zusammenhang mit denen des allgemeinen Zivilrechts und ihr jeweiliges Zusammenspiel zu betrachten, nicht nur um Wertungswidersprüche aufzulösen[91] und eine „Gleichbehandlung vergleichbarer Fallgestaltungen"[92] sicherzustellen, sondern um das System des BGB auch angesichts der „Europäisierung des Privatrechts" zeitgemäß zu erhalten. Dies ist um so bedeutsamer, da „übergreifende systematische Vorarbeiten"[93] zu den verbraucherschützenden Sonderprivatrechten bislang fehlen, obwohl der Gedanke des Verbraucherschutzes zunehmend Eingang in das BGB findet. Für die Entwicklung des BGB hingegen konnte mit den langandauernden Vorarbeiten der Pandektenrechtswissenschaft auf gemeinsame Grundlagen, Begriffe und Wertungen des bürgerlichen Rechts zurückgegriffen werden.[94] Dieser Befund ist um so bedenklicher zu bewerten, da angesichts der bisherigen „punktualistischen" und „kleinen" Regelungen[95] im Verbraucherschutzrecht die gemeinsamen Grundlagen der verbraucherschützenden Sondergesetze und Sonderprivatrechte im Unklaren geblieben sind. Hinzu kommt, daß Bemühungen um Anpassung und Kompatibilität der Dogmatik und Systematik der verschiedenen „Wertungs"-Bereiche Sonderprivatrecht und allgemeines Privatrecht[96] - vereinzelte Arbeiten ausgenommen[97] - bisher unterblieben sind. Dieser Umstand ist aber

---

[89] Zu „Verbraucherschutz als Aufgabe der Rechtspolitik" siehe die gleichnamige Rede des damaligen Bundesjustizministers *H.-J. Vogel*, recht 1977, S. 104 ff.

[90] In diesem Sinn *Zimmermann*, in *Ernst/Zimmermann* (Hg.): Zivilrechtswissenschaft und Schuldrechtsreform, 2001, S. 1 ff., 17 f.

[91] *W.-H. Roth*, JZ 2001, S. 475 ff., 483; vgl. auch *H. Weis*, in: *Ernst/Zimmermann* (Hg.): Zivilrechtswissenschaft und Schuldrechtsreform, S. 25 ff., 28.

[92] So *Larenz/Wolf*, AT, 8. Aufl., S. 53.

[93] *Larenz/Wolf*, AT, 8. Aufl., S. 53.

[94] Vgl. *Larenz/Wolf*, AT, 8. Aufl., S. 53; *Zimmermann*, in *Ernst/Zimmermann* (Hg.): Zivilrechtswissenschaft und Schuldrechtsreform, S. 1 ff. Siehe zur Entwicklung des Privatrechts im 19. Jahrhundert z.B. *Eisenhardt*, Deutsche Rechtsgeschichte, 1984, S. 187 ff. m.w.N.

[95] Siehe *Gilles*, ZRP 1979, S. 265 ff.; 265.

[96] Vgl. dazu *Gilles*, JA 1980, S. 1 ff., 4 f.; *Gilles*, ZRP 1979, S. 265 ff., 265 f.

[97] Siehe aber die ausführlichen Gutachten von *Medicus* und *H.P. Westermann*, beide in BMJ (Hg.): Gutachten und Vorschläge zur Überarbeitung des Schuldrechts, Köln 1981;

schon deswegen nicht hinzunehmen, da der Trend der Integration der Sondergesetze in das BGB anhält und die oben skizzierten Gefahren und Probleme desto dringlicher werden, je länger diese Fragen unbehandelt und ungeklärt bleiben. Dabei muß es Aufgabe der Zivilrechtswissenschaft[98] sein, die „versäumte Diskussion" zu diesem Trend nachzuholen und die Aufbereitung und Analyse des neuen Rechts nicht alleine Rechtsanwendungspraxis, Justiz und kommender (Korrektur-)Gesetzgebung[99] zu überlassen. Die Früchte dieser Arbeit sind dann von weiterem Nutzen nicht nur für die wissenschaftliche und praktische Bewältigung der „Schuldrechtsmodernisierung"[100], sondern auch für das künftige Recht. Angesichts der steigenden Anzahl und wachsenden Bedeutung der EG-Richtlinien für das europäische und deutsche Privatrecht[101] und der dadurch notwendigen Umsetzungsgesetzgebung - mit der weiteren Folge nicht unbedingt einheitlicher Regelungen in den Mitgliedstaaten - besteht auch für die weitere Zukunft ein Bedarf an systematischen „Grundlagen"-Arbeiten, die angesichts einer zunehmenden Verrechtlichung der Gesamtordnung[102] erst die Voraussetzungen für die geordnete und möglichst einheitliche Rechtsanwendung in den jeweiligen nationalen Rechtsordnungen schaffen. Die rechtspolitische Forderung lautet daher, den Charakter des BGB als gemeinsame dogmatische und systematische Grundlage und „Rahmenordnung"[103] auch für das sonderprivatrechtliche Verbraucherschutzrecht wiederherzustellen und die Entwicklung des „Partikularismus"[104] im Privatrecht und damit auch die „Erosion des BGB"[105] aufzuhalten.

Medicus: Verschulden bei Vertragsverhandlungen, Band I, S. 479 ff.; *H.P. Westermann*: Verbraucherschutz, Band III (1983), S. 1 ff.

98 Siehe dazu *Larenz/Wolf*, AT, 8. Aufl., S. 53.

99 Vgl. z.B. die im Hinblick auf Fernabsatzverträge (§ 312b BGB) richtlinienwidrige Haftungsregelung gemäß § 357 III BGB, sowie die Richtlinienwidrigkeit von §§ 355 III 1, 312a BGB bei „Haustürgeschäften" (§ 312 BGB); vgl. dazu näher Teil B.IV.1.

100 Das „Schuldrechtsmodernisierungsgesetz" wurde schon bei seinem Inkrafttreten in vielerlei Hinsicht für korrekturbedürftig gehalten, vgl. für die widerrufsrechtlichen Regelungen nur *Brüggemeier/Reich*, BB 2001, S. 213 ff., 215, 219; *N. Fischer*, DB 2002, S. 253 ff.; DB 2002, 727 ff. Vgl. nunmehr die gesetzgeberischen Korrekturen (im wesentlichen als legislatorische Konsequenzen der *Heininger*-Entscheidung des EuGH, Urteil v. 13.12.2001, Az.: Rs. C-481/99, DB 2001, S. 2710 ff.) durch das „Gesetz zur Änderung des Rechts der Vertretung durch Rechtsanwälte vor den OLG" v. 23.07.2002 (OLG-Vertretungsänderungsgesetz), BGBl. 2002 I S. 2850, 2856 ff., siehe dazu BT-Dr. 14/9266, BT-Dr. 14/9633. Vgl. dazu z.B. *N. Fischer*, DB 2002, S. 1643 ff. m.w.N., sowie unten, Teil B.IV.

101 Vgl. dazu *Larenz/Wolf*, AT, 8. Aufl., S. 54.

102 Für das Verbraucherschutzrecht schon *Gilles*, JA 1980, S. 1 ff., 1 f.

103 Siehe dazu *W.-H. Roth*, JZ 2001, S. 475 ff., 486 ff., 488.

104 Vgl. hierzu *Gilles*, ZRP 1979, S. 265 ff., 265; *Gilles*, JA 1980, S. 1 ff., 2.

105 *W.-H. Roth*, JZ 2001, S. 475 ff., 487.

Verfahrens(justiz)politisch zielt das Anliegen dieser Untersuchung daher auf eine Entlastung nicht nur des Verbrauchers als zumindest „ideeller" Adressat[106] der verbraucherschützenden Regelungen, sondern auch und speziell der betroffenen Rechtsanwender in der Praxis, von Mitarbeitern der Verbraucherschutzvereine[107] über Rechtsanwälte „für Verbraucherrecht" bis hin zu den ständig mit der Verbraucherrechtsmaterie betrauten und konfrontierten Rechtsanwendern in der staatlichen Justiz. Insbesondere diese können angesichts der voranschreitenden Verrechtlichung des Alltagslebens und der immer stärkeren Ausdifferenzierung und Spezialisierung des Rechts längst nicht mehr Spezialisten in jedem ihnen anvertrauten Rechtsgebiet sein. Diese Gegebenheit ist angesichts der fortschreitenden Spezialisierung bei der Rechtsanwendung an sich noch nicht verwunderlich. Als problematisch erscheint dieser Umstand aber besonders dann, wenn man bedenkt, mit welcher Geschäftsbelastung die staatliche Justiz allein in Zivilsachen[108] zu kämpfen hat und wieviel Zeit einem Zivilrichter durchschnittlich für eine „bürgerliche Rechtsstreitigkeit" bleibt. Vor diesem Hintergrund wiegt der Umstand besonders schwer, daß die Entscheidung von Rechtsstreitigkeiten auf dem Gebiet des Verbraucherschutzrechts zunehmend durch dessen Komplexität, Regelungschaos und Zersplitterung eher erschwert als erleichtert wird. Hinzu kommen die Probleme, die für die Rechtsanwendung aus der zunehmenden „Europäisierung des Privatrechts" erwachsen. Um diese Schwierigkeiten noch bewältigen zu können, ist es auch nötig, die gemeinsamen Grundlagen der verbraucherschützenden Sonderprivatrechte zu systematisieren, die Verbindungen zur Systematik des BGB herzustellen[109] und dadurch die tägliche Rechtsanwendungspraxis auf diesem Gebiet zu erleichtern.[110] Dies gilt insbesondere für die Rechtsanwendung in der Justiz, zumal es auch im Sinne eines „effektiven" Verbraucherrechtsschutzes[111] ist, über eine funktionierende Zivilgerichtsbarkeit zu verfügen, die dem Verbraucher in angemessener Zeit[112] zu seinem Recht verhilft.

---

106 Siehe dazu *Teske*, in *Finsinger/Simon*: Recht und Risiko, 1988, S. 390 ff.; *T. Schneider*, BB 1974, S. 764 ff.; jeweils m.w.N.

107 Vgl. zu „Verbraucherselbsthilfe und Verbraucherverbandshilfe" auf dem Gebiet des Unterrichtswesens nur *Gilles/Heinbuch/Gounalakis*, Unterrichtsrecht, S. 26 ff. m.w.N.

108 Siehe Statistisches Bundesamt (Hg.), Statistisches Jahrbuch 2000, S. 344 ff., mit Zahlenangaben meist für das Jahr 1998 und gelegentlich für das Jahr 1999. Insgesamt beläuft sich die Geschäftsbelastung in der Zivilgerichtsbarkeit im Jahr 1998 auf weit mehr als 15 Millionen Zivilsachen im weiteren Sinne.

109 Vgl. *W.-H. Roth*, JZ 2001, S. 475 ff., 486, 490; siehe auch *H. Weis*, in: *Ernst/Zimmermann* (Hg.): Zivilrechtswissenschaft und Schuldrechtsreform, S. 25 ff., 28.

110 Siehe zu dem Aspekt der Justizentlastung nur die amtliche Begründung zum FernAG, BT-Dr. 14/2658, S. 29.

111 Vgl. *Pudor*, Wirkungsweise, S. 3; *Gernhuber*, WM 1998, S. 1797 ff., 1798.

112 Siehe nur *M. Roth*, in *Gilles* (Hg.): Prozeßrecht an der Jahrtausendwende, 1999, S. 181 ff., 222.

Die praktische Zielsetzung dieser Untersuchung liegt schließlich darin, die sich aus der Analyse der Wirkungsweise des Widerrufsrechts ergebenden allgemeinen Erkenntnisse und Konsequenzen als „Handlungsanweisungen" für Rechtsauslegung und -anwendung an die Rechtspraxis weiterzugeben. Diese soll damit in die Lage versetzt werden, die angedeuteten Probleme, die sich aus der „vertragsbezogenen" Sicht der Wirkungsweise verbraucherschützender Widerrufsrechte ergeben, zu vermeiden. Zudem soll die Arbeit einen Beitrag dazu leisten, den - zu einem sehr kleinen Teil vorhandenen und zu einem großen Teil noch zu entwickelnden - allgemeinen Grundsätzen und Lehren der verbraucherschützenden Sonderprivatrechte Erkenntnisse bezüglich der Wirkungsweise verbraucherschützender Widerrufsrechte hinzuzufügen. Durch weitere „Grundlagen"-Arbeiten lassen sich somit nach und nach allgemeine Lehren und Grundsätze des Verbraucherschutzrechts und dessen Zusammenhänge mit dem BGB entwickeln. Diese können in der praktischen Rechtsanwendung helfen, die beschriebenen Gefahren und Probleme zu entschärfen und zu lösen und damit den rechtlichen Verbraucherschutz effektiver gestalten. Schließlich können die allgemeinen Lehren und Grundsätze zu den verbraucherschützenden Sonderprivatrechten auch für die kommende Umsetzungs-Gesetzgebung von Nutzen sein. Die gesamten beschriebenen Probleme und Gefahren lassen sich möglicherweise schon im Ansatz vermeiden, wenn man die dogmatisch ungenaue und systematische bedenkliche Sichtweise von der „Vertragsbezogenheit" der Wirkungsweise des verbraucherschützenden Widerrufsrechts von Grund auf kritisch untersucht und dabei die Möglichkeit und Notwendigkeit einer „willenerklärungsbezogenen" Sichtweise aufzeigt.

III. Gang der Untersuchung

Die Untersuchung geht grundsätzlich von dem Ansatz der „willenserklärungsbezogenen" Sicht der Wirkungsweise des einheitlichen und „allgemeinen" verbraucherschützenden Widerrufsrechts gemäß § 355 I 1 BGB aus, wobei auch die frühere Regelung in § 361a I 1 BGB (a.F.) Beachtung findet. Das Anliegen des vorliegenden Neuansatzes ist es, die normative Wirkungsweise (iSd. „Funktionierens") dieses Widerrufsrechts ausgehend von der Willenserklärung als ausschließliches widerrufsrechtliches Bezugsobjekt zu erklären: Das Widerrufsrecht bezieht sich nämlich schon nach seinem Wortlaut auf eine (fehlende) „Gebundenheit" an die Verbrauchererklärung, die auf einen Vertragsschluß mit einem Unternehmer gerichtet ist. Dies steht im Gegensatz zu der bisher überwiegenden Sicht von der „Vertragsbezogenheit" der widerrufsrechtlichen Wirkungsweise. Die grundlegende Hypothese lautet daher, daß nach normativer Bewertung die Wirkungsweise des einheitlichen verbraucherschützenden Widerrufsrechts allein eine bestimmte rechtliche Wirkung der „vertragsgerichteten" Willenserklärung des Verbrauchers betrifft, die vielleicht noch nicht einmal zu einem Vertrag zwischen Verbraucher und Unternehmer geführt hat.

Diese Hypothese in Verbindung mit der eingangs vorgestellten Zielprojektion erfordert folgende Vorgehensweise, die zugleich den Gang der Darstellung beschreibt:

Die vorliegende Untersuchung gliedert sich im wesentlichen in zwei Teile, nämlich zum einen in Teil B. als kritische Betrachung und Bestandsaufnahme der herkömmlichen „vertragsbezogenen“ Sicht der Wirkungsweise der verbraucherschützenden Widerrufsrechte, sowie zum anderen in die Betrachtung der Wirkungsweise des „allgemeinen“ verbraucherschützenden Widerrufsrechts in Teil C. nach dem „willenserklärungsbezogenen“ Ansatz. Die Arbeit schließt mit einer Gesamtzusammenfassung der Einzelergebnisse als Fazit und einem Ausblick auf die Auswirkungen der voranschreitenden „Europäisierung des Privatrechts“ auf die Regelungen der verbraucherschützendenden Widerrufsrechte (Teil D.). In einem Annex (Teil E.) werden schließlich die wichtigsten Ergebnisse der Untersuchung zusammengefaßt, und zwar als „Leitsätze zur Auslegung und Anwendung von § 355 BGB“.

B. Die Wirkungsweise verbraucherschützender Widerrufsrechte nach „vertragsbezogener" Betrachtung

Die in Teil A. beschriebenen Probleme und Gefahren, die das Verständnis der widerrufsrechtlichen Wirkungsweise betreffen, lassen sich im Ansatz vermeiden, wenn man den wesentlichen gemeinsamen Ausgangspunkt, die dogmatisch ungenaue und systematische bedenkliche Sichtweise von der „Vertragsbezogenheit" der Wirkungsweise des verbraucherschützenden Widerrufsrechts nicht mitträgt, sondern von Grund auf kritisch untersucht. Für das Verständnis einer solchen Untersuchung ist es erforderlich, zuerst die herrschende „vertragsbezogene" Sichtweise im Wege einer kritischen Bestandsaufnahme mit ihren Problemen und Schwächen zu erfassen. In diesem Rahmen ist auch die historische Entwicklung der verbraucherschützenden Widerrufsrechte zu berücksichtigen, da nur vor diesem Hintergrund die auch heute noch aktuellen dogmatischen „Modelle" der rechtlichen Konstruktion des Widerrufsrechts, wie sie innerhalb der „vertragsbezogenen" Sichtweise diskutiert werden, ihre Erklärung finden. Grundlegend ist zuvor der Begriff und die Terminologie des „Widerrufs" und der „Widerrufsrechte" im BGB und den zahlreichen verbraucherschützenden Spezialregelungen klärungsbedürftig.

I. Ausgangspunkt und Grundlegung: Die „vertragsbezogene" Sichtweise

Nähert man sich dem Begriff und der „rechtlichen Konstruktion" von „Widerruf" und „Widerrufsrecht" zunächst einmal sprachlich-begrifflich an, um die Themenstellung einzugrenzen, dann fallen die mit dem „Widerruf" sinn- und sachverwandten Wörter „Zurücknahme, Dementi, Absage, Ableugnung, Zurückziehung oder Rückzug".[113] Der Ursprung des „Widerrufs" findet sich im mittelhochdeutschen „widerruof" als das Gegenrufen, der Widerspruch oder die Weigerung.[114] Dementsprechend wird der Widerruf in der deutschen Sprache auch als das „Zurücknehmen" (einer Anordnung) oder als eine „Ungültigkeitserklärung" bezeichnet.[115] Auch findet sich die Wendung vom Widerruf als die „Zurücknahme einer Willenserklärung"[116].

1. „Widerruf" und „Widerrufsrechte" im BGB

Daß letztere Umschreibung unzutreffend, da zu eng ist, wird deutlich, wenn man sich der Rechtssprache und insbesondere der Sprache des BGB bedient, denn dort findet sich der „Widerruf" oder ein „Widerrufsrecht" an vielen Stellen - vgl. z.B. die §§ 27 II, 81 II, 109, 130 I 2, 168 S. 2, 171 II, 178, 183, 530, 610[117], 658, 671 I 1.Var., 790, 956 I 2, 1366 II, 1413, 1427, 1431 III, 1453,

---

113 *Duden*, Bd. 8, Sinn- und sachverwandte Wörter, 1972, S. 763.

114 Siehe *Köbler*, Etymologisches Rechtswörterbuch, S. 466.

115 *Wahrig*, Deutsches Wörterbuch 1978, S. 4138.

116 *Brockhaus*, Der Volksbrockhaus A-Z, 1978, S. 1008.

117 Zu beachten ist, daß der in § 610 BGB (a.F.) geregelte „Widerruf eines Darlehensversprechens" im Rahmen der „Schuldrechtsmodernisierung" durch ein „außerordentliches

1830, 2253, 2271 BGB - und nicht immer handelt es sich um den Widerruf von Willenserklärungen.[118] So erweist sich auch der Gedanke als „trügerisch", daß der Begriff des Widerrufs im Privatrecht und dort insbesondere im bürgerlichen Recht, Anhaltspunkte für eine einheitliche Definition des „Widerrufs" geben kann.[119] Ausgehend von dem, was allein in den gesetzlichen Regelungen[120] und dort speziell im BGB - von den sonderprivatrechtlichen Regelungen zunächst einmal abgesehen - unter „Widerruf" oder „Widerrufsrechten" enthalten ist, dann ergibt sich ein Ausmaß derartig unterschiedlicher Regelungen und Regelungszusammenhänge, das im BGB „sehr selten, wenn nicht gar einmalig"[121] ist. Bereits ein kurzer Streifzug über einige bekanntere „Widerrufsrechte" im BGB, wie sie sich nach herkömmlicher Betrachtung darstellen, ist geeignet, diesen Befund zu belegen:[122] Das BGB kennt den Widerruf einer noch nicht wirksam gewordenen Willenserklärung (§ 130 I 2 BGB) ebenso wie den Widerruf einer wirksam gewordenen Willenserklärung (§ 145 2. Hs. BGB und § 81 II BGB). Bei letzteren „Rechten zum Widerruf" sind zwar die Willenserklärungen selbst wirksam geworden (vgl. § 130 BGB), deren inhaltliche Wirkungen hängen aber von weiteren Voraussetzungen ab, z.B. von Tatbestandselementen, die fehlen (vgl. § 145 2. Hs. BGB) oder von anderen Umständen, die noch nicht gegeben sind, siehe z.B. die §§ 658, 2253, 2271 BGB. Weiterhin können auch Willenserklärungen widerrufen werden, die Bestandteil eines rechtlich noch „schwebend unwirksamen" Rechtsgeschäfts geworden sind - siehe §§ 109, 178, 1366 II, 1427 II, 1453 II, 1830 BGB. Daneben gibt es Widerrufsrechte, die sich auf den Widerruf von Willenserklärungen beziehen, die zu einem Rechtsgeschäft gehören, das von seinen Tatbestands- und Wirksamkeitsvoraussetzungen her bereits vollendet wurde. So können beispielsweise Ermächtigungen dann widerrufen werden, soweit von ihnen noch kein Gebrauch gemacht wurde - siehe die §§ 27 II, 168 S. 2, 183, 790, 1431 III BGB. Oder es können Willenserklärungen widerrufen werden, die zu einem Vertrag geführt haben, dessen rechtliche Wirkungen für die Zukunft beendet werden sollen - vgl. §§ 671 I, 1413 BGB. Schließlich dient der Widerruf auch der Beendigung des Vertragsverhältnisses ex tunc (§§ 530 ff. BGB) oder der Vernichtung einer Erklärung mit Verpflichtungswirkung, die noch nicht erfüllt wurde - siehe § 610 BGB (a.F.).

Kündigungsrecht" gemäß § 490 I BGB ersetzt wird. Vgl. zum „Schuldrechtsmodernisierungsgesetz" Teil B.IV.

118 Vgl. *Larenz/Wolf*, AT, 8. Aufl., S. 722 f.; *Palandt*, 60. Aufl., *Heinrichs* vor § 346 BGB, Rn. 9.

119 So zutreffend *Gernhuber*, WM 1998, S. 1797 ff., 1797.

120 Siehe zu vertraglichen oder einseitig vorbehaltenen Widerrufsrechten nur *Fuchs*, AcP 196 (1996), S. 313 ff., 320 f.

121 *Gernhuber*, WM 1998, S. 1797 ff., 1798.

122 Siehe *Palandt*, 60. Aufl., *Heinrichs* vor § 346 BGB, Rn. 9; *Pudor*, Wirkungsweise, S. 3, 105 ff.; *Gernhuber*, WM 1998, S. 1797 ff., 1798; *Larenz/Wolf*, AT, 8. Aufl., S. 722 f.; *Fuchs*, AcP 196 (1996), S. 313 ff., 318 f.; jeweils m.w.N.

Wie diese kleine Übersicht gezeigt hat, hängt die Wirkungsweise des Widerrufs von dem Gegenstand ab, auf den er sich bezieht:[123] Der Widerruf gemäß § 130 I 2 BGB führt bei allen Willenserklärungen - unabhängig von „Verbraucherstatus" (§ 13 BGB) des Erklärenden - dazu, daß das „Wirksamwerden" (iSv. § 130 I 1 BGB) der Willenserklärungen verhindert wird. Dagegen „beseitigt" der „vorbehaltene" Widerruf bei einer Willenserklärung in Gestalt eines Vertragsangebots (§ 145 BGB) nur die „Gebundenheit" des Antragenden (siehe § 145 2. Hs. BGB). Ausnahmsweise kann sogar ein bestehender Vertrag durch Widerruf rückwirkend wieder „aufgehoben" - also in seinen rechtlichen Wirkungen wieder „beseitigt" - werden, wie die §§ 530-534 BGB zeigen. Jedoch ist diese „gegenstandsbezogene Wirkungsweise" im wesentlichen schon die einzige Gemeinsamkeit, selbst wenn man sich nur den Widerruf von Willenserklärungen betrachtet. Die allgemeine Definition vom (rechtsgeschäftlichen) Widerruf als „einseitige Aufhebung von Willenserklärungen durch nachträgliche Gegenerklärung"[124] hilft vor diesem Hintergrund nicht viel weiter. Dies gilt für auch andere Erklärungsversuche, wie z.B. das Widerrufsrecht als „die Rechtsmacht, ein schwebend wirksames Rechtsgeschäft unwirksam zu machen"[125] oder „die Rechtsmacht, einen zunächst wirksamen Vertrag (...) in ein Abwicklungsverhältnis umzugestalten"[126], das Widerrufsrecht als ein „einseitig wahrnehmbares Gestaltungsrecht, welches auf die Verhinderung des Wirksamwerdens der Erklärung" gerichtet ist"[127], oder als „Gestaltungsrecht, durch dessen Ausübung der Verbraucher oder Käufer den bis dahin geltenden Rechtszustand ändere"[128], bzw. als „einseitiges empfangsbedürftiges Rechtsgeschäft mit rechtsgestaltender Wirkung"[129] oder „als Möglichkeit, den Eintritt der Wirksamkeit der (...) Willenserklärung zu verhindern", oder ganz generell der Widerruf „als Erklärung, durch die ein vorausgegangener rechtserheblicher Akt durch den Erklärenden einseitig rückgängig gemacht werden kann"[130], bzw. der Widerruf als „die Rücknahme der auf den Vertragsabschluß gerichteten Willenserklärung"[131] oder schließlich „als Rücknahme einer bestimmten Willenserklärung"[132]. Angesichts einer fehlenden Legaldefinition, kaum vorhandener methodischer Präzisierung und letztlich auch fehlender Bemühungen um eine taugliche und

---

123 Vgl. *Fuchs*, AcP 196 (1996), S. 313 ff., 318 f. Siehe zum „allgemeinen" Widerrufsrecht des Verbrauchers gemäß § 355 I 1 BGB unten, Teil B.I.3.

124 *Fuchs*, AcP 196 (1996), S. 313 ff., 319; *Gernhuber*, WM 1998, S. 1797 ff., 1798; vgl. zur Widerruflichkeit iSv. § 130 I 2 BGB als „Rückziehungsbefugnis" nur *Manigk*, Willenserklärung und Willensgeschäft (1907), S. 595.

125 *Palandt*, 60. Aufl., *Heinrichs* vor § 104 BGB, Rn. 17.

126 *Palandt*, 60. Aufl., *Heinrichs* zu § 361a BGB, Rn. 7; siehe auch MK-BGB, 3. Aufl., *Ulmer* zu § 7 VerbrKrG, Rn. 11.

127 *Werner/Machunsky*, zu § 1 HWiG, Rn. 256.

128 *Krämer*, ZIP 1997, S. 93 ff., 93.

129 *Gilles*, NJW 1986, S. 1131 ff., 1138.

130 *Pudor*, Wirkungsweise, S. 3.

131 *Palandt*, 58. Aufl., *Putzo* zu § 2 HWiG, Rn. 1.

132 *Münstermann/Hannes*, zu § 7 VerbrKrG, Rn. 329.

klare Abgrenzung des Inhalts von dem „verwandter“ Begriffe, wie z.B. und insbesondere dem Rücktrittsrecht[133], soll es sich daher um einen „dogmatisch wertlosen Allerweltsbegriff“[134] handeln.

2. „Widerruf“ und „Widerrufsrecht“ in den verbraucherschützenden Sonderregelungen, insbesondere vor dem Hintergrund der „schwebenden Wirksamkeit“ oder „schwebenden Unwirksamkeit“ des „Verbrauchervertrags“

Bemüht man sich ungeachtet dieser begrifflichen Schwierigkeiten - und der oft fehlenden Differenzierung zwischen dem Widerrufsrecht als „Recht zum Widerruf“ und dem Widerruf als Ausübung des Widerrufsrechts, d.h. als Widerrufserklärung - weiter um eine dogmatische Einordnung des „Widerrufsrechts“, dann bietet eine erste Hilfestellung die Unterscheidung zwischen den (o.g.) nicht speziell verbraucherschützenden „Widerrufsrechten“ des BGB, und den - bis zur Einführung des § 361a BGB (a.F.) als erstes einheitliches verbraucherschützendes Widerrufsrecht im BGB - nur außerhalb des BGB stehenden Widerrufsrechten in den verbraucherschützenden Sonderregelungen[135] - vgl. §§ 11 I AuslInvmG, 23 I KAGG, 8 IV VVG sowie § 1 I HWiG (§ 312 I BGB), § 7 I VerbrKrG (§ 495 I BGB), § 5 I TzWrG (§ 485 I BGB) und § 4 I FernUSG.

a) Privatrechtswissenschaft

Doch auch bei dieser Gruppe von sonderprivatrechtlichen Widerrufsrechten ist die dogmatische Einordnung nicht unproblematisch, insbesondere war bisher die Rechtsnatur der verbraucherschützenden Widerrufsrechte umstritten:[136] Die - bis zur Einführung von § 361a BGB (a.F.) - herrschende Meinung ordnete das verbraucherschützende Widerrufsrecht als ein auf die Verhinderung des Vertragsschlusses gerichtetes Gestaltungsrecht ein.[137] Dabei wurde die Nichtaus-

---

133 Siehe z.B. *Palandt*, 60. Aufl., *Heinrichs* zu § 361a BGB, Rn. 2: Widerrufsrecht als „besonderes Rücktrittsrecht“.

134 Vgl. *Gernhuber*, WM 1998, S. 1797 ff., 1798.

135 Siehe für diese allgemeine Unterscheidung z.B. *Gernhuber*, WM 1998, S. 1797 ff.; *Larenz/Wolf*, AT, 8. Aufl., S. 722 f.; *Fuchs*, AcP 196 (1996), S. 313 ff., 318. Siehe zu den Wertungsverschiedenheiten nur *Gilles*, NJW 1986, S. 1131 ff., 1138.

136 Vgl. zum Überblick zu der jedenfalls bis zur Einführung des § 361a BGB (a.F.) anhaltenden dogmatischen Kontroverse z.B. MK-BGB, 3. Aufl., *Ulmer* zu § 7 VerbrKrG, Rn. 10 f.; *Krämer*, ZIP 1997, S. 93 ff., 93.

137 Siehe z.B. *Palandt*, 58. Auflage, *Heinrichs* vor § 346 BGB, Rn. 9; *Putzo* zu § 7 VerbrKrG, Rn. 4; *Erman*, 10. Aufl., *Saenger* zu § 7 VerbrKrG, Rn. 4 ff.; *Bülow*, VerbrKrG, 3. Aufl., zu § 7 VerbrKrG, Rn. 20; MK-BGB, 3. Aufl., *Ulmer* zu § 7 VerbrKrG, Rn. 11; *Bruchner/Ott/Wagner-Wieduwilt*, VerbrKrG, 1. Aufl., *Bruchner* zu § 7 VerbrKrG, Rn. 9; *Krämer*, ZIP 1997, S. 93 ff., 93; *Fuchs*, AcP 196 (1996), S. 313 ff., 321 f., 350; *Teske*, NJW 1991, S. 2793 ff., 2794; *Löwe*, NJW 1974, S. 2257 ff., 2259; *Reich*, JZ 1975, S. 550 ff., 552; jeweils m.w.N. A.A. jedoch *von Westphalen/Emmerich/von Rottenburg*, VerbrKrG, 2. Aufl., *von Westphalen* zu § 7 VerbrKrG, Rn. 10 ff., der ein Gestaltungsrecht ablehnt, dem „Schwebezustand“ aber zustimmt (vgl. Rn. 12).

übung des Widerrufsrechts zumeist als rechtsgeschäftliche[138] oder gesetzliche[139] aufschiebende Bedingung für das Wirksamwerden des Vertrags angesehen, der Rechtszustand bis zur Ausübung des Widerrufsrechts oder bis zum Ablauf der Widerrufsfrist als „schwebend unwirksam" bezeichnet.[140] Dagegen stellte die Mindermeinung auf die während der Widerrufsfrist noch fehlende Wirksamkeit des Rechtsgeschäfts, auf das die Willenserklärung gerichtet sei, ab, und bewertete daher die Nichtausübung des Widerrufs als aufschiebende Bedingung für das Wirksamwerden der auf den Vertragsschluß gerichteten Willenserklärung des Verbrauchers.[141] Auch wurde die Qualifizierung des Widerrufsrechts als Gestaltungsrecht z.T. deswegen abgelehnt, da keine Grundlage für einen Widerruf vorhanden sei, da die Willenserklärung des Verbrauchers noch nicht „bindend" sei. Aus diesen Gründen sei der Widerruf selbst auch keine Willenserklärung, sondern nur eine Rechtshandlung, da er nicht unmittelbar auf die Herbeiführung einer Rechtsfolge gerichtet sei.[142] Schließlich wurden die verbraucherschützenden Widerrufsrechte auch schon früher in den Zusammenhang mit Widerrufsregelungen des BGB gebracht, zum einen mit § 130 I 2 BGB und zum anderen mit § 145 2. Hs. BGB.[143] Dagegen wurde wiederum vorgebracht, daß der Rückgriff auf die im BGB vorzufindenden „Rechtsfiguren des Widerrufs" zur Klärung der dogmatischer Einordnung der verbraucherschützenden Widerrufsrechte wenig beitragen könne, da dort je nach dem Regelungszusammenhang das Widerrufsrecht einen unterschiedlichen Sinn habe.[144] Angesichts dieser terminologischen und dogmatischen Schwierigkeiten auch bei den verbraucherschützenden Widerrufsrechten soll unter (diesen) Widerrufsrechten „zunächst einmal eine terminologische Kategorie von Rechtsbehelfen" zu verstehen sein, „deren Verhältnis zueinander und zum übrigen Recht weitgehend ungeklärt ist".[145]

Trotz der unterschiedlichsten Erscheinungsformen des „Widerrufs" und des „Widerrufsrechts", die es als Idealtypen mit gemeinsamen Merkmalen zumin-

---

138 So RGRK, 12. Aufl., *Kessler* zu § 1b AbzG, Rn. 1.

139 Vgl. z.B. MK-BGB, 3. Aufl., *Ulmer* zu § 7 VerbrKrG, Rn. 10 f.; siehe auch *Ollmann*, WM 1992, S. 2005 ff., 2006: „Rechtszeitbestimmung".

140 Siehe z.B. die Begründung des RegE zum VerbrKrG, BT-Dr. 11/5462, S. 22; MK-BGB, 3. Aufl., *Ulmer* zu § 7 VerbrKrG, Rn. 12; *S. Lorenz*, NJW 1995, S. 2258 ff., 2260; *Bülow*, NJW 1991, S. 129 ff., 131; *Teske*, NJW 1991, S. 2793 ff., 2796; *Knütel*, AcP 185 (1985), S. 308 ff., 315. Vgl. für die Rechtsprechung des BGH: BGHZ 109, 97 ff., 103; 113, 222 ff., 225; 119, 283 ff., 298.

141 Siehe z.B. *Ollmann*, WM 1992, S. 2005 ff., 2006.

142 Vgl. *Erman*, 8. Aufl., *Weitnauer/Klingsporn* zu § 1b AbzG, Rn. 9 f.; dagegen aber *Ollmann*, WM 1992, S. 2005 ff., 2006.

143 Siehe zu § 130 BGB z.B. *Ollmann*, WM 1992, S. 2005 ff., 2006; zu §§ 130, 145 BGB insbesondere *Gernhuber*, WM 1998, S. 1797 ff.

144 Vgl. MK-BGB, 3. Aufl., *Ulmer* zu § 7 VerbrKrG, Rn. 11 mit Verweis auf *E. Jung*, ZRP 1981, S. (137 ff.), 141 ff.

145 *Heinbuch*, Theorien und Strategien, S. 188.

dest bisher nicht gab, und obwohl auch keineswegs von einem einheitlichen Widerrufsrecht in den verbraucherschützenden Sondergesetzen auszugehen war[146], fällt dennoch auf, daß in der (damaligen) dogmatischen Kontroverse im wesentlichen zwei Modelle favorisiert wurden, die auch für widerrufsrechtliche Wirkungsweise - sowohl von § 361a I 1 BGB (a.F.) als auch von § 355 I 1 BGB - noch von Bedeutung sind,[147] zum einen das „Modell der schwebenden Unwirksamkeit“[148] und zum anderen das „Modell der schwebenden Wirksamkeit“[149] des „Verbrauchervertrags“[150]. So ist auf den ersten Blick nicht zu übersehen, daß die sonderprivatrechtlichen Widerrufsrechte, wie sie vor Einführung des § 361a BGB (a.F.) ausgestaltet waren, die „Wirkungen des Widerrufs auf sein Objekt“[151] in unterschiedlichen Formulierungen zum Ausdruck bringen. Insoweit sind die Normtexte und Regelungszusammenhänge, in denen sich verbraucherschützende Widerrufsrechte finden, für die Rechtsdogmatik nicht bedeutungslos: Gesetzestechnisch betrachtet können nämlich sowohl die Folgen der Widerruflichkeit als auch die Rechtsfolgen des ausgeübten Widerrufs unterschiedlich ausgestaltet werden.[152] Diese unterschiedlichen Ausgestaltungen finden sich in den beiden „Modellen“ der Wirkungsweise verbraucherschützender Widerrufsrechte wieder,[153] zum einen in dem „Modell der schwebenden Unwirksamkeit“ und zum anderen in dem „Modell der schwebenden Wirksamkeit“. Nach der überwiegenden „vertragsbezogenen“ Sichtweise stellen sich diese Modelle wie folgt dar: Das Gesetz kann die Willenserklärung des Verbrauchers erst mit dem Ablauf der Widerrufsfrist wirksam werden lassen. Dadurch wird das zweiseitige Rechtsgeschäft, auf das sich die Willenserklärung bezieht, zunächst in einen Zustand „schwebender Unwirksamkeit“ versetzt. In

---

146 Insbesondere verfolgen die diversen sonderprivatrechtlichen Widerrufsrechte unterschiedliche Zielsetzungen - vgl. dazu z.B. *Pudor*, Wirkungsweise, S. 7 ff.; *S. Lorenz*, Unerwünschter Vertrag, S. 55 ff., 122 ff.; *Larenz/Wolf*, AT, 8. Aufl., S. 724 ff.; jeweils m.w.N.

147 Vgl. nur *Mankowski*, WM 2001, S. 793 ff.; 803 ff. m.w.N.

148 Vgl. z.B. die Begründung des RegE zum VerbrKrG, BT-Dr. 11/5462, S. 22; MK-BGB, 3. Aufl., *Ulmer* zu § 7 VerbrKrG, Rn. 12; *S. Lorenz*, NJW 1995, S. 2258 ff., 2260; *Bülow*, NJW 1991, S. 129 ff., 131; *Teske*, NJW 1991, S. 2793 ff., 2796; *Knütel*, AcP 185 (1985), S. 308 ff., 315. Vgl. für die Rechtsprechung des BGH: BGHZ 109, 97 ff., 103; 113, 222 ff., 225; 119, 283 ff., 298.

149 Siehe dazu die Begründung des RegE zum FernAG, BT-Dr. 14/2658, S. 42, sowie *Bülow/Artz*, NJW 2000, S. 2049 ff., 2052.

150 Damit ist ein Vertrag zwischen „Unternehmer“ und „Verbraucher“ gemeint (vgl. § 310 III BGB), wie er in den verschiedenen Widerrufsrechtsregelungen vor Einführung des § 361a BGB (a.F.) zum Ausdruck kommt, obwohl weder der Begriff des „Verbrauchers“ (siehe dazu nur *Dreher*, JZ 1997, S. 167 ff. m.w.N.) noch der des „Unternehmers“, wie sie in §§ 13, 14 BGB geregelt sind, eindeutig und problemlos sind. Vgl. m.w.N. z.B. *Reich*, ZRP 1974, S. 187 ff., 189; *Krebs*, DB 2002, S. 517 ff.

151 *Gernhuber*, WM 1998, S. 1797 ff., 1798.

152 Siehe dazu insbesondere *S. Lorenz*, Unerwünschter Vertrag, S. 57.

153 Vgl. zu beiden Modellen *Gernhuber*, WM 1998, S. 1797 ff., 1798; *S. Lorenz*, Unerwünschter Vertrag, S. 57; siehe auch *Schmidt-Räntsch*, VuR 2000, S. 427 ff., 431.

diesem Fall kommt das zweiseitige Rechtsgeschäft, in diesem Zusammenhang regelmäßig der Vertrag zwischen Verbraucher und Unternehmer, durch die Nichtausübung des Widerrufsrechts innerhalb der Frist, also durch die Nichtabgabe einer Widerrufserklärung, endgültig zustande. Dieses „Modell der schwebenden Unwirksamkeit" fand sich bisher in den §§ 1b I AbzG, 1 I HWiG, 7 I, 9 II VerbrKrG, 5 I TzWrG. Die Willenserklärung des Verbrauchers in diesen Fällen „wird erst wirksam, wenn" kein form- und fristgerechter Widerruf erfolgt. Eine andere mögliche Gesetzestechnik, die mit der „Vernichtbarkeit des zunächst geltenden Vertrages"[154] umschrieben wird, führt die Wirksamkeit des Vertrags unmittelbar herbei und auf diese Weise auch zu einem sofortigen Erfüllungsanspruch des widerrufsberechtigten Verbrauchers. Dieses „Modell der schwebenden Wirksamkeit" fand sich bisher nur in den §§ 23 I KAGG, 11 I AuslInvG, 4 I FernUSG, während das Widerrufsrecht nach § 8 IV VVG eine andere, „neutrale" Formulierung aufweist. Nach dem Modell der „schwebenden Wirksamkeit" ist der Verbraucher „nur gebunden, wenn" kein form- und fristgerechter Widerruf erklärt wird. Bei beiden Modellen wird noch zusätzlich unterschieden zwischen der Wirkung des Widerrufs für die Zukunft (ex nunc) oder die Vergangenheit (ex tunc).[155]

b) Rechtsprechung der Zivilgerichte

Die Meinungsverschiedenheiten zu der Frage der Rechtsnatur der verbraucherschützenden Widerrufsrechte beschränkten sich bisher nicht nur auf die Privatrechtswissenschaft, sondern sind auch in der Rechtsprechung der Zivilgerichte zu finden: Während der Bundesgerichtshof (BGH) überwiegend von dem Charakter des verbraucherschützenden Widerrufsrechts als Gestaltungsrecht ausging,[156] verneinte der II. Zivilsenat des BGH in seinem Urteil vom 16.10.1995[157] die Annahme eines Gestaltungsrechts.[158] Der Streit um die rechtliche Einordnung des verbraucherschützenden Widerrufsrechts ist schließlich auch nach Einführung des ersten „allgemeinen" verbraucherschützenden Widerrufsrechts im BGB (§ 361a BGB a.F.) nicht beigelegt worden, worauf noch einzugehen sein wird.[159]

3. „Widerruf" und „Widerrufsrecht" in § 355 BGB

Zu dem zahlreichen Neuerungen des am 01.01.2002 in Kraft getretenen „Gesetzes zur Modernisierung des Schuldrechts"[160] gehört auch die weitgehende

---

154 *S. Lorenz*, Unerwünschter Vertrag, S. 57.

155 Vgl. für eine ex nunc-Wirkung des Widerrufsrechts nach § 4 FernUSG z.B. *Faber/Schade*, zu § 4 FernUSG, Rn. 14; für eine ex tunc-Wirkung nur *Gilles/Heinbuch/Gounalakis*, Unterrichtsrecht, S. 315.

156 Siehe BGHZ 109, 97 ff., 103; 113, 222 ff., 225; 119, 283 ff., 298; 129, 371 ff., 376 f.

157 BGHZ 131, 82 ff.

158 Siehe dazu im Detail unten, Teil C.V.1.b).

159 Vgl. unten, Teil B.III. sowie B.IV.

160 Gesetz vom 26.11.2001 (BGBl. 2001 I S. 3138). Siehe auch die verbraucherrechtlichen Neuerungen des „Gesetzes zur Änderung des Rechts der Vertretung durch Rechtsan-

Integration von Sonderprivatrechten in das BGB. Dies ist von Bedeutung für die „besonderen“ Widerrufsrechte, die bisher allein in den sonderprivatrechtlichen Verbraucherschutzgesetzen außerhalb des BGB geregelt waren, sowie für das „allgemeine“ verbraucherschützende Widerrufsrecht, das erstmals mit § 361a BGB (a.F.) eingeführt wurde.[161] Für das Verständnis der Wirkungsweise von § 355 BGB als geltendes „allgemeines“ Widerrufsrecht ist daher noch ein kurzer Blick auf das Zusammenspiel der „besonderen“ verbraucherschützenden Widerrufsrechte und des „allgemeinen“ verbraucherschützenden Widerrufsrechts im BGB zu werfen: Für das widerufsrechtliche Sonderprivatrecht der Verbraucher (§ 13 BGB) ist die Einbeziehung[162] des Haustürwiderrufs-, des Verbraucherkredit-, des Teilzeit-Wohnrechte- und des Fernabsatzgesetzes besonders relevant. In einem neuen Untertitel des BGB („Besondere Vertriebsformen“)[163] finden sich nunmehr das - vorher im Gesetz über den Widerruf von Haustürgeschäften und ähnlichen Geschäften (HWiG) geregelte - Recht der „Haustürgeschäfte“[164], die (ehemals im FernAG normierten) Bestimmungen über Fernabsatzverträge[165] sowie die Regelung von „Pflichten im elektronischen Geschäftsverkehr“ gemäß § 312e BGB[166]. Das zuvor im VerbrKrG geregelte Verbraucherdarlehensrecht

wälte vor den OLG“ v. 23.07.2002 (OLG-Vertretungsänderungsgesetz), BGBl. 2002 I S. 2850, 2856 ff., vgl. BT-Dr. 14/9266, BT-Dr. 14/9633 (siehe dazu *N. Fischer*, DB 2002, S. 1643 ff. m.w.N.). Vgl. zu den (jeweiligen) widerrufsrechtlichen Neuregelungen im Detail Teil B.IV.

161 Vgl. für die zuletzt vor dem Gesetz vom 26.11.2001 (BGBl. 2001 I S. 3138) bestehende Rechtslage und die Auswirkungen auf die §§ 355 ff. BGB eingehend Teil B.III.

162 Vgl. auch die Integration der der materiell-rechtlichen Regelungen des AGB-Gesetzes in das BGB (§§ 305 ff. BGB), siehe dazu *von Westphalen*, NJW 2002, S. 12 ff. m.w.N. Vgl. zu den verfahrensrechtlichen Regelungen das neue Unterlassungsklagengesetz (UKlaG) vom 26.11.2001, BGBl. I S. 3138, (vgl. früher §§ 22, 22a AGBG), siehe dazu die amtl. Begr., BT-Dr. 14/6040, S. 274 ff.; *E. Schmidt*, NJW 2002, S. 25 ff.; *Walker*, in *Dauner-Lieb/Heidel/Lepa/Ring* (Hg.): Neues Schuldrecht, S. 206 ff. m.w.N.

163 Vgl. den 2. Untertitel zum 1. Titel im 3. Abschnitt des 2. Buches des BGB: §§ 312 ff. BGB, siehe dazu *Ring*, in *Dauner-Lieb/Heidel/Lepa/Ring* (Hg.): Neues Schuldrecht, S. 343 ff., 353 ff.; *N. Fischer*, ZAP 11/2002, S. 621 ff., 623 ff. (Fach 2, S. 351 ff., 353 ff.); jeweils m.w.N.

164 Vgl. §§ 312, 312a BGB, siehe dazu z.B. *Ring*, in *Dauner-Lieb/Heidel/Lepa/Ring* (Hg.): Neues Schuldrecht, S. 343 ff., 363 ff.; *N. Fischer*, ZAP 11/2002, S. 621 ff., 623 f. (Fach 2, S. 351 ff., 353 f.); jeweils m.w.N.

165 Siehe §§ 312b-312d BGB, vgl. dazu m.w.N. *Meub*, DB 2002, S. 359 ff.; *Härting*, MDR 2002, S. 61 ff.; *N. Fischer*, ZAP 11/2002, S. 621 ff., 624 (Fach 2, S. 351 ff., 354); *Ring*, in *Dauner-Lieb/Heidel/Lepa/Ring* (Hg.): Neues Schuldrecht, S. 343 ff., 361 ff.

166 Insbesondere da Fernabsatzverträge regelmäßig auch unter den Anwendungsbereich des § 312e BGB fallen, vgl. dazu m.w.N. *Meub*, DB 2002, S. 359 ff.; *Micklitz*, VuR 2001, S. 71 ff.; *N. Fischer*, ZAP 11/2002, S. 621 ff., 625 (Fach 2, S. 351 ff., 355); *Dauner-Lieb/Heidel/Lepa/Ring* (Hg.): Anwaltkommentar Schuldrecht, *Ring* zu § 312e BGB, Rn. 1 ff. Siehe zum „Gesetz über die rechtlichen Rahmenbedingungen für den elektronischen Geschäftsverkehr“ v. 14.12.2001 (EGG), BGBl. 2001 I S. 3721, nur *Spindler*, NJW 2002, S. 921 ff. m.w.N.

hat als Teilbereich[167] des allgemeinen Darlehensrechts (§§ 488 ff. BGB), in § 505 BGB (Ratenlieferungsverträge) sowie in §§ 655a-655e BGB (Darlehensvermittlungsverträge) eine neue Grundlage gefunden, das zuvor im TzWrG normierte Recht der Teilzeit-Wohnrechteverträge (Recht des sog. Time-Sharing) seinen Standort in den §§ 481 ff. BGB. Alle in diesen verbraucherschützenden „Spezialmaterien" geregelten „besonderen" Widerrufsrechte des BGB verweisen auf das „allgemeine" verbraucherschützende Widerrufsrecht, das in § 355 BGB[168] normiert ist: § 312 I 1 für den „Haustür"-Vertrag, § 312d I 1 für den Fernabsatzvertrag, § 485 I für den Teilzeit-Wohnrechtevertrag und § 495 I für den Verbraucherdarlehensvertrag (sowie § 505 I 1 BGB für den Ratenlieferungsvertrag). Wichtig für das Verständnis der Wirkungsweise des § 355 BGB ist seine „rechtstechnische Gestaltung": So ist die Vorschrift eine „Blankettnorm"[169], die den Wortlaut und die „rechtstechnische Konstruktion" - und damit auch die Voraussetzungen und die Folgen des Widerrufsrechts - bestimmt, aber nicht selbst die Fälle, in denen dem Verbraucher ein Widerrufsrecht zusteht; diese Aufgabe übernehmen weiterhin die „besonderen" Widerrufsrechte, die jeweils auf § 355 BGB verweisen. § 355 I 1 BGB übernimmt dabei (fast wörtlich) den Inhalt der Vorgängerregelung § 361a I 1 BGB (a.F.),[170] so daß folgender einheitlicher Wortlaut für die Wirkungsweise von § 355 BGB zugrundezulegen ist: „Wird einem Verbraucher durch Gesetz ein Widerrufsrecht nach dieser Vorschrift eingeräumt, so ist er an seine auf den Abschluss eines Vertrags gerichtete Willenserklärung nicht mehr gebunden, wenn er sie fristgerecht widerrufen hat." Folglich ist für alle „besonderen" verbraucherschützenden Widerrufsrechte innerhalb und außerhalb des BGB,[171] die auf das

---

167 Siehe §§ 491 ff. BGB, vgl. zum neuen Darlehensrecht z.B. *Wittig/Wittig*, WM 2002, S. 145 ff.; *Stillner*, VuR 2002, S. 79 ff.; *Mülbert*, WM 2002, S. 465 ff.; jeweils m.w.N. Vgl. neben dem Widerrufsrecht für Verbraucherkreditverträge gem. § 495 I BGB stets auch die „besonderen" Widerrufsrechte, die auf § 495 BGB verweisen: Das Widerrufsrecht bei Zahlungsaufschüben bzw. sonstigen entgeltlichen Finanzierungshilfen gem. §§ 499, 495 I BGB, bei Finanzierungsleasingverträgen gem. §§ 500, 495 I BGB, bei Teilzahlungsgeschäften nach §§ 501 S. 1, 495 I BGB. Vgl. auch das Widerrufsrecht (§ 355 BGB) bei Ratenlieferungsverträgen gem. § 505 BGB und das Rückgaberecht (§ 356 BGB) bei Teilzahlungsgeschäften nach § 503 Abs. 1 BGB. Daneben ist auch das Widerrufsrecht nach §§ 507, 495 I BGB für „Existenzgründer" zu beachten, wodurch das Widerrufsrecht über den Kreis der Verbraucher (§ 13 BGB) hinaus ausgedehnt wird, ähnlich dem Widerrufsrecht für Fernunterrichtsteilnehmer (§ 4 I FernUSG).

168 Vgl. zu §§ 355 ff. BGB sowie §§ 361a, 361b BGB (a.F.) m.w.N. *Dauner-Lieb/Heidel/Lepa/Ring* (Hg.): Anwaltkommentar Schuldrecht, *Ring* zu § 355 BGB, Rn. 1 ff.; *N. Fischer*, DB 2002, S. 253 ff., sowie im Detail unten, Teil B.III., IV.

169 Siehe dazu m.w.N. *Ring*, in *Dauner-Lieb/Heidel/Lepa/Ring* (Hg.): Neues Schuldrecht, S. 343 ff., 383 f., 403 f.; *Dauner-Lieb/Heidel/Lepa/Ring* (Hg.): Anwaltkommentar Schuldrecht, *Ring* zu § 355 BGB, Rn. 15 f.

170 Vgl. die amtliche Begründung, BT-Dr. 14/6040, S. 198. Wegfallen ist allerdings der noch bei § 361a Abs. 1 S. 1 BGB (a.F.) vorhandene Zusatz „mit einem Unternehmer".

171 Das besondere Widerrufsrecht nach § 4 I FernUSG bleibt - wie bisher auch - außerhalb des BGB bestehen, es wird jedoch an die neue Rechtslage angepaßt - vgl. Art. 5 Absatz

„allgemeine“ Widerrufsrecht gemäß § 355 BGB verweisen, nicht nur ein einheitlicher Wortlaut, sondern auch eine einheitliche Wirkungsweise maßgebend. Dies ergibt sich aus der zugrundegelegten Annahme, daß die widerrufsrechtliche Wirkungsweise entscheidend durch den Wortlaut derjenigen Vorschrift bestimmt wird, die das Widerrufsrecht „dogmatisch-konstruktiv“ regelt. Ebenso wie die schon früher kontrovers diskutierte Frage der Wirkungsweise der diversen verbraucherschützenden Widerrufsrechte in den verbraucherschützenden Sondergesetzen im wesentlichen ungeklärt geblieben ist, ist auch die Wirkungsweise des „allgemeinen“ verbraucherschützenden Widerrufsrechts bisher nicht beantwortet worden, weder bei dem früheren § 361a BGB (a.F.) noch bei dem geltenden § 355 BGB. Daher stellt sich auch und insbesondere für das „allgemeine“ verbraucherschützende Widerrufsrecht in der Gestalt von § 355 BGB die Frage, wie es „dogmatisch-konstruktiv“ wirkt bzw. „rechtstechnisch funktioniert“. Diese „Funktionsweise“ soll fortan als Wirkungsweise bezeichnet werden. Dabei ist für die Betrachtung des bisher herrschenden „vertragsbezogenen“ Verständnisses der widerrufsrechtlichen Wirkungsweise noch von Bedeutung, daß die schon zu § 361a BGB (a.F.) vertretene - und damals wie heute vom Gesetzgeber favorisierte[172] - Geltung des „vertragsbezogenen“ Modells der „schwebenden Wirksamkeit“ mittlerweile auch (und wohl überwiegend) für die Wirkungsweise von § 355 BGB angenommen wird.[173] Eine fällige Auseinandersetzung mit der „vertragsbezogenen“ Sichtweise wird sich daher auch mit der historischen Entwicklung des nunmehr in § 355 BGB geregelten „allgemeinen“ verbraucherschützenden Widerrufsrechts auseinanderzusetzen haben.

II. Das Dogma der „Vertragsbezogenheit“ vor Einführung eines „allgemeinen“ verbraucherschützenden Widerrufsrechts

Um die noch zu beschreibenden jeweiligen dogmatischen wie systematischen Probleme der herkömmlichen „vertragsbezogenen“ Modelle der „schwebenden Wirksamkeit“ wie der „schwebenden Unwirksamkeit“ des „Verbrauchervertrags“ zu verstehen, ist der Blick zunächst auf die verschiedenen verbraucherschützenden Sonderprivatrechte (einschließlich der jeweiligen dogmatischen Kontroversen) zu richten, die ein Widerrufsrecht enthalten. Folglich ist - der historischen Entwicklung entsprechend - der Blick zuerst auf die Rechtslage vor Einführung des ersten „allgemeinen“ verbraucherschützenden Widerrufsrechts

---

31 des Schuldrechtsmodernisierungsgesetzes, s. dazu die amtliche Begründung, BT-Dr. 14/6040, S. 284 f.; vgl. näher *N. Fischer*, VuR 2002, S. 193 ff. m.w.N.

172 Vgl. die amtliche Begründung des Schuldrechtsmodernisierungsgesetzes, BT-Dr. 14/6040, S. 200; s.a. die amtliche Begründung des Gesetzes vom 27.06.2000, BT-Dr. 14/2658, S. 41 ff., 47.

173 Siehe dazu m.w.N. *Ring*, in *Dauner-Lieb/Heidel/Lepa/Ring* (Hg.): Neues Schuldrecht, S. 343 ff., 381 ff., 402 ff.; *Dauner-Lieb/Heidel/Lepa/Ring* (Hg.): Anwaltkommentar Schuldrecht, *Ring* zu § 355 BGB, Rn. 6 ff.; krit. dazu schon *N. Fischer*, DB 2002, S. 253 ff., 256 f. m.w.N.

(§ 361a BGB a.F.) zu richten, dann auf die durch § 361a BGB (a.F.) verursachten Veränderungen, bevor die maßgebenden Änderungen der „Schuldrechtsmodernisierung" im Detail betrachtet werden.

1. Die Widerrufsrechte in den verbraucherschützenden Sondergesetzen

Von der (damaligen) Vielfalt der verbraucherschützenden Widerrufsrechte in den Sondergesetzen und der dadurch bedingten Rechtszersplitterung war bereits die Rede.[174] Dieser Befund beruht letztlich darauf, daß zum einen die EG-Richtlinien und zum anderen und insbesondere die entsprechende Umsetzungs-Gesetzgebung hierzulande bei den Regelungen des Widerrufsrechts ein für den zu schützenden Verbraucher „schwer überschaubares, fast schon chaotisches Durcheinander angerichtet"[175] hat. Dies wird deutlich, wenn sich der Blick auf die verschiedenen verbraucherschützenden Widerrufsrechte richtet, und zwar in ihrem Bestand vor Einführung des § 361a BGB (a.F.). In diesem Rahmen, der hinsichtlich Gesetzgebung, Rechtsprechung der Zivilgerichte und Diskussion in der Privatrechtswissenschaft die Rechtslage vor dem 30.06.2000[176] widerspiegelt, ist auch auf die jeweiligen Vorgaben des europäischen Gemeinschaftsrechts, insbesondere der zahlreichen EG-Richtlinien zum Verbraucherschutz, einzugehen.

a) § 11 I AuslInvmG und § 23 I KAGG

In dem Gesetz über den Vertrieb ausländischer Investmentanteile (AuslInvmG) aus dem Jahr 1969[177] war in § 11 I erstmals ein sonderprivatrechtliches Widerrufsrecht für die Käufer ausländischer Investmentanteile vorgesehen. Nach § 11 I AuslInvmG ist der Käufer solcher Anteilsscheine, der durch mündliche Ver-

---

174 Siehe die amtliche Begründung zum Gesetz vom 27.06.2000, BT-Dr. 14/2658, S. 42, 46. Vgl. zudem *Gilles*, ZRP 1979, S. 265 ff., 265 f. m.w.N.

175 *Palandt*, 60. Aufl., *Heinrichs* zu § 361a BGB, Rn. 3. Diese Kritik bezieht sich nicht nur auf die konstruktive Ausgestaltung dieses Widerrufsrechts, sondern auch und besonders auf die Länge und den Beginn der jeweiligen Widerrufsfrist, die Ausübung und das Erlöschen des Widerrufsrechts und dessen Rechtsfolgen.

176 Während das „allgemeine" Widerrufsrecht nach § 361a BGB (a.F.) sowie die neugefaßten „besonderen" Widerrufsrechte gemäß §§ 3 I 1 FernAG, 5 I TzWrG, 4 I 1 FernUSG ab dem 30.06.2001 Geltung erlangten, traten die ebenfalls umgestalteten Widerrufsrechte nach §§ 1 I HWiG, 7 I VerbrKrG erst am 01.10.2000 in Kraft - vgl. Art. 10 des „Gesetzes über Fernabsatzverträge und andere Fragen des Verbraucherrechts sowie zur Umstellung von Vorschriften auf Euro" vom 27.06.2000, BGBl. I S. 897 ff., 909.

177 Gesetz über den Vertrieb ausländischer Investmentanteile und die Besteuerung der Erträgnisse ausländischer Investmentanteile (AuslInvmG) vom 28.07.1969, BGBl. I S. 986, zuletzt geändert durch Gesetz v. 24.03.1998 (BGBl. I S. 529). Zu beachten ist dabei stets auch das später eingefügte Widerrufsrecht gem. § 15h AuslInvmG für den Vertrieb von EG-Investmentanteilen gem. der EG-Richtlinie 85/611/EWG, das in § 15h S. 1 AuslInvmG auf § 11 AuslInvmG verweist. Vgl. zu dem Recht der Kapitalanlagegesellschaften z.B. *Claussen*, Bank- und Börsenrecht, 2. Aufl., S. 53 ff.; *J. Baur*, Investmentgesetze, 1970, S. 1 ff., 75 ff.; jeweils m.w.N.

handlungen außerhalb der ständigen Geschäftsräume desjenigen, der die Anteile verkauft oder den Verkauf vermittelt hat, zur Abgabe einer auf den Kauf gerichteten Willenserklärung bestimmt worden ist, an seine Erklärung nur gebunden, wenn er sie seinem Vertragspartner gegenüber nicht binnen einer Frist von zwei Wochen schriftlich widerruft. Diese Frist beginnt gemäß § 11 II 2 AuslInvmG erst zu laufen, wenn dem Käufer der Verkaufsprospekt ausgehändigt worden ist. Das Gesetz war die Reaktion darauf, daß in den sechziger Jahren in größerem Umfang an Kapitalanleger in Deutschland ausländische Investmentanteile veräußert wurden. Diese führten nach anfänglichen Gewinnen sehr häufig zu teilweise erheblichen Verlusten bei den Anlegern.[178] Ausweislich der Gesetzesbegründung[179] diente das Widerrufsrecht dazu, die Käufer von ausländischen Investmentanteilen vor den Risiken der entsprechenden Verträge zu schützen. Ein Schutz wurde insbesondere für notwendig erachtet, da diese Verträge meistens „an der Haustür" bzw. in der Wohnung der Käufer geschlossen wurden. Diese wurden von - in modernen Verkaufsmethoden geschulten - Vertretern zum Vertragsschluß bewegt, so daß sehr häufig die Situation der Überraschung oder sogar „Überrumpelung" gegeben war. Die besonderen situativen Umstände des Vertragsschlusses wurden neben der (vermuteten) Ungleichheit der Verhandlungsposition ausdrücklich als Grund für die Einführung eines Widerrufsrechts genannt.

Das nächste sonderprivatrechtliche Widerrufsrecht wurde im Jahre 1970 geschaffen. Seit dieser Zeit sieht in dem Gesetz über Kapitalanlagegesellschaften (KAGG)[180] die Vorschrift des § 23 I für die Erwerber von Investmentanteilen inländischer Kapitalanlagegesellschaften in Anlehnung an § 11 I AuslInvmG ein Widerrufsrecht vor.[181] Durch die nahezu wortgleiche Übernahme der Formulierung des Widerrufsrechts des AuslInvmG ist der Käufer von Anteilsscheinen auch hier an seine (Willens-) Erklärung nur gebunden, wenn er sie seinem Vertragspartner gegenüber nicht binnen einer Frist von zwei Wochen schriftlich widerruft. Die Frist beginnt nach § 23 II 2 KAGG mit der Aushändigung des Verkaufsprospekts zu laufen, der den Kunden über alle rechtlichen und tatsächlichen Umstände informieren soll, die für die Beurteilung des betreffenden Wertpapiers erforderlich sind. Dieser Prospekt war dem Käufer nach der früheren Rechtslage gemäß dem ursprünglichen § 19 KAGG[182] bei dem Erwerb eines Anteilsscheins zusammen mit den Vertragsbedingungen und einer

---

178 Vgl. *M. Wolf*, Korea Law Review, Vol. 32 (1996), S. 621 ff., 623.

179 Siehe BT-Dr. 5/3494, S. 23. Vgl. dazu auch *J. Baur*, Investmentgesetze, 1970, S. 537 ff. m.w.N.

180 Gesetz über Kapitalanlagegesellschaften (KAGG) vom 16.04.1957 in der Fassung vom 14.01.1970 (BGBl. I S. 127), zuletzt geändert durch Gesetz v. 16.07.1998 (BGBl. I 1842).

181 Siehe dazu auch *Hadding*, FS *Brandner*, S. 207 ff., 209; *J. Baur*, Investmentgesetze, 1970, S. 264 ff. m.w.N.

182 KAGG vom 16.04.1957 in der Fassung vom 14.01.1970 (BGBl. I S. 127).

Durchschrift seines Antrags auf den Vertragsschluß auszuhändigen. Nunmehr bestimmt § 19 I 1 KAGG[183], daß der Verkaufsprospekt dem Erwerber bereits vor Vertragsschluß auszuhändigen ist. Angesichts einer fehlenden Abstimmung von § 23 I und § 19 I 1 KAGG ist darauf hinzuweisen, daß die Widerrufsfrist zwar frühestens mit Vertragsschluß zu laufen beginnt, zusätzlich aber für den Fristbeginn die Aushändigung des Verkaufsprospekts notwendig ist.[184]

Die oben angesprochene Diskussion um die Wirkungsweise verbraucherschützender Widerrufsrechte hatte bereits bei diesen ersten Widerrufsrechten eingesetzt.[185] Angesichts der in beiden Vorschriften verwendeten Formulierung, daß der Käufer nur an seine Willenserklärung „gebunden" sei, wenn er diese nicht fristgemäß widerruft, wurde die Wirkungsweise dieser Widerrufsrechte zum Teil damit erklärt, daß der Widerruf nur die nachträgliche Aufhebung eines bereits wirksamen und unbedingt abgeschlossenen Vertrags herbeiführe.[186] Anderer Auffassung nach wurde die Ausübung des Widerrufsrechts als auflösende Bedingung eines wirksamen Vertrags angesehen.[187] Auch wurde vertreten, daß die Annahme des Angebots durch den Verkäufer erst nach dem Ablauf der Widerrufsfrist möglich sei, so daß der Vertrag auch bis zum Ablauf dieser Frist nicht wirksam zustande kommen könne.[188] Unter Verweisung auf die Regelungen der §§ 107-109, 177 BGB wurde teilweise sogar behauptet, daß bei diesen Widerrufsrechten das „Modell der schwebenden Unwirksamkeit" gelte.[189] Schließlich wurde auch auf die Bedeutung der Prospektübergabe nach § 19 KAGG und § 3 AuslInvmG für den Beginn der Widerrufsfrist hingewiesen, so daß infolge dieser Abhängigkeit von der Prospektübergabe das Widerrufsrecht nicht mehr alleine an das Zustandekommen des Vertrags geknüpft sei und daher eher einem Rücktrittsrecht gleiche.[190] Zudem wurde aus der Gesetzessystematik abgeleitet, daß der Gesetzgeber bei erfolgtem Widerruf von der Unwirksamkeit des Vertrags ex nunc ausgehe, so daß der Vertrag vor der Erklärung des Widerrufs wirksam sei.[191] Dementsprechend wurden die Widerrufsrechte der §§ 11 I AuslInvmG, 23 I KAGG bisher auch überwiegend der

---

183 Änderungsgesetz vom 22. 10.1997 (BGBl. I S. 2567).

184 Siehe nur *Pudor*, Wirkungsweise, S. 78 m.w.N.

185 Vgl. z.B. *Gerlach*, NJW 1969, S. 1939 ff, 1942; *Klunzinger*, ZRP 1970, S. 270 ff., 271; *Heinbuch*, Theorien und Strategien, S. 189; *Hadding*, FS *Brandner*, S. 207 ff., 214; jeweils m.w.N.

186 So z.B. *Klunzinger*, ZRP 1970, S. 270 ff., 271.

187 Siehe nur *J. Baur*, Investmentgesetze, 1970, S. 276; insoweit widersprüchlich zu S. 275.

188 So *Pudor*, Wirkungsweise, S. 78, die dabei allerdings unzutreffend auf *Claussen*, Bank und Börsenrecht, 1. Aufl., § 2, Rn. 44 f. (S. 30 f.), verweist. *Claussen*, Bank und Börsenrecht, 1. Aufl., S. 208, äußert diese Ansicht zu dem Widerrufsrecht gemäß § 7 I VerbrKrG (a.F.).

189 Vgl. *Gerlach*, NJW 1969, S. 1939 ff., 1942 (zu einem gleichlautenden Gesetzesvorschlag zu § 1b AbzG); dagegen *Pudor*, Wirkungsweise, S. 79.

190 Siehe *Heinbuch*, Theorien und Strategien, S. 189.

191 Siehe *Hadding*, FS *Brandner*, S. 207 ff., 214.

Gruppe der Widerrufsrechte zugeordnet, die dem „Modell der schwebenden Wirksamkeit" folgen.[192] Gegen die Annahme der Konstruktion einer „schwebenden Unwirksamkeit" bei diesen Widerrufsrechten wurde insbesondere angeführt, daß der behauptete „Wirksamkeitsaufschub" des Vertrags in den Normtexten nicht zum Ausdruck komme und aufgrund anderer Formulierungen in den §§ 1b I AbzG, 7 I, 9 II 1 VerbrKrG, 1 I HWiG nicht anzunehmen sei, daß dem Gesetzgeber der Unterschied nicht bewußt gewesen sei.[193]

b) § 4 I FernUSG

Im Zuge dieser Entwicklung folgte 1976 das Widerrufsrecht in § 4 I des Gesetzes zum Schutz der Teilnehmer am Fernunterricht (FernUSG).[194] Obwohl ein allgemeines Widerrufsrecht im Sinne eines „Reurechtes" nach § 242 BGB[195] nicht anerkannt war (und ist), wurde ein solches vor Erlaß des FernUSG dennoch vereinzelt in der Rechtsprechung der Instanzgerichte[196] angenommen, um damit Fernunterrichtsteilnehmern die Lösung von „unbilligen" Verträgen zu ermöglichen.[197] Die Mißstände auf dem Gebiet des Unterrichtswesens[198], von unvorteilhaften Vertragsbedingungen über ungenügende Informationen und irreführende Werbung zu den Lehrgangsangeboten bis hin zu „aggressiven Vorgehensweisen" von Abschluß- oder Vermittlungsvertretern, zum Teil auch bei unerwünschten Hausbesuchen, veranlaßten den Gesetzgeber einzuschreiten und mit dem FernUSG[199] ein Gesetz zu schaffen, das mit seiner „bemerkenswerten Kombination von privatrechtlich-vertraglichen, öffentlichrechtlich-administrativen und wirtschaftsrechtlich-wettbewerblichen Schutzvorkehrungen"[200] bezweckt, rechtliche Ordnung auf dem Markt des Unterrichtssektors zu schaffen, dessen wirtschaftliche und soziale Bedeutung in den sechziger und siebziger Jahren ständig gestiegen ist.[201] Nach dem (früheren) Wortlaut von § 4 I 1 FernUSG ist der Teilnehmer an die auf den Vertragsschluß gerichtete Willens-

---

192 Vgl. z.B. *Gernhuber*, WM 1998, S. 1797 ff., 1798; *S. Lorenz*, Unerwünschter Vertrag, S. 57; ähnlich auch *Pudor*, Wirkungsweise, S. 79; *J. Baur*, Investmentgesetze, 1970, S. 276.

193 Siehe z.B. *Gernhuber*, WM 1998, S. 1797 ff., 1798; *Pudor*, Wirkungsweise, S. 79.

194 Gesetz vom 24.08.1976 (BGBl. I S. 2525). Vgl. dazu *N. Fischer*, VuR 2002, S. 193 ff. m.w.N.

195 Siehe dazu *Gilles*, Direktmarketing, S. 149 m.w.N.

196 Vgl. z.B. LG Oldenburg, Urteil vom 08.01.1969, MDR 1969, S. 392; LG Frankfurt/M., Urteil vom 10.02.1970, MDR 1970, S. 415.

197 Siehe nur *Gilles/Heinbuch/Gounalakis*, Unterrichtsrecht, S. 313 m.w.N.

198 Vgl. dazu z.B. *Bühler*, Fernunterrichtsvertrag, S. 52 ff.; *Gilles/Heinbuch/Gounalakis*, Unterrichtsrecht, S. 22 ff.; *N. Fischer*, VuR 2002, S. 193 ff.; jeweils m.w.N.

199 Siehe den Gesetzesaufbau des FernUSG: 1. Abschnitt: Fernunterrichtsvertrag (§§ 2 ff.), 2. Abschnitt: Veranstaltung von Fernunterricht (§§ 12 ff.), 3. Abschnitt: Organisation; Auskunftspflicht; Ordnungswidrigkeiten (§§ 19 ff.); vgl. dazu *Gilles/Heinbuch/Gounalakis*, Unterrichtsrecht, S. 30 ff. m.w.N.

200 *Gilles*, JA 1980, S. 1 ff., 3.

201 Siehe *Gilles*, JA 1980, S. 1 ff., 3; ausführlicher *Gilles/Heinbuch/Gounalakis*, Unterrichtsrecht, S. 6 ff. m.w.N.

erklärung nicht gebunden, wenn er sie dem Veranstalter gegenüber innerhalb von zwei Wochen nach Eingang der ersten Lieferung des schriftlichen oder audiovisuellen Fernlehrmaterials schriftlich widerruft. Die Erwägung für dieses sonderprivatrechtliche Widerrufsrecht war, dem Teilnehmer am Fernunterricht die Prüfung zu ermöglichen, ob der Fernlehrgang seinen Erwartungen und insbesondere seiner diesbezüglichen Leistungsfähigkeit entspricht.[202] Zudem erhält der Teilnehmer die wesentliche Leistung des Veranstalters, das Fernunterrichtsmaterial, regelmäßig in „Teilleistungen", deren Qualität und allgemeine und individuelle Eignung für den angestrebten Zweck er häufig nicht selbst beurteilen kann, wobei es ihm seine „Isolierung" von anderen Fernunterrichtsteilnehmern erschwert, wie beim Direktunterricht[203] deren Erfahrungen und Urteile wahrzunehmen. So ist dem Fernunterrichtsteilnehmer auch ein Preis-Leistungs-Vergleich hinsichtlich des Fernunterrichtslehrgangs nur schwer möglich.[204]

Das Widerrufsrecht gemäß § 4 FernUSG, das von seinem (damaligen) Wortlaut her bisher der Gruppe der verbraucherschützenden Widerrufsrechte zugeordnet wurde, die dem „Modell der schwebenden Wirksamkeit" folgen,[205] war hinsichtlich seiner Wirkungsweise ebenfalls umstritten.[206] So wurde z.B. vertreten, daß der Fernunterrichtsvertrag zunächst vollwirksam ist, und im Fall des Widerrufs nur mit Wirkung ex nunc unwirksam wird,[207] mit der Folge, daß der Widerruf eine auflösende Bedingung im Sinn von § 158 II BGB darstelle[208]. Dagegen wurde vorgebracht, daß diese Ansicht mit dem Gesetzeswortlaut nicht zu vereinbaren sei. Da der Teilnehmer durch den Widerruf nach dem Zweck des Gesetzes von Nachteilen jeder Art freigestellt werden soll, dürfe er in keiner Weise durch den Vertrag verpflichtet werden, bzw. auch nicht zwischenzeitlich verpflichtet worden sein. Eine „Bindung" auch für die Zeit zwischen Vertragsschluß und Widerruf sei schon deswegen ausgeschlossen, da der Teilnehmer nach erfolgtem Widerruf nicht an seine Willenserklärung gebunden ist, die zum Vertragsschluß führt.[209] Auch sei eine Überprüfung des Fernunterrichtslehrmaterials nur möglich, wenn die Unterlagen dem Teilnehmer ausgehändigt wer-

---

202 Vgl. die amtliche Begründung zum FernUSG, BT-Dr. 7/4245, S. 12. Siehe auch *Faber/Schade*, FernUSG, Einleitung, Rn. 5 m.w.N.

203 Für die Differenzierung von Fern- und Direktunterricht siehe nur *Gilles/Heinbuch/Gounalakis*, Unterrichtsrecht, S. 4 f. m.w.N.

204 Vgl. *Faber/Schade*, FernUSG, Einleitung, Rn. 5 m.w.N.

205 Siehe *Gernhuber*, WM 1998, S. 1797 ff., 1798; *S. Lorenz*, Unerwünschter Vertrag, S. 57.

206 Vgl. einerseits *Dörner*, BB 1977, S. 1739 ff, 1743; *Faber/Schade*, zu § 4 FernUSG, Rn. 3, 14; *Bülow*, ZIP 1998, S. 945 ff., 947; und andererseits *Heinbuch*, Theorien und Strategien, S. 190; *Gilles/Heinbuch/Gounalakis*, Unterrichtsrecht, S. 315; *Pudor*, Wirkungsweise, S. 83.

207 So *Faber/Schade*, zu § 4 FernUSG, Rn. 3, 14.

208 Vgl. *Bülow*, ZIP 1998, S. 945 ff., 947.

209 So *Heinbuch*, Theorien und Strategien, S. 190; *Gilles/Heinbuch/Gounalakis*, Unterrichtsrecht, S. 315.

den, so daß die gesetzliche Ausgestaltung des Widerrufsrechts zumindest eine Leistungspflicht für den Veranstalter vorsehen müsse. Aus diesem Grunde habe sich der Gesetzgeber auch für die Wirksamkeit des Vertrags während der laufenden Widerrufsfrist entschieden.[210] Dieser Einwand spricht aber genau genommen zunächst nur für die Wirksamkeit des Vertrags bis zum Widerruf, ob dagegen der Widerruf den Vertrag ex tunc oder ex nunc beseitigt, ist eine davon zu trennende Problematik. Jedenfalls besteht dahingehend Einigkeit bei den Vertretern der „schwebenden Vertragswirksamkeit", daß nach dem Wortlaut des § 4 I FernUSG der Vertrag trotz der Möglichkeit des Widerrufs zunächst voll wirksam ist.[211] Der Teilnehmer bekommt durch das Widerrufsrecht lediglich die Möglichkeit eingeräumt, „das Vertragsverhältnis" durch einseitigen Widerruf rückwirkend zu „vernichten". Dadurch, daß der Lauf der Widerrufsfrist an den Erhalt des ersten Lehrmaterials gekoppelt und damit von dem Vertragsschluß unabhängig ist, soll es einem „gesetzlichen Rücktrittsrecht sehr ähnlich" sein.[212] So soll es sich bei diesem Widerrufsrecht auch um ein „befristetes, nicht zu begründendes und an keinen wichtigen Grund gebundenes gesetzliches Rücktrittsrecht" handeln, „dessen Ausübung den Vertrag ex tunc in ein gesetzliches Rückabwicklungsverhältnis umwandelt, das in den § 4 Abs. 4 und Abs. 5 FernUSG näher geregelt ist."[213]

c) § 1 I HWiG

Ein weiteres verbraucherschützendes Widerrufsrecht fand sich bis zur „Schuldrechtsmodernisierung" in § 1 I des Gesetzes über den Widerruf von Haustürgeschäften und ähnlichen Geschäften[214] (HWiG)[215]. Dieses Gesetz trat am 01.05.1986 nach jahrzehntelanger Reformdiskussion in Zivilrechtswissenschaft und Praxis[216] in Kraft. Im Rahmen dieser Diskussion, die in der ersten Hälfte der siebziger Jahre ihren Ursprung hatte, wurde u.a. die Wiederherstellung der

---

210 Siehe *Pudor*, Wirkungsweise, S. 84; siehe auch *Gernhuber*, WM 1998, S. 1797 ff., 1804.

211 Vgl. *Heinbuch*, Theorien und Strategien, S. 190; *Gilles/Heinbuch/Gounalakis*, Unterrichtsrecht, S. 315; *Pudor*, Wirkungsweise, S. 83.

212 Siehe *Heinbuch*, Theorien und Strategien, S. 190; *Gilles/Heinbuch/Gounalakis*, Unterrichtsrecht, S. 315.

213 *Heinbuch*, Theorien und Strategien, S. 190; *Gilles/Heinbuch/Gounalakis*, Unterrichtsrecht, S. 315.

214 Gesetz vom 16.01.1986, BGBl. I S. 122.

215 Zu der Vielfalt der möglichen Abkürzungen dieses Gesetzes siehe nur *Gilles*, ZIP 1992, S. 1679.

216 Siehe zum Überblick *Gilles*, NJW 1986, S. 1131 ff.; sowie *Werner/Machunsky*, HWiG, vor § 1 HWiG, B., Rn. 1 ff. Vgl. für die Reformdiskussion beispielsweise *Klunzinger*, ZRP 1970, S. 270 ff.; *H.-J. Bartsch*, ZRP 1973, S. 219 ff.; *Bartl*, ZRP 1976, S. 13 ff.; *Gilles*, in: Hogaku Zasshi, Comparative Law Review (Japan), Bd. 13 (1979), S. 57 ff.; *E. Jung*, ZRP 1981, S. 137 ff.; *von Hippel*, BB 1983, S. 2024 f.; *Medicus* und *H.P. Westermann*, beide in BMJ (Hg.): Gutachten und Vorschläge zur Überarbeitung des Schuldrechts, Köln 1981; *Medicus*: Verschulden bei Vertragsverhandlungen, Band I, S. 479 ff.; *H.P. Westermann*: Verbraucherschutz, Band III (1983), S. 1 ff. ; jeweils m.w.N.

(negativen) Vertragsabschlußfreiheit des Verbrauchers gefordert, nachdem das Gesetz zur Regelung des Rechts der Allgemeinen Geschäftsbedingungen (AGBG) vom 09.12.1976[217] den Schutz der inhaltlichen Ausgewogenheit von Verträgen bezweckte.[218] Gefördert wurde diese Entwicklung durch die Einführung eines Widerrufsrechts gemäß § 1b Abzahlungsgesetz (AbzG)[219], zumal die o.g. Widerrufsrechte nach §§ 11 I AuslInvmG, 23 I KAGG einen sehr engen Anwendungsbereich haben.[220] Dem Inkrafttreten des HWiG waren nicht nur eine rechtspolitische Diskussion und sie flankierende rechtstatsächliche Untersuchungen[221] vorausgegangen, sondern auch zahlreiche Gesetzesinitiativen einzelner Bundesländer[222], des Bundesrats[223] und der SPD-Bundestagsfraktion[224]. Nach vier Legislaturperioden nahm der Deutsche Bundestag am 14.11.1985 letztlich den Gesetzesentwurf an.[225] Der Bundesgesetzgeber nutzte das HWiG auch dazu, eine entsprechende EG-Richtlinie vom 20.12.1985[226]

---

217 BGBl. I S. 3317, in der Fassung der Bekanntmachung vom 29.06.2000 (BGBl. I S. 946).

218 Vgl. *Werner/Machunsky*, HWiG, vor § 1 HWiG, B., Rn. 1 ff.; *Gilles*, NJW 1986, S. 1131 ff., 1135; *S. Lorenz*, Unerwünschter Vertrag, S. 122 f.; jeweils m.w.N.

219 Siehe das Zweite Gesetz zur Änderung des Abzahlungsgesetzes (AbzG) vom 15.05.1974, BGBl. I S. 1169; vgl. dazu *E. Jung*, ZRP 1981, S. 137 ff.

220 *Werner/Machunsky*, HWiG, vor § 1 HWiG, B., Rn. 1 ff.; *S. Lorenz*, Unerwünschter Vertrag, S. 122 f.; jeweils m.w.N.

221 Vgl. etwa die Untersuchungen von *Gilles*, Das Recht des Direktmarketing, Heidelberg 1982; *Teske*, in *Magoulas/Simon*: Recht und Ökonomie, 1985; siehe dazu auch *Werner/ Machunsky*, HWiG, vor § 1 HWiG, B., Rn. 1 ff., 3; *Knoblich/Arnold*, BB 1982, S. 1677 ff.

222 Siehe die Gesetzesanträge Bayerns (BR-Dr. 384/75) und Bremens (BR-Dr. 394/75), die der Deutsche Bundesrat schon 1975 aufgegriffen hat (BT-Dr. 7/4078).

223 Nachdem der Bundesrat schon in der siebten Legislaturperiode einen eigenen Gesetzesentwurf vorgelegt hatte (BT-Dr. 7/4078), brachte er diesen in der achten Legislaturperiode erneut ein (BT-Dr. 8/130) und untermauerte dieses Vorhaben in der neunten Legislaturperiode dann durch eine Entschließung (BR-Dr. 278/81).

224 Im Rahmen eines Entwurfs zu einem „Verbraucherschutzgesetz" legte die SPD-Bundestagsfraktion einen eigenen Gesetzesentwurf vor (BT-Dr. 9/2294).

225 Der nach einem weiteren Gesetzesentwurf der SPD-Bundestagsfraktion (Gesetzesentwurf der SPD-Bundestagsfraktion, BT-Dr. 10/584) und einem neuerlichen Gesetzesantrag Bayerns (Gesetzesantrag des Freistaates Bayern, BR-Dr. 337/84) nebst entsprechenden Empfehlungen von Rechts- und Wirtschaftsausschuß des Bundesrates (siehe die Empfehlungen der Ausschüsse, BR-Dr. 337/1/84) auf einen letzten Gesetzesantrag des Bundesrates (Gesetzentwurf des Bundesrates, BT-Dr. 10/2876) zurückgeht. Siehe zu der Entwicklungsgeschichte des HWiG *Werner/Machunsky*, HWiG, vor § 1 HWiG, B., Rn. 1 ff.; *Gilles*, NJW 1986, S. 1131 ff., 1135; *S. Lorenz*, Unerwünschter Vertrag, S. 122 f.; jeweils m.w.N.

226 Richtlinie 85/577/EWG des Rates der Europäischen Gemeinschaften vom 20.12.1985 betreffend den Verbraucherschutz im Falle von außerhalb von Geschäftsräumen geschlossenen Verträgen, ABl. EG Nr. L 372/31 vom 31.12.1985 (im folgenden Haustürgeschäftsrichtlinie genannt), im Wortlaut wiedergegeben bei *Werner/Machunsky*, HWiG, Anhang, S. 371 ff.

schon vorab[227] in nationales Recht umzusetzen.[228] Nach der fünften Begründungserwägung dieser Richtlinie soll dem Verbraucher das Recht eingeräumt werden, innerhalb von mindestens sieben Tagen vom Vertrag „zurückzutreten". Demgemäß sieht auch Art. 5 I 1 der Richtlinie das Recht des Verbrauchers vor, „von der eingegangenen Verpflichtung zurückzutreten, indem er dies innerhalb von mindestens sieben Tagen nach dem Zeitpunkt, zu dem ihm die in Art. 4 genannte Belehrung erteilt wurde, entsprechend dem Verfahren und unter Beachtung der Bedingungen, die im einzelstaatlichen Recht festgelegt sind, anzeigt." Nach Art. 5 II der Richtlinie „bewirkt" die Anzeige, „daß der Verbraucher aus allen aus dem widerrufenen Vertrag erwachsenden Verpflichtungen entlassen ist." Nach Art. 4 I der Richtlinie ist der Verbraucher schriftlich über „sein Widerrufsrecht" zu belehren. Aus diesen Formulierungen wird angesichts der anscheinend synonymen Verwendung von „Rücktritt" und „Widerruf" abgeleitet, daß der europäische „Richtliniengeber" von einer Wirksamkeit des „Haustür"-Vertrags bereits während der laufenden Widerrufsfrist ausgegangen sei.[229] Das rechtspolitische Ziel des HWiG blieb von der schwierigen „Geburt" dieses Gesetzes[230] aber weitgehend unberührt:[231] Das HWiG sollte für einen „Ausgleich des typischen Verhandlungsungleichgewichts der Vertragspartner"[232] (Verbraucher und Unternehmer) sorgen, und damit die auf Kundenseite typischerweise beschränkte Entscheidungsfreiheit in bestimmten Verhandlungssituationen wiederherstellen oder zumindest zu Gunsten des Kunden verbessern, und zwar durch ein Widerrufsrecht als Korrektiv.[233] Ein solcher Schutz wurde deshalb für nötig erachtet, da die wirtschaftliche[234] und rechtliche Situation[235] des Verbrauchers bei Haustür- und ähnlichen Geschäften als unzureichend angesehen wurde. Um diese Ziele zu erreichen, wurde ein begründungsloses Widerrufsrecht des Kunden eingesetzt, das die Lösung von dem „unerwünschten Vertrag"[236] ermöglichen soll. Insbesondere dadurch sollten positive Auswirkungen auf die Branche des Direktmarketings[237] herbeigeführt

---

227 Vgl. zu der „Blockadepolitik" gegenüber der Richtlinie nur *Gilles*, NJW 1986, S. 1131 ff., 1135 f. m.w.N.

228 Siehe dazu sowie auch zu der Entstehungsgeschichte der Richtlinie m.w.N. *Löwe*, BB 1986, S. 821 ff.

229 So *Pudor*, Wirkungsweise, S. 136.

230 Siehe dazu kritisch *Gilles*, NJW 1986, S. 1131 ff., 1132.

231 Vgl. dazu *S. Lorenz*, Unerwünschter Vertrag, S. 122 f.; *Werner/Machunsky*, HWiG, vor § 1 HWiG, B., Rn. 13; *Gilles*, NJW 1986, S. 1131 ff.; jeweils m.w.N.

232 Gesetzesbegründung zum HWiG (Bundesratsentwurf), BT-Dr. 10/2876, S. 1 f., 10.

233 Siehe die sehr ausführliche Gesetzesbegründung, BT-Dr. 10/2876, S. 1 f.

234 Vgl. die Gesetzesbegründung, BT-Dr. 10/2876, S. 6.

235 Siehe die amtliche Begründung, BT-Dr. 10/2876, S. 6 f. Vgl. für einen Überblick zur Rechtslage vor Inkrafttreten des HWiG insbesondere *S. Lorenz*, Unerwünschter Vertrag, S. 123 f.; *Gilles*, NJW 1986, S. 1131 ff.; *Löwe*, BB 1986, S. 821 ff.; *Teske*, ZIP 1986, S. 624 ff.; *E. Jung*, ZRP 1981, S. 137 ff.; jeweils m.w.N.

236 Vgl. nur *S. Lorenz*, Unerwünschter Vertrag, passim.

237 „Direktmarketing" bedeutet dabei „die Gesamtheit aller absatzlenkenden, absatzfördernden und absatzsichernden Maßnahmen von Unternehmen, der von diesen gegebenen-

werden.[238] Das Ziel des Gesetzes liegt darin, die mit dem Direktmarketing verbundenen speziellen Mißstände und spezifischen Kundenschutzprobleme[239] zu beseitigen. Insbesondere die vielfältigen Gefahren und Risiken für den Verbraucher - von fehlenden Vergleichsmöglichkeiten der Waren und Dienstleistungen über raffinierte Verkaufstaktiken der oft verkaufspsychologisch geschulten Verkäufer bis hin zu falschen oder irreführenden Informationen über den Kaufgegenstand und auch die Verwendung des Erlöses[240] - wurden als Hauptübel angesehen, und die dadurch möglichen Willensbeeinflussungen und -beeinträchtigungen des Verbrauchers wurden als schwerwiegend eingestuft.[241] Aus den Unzulänglichkeiten der bestehenden rechtlichen Regelungen bezüglich der Vertragsanbahnung[242] wurde die Notwendigkeit gefolgert, bei Geschäften mit dem für diese Form des Warenvertriebs so typischen „Überrumpelungseffekt"[243] dem Verbraucher ein besonderes Widerrufsrecht zur Verfügung zu stellen. Nach dem damaligen Wortlaut des § 1 I HWiG wird eine auf den Abschluß eines Vertrags über eine entgeltliche Leistung gerichtete Willenserklärung des Erklärenden (Kunden), zu der er gemäß den Fällen der § 1 I Nr. 1-3 HWiG bestimmt worden ist, erst wirksam, wenn der Kunde sie nicht binnen einer Frist von einer Woche schriftlich widerruft. Dieses Widerrufsrecht wurde weitgehend dem Widerrufsrecht nach § 1b I AbzG nachgebildet, so daß die zu § 1b AbzG entwickelten Grundsätze auch auf dieses Widerrufsrecht übertragen wurden.[244] Das Widerrufsrecht des Kunden gemäß § 1 I HWiG war hinsichtlich seiner rechtlichen Einordnung wiederum umstritten, obwohl es aufgrund seines Wortlauts überwiegend der Gruppe der verbraucherschützenden Widerrufsrechte zugeordnet wurde, die dem „Modell der schwebenden Unwirksamkeit"

---

falls hiermit eigens beauftragten (selbständigen) Vertriebsgesellschaften und ihrer jeweiligen Hilfspersonen verstanden, die sich „direkt", d.h. ohne die sonst übliche Dazwischenschaltung des stationären Handels an den Konsumenten wenden, also dergestalt, daß die abzusetzenden Waren oder Dienstleistungen dem Kunden nicht in den ständigen Geschäftsräumen des Anbieters offeriert werden, sondern diese Waren- und Leistungsangebot außerhalb solcher Geschäftslokale zum Zwecke des Absatzes unmittelbar an den Kunden selbst herangetragen wird" - *Gilles*, Direktmarketing, S. 15.

238 Siehe die Gesetzesbegründung, BT-Dr. 10/2876, S. 7 f.

239 Vgl. *Gilles*, Direktmarketing, S. 52 ff.; *Gilles*, NJW 1986, S. 1131 ff., 1132; instruktiv zum „Hausbesuch" *Ruth*, Hausbesuche, S. 25 ff. m.w.N.

240 Siehe die Gesetzesbegründung, BT-Dr. 10/2876, S. 6; *Gilles*, Direktmarketing, S. 52 ff.; *von Hippel*, BB 1983, S. 2024 f., 2024; *Gilles*, NJW 1986, S. 1131 ff., 1132 f.; *S. Lorenz*, Unerwünschter Vertrag, S. 123 f.; jeweils m.w.N.

241 Vgl. die Gesetzesbegründung, BT-Dr. 10/2876, S. 7 f.

242 So insbesondere die Regelungen über die Anfechtbarkeit von Willenserklärungen nach den §§ 119 ff. BGB oder die Nichtigkeit von Rechtsgeschäften gemäß den §§ 134, 138 BGB. Siehe dazu z.B. *S. Lorenz*, Unerwünschter Vertrag, S. 123 f.; *Gilles*, NJW 1986, S. 1131 ff.

243 *S. Lorenz*, Unerwünschter Vertrag, S. 123.

244 Siehe *Werner/Machunsky*, zu § 1 HWiG, Rn. 255; *Löwe*, BB 1986, S. 821 ff., 822.

folgen[245]. Nach der damals herrschenden Auffassung stellte das Widerrufsrecht nach § 1 I HWiG ein (gesetzliches[246]) Gestaltungsrecht in der Hand des Kunden dar, das auf die Verhinderung des Wirksamwerdens der Willenserklärung des Kunden gerichtet ist. Bei Ausübung des Widerrufs sollte die „Verbrauchererklärung" daher endgültig unwirksam werden.[247] Nach anderer Ansicht sollte es sich bei dem Recht aus § 1 I HWiG um ein „besonderes gesetzliches Rücktrittsrecht" handeln, bzw. „um einen einseitigen Rechtsbehelf des Verbrauchers, dessen fristgerechte Ausübung die Vertragspartner von den übernommenen vertraglichen Hauptleistungspflichten aus dem geschlossenen Vertrag befreit"[248]. Ebenfalls fand sich die Einordnung als rechtshindernde Einwendung[249]. Zudem wurde vertreten, daß es sich bei dem Widerruf nur um die Herbeiführung einer aufschiebenden Bedingung handele, die keiner rechtsgeschäftlichen Erklärung mehr bedürfe.[250] Differenzierter war hingegen auch von der Ausübung des Widerrufs die Rede, der die „noch nicht oder noch nicht voll wirksame Willenserklärung als Rechtsakt einschließlich ihrer schwebenden Bindungswirkung rückwirkend konstitutiv beseitigt", so daß es sich bei dem Widerruf um „ein einseitiges, empfangsbedürftiges Rechtsgeschäft mit rechtsgestaltender Wirkung"[251] handele. Zum Teil wurde angesichts dieser Kontroverse bereits festgestellt, daß die dogmatische Einordnung des verbraucherschützenden Widerrufsrechts nicht ohne weiteres möglich sei,[252] zumal sich auch der Begriff des „Widerrufs", wie er sich im BGB an verschiedenen Stellen findet, nicht mit dem des HWiG deckt.[253] Vielmehr sei der Widerruf nach dem HWiG (und den anderen verbraucherschützenden Sondergesetzen) eine Möglichkeit der „Lösung von dem Vertrag", die nicht mit anderen Vertragslösungsmechanismen, wie sie nach dem BGB vorgesehen sind, vergleichbar ist.[254] Ungeachtet des Streits über die dogmatische Einordnung bestand jedoch Einigkeit darüber, daß sich aus einem „widerrufsbehafteten" Vertrag keine Erfüllungsansprüche ableiten lassen, solange der Widerruf noch möglich ist.[255]

---

245 So schon *Bartl*, ZRP 1976, S. 13 ff., 16; *Heinbuch*, Theorien und Strategien, S. 188 f.; siehe auch *Teske*, ZIP 1986, S. 624 ff., 631; *Gernhuber*, WM 1998, S. 1797 ff., 1798; *S. Lorenz*, Unerwünschter Vertrag, S. 57.

246 So *Gottwald/Honold*, JZ 1996, S. 577 ff., 580.

247 Vgl. die Gesetzesbegründung zum HWiG, BT-Dr. 10/2876, S. 11; *Werner/Machunsky*, zu § 1 HWiG, Rn. 256; *Palandt*, 58. Aufl., *Putzo* zu § 1 HWiG, Rn. 12; MK-BGB, 3. Aufl., *Ulmer* zu § 1 HWiG, Rn.3; *Teske*, ZIP 1986, S. 624 ff., 631; *Löwe*, BB 1986, S. 821 ff., 822; *Heinbuch*, Theorien und Strategien, S. 188 f.

248 *Hadding*, FS *Brandner*, S. 207 ff., 211.

249 Siehe BGHZ 131, 82 ff. Zu dem nur scheinbaren Widerspruch von Gestaltungsrecht und rechtshindernder Einwendung siehe z.B. *Pudor*, Wirkungsweise, S. 98 f.

250 Vgl. *Erman*, 8. Aufl., *Weitnauer/Klingsporn* zu § 1b AbzG, Rn. 9.

251 *Gilles*, NJW 1986, S. 1131 f. 1138.

252 So *Werner/Machunsky*, zu § 1 HWiG, Rn. 257.

253 Vgl. *Werner/Machunsky*, zu § 1 HWiG, Rn. 257; *E. Jung*, ZRP 1981, S. 137 ff., 141 f.

254 Siehe *Werner/Machunsky*, zu § 1 HWiG, Rn. 258.

255 Vgl. BGHZ 119, 283 ff., 298; siehe auch *Gottwald/Honold*, JZ 1996, 577 ff., 577.

Nach der überwiegenden Ansicht sollte die Willenserklärung des Kunden bis zum Erlöschen des Widerrufsrechts durch Ausübung oder Fristablauf „schwebend unwirksam" sein:[256] Falls der Widerruf innerhalb der Frist ausbleibt, sollte die Willenserklärung daher mit Wirkung ex nunc wirksam werden.[257] Der Ablauf der Widerrufsfrist ohne die Erklärung des Widerrufs sei folglich eine „aufschiebende Bedingung für die Wirksamkeit des Vertrages", wobei es sich als negative Wirksamkeitsvoraussetzung nicht um eine Bedingung i.S.v. § 158 BGB, sondern um eine „Rechtsbedingung"[258] handeln sollte. Daher sollte das Ausbleiben des Widerrufs auch nicht einer Bestätigung ähnlich sein, da diese selbst ein Rechtsgeschäft ist und zumindest konkludentes Handeln voraussetzt.[259] Bei Ausübung des Widerrufs sollte der zunächst (ebenfalls) schwebend unwirksame Vertrag „in Wegfall geraten" und sich das Schuldverhältnis bei schon erbrachten Leistungen in ein Rückabwicklungsverhältnis nach § 3 HWiG umwandeln.[260]

d) § 7 I VerbrKrG

Ein weiteres verbraucherschützendes Widerrufsrecht fand sich in den §§ 7 I, 9 II 1 des Verbraucherkreditgesetzes (VerbrKrG)[261]. Das Widerrufsrecht basierte dabei auf der früheren Regelung des Widerrufsrechts nach § 1b AbzG.[262] Nach dem Wortlaut des § 1b I AbzG wird die auf den Vertragsschluß gerichtete Willenserklärung des Käufers erst wirksam, wenn der Käufer sie nicht binnen einer Woche dem Verkäufer gegenüber schriftlich widerruft. Der sachliche Anwendungsbereich des Widerrufsrechts nach § 7 I VerbrKrG wurde gegenüber dem des Widerrufsrechts nach § 1b AbzG, dessen Berechtigung und Zweckmäßigkeit umstritten war,[263] ausgeweitet.[264] Dies geschah, nachdem die ursprüngliche

---

256 Vgl. *Werner/Machunsky*, zu § 1 HWiG, Rn. 256; *Palandt*, 58. Aufl., *Putzo* zu § 1 HWiG, Rn. 4; MK-BGB, 3. Aufl., *Ulmer* zu § 1 HWiG, Rn. 3; *Teske*, ZIP 1986, S. 624 ff., 631; *Löwe*, BB 1986, S. 821 ff., 822; *Heinbuch*, Theorien und Strategien, S. 188 f.

257 Siehe *Palandt*, 58. Aufl., *Putzo* zu § 1 HWiG, Rn. 4; *Werner/Machunsky*, zu § 1 HWiG, Rn. 261.

258 *Werner/Machunsky*, zu § 1 HWiG, Rn. 261.

259 Siehe *Werner/Machunsky*, zu § 1 HWiG, Rn. 261, gegen *Knütel*, AcP 185 (1985), S. 309 ff., 315.

260 Vgl. MK-BGB, 3. Aufl., *Ulmer* zu § 1 HWiG, Rn. 3.

261 Gesetz vom 17.12.1990, BGBl. I S. 2840.

262 Abzahlungsgesetz (AbzG) vom 16.05.1894. Siehe dazu *Benöhr*, ZHR 138 (1974), S. 492 ff. Vgl. zu der 2. Novelle des Abzahlungsgesetzes von 1974 (Gesetz vom 15.05.1974, BGBl. I S. 1169), die u.a. zur Einführung des Widerrufsrechts nach § 1b AbzG, zur Verpflichtung zur Angabe des effektiven Jahreszinses und zur Einbeziehung von Verträgen über wiederkehrende Leistungen führte, hinsichtlich der Entwicklung *Klunzinger*, ZRP 1970, S. 270 ff., 274; ansonsten z.B. *Löwe*, NJW 1974, S. 2257 ff.; *F. J. Scholz*, MDR 1974, S. 881 ff.; *Reich*, JZ 1975, S. 550 ff.

263 Vgl. z.B. *Hadding*, Gutachten zum 53. Deutschen Juristentag, Berlin 1980, S. 136 ff., 190 ff.; *Medicus* und *H.P. Westermann*, beide in BMJ (Hg.): Gutachten und Vorschläge zur Überarbeitung des Schuldrechts, Köln 1981; *Medicus*: Verschulden bei Vertragsver-

Zielsetzung des Widerrufsrechts nach § 1b AbzG, der (situative) Schutz des Verbrauchers vor „Überrumpelung", nach jahrelangem Streit aufgegeben und damit von der „kleinen" zur „großen" Widerrufslösung[265] übergegangen wurde.[266]

Für das Widerrufsrecht nach § 7 I VerbrKrG waren zudem die Vorgaben der diversen EG-Richtlinien zum Verbraucherkredit[267] zu beachten. Gemäß Art. 16 I der Verbraucherkreditrichtlinie 87/102/EWG waren (und sind) die Mitgliedstaaten verpflichtet, die zwingenden Vorgaben dieser Richtlinie für die Harmonisierung des Verbraucherkredits in nationales Recht umzusetzen.[268] Da jedoch die EG-Richtlinien zum Verbraucherkredit selbst nicht eine verbindliche Regelung zur Einführung eines Widerrufsrechts vorsehen, sondern nur auf die Möglichkeit hinweisen, dem Verbraucher eine „Bedenkzeit" einzuräumen, war der deutsche Gesetzgeber nicht zu der Gewährung eines verbraucherschützenden Widerrufsrechts verpflichtet.[269] Streitig war (und ist) daher insbesondere, inwieweit für die Problematik dieses Widerrufsrechts überhaupt Fragen richt-

---

handlungen, Band I, S. 479 ff., 525 f.; *H.P. Westermann*: Verbraucherschutz, Band III (1983), S. 1 ff., 95 f.; *Löwe*, NJW 1974, S. 2257 ff., 2257 f.; jeweils m.w.N.

264 Siehe *S. Lorenz*, Unerwünschter Vertrag, S. 171.

265 Sämtliche Gesetzesvorschläge zur Reform des Abzahlungsgesetzes von 1974 sahen ein Widerrufsrecht nur für Abzahlungsgeschäfte an der Haustür vor. Siehe zu dieser „kleinen Lösung" z.B. *Löwe*, NJW 1974, S. 2257 ff., 2257; *Reich*, JZ 1975, S. 550 ff., 551 f. Die Empfehlung des Rechtsausschusses des Bundestages sah erstmals mit dem Widerrufsrecht für alle Abzahlungsgeschäfte ungeachtet der konkreten Situation der Vertragsanbahnung die „große Lösung" vor. Siehe dazu BT-Dr. 7/1398, S. 3. Vgl. auch *Löwe*, NJW 1974, S. 2257 ff., 2257; *H.-J. Bartsch*, ZRP 1973, S. 219 ff., 222, sowie die komprimierte Darstellung bei *S. Lorenz*, Unerwünschter Vertrag, S. 173 ff. m.w.N.

266 Da die Widerrufsregelung des AbzG erst in das VerbrKrG übernommen wurde, nachdem das HWiG in Kraft getreten war, waren die typischen „Überrumpelungsfälle" bereits einer rechtlichen Regelung (§ 1 HWiG) zugeführt - vgl. *S. Lorenz*, Unerwünschter Vertrag, S. 175.

267 Siehe die Richtlinie des Rates vom 22.12.1986 zur Angleichung der Rechts- und Verwaltungsvorschriften der Mitgliedstaaten über den Verbraucherkredit (87/102/EWG), ABl EG Nr. L 42/48 (im folgenden: EG-Verbraucherkreditrichtlinie); die Richtlinie des Rates vom 22. 02.1990 zur Änderung der Richtlinie 82/102/EWG zur Angleichung der Rechts- und Verwaltungsvorschriften der Mitgliedstaaten über den Verbraucherkredit (90/88/EWG), ABl. EG Nr. L 61/14 (im folgenden Verbraucherkreditänderungsrichtlinie genannt) und die Richtlinie 98/7/EG des Europäischen Parlaments und des Rates vom 16.02.1998 zur Änderung der Richtlinie 87/102/EWG zur Angleichung der Rechts- und Verwaltungsvorschriften der Mitgliedstaaten über den Verbraucherkredit, ABl. EG Nr. L 101/17. Die ersten beiden Richtlinien sind u.a. abgedruckt bei *Bruchner/Ott/Wagner-Wieduwilt*, VerbrKrG, 1. Aufl., Anhang, S. 463 ff.; 476 ff. Siehe zur letzten Richtlinie z.B. *Bülow*, VerbrKrG, 3. Aufl., zu § 4 VerbrKrG, rn. 89 m.w.N.

268 Siehe dazu insbesondere *Bruchner/Ott/Wagner-Wieduwilt*, VerbrKrG, 1. Aufl., Einleitung, Rn. 1; *Gilles*, ZRP 1989, S. 299 ff., 302 f.; jeweils m.w.N.

269 Vgl. den Anhang zur EG-Verbraucherkreditrichtlinie (87/102/EWG); siehe dazu *Pudor*, Wirkungsweise, S. 9; *Bruchner/Ott/Wagner-Wieduwilt*, VerbrKrG, 1. Aufl., Einleitung, Rn. 1 ff.; jeweils m.w.N.

linienkonformer Auslegung[270] zu beachten sind.[271] Während die zwingenden Vorgaben der EG-Richtlinien für die Regelung des Verbraucherkreditvertrags im wesentlichen darauf ausgerichtet waren, den Kreditnehmer besser über die mit der Kreditaufnahme zusammenhängende wirtschaftliche Belastung zu informieren, liegt dem VerbrKrG, insbesondere soweit es über diese europarechtlichen Vorgaben hinausgeht, der Zweck zugrunde, weitere „rechtspolitische Problemfelder" aufzugreifen und einer rechtlichen Regelung zuzuführen.[272] Eines der wesentlichen dieser Problemfelder[273] ist die „Schuldturmproblematik"[274]. Dieses Problem wurde noch dadurch verstärkt, daß die wirtschaftliche Bedeutung des Konsumentenkredits schon seit den fünfziger Jahren erheblich gestiegen war und zu raschen Zuwachsraten auf dem Gebiet des Konsumentenkreditgeschäfts geführt hatte.[275] Gerade aufgrund von Mißständen und speziellen Problemen für „Verbraucherkreditkonsumenten" in diesem Bereich[276] - von überhöhten Zinsen und Kreditkosten über unseriöse Praktiken der Kreditvermittlung bis hin zu unvollständiger oder irreführender Werbung für Konsu-

---

270 Siehe z.B. *W. Brechmann*, Die richtlinienkonforme Auslegung, 1994; *Lutter*, JZ 1992, S. 593 ff.; *Di Fabio*, NJW 1990, S. 947 ff.; jeweils m.w.N.

271 Während *S. Lorenz*, Unerwünschter Vertrag, S. 172, in den Verbraucherkreditrichtlinien „keinerlei Andeutungen über ein gesetzliches Widerrufsrecht" sieht, nimmt z.B. *Pudor*, Wirkungsweise, S. 9 m.w.N., eine Orientierung an deren Vorgaben an, und knüpft dabei an die in dem Anhang zu Art. 4 III Verbraucherkreditrichtlinie genannte „Bedenkzeit" an.

272 Siehe BT-Dr. 11/ 5462 sowie *Bruchner/Ott/Wagner-Wieduwilt*, VerbrKrG, 1. Aufl., Einleitung, Rn. 3 m.w.N.

273 *Bruchner/Ott/Wagner-Wieduwilt*, VerbrKrG, 1. Aufl., Einleitung, Rn. 4. Siehe zur Problematik auch *Hadding*, Gutachten zum 53. Deutschen Juristentag, Berlin 1980, S. 8 ff.; vgl. auch das „Gutachten zur Reform des finanzierten Abzahlungskaufs" von *Marschall von Bieberstein*, 1978.

274 Der Bundesrat hatte die Bundesregierung schon 1984 dazu aufgefordert, die Lage „in Not geratener Schuldner" zu überprüfen und Vorschläge für einen effektiven Verbraucherschutz in diesem Bereich vorzulegen (BR-Beschluß vom 16.11.1984, BR-Dr. 346/84). In dem darauffolgenden „Zwischenbericht der Bundesregierung zur Lage der Verbraucher bei Ratenkrediten" (auf den unveröffentlichten Bericht verweist z.B. BT-Dr. 11/5462, S. 11, 13) wurde u.a. auf die Gefahr hingewiesen, daß vielen Kreditnehmern ein „Zwangskreditverhältnis" drohe, weil die jeweiligen Forderungen der Kreditgeber selbst bei laufenden Zahlungen nicht wesentlich getilgt werden, da die Anrechnungsregelung des § 367 BGB die Verrechnung von Teilleistungen zunächst auf Kosten und Zinsen vorsieht. Auf der Grundlage der Feststellungen des Berichts wurde ein gesetzlicher Handlungsbedarf festgestellt, der sich auf das Problem der fortdauernden Überschuldung in Not geratener Kreditnehmer bezieht (vgl. auch die Begründung zum VerbrKrG, BT-Dr. 11/5462, S. 13).

275 Siehe *Hadding*, Gutachten zum 53. DJT, Berlin 1980, S. 8 ff.; *von Hippel*, Verbraucherschutz, 2. Aufl., S. 179 ff.; vgl. zu „drittfinanzierten Teilzahlungsgeschäften" z.B. *Gilles*, JZ 1975, S. 305 ff.; *Gilles*, JZ 1975, S. 729 f.; jeweils m.w.N.

276 Siehe den z.B. Überblick bei *Gilles*, ZRP 1989, S. 299 ff., 300 f. m.w.N.

mentenkredite[277] oder der drohenden Gefahr der „Kettenverschuldung"[278] von Verbrauchern - und der Entwicklung des Konsumentenkredits als „standardisiertes Mengengeschäft"[279] war zu dieser Zeit bereits eine rechtspolitische Diskussion um die Verbesserung des Verbraucherschutzes in diesem Bereich im Gange.[280] Auch wurde das Vorhaben diskutiert, spezielle Regelungen zur Kreditvermittlung zu schaffen, da die Verbraucher die Risiken und Kosten einer Vermittlung von Krediten oft nicht überblicken konnten und das Maklerrecht des BGB nicht auszureichen schien.[281] Dabei wurde im wesentlichen ein früherer Gesetzesentwurf über Maklerverträge wieder aufgegriffen.[282] Auch für das Zivilprozeßrecht wurde Regelungsbedarf bezüglich der Geltendmachung von Forderungen aus Verbraucherkreditverträgen gesehen, um Mißbräuche im schematisierten Mahnverfahren nach §§ 688 ff. ZPO auszuschließen.[283]

---

277 Vgl. *Hadding*, Gutachten zum 53. DJT, Berlin 1980, S. 13 f.; *von Hippel*, Verbraucherschutz, 2. Aufl., S. 179 ff.; siehe auch *von Hippel*, Verbraucherschutz, 3. Aufl., S. 214 ff.; jeweils m.w.N.

278 „Kettenverschuldung" bedeutet, daß der Verbraucher gedrängt wird, durch Tilgung seiner Kreditschulden weitere Kredite aufzunehmen. Siehe *Hadding*, Gutachten zum 53. DJT, Berlin 1980, S. 14.

279 Siehe *Hadding*, Gutachten zum 53. DJT, Berlin 1980, S. 14 f.

280 Vgl. z.B. *Hadding*, Gutachten zum 53. DJT, Berlin 1980, S. 8 ff.; *von Hippel*, Verbraucherschutz, 2. Aufl., S. 179 ff.; *von Hippel*, Verbraucherschutz, 3. Aufl., S. 214 ff.; jeweils m.w.N.

281 Vgl. dazu BT-Dr. 11/5462, S. 29. Siehe auch *Bruchner/Ott/Wagner-Wieduwilt*, VerbrKrG, 1. Aufl., Einleitung, Rn. 5. Vgl. speziell zur Entwicklung des Maklerrechts und dem RegE des „Gesetzes über finanzierte Abzahlungsgeschäfte und über Maklerverträge" aus dem Jahre 1979 (BT-Dr. 8/3212), zu dem der Bundesrat bereits eine eingehende Stellungnahme abgegeben hatte (Stellungnahme des Bundesrates vom 22.06.1979, BR-Dr. 220/79), *Gilles*, ZRP 1979, S. 265 ff. m.w.N. Diese Reform wurde aber ebenso wie die Einführung einer Regelung des Einwendungsdurchgriffs bei finanzierten Geschäften (siehe § 607a BGB-RegE im o.g. RegE, BT-Dr. 8/3212) durch den Widerstand der Bankwirtschaft verhindert. Vgl. dazu *Gilles*, ZRP 1989, S. 299 ff., 300 m.w.N.

282 Siehe den Entwurf des „Gesetzes über Maklerverträge", BT-Dr. 10/1014 vom 16.02.1984. Auch diese Reform wurde nicht realisiert, siehe nur *Gilles*, ZRP 1989, S. 299 ff., 300, 303 f. m.w.N.

283 Vgl. *Bruchner/Ott/Wagner-Wieduwilt*, VerbrKrG, 1. Aufl., Einleitung, Rn. 6 m.w.N. Herangezogen wurde dafür die Rechtsprechung zur Sittenwidrigkeit von Ratenkreditverträgen und zur Durchbrechung der Rechtskraft von Vollstreckungsbescheiden (vgl. BGHZ 101, 380 ff.; 103, 44 ff.; OLG Stuttgart, Urteil vom 26.01.1993, NJW 1994, S. 330 f.). Vgl. zur Rechtskraftdurchbrechung gemäß § 826 BGB bei einem unrichtigen Vollstreckungsbescheid *Zöller*, 21. Aufl., *Vollkommer* zu § 700 ZPO, Rn. 16c m.w.N., sowie für die Rspr. LG Frankfurt a.M., Urteil vom 11.11.1994, NJW-RR 1995, S. 634 f. Das Ergebnis war die „objektive Verfahrensschranke" des § 688 II Nr. 1 ZPO, nach dem eine Forderung aus einem Verbraucherkreditvertrag nur dann in einem Mahnverfahren geltend gemacht werden darf, wenn der anfängliche effektive Jahreszins den Diskontsatz nicht um mehr als 12% übersteigt. - siehe Art. 6 des Gesetzes über Verbraucherkredite, zur Änderung der Zivilprozeßordnung und anderer Gesetze vom 17.12.1990,

Da nach den Vorgaben der o.g. EG-Richtlinien zum Verbraucherkredit die notwendigen Mindestangaben zum Verbraucherkreditvertrag (vgl. den früheren § 4 VerbrKrG) auch für Abzahlungsgeschäfte Formvorschriften vorsahen, wurden die Regelungen des AbzG in das VerbrKrG integriert, und das AbzG dann mit dem Inkrafttreten des VerbrKrG aufgehoben.[284] Damit sollte nicht nur die Transparenz der gesetzlichen Regelung insbesondere im Hinblick auf das einwöchige Widerrufsrecht für Kredite aller Art verbessert werden,[285] sondern es wurde auch die Möglichkeit genutzt, die damals neugeschaffenen Regelungen zur Abwicklung verbundener Geschäfte (iSv. § 9 VerbrKrG) an die Rechtsprechung des BGH zu finanzierten Abzahlungsgeschäften[286] anzupassen. Seit dem Inkrafttreten des VerbrKrG vom 17.12.1990[287] am 01.01.1991 bestand (bis zur Integration des Verbraucherkreditrechts in das BGB im Wege der „Schuldrechtsmodernisierung") zugunsten des Verbrauchers ein Widerrufsrecht in den §§ 7 I, 9 II 1 VerbrKrG, das sich nicht nur auf Kreditverträge (vgl. § 1 VerbrKrG), sondern auch auf mit diesen verbundene Geschäfte (siehe § 9 VerbrKrG) sowie auf Verträge über Lieferungen in Teil- oder wiederkehrenden Leistungen (§ 2 VerbrKrG) bezog. Nach dem (damaligen) Wortlaut des § 7 I VerbrKrG wird die auf den Abschluß eines Kreditvertrages gerichtete Willenserklärung des Verbrauchers erst wirksam, wenn der Verbraucher sie nicht binnen einer Frist von einer Woche schriftlich widerruft. Bei einem verbundenen Geschäft nach § 9 I VerbrKrG wird gemäß § 9 II 1 VerbrKrG die auf den Abschluß des verbundenen Kaufvertrages gerichtete Willenserklärung des Verbrauchers erst wirksam, wenn der Verbraucher seine auf den Abschluß des Kreditvertrages gerichtete Willenserklärung nicht gemäß § 7 I VerbrKrG widerruft.

Sowohl die EG-Verbraucherkreditrichtlinien als auch das VerbrKrG verfolgen primär das Ziel des Verbraucherschutzes durch Aufklärung und Information des

---

BGBl. I S. 2840. Vgl. zu § 688 ZPO nur *Zöller*, 21. Aufl., *Vollkommer* zu § 688 ZPO, Rn. 5.

284 Vgl. Art. 10 des Gesetzes über Verbraucherkredite, zur Änderung der Zivilprozeßordnung und anderer Gesetze vom 17.12.1990, BGBl. I S. 2840. Vgl. dazu nur *Bruchner/Ott/Wagner-Wieduwilt*, VerbrKrG, 1. Aufl., Einleitung, Rn. 7. Vgl. zu der Kritik wegen der fehlenden Integration des Verbraucherkreditgesetzes in das BGB z.B. *Gilles*, ZRP 1989, S. 299 ff., 303 m.w.N.; zur Kritik an der Gesetzestechnik vgl. *Gilles*, ZRP 1989, S. 299 ff., 301; *Schmelz/Klute*, ZIP 1989, S. 1509 ff., 1515 f.

285 So bereits die amtliche Begründung, BT-Dr. 11/5462, S. 11; sowie *Bruchner/Ott/Wagner-Wieduwilt*, VerbrKrG, 1. Aufl., Einleitung, Rn. 7.

286 Vgl. z.B. BGHZ 91, 37 ff., 46; BGH, Urteil vom 26.04.1994, ZIP 1994, S. 773 ff., 774; OLG Düsseldorf, Urteil vom 13.04.1984, WM 1984, S. 1220 ff., 1221; vgl. dazu nur MK-BGB, 3. Aufl., *Habersack* zu § 9 VerbrKrG, Rn. 61 ff. m.w.N.

287 Siehe Art. 1 des Gesetzes über Verbraucherkredite, zur Änderung der Zivilprozeßordnung und anderer Gesetze vom 17.12.1990, BGBl. I S. 2840. Siehe zum Gesetzgebungsverfahren insbesondere *Bruchner/Ott/Wagner-Wieduwilt*, VerbrKrG, 1. Aufl., Einleitung, Rn. 8 ff.; *Gilles*, ZRP 1989, S. 299 ff.; jeweils m.w.N. auch zu Entwicklung und Inhalt der EG-Richtlinien zum Verbraucherkredit.

Verbrauchers. Damit soll erreicht werden, daß dem Verbraucher „bei Vertragsabschluß selbst die notwendigen Informationen und damit die erforderlichen Entscheidungshilfen zur Verfügung stehen".[288] Wie schon in den entsprechenden Regelungen des Abzahlungsgesetzes wurden in dem VerbrKrG „formalisierte Informationspflichten"[289] begründet, deren Verletzung die Nichtigkeit des Vertrags oder inhaltliche Einflußnahme auf diesen nach sich zog.[290] Im Gegensatz zu dem Regelungszweck des HWiG stellte das VerbrKrG daher nicht darauf ab, den Verbraucher vor unlauteren Methoden der Vertragsanbahnung zu schützen, sondern vor übereilten und unüberlegten Vertragsabschlüssen, die für den Verbraucher als besonders gefährlich eingeschätzt wurden.[291] Insoweit übereinstimmend mit dem Regelungszweck des HWiG - und anders als das - mittlerweile ebenfalls auch in das BGB integrierte - AGBG[292] - zielt das VerbrKrG nicht darauf ab, inhaltlich „gerechte" Verträge zu gewährleisten, und betrifft daher mit seinen vertragsbezogenen Regelungen insbesondere hinsichtlich der Rechtsfolgen nicht den Inhalt des Vertrags, sondern seine Existenz.[293] Diese Zielsetzung bestimmt auch das verbraucherschützende Widerrufsrecht. Mit der Gewährung einer solchen „Lösungsmöglichkeit von dem Vertrag" auf dem Sektor des Verbraucherkreditrechts soll dem Verbraucher ermöglicht werden, die Entscheidung hinsichtlich der Kreditaufnahme oder Inanspruchnahme einer „sonstigen Finanzierungshilfe" iSv. § 1 II VerbrKrG nochmals mittels der nach § 4 VerbrKrG nötigen Informationen zu überdenken. Damit hatte (und hat) der Verbraucher die Möglichkeit, seinen Entschluß auch nach Abgabe seiner auf den Vertragsschluß gerichteten Willenserklärung ohne größere Nachteile rückgängig zu machen,[294] und während der Widerrufsfrist noch nach besseren Vertragskonditionen zu suchen[295] oder Beratung in Anspruch zu nehmen[296]. So sollte das Widerrufsrecht insbesondere dazu führen, daß „anfällige Kreditverhältnisse", die zu einer finanziellen Überforderung des Verbrauchers führen, gar nicht erst wirksam zustandekommen.[297]

---

288 So die amtliche Begründung zum VerbrKrG, BT-Dr. 11/5462, S. 12. Siehe auch die Begründungserwägungen der Verbraucherkreditrichtlinie 87/192/EWG, 6. Absatz.

289 *S. Lorenz*, Unerwünschter Vertrag, S. 172.

290 Siehe insbesondere den früheren § 6 I, II VerbrKrG.

291 Vgl. nur *S. Lorenz*, Unerwünschter Vertrag, S. 172 f.

292 Vgl. allein *Wolf/Horn/Lindacher*, AGBG, 3. Aufl., *Wolf*, Einleitung, Rn. 12 ff. m.w.N.

293 So z.B. *Pudor*, Wirkungsweise, S. 10; *S. Lorenz*, Unerwünschter Vertrag, S. 173.

294 Siehe schon die amtliche Begründung, BT-Dr. 11/5462, S. 12; sowie *Bruchner/Ott/Wagner-Wieduwilt*, VerbrKrG, 1. Aufl., *Bruchner* zu § 7 VerbrKrG, Rn. 1; *Gilles*, ZRP 1989, S. 299 ff., 307; *von Heymann*, WM 1991, S. 1285 ff., 1291; *Palandt*, 58. Aufl., *Putzo* zu § 7 VerbrKrG, Rn. 1; *S. Lorenz*, Unerwünschter Vertrag, S. 174; jeweils m.w.N.

295 *S. Lorenz*, Unerwünschter Vertrag, S. 174.

296 Siehe die amtliche Begründung, BT-Dr. 11/5462, S. 12; *Bruchner/Ott/Wagner-Wieduwilt*, VerbrKrG, 1. Aufl., *Bruchner* zu § 7 VerbrKrG, Rn. 1.

297 So die amtliche Begründung, BT-Dr. 11/5462, S. 21; vgl. auch *Bruchner/Ott/Wagner-Wieduwilt*, VerbrKrG, 1. Aufl., *Bruchner* zu § 7 VerbrKrG, Rn. 1.

Damit orientierte sich auch dieses sonderprivatrechtliche Widerrufsrecht in seiner „rechtstechnischen Ausgestaltung" an § 1 I HWiG und § 1b I AbzG[298], so daß es überwiegend der Gruppe der Widerrufsrechte zugeordnet wurde, die dem „Modell der schwebenden Unwirksamkeit" folgen.[299] Ebenfalls war seine dogmatische Einordnung nicht unproblematisch: Insbesondere war - wie schon bei der Vorgängerregelung des § 1b I AbzG - die rechtliche Qualifikation dieses Widerrufsrechts umstritten.[300] Die h.M. ordnete das Widerrufsrecht nach § 7 I VerbrKrG als ein auf die Verhinderung des Vertragsschlusses gerichtetes Gestaltungsrecht ein.[301] Dabei wurde die Nichtausübung des Widerrufsrechts zumeist als rechtsgeschäftliche[302] oder gesetzliche[303] aufschiebende Bedingung für das „Wirksamwerden des Vertrags" angesehen, der Rechtszustand bis zur Ausübung des Widerrufsrechts oder bis zum Ablauf der Widerrufsfrist als „schwebend unwirksam" bezeichnet:[304] Unterblieb der (fristgerechte) Widerruf, dann sollte der Vertrag danach mit Wirkung ex nunc wirksam werden, nicht aber rückwirkend, so daß während des Laufs der Wochenfrist auch keine Erfüllungs-

---

298 So z.B. *Bruchner/Ott/Wagner-Wieduwilt*, VerbrKrG, 1. Aufl., *Bruchner* zu § 7 VerbrKrG, Rn. 1, der jedoch auch das anders ausgestaltete Widerrufsrecht in § 11 I AuslInvmG trotz des abweichenden Wortlauts heranzieht. Darauf weist auch *Teske*, NJW 1991, S. 2793 ff., 2794, hin. Siehe auch *Gernhuber*, WM 1998, S. 197 ff., 1798; *S. Lorenz*, Unerwünschter Vertrag, S. 57.

299 Vgl. *Gernhuber*, WM 1998, S. 197 ff., 1798; *S. Lorenz*, Unerwünschter Vertrag, S. 57.

300 Vgl. MK-BGB, 3. Aufl., *Ulmer* zu § 7 VerbrKrG, Rn. 10 f.; *Krämer*, ZIP 1997, S. 93 ff., 93.

301 Siehe *Palandt*, 58. Auflage, *Heinrichs* vor § 346 BGB, Rn. 9; *Putzo* zu § 7 VerbrKrG, Rn. 4; MK-BGB, 3. Aufl., *Ulmer* zu § 7 VerbrKrG, Rn. 11; *Bruchner/Ott/Wagner-Wieduwilt*, VerbrKrG, 1. Aufl., *Bruchner* zu § 7 VerbrKrG, Rn. 9; *Münstermann/Hannes*, zu § 7 VerbrKrG, Rn. 329, 341; *Krämer*, ZIP 1997, S. 93 ff., 93; *Fuchs*, AcP 196 (1996), S. 313 ff., 321 f., 350; *Teske*, NJW 1991, S. 2793 ff., 2794; *Löwe*, NJW 1974, S. 2257 ff., 2259; *Reich*, JZ 1975, S. 550 ff., 552; jeweils m.w.N. A.A. jedoch *von Westphalen/Emmerich/von Rottenburg*, VerbrKrG, 2. Aufl., *von Westphalen* zu § 7 VerbrKrG, Rn. 10 f., der ein Gestaltungsrecht ablehnt, dem „Schwebezustand" jedoch zustimmt (vgl. Rn. 12). Schließlich wurde das Widerrufsrecht nach § 7 I VerbrKrG auch in den Zusammenhang mit Widerrufsregelungen des BGB gebracht, zum einen mit § 130 I 2 BGB und zum anderen mit § 145 2. Hs. BGB - siehe zu § 130 BGB z.B. *Ollmann*, WM 1992, S. 2005 ff., 2006; zu §§ 130, 145 BGB insbesondere *Gernhuber*, WM 1998, S. 1797 ff; *Pfeiffer/Dauck*, NJW 1997, S. 30 ff., 33.

302 So RGRK, 12. Aufl., *Kessler* zu § 1b AbzG, Rn. 1.

303 Vgl. z.B. MK-BGB, 3. Aufl., *Ulmer* zu § 7 VerbrKrG, Rn. 10 f.; siehe auch *Ollmann*, WM 1992, S. 2005 ff., 2006: „Rechtszeitbestimmung".

304 Siehe z.B. die amtliche Begründung zum VerbrKrG, BT-Dr. 11/5462, S. 22; MK-BGB, 3. Aufl., *Ulmer* zu § 7 VerbrKrG, Rn. 12; *S. Lorenz*, NJW 1995, S. 2258 ff., 2260; *Karollus*, JuS 1993, S. 651 ff., 654; *Bülow*, NJW 1991, S. 129 ff., 131; *Teske*, NJW 1991, S. 2793 ff., 2796; *Knütel*, AcP 185 (1985), S. 308 ff., 315; a.A. z.B. *Pfeiffer/Dauck*, NJW 1997, S. 30 ff., 33 („schwebende Wirksamkeit").

ansprüche bestehen sollten.[305] Dagegen stellte die Mindermeinung auf die während der Widerrufsfrist „noch fehlende Wirksamkeit des Rechtsgeschäfts" ab, und bewertete daher die Nichtausübung des Widerrufs als aufschiebende Bedingung für das „Wirksamwerden der auf den Vertragsschluß gerichteten Willenserklärung des Verbrauchers".[306] Der behauptete Widerspruch zwischen der Annahme eines Gestaltungsrechts und einer aufschiebenden Bedingung sollte nach einer anderen Auffassung nicht vorliegen, da sich die Einordnung des Widerrufsrechts als Gestaltungsrecht und als aufschiebende Bedingung nicht ausschließe, vielmehr zwischen der Nichtausübung des Widerrufsrechts und der Ausübung des Widerrufsrechts zu differenzieren sei: Die Nichtausübung des Widerrufsrechts bis zum Fristablauf bewirke die „Wirksamkeit des Vertrags ex nunc" und die Ausübung des Widerrufsrechts führe zur „Unwirksamkeit der Willenserklärung, die zum Vertragstatbestand gehört". Die Gestaltungswirkung des Widerrufs resultiere daher aus der „Umwandlung" des zunächst schwebend unwirksamen Vertrags in ein Rückabwicklungsschuldverhältnis „unter gleichzeitiger Beendigung des Schwebezustandes".[307] Weiterhin wurde die Qualifizierung des Widerrufsrechts als Gestaltungsrecht z.T. deswegen abgelehnt, da noch keine Grundlage für einen Widerruf vorhanden sei, weil die Willenserklärung des Verbrauchers noch nicht „bindend" sei.[308] Aus diesen Gründen sei der Widerruf selbst auch keine Willenserklärung, sondern nur eine „Rechtshandlung"[309], zumal er auch nicht unmittelbar auf die Herbeiführung einer Rechtsfolge gerichtet sei.[310] Außerdem wurde das Widerrufsrecht mit einem „besonderen gesetzlichen Rücktrittsrecht" verglichen und daraus die Folgerung abgeleitet, daß der Verbraucher „unmittelbar" Vertragserfüllung verlangen könne. Durch den Widerruf habe der Verbraucher lediglich die Möglichkeit, den „vorläufig wirksamen Vertrag" „aufzulösen".[311] Gegen diese Auffassung wurde der (damalige) Wortlaut des § 7 I VerbrKrG, dessen Entstehungsgeschichte und die Regelungssystematik der §§ 7 III, 8 II VerbrKrG vorgebracht. Schließlich sollte dem Kreditgeber bei ordnungsgemäßer Widerrufsbelehrung

---

305 So die h.M., vgl. nur *Palandt*, 58. Auflage, *Putzo* zu § 7 VerbrKrG, Rn. 3; a.A. *Pfeiffer/Dauck*, NJW 1997, S. 30 ff., 33. Differenzierend zwischen Wochen- und Jahresfrist MK-BGB, 3. Aufl., *Ulmer* zu § 7 VerbrKrG, Rn. 12, 26.

306 Siehe z.B. *Ollmann*, WM 1992, S. 2005 ff., 2006.

307 So MK-BGB, 3. Aufl., *Ulmer* zu § 7 VerbrKrG, Rn. 11; *Fuchs*, AcP 196 (1996), S. 313 ff., 350; für die Rechtslage seit Einführung des § 361a BGB (a.F.) ähnlich *Palandt*, 60. Aufl., *Heinrichs* zu § 361a BGB, Rn. 7.

308 So z.B. *Ollmann*, WM 1992, S. 2005 ff., 2006.

309 Vgl. dazu auch *Münstermann/Hannes*, zu § 7 VerbrKrG, Rn. 341.

310 Siehe z.B. *Erman*, 8. Aufl., *Weitnauer/Klingsporn* zu § 1b AbzG, Rn. 9 f.; dagegen aber *Ollmann*, WM 1992, S. 2005 ff., 2006, der das Widerrufsrecht nicht als Rechtshandlung, sondern lediglich als „einseitige, empfangsbedürftige Willenserklärung" ansieht; vgl. zu dem Problem auch *Fuchs*, AcP 196 (1996), S. 313 ff., 321 f.

311 So *Jauernig*, 7. Aufl., *Jauernig* vor § 145 BGB, Anm. 6.

auch nicht das wirtschaftliche Risiko der Erfüllung trotz Widerrufsmöglichkeit zugemutet werden.[312]

e) § 8 IV VVG

Das Widerrufsrecht nach § 8 IV des Versicherungsvertragsgesetzes (VVG)[313] gelangte erst 1990 im Wege einer Gesetzesänderung in das VVG[314] und wurde nochmals gegenüber der bis zum 28.07.1994 geltenden Fassung modifiziert[315]. Nach § 8 IV 1 VVG kann der Versicherungsnehmer innerhalb einer Frist von vierzehn Tagen ab Unterzeichnung des Versicherungsantrags seine auf den Vertragsschluß gerichtete Willenserklärung schriftlich widerrufen, wenn ein Versicherungsverhältnis mit Ausnahme der Lebensversicherung mit einer längeren Laufzeit als einem Jahr geschlossen wird.

Der Grund der Einführung eines Widerrufsrechts im VVG ist darin zu sehen, daß eine Ungleichbehandlung des Versicherungsnehmers im Vergleich zu anderen Verbrauchern, die Verträge im Wege des Direktvertriebs abschließen, vermieden werden soll.[316] Diese Ungleichbehandlung ergab sich vor allem daraus, daß nach der damaligen Regelung in § 6 Nr. 2 HWiG (wie auch der aktuellen Regelung in § 312 III 1. Hs. BGB) das Widerrufsrecht bei „Haustürgeschäften" bei dem Abschluß von Versicherungsverträgen ausgeschlossen ist.[317] Da nicht ersichtlich ist, warum der Verbraucher durch den Abschluß von Versicherungsverträgen „an der Haustür" weniger in seiner freien Willensbildung gefährdet ist, als bei dem Abschluß sonstiger Verträge,[318] war diese wichtige Ausnahme vom Anwendungsbereich des HWiG auch berechtigterweise Kritik[319] ausge-

---

312 Vgl. nur MK-BGB, 3. Aufl., *Ulmer* zu § 7 VerbrKrG, Rn. 12.

313 Das VVG vom 30.05.1908 (RGBl. I S. 263) ist mehrfach geändert worden, z.B. durch die Gesetze vom 17.12.1990 (BGBl. I S. 2864), vom 21.07.1994 (BGBl. I S. 1630) und vom 09.03.2000 (BGBl. I S. 182, 192), zuletzt durch das Schuldrechtsmodernisierungsgesetz v. 26.11.2001 (BGBl. I S. 3138). Vgl. *Prölls/Martin*, VVG, 26. Aufl., *Prölls*, Vorbemerkung, Rn. 2.

314 Gesetz zur Änderung versicherungsrechtlicher Vorschriften vom 17.12.1990 (BGBl. I S. 2864). Die Einführung des Widerrufsrechts nach § 8 IV 1 VVG erfolgte zeitgleich mit der Einführung des Widerrufsrechts in § 7 I VerbrKrG. Beide Regelungen traten am 01.01.1991 in Kraft. Vgl. dazu z.B. *Teske*, NJW 1991, S. 2793 ff. m.w.N.

315 Drittes Durchführungsgesetz/EWG zum VAG vom 21.07.1994 (BGBl. I S. 1630, 1658). Neben der Neufassung des Widerrufsrechts und der Verbesserung seines Schutzumfangs wurde mit § 8 V VVG ein besonderes, „dem Widerrufsrecht entsprechendes", Rücktrittsrecht für Lebensversicherungen eingeführt; siehe MK-BGB, 3. Aufl., *Ulmer* zu § 6 HWiG, Rn. 17 m.w.N.

316 Vgl. die Gesetzesbegründung, BT-Dr. 11/8321, S. 6.

317 Zu den Erwägungen des Gesetzgebers vgl. BT-Dr. 10/2876, S. 10. Vgl. zu der diesbezüglichen Entstehungsgeschichte des HWiG z.B. *Teske*, ZIP 1986, S. 624 ff., 634; *Löwe*, BB 1986, S. 821 ff. m.w.N.

318 So auch *Pudor*, Wirkungsweise, S. 84.

319 Siehe z.B. *Brox*, AT, 25. Aufl., S. 110; *Teske*, ZIP 1986, S. 624 ff., 634; *Löwe*, BB 1986, S. 821 ff., 829 ff.; *Gilles*, NJW 1986, S. 1131 ff., 1147; *Teske*, NJW 1991, S.

setzt. Danach erscheint diese Ausnahme noch weniger gerechtfertigt, wenn man bedenkt, daß die Verpflichtungen des Versicherungsvertrags den Verbraucher in finanzieller Hinsicht und im Hinblick auf die Vertragsdauer oft noch stärker beeinträchtigen, als dies bei „üblichen Verbraucherverträgen“ gegeben ist.[320] Da die Schutzwürdigkeitserwägungen, die zur Einführung des HWiG geführt haben, daher grundsätzlich auch für den „Verbraucher-Versicherungsvertrag“ Geltung beanspruchen, ist der die Versicherungswirtschaft privilegierende Ausschlußtatbestand in § 6 Nr. 2 HWiG (§ 312 III 1. Hs. BGB) auch in Hinblick auf den allgemeinen Gleichheitssatz in Art. 3 I des Grundgesetzes kritisiert worden.[321] Mit der Einführung des § 8 IV 1 VVG unternahm der Gesetzgeber den Versuch, diesen Mißstand zu beseitigen. Dies gelang aber nur zum Teil, da nicht der Ausschlußtatbestand im HWiG wegfiel, sondern die Neuregelungen in §§ 5a, 8 IV, V VVG geschaffen wurden, so daß eine Privilegierung des Versicherungsgewerbes durch den völligen Ausschluß der Anwendung des HWiG bestehenblieb.[322] Seitdem existieren im VVG daher drei unterschiedliche Möglichkeiten der „Lösung vom Vertrag“, das Widerspruchsrecht nach § 5a VVG, das Rücktrittsrecht bei Lebensversicherungen gemäß § 8 V VVG und das Widerrufsrecht in § 8 IV VVG. Die vierzehntägige Widerrufsfrist des § 8 IV 1 VVG beginnt nach § 8 IV 3 VVG erst mit der Belehrung über das Widerrufsrecht und der entsprechenden schriftlichen Bestätigung des Versicherungsnehmers zu laufen. Unterbleibt dies oder erfolgt nicht ordnungsgemäß, so erlischt das Widerrufsrecht nach § 8 IV 4 VVG erst einen Monat nach Zahlung der ersten Versicherungsprämie. Auch besteht das Widerrufsrecht solange nicht, wie dem Versicherungsnehmer auf seinen Wunsch hin sofortiger Versicherungsschutz gewährt wird - vgl. § 8 IV 5 1.Var. VVG. Schließlich ist das Widerrufsrecht ausgeschlossen, wenn dem Versicherungsnehmer ein Widerspruchsrecht nach § 5a VVG zusteht (§ 8 VI VVG).

Bereits aus dem Wortlaut des § 8 IV 1 VVG wurde geschlossen, daß der Gesetzgeber von der Wirksamkeit des Versicherungsvertrags auch während der laufenden Widerrufsfrist ausgegangen sei.[323] Dies ist jedoch - nach wie vor - umstritten; der Wortlaut wird nach anderer Auffassung nicht als erheblich angesehen, da aufgrund des verbraucherschützenden Regelungszwecks die (früher) h.M. zur Wirkungsweise der verbraucherschützenden Widerrufsrechte nach §§ 1 I HWiG, 7 I VerbrKrG[324] maßgebend sei,[325] die gerade von „schwebender

---

2793 ff., 2797; MK-BGB, 3. Aufl., *Ulmer* zu § 6 HWiG, Rn. 16; *S. Lorenz*, Unerwünschter Vertrag, S. 207.

320 Siehe z.B. *Pudor*, Wirkungsweise, S. 84.

321 Vgl. z.B. *Brox*, AT, 25. Aufl., S. 110; *Löwe*, BB 1986, S. 821 ff., 831; *Gilles*, NJW 1986, S. 1131 ff., 1147.

322 So z.B. *S. Lorenz*, Unerwünschter Vertrag, S. 207; *Teske*, NJW 1991, S. 2793 ff., 2797.

323 Siehe *Prölls/Martin*, 26. Aufl., *Prölls* zu § 8 VVG, Rn. 40; *Reiff*, VersR 1997, S. 267 ff., 272; dagegen z.B. *Schirmer*, VersR 1996, S. 1045 ff., 1048; *Weyers*, Versicherungsvertragsrecht, 2. Aufl., S. 74.

324 Siehe oben, Teil B.II.1.c) und d).

325 Vgl. z.B. *Schirmer*, VersR 1996, S. 1045 ff., 1048.

Unwirksamkeit" des Vertrags ausging. Dagegen wird wiederum vorgebracht, daß der Versicherungsnehmer bei dieser Konstruktion während der laufenden Widerrufsfrist bei Eintritt des Versicherungsfalls und Bedarf an Versicherungsschutz nur die Möglichkeit habe, die Widerrufsfrist ablaufen zu lassen oder ganz auf sein Widerrufsrecht zu verzichten, um wegen dann rückwirkender Vertragswirksamkeit überhaupt die Deckung des Schadens zu verlangen zu können.[326] Anderer Meinung nach ist der Wortlaut des Widerrufsrechts nach § 8 IV 1 VVG „neutral formuliert" und steht damit zwischen den (früheren) widerrufsrechtlichen Regelungen in §§ 1b I AbzG, 7 I VerbrKrG, 1 I HWiG einerseits und in §§ 11 I AuslInvmG, 23 I KAGG, 4 I FernUSG andererseits.[327]
Der Streit um die rechtliche Einordnung, wie er bei den o.g. verbraucherschützenden Widerrufsrechten zu beobachten war,[328] scheint bei diesem Widerrufsrecht jedenfalls keine größere Rolle zu spielen. So wird das Widerrufsrecht nach § 8 IV 1 VVG nach allgemeiner Auffassung als ein Gestaltungsrecht[329] angesehen, mit dessen Ausübung „nach freiem Belieben und ohne Angabe von Gründen"[330] der Versicherungsnehmer die Möglichkeit hat, sich von dem Versicherungsvertrag wieder zu lösen. Umstritten ist aber die „zeitliche Komponente" dieser Gestaltungswirkung: So wird zum einen die Lösungsmöglichkeit mit Wirkung ex tunc[331] behauptet. Danach soll eine „Bindung des Versicherungsnehmers" auch für die Zeitspanne bis zur Ausübung des Widerrufsrechts im Falle des fristgerechten Widerrufs nicht gegeben sein. Nach derselben Ansicht soll die Willenserklärung des Versicherungsnehmers - und damit auch der spätere Versicherungsvertrag - sofort mit Zugang wirksam sein, da „Widerruf immer die Beseitigung" einer wirksamen Erklärung „ex tunc" bedeute, falls nichts anderes bestimmt ist.[332] Dabei wird auch der Unterschied zu der gesetzlichen Ausgestaltung der §§ 1 I HWiG, 7 I VerbrKrG hervorgehoben. Damit setze auch nicht erst das Ausbleiben des fristgerechten Widerrufs die Erklärung des Versicherungsnehmers in Gang.[333] Erneut wird dabei deutlich, daß die Frage, ob sich die Gestaltungswirkung des Widerrufsrechts „ex tunc" oder „ex nunc" auswirkt, unabhängig von der Frage zu beurteilen ist, ob der Vertrag zu-

---

326 So z.B. *Krämer*, ZIP 1997, S. 93 ff., 97; siehe auch *Pudor*, Wirkungsweise, S. 86.

327 Siehe *Gernhuber*, WM 1998, S. 1797 ff., 1798, der aber letztlich das Widerrufsrecht des § 8 IV 1 VVG in seiner rechtstechnischen Ausgestaltung mit derjenigen der §§ 1 I HWiG, 7 I VerbrKrG gleichsetzt (S. 1798 ff.).

328 Siehe oben, Teil B.II.1.a)-d).

329 Vgl. z.B. *Prölls/Martin*, 26. Aufl., *Prölls* zu § 8 VVG, Rn. 40; *Reiff*, VersR 1997, S. 267 ff., 272; *Teske*, NJW 1991, S. 2793 ff., 2795 f.

330 *Teske*, NJW 1991, S. 2793 ff., 2795 f.

331 Siehe z.B. *Prölls/Martin*, 26. Aufl., *Prölls* zu § 8 VVG, Rn. 40; *Weyers*, Versicherungsvertragsrecht, 2. Aufl., S. 94; siehe andererseits aber *S. Lorenz*, Unerwünschter Vertrag, S. 209.

332 So *Prölls/Martin*, 26. Aufl., *Prölls* zu § 8 VVG, Rn. 40.

333 Siehe *Prölls/Martin*, 26. Aufl., *Prölls* zu § 8 VVG, Rn. 40; *Reiff*, VersR 1997, S. 267 ff., 272; dagegen z.B. *Schirmer*, VersR 1996, S. 1045 ff., 1048; jeweils m.w.N.

nächst wirksam, schwebend wirksam oder schwebend unwirksam[334] ist. Die gesetzestechnische Ausgestaltung des Widerrufsrechts nach § 8 IV 1 VVG unterscheidet sich dabei von der Gestalt der bisher erörterten Widerrufsrechte,[335] so daß auch eine andersartige Gestaltungswirkung möglich ist. Außerdem ist anzunehmen, daß bei der gleichzeitigen Einführung der Widerrufsrechte in § 7 I VerbrKrG und § 8 IV 1 VVG[336] dem Gesetzgeber die Unterschiede im Wortlaut bewußt waren und die unterschiedliche Ausgestaltung nicht bloß zufällig erfolgt ist,[337] zumal sich der Gesetzgeber bei den getrennt ablaufenden Gesetzgebungsverfahren, die zur Einführung des § 7 I VerbrKrG sowie des § 8 IV 1 VVG geführt haben, nicht um eine „rechtstechnische Abstimmung der beiden Regelungsbereiche"[338] bemüht hat, obwohl dies möglich gewesen wäre. Um so verwirrender ist angesichts dieses Umstandes aber der Hinweis in der Begründung zum Gesetzesentwurf des Verbraucherkreditgesetzes, daß sich das Widerrufsrecht des § 7 I VerbrKrG an den Regelungen der §§ 11 I AuslInvmG, 23 I KAGG, 4 I FernUSG, 1 I HWiG orientieren soll,[339] da gerade die ersten drei dieser Widerrufsrechte von ihrem Wortlaut her anders ausgestaltet sind als die Widerrufsrechte gemäß §§ 7 I VerbrKrG, 1 I HWiG.[340] Ausgehend von dem Wortlaut gilt dies auch für die Widerrufsregelung in § 8 IV 1 VVG, die - außer in dem von *Medicus* vorgeschlagenen allgemeinen Widerrufsrecht (§ 305a BGB-E)[341] - (nach wie vor) keine Parallele hat. Fraglich bleibt also, inwieweit die Vorgehensweise des jeweiligen Gesetzgebers berechtigterweise als Differenzierungskriterium herangezogen werden kann. Jedenfalls hat die Andersartigkeit der Vorschrift „in Wortlaut und Rechtstechnik" dazu geführt, daß es in der diesbezüglichen Literatur „zu einem wilden Potpourri von Argumentationen" kam, „wobei die durch die Abweichung entstehenden Zweifelsfragen entweder in Anlehnung an die Regelungen von HtWiG und VerbrKrG gelöst oder aber im Wege des Umkehrschlusses gerade gegenteilige Lösungen vertreten wurden"[342]. Anhand dieser Ungereimtheiten zeigt sich letztlich das Versäumnis dogmatischer Natur, erst ein Konzept des

---

334 Nach *S. Lorenz*, Unerwünschter Vertrag, S. 209, ist die „Rechtstechnik" oder das „Modell der schwebenden Unwirksamkeit" bei § 8 IV 1 VVG nicht gegeben, was nach seiner Auffassung aber nicht erheblich ist, da nach dem im Versicherungsvertragsrecht üblichen Vertragsabschlußmechanismus im Regelfall zum Zeitpunkt des Widerrufs ein Vertrag noch gar nicht zustandegekommen sei.

335 So auch *Gernhuber*, WM 1998, S. 1797 ff., 1798; *Teske*, NJW 1991, S. 2793 ff., 2794.

336 Vgl. *Teske*, NJW 1991, S. 2793 ff., 2793.

337 So z.B. auch *Teske*, NJW 1991, S. 2793 ff., 2796; *Krämer*, ZIP 1997, S. 93 ff., 97; *Gernhuber*, WM 1998, S. 1797 ff., 1798; *Pudor*, Wirkungsweise, S. 88.

338 *Krämer*, ZIP 1997, S. 93 ff., 97.

339 Siehe die Gesetzesbegründung zum VerbrKrG, BT-Dr. 11/5462, S. 21.

340 Vgl. *Teske*, NJW 1991, S. 2793 ff., 2794.

341 Siehe *Medicus*, in Bundesministerium der Justiz (BMJ) (Hg.): Gutachten und Vorschläge zur Überarbeitung des Schuldrechts, Band I, 1981, S. 479 ff., 534 f.; vgl. dazu *Teske*, NJW 1991, S. 2793 ff., 2796, FN. 41.

342 *S. Lorenz*, Unerwünschter Vertrag, S. 207.

verbraucherschützenden Widerrufsrechts zu entwickeln, das in den verschiedenen verbraucherschützenden Spezialregelungen dann einheitlich verwendet wird.[343]

f) § 5 I TzWrG

Das letzte verbraucherschützende Widerrufsrecht vor der Einführung des ersten „allgemeinen" verbraucherschützenden Widerrufsrechts war das Widerrufsrecht in § 5 I des „Gesetzes über die Veräußerung von Teilzeitnutzungsrechten an Wohngebäuden" (Teilzeit-Wohnrechtegesetz – TzWrG)[344]. Das am 01.01.1997 in Kraft getretene Gesetz diente in erster Linie der Umsetzung der Vorgaben der entsprechenden EG-Richtlinie 94/47/EG[345] in das deutsche Recht. Die Zielsetzungen des Gesetzes entsprachen daher auch im wesentlichen denjenigen der Timesharing-Richtlinie. Der Zweck der Normierung dieses Bereichs war vor allem, auf dem in Europa seit dem Ende der achtziger Jahre sprunghaft gewachsenen Markt für Timesharing-Rechte mit überwiegend internationalem Bezug durch gemeinsame Vorschriften für den Bereich der EG einen einheitlichen rechtlichen Standard und damit Rechtssicherheit zu schaffen. Dies sollte hauptsächlich durch die Verbesserung der Informationssituation der Erwerber von Timesharing-Rechten, die Gewährung eines Widerrufsrechts als „Lösungsmöglichkeit vom Vertrag" und durch das Verbot von Anzahlungen erreicht werden.[346] Insbesondere sollten damit die zahlreichen Mißstände und speziellen Probleme der Erwerber auf dem Timesharing-Markt angegangen werden. Der Begriff des „time-sharing" wurde schon in den siebziger Jahren in den USA geprägt. „Time-sharing" umschreibt dabei die Berechtigung, eine Sache oder ein Recht innerhalb einer im voraus festgelegten Laufzeit im jährlichen Turnus während einer genau festgelegten Zeitspanne („time") unter Ausschluß weiterer Berechtigter („sharing") nutzen zu können.[347] Die wirtschaftliche Grundüberlegung ist dabei diejenige, daß der Erwerb einer Immobilie im Ausland im Vergleich zu der geringen jährlichen Nutzungsdauer viel zu teuer und daher nicht wirtschaftlich sinnvoll ist.[348] Wesentlicher Inhalt der meisten - rechtstatsächlich sehr unterschiedlichen - Timesharing-Modelle ist daher, daß der Timesharing-Anbieter dem Erwerber das Recht, eine meist im Ausland liegende Immobilie über einen längeren Zeitraum nutzen zu können. Dieses Nutzungsrecht wird je-

---

343 Darauf hat *Heinbuch*, Theorien und Strategien, S. 189, bereits 1983 hingewiesen. Vgl. auch *Schwenzer*, JA 1989, S. 473 ff., 473; 505 ff., 509.

344 Gesetz vom 20.12.1996 (BGBl. I S. 2154).

345 Richtlinie 94/47/EG des Europäischen Parlaments und des Rates vom 26.10.1994 zum Schutz der Erwerber im Hinblick auf bestimmte Aspekte von Verträgen über den Erwerb von Teilzeitnutzungsrechten an Immobilien, ABl. EG Nr. L 280/83 vom 29.10.1994, im folgenden Timesharing-Richtlinie genannt.

346 Siehe zum Überblick *Palandt*, 58. Aufl., *Putzo*, Einführung TzWrG, Rn. 2.

347 Vgl. die amtliche Begründung, BT-Dr. 13/4185, S.8; sowie *Martinek*, NJW 1997, S. 1393 ff.; *Mäsch*, DNotZ 1997, S. 180 ff.; *Schaaff*, ZIP 1984, S. 908 ff., 908.

348 Siehe die Begründung zum TzWrG, BT-Dr. 13/4185, S. 8; sowie *Hildenbrand*, Time-Sharing, S. 41 ff. m.w.N.

weils mehreren Erwerbern für verschiedene Zeitspannen übertragen, so daß sich mehrere Timesharing-Berechtigte das Nutzungsrecht insoweit „teilen", daß jedem von ihnen dieselbe Ferienimmobilie in verschiedenen Zeitspannen zur jeweils ausschließlichen Nutzung zusteht.[349] Auffallend dabei ist die große Anzahl unterschiedlichster Timesharing-Modelle:[350] Das Spektrum reicht dabei von verschiedenen dinglichen Vertragsmodellen[351] über Treuhand-[352], Vereins-[353], Genossenschafts-[354], Gesellschafts-[355] und aktienrechtliche[356] Modelle bis hin zu schuldrechtlichen Dauernutzungsrechten[357] oder zur Teilnahme an Tauschbörsen[358]. Die aufgrund der kontinuierlichen Entwicklung dieser Branche günstige Marktlage lockte aber auch unseriöse Anbieter an und förderte mißbräuchliche Vertragsanbahnungs- und -abwicklungspraktiken.[359] Insbesondere komplizierte Vertragsbedingungen und der häufige Auslandsrechtsbezug erschweren den Kunden, die wirtschaftliche Tragweite ihrer Entscheidungen zu erfassen und sorgen dafür, daß die wirtschaftliche Grundüberlegung des Timesharing in ihr Gegenteil verkehrt wird.[360] Hinzu kommen - abgesehen von einem nicht zu unterschätzenden Betrugsrisiko[361] - der Einsatz aggressiver Verkaufs- und Vertriebsmethoden[362], irreführendes Werbematerial und verbraucherfeindliche Rechtswahl-[363] und Gerichtsstandsklauseln sowie die Geltung ausländischen Rechts. Alle diese Umstände beeinträchtigen die

---

349 Vgl. z.B. *Martinek*, NJW 1997, S. 1393 ff.; *Pudor*, Wirkungsweise, S. 12.

350 Vgl. die Begründung zum TzWrG, BT-Dr. 13/4185, S. 8.

351 Siehe allgemein z.B. *Hildenbrand*, Time-Sharing, S. 41 ff.; *Schober*, DB 1985, S. 1513 ff.; *Schaaff*, ZIP 1984, S. 908 ff. Vgl. zum Miteigentum nach Bruchteilen gemäß §§ 741, 1008 BGB *Martinek*, Moderne Vertragstypen, Bd. III, S. 268 f.; zum Bruchteilswohnungseigentum nach WEG („Oberstdorfer Modell") vgl. nur *Schober*, DB 1985, S. 1513 ff., 1518 f.; zur subjektiv-persönlichen Reallast gemäß §§ 1105, 1111 BGB siehe *Martinek*, Moderne Vertragstypen, Bd. III, S. 274 f.; zum Dauerwohnrecht iSv. § 31 WEG wiederum *Schober*, DB 1985, S. 1513 ff., 1519; *Gralka*, NJW 1987, S. 1997 f.

352 Vgl. *Hildenbrand*, NJW 1994, S. 1992 ff. m.w.N.

353 Siehe dazu z.B. *Martinek*, Moderne Vertragstypen, Bd. III, S. 279 f.; *Hildenbrand*, NJW 1994, S.1992 ff.; *Hildenbrand*, Time-Sharing, S. 100 ff.

354 Siehe dazu nur *Hildenbrand*, Time-Sharing, S. 121 ff. m.w.N.

355 Vgl. *Schaaff*, ZIP 1984, S. 908 ff.; *Gralka*, NJW 1987, S. 1997 f.

356 Siehe *Martinek*, Moderne Vertragstypen, Bd. III, S. 280 ff.; *Hildenbrand*, Time-Sharing, S. 110 ff.; jeweils m.w.N.

357 Vgl. *Martinek*, Moderne Vertragstypen, Bd. III, S. 266 ff.

358 Siehe dazu *Hildenbrand*, NJW 1994, S. 1992 ff., 1993.

359 Vgl. *Martinek*, NJW 1997, S., 193 ff., 1393; *Mäsch*, DNotZ 1997, S. 180 ff., 180.

360 So auch *Tonner/Jäckel-Hutmacher*, VuR 1994, S. 9 ff., 17; *Martinek*, Moderne Vertragstypen, Bd. III, S. 263; jeweils m.w.N.

361 So wurden beispielsweise schon Wohnrechte an Bauruinen oder lediglich Brachland verkauft; beteiligt waren häufig „Briefkastenfirmen in Steuerparadiesen". Siehe dazu *Schomerus*, NJW 1995, S. 359 ff., 364; *Tonner/Jäckel-Hutmacher*, VuR 1994, S. 9 ff., 17;.jeweils m.w.N.

362 Vgl. dazu z.B. *Schomerus*, NJW 1995, S. 359 ff., 362 m.w.N.

363 Siehe zu einer „Isle of Man"-Rechtswahlklausel nur *Beise*, NJW 1995, S. 1724 f. m.w.N.

Rechtsdurchsetzung und die Rechtssicherheit für die Verbraucher erheblich.[364] Die (jeweilige) nationale Rechtsprechung[365] war aufgrund dieser Gegebenheiten und der damit verbundenen rechtlichen Schwierigkeiten in der Vergangenheit häufig nicht in der Lage, dem Verbraucher, wenn es überhaupt einmal zu einem Rechtsstreit kam, zu seinem Recht zu verhelfen, so daß zumindest auf europäischer Ebene ein dringendes Regelungsbedürfnis angenommen wurde, das zum Erlaß der Timesharing-Richtlinie führte.
Nach Art. 5 Nr. 1 Satz 2 der Timesharing-Richtlinie[366] hat der Erwerber das Recht, innerhalb von zehn Tagen nach Unterzeichnung des Vertrags oder eines verbindlichen Vorvertrags ohne Angabe von Gründen von dem Vertrag zurücktreten. Falls die Vertragsurkunde im Zeitpunkt des Vertragsschlusses nicht den im Anhang der Richtlinie abgedruckten Inhalts- und Formvorschriften entspricht, verlängert sich diese Frist auf einen Zeitraum von drei Monaten ab dem Vertragsschluß - vgl. Art. 5 Nr. 1 Satz 3 der Richtlinie. An diese „außerordentliche Rücktrittsfrist" schließt sich gemäß Art. 5 Nr. 1 Satz 4 der Richtlinie die ursprüngliche Frist nach S. 2 an, falls der Vertrag auch nach Ablauf der drei Monate noch nicht den o.g. Inhalts- und Formvorschriften entspricht und der Verbraucher in dieser Zeit sein „Rücktrittsrecht" noch nicht ausgeübt hat. Gemäß dem Anzahlungsverbot nach Art. 6 der Richtlinie sollen vom Erwerber vor Ablauf der ordentlichen Rücktrittsfrist keinerlei Anzahlungen an den Veräußerer geleistet werden. Diese und andere Vorgaben fanden sich in dem TzWrG wieder, das als Kernstück ein weiteres verbraucherschützendes Widerrufsrecht in § 5 I TzWrG enthielt, obwohl nach dem Wortlaut der Timesharing-Richtlinie - wie bei der Haustürgeschäftsrichtlinie[367] - lediglich ein „Rücktrittsrecht" vorgegeben war. Weiterhin begründete das TzWrG in § 2 umfassende Informationspflichten zugunsten des Erwerbers, insbesondere durch einen Prospekt mit vorgeschriebenem Inhalt, sowie weitere Form- und Inhaltsvorschriften in §§ 3, 4 TzWrG.[368] Nach dem Wortlaut des früheren § 5 I TzWrG wird die auf

---

364 Vgl. Begründung zum TzWrG, BT-Dr. 13/4185, S. 8; *Martinek*, NJW 1997, S., 193 ff., 1393.

365 Siehe für die deutsche Rechtsprechung z.B. BGH, Urteil vom 25.02.1994, NJW 1994, S. 1344 ff.; BGH, Urteil vom 30.06.1995, NJW 1995, S. 2637 ff. Vgl. für die Rechtsprechung der Instanzgerichte z.B. LG Köln, Urteil vom 30.04.1991, NJW-RR 1992, S. 1333 f. („Unwirksamer Vertrag über Ferienwohnrecht"); LG Kleve, Urteil vom 01.07.1992, VuR 1993, S. 49 ff. („Unzulässiger Timesharing-Vertrag").

366 Richtlinie 94/47/EG des Europäischen Parlaments und des Rates vom 26.10.1994 zum Schutz der Erwerber im Hinblick auf bestimmte Aspekte von Verträgen über den Erwerb von Teilzeitnutzungsrechten an Immobilien, ABl. EG Nr. L 280/83 vom 29.10.1994.

367 Siehe Art. 5 I 1 der Richtlinie 85/577/EWG des Rates der Europäischen Gemeinschaften vom 20.12.1985 betreffend den Verbraucherschutz im Falle von außerhalb von Geschäftsräumen geschlossenen Verträgen, ABl. EG Nr. L 372/31 vom 31.12.1985, im Wortlaut wiedergegeben bei *Werner/Machunsky*, HWiG, Anhang, S. 371 ff.

368 Vgl. nur *Palandt*, 58. Aufl., *Putzo*, Einführung TzWrG, Rn. 4 ff.; zu §§ 2; 3; 4 TzWrG, jeweils Rn. 1 ff. m.w.N. Siehe für die Teilzeit-Wohnrechteverträge nunmehr die §§ 481 ff. BGB.

den Abschluß des Vertrages gerichtete Willenserklärung des Erwerbers erst wirksam, wenn er sie nicht binnen einer Frist von zehn Tagen widerruft. Der Lauf dieser Frist begann nach § 5 II 1 TzWrG erst, wenn dem Erwerber die Vertragsurkunde oder ihre Abschrift sowie eine schriftliche Widerrufsbelehrung ausgehändigt wurde.[369] Sinn und Zweck des Widerrufsrechts nach § 5 I TzWrG[370] sollten darin liegen, daß dem Erwerber ermöglicht wird, die regelmäßig schwer durchschaubare Rechtslage und insbesondere seine Verpflichtungen ohne zeitlichen Druck und frei von Verhandlungszwängen zu überprüfen und überdenken. Damit sollte der Verbraucher insbesondere die Möglichkeit erhalten, sich von dem Vertrag wieder zu lösen.[371] Daher waren für die Gewährung eines Widerrufsrechts (nach dem früheren § 5 TzWrG) die besondere, den Erwerber oft benachteiligende, Vertragsschlußsituation sowie die wirtschaftliche Tragweite der vertraglichen Verpflichtungen ausschlaggebend.[372] Dadurch, daß das Widerrufsrecht nach § 5 I TzWrG den (früheren) Widerrufsrechten in §§ 1 I HWiG, 7 I VerbrKrG nachgebildet worden war, wurde es ebenfalls als Gestaltungsrecht[373] des Erwerbers angesehen; der Streit um die Rechtsnatur dieser verbraucherschützenden Widerrufsrechte[374] war daher grundsätzlich auch auf § 5 I TzWrG übertragbar. Aufgrund des Wortlauts wurde es in seiner „rechtstechnischen Gestaltung" jedenfalls zu der Gruppe der Widerrufsrechte gezählt, die dem „Modell der schwebenden Unwirksamkeit" folgen.[375] Danach sollte der zwischen Veräußerer und Erwerber geschlossene „Vertrag über die Teilzeitnutzung von Wohngebäuden" (vgl. früher § 1 I TzWrG, nunmehr § 481 BGB) innerhalb der Widerrufsfrist „schwebend un-

---

369 Unterblieb eine ordnungsgemäße Belehrung nach den § 5 II 2-5 TzWrG, dann begann die Frist gemäß § 5 II 6 TzWrG erst drei Monate nach Aushändigung der Vertragsurkunde oder deren Abschrift zu laufen. Weitere Modifizierungen des Fristlaufs fanden sich in den § 5 III, IV TzWrG. Vgl. nunmehr die §§ 481 ff. BGB.

370 Die Rechtsfolgen des Widerrufs bestimmten sich nach § 5 VI TzWrG, siehe *Palandt*, 58. Aufl., *Putzo* zu § 5 TzWrG, Rn. 11 ff. m.w.N. Das Anzahlungsverbot nach § 7 S. 1 TzWrG galt dabei für den Zeitraum der zehntägigen ordentlichen Widerrufsfrist. Jedoch soll der Gesetzeszweck, nach dem es zu verhindern gilt, daß der Erwerber durch Anzahlungen an der Ausübung des Widerrufs gehindert wird (vgl. die amtliche Begründung zum TzWrG, BT-Dr. 13/4185, S. 13), es nahelegen, das Anzahlungsverbot auch auf die Fälle späteren Fristbeginns (vgl. § 5 II 5, IV TzWrG) oder verlängerter Widerrufsfrist (§ 5 III TzWrG) zu erstrecken. Siehe *Palandt*, 58. Aufl., *Putzo*, zu § 7 TzWrG, Rn. 6.

371 Vgl. die amtliche Begründung zum TzWrG, BT-Dr. 13/4185, S. 10; BR-Dr. 887/95. Siehe dazu auch *Pudor*, Wirkungsweise, S. 14; *Palandt*, 58. Aufl., *Putzo*, zu § 5 TzWrG, Rn. 2; jeweils m.w.N.

372 Siehe *Martinek*, NJW 1997, S. 1393 ff., 1396; *Mäsch*, DNotZ 1997, S. 180 ff., 196; *Pudor*, Wirkungsweise, S. 14.

373 So *Palandt*, 58. Aufl., *Heinrichs* vor § 346 BGB, Rn. 9; *Putzo* zu § 5 TzWrG, Rn. 1; *Martinek*, NJW 1997, S. 1393 ff., 1397.

374 Siehe oben, Teil B.II.1.c), d).

375 Vgl. z.B. *Gernhuber*, WM 1998, S. 1797 ff., 1798; *Palandt*, 58. Aufl., *Putzo*, zu § 5 TzWrG, Rn. 1; jeweils m.w.N.

wirksam" sein. Soweit diesem Modell grundsätzlich gefolgt wurde, so fand sich immerhin noch die Differenzierung, daß „bis zum Ablauf der Widerrufsfrist die Willenserklärung nicht wirksam" sei. Dies habe zur Folge, daß „der Vertrag mangels wirksamen Angebots oder Annahme nicht geschlossen" ist.[376]

2. Dogmatische und systematische Schwächen, Unklarheiten und Probleme der „vertragsbezogenen" Sichtweise

Wie bereits dieser kurze Überblick über die verbraucherschützenden Widerrufsrechte gezeigt hat, weisen die zentralen dogmatischen Konstruktionen, auf die im Rahmen des Streits um die Wirkungsweise des (jeweiligen) verbraucherschützenden Widerrufsrechts immer wieder zurückgegriffen wird, erhebliche dogmatische und systematische Schwächen, Unklarheiten und Probleme auf, die im folgenden kurz umrissen werden sollen. Nach der herrschenden „vertragsbezogenen" Betrachtung wird im wesentlichen nur zwischen zwei Modellen differenziert, auf der einen Seite steht das „Modell der schwebenden Unwirksamkeit", wie es nach (früher) überwiegender Sicht[377] in den (damaligen) Widerrufsrechten gemäß §§ 1 I HWiG, 7 I VerbrKrG, 5 I TzWrG zum Ausdruck gekommen ist, auf der anderen Seite das „Modell der schwebenden Wirksamkeit", wie es insbesondere bei den Widerrufsrechten nach §§ 11 I AuslInvmG, 23 I KAGG sowie zu dem ursprünglichen Wortlaut von § 4 I FernUSG vertreten wurde.[378]

a) Dogmatische und systematische Schwächen der „schwebenden Vertragsunwirksamkeit"

Zunächst ist der Blick auf die Probleme der „schwebenden Vertragsunwirksamkeit" zu richten, insbesondere da das „Modell der schwebenden Wirksamkeit" noch im Rahmen von § 361a BGB (a.F.) sowie von § 355 BGB ausführlich thematisiert wird.

Nach dem Modell der „schwebenden Unwirksamkeit", dem die bisher überwiegende Meinung in Privatrechtswissenschaft und Rechtsprechung folgt, wird

---

376 *Palandt*, 58. Aufl., *Putzo*, zu § 5 TzWrG, Rn. 1.

377 Siehe z.B. *Gernhuber*, WM 1998, S. 1797 ff., 1798; *S. Lorenz*, Unerwünschter Vertrag, S. 57; *Palandt*, 58. Aufl., *Putzo* zu § 1 HWiG, Rn. 12; *Putzo* zu § 7 VerbrKrG, Rn. 4. Vgl. allgemein zu „schwebend unwirksamen Verpflichtungsverträgen" nur *Kroppenberg*, WM 2001, S. 844 ff. m.w.N. Vgl. auch *Köhler*, AT, 24. Aufl., S. 183, der von einer „neuartigen Gestaltungstechnik" des Gesetzgebers spricht, die „sich nur schwer in das vorhandene ‚System' einfügen" lasse.

378 Vgl. *Gernhuber*, WM 1998, S. 1797 ff., 1798; *S. Lorenz*, Unerwünschter Vertrag, S. 57. Die Widerrufsrechte in §§ 11 I AuslInvmG, 23 I KAGG sind nicht durch die Einführung des § 361a BGB (a.F.) verändert worden. Zu beachten ist aber auch das später eingefügte Widerrufsrecht in § 15h AuslInvmG für den Vertrieb von EG-Investmentanteilen gem. der EG-Richtlinie 85/611/EWG, das in § 15h S. 1 AuslInvmG auf § 11 AuslInvmG verweist. Das Widerrufsrecht des § 8 IV 1 VVG steht in seiner Formulierung „zwischen" den beiden Gruppen der Widerrufsrechte - vgl. *Gernhuber*, WM 1998, S. 1797 ff., 1798.

der Vertrag zwischen Verbraucher und seinem jeweiligen Vertragspartner während des Laufs der (jeweiligen) Widerrufsfrist als „schwebend unwirksam" bezeichnet; die Ausübung des Widerrufs läßt den Vertrag dann endgültig „unwirksam" werden.[379] Der Ursprung dieser dogmatischen Einordnung ist in der Beurteilung der Rechtslage im Rahmen des Abzahlungskaufs nach § 1b AbzG[380] zu finden: Im Rahmen der Gesetzesberatungen zu der Einführung des Widerrufsrechts im AbzG hielt der Rechtsausschuß des Deutschen Bundestages den „Abzahlungskaufvertrag" bis zum Ablauf der Widerrufsfrist für „schwebend unwirksam". Der „Schwebezustand"[381] sollte dabei insbesondere aus dem Vorliegen einer aufschiebenden Bedingung gemäß § 158 I BGB resultieren.[382] Bei dem Erlaß des Verbraucherkreditgesetzes übernahm der Gesetzgeber diese Wertung: In der amtlichen Begründung zum VerbrKrG findet sich nicht nur die ausdrückliche Einordnung des Widerrufsrechts nach § 7 I VerbrKrG als Gestaltungsrecht[383], sondern die Rechtslage bei laufender Widerrufsfrist wird auch mit dem Vorliegen einer aufschiebenden Bedingung oder eines genehmigungsbedürftigen Rechtsgeschäfts verglichen.[384] Dieser Einschätzung hatte sich nicht nur die überwiegende Rechtsprechung der Zivilgerichte[385], sondern auch die herrschende Auffassung in der Privatrechtswissenschaft[386] angeschlossen. Dabei hatte die (damals völlig) uneinheitliche Ausge-

---

379 Für die Rechtsprechung vgl. etwa BGHZ 135, 124 ff., 138; 129, 371 ff., 376 f.; 119, 283 ff., 298; 113, 222 ff., 225. Für die Privatrechtswissenschaft siehe z.B. *Palandt*, 58. Auflage, *Heinrichs* vor § 346 BGB, Rn. 9; *Putzo* zu § 1 HWiG, Rn. 12; *Putzo* zu § 7 VerbrKrG, Rn. 3 f.; *Putzo* zu § 5 TzWrG, Rn. 1; *Martinek*, NJW 1997, S. 1393 ff., 1396; *Krämer*, ZIP 1997, S. 93 ff.; *Boemke*, AcP 197 (1997), S. 161 ff., 164 ff.; MK-BGB, 3. Aufl., *Ulmer* zu § 7 VerbrKrG, Rn. 12; zu § 1 HWiG, Rn. 3; *Bruchner/Ott/Wagner-Wieduwilt*, *Bruchner* zu § 7 VerbrKrG, Rn. 7, 9; *Bülow*, NJW 1991, S. 129 ff., 131; *Teske*, NJW 1991, S. 2793 ff., 2794, 2796; *Werner/Machunsky*, zu § 1 HWiG, Rn. 256 f.; *Klauss/Ose*, Verbraucherkreditgeschäfte, 2. Aufl., zu § 1b AbzG, Rn. 364; *Knütel*, AcP 185 (1985), S. 308 ff., 312; jeweils m.w.N.

380 Siehe dazu nur *Klauss/Ose*, Verbraucherkreditgeschäfte, 2. Aufl., zu § 1b AbzG, Rn. 321 ff., 364 ff. m.w.N.

381 Vgl. dazu nur *Palandt*, 60. Auflage, *Heinrichs* vor § 158 BGB, Rn. 8 m.w.N.

382 Siehe die Beratungen des Rechtsausschusses des siebten Bundestages, 19. Sitzung, Prot. 19/9 ff. sowie 20. Sitzung, Prot. 20/46 f.

383 So auch die amtliche Begründung zum HWiG, vgl. BT-Dr. 10/2876, S. 11.

384 Siehe BT-Dr. 11/5462, S. 21 f.; vgl. dazu z.B. *Teske*, NJW 1991, S. 2793 ff., 2794; *Krämer*, ZIP 1997, S. 93, FN. 3.

385 Vgl. z.B. BGHZ 135, 124 ff, 138; 129, 371 ff., 374; 119, 283 ff., 298; 113, 222 ff., 225; OLG Koblenz, Urteil vom 09.10.1997, BB 1998, S. 914 f., 915. Vgl. aber auch die abweichende Meinung des II. Zivilsenats in BGHZ 131, 82 ff., 84; siehe dazu Teil C.V.1.b).

386 Siehe z.B. *Palandt*, 58. Auflage, *Heinrichs* vor § 346 BGB, Rn. 9; *Putzo* zu § 1 HWiG, Rn. 12; *Putzo* zu § 7 VerbrKrG, Rn. 3 f.; *Putzo* zu § 5 TzWrG, Rn. 1; *Martinek*, NJW 1997, S. 1393 ff., 1396; *Krämer*, ZIP 1997, S. 93 ff.; *Boemke*, AcP 197 (1997), S. 161 ff., 164 ff.; MK-BGB, 3. Aufl., *Ulmer* zu § 7 VerbrKrG, Rn. 12; zu § 1 HWiG, Rn. 3; *Bruchner/Ott/Wagner-Wieduwilt*, *Bruchner* zu § 7 VerbrKrG, Rn. 7, 9; *Bülow*, NJW 1991, S. 129 ff., 131; *Teske*, NJW 1991, S. 2793 ff., 2794, 2796; *Werner/Machunsky*, zu

staltung der verbraucherschützenden Widerrufsrechte[387] nicht nur ein „chaotisches Durcheinander“[388] von unterschiedlichen widerrufsrechtlichen Regelungen, insbesondere hinsichtlich der Länge der Widerrufsfrist, des Fristbeginns, der Ausübung, des Erlöschens und der Rechtsfolgen des Widerrufs[389] herbeigeführt, das mit den Änderungen der Rechtslage durch das Gesetz vom 27.06.2000 zumindest teilweise beseitigt[390] wurde, sondern zunehmend gingen im Rahmen der Diskussion um die Wirkungsweise verbraucherschützender Widerrufsrechte auch dogmatische Genauigkeit und systematisches Verständnis verloren. Dies fällt bereits auf, wenn man sich die (früher) herrschende Auffassung der „schwebenden Unwirksamkeit“ des Verbraucherkreditvertrags während laufender Widerrufsfrist einmal etwas genauer betrachtet: Obwohl auch die (damaligen) Vertreter der herrschenden „vertragsbezogenen Sicht“ grundsätzlich nicht anzweifeln,[391] daß nach dem Gesetzeswortlaut aller Widerrufsrechtsregelungen allein die Willenserklärung des Verbrauchers von dem Widerruf betroffen ist, belegen viele Argumentationsbeispiele aus der Diskussion um die widerrufsrechtliche Wirkungsweise das Gegenteil: Entweder wird die gesetzestechnische Anknüpfung des Widerrufsrechts an die auf einen Vertrag bezogene Willenserklärung des Verbrauchers („Verbrauchererklärung“) nicht beachtet oder es wird die Unterscheidung zwischen der „Verbrauchererklärung“ und dem „Verbrauchervertrag“ (vgl. § 310 III BGB) nicht eingehalten oder zumindest nicht deutlich gemacht. So soll das Widerrufsrecht (gemäß § 7 I VerbrKrG) beispielsweise „den Kreditvertrag grundsätzlich in seinem gesamten Umfang“[392] erfassen; die Gestaltungswirkung des Widerrufs liege dabei „in der Umwandlung des zunächst nur schwebend unwirksamen Kreditvertrages in ein Rückabwicklungsverhältnis nach § 7 Abs. 4 iVm. § 3 HausTWG unter gleichzeitiger Beendigung des Schwebezustandes“[393]. Dieser „Schwebezustand“ ergibt sich - ausgehend von der Gesetzesbegründung zum VerbrKrG[394] - bereits daraus, daß „der Verbraucherkreditvertrag solange schwebend unwirksam“ ist, „bis die Widerrufsfrist abgelaufen oder der Widerruf erklärt ist“[395]. Das Unterbleiben des Widerrufs wird dabei „als - rechtsgeschäftliche oder gesetzliche -

---

§ 1 HWiG, Rn. 256 f.; *Knütel*, AcP 185 (1985), S. 308 ff., 312. Andere Ansätze vertreten z.B. *Ollmann*, WM 1992, S. 2005 ff. („Rechtszeitbestimmung“); *Pfeiffer/Dauck*, NJW 1997, S. 30 ff., 33; *Gernhuber*, WM 1998, S. 1797 ff.; *Pudor*, Wirkungsweise, z.B. S. 36 f. („relativ schwebende Teilunwirksamkeit“).

387 So auch *Hadding*, FS *Brandner*, S. 207 ff., 209.

388 *Palandt*, 60. Aufl., *Heinrichs* zu § 361a BGB, Rn. 3.

389 Vgl. beispielsweise für die früheren Widerrufsrechte in §§ 1 I HWiG; 7 I VerbrKrG; 5 I TzWrG nur *Pudor*, Wirkungsweise, S. 15 ff. m.w.N.

390 So *Palandt*, 60. Aufl., *Heinrichs* zu § 361a BGB, Rn. 3.

391 Siehe z.B. MK-BGB, 3. Aufl., *Ulmer* zu § 7 VerbrKrG, Rn. 8; *Palandt*, 58. Aufl., *Putzo* zu § 5 TzWrG, Rn. 1.

392 MK-BGB, 3. Aufl., *Ulmer* zu § 7 VerbrKrG, Rn. 9.

393 MK-BGB, 3. Aufl., *Ulmer* zu § 7 VerbrKrG, Rn. 11.

394 Siehe die amtliche Begründung zum VerbrKrG, BT-Dr. 11/5462, S. 21 f.

395 MK-BGB, 3. Aufl., *Ulmer* zu § 7 VerbrKrG, Rn. 12.

aufschiebende Bedingung für das Wirksamwerden des Vertrags"[396] bezeichnet. Somit ist der Vertrag auch bei ansonsten formgerechtem Abschluß[397] „schwebend unwirksam"[398]. Unterbleibt der Widerruf bis zum Ablauf der Frist, so „wird der Vertrag ex nunc und nicht rückwirkend (...) wirksam, weil die Willenserklärung des Verbrauchers nicht eher wirksam wird"[399] Nach dieser Konstruktion entsteht also bei Abschluß eines Vertrags „zunächst einmal ein Schwebezustand, der mit demjenigen vor Eintritt einer aufschiebenden Bedingung oder vor Erteilung einer Genehmigung vergleichbar ist."[400] „Das Widerrufsrecht beeinflußt somit das Zustandekommen des Vertrages"[401]. Selbst diejenigen Stimmen in der (damaligen) Kontroverse, die sich dieser Sichtweise nicht anschließen, scheinen nicht auf das „Wirksamkeits"-Kriterium im Zusammenhang mit der Wirkungsweise des Widerrufsrechts verzichten zu wollen: Beispielsweise wird zwar ein Gestaltungsrecht abgelehnt, aber „da die Willenserklärung des Verbrauchers erst mit Ablauf der Widerrufsfrist wirksam wird, existiert bis dahin jedenfalls kein wirksamer Vertrag zwischen Kreditgeber und Verbraucher."[402] Anderer Ansicht zufolge ist das Rechtsgeschäft „solange der Widerruf noch möglich ist, also gleichsam schwebend wirksam"[403]. Die von der damaligen h.M. angenommene Konsequenz, daß dem Verbraucher während laufender Widerrufsfrist keine vertraglichen Erfüllungsansprüche zustehen[404], stößt jedoch auch auf Widerstand:[405] Nach einer Auffassung soll diese für den Verbraucher oft unerwünschte Folge dadurch abgewendet werden, daß die widerrufsrechtliche Wirkungsweise „einer einseitig zu Lasten des Unternehmers gehenden relativ schwebenden Teilunwirksamkeit"[406] gelten soll. Andere halten das Widerrufsrecht hingegen für „einen einseitigen Rechtsbehelf des Verbrauchers", „dessen fristgerechte Ausübung die Vertragsparteien von den übernommenen primären Hauptleistungspflichten aus dem geschlossenen Vertrag befreit."[407]

Bereits dieser kurze Überblick auf die (bisher) am häufigsten verwendeten Argumentationsmuster bezüglich der Wirkungsweise verbraucherschützender Widerrufsrechte zeigt eine zwar problemorientierte, aber dogmatisch wenig

---

396 *Krämer*, ZIP 1997, S. 93 ff., 93.

397 Vgl. für den Kreditvertrag z.B. den früheren § 4 I VerbrKrG.

398 *Palandt*, 58. Aufl., *Putzo* zu § 7 VerbrKrG, Rn. 3.

399 *Palandt*, 58. Aufl., *Putzo* zu § 7 VerbrKrG, Rn. 3. Vgl. auch *Köhler*, AT, 24. Aufl., S. 183, zu dem früheren Widerrufsrecht nach § 1 I HWiG.

400 *Teske*, NJW 1991, S. 2793 ff., 2794.

401 *Teske*, NJW 1991, S. 2793 ff., 2794.

402 *Ollmann*, WM 1992, S. 2005 ff., 2006.

403 *Pfeiffer/Dauck*, NJW 1997, S. 30 ff., 33.

404 Siehe z.B. *Palandt*, 58. Auflage, *Putzo* zu § 7 VerbrKrG, Rn. 3; MK-BGB, 3. Aufl., *Ulmer* zu § 7 VerbrKrG, Rn. 12.

405 Siehe nur *Pfeiffer/Dauck*, NJW 1997, S. 30 ff., 33.

406 *Pudor*, Wirkungsweise, S. 36; vgl. auch *M. Wolf*, Korea Law Review, Vol. 32 (1996), S. 621 ff., 640; *Larenz/Wolf*, AT, 8. Aufl., S. 729, 837.

407 *Hadding*, FS *Brandner*, S. 207 ff., 211.

differenzierte Sichtweise. Im wesentlichen wird dabei für den Widerruf und seine Wirkungen nicht auf die Willenserklärung des Verbrauchers, sondern gleich auf den „Verbrauchervertrag" als solchen abgestellt, der im Zeitpunkt des Widerrufs unter Umständen noch gar nicht vorliegt oder aus anderen Gründen vielleicht nicht oder noch nicht wirksam ist. Oder es werden letztlich Willenserklärung und Vertrag im Hinblick auf den Widerruf gleich behandelt oder sogar als Synonyme verstanden. Weiterhin ist regelmäßig unklar, welche „Art von Unwirksamkeit"[408], die das BGB bereithält, mit der „schwebenden Unwirksamkeit" gemeint ist, etwa Unwirksamkeit iSv. „Nichtigkeit" eines Rechtsgeschäfts (vgl. z.B. §§ 134, 138, 139, 140, 141 BGB), (schwebende) „Wirksamkeit des Vertrags" bzw. „Unwirksamkeit des Rechtsgeschäfts" iSv. §§ 108 I, 111 S. 2 BGB, bedingte („insoweit") „Unwirksamkeit einer Verfügung" iSv. § 161 I 1 BGB, die „relative Unwirksamkeit"[409] der §§ 135, 136 BGB oder das „Wirksamwerden einer Willenserklärung" iSv. 130 I BGB. Insbesondere wird das dogmatische Verständnis dadurch erschwert, daß nicht ausreichend zwischen dem Vertragsschlußtatbestand, zu dem zwei korrespondierende Willenserklärungen gehören (vgl. §§ 145 f., 151 S. 1 1. Hs. BGB), und den jeweiligen Voraussetzungen des „Wirksamwerdens" der Willenserklärung iSv. § 130 I BGB und der Wirksamkeit der Willenserklärung iSv. Nichtigkeit (siehe z.B. §§ 116 S. 2, 117 I, 118 BGB) sowie den Wirksamkeitsvoraussetzungen des Vertrags als Rechtsgeschäft (vgl. z.B. §§ 134, 138 BGB) unterschieden wird. Die gravierendste Ungenauigkeit in diesem Spektrum ist die fehlende Unterscheidung zwischen dem Vertragsschlußtatbestand, wie er sich in seinen Grundsätzen aus §§ 145 ff. BGB ergibt, und der Wirksamkeit der einzelnen Willenserklärungen sowie des Vertrags.

Die Notwendigkeit einer genauen dogmatischen Betrachtung zeigt sich bereits darin, daß im Grunde schon nach der „vertragsbezogenen" Sichtweise keine „schwebende Unwirksamkeit des Vertrags" aufgrund des Widerrufs vorliegen kann:[410] Da nach dieser Sichtweise der Widerruf zur Unwirksamkeit - iSv. Nichtigkeit - der Willenserklärung des Verbrauchers ex nunc führt, entfällt die Willenserklärung des Verbrauchers (bzw. ihr Tatbestand) bei Ausübung des Widerrufs als nicht mehr existent, so daß der einmal geschlossene Vertrag zwischen Verbraucher und Unternehmer dadurch seines Tatbestands (vgl. die §§ 145 f., 151 S. 1 1. Hs. BGB) beraubt wird, daß die Willenserklärung des Unter-

---

408 Vgl. *Medicus*, AT, 2. Aufl., S. 176 ff. m.w.N.; s.a. Köhler, AT, 24. Aufl., S. 294 ff. m.w.N.

409 *Medicus*, AT, 2. Aufl., S. 178.

410 Siehe z.B. *Palandt*, 58. Aufl., *Putzo* zu § 7 VerbrKrG, Rn. 3; *Putzo* zu § 5 TzWrG, Rn. 1; *Knütel*, AcP 185 (1985), S. 308 ff., 312 ff.; auch die Kritiker der h.M., vgl. z.B. *Ollmann*, WM 1992, S. 2005 ff., 2006; sowie die Vertreter der „relativ schwebenden Teilunwirksamkeit" treffen diese Differenzierung idR., siehe z.B. *Pudor*, Wirkungsweise, S. 28.

nehmers dann nur noch isoliert und zusammenhangslos vorliegt.[411] Doch selbst wenn diese dogmatische Grundüberlegung angestellt wird, bedeutet dies noch lange nicht, daß sie auch stringent durchgehalten wird, denn zu oft wird das angenommene „Wirksamkeitsproblem“ bezüglich der Willenserklärung auf den gesamten Vertrag projeziert und dadurch die notwendigen Unterscheidungen wieder relativiert oder ganz vernachlässigt.[412] Auch die Einordnung des verbraucherschützenden Widerrufsrechts als ein auf das Vertragsverhältnis einseitig einwirkendes Gestaltungsrecht[413] trägt dazu bei, den zeitlich späteren Vertrag anstelle der zeitlich früheren Willenserklärung des Verbrauchers in den Mittelpunkt der Betrachtung zu rücken.[414] Die aufgezeigte „Differenzierungsarmut“ in der bisherigen Diskussion ist insgesamt betrachtet somit eine der Hauptursachen dafür, daß die Funktions- und Wirkungsweise der verbraucherschützenden Widerrufsrechte so kontrovers diskutiert wird.

b) Praktische Probleme der „vertragsbezogenen“ Betrachtung

Weiterhin sind die angesprochenen Probleme, die entstehen, wenn die herkömmliche Sichtweise zur Annahme einer „Schwebezeit“ der Wirksamkeit des Vertrags führt,[415] nicht nur theoretischer, sondern vor allem und insbesondere praktischer Natur:[416] So ist einmal der Verbraucher in seiner Rolle als Kreditnehmer durch die Annahme der „schwebenden Unwirksamkeit“ des Verbraucherkreditvertrags während des Laufs der Widerrufsfrist benachteiligt, wenn er auf die baldige Auszahlung der Kreditsumme angewiesen ist, und dies unterbleibt, weil der Kreditgeber die Wirksamkeit des Kreditvertrags sicherstellen will. Bei unterbliebener Belehrung erlosch das Widerrufsrecht nach dem

---

411 Vgl. *Palandt*, 58. Aufl., *Putzo* zu § 5 TzWrG, Rn. 1. Noch differenzierter *Krämer*, ZIP 1997, S. 93 ff., 95, der davon ausgeht, daß die Willenserklärung wirksam und bindend sei, und lediglich die „Erfüllungspflicht aufgeschoben ist“.

412 Siehe z.B. *Krämer*, ZIP 1997, S. 93 ff., 93; *Hadding*, FS *Brandner*, S. 207 ff., 211; *Ollmann*, WM 1992, S. 2005 ff., 2006; *Teske*, NJW 1991, S. 2793 ff., 2794.

413 Vgl. zu Gestaltungsrechten z.B. *Larenz/Wolf*, AT, 8. Aufl., S. 306 ff.; *Medicus*, AT, 2. Aufl., S. 36.

414 Vgl. für die h.M. z.B. *Palandt*, 58. Auflage, *Heinrichs* vor § 346 BGB, Rn. 9; *Putzo* zu § 1 HWiG, Rn. 12; *Putzo* zu § 7 VerbrKrG, Rn. 3 f.; *Putzo* zu § 5 TzWrG, Rn. 1; *Martinek*, NJW 1997, S. 1393 ff., 1396; *Krämer*, ZIP 1997, S. 93 ff., 93; *Boemke*, AcP 197 (1997), S. 161 ff., 164 ff.; MK-BGB, 3. Aufl., *Ulmer* zu § 7 VerbrKrG, Rn. 12; zu § 1 HWiG, Rn. 3; *Bruchner/Ott/Wagner-Wieduwilt*, *Bruchner* zu § 7 VerbrKrG, Rn. 7, 9; *Bülow*, NJW 1991, S. 129 ff., 131; *Teske*, NJW 1991, S. 2793 ff., 2794, 2796; *Werner/Machunsky*, zu § 1 HWiG, Rn. 256 f.; *Knütel*, AcP 185 (1985), S. 308 ff., 312. Siehe auch *Ollmann*, WM 1992, S. 2005 ff., 2006; *Pfeiffer/Dauck*, NJW 1997, S. 30 ff., 33; *Hadding*, FS *Brandner*, S. 207 ff., 211, *Pudor*, Wirkungsweise, z.B. S. 29.

415 Siehe m.w.N. z.B. *Pfeiffer/Dauck*, NJW 1997, S. 30 ff., 33; *Ollmann*, WM 1992, S. 2005 ff.

416 Vgl. z.B. *Pudor*, Wirkungsweise, S. 26; *Pfeiffer/Dauck*, NJW 1997, S. 30 ff., 33; *Ollmann*, WM 1992, S. 2005 ff.; jeweils m.w.N.

damaligen Wortlaut von § 7 II 3 VerbrKrG[417] spätestens ein Jahr nach Abgabe der auf den Vertragsschluß gerichteten Willenserklärung des Verbrauchers, so daß die Auszahlung der Kreditsumme in diesem Fall erheblich verzögert wurde. Probleme entstehen aber auch, wenn die Leistungen schon bei laufender Widerrufsfrist erbracht werden, da es nach der Sicht von der „schwebenden Vertragsunwirksamkeit“ an einer wirksamen Rechtsgrundlage für die erbrachten Leistungen fehlt.[418] Dabei wurde in der damaligen Diskussion (vor der Einführung des ersten „allgemeinen“ verbraucherschützenden Widerrufsrechts) zum Teil zwischen der ordentlichen Widerrufsfrist des § 7 I VerbrKrG von einer Woche und der außerordentlichen Widerrufsfrist in § 7 II 3 VerbrKrG differenziert:[419] Während des Laufs der ordentlichen Frist wurden Erfüllungsansprüche abgelehnt, danach wurden Erfüllungsansprüche des Verbrauchers für möglich gehalten, „auch wenn die Widerrufsfrist mangels ordnungsgemäßer Belehrung noch nicht abgelaufen ist“[420]. Da überwiegend abgelehnt wurde, daß der Verbraucher die Belehrung mit Anspruch und Klage - und damit einseitig die Wirksamkeit des Vertrags - erzwingen kann, sollte dem Verbraucher in einer solchen Situation wenigstens gestattet sein, „durch die Geltendmachung des Erfüllungsanspruchs in Kenntnis des Widerrufsrechts den Schwebezustand nach Ablauf der Wochenfrist einseitig zu beenden und seine Ansprüche durchzusetzen“[421]. Wenn diese Kenntnis vom Widerrufsrecht nicht gegeben war, wie dies häufig der Fall ist[422], wurde angenommen, daß die Wirksamkeit des Vertrags erst gemäß § 7 II 3 VerbrKrG eintritt.[423] Nach anderer Auffassung sollte dieses für den Verbraucher unbillige Ergebnis dadurch vermieden werden, daß das verbraucherschützende Widerrufsrecht als „besonderes Rücktrittsrecht“ aufgefaßt wird. Dies sollte die Konsequenz haben, daß der Verbraucher aufgrund des (vorläufig) wirksamen Vertrags die Leistung schon innerhalb der ordentlichen Widerrufsfrist verlangen könne. Damit hätte er die Möglichkeit, den Vertrag durch die fristgemäße Ausübung des Widerrufsrechts „aufzulösen“.[424] Auf diese Weise wurde das „Modell der schwebenden Wirksamkeit“ auch auf die (damaligen) Widerrufsrechte gemäß §§ 7 I VerbrKrG, 1 I HWiG, 5 I TzWrG

---

417 Im folgenden wird dabei auf die Rechtslage abgestellt, wie sie vor den Änderungen durch das Gesetz vom 27.06.2000 (vgl. Teil B.III.) bestand.

418 Siehe für den Verbraucherkreditvertrag z.B. *Palandt*, 58. Aufl., *Putzo* zu § 7 VerbrKrG, Rn. 3; MK-BGB, 3. Aufl., *Ulmer* zu § 7 VerbrKrG, Rn. 12; jeweils m.w.N.

419 So z.B. MK-BGB, 3. Aufl., *Ulmer* zu § 7 VerbrKrG, Rn. 12, 26 m.w.N.

420 MK-BGB, 3. Aufl., *Ulmer* zu § 7 VerbrKrG, Rn. 12.

421 MK-BGB, 3. Aufl., *Ulmer* zu § 7 VerbrKrG, Rn. 26; siehe auch BGHZ 119, 283 ff.; *Palandt*, 58. Aufl., *Putzo* zu § 7 VerbrKrG, Rn. 3; *Bruchner/Ott/Wagner-Wieduwilt*, *Bruchner* zu § 7 VerbrKrG, Rn. 40; für die Rechtslage nach dem AbzG *Knütel*, AcP 185 (1985), S. 308 ff., 317; ähnlich auch *Ollmann*, WM 1992, S. 2005 ff., 2012.

422 Vgl. z.B. *Gottwald/Honold*, JZ 1996, S. 577 ff., 579.

423 Siehe MK-BGB, 3. Aufl., *Ulmer* zu § 7 VerbrKrG, Rn. 26 m.w.N.

424 Vgl. z.B. *Jauernig*, 7. Aufl., *Jauernig* vor § 145 BGB, Anm. 6; *Pfeiffer/Dauck*, NJW 1997, S. 30 ff., 33.

übertragen.[425] Diese Lösung wurde von der (damals) h.M. aber u.a. deswegen kritisiert, da sie dem Kreditgeber auch bei ordnungsgemäßer Belehrung das wirtschaftliche Risiko der Erfüllung trotz der Möglichkeit des Widerrufs „zumutete“.[426]

Aus der Sicht der überwiegenden Auffassung mangelte es bisher auch an einer Rechtsgrundlage für den Besitz und das Behaltendürfen der erbrachten Leistungen: Danach konnte der Unternehmer diese Leistungen, beim Verbraucherkreditvertrag die Auszahlung des Darlehens, beim finanzierten Kauf die Übergabe der Kaufsache, jederzeit wieder herausverlangen. Dies wurde damit begründet, daß es dem Verbraucher nämlich an einem Recht zum Besitz an den übergebenen Gegenständen fehle, das ihm auch die Weiterveräußerung der Sache verwehre.[427] Dagegen wurde wiederum vorgebracht, daß aus dem „Schuldverhältnis der Vertragsanbahnung“ ein solches Besitzrecht abgeleitet werden könne, denn wer auch bei „schwebend unwirksamen“ Vertrag seinem Vertragspartner den Kaufgegenstand in Kenntnis einer Widerrufsmöglichkeit überlasse, räume ihm zumindest (konkludent) ein Besitzrecht für die Dauer der Widerrufs- und damit Entscheidungsmöglichkeit ein.[428] Ein weiteres Problem aufgrund der „vertragsbezogenen“ Sichtweise, das zu „einer für den Verbraucher geradezu unerträglichen Rechtslage“[429] führte, lag darin, daß dem Verbraucher keine Gewährleistungsansprüche während des Laufs der Widerrufsfrist zustanden, wenn er den gekauften oder geleasten Gegenstand für sich behalten und nutzen wollte:[430] Durch die Ausübung des Widerrufsrechts führte er nämlich die endgültige Vertragsunwirksamkeit herbei und schloß damit bisher die Geltendmachung von Gewährleistungsansprüchen aus. Hinzu kam das Problem, daß nach § 460 S. 1 BGB (a.F.) Ansprüche wegen eines Mangels der Kaufsache ebenfalls ausgeschlossen waren (und noch sind, vgl. § 442 I 1 BGB), wenn der Käufer „den Mangel bei dem Abschlusse des Kaufes kennt“. Da der Vertragsschluß nach dieser Sicht erst mit dem Vorliegen eines wirksamen Vertrags gegeben war, der wiederum den Ablauf der Widerrufsfrist voraussetzte, begründeten Mängel, die in der Zeitspanne der „schwebenden Unwirksamkeit“ auftraten, gerade die Kenntnis des Käufers bei Vertragsschluß und damit den Gewährleistungsausschluß[431]. Somit bewirkte die Existenz des Widerrufsrechts in Verbindung mit der dogmatischen Konstruktion der „schwebenden Vertragsunwirksamkeit“, daß dem Verbraucher zentrale Rechte - z.B. entweder das Widerrufsrecht oder aber die Gewährleistungsansprüche - genommen wurden.

---

425 Siehe insbesondere *Pfeiffer/Dauck*, NJW 1997, S. 30 ff., 33.

426 Vgl. nur MK-BGB, 3. Aufl., *Ulmer* zu § 7 VerbrKrG, Rn. 26.

427 Siehe dazu auch BGHZ 65, 123 ff., 126.

428 So *Gernhuber*, WM 1998, S. 1797 ff., 1800.

429 *Gernhuber*, WM 1998, S. 1797 ff., 1800.

430 Vgl. dazu z.B. *Pudor*, Wirkungsweise, S. 26; *Gernhuber*, WM 1998, S. 1797 ff., 1800.

431 Siehe zu § 460 BGB (a.F.) nur *Palandt*, 60. Aufl., *Putzo* zu § 460 BGB, Rn. 6 ff. m.w.N.

Dieses Ergebnis ist schon deswegen befremdend[432], da die sonderprivatrechtlichen Widerrufsrechte in der Lesart der „vertragsbezogenen“ Betrachtung damit keinen Verbraucherschutz, sondern vielmehr die Benachteiligung des Verbrauchers herbeiführten.
Auch in zivilprozessualen Konstellationen erweist sich die herkömmliche Sichtweise als problematisch:[433] Hat der Gläubiger eines Verbrauchers, dem ein sonderprivatrechtliches Widerrufsrecht zusteht, einen rechtskräftigen Titel erlangt und droht die Vollstreckung, so kann die nachträgliche Geltendmachung der Ausübung des Widerrufsrechts nicht im Wege der Vollstreckungsgegenklage nach § 767 ZPO gegenüber der titulierten Forderung geltend gemacht werden, wie aus der Rechtsprechung des BGH folgt.[434] Dies soll letztlich unabhängig davon gelten, ob das verbraucherschützende Widerrufsrecht in seiner Wirkungsweise als Gestaltungsrecht eingeordnet wird oder nicht. Bei gesetzlichen Gestaltungsrechten differenziert der BGH in ständiger Rechtsprechung[435] danach, ob das Gestaltungsrecht vor dem Schluß der letzten mündlichen Verhandlung schon bestanden hat und vom Berechtigten hätte ausgeübt werden können. Ist dies der Fall, so scheitert eine Geltendmachung im Rahmen der Vollstreckungsklage an der Präklusion gemäß § 767 II ZPO. Bei vertraglichen Gestaltungsrechten, wie insbesondere bei dem vertraglichen Optionsrecht, stellt der BGH entscheidend auf den Zeitpunkt der Ausübung des Rechts ab mit der Begründung, das Optionsrecht bezwecke gerade, die freie Entscheidung des Berechtigten zu gewährleisten.[436] Diese unterschiedliche Behandlung wird in der Zivil- und Zivilprozeßrechtswissenschaft kritisiert. Überwiegend wird bei den Gestaltungsrechten nämlich auf die Ausübung des Rechts abgestellt.[437] Zusätzlich ist die Rechtsnatur des Widerrufsrechts als Gestaltungsrecht nicht nur in der Privatrechtswissenschaft umstritten[438], sondern wird auch in der Rechtsprechung des Bundesgerichtshofs nicht einheitlich beurteilt: Während der BGH bisher überwiegend von dem Charakter des verbraucherschützenden

---

432 Anders aber *Gernhuber*, WM 1998, S. 1797 ff., 1800, der das parallele Geltendmachen von Widerrufsrecht und Gewährleistungsrechten als widersprüchliches Verhalten auffaßt und daher der Meinung ist, daß „die Problematik andernorts anzusiedeln und zu verhandeln ist“.

433 Vgl. m.w.N. z.B. *Gottwald/Honold*, JZ 1996, S. 577 ff.; *S. Lorenz*, NJW 1995, S. 2258 ff.

434 Siehe BGHZ 131, 82 ff.; vgl. dazu die Anmerkung von *Gottwald/Honold*, JZ 1996, S. 577 ff.

435 Vgl. z.B. BGHZ 24, 97 ff., 98; 34, 274 ff., 279; 38, 122 ff., 123; 42, 37 ff.

436 Siehe z.B. BGHZ 94, 29 ff., 34 f.

437 Vgl. für viele z.B. *Zöller*, 21. Aufl., *Herget* zu § 767 ZPO, Rn. 14; *Brox/Walker*, Zwangsvollstreckungsrecht, 5. Aufl., S. 731 ff.; *S. Lorenz*, NJW 1995, S. 2258 ff., 2259; *Rosenberg/Gaul/Schilken*, Zwangsvollstreckungsrecht, 10. Aufl., S. 468 ff.; a.M. MK-ZPO, 1. Aufl., *K. Schmidt* zu § 767 ZPO, Rn. 80; jeweils m.w.N.

438 Vgl. oben, Teil B.II.1.

Widerrufsrechts als Gestaltungsrecht ausging,[439] verneinte der II. Zivilsenat des BGH in seinem Urteil vom 16.10.1995[440] die Annahme eines Gestaltungsrechts.[441] Diese Entscheidung ist zwar im Hinblick auf den Zweck der Präklusion nach § 767 II ZPO auch von Teilen der Literatur begrüßt worden, jedoch nicht im Hinblick auf den speziellen Schutzzweck der verbraucherschützenden Widerrufsrechte.[442] Insbesondere da bei dem Widerrufsrecht für „Haustürgeschäfte" (in der Gestalt des früheren § 1 I HWiG wie des heutigen § 312 I BGB) der Schutz vor „Überrumpelung" im Vordergrund steht und eine nachträgliche Entscheidungsmöglichkeit innerhalb der Widerrufsfrist gewährt werden soll,[443] hätte es dieser Grundkonzeption besser entsprochen, im Rahmen des § 767 II ZPO auf die Ausübung des Widerrufsrechts abzustellen.[444] Unabhängig davon, ob man das verbraucherschützende Widerrufsrecht als Gestaltungsrecht einordnet oder nicht, wird nach dieser Rechtsprechung bei Vorliegen eines Vollstreckungstitels der Verbraucher um sein Widerrufsrecht gebracht, vielleicht ohne auch nur Kenntnis davon gehabt zu haben.[445]

c) Vielfalt der Problemlösungsansätze innerhalb der „vertragsbezogenen" Sichtweise

Diese als auch weitere dogmatische und praktische Probleme[446] der Einordnung des (jeweiligen) „Verbrauchervertrags" als „schwebend unwirksam", insbesondere bei den (damaligen) Widerrufsrechten nach §§ 1 I HWiG, 7 I VerbrKrG, 5 I TzWrG, wurden sowohl von Befürwortern als auch von Gegnern der „vertragsbezogenen" Sichtweise gesehen. Bereits innerhalb der „vertragsbezogenen" Sichtweise wurden zahlreiche unterschiedliche Lösungsansätze entwickelt, um die geschilderten Rechtsanwendungsprobleme zu lösen oder wenigstens zu entschärfen.[447] Insbesondere die Vertreter der „schwebenden Vertragsunwirksamkeit" waren sich überwiegend einig, daß es dem Verbraucher möglich sein muß, seine vertraglichen Ansprüche auch schon vor Ablauf der Widerrufsfrist geltend machen zu können. Dies galt jedenfalls dann, wenn die ordentliche Widerrufsfrist gemäß den früheren §§ 1 I HWiG, 7 I VerbrKrG aufgrund unter-

---

439 Siehe beispielsweise BGHZ 109, 97 ff., 103; 113, 222 ff., 225; 119, 283 ff., 298; 129, 371 ff., 376 f.

440 BGHZ 131, 82 ff.

441 Vgl. dazu näher unten, Teil C.V.1.b).

442 Siehe nur *Gottwald/Honold*, JZ 1996, S. 577 ff., 578 f. Vgl. auch Teil C.VI.

443 Vgl. die Gesetzesbegründung zum HWiG, BT.-Dr. 10/2876, S. 7.

444 So *Gottwald/Honold*, JZ 1996, S. 577 ff., 580; anders *S. Lorenz*, NJW 1995, S. 2258 ff., 2263.

445 So die Kritik von *Pudor*, Wirkungsweise, S. 27; *Gottwald/Honold*, JZ 1996, S. 577 ff., 578, 580.

446 Siehe z.B. *Pudor*, Wirkungsweise, S. 27; *Gernhuber*, WM 1998, S. 1797 ff., 1800; *Krämer*, ZIP 1997, S. 93 ff.; *Pfeiffer/Dauck*, NJW 1997, S. 30 ff., 33; *Ollmann*, WM 1992, S. 2005 ff.

447 Einen Überblick auf das Spektrum der Lösungsansätze vor Inkrafttreten des Gesetzes vom 27.06.2000 bietet z.B. *Pudor*, Wirkungsweise, S. 27 ff. m.w.N.

bliebener oder nicht ordnungsgemäßer Widerrufsbelehrung nicht zu laufen begonnen hatte und die früheren Regelungen nach §§ 2 I 3, 4 HWiG, 7 II 2, 3 VerbrKrG maßgebend waren[448], oder der Verbraucher vergeblich versucht hatte, seinen Vertragspartner zur Erteilung einer Widerrufsbelehrung zu bewegen[449]. Das Spektrum der dazu vertretenen Lösungsansätze reichte von der Anwendung des Rechtsgedankens aus § 162 I BGB[450], einem Verzicht auf das Widerrufsrecht in Analogie zu § 144 BGB[451], einer Kombination von § 162 BGB und § 144 BGB analog[452], einer „Fiktion" des „konkludenten Verzichts" auf das Widerrufsrecht während der außerordentlichen Widerrufsfrist[453] über eine „Kompromißlösung" zwischen einem „schwebend unwirksamen Vertrag" während der Wochenfrist und einem „wirksamen Vertrag" nach deren Ablauf [454], die „Lehre von der nicht vollendeten Verbrauchererklärung"[455], die maßgeblich an §§ 130, 145 BGB anknüpft, und die Auffassung, die das Widerrufsrecht als einen „einseitigen Rechtsbehelf des Verbrauchers" ansieht, und zwar in der Form eines „besonderen gesetzlichen Rücktrittsrechts"[456], bis hin zu den Lösungsansätzen der „relativ schwebenden Teilunwirksamkeit"[457] und der „schwebenden Vertragswirksamkeit"[458]. Während die Vertreter der „relativ schwebenden Teilunwirksamkeit" davon ausgingen (und wohl noch ausgehen), daß die Leistungspflicht zu Lasten des Unternehmers („relativ") besteht und der Vertrag nur insoweit unwirksam ist („Teilunwirksamkeit"), wie er die Verpflichtungen des Verbrauchers innerhalb der Widerrufsfrist („schwebend") betrifft[459], knüpften die Verfechter der „schwebenden Vertragswirksamkeit" an die „Bindungswirkung" iSv. §§ 145 2. Hs., 873 II, 929 S. 1 BGB an, da nach ihrer

---

448 Vgl. z.B. *Palandt*, 58. Aufl., *Putzo* zu § 7 VerbrKrG, Rn. 3; *Putzo* zu § 1 HWiG, Rn. 4; MK-BGB, 3. Aufl., *Ulmer* zu § 7 VerbrKrG, Rn. 12, 26; *Ulmer* zu § 1 HWiG, Rn. 6; *Bruchner/Ott/Wagner-Wieduwilt, Bruchner* zu § 7 VerbrKrG, Rn. 40; jeweils m.w.N.

449 Siehe nur *Krämer*, ZIP 1997, S. 93 ff., 95.

450 Vgl. z.B. *Gaul*, GS *Knobbe-Keuk*, S. 135 ff., 155; *Knütel*, AcP 185 (1985), S. 308 ff., 317; *Bruchner/Ott/Wagner-Wieduwilt, Bruchner* zu § 7 VerbrKrG, Rn. 40.

451 Siehe dazu *Fuchs*, AcP 196 (1996), S. 313 ff., 349; *Boemke*, AcP 197 (1997), S. 161 ff., 167.

452 Vgl. nur *Krämer*, ZIP 1997, S. 93 ff., 95 ff.

453 Siehe insbesondere MK-BGB, *Ulmer* zu § 7 VerbrKrG, Rn. 12, 26. Der Begriff „Fiktionslösung" findet sich bei *Fuchs*, AcP 196 (1996), S. 313 ff., 348; *Pudor*, Wirkungsweise, S. 32.

454 Vgl. *Ollmann*, WM 1992, S. 2005 ff., 2012. Der Begriff „Kompromißlösung" findet sich z.B. bei *Pudor*, Wirkungsweise, S. 33.

455 *Gernhuber*, WM 1998, S. 1797 ff., 1799.

456 *Hadding*, FS *Brandner*, S. 207 ff., 211.

457 Siehe dazu insbesondere *M. Wolf*, Korea Law Review, Vol. 32 (1996), S. 621 ff., 623; *Larenz/Wolf*, AT, S. 729 f., 836 f.; *Pudor*, Wirkungsweise, insbesondere S. 36 f.

458 Damit ist nicht das o.g. „dogmatische Modell" gemeint, sondern ein Ansatz für die Erklärung der Wirkungsweise aller verbraucherschützender Widerrufsrechte, vgl. z.B. *Jauernig*, 8. Aufl., *Jauernig* vor § 145 BGB, Rn. 6; *Pfeiffer/Dauck*, NJW 1997, S. 30 ff., 33.

459 Siehe nur *Pudor*, Wirkungsweise, insbesondere S. 36 f.

Auffassung der auf den Vertragsschluß gerichteten Willenserklärung des Verbrauchers bis zum Ablauf der Widerrufsfrist lediglich die „Bindungswirkung" fehle, so daß der Vertrag auch während des Laufs der ursprünglichen Widerrufsfrist schon wirksam sei.[460] Dabei wurde auf die gesetzestechnische Ausgestaltung der Widerrufsrechte nach §§ 11 I AuslInvmG, 23 I KAGG sowie des ursprünglichen § 4 I FernUSG verwiesen; deren Wirkungsweise sollte dabei ebenfalls mit der dogmatischen Konstruktion der „schwebenden Wirksamkeit" zu erklären sein.[461]
Eine Bewertung dieser unterschiedlichen (früheren) Ansätze und die Entscheidung der (damals) aufgeworfenen Streitfragen macht jedoch erst Sinn, wenn feststeht, inwieweit diese Problemstellungen überhaupt noch existieren, denn die maßgebliche Rechtslage hat sich bereits zum 30.06.2000 und wiederum am 01.01.2002 entscheidend geändert: Nach dem Wortlaut des ersten einheitlichen verbraucherschützenden Widerrufsrechts gemäß § 361a I 1 BGB (a.F.), der an die Widerrufsrechte der §§ 11 I AuslInvmG, 23 I KAGG sowie den ursprünglichen Wortlaut von § 4 I FernUSG anknüpft, ist der Verbraucher an „seine auf den Abschluß eines Vertrages mit einem Unternehmer gerichtete Willenserklärung nicht mehr gebunden, wenn er sie fristgerecht widerrufen hat." Diesen Wortlaut hat die im Wege der Schuldrechtsreform geschaffene Nachfolgeregelung zu § 361a BGB (a.F.) im wesentlichen beibehalten (vgl. § 355 I 1 BGB).[462] Folglich entspricht schon der Wortlaut der verbraucherschützenden Widerrufsrechte (bereits seit dem 30.06.2000) nicht mehr der bisherigen Gesetzesfassung der §§ 1 I HWiG, 7 I VerbrKrG, 5 I TzWrG. Zu untersuchen ist daher, ob die gesetzestechnische Fassung des „allgemeinen" und einheitlichen verbraucherschützenden Widerrufsrechts im Widerspruch - wenn nicht sogar im Gegensatz - zu der bisher überwiegenden Sicht von der „Vertragsbezogenheit" der widerrufsrechtlichen Wirkungsweise und dem damit verbundenen Modell der „schwebenden Unwirksamkeit" des Vertrags steht. Dies hätte nämlich zur Folge, daß diese - bis dahin herrschende - Sichtweise der „schwebenden Vertragsunwirksamkeit" als nicht mehr gesetzeskonform zu verwerfen ist. Entsprechend der historischen Entwicklung ist daher der Blick zunächst auf § 361a BGB (a.F.) zu richten, insbesondere da die „vertragsbezogene" Sichtweise auch während seiner nur eineinhalbjährigen Geltung nicht überwunden wurde.

III. Das Dogma der „Vertragsbezogenheit" von § 361a BGB (a.F.)

Das am 30.06.2000 in seinen wesentlichen Teilen in Kraft getretene „Gesetz über Fernabsatzverträge und andere Fragen des Verbraucherrechts sowie zur

---

460 *Pfeiffer/Dauck*, NJW 1997, S. 30 ff., 33.

461 Siehe z.B. *S. Lorenz*, Unerwünschter Vertrag, S. 57. Auch *Gernhuber*, WM 1998, S. 1797 ff., 1803 ff., folgt für diese Widerrufsrechte der Konstruktion, die an die Bindungswirkung iSv. § 145 BGB anknüpft, er vermeidet aber die fehlende Differenzierung von Vertrag und Willenserklärung auf der einen und Vertragsschlußtatbestand und Vertragswirksamkeit auf der anderen Seite (S. 1804).

462 Vgl. oben, Teil B.I.3.

Umstellung von Vorschriften auf Euro"[463] führte nicht nur zum Erlaß des FernAG in Umsetzung der EG-Fernabsatzrichtlinie[464] durch den deutschen Gesetzgeber, sondern auch dazu, daß mit § 361a BGB (a.F.) erstmals ein - in seiner rechtstechnischen Konstruktion - einheitliches und „allgemeines" verbraucherschützendes Widerrufsrecht geschaffen wurde. Damit wurde nicht nur „das verbraucherschützende Widerrufsrecht" in das BGB integriert. Vielmehr sollen außerdem die damals auf § 361a BGB (a.F.) verweisenden Widerrufsrechte der §§ 4 I FernUSG, 1 I HWiG, 7 I VerbrKrG, 5 I TzWrG hinsichtlich ihrer Wirkungsweise eine „dogmatische Neukonstruktion"[465] erfahren haben.

1. Die wesentlichen Regelungen des „Gesetzes über Fernabsatzverträge"

Nach einer kurzen Darstellung der Entwicklung, die u.a. zu § 361a BGB (a.F.) geführt hat, soll der Frage nachgegangen werden, ob und inwieweit damals tatsächlich eine solche „dogmatische Neukonstruktion" vorlag.[466] Dies hat entscheidende Bedeutung für die Betrachtung der Nachfolgeregelung des § 355 BGB, da die Weichen für die dogmatischen Bahnen der „neuen" Diskussion um die Wirkungsweise des „allgemeinen" verbraucherschützenden Widerrufsrechts gemäß § 355 I 1 BGB bereits maßgebend bei § 361a BGB (a.F.) gestellt wurden.

a) Die Vorgaben der Fernabsatzrichtlinie

Die am 20.05.1997 erlassene Richtlinie 97/7/EG des Europäischen Parlaments und des Rates über den Verbraucherschutz bei Vertragsabschlüssen im Fernabsatz[467] richtet sich an alle Mitgliedstaaten (vgl. Art. 19 Fernabsatzrichtlinie) und ist gemäß Art. 15 I 1 Fernabsatzrichtlinie spätestens drei Jahre nach ihrem Inkrafttreten durch entsprechende „Rechts- und Verwaltungsvorschriften" umzusetzen. Die Mitgliedstaaten haben dabei nach Art. 249 III des Vertrags zur Gründung der Europäischen Gemeinschaft[468] (EGV) die freie Wahl der Form und Mittel, um das Ziel der Richtlinie in innerstaatliches Recht umzusetzen, so-

---

463 BGBl. I S. 897 mit Berichtigung S. 1139. Zu den Materialien siehe BT-Dr. 14/2658 (Regierungsentwurf), BT-Dr. 14/3195 (Bericht des Rechtsausschusses des deutschen Bundestages) und BT-Dr. 14/2527 (Beschlußempfehlung des Vermittlungsausschusses). Vgl. für einen kurzen Überblick dazu nur *Lüke*, JuS 2000, S. 1139 f.

464 Die EG-Richtlinie über den Verbraucherschutz bei Vertragsabschlüssen im Fernabsatz, Richtlinie 97/7/EG des Europäischen Parlaments und des Rates vom 20.05.1997, ABl. EG Nr. L 144 vom 04.06.1997, S. 19, ist seit dem 15.06.1997 in Kraft. Vgl. hierzu *Martinek*, NJW 1998, S. 207 f.

465 *S. Lorenz*, JuS 2000, S. 833 ff., 833, 838.

466 Dabei ist die durch das Gesetz vom 27.06.2000 geschaffene Rechtslage zugrundezulegen.

467 Siehe ABl. EG Nr. L 144 vom 04.06.1997, auch abgedruckt in NJW 1998, S. 212 ff.

468 EGV vom 07.02.1992 in der Fassung vom 02.10.1997 (Vertrag von Amsterdam), siehe BGBl. 1998 II S. 387 i.d.F. der Bekanntmachung vom 28.04.1999 (BGBl. 1999 II S. 416); in Kraft getreten am 01.05.1999 gemäß der Bekanntmachung vom 06.04.1999 (BGBl. 1999 II S. 296).

fern nicht bereits das jeweilige innerstaatliche Recht den Vorgaben der Richtlinie entspricht und dieser Rechtszustand eindeutig und bestimmt ist.[469] Nach ihrer Zielsetzung verfolgt die Fernabsatzrichtlinie den Zweck, die Risiken und Nachteile für den Verbraucher im Fernabsatz, die den Vorteilen - z.B. verringerte Transaktionskosten oder Beschleunigung der Vertragsabwicklung - gegenüberstehen[470], zu vermindern und Verbraucherschutz in diesem Bereich zu gewähren:[471] Durch die einfache und sofortige Bestellmöglichkeit entsteht für den Verbraucher z.B. die Gefahr, daß er sich - auch angesichts massiver Werbung - ohne eingehende Prüfung zu Anschaffungen entschließt, die möglicherweise übermäßige finanzielle Belastungen nach sich ziehen. Außerdem hat der Verbraucher nicht wie beim herkömmlichen Vertrieb die Möglichkeit, die Ware vor der Bestellung zu begutachten und zu untersuchen; ihm fehlen vielfach Informationen und damit auch Alternativen betreffend die Ware oder Dienstleistung im Fernabsatz. Schließlich kennt der Verbraucher den Anbieter sehr häufig nicht, so daß die Gefahr, an einen unseriösen oder sogar kriminellen Vertragspartner zu geraten, mit den Folgen der Nicht- oder Schlechterfüllung des Vertrags als besonders groß eingestuft wird.
Diese „gewichtigen Risiken" des Fernabsatzes für den Verbraucher[472] haben dazu geführt, daß durch die Richtlinie 97/7/EG über den Verbraucherschutz bei Vertragsabschlüssen im Fernabsatz „Verbraucherschutz im Bereich moderner Vertriebsformen"[473] durch einheitliche europäische Schutzstandards[474] gewährt werden soll. Dies erfolgt für die wichtige Phase der Vertragsanbahnung durch die Auferlegung von formalisierten Informationspflichten nach Art. 4, 5 Fernabsatzrichtlinie sowie durch die Einräumung eines Widerrufsrechts nach Art. 6 Fernabsatzrichtlinie.[475] Zu diesen modernen Vertriebsformen zählen u.a. der Sektor des sog. E-Commerce, das Teleshopping, der Vertrieb per „elektronischer Post" (E-Mail), Telefon oder Telefax.[476] Soweit die Voraussetzungen der Art. 1, 2 Fernabsatzrichtlinie vorliegen, werden aber auch die herkömmlichen

---

469 Vgl. dazu *Herdegen*, Europarecht, 2. Aufl., S. 126 ff. m.w.N.

470 Siehe zu Vor- und Nachteilen von E-Commerce z.B. *Heckmann*, NJW 2000, S. 1370 ff., *Bleiweiß*, JA 2000, S. 506 ff.; *Scherer/Butt*, DB 2000, S. 1009 ff., *S. Ernst*, VuR 1999, S. 397 ff., 397; insbesondere zu Verbraucherschutz im Internet z.B. *Hoeren/ Oberscheidt*, VuR 1999, S. 371 ff.; *Borges*, ZIP 1999, S. 130 ff.; jeweils m.w.N. Vgl. zum „elektronischen Rechtsverkehr" z.B. DRiZ-Informationen, DRiZ 2001, S. 93 ff.; *Hoeren*, NJW 2000, S. 188 ff.; *Moritz*, CR 2000, S. 61 ff.

471 Siehe dazu insbesondere die Erwägungsgründe (insb. Nr. 14) der Fernabsatzrichtlinie vom 20.05.1997, z.B. in NJW 1998, S. 212 ff.; sowie *Heinrichs*, FS *Medicus*, S. 177 ff., 188 f.; *Köhler*, NJW 1998, S. 185 ff., 185 f.; *Gößmann*, MMR 1998, S. 88 ff., 89; jeweils m.w.N.

472 Siehe *Heinrichs*, FS *Medicus*, S. 177 ff., 188 f.

473 *S. Lorenz*, JuS 2000, S. 833 ff., 834.

474 Siehe *Martinek*, NJW 1998, S. 207 f.; 207.

475 Vgl. auch *Heinrichs*, FS *Medicus*, S. 177 ff., 188 ff. m.w.N.

476 Siehe dazu insbesondere *Köhler*, NJW 1998, S. 185 ff. m.w.N.

Absatzwege wie der Versandhandel und der Katalogverkauf erfaßt.[477] Große Bedeutung für die europäische Rechtsangleichung wird der Fernabsatzrichtlinie insbesondere auf dem Gebiet des Vertragsrechts beigemessen.[478]

Nach ihrem wesentlichen Inhalt betrifft die Fernabsatzrichtlinie[479] Vertragsabschlüsse im Fernabsatz, die durch den Einsatz von Fernkommunikationsmitteln zustandegekommen sind (vgl. Art. 1 Fernabsatzrichtlinie); die Vertragspartner sind der „Lieferer" als „jede natürliche Person, die beim Abschluß von Verträgen i.S. dieser Richtlinie im Rahmen ihrer gewerblichen oder beruflichen Tätigkeit handelt" (siehe Art 2 Nr. 3 Fernabsatzrichtlinie) und der „Verbraucher" als „jede natürliche Person, die beim Abschluß von Verträgen i.S. dieser Richtlinie zu Zwecken handelt, die nicht ihrer gewerblichen oder beruflichen Tätigkeit zugerechnet werden können" (vgl. Art. 2 Nr. 2 Fernabsatzrichtlinie). Nach Art. 2 Nr. 1 Fernabsatzrichtlinie erfaßt der Anwendungsbereich der Fernabsatzrichtlinie nur „jeden zwischen einem Lieferanten und einem Verbraucher geschlossenen, eine Ware oder eine Dienstleistung betreffenden Vertrag, der im Rahmen eines für den Fernabsatz organisierten Vertriebs- bzw. Dienstleistungssystems des Lieferers geschlossen wird, wobei dieser für den Vertrag bis zu dessen Abschluß einschließlich des Vertragsabschlusses selbst ausschließlich eine oder mehrere Fernkommunikationstechniken verwendet"; so daß nicht jeder Vertragsschluß zwischen einem Lieferer und Verbraucher, der mittels Fernkommunikation zustandegekommen ist, erfaßt wird.[480] Wichtige Ausnahmen von dem sachlichen Anwendungsbereich sieht dabei Art. 3 I Fernabsatzrichtlinie vor, u.a. für Finanzdienstleistungen von Banken, Versicherungen und Wertpapierunternehmen.[481] Nach den Vorgaben der formali-

---

477 Vgl. z.B. *Martinek*, NJW 1998, S. 207 f.; 207; *S. Lorenz*, JuS 2000, S. 833 ff., 834,

478 Insbesondere da die wichtigsten Verbraucherschutzinstrumente der EG, wie sie schon aus früheren Verbraucherschutzrichtlinien (vgl. die Haustürgeschäftsrichtlinie: Richtlinie 85/577/EWG des Rates der Europäischen Gemeinschaften vom 20.12.1985 betreffend den Verbraucherschutz im Falle von außerhalb von Geschäftsräumen geschlossenen Verträgen, ABl. EG Nr. L 372/31 vom 31.12.1985, im Wortlaut wiedergegeben bei *Werner/Machunsky*, HWiG, Anhang, S. 371 ff., sowie die Verbraucherkreditrichtlinie: Richtlinie des Rates vom 22.12.1986 zur Angleichung der Rechts- und Verwaltungsvorschriften der Mitgliedstaaten über den Verbraucherkredit 87/102/EWG, ABl EG Nr. L 42/48; und die Timesharing-Richtlinie: Richtlinie 94/47/EG des Europäischen Parlaments und des Rates vom 26.10.1994 zum Schutz der Erwerber im Hinblick auf bestimmte Aspekte von Verträgen über den Erwerb von Teilzeitnutzungsrechten an Immobilien, ABl. EG Nr. L 280/83 vom 29.10.1994) bekannt sind, Informationspflicht und Widerrufsrecht, auch bei der FARL eingesetzt werden. So z.B. *S. Lorenz*, JuS 2000, S. 833 ff., 834.

479 Vgl. dazu auch *Willingmann*, VuR 1998, S. 395 ff.; *Micklitz*, ZEuP 1999, S. 875 ff.

480 So z.B. *S. Lorenz*, JuS 2000, S. 833 ff., 833.

481 Vgl. die nicht abschließende Liste in Anhang II der FARL. Weiterhin bestehen gemäß Art. 3 II FARL Ausnahmen von den Regelungen über die Verbraucherinformation nach Art. 4, 5 FARL, über das Widerrufsrecht nach Art. 6 FARL und die Ausführungsfrist für Bestellungen nach Art. 7 I FARL. Zu der wichtigen Ausnahme der Finanzdienstleistun-

sierten Informationspflichten zugunsten des Verbrauchers in Art. 4 Fernabsatzrichtlinie („Vorherige Unterrichtung“) muß der Verbraucher schon vor einem Vertragsabschluß im Fernabsatz in einer „unmißverständlichen und lauteren Weise“[482] über das kommerzielle Interesse des Lieferers informiert werden.[483] Nach Art. 5 I 1 der Fernabsatzrichtlinie („Schriftliche Bestätigung der Informationen“) müssen diese notwendigen Informationen dem Verbraucher schriftlich oder auf einem „dauerhaften Datenträger“ verfügbar gemacht werden,[484], von der besonderen Ausnahme der Dienstleistungen, die unmittelbar und einmalig auf dem Wege der Telekommunikation erbracht und sofort abgerechnet werden (Art. 5 II Fernabsatzrichtlinie), einmal abgesehen. Soweit dies nicht bereits vor Vertragsschluß geschehen ist, so ist den Vorgaben des Art. 5 Fernabsatzrichtlinie spätestens im Zeitpunkt der Lieferung an den Verbraucher oder sonst während der Erfüllung des Vertrags zu genügen - siehe Art. 5 I 1 der Fernabsatzrichtlinie. Als „zentraler Punkt der Richtlinie“[485] wird die Regelung des neuen Widerrufsrechts bei Fernabsatzgeschäften nach Art. 6 Fernabsatzrichtlinie angesehen.[486] Gemäß Art 6 I 1 Fernabsatzrichtlinie kann der Verbraucher „jeden Vertragsabschluß im Fernabsatz innerhalb einer Frist von mindestens sieben Werktagen ohne Angabe von Gründen und ohne Strafzahlung widerrufen“. Nach dem wesentlichen Regelungsinhalt des Art. 6 Fernabsatzrichtlinie, der in seiner rechtstechnischen Gestaltung (vgl. Art. 6 I-IV Fernabsatzrichtlinie) als „besonders unübersichtlich und strenggenommen nicht ganz widerspruchsfrei“[487] bewertet wird, gilt folgendes:[488] Falls und solange der Lieferer von Waren oder Dienstleistungen seiner Informationspflicht gemäß Art. 5 Fernabsatzrichtlinie nicht nachgekommen ist, so kann der Verbraucher binnen einer Frist von drei Monaten den Vertragsabschluß im Fernabsatz begründungslos widerrufen, ohne andere Kosten als die einer Rücksendung von Waren tragen zu müssen. Diese Frist beginnt bei Waren mit dem Eingang und bei Dienstleistungen mit dem Vertragsabschluß zu laufen. Falls der Lieferer von

---

gen im Fernabsatz vgl. den Vorschlag für die Richtlinie über den Fernabsatz von Finanzdienstleistungen vom 14.10.1998, KOM (98) 468, ABl. 1998 C 385/10, abgedruckt in WM 1999, S. 1477 ff.; vgl. dazu *K. Riesenhuber*, WM 1999, S. 1441 ff.

482 *Martinek*, NJW 1998, S. 207 f., 207; siehe auch *S. Lorenz*, JuS 2000, S. 833 ff., 834.

483 Dazu gehören bestimmte Mindestinformationen bezüglich Identität und Namen des Lieferers, die wesentlichen Eigenschaften der Ware oder Dienstleistung, den Endpreis derselben einschließlich der Lieferkosten, über die Zahlungs-, Lieferungs, und Erfüllungsmodalitäten, über das Bestehen eines Widerrufsrechts sowie über die Kosten der Fernkommunikation - vgl. Art. 4 I-III FARL.

484 Dabei sind allerdings diejenigen Informationen über die Kosten der Fernkommunikation, die Angebots- oder Preisgültigkeitsdauer sowie über eine Mindestvertragslaufzeit ausgenommen. Vgl. die Art. 4 I und Art. 5 I FARL sowie *Martinek*, NJW 1998, S. 207 f., 207.

485 *S. Lorenz*, JuS 2000, S. 833 ff., 834.

486 Vgl. dazu *Heinrichs*, FS *Medicus*, S. 177 ff., 188 ff.; *Micklitz*, ZEuP 1999, S. 875 ff., 884 ff.

487 *Martinek*, NJW 1998, S. 207 f., 207.

488 Siehe insbesondere *Martinek*, NJW 1998, S. 207 f., 207.

Waren seine Informationspflichten dagegen bis spätestens zum Tag des Wareneingangs erfüllt, so fängt die Frist von mindestens sieben Werktagen von diesem Zeitpunkt an zu laufen. Erfüllt der Lieferer diese Pflichten später, aber noch innerhalb der Frist von drei Monaten ab dem Eingang der Waren, so läuft von diesem Zeitpunkt an die Widerrufsfrist von sieben Werktagen.[489] Für die Ausübung des Widerrufsrechts nach Art. 6 Fernabsatzrichtlinie darf insgesamt eine Frist von drei Monaten zuzüglich sieben Werktage, beginnend mit dem Eingang der Waren - oder mit dem Vertragsschluß bei Dienstleistungen - nicht überschritten werden.[490] Schließlich soll der Verbraucher auch im Falle des Widerrufs von Nachteilen bewahrt werden, um ihm seine diesbezügliche Entscheidungsfreiheit zu erhalten: So müssen dem Verbraucher nach Art. 6 II Fernabsatzrichtlinie bei erfolgtem Widerruf baldmöglichst und innerhalb eines Monats alle Zahlungen erstattet werden. Nach Art. 6 IV 1 Fernabsatzrichtlinie ist bei kreditfinanzierten Verträgen im Fernabsatz eine entschädigungslose Auflösung auch des damit verbundenen Darlehensvertrags vorgesehen. Ausnahmen von dem zwingenden Widerrufsrecht mit den vorgesehenen Mindestfristen finden sich in Art. 6 III Fernabsatzrichtlinie für Verträge mit bestimmten Inhalten, die in dem Katalog des Art. 6 III Fernabsatzrichtlinie aufgeführt sind. Zusätzlich zu diesen Regelungen bestimmt Art. 7 I Fernabsatzrichtlinie, daß der Lieferer die Bestellung innerhalb eines Monats auszuführen hat oder den Verbraucher innerhalb dieser Frist davon unterrichtet, daß die Ware oder Dienstleistung nicht verfügbar ist und ihm geleistete Zahlungen zurückerstattet (Art. 7 II Fernabsatzrichtlinie).[491] Neben anderen Regelungen[492] sieht die Fernabsatzrichtlinie schließlich auch in Art. 11 II vor, daß „öffentliche Einrichtungen", „Verbraucherverbände" und „Berufsverbände" durch eigene Rechtsbehelfe mitwirken können, die Anwendung der innerstaatlichen Vorschriften zur Umsetzung dieser Richtlinie zu erreichen.

Nicht erfaßt von der Fernabsatzrichtlinie ist insbesondere der Vertragsschlußmechanismus im Fernabsatz selbst. Einige Regelungen hierzu finden sich in der sog. E-Commerce-Richtlinie der EG[493], die durch das „Gesetz über rechtliche

---

489 Für den Lieferer von Dienstleistungen gilt, daß bei Erfüllung seiner Informationspflichten spätestens bis zum Vertragsschluß die Frist von sieben Werktagen ab diesem Zeitpunkt zu laufen beginnt. Erfüllt er diese Pflicht später, aber noch innerhalb der Frist von drei Monaten ab Vertragsschluß, so fängt die siebentätige Frist von diesem Zeitpunkt an zu laufen.

490 Weiterhin sieht Art 11 IIIa) FARL die Möglichkeit vor, daß die Mitgliedstaaten eine Beweislastumkehr zu Lasten des Lieferers hinsichtlich der Einhaltung der Informationspflichten samt der maßgebenden Fristen treffen können.

491 Weiterhin dürfen sog. Sprachautomaten (Voice-Mail-Systeme) und Telefaxgeräte ohne die vorherige Zustimmung des Verbrauchers nicht im Fernabsatz verwendet werden; andere Telekommunikationsformen nur, falls der Verbraucher sich nicht dagegen ausgesprochen hat - vgl. Art. 10 FARL.

492 Siehe dazu z.B. *Martinek*, NJW 1998, S. 207 f.; *S. Lorenz*, JuS 2000, S. 833 ff.

493 Richtlinie 2000/31/EG des europäischen Parlaments und des Rates vom 08.06.2000 über bestimmte rechtliche Aspekte der Dienste der Informationsgesellschaft, insbeson-

Rahmenbedingungen für den elektronischen Geschäftsverkehr" v. 14.12.2001 (Elektronisches Geschäftsverkehrsgesetz – EGG)[494] in wichtigen Teilbereichen in nationales Recht transformiert werden.[495] Durch das EGG werden jedoch nicht die vertragsrechtsbezogenen Vorgaben der E-Commerce-Richtlinie umgesetzt, insbesondere die Art. 9-11.[496] Nach Art. 9 der Richtlinie haben die Mitgliedstaaten dafür zu sorgen, daß ihre Rechtsvorschriften den Abschluß „elektronischer Verträge" ermöglichen und gemäß Art. 11 müssen dem Nutzer der „neuen Medien" wirksame und zugängliche Mechanismen zur Verfügung stehen, um etwaige Eingabefehler vor Vertragsschluß feststellen und korrigieren zu können. Die Umsetzung dieser Vorgaben erfolgte im Rahmen des „Schuldrechtsmodernisierungsgesetzes"[497], was bereits kritisiert wurde.[498] Die „elektronische Form" im deutschen Privatrecht ist ebenfalls bereits verwirklicht:[499] Das „Gesetz zur Anpassung der Formvorschriften des Privatrechts an den modernen Rechtsgeschäftsverkehr"[500] dient dabei mit der Gleichstellung der elektronischen Signatur (vgl. § 126a BGB) mit der eigenhändigen Unterschrift (vgl. §

---

dere des elektronischen Geschäftsverkehrs, im Binnenmarkt, ABl. EG Nr. L 178, S. 1 vom 17.07.2000. Umzusetzen ist die Richtlinie bis zum Ablauf des 16.01.2002 (Art. 22 I der E-Commerce-Richtlinie). Vgl. dazu z.B. *Spindler*, ZRP 2001, S. 203 ff.; *Moritz*, CR 2000, S. 61 ff., 68 ff.; *S. Ernst*, VuR 1999, S. 397 ff.; *Schulze/Schulte-Nölke*, in: *Schulze/Schulte-Nölke* (Hg.), Die Schuldrechtsreform vor dem Hintergrund des Gemeinschaftsrechts, S. 3 ff., 9 f.; jeweils m.w.N. Die Grundlage dafür war der geänderte Vorschlag der EG-Kommission für eine Richtlinie über bestimmte rechtliche Aspekte des elektronischen Geschäftsverkehrs im Binnenmarkt vom 17.08.1999, KOM (1999), S. 427. Siehe dazu *S. Lorenz*, JuS 2000, S. 833 ff., 834.

494 Vgl. BGBl. 2001 I S. 3721. In der Sitzung vom 09.11.2001 hat der Bundestag das EGG verabschiedet (vgl. die Pressemitteilung der Bundesregierung vom 12.11.2001). Der RefE des EGG wurde am 14.02.2001 vom Bundeskabinett beschlossen (vgl. die Pressemitteilung des BMJ vom 14.02.2001, siehe zur ersten Stellungnahme des Bundesrates BR-Dr. 136/01). Vgl. zu dem Regierungsentwurf *Spindler*, ZRP 2001, S. 203 ff.; *Barth*, ZAP 5/2001, S. 244 ff. m.w.N. Siehe zum „Gesetz über die rechtlichen Rahmenbedingungen für den elektronischen Geschäftsverkehr" (EGG) nur *Spindler*, NJW 2002, S. 921 ff. m.w.N.

495 Vgl. nur *Spindler*, ZRP 2001, S. 203 ff., 203, 206 m.w.N.

496 Siehe nur *Spindler*, ZRP 2001, S. 203 ff., 206.

497 Vgl. § 312e RegE („Pflichten im elektronischen Geschäftsverkehr"), sowie die amtliche Begründung dazu, BT-Dr. 14/6040, S. 14 f.; sowie *Micklitz*, VuR 2001, S. 71 ff.; s.a. Teil B.IV.

498 Vgl. z.B. *Grigoleit*, WM 2001, S. 597 ff.; *Spindler*, ZRP 2001, S. 203 ff., 206; jeweils m.w.N.

499 Das Gesetz vom 13.07.2001 (BGBl. I S. 1542) ist am 01.08.2001 in Kraft getreten; vgl. dazu *Viefhues/Scherf*, ZAP 17/2001, S. 1109 ff. (Fach 23, S. 561 ff.) m.w.N.

500 Vgl. Art 1 des „Gesetzes zur Anpassung der Formvorschriften des Privatrechts und anderer Vorschriften an den modernen Rechtsgeschäftsverkehr" v. 13.07.2001, BGBl. 2001 I S. 1542. Siehe auch den Regierungsentwurf vom 06.09.2000, BT-Dr. 14/4987, der am 15.03.2001 vom Bundestag verabschiedet wurde; vgl. dazu *Roßnagel*, NJW 2001, S. 1817 ff., 1818; *Barth*, ZAP 22/2000, S. 1327 f.; siehe zum RefE (BMJ, Referat I B 1 - 3414/2) vom 19.05.1999 noch *Scheffler/Dressel*, CR 2000, S. 378 ff. m.w.N.

126 I BGB) der Umsetzung sowohl von Art 9 der E-Commerce-Richtlinie als auch von Art. 5 der Richtlinie 99/93/EG über gemeinschaftliche Rahmenbedingungen für elektronische Signaturen[501], während das am neue Signaturgesetz (SigG)[502] keine Formvorschriften für elektronische Signaturen als Ersatz für Unterschriften enthält, sondern im wesentlichen die Anforderungen an Signaturverfahren regelt.[503]

Durch den Erlaß der Fernabsatzrichtlinie, mit der „die EU ihre Verbraucherschutzpolitik auf der Linie der Haustürgeschäftewiderrufs-, der Verbraucherkredit- und der Time-Sharing-Richtlinie“[504] fortsetzt, entstand jedenfalls für den nationalen Gesetzgeber ein „erheblicher Umsetzungsbedarf“[505]. So fehlte es nach der bisherigen Rechtslage insbesondere an einem verbraucherschützendem Widerrufsrecht im Bereich des „Teleshopping“[506] wie auch des „Internetshopping“[507]. Zudem ergab sich das Problem für den Umsetzungsgesetzgeber, daß aufgrund des inhaltlich sehr weiten Anwendungsbereichs der Fernabsatzrichtlinie die Erfüllung der Richtlinienvorgaben nicht alleine durch die Einführung eines weiteren Sonderverbraucherschutzgesetzes (nach HWiG, VerbrKrG und TzWrG) bewältigt werden konnte.[508] Die zahlreichen Unklarheiten und Ungereimtheiten, die Überschneidungen und die damit verbundenen Abgrenzungsprobleme, „auch zu und mit den Regelungen im Verbraucherkreditgesetz, im Haustürgeschäftewiderrufsgesetz und im UWG“[509], die der Fernabsatzrichtlinie anhaften, erschwerten die Umsetzungsarbeit hinsichtlich des kodifikatorischen Standorts und der Gesetzgebungstechnik noch zusätzlich.[510] Diese Kritik[511] be-

---

501 Die Richtlinie 99/93/EG des europäischen Parlaments und des Rates über gemeinschaftliche Rahmenbedingungen für elektronische Signaturen, ABl. EG Nr. L 13 vom 19.01.2000, S. 12, im folgenden Signaturrichtlinie genannt, ist am 19.01.2000 in Kraft getreten. Vgl. dazu *Roßnagel*, NJW 2001, S. 1817 ff., 1818.

502 Siehe das „Gesetz über Rahmenbedingungen für elektronische Signaturen“ vom 16.05.2001 (SigG), das am 22.05.2001 in Kraft getreten ist (BGBl. 2001 I S. 876), und das Signaturgesetz vom 22.07.1997 (BGBl. I S. 1870) ersetzt. Siehe dazu *Roßnagel*, NJW 2001, S. 1817 ff. m.w.N.

503 Vgl. m.w.N. *Roßnagel*, NJW 2001, S. 1817 ff., 1818 m.w.N.; *Barth*, ZAP 22/2000, S. 1327 f.

504 *Martinek*, NJW 1998, S. 207 f., 208.

505 So jedenfalls *S. Lorenz*, JuS 2000, S. 833 ff., 835.

506 Vgl. zum „Teleshopping“ nur *Ruppert*, Teleshopping, S. 27 ff. m.w.N.; siehe zum „Telemarketing“ als einer besonderen Form der Direktwerbung und des Direktvertriebs nur *Gilles*, NJW 1988, S. 2424 ff. m.w.N.

507 Siehe dazu z.B. *Köhler*, NJW 1998, S. 185 ff.; *Borges*, ZIP 1999, 130 ff. m.w.N.

508 So jedenfalls *S. Lorenz*, JuS 2000, S. 833 ff., 835.

509 *Martinek*, NJW 1998, S. 207 f., 208, der angesichts dessen von „kaltem Grausen“ spricht.

510 So auch *S. Lorenz*, JuS 2000, S. 833 ff., 835.

511 Vgl. für die Kritik zum (damaligen) Referentenentwurf z.B. *Micklitz/Reich*, BB 1999, S. 2093 ff.; *Bülow*, ZIP 1999, S. 1293 ff.; *Artz*, VuR 1999, S. 393 ff.; *Härting*, CR 1999, S. 507 ff.; *Waldenberger*, K&R 1999, S. 345 ff.; jeweils m.w.N.

traf dann auch (konsequenterweise) den im Jahre 1999 vorgelegten Referentenentwurf[512] des „Gesetzes über Fernabsatzverträge und andere Fragen des Verbraucherrechts sowie zur Umstellung von Vorschriften auf Euro“ vom 27.6.2000[513], das in seinen wesentlichen Teilen am 30.06.2000 in Kraft getreten ist.[514]

b) Einführung des ersten „allgemeinen“ verbraucherschützenden Widerrufsrechts in § 361a I BGB (a.F.)

Mit der erstmaligen Einführung des „allgemeinen“ verbraucherschützenden Widerrufsrechts in § 361a I BGB (a.F.) wurden die ersten grundlegenden Neuerungen auf dem Gebiet der verbraucherschützenden Widerrufsrechte geschaffen. Diese Änderungen haben für die Auslegung und Anwendung der heute geltenden Nachfolgeregelung in § 355 BGB nach wie vor zentrale Bedeutung, da der Gesetzgeber der „Schuldrechtsmodernisierung“ bei der Schaffung der §§ 355 ff. BGB im wesentlichen an die Regelungen der §§ 361a f. BGB (a.F.) angeknüpft hat. Dies gilt auch und insbesondere für die widerrufsrechtliche Wirkungsweise, da der Gesetzgeber schon bei dem früheren § 361a I 1 BGB (a.F.) der (herrschenden) „vertragsbezogenen“ Sichtweise in der Gestalt der „schwebenden Vertragswirksamkeit“ gefolgt ist, und diese dann - begründungslos und ungeachtet aller damit verbundenen Probleme - für die (Erklärung der) Wirkungsweise des § 355 I 1 BGB übernommen hat.[515]

Die Vorschrift des § 361a BGB (a.F.)[516] ist - wie ihre Nachfolgeregelung § 355 BGB[517] - in ihrer gesetzlichen Ausgestaltung eine „Blankettnorm“[518], die zwar

512 RefE vom 31.05.1999 (BMJ-Referat I B 2 3420/12-41) mit Ergänzungen vom 23.07.1999.

513 BGBl. I S. 897 mit Berichtigung S. 1139.

514 Siehe zu den weiteren Änderungen z.B. krit. *Flume*, ZIP 2000, S. 1417 ff.; tendenziell zustimmend *Kamanabrou*, WM 2000, S. 1427 ff.; vgl. speziell zu § 241a BGB *Schwarz*, NJW 2001, S. 1449 ff.; *Deckers*, NJW 2001, S. 1474 f.; vgl. speziell zu der Änderung der AGB-Verbandsklagebefugnis (§ 13 II Nr. 2 AGBG) durch das Fernabsatzgesetz (Art. 3 Nr. 4, vgl. BT-Dr. 14/2658, S. 51 f.) nur *Koch/Artz*, WM 2001, S. 1016 ff. m.w.N.

515 Vgl. die amtliche Begründung, BT-Dr. 14/6040, S. 200; siehe zum Verhältnis von § 361a BGB (a.F.) und § 355 BGB z.B. *Dauner-Lieb/Heidel/Lepa/Ring* (Hg.): Anwaltkommentar Schuldrecht, *Ring* vor §§ 355-360 BGB, *Ring* zu § 355 BGB, Rn. 1 ff.; *Ring*, in *Dauner-Lieb/Heidel/Lepa/Ring*, Neues Schuldrecht, S. 343 ff., 382 ff.; *Palandt*, (Ergänzungsband) 61. Aufl., *Heinrichs* vor § 355 BGB, Rn. 1 ff.; *N. Fischer*, DB 2002, S. 253 ff.; jeweils m.w.N.

516 Siehe zu § 361a BGB (a.F.) die amtliche Begründung, BT-Dr. 14/2658, S. 46 ff.; *Palandt*, 60. Aufl., *Heinrichs* zu § 361a BGB, Rn. 1 ff.; *Berger*, Jura 2001, S. 289 ff.; *Bülow/Artz*, NJW 2000, S. 2049 ff.; *S. Lorenz*, JuS 2000, S. 833 ff.; *Tonner*, BB 2000, S. 1413 ff.; *Härting/Schirmbacher*, MDR 2000, S. 917 ff.; *Fuchs*, ZIP 2000, S. 1273 ff.; *Hensen*, ZIP 2000, S. 1151 f.; *Flume*, ZIP 2000, S. 1427 ff.; *Gaertner/Gierschmann*, DB 2000, S. 1601 ff.; *Kamanabrou*, WM 2000, S. 1417 ff.; s.a. *N. Fischer*, DB 2002, S. 253 ff., 253 f.; jeweils m.w.N.

das Wesen des allgemeinen verbraucherschützenden Widerrufsrechts, dessen Voraussetzungen und Rechtsfolgen bestimmt, aber selbst nicht regelt, in welchen Fällen dem Verbraucher ein solches Widerrrufsrecht zusteht. Dies bestimmten - bis zur „Schuldrechtsmodernisierung"[519] - die (geänderten) verbraucherschützenden Sondergesetze, die früher auf § 361a BGB (a.F.) verwiesen haben: §§ 3 I 1 FernAG; 1 I HWiG; 7 I, 9 II 1 VerbrKrG; 5 I TzWrG; § 4 I 1 FernUSG.[520] Die Funktion von § 361a BGB (a.F.) bestand somit darin, die wesentlichen Modalitäten, wie die Widerrufsfristen und die Berechnungsregeln, sowie die Rechtsfolgen der Ausübung der verbraucherschützenden Widerrufsrechte zu vereinheitlichen.[521] Diese Aufgabe übernehmen nunmehr § 355 BGB einerseits und §§ 357 f. BGB andererseits. Das Widerrufsrecht des § 361a BGB (a.F.) sowie das Rückgaberecht nach § 361b BGB (a.F.) haben auch heute noch unmittelbare Wirkung, da sie gemäß Art. 229 § 2 I EGBGB auf nach dem 29.06.2000 entstandene Sachverhalte anzuwenden sind, auf die das aktuelle Recht gemäß Art. 229 § 5 EGBGB (und gemäß Art. 229 § 6 V EGBGB für die Widerrufsfrist) keine Anwendung findet. Ein weiterer Aspekt, der für die widerrufsrechtliche Wirkungsweise nach wie vor Beachtung finden muß, betrifft den persönlichen Anwendungsbereich von § 361a BGB (a.F.) und § 355 BGB: Der Gesetzgeber hat die notwendige Umsetzung der Fernabsatzrichtlinie, die nicht ganz fristgerecht erfolgte,[522] nämlich nicht nur zum Anlaß genommen, das Widerrufsrecht für Fernabsatzverträge (vgl. früher § 3 I 1 FernAG und nunmehr § 312d I 1 BGB) sowie die schon bestehenden sonderprivatrechtlichen Widerrufsrechte „rechtstechnisch neu zu gestalten und vereinheitlicht auf das BGB zurückzuführen"[523], sondern auch dazu, zwei Grundbegriffe der Verbraucherschutzgesetze, Verbraucher (§ 13 BGB) und Unternehmer (§ 14 I BGB) zu vereinheitlichen:[524] Nach dem persönlichen Anwendungsbereich von §

---

517 Vgl. z.B. *Dauner-Lieb/Heidel/Lepa/Ring* (Hg.): Anwaltkommentar Schuldrecht, *Ring* zu § 355 BGB, Rn. 15 f.; *Ring*, in *Dauner-Lieb/Heidel/Lepa/Ring*, Neues Schuldrecht, S. 343 ff., 382 ff., 404; *N. Fischer*, DB 2002, S. 253 ff., 254 f.; jeweils m.w.N.

518 *Bülow/Artz*, NJW 2000, S. 2049 ff., 2052. Siehe auch *Schmidt-Räntsch*, VuR 2000, S. 427 ff., 431, der von einer „Rahmenregelung" spricht, die eine Rechtsgrundverweisung enthält.

519 Im folgenden wird daher die Rechtslage wiedergegeben, wie sie das „Gesetz über Fernabsatzverträge und andere Fragen des Verbraucherrechts sowie zur Umstellung von Vorschriften auf Euro" vom 27.6.2000 geschaffen hat.

520 Vgl. auch die Verweisung in § 13a III UWG für die Folgen des Rücktritts nach § 13 I UWG.

521 Siehe die amtliche Begründung zu § 361a BGB, BT-Dr. 14/2658, S. 46 ff., 46; vgl. auch *Berger*, Jura 2001, S. 289 ff., 291.

522 Nach Art. 15 I FARL war die Richtlinie spätestens bis zum 05.06.2000 umzusetzen; dieses Ziel wurde u.a. deswegen nicht erreicht, weil die „Bagatellklausel" des § 361a II 3 2. Hs. BGB (a.F.) erst auf Vorschlag des Vermittlungsausschusses eingefügt wurde. Siehe *S. Lorenz*, JuS 2000, S. 833 ff., 837 f., FN. 43.

523 *S. Lorenz*, JuS 2000, S. 833 ff., 835.

524 Vgl. *S. Lorenz*, JuS 2000, S. 833 ff., 835; *Brüggemeier/Reich*, BB 2001, S. 213 ff., 213. Vgl. zu den diesbezüglichen Problemen hier nur *Krebs*, DB 2002, S. 517 ff. m.w.N.

361a BGB (a.F.) ist nämlich grundsätzlich nur der Vertragsschluß zwischen Verbraucher (§ 13 BGB) und Unternehmer (§ 14 I BGB) erfaßt, wobei ein „bereichsspezifischer Verbraucherbegriff"[525] zugrundegelegt wird, da entscheidend ist, ob das jeweilige Rechtsgeschäft einer selbständigen beruflichen oder gewerblichen Tätigkeit zuzuordnen ist, und nicht, ob der Vertragspartner des Unternehmers grundsätzlich einer solchen Tätigkeit nachgeht.[526]
Eine weitere entscheidende Vereinheitlichung stellte der Wortlaut des ersten allgemeinen verbraucherschützenden Widerrufsrechts dar, da er maßgebend die „rechtstechnische Konstruktion" des Rechts zum Widerruf bedingt: Nach der rechtstechnischen Gestaltung des „allgemeinen" Widerrufsrechts (in der Gestalt von § 361a I 1 BGB a.F.), das voraussetzt, daß „einem Verbraucher durch Gesetz ein Widerrufsrecht nach dieser Vorschrift eingeräumt" wird, ist dieser „an seine auf den Abschluss eines Vertrages mit einem Unternehmer gerichtete Willenserklärung nicht mehr gebunden, wenn er sie fristgerecht widerrufen hat." Da die o.g. sonderprivatrechtlichen Widerrufsrechte (früher) jeweils auf § 361a BGB (a.F.) verwiesen haben, galt diese Formulierung, die dem ursprünglichen Wortlaut von § 4 I FernUSG[527] sowie den §§ 11 I AuslInvmG, 23 I KAGG nachgebildet ist, folglich auch für sämtliche neugeregelten Widerrufsrechte. Damit bestand erstmals ein einheitlicher Wortlaut für (fast) alle verbraucherschützenden Widerrufsrechte. Von diesem Zustand ist auch § 355 BGB als „Blankettnorm" nicht abgerückt.
Ebenfalls prägend für das Widerrufsrecht nach § 355 BGB ist die mit § 361a BGB (a.F.) erstmals vereinheitlichte Widerrufsfrist: Anstatt der bis dahin unterschiedlichen Widerrufsfristen - eine Woche gemäß §§ 1 I HWiG, 7 I VerbrKrG, zwei Wochen nach § 4 I FernUSG und 10 Tage gemäß § 5 I TzWrG[528] - wurde als einheitlicher Maßstab die Frist von zwei Wochen gemäß § 361a I 2 2. Hs. BGB (a.F.) gesetzt (siehe nunmehr § 355 I 2 BGB). Diese Frist, zu deren Wahrung damals (§ 361a I 2 2. Hs. BGB a.F.) wie heute (§ 355 I 2 2. Hs. BGB) die rechtzeitige Absendung der Widerrufserklärung ausreicht, begann (gemäß § 361a I 3 BGB a.F.) und beginnt auch heute (nach § 355 II 1 BGB) mit dem Zeitpunkt zu laufen, zu dem eine ordnungsgemäße Belehrung[529] über das Widerrufsrecht dem Verbraucher zur Verfügung gestellt worden ist.[530]

---

525 *S. Lorenz*, JuS 2000, S. 833 ff., 839.

526 Siehe nur *Palandt*, 60. Aufl., *Heinrichs* zu § 1 FernAG, Rn. 5. Vgl. zu der Ausnahme im FernUSG (s.a. §§ 507, 495 I BGB für „Existenzgründer"), wonach nicht speziell dem Verbraucher, sondern generell dem „Fernunterrichtsteilnehmer" das Widerrufsrecht (§ 4 FernUSG) zusteht, beispielsweise *Dörner/Ebert/Eckert/Hoeren/Kemper/Saenger/Schulte-Nölke/Schulze/Staudinger* (Hg.): Handkommentar BGB, 2. Aufl., *Schulze* zu § 355 BGB, Rn. 4.

527 So auch *Tonner*, BB 2000, S. 1413 ff., 1415; *Mankowski*, WM 2001, S. 793 ff., 795.

528 Siehe noch *Pudor*, Wirkungsweise, S. 17 ff m.w.N. Vgl. auch *S. Lorenz*, JuS 2000, S. 833 ff., 836 („sachlich nicht zu rechtfertigendes Potpourri von Widerrufsfristen").

529 Die Widerrufsbelehrung war nach dem früheren § 361a I 4 BGB (a.F.) außer bei notariell beurkundeten Verträgen gesondert zu unterschreiben oder mit einer „qualifizierten elektronischen Signatur" zu versehen. Da das neue Signaturgesetz - „Gesetz über Rah-

Weiterhin ist für die Neuregelungen gemäß §§ 355 ff. BGB noch die frühere Verweisungsvorschrift in § 361a II 1 BGB (a.F.) relevant: Aus dieser erstmaligen Verweisung[531] auf das Rücktrittsrecht des BGB (§§ 346 ff. BGB) für die Rechtsfolgen des ausgeübten Widerrufsrechts[532] war auch von den Rechtsfolgen her der Bezug zwischen den sonderprivatrechtlichen Widerrufsrechten und der zivilrechtlichen Dogmatik des BGB hergestellt. Gerade diese Verweisung gewinnt bei der näheren Betrachtung der Wirkungsweise von § 355 I 1 BGB noch erhebliche Bedeutung, da im Rahmen der „neuen" Diskussion um die widerrufsrechtliche Wirkungsweise, die schon bei § 361a BGB (a.F.) eingesetzt hat und sich nunmehr bei § 355 BGB fortsetzt, sehr häufig auf die „rücktrittsähnlichen Wirkungen" des Widerrufs abgestellt wird.[533]

Schließlich ist noch eine wesentliche Neuerung des Gesetzes vom 27.06.2000 zu nennen, nämlich das - ebenfalls erstmals vereinheitlichte - Rückgaberecht gemäß § 361b BGB (a.F.)[534]: Das bis dahin nur außerhalb des BGB befindliche (vgl. §§ 5 IV HWiG, 8 II VerbrKrG) „verbraucherschützende" Rückgaberecht wurde erstmals mit einheitlichem Wortlaut in das BGB übernommen (vgl. nunmehr § 356 BGB). Der wesentliche Unterschied zu dem Widerrufsrecht nach §

---

menbedingungen für elektronische Signaturen" v. 16.05.2001 (SigG) - erst am 22.05.2001 in Kraft getreten ist, BGBl. 2001 I S. 876, war eine zwischenzeitliche Definition in Art. 229 § 2 III EGBGB nötig, die auf die Signaturrichtlinie der EG verwiesen hat, vgl. dazu *S. Lorenz*, JuS 2000, S. 833 ff., 836, FN. 30; s. zum neuen Signaturgesetz und der „qualifizierten elektronischen Signatur" in § 2 Nr. 3 SigG nur *Roßnagel*, NJW 2001, S. 1817 ff., 1819 f. m.w.N. Für den Fall, daß der Vertrag schriftlich abzuschließen ist (vgl. die früheren §§ 4 I VerbrKrG, 3 I TzWrG), bestimmte § 361a I 5 BGB (a.F.), daß dem Verbraucher auch eine Vertragsurkunde, der schriftliche Antrag des Verbrauchers oder eine Abschrift davon ausgehändigt werden.

530 Nach der damaligen Rechtslage war erforderlich, daß die Widerrufsbelehrung, die auch Namen und Anschrift des Widerrufsempfängers und einen Hinweis bezüglich der Modalitäten des Widerrufs und die Widerrufsfrist enthalten mußte, dem Verbraucher auf einem „dauerhaften Datenträger" (vgl. § 361a III BGB a.F.) verfügbar gemacht wurde.

531 Aus dieser Verweisung ergaben sich in Verbindung mit den speziellen Regelungen in § 361a II 3-7 BGB (a.F.) die Rechtsfolgen des Widerrufs. Ein redaktionelles Versehen führte dazu, daß die Haftungsregelung des § 361a II 4 BGB (a.F.) zunächst nicht verkündet wurde - vgl. BGBl. 2000 I, S. 897 ff., S. 1139; sowie *S. Lorenz*, JuS 2000, S. 833 ff., 837, FN. 37 („peinliches Versehen").

532 Siehe noch zu § 361a BGB (a.F.) z.B. *Palandt*, 60. Aufl., *Heinrichs* zu § 361a BGB, Rn. 28 ff.; *Berger*, Jura 2001, S. 289 ff., 291; *S. Lorenz*, JuS 2000, S. 833 ff., 837 f.; krit. *Tonner*, BB 2000, S. 1413 ff., 1415; *Mankowski*, WM 2001, S. 833 ff., jeweils m.w.N.

533 Vgl. zu §§ 355, 357 BGB z.B. *Dauner-Lieb/Heidel/Lepa/Ring* (Hg.): Anwaltkommentar Schuldrecht, *Ring* zu § 355 BGB, Rn. 12 ff.; *Ring* zu § 357 BGB, Rn. 6 ff.; *Ring*, in *Dauner-Lieb/Heidel/Lepa/Ring*, Neues Schuldrecht, S. 343 ff., 382 f., 403 ff., 413 ff.; krit. *N. Fischer*, DB 2002, S. 253 ff., 256 f.; jeweils m.w.N.

534 Vgl. dazu die amtliche Begründung, BT-Dr. 14/2658, S. 46 ff., 46 f, 48. Vgl. zu § 361b BGB (a.F.) m.w.N. *Palandt*, 60. Aufl., *Heinrichs* zu § 361b BGB, Rn. 1 ff.; *Berger*, Jura 2001, S. 289 ff., 293; *Bülow/Artz*, NJW 2000, S. 2049 ff., 2052; *S. Lorenz*, JuS 2000, S. 833 ff., 835.

361a BGB (a.F.)[535], mit dem es den „Blankettcharakter“ (vgl. die früheren §§ 7 I 2 VerbrKrG, 1 I 2 HWiG, 3 III FernAG) gemeinsam hatte (und noch hat, vgl. die heutigen §§ 503 I, 312 I 2, 312d I 2 BGB), liegt darin, daß es allein durch die Rücksendung der Ware bzw. bei fehlender Versandfähigkeit durch ein Rücknahmeverlangen ausgeübt werden kann – vgl. früher § 361b II BGB (a.F.) und heute § 356 II BGB.

c) Einführung eines weiteren sonderprivatrechtlichen Widerrufsrechts in § 3 I FernAG

Als „Kern“ des „Gesetzes über Fernabsatzverträge und andere Fragen des Verbraucherrechts sowie zur Umstellung von Vorschriften auf Euro“ wurde das Fernabsatzgesetz (FernAG, vgl. nunmehr §§ 312b-312d BGB)[536] angesehen[537], das als weiteres sonderprivatrechtliches Nebengesetz in § 3 I 1 FernAG ein Widerrufsrecht zugunsten des Verbrauchers enthielt, das mittlerweile in § 312d I 1 BGB geregelt ist. Von Bedeutung für das Verständnis der widerrufsrechtlichen Wirkungsweise sind die Regelungen des Fernabsatzrechts in zweierlei Hinsicht: Zum einen modifizieren sie - damals wie heute - die allgemeinen widerrufsrechtlichen Regelungen der §§ 361a f. BGB (a.F.) sowie der §§ 355 ff. BGB. Zum anderen verdeutlichen sie die praktischen und rechtlichen Schwierigkeiten und Herausforderungen, die aus der Verwendung der modernen (Fern-)Kommunikationsmittel im Geschäfts- und Rechtsverkehr resultieren. Gerade angesichts der damit verbundenen Real- und Rechtsprobleme im Bereich des Vertragsschlusses stellt sich nämlich die Frage, ob die herkömmliche Dogmatik des BGB im Recht der Willenserklärungen und des Vertragsschlusses (§§ 116 ff., 145 ff. BGB) diese Probleme überhaupt noch angemessen bewältigen kann.[538] Welche Auswirkungen dieses grundsätzliche Problem auf das Recht zum Widerruf gemäß (§ 361a BGB a.F. und) § 355 BGB hat, kann dabei jeweils nur skizziert werden.

Relevant für die Modifikationen der allgemeinen widerrufsrechtlichen Regelungen ist bereits die gesetzgeberische Intention: Das Regelungsziel der Fernab-

---

535 Nach *Bülow/Artz*, NJW 2000, S. 2049 ff., 2053, ist das Rückgaberecht nichts anderes als das Widerrufsrecht. Insoweit zustimmend *Berger*, Jura 2001, S. 289 ff., 293 („besondere Form des Widerrufsrechts“); *H. Roth*, JZ 2000, S. 1013 ff., 1017.

536 Art. 1 des Gesetzes vom 27.06.2000. Vgl. zum FernAG die amtliche Begründung, BT-Dr. 14/2658, S. 30 ff.; *Palandt*, 60. Aufl., *Heinrichs* zu §§ 1 ff. FernAG, Rn. 1 ff.; *Berger*, Jura 2001, S. 289 ff., 289 f.; *Bülow/Artz*, NJW 2000, S. 2049 ff., 2053 ff.; *S. Lorenz*, JuS 2000, S. 833 ff., 838 ff.; *Tonner*, BB 2000, S. 1413 ff., 1416 ff.; *Härting/Schirmbacher*, MDR 2000, S. 917 ff.; *Fuchs*, ZIP 2000, S. 1273 ff., 1274 ff.; *Gaertner/Gierschmann*, DB 2000, S. 1601 ff.; *Kamanabrou*, WM 2000, S. 1417 ff., 1420 ff.; *Vehslage*, ZAP 14/2000, S. 891 ff. (Fach 3, S. 169 ff.); vgl. auch *Mankowski*, WM 2001, S. 793 ff., 796; jeweils m.w.N.; siehe zu §§ 312b-312d BGB m.w.N. *Ring*, in *Dauner-Lieb/Heidel/Lepa/Ring*, Neues Schuldrecht, S. 343 ff., 361 ff.; *Lütcke*, Fernabsatzrecht, zu § 312d BGB, Rn. 1 ff.

537 So *Tonner*, BB 2000, S. 1413 ff., 1416.

538 Vgl. unten, Teil C.II.

satzrichtlinie, der Schutz des Verbrauchers vor irreführenden oder aggressiven Verkaufsmethoden im Fernabsatz, bei dem sich Verbraucher und Unternehmer typischerweise nicht „physisch begegnen“[539] und der Verbraucher die Ware nicht vor Vertragsschluß prüfen kann, entspricht auch dem Regelungszweck des FernAG[540]. Das Recht des Fernabsatzes bedient sich dabei ebenfalls der „klassischen Verbraucherschutzinstrumente“ des Widerrufsrechts (gemäß dem früheren § 3 FernAG und dem heutigen § 312d BGB) und der qualifizierten Informationspflichten des Unternehmers (vgl. früher § 2 II, III FernAG und heute § 312c BGB). Das (alte und neue) Fernabsatzrecht zeichnet sich dabei nicht nur dadurch aus, daß die Umsetzung der Fernabsatzrichtlinie sehr wortgenau[541] erfolgte, sondern auch dadurch, daß einerseits eine Umsetzung in Teilbereichen nur partiell oder gar nicht erfolgte, während andererseits ein über die Vorgaben der Fernabsatzrichtlinie hinausgehender Schutz verwirklicht wurde:[542] Einerseits sah der Umsetzungsgesetzgeber bezüglich einzelner Richtlinienvorgaben den Schutz nach der bisherigen Rechtslage bereits als gesichert an[543], anderseits war es den Mitgliedstaaten nach Art. 14 Fernabsatzrichtlinie ausdrücklich gestattet, weitergehende Vorschriften zum Schutze der Verbraucher zu erlassen, wovon der Gesetzgeber auch Gebrauch gemacht hat. Nach seinem sachlichen Anwendungsbereich gilt das Fernabsatzrecht für Fernabsatzverträge über die Lieferung von Waren oder die Erbringung von Dienstleistungen. Nach der früheren Legaldefinition der Fernabsatzverträge in § 1 I FernAG, die § 312b I BGB im wesentlichen unverändert übernommen hat, zeichnen sich diese Verträge im wesentlichen durch zwei „Komponenten“ aus, die Vertragsschlußtechnik[544] und das Vertriebssystem:[545] Darunter fallen nicht etwa alle mittels (herkömmlicher oder moderner) Fernkommunikationsmedien geschlossene Verträge, sondern nur solche „Distanzverträge“, die „zwischen einem Unternehmer und einem Verbraucher unter ausschließlicher Verwendung von Fernkommunikationsmitteln abgeschlossen werden“, und zwar im „Rahmen eines für den Fernabsatz organisierten Vertriebs- oder Dienstleistungssystems“. Während die Fernkommunikationsmittel - früher in § 1 II FernAG, nunmehr in § 312b II BGB - legaldefiniert sind, wurde der Begriff des „Fernabsatzsystems“ bewußt nicht normiert[546]; ein solches wird dann angenommen, wenn „der Unternehmer in personeller und sachlicher Ausstattung innerhalb seines Betriebes die notwendigen Voraussetzungen dafür geschaffen hat, die notwendig sind, um re-

---

539 *Bülow/Artz*, NJW 2000, S. 2049 ff., 2053.

540 Vgl. die amtliche Begründung zum FernAG, BT-Dr. 14/2658, S. 16 ff., 30 ff.

541 So für den RegE des FernAG *Bülow/Artz*, NJW 2000, S. 2049 ff., 2053; für den RefE *Härting*, CR 1999, S. 507 ff., 508, 511.

542 So *Bülow/Artz*, NJW 2000, S. 2049 ff., 2053.

543 Siehe die amtliche Begründung zum FernAG, BT-Dr. 14/2658, S. 16 ff.

544 Vgl. speziell dazu *Meents*, CR 2000, S. 610 ff., 610 f. m.w.N.

545 Vgl. dazu *S. Lorenz*, JuS 2000, S. 833 ff., 838.

546 So die amtliche Begründung, BT-Dr. 14/2658, S. 31.

gelmäßig im Fernabsatz zu tätigende Geschäfte durchzuführen"[547]. Der Unternehmer ist dabei auch nicht ausschließlich von dieser Vertriebsform, die nicht unbedingt einen großen personellen und sachlichen Aufwand voraussetzt[548], abhängig. Nicht ausreichend ist, daß nur „zufällig und gelegentlich Fernkommunikationsmittel eingesetzt werden"[549]. Durch die negative Formulierung in § 312b I BGB (bzw. § 1 I 2. Hs. FernAG) trägt der Unternehmer die Beweislast dafür, daß er nicht über eine solche Fernabsatzorganisation verfügt.[550] Weiterhin ist auf die zahlreichen Bereichsausnahmen im Fernabsatzrecht (gemäß dem früheren § 1 III Nr. 3-7 FernAG und dem heutigen § 312b III Nr. 3-7 BGB) hinzuweisen[551], von den im Einzelfall problemträchtigen Konkurrenzverhältnissen zu anderen verbraucherschützenden Sondergesetzen (vgl. § 1 III Nr. 1 und 2 FernAG bzw. § 312b III Nr. 1 und 2 BGB) einmal ganz abgesehen.[552]
Verbraucherschutz durch rechtzeitige Information ist die Intention der Informationspflichten im Recht des Fernabsatzes, die dem Unternehmer auf „zwei Ebe-

---

547 *S. Lorenz*, JuS 2000, S. 833 ff., 838; siehe auch m.w.N. *Meents*, CR 2000, S. 610 ff., 610 f.; *Ring*, in *Dauner-Lieb/Heidel/Lepa/Ring*, Neues Schuldrecht, S. 343 ff., 361 ff., 365 f.

548 So *S. Lorenz*, JuS 2000, S. 833 ff., 838, der darauf hinweist, daß schon die Unterhaltung einer „Homepage" im Internet mit Bestellmöglichkeit per Telefon oder E-Mail ausreicht.

549 Siehe die amtliche Begründung, BT-Dr. 14/2658, S. 30.

550 Vgl. *Palandt*, 60. Aufl., *Heinrichs* zu § 1 FernAG, Rn. 7; *Bülow/Artz*, NJW 2000, S. 2049 ff., 2053. Dadurch, daß der Gesetzgeber ausdrücklich auf eine Legaldefinition dieses Begriffs verzichtet und der Rechtsprechung die Konkretisierung überlassen hat, wurden erhebliche Abgrenzungsschwierigkeiten und Unsicherheiten prognostiziert. Siehe z.B. *Bülow/Artz*, NJW 2000, S. 2049 ff., 2053 f.; *S. Lorenz*, JuS 2000, S. 833 ff., 838; *Tonner*, BB 2000, S. 14113 ff., 1416; s.a. *Ring*, in *Dauner-Lieb/Heidel/Lepa/Ring*, Neues Schuldrecht, S. 343 ff., 361 ff., 365 f.

551 Dabei wurde insbesondere die Bereichsausnahme für Finanzgeschäfte in § 1 III Nr. 3 FernAG (nunmehr § 312b III Nr. 3 BGB) als problematisch angesehen, vgl. dazu zum einen die amtliche Begründung zum FernAG, BT-Dr. 14/2658, S. 32; zum anderen krit. zur Bereichsausnahme *Tonner*, BB 2000, S. 1413 ff., 1416.

552 Die Anwendungskonkurrenz bei verschiedenen einschlägigen Verbraucherschutzgesetzen war auch Regelungsgegenstand des § 1 IV FernAG, wobei insbesondere das Konkurrenzverhältnis zum VerbrKrG - nach wie vor - schwierige Fragen aufwirft, vgl. dazu z.B. die amtliche Begründung, BT-Dr. 14/2658, S. 34 f.; *Palandt*, 60. Aufl., *Heinrichs* zu § 1 FernAG, Rn. 15 ff.; *Bülow/Artz*, NJW 2000, S. 2049 ff., 2054; *S. Lorenz*, JuS 2000, S. 833 ff., 840; jeweils m.w.N. Daran hat auch die Neuregelung des Konkurrenzverhältnisses gem. § 312d V BGB durch das OLG-Vertretungsänderungsgesetz v. 23.07.2002, BGBl. 2002 I S. 2850, 2856 (vgl. BT-Dr. 14/9266, BT-Dr. 14/9633) nicht viel geändert, da nur das Konkurrenzverhältnis zu den Widerrufs- und Rückgaberechten gem. §§ 499-507 BGB geregelt wurde, nicht aber das zu dem Widerrufsrecht bei Teilzeit-Wohnrechteverträgen gem. § 485 I BGB. Vgl. zu § 312d V BGB nur *N. Fischer*, DB 2002, S. 1643 ff., 1643 m.w.N.

nen"[553] auferlegt werden,[554] der vertraglichen (siehe den früheren § 2 II, III FernAG und den heutigen § 312c II BGB) und der vorvertraglichen Ebene (vgl. § 2 I, II FernAG bzw. § 312c I BGB).[555]

Die damalige Einführung eines weiteren speziellen verbraucherschützenden Widerrufsrechts (in § 3 FernAG) wurde als „wichtigste" Neuerung des FernAG angesehen.[556] Dieses Widerrufsrecht verweist dabei nach wie vor (gemäß § 3 I 1 FernAG bzw. § 312d I 1 BGB) auf das „allgemeine" Widerrufsrecht (nach § 361a BGB a.F. bzw. § 355 BGB).[557] Die speziellen Ausschlußtatbestände dieses Widerrufsrechts finden sich in § 3 II Nr. 1-5 FernAG (bzw. § 312d IV BGB),[558] die - damals wie heute - aufgrund ihrer offenen und unpräzisen Formulierungen Fragen und aufgrund der einleitenden Formulierung in § 3 II FernAG bzw. §

---

553 Vgl. *Bülow/Artz*, NJW 2000, S. 2049 ff., 2054. Dagegen weist *Härting*, VuR 2001, S. 11 ff., 12 f., auf die „Verdreifachung der Belehrungspflichten des Unternehmers" durch § 3 I FernAG hin.

554 Während die vorvertraglichen Informationspflichten nach § 2 I FernAG den Schutz vor unlauteren Vertragsanbahnungsmethoden bezwecken (so die amtliche Begründung, BT-Dr. 14/2658, S. 37; vgl. *S. Lorenz*, JuS 2000, S. 833 ff., 840 m.w.N., auch zur wettbewerbsrechtlichen Unzulässigkeit einschlägiger Vertragsanbahnungsmethoden), enthielt § 2 II, III FernAG vertragsrelevante Verbraucherinformationen, die gerade für den Vertragsschluß im „flüchtigen" (so *Bülow/Artz*, NJW 2000, S. 2049 ff., 2054) Netz später noch Aufschluß über den Vertragsinhalt und dessen Abwicklung geben konnten. Vgl. dazu die amtliche Begründung, BT-Dr. 14/2658, S. 38 f.; *Palandt*, 60. Aufl., *Heinrichs* zu § 2 FernAG, Rn. 3 ff., 13 m.w.N. Nach *Bülow/Artz*, NJW 2000, S. 2049 ff., 2054, kann der Unternehmer seinen Informationspflichten nach § 2 III FernAG schon dadurch nachkommen, daß er die nötigen Informationen der Ware beifügt. Eine Sanktion für die Nichteinhaltung der Informationspflichten (nach dem früheren § 2 I FernAG) ist der früher in § 22 AGBG geregelte „Unterlassungsanspruch bei verbrauchergesetzwidrigen Praktiken". Siehe zu dieser Umsetzung des Art. 11 II FARL z.B. *Palandt*, 60. Aufl., *Heinrichs* zu § 22 AGBG, Rn. 1 ff.; *Tonner*, BB 2000, S. 1413 ff., 1419 f.; *Bülow/Artz*, NJW 2000, S. 2049 ff., 2056; jeweils m.w.N.

555 Gemäß dem überholten § 2 III 1 FernAG war er auch verpflichtet, dem Verbraucher „alsbald, spätestens bis zur vollständigen Erfüllung des Vertrages, bei Waren spätestens bis zur Lieferung an den Verbraucher" die meisten dieser Informationen nach § 2 II FernAG zukommen zulassen, indem er ihm diese auf einem „dauerhaften Datenträger" iSv. § 361a III BGB (a.F.) zur Verfügung stellt. Dabei mußte der Verbraucher auf bestimmte Informationen in besonderer Weise hingewiesen werden gemäß § 2 III 2 Nr. 1-4 FernAG - so insbesondere auf das Widerrufsrecht nach § 3 FernAG gemäß § 2 III 2 Nr. 1 FernAG. Vgl. nunmehr § 312c I BGB sowie auch § 312e BGB, s.a. *Ring*, in *Dauner-Lieb/Heidel/Lepa/Ring*, Neues Schuldrecht, S. 343 ff., 371 ff.

556 So *S. Lorenz*, JuS 2000, S. 833 ff., 839; *Tonner*, BB 2000, S. 1413 ff., 1417; *Riehm*, Jura 2000, S. 505 ff., 510. Vgl. auch *Härting*, VuR 2001, S. 11 ff., 11.

557 Siehe dazu die Gesetzesbegründung zum FernAG, BT-Dr. 14/2658, S. 42 f.; *Palandt*, 60. Aufl., *Heinrichs* zu § 3 FernAG, Rn. 1; *Härting*, VuR 2001, S. 11 ff., 11; s.a. *Ring*, in *Dauner-Lieb/Heidel/Lepa/Ring*, Neues Schuldrecht, S. 343 ff., 381; *Lütcke*, Fernabsatzrecht, zu § 312d BGB, Rn. 1 ff.

558 Die Ausschlußtatbestände nach dem früheren § 3 II Nr.1-4 FernAG halten sich dabei eng an Art. 6 III FARL. Vgl. dazu die Gesetzesbegründung, BT-Dr. 14/2658, S. 44; *Palandt*, 60. Aufl., *Heinrichs* zu § 3 FernAG, Rn. 7 ff. m.w.N.

312d II BGB wiederum Abgrenzungsprobleme zu anderen Widerrufsrechten aufwerfen.[559] Nach wie vor bestehen aber auch Modifikationen der allgemeinen widerrufsrechtlichen Regelungen:[560] So erfolgt z.B. die Verbindung der Verbraucherschutzinstrumente „Informationspflicht" und „Widerrufsrecht" im Recht des Fernabsatzes dadurch, daß der Lauf der Widerrufsfrist (gemäß dem früheren § 3 I 2 FernAG wie dem heutigen § 312d II BGB - und damit abweichend von § 361a I 3 BGB a.F. bzw. § 355 II 1 BGB -) erst mit der Erfüllung der vertragsbezogenen Informationspflichten, bei Waren erst mit dem Tag des Eingangs beim Empfänger, bei Dienstleistungen nicht vor dem Tag des Vertragsschlusses, beginnt.[561] Die Beweislast für den Zeitpunkt der Widerrufsbelehrung trägt dabei der Unternehmer.[562] Schließlich fanden sich in § 5 I FernAG noch die Unabdingbarkeit der Regelungen zum Nachteil des Verbrauchers und § 5 II FernAG ein Umgehungsverbot[563]; beide Schutzvorschriften sind nunmehr in § 312f BGB zusammengefaßt.[564]

d) Angleichung der verbraucherschützenden Widerrufsrechte

Für das bessere Verständnis der mit den §§ 355 ff. BGB weiter vorangetriebenen Vereinheitlichung des Rechts der verbraucherschützenden Widerrufsrechte ist noch ein kurzer Blick auf die mit dem Gesetz über Fernabsatzverträge (und andere Fragen des Verbraucherrechts) vom 27.06.2000 geschaffene Systematik des Zusammenspiels zwischen sonderprivatrechtlichen Regelungen innerhalb und außerhalb des BGB zu werfen, an die der Gesetzgeber der „Schuldrechtsmodernisierung" anknüpfen konnte: Charakteristisch für die (damalige)

---

559 Vgl. noch zum FernAG z.B. *Palandt*, 60. Aufl., *Heinrichs* zu § 3 FernAG, Rn. 7 ff.; *S. Lorenz*, JuS 2000, S. 833 ff., 839 f.; *Tonner*, BB 2000, S. 1413 ff., 1417; jeweils m.w.N.

560 Beispielsweise erlosch früher das Widerrufsrecht gemäß § 3 I 3 FernAG bei Waren spätestens vier Monate nach dem Eingang beim Empfänger, bei Dienstleistungen spätestens vier Monate nach Vertragsschluß oder im Fall des § 3 III 1 Nr. 3 FernAG. Vgl. nunmehr § 355 III 1-3 BGB.

561 Daher beginnt der Lauf der zweiwöchigen Widerrufsfrist erst, wenn folgende drei Voraussetzungen erfüllt sind, die ordnungsgemäße Information des Verbrauchers, die Lieferung der Ware und die ordnungsgemäße Widerrufsbelehrung; vgl. dazu *Palandt*, 60. Aufl., *Heinrichs* zu § 3 FernAG, Rn. 2 ff.; s.a. *Ring*, in *Dauner-Lieb/Heidel/Lepa/Ring*, Neues Schuldrecht, S. 343 ff., 371 ff. m.w.N. Siehe aber *S. Lorenz*, JuS 2000, S. 833 ff., 839, der auch auf die Informationspflicht nach § 2 II FernAG (vgl. § 312c I BGB) abstellt. Vgl. zu dem Redaktionsversehen des Gesetzgebers bei der Verweisung in § 3 I 2 auf § 2 IV FernAG z.B. *Palandt*, 60. Aufl., *Heinrichs* zu § 3 FernAG, Rn. 2; *Riehm*, Jura 2000, S. 505 ff., 511 m.w.N.

562 Vgl. die amtliche Begründung, BT-Dr. 14/2658, S. 43. Vgl. dazu auch *Ring*, in *Dauner-Lieb/Heidel/Lepa/Ring*, Neues Schuldrecht, S. 343 ff., 371 m.w.N.

563 Vgl. nur *Palandt*, 60. Aufl., *Heinrichs* zu § 5 FernAG, Rn. 1 f. m.w.N.

564 Bezüglich der Vorgaben der FARL hinsichtlich der Vertragsdurchführung und Leistungsstörungen (vgl. Art. 7 FARL) wurde dagegen angesichts der bestehenden Rechtslage damals kein oder nur eingeschränkter Umsetzungsbedarf angenommen. Siehe dazu die Gesetzesbegründung, BT-Dr. 14/2658, S. 18 ff.; *S. Lorenz*, JuS 2000, S. 833 ff., 840 m.w.N.

Rechtslage ist die „Verzahnung“ von § 361a I BGB (a.F.) als „allgemeines verbraucherschützendes Widerrufsrecht im BGB“ und den jeweiligen Regelungen in den verbraucherschützenden Sondergesetzen durch § 361a BGB (a.F.) als „Blankettnorm“[565]. Die meisten sonderprivatrechtlichen Widerrufsrechte haben somit schon damals auf den einheitlichen Wortlaut des § 361a BGB (a.F.) verwiesen: §§ 3 I 1 FernAG, 1 I HWiG, 7 I, 9 II 1 VerbrKrG, 5 I TzWrG, § 4 I 1 FernUSG.[566] Die Systematik der verbraucherschützenden Widerrufsrechte nach Einführung des § 361a BGB (a.F.) ergab daher - schon vor Schaffung des § 355 BGB - folgendes Bild:[567] Die Frage, ob dem Verbraucher ein Widerrufsrecht zusteht, beantworteten allein die Sondergesetze außerhalb des BGB, während § 361a BGB (a.F.) die allgemeinen Voraussetzungen bezüglich der Ausübung, Frist und der Rechtsfolgen des Widerrufsrechts weitgehend einheitlich festlegte. Da jedoch in den einzelnen Verbraucherschutzgesetzen außerhalb des BGB von § 361a BGB (a.F.) abweichende Regelungen enthalten waren, mußte der „Blick des Gesetzesanwenders“[568] sich zuerst diesen sonderprivatrechtlichen Gesetzen zuwenden, dann § 361a BGB (a.F.) erfassen und schließlich wieder auf die Sondergesetze fallen. Auf die Probleme einer solchen Verweisungssystematik wird noch zurückzukommen sein, jedenfalls entspricht dieses „Verweisungsmodell“ auch grundsätzlich der aktuellen Rechtslage gemäß §§ 355 ff., 312, 312d, 485, 495 BGB.
Weiterhin wurde der persönliche Anwendungsbereich der Verbraucherschutzgesetze vereinheitlicht, indem die Grundbegriffe von Verbraucher und Unternehmer, wie sie bereits vorher in den sonderprivatrechtlichen Verbraucherschutzgesetzen - wenn auch in unterschiedlicher Terminologie - vorhanden waren, in §§ 13, 14 I BGB[569] gesetzesübergreifend geregelt wurden. Dabei wurde an die früheren Definitionen in §§ 24, 24a S.1 AGBG angeknüpft.[570] Diese Tendenz zur Schaffung eines (kleinen) „Allgemeinen Teil des Verbraucherrechts“[571] im BGB wurde (jedenfalls von „Verbraucherrechtlern“) überwiegend positiv beurteilt[572] und speziell die gesetzgeberische Vorgehensweise im Bereich der verbraucherschützenden Widerrufsrechte wurde aus-

565 *Bülow/Artz*, NJW 2000, S. 2049 ff., 2052; *S. Lorenz*, JuS 2000, S. 833 ff., 835; vgl. auch die amtliche Begründung, BT-Dr. 14/2658, S. 42, 46.

566 Vgl. für die entsprechenden Verweisungen auf § 355 BGB unten, Teil B.IV.

567 Siehe nur *Berger*, Jura 2001, S. 289 ff., 289.

568 *Tonner*, BB 2000, S. 1413 ff., 1415.

569 Vgl. z.B. *Tonner*, BB 2000, S. 1413 ff., 1414 f.; krit. insbesondere *Flume*, ZIP 2000, S. 1427 ff., 1427 f.; *Hensen*, ZIP 2000, S. 1151 f., 1151; *Krebs*, DB 2002, S. 517 ff.; jeweils m.w.N.

570 Siehe die amtliche Begründung, BT-Dr. 14/2658, S. 30.

571 *Berger*, Jura 2001, S. 289 ff., 289; Siehe auch *Riehm*, Jura 2000, S. 505 ff., 505 („Allgemeiner Teil des Verbraucherschutzrechts“); *Tonner*, BB 2000, S. 1413 ff., 1414 („Allgemeines Verbraucherrecht im BGB“).

572 Siehe z.B. *Berger*, Jura 2001, S. 289 ff., 289; *Riehm*, Jura 2000, S. 505 ff., 505; *Tonner*, BB 2000, S. 1413 ff., 1414, 1420; *S. Lorenz*, JuS 2000, S. 833 ff., 843.

drücklich begrüßt.[573] Jedoch kam der Umsetzungsgesetzgeber insbesondere wegen der vielfältigen und unterschiedlichen Vorgaben des europäischen Rechts schon damals ohne Sonderregelungen für die einzelnen Widerrufsrechte nicht aus.[574] Dies erschwerte - zumindest in der Vergangenheit - nicht nur die Rechtsanwendung, sondern auch die Bildung eines einheitliches Systems[575] der verbraucherschützenden Widerrufsrechte. Insbesondere die Vorschriften über den Fristbeginn[576] und die Form der Widerrufsbelehrung[577] wurden in einigen dieser Sondergesetze aufgrund des besonderen Vertragsgegenstandes oder der Vertragsschlußtechnik abweichend von § 361a BGB (a.F.) geregelt. Auch das Erlöschen des Widerrufsrechts und die Rechtsfolgen des Widerrufs[578] waren damit auch nach der Einführung des § 361a BGB (a.F.) noch unterschiedlich geregelt. Diese uneinheitliche und damit oft verwirrende Rechtslage wurde im

---

573 Vgl. z.B. *Palandt*, 60. Aufl., *Heinrichs* zu § 361a BGB, Rn. 3; *S. Lorenz*, JuS 2000, S. 833 ff., 843; *Kamanabrou*, WM 2000, S. 1417 ff., 1426; *W.-H. Roth*, JZ 2001, S. 475 ff., 490, FN. 176; kritisch aber insbesondere *Mankowski*, WM 2001, S. 793 ff., 833 ff.; jeweils m.w.N.

574 Siehe z.B. noch die §§ 3 FernAG, 7 II VerbrKrG, 2 HWiG, 5 II, III TzWrG, 4 I, III FernUSG. Vgl. auch *Palandt*, 60. Aufl., *Heinrichs* zu § 361a BGB, Rn. 3 m.w.N.; vgl. zu §§ 355 ff. BGB unten, Teil B.IV.

575 Vgl. auch *Tonner*, BB 2000, S. 1413 ff., 1414 („Systematisierung durch den Gesetzgeber“).

576 Für das FernAG bestimmte § 3 I 2 FernAG, daß die Widerrufsfrist nicht vor der Erfüllung der Informationspflichten nach § 2 III, IV FernAG und bei Waren und Dienstleistungen nicht vor den in § 3 I 2 FernAG genannten Zeitpunkten beginnt. Abweichend vom früheren § 361a I 3 BGB (a.F.) war (und ist) z.B. auch der Fristlauf im FernUSG geregelt, da gemäß § 4 I 2 FernUSG die Widerrufsfrist nicht vor der ersten Lieferung des Lehrmaterials beginnt. Ziel und Intention der beiden Ausnahmen ist es, dem Verbraucher die Möglichkeit zu erhalten, die Ordnungsmäßigkeit und Eignung der Ware bzw. des Fernunterrichtslehrmaterials zu überprüfen und seine Entscheidung noch rückgängig machen zu können. Dies gilt auch heute noch, vgl. Teil B.IV. Siehe noch zum FernAG die amtliche Begründung, BT-Dr. 14/2658, S. 43, S. 56 f. (auch zu den früheren Regelungen des FernUSG); sowie z.B. *S. Lorenz*, JuS 2000, S. 833 ff., 836, 837 (FN. 37); *Palandt*, 60. Aufl., *Heinrichs* zu § 361a BGB, Rn. 3; *Berger*, Jura 2001, S. 289 ff., 289; *Bülow/Artz*, NJW 2000, S. 2049 ff., 2052.

577 Während nach dem früheren § 7 II VerbrKrG das Widerrufsrecht auch bei fehlender oder nicht ordnungsgemäßer Belehrung nach beiderseits vollständiger Erbringung der Leistung, spätestens aber ein Jahr nach Abgabe der auf den Abschluß des Kreditvertrags gerichteten Willenserklärung des Verbrauchers erlosch, galt für das HWiG weiterhin die Ausschlußfrist des § 2 I 4 HWiG, wonach das Widerrufsrecht erst einen Monat nach beiderseits vollständiger Leistungserbringung erlosch. Bei fehlender oder fehlerhafter Belehrung begann die Widerrufsfrist im TzWrG erst drei Monate nach Aushändigung einer Vertragsurkunde oder deren Abschrift zu laufen - vgl. § 5 II 2 TzWrG. Vgl. nunmehr § 485 III, IV BGB.

578 Insbesondere hinsichtlich der Frage, welche Nutzungen (§ 361a II 6 BGB a.F.) der Verbraucher zu erstatten hatte. So waren abweichend von § 361a II 6 BGB (a.F.) Sonderbestimmungen für Fernunterrichtsverträge in § 4 III FernUSG und für den Erwerb von Teilzeit-Wohnrechten gemäß § 5 V 1 TzWrG vorgesehen (siehe nur *Bülow/Artz*, NJW 2000, S. 2049 ff., 2052); vgl. zum neuen Rechtszustand grundsätzlich Teil B.IV.1.

Rahmen der „Schuldrechtsmodernisierung“ aber nur zum Teil korrigiert[579], so daß die Grundzüge des damaligen (höchstens bruchstückhaft geschaffenen) widerrufsrechtlichen „Regelungssystems“ auch heute noch vorhanden sind. Anzumerken ist dazu noch, daß die skizzierten Neuregelungen durch das „Gesetz über Fernabsatzverträge und andere Fragen des Verbraucherrechts“ vom 27.6.2000 teilweise begrüßt[580], und teilweise mit mehr[581] oder weniger[582] umfangreichen Kritikpunkten abgelehnt[583] wurden. Eine breitere Diskussion, insbesondere zu der Wirkungsweise des ersten „allgemeinen“ verbraucherschützenden Widerrufsrechts fand jedoch nicht statt.[584]

2. Die fragliche Maßgeblichkeit des „Modells der schwebenden Wirksamkeit“ für die Wirkungsweise von § 361a BGB (a.F.)

Angesichts einer fehlenden legislatorischen Auseinandersetzung mit dem „vertragsbezogenen“ dogmatischen Modell der „schwebenden Wirksamkeit“ im Rahmen des mit der „Schuldrechtsmodernisierung“ geschaffenen § 355 BGB[585] ist es erforderlich, zunächst auf diejenige Diskussion um die widerrufsrechtliche

---

579 Vgl. z.B. die Ausnahmen von dem Beginn der Widerrufsfrist gemäß § 355 II 1 BGB in § 312d Abs. 2 BGB für den Fernabsatzvertrag, in § 312e Abs. 3 S. 2 BGB für den „Vertrag im elektronischen Geschäftsverkehr“ sowie in § 485 Abs. 3 und Abs. 4 BGB für den Teilzeit-Wohnrechtevertrag. Ebenfalls abweichend von § 355 Abs. 2 S. 1 BGB beginnt die Widerrufsfrist beim Fernunterrichtsvertrag nicht vor dem Zugang der ersten Lieferung des Fernunterrichtsmaterials zu laufen - vgl. § 4 Abs. 1 S. 2 FernUSG. Siehe zu den Problemen der (mittlerweile modifizierten) Erlöschensregelung gemäß § 355 III BGB, die als „erste der neuen Schuldrechtsmodernisierungsvorschriften“ nicht „allgemein angewendet werden darf“ (so *Krebs*, DB 2002, S. 517 ff., 519, FN. 36) nur *N. Fischer*, DB 2002, S. 727 ff. m.w.N. Vgl. zu den widerrufsrechtlichen Neuregelungen des OLG-Vertretungsänderungsgesetzes v. 23.07.2002, BGBl. 2002 I S. 2850, 2856 ff., m.w.N. z.B. *N. Fischer*, DB 2002, S. 1643 ff.; *N. Fischer*, ZAP 16/2002, S. 917 ff. (Fach 2, S. 361 ff.), sowie unten, Teil B.IV.

580 Vgl. z.B. *Palandt*, 60. Aufl., *Heinrichs* zu § 361a BGB, Rn. 3; *S. Lorenz*, JuS 2000, S. 833 ff., 835, 843; *Berger*, Jura 2001, S. 289 ff., 293; *Härting/Schirmbacher*, MDR 2000, S. 917 ff., 922; im Detail kritisierend wie grundsätzlich zustimmend z.B. *Tonner*, BB 2000, S. 1413 ff., 1420; ebenfalls differenzierend *Kamanabrou*, WM 2000, S. 1417 ff., 1426.

581 Siehe insbesondere *Flume*, ZIP 2000, S. 1427 ff., 1430 („Unfähigkeit des deutschen Gesetzgebers zu einer dem BGB adäquaten Gesetzgebung“).

582 Vgl. z.B. *Hensen*, ZIP 2000, S. 1151 f. („Man könnte heulen“). Angesichts dieser Kritik spricht *Zimmermann*, in *Ernst/Zimmermann* (Hg.): Zivilrechtswissenschaft und Schuldrechtsreform, S. 1 ff., 18 f., davon, daß u.a. das Umsetzungsgesetz „in der wissenschaftlichen Kritik kein günstiges Echo gefunden“ hat.

583 Siehe auch *Gaertner/Gierschmann*, DB 2000, S. 1601 ff., 1601, die auf die Kritik zum RefE verweisen, z.B. auf *Härting*, CR 1999, S. 507 ff.; *Waldenberger*, K&R 1999, S. 345 ff.

584 So *Tonner*, BB 2000, S. 1413 ff., 1413 m.w.N. Eine kritische Betrachtung der Wirkungsweise und Folgen des § 361a BGB (a.F.) findet sich aber bei *Mankowski*, WM 2001, S. 793 ff.; 833 ff.

585 Vgl. hier nur die amtliche Begründung, BT-Dr. 14/6040, S. 200; sowie Teil B.IV.

Wirkungsweise einzugehen, die mit der Einführung von § 361a BGB (a.F.) eingesetzt und damit auch den bis dahin bestehenden Streit um die Wirkungsweise der diversen verbraucherschützenden Widerrufsrechte[586] abgelöst bzw. ersetzt hat. Allein vor dem Hintergrund der (nicht sehr ausgeprägten) Kontroverse um die Wirkungsweise von § 361a BGB (a.F.), die von dem Modell der „schwebenden Vertragswirksamkeit" beherrscht wurde, ist nämlich auch die bisher spärliche Auseinandersetzung mit der Wirkungsweise von § 355 BGB zu erklären:
Ebenso uneinheitlich wie das Gesetz vom 27.06.2000 wurde auch die Wirkungsweise des ersten „allgemeinen" verbraucherschützenden Widerrufsrechts gemäß § 361a I 1 BGB (a.F.) beurteilt. Eine Vereinheitlichung und Vereinfachung hatte zwar insoweit stattgefunden, daß mit der Verweisung auf § 361a I 1 BGB (a.F.) für alle (der damals neugeregelten) verbraucherschützenden Widerrufsrechte erstmals ein- und derselbe Wortlaut maßgebend war. Damit wurde die frühere Kontroverse um die widerrufsrechtliche Wirkungsweise jedoch nicht etwa beendet, sondern nur in andere - aus der Diskussion schon bekannte - Bahnen gelenkt. Ausgangspunkt der (fortgesetzten) Kontroverse ist die dogmatische Konstruktion des Widerrufsrechts nach § 361a I 1 BGB (a.F.) als angebliche „Neukonzeption" des verbraucherschützenden Widerrufsrechts: Nach der amtlichen Begründung zu § 361a BGB (a.F.) soll das „Modell der schwebenden Wirksamkeit" - im Gegensatz zu dem früher überwiegend favorisierten „Modell der schwebenden Vertragsunwirksamkeit"[587] - die Wirkungsweise dieses Widerrufsrechts charakterisieren:[588] Da mit dem „Widerruf" in Art. 6 Fernabsatzrichtlinie keine eindeutige konstruktive Vorgabe verbunden sei, hielt es der Umsetzungsgesetzgeber für notwendig, diesen Begriff im Rahmen der Umsetzung „auszuformen"[589], zumal er sich aufgrund der europarechtlichen Vorgaben[590] nicht „festgelegt" sah.[591] Ausgehend davon, daß der „Widerruf" im deutschen Recht „keinen eindeutigen konstruktiven Sachverhalt" beschreibt, unter Berufung auf die Untersuchung von *Gernhuber*[592] und angesichts des uneinheitlichen Sprachgebrauchs der Verbraucherschutzgesetze unterschied der (damalige) Gesetzgeber ausweislich der amtlichen Begründung zu § 361a BGB (a.F.) bei den verbraucherschützenden Widerrufsrechten nur die Modelle der „schwebenden Unwirksamkeit" und der „schwebenden Wirksamkeit" als

586 Siehe oben, Teil B.II.

587 Dieses dogmatisch-konstruktive „Modell" entsprach nicht nur der (damaligen) Tendenz des Gesetzgebers, wie der Wortlaut der Widerrufsrechte gemäß §§ 1 I HWiG, 7 I VerbrKrG, 5 I TzWrG zeigt, sondern auch der überwiegenden Meinung in Privatrechtswissenschaft und in der Rechtsprechung der Zivilgerichte, vgl. oben, Teil B.I.1., 2., II.

588 Vgl. amtliche Begründung, BT-Dr. 14/2658, S. 47 (zu § 361a I BGB), 41 ff. (zu § 3 I FernAG).

589 So die amtliche Begründung, BT-Dr. 14/2658, S. 41.

590 Siehe dazu näher *Fuchs*, ZIP 2000, S. 1273 ff., 1280 f. m.w.N.

591 Vgl. BT-Dr. 14/2658, S. 42.

592 WM 1998, S. 1797 ff.

dogmatische Konstruktionsvarianten.[593] Anknüpfend an die herkömmlichen - und jeweils „vertragsbezogenen“ - Modelle der „schwebenden Wirksamkeit“ und der „schwebenden Unwirksamkeit“ beabsichtigte der damalige Gesetzgeber - mit Blick auf die „ohnehin im wesentlichen gleichen Rechtsfolgen“[594] - ursprünglich, das (geplante) Widerrufsrecht für Fernabsatzverträge an die vorhandenen Regelungsmuster anzupassen, indem er noch in § 3 FernAG-RefE den Wortlaut der Widerrufsrechte gemäß §§ 1 I HWiG, 7 I VerbrKrG, 5 I TzWrG übernehmen wollte.[595] Dieses Vorgehen zog aber konsequenterweise Kritik nach sich, da das Regelungsziel von Art. 6 Fernabsatzrichtlinie durch die dogmatische Konstruktion der „schwebenden Unwirksamkeit“, so wie sie von der bisher überwiegenden Auffassung zu §§ 1 I HWiG, 7 I VerbrKrG, 5 I TzWrG vertreten wurde, nicht hätte erreicht werden können, da aufgrund der „fehlenden Vertragswirksamkeit“ auch ein Erfüllungsanspruch des Verbrauchers nicht bestanden hätte.[596] Diese Kritik hatte angesichts drohender Verfehlung der Richtlinienumsetzung bezüglich Art. 6, 7 Fernabsatzrichtlinie die erhoffte „späte Einsicht des Gesetzgebers“[597] zur Folge mit der Konsequenz, daß § 361a I 1 BGB (a.F.) und mit ihm alle damals neugeregelten verbraucherschützenden Widerrufsrechte dem (ursprünglichen) Wortlaut von § 4 I 1 FernUSG (a.F.) nachgebildet wurden, so daß damit erstmals ein - jedenfalls im Wortlaut - „einheitliches“ verbraucherschützendes Widerrufsrecht vorlag.[598]
Bereits der damaligen Einschätzung des Gesetzgebers, an der auch noch nach der „Schuldrechtsmodernisierung“ festgehalten wird[599], daß dadurch „die Konstruktion der schwebenden Wirksamkeit für alle Verbraucherschutzgesetze eingeführt“[600] worden ist, wurde in der Privatrechtswissenschaft jedoch schon nicht mehr einhellig gefolgt: Zwar wurde das „Modell der schwebenden Wirksamkeit“ bei § 361a I 1 BGB (a.F.) schon aufgrund der Orientierung am ursprünglichen Wortlaut von § 4 I 1 FernUSG zum Teil angenommen[601], aber auch teil-

---

593 Vgl. die amtliche Begründung, BT-Dr. 14/2658, S. 41.

594 So die amtliche Begründung, BT-Dr. 14/2658, S. 41.

595 Siehe noch den Referentenentwurf vom 31.05.1999 (BMJ-Referat I B 2 3420/12-41) mit Ergänzungen vom 23.07.1999; vgl. auch die amtliche Begründung, BT-Dr. 14/2658, S. 42; sowie m.w.N. *S. Lorenz*, JuS 2000, S. 833 ff., 835 f.; *Ring*, in *Dauner-Lieb/Heidel/Lepa/Ring*, Neues Schuldrecht, S. 343 ff., 382 f.; unklar dagegen *Dauner-Lieb/Heidel/Lepa/Ring* (Hg.): Anwaltkommentar Schuldrecht, *Ring* zu § 355 BGB, Rn. 11.

596 Siehe insbesondere *Bülow*, ZIP 1999, S. 1293 ff., 1294 f. Vgl. für die sonstige Kritik zum Referentenentwurf z.B. *Micklitz/Reich*, BB 1999, S. 2093 ff.; *Artz*, VuR 1999, S. 393 ff.; *Härting*, CR 1999, S. 507 ff.; *Waldenberger*, K&R 1999, S. 345 ff.; jeweils m.w.N.

597 *Bülow*, ZIP 1999, S. 1293 ff., 1296.

598 Die amtliche Begründung, BT-Dr. 14/2658, S. 42, begründet diese Änderung allein mit dem Argument der Rechtsvereinheitlichung.

599 Vgl. nur die Begründung des „Schuldrechtsmodernisierungsgesetzes“, BT-Dr. 14/6040, S. 200.

600 Amtliche Begründung, BT-Dr. 14/2658, S. 47.

601 Eine diesbezüglich eindeutig herrschende Meinung hatte sich bis zur Schaffung des § 355 BGB noch nicht herausgebildet (vgl. aber *Brüggemeier/Reich*, BB 2001, S. 213 ff.,

weise mit der Begründung abgelehnt, bei dem Widerrufsrecht handele es sich nur um ein „besonders ausgestaltetes gesetzliches Rücktrittsrecht“[602], wobei auf die - dem heutigen § 357 I 1 BGB entsprechende - Verweisung in dem früheren § 361a II 1 BGB (a.F.) auf das Rücktrittsrecht und die konkreten Rechtsfolgen des ausgeübten Widerrufs abgestellt wurde. Darüber hinaus wurde die Konstruktion der „schwebenden Wirksamkeit“ zugleich mit bzw. neben der Annahme eines „besonderen Rücktrittsrechts“ vertreten.[603] Nach dieser Auffassung „gilt also das Konzept der schwebenden Wirksamkeit“, in Anbetracht der Rechtsfolgen soll der Widerruf aber „nichts anderes als ein in Voraussetzungen und Folgen besonders ausgestaltetes gesetzliches Rücktrittsrecht“[604] sein. In der Literatur zu § 361a BGB (a.F.) war dabei insbesondere die Kategorie der „schwebenden Wirksamkeit“ als Erklärung der Wirkungsweise des § 361a I BGB (a.F.) umstritten: Während einerseits aufgrund der Anlehnung an den ursprünglichen Wortlaut von § 4 I 1 FernUSG betont wurde, daß die „Bindung an den Vertrag“ erst ende, wenn der Widerruf erklärt wird, so daß bis zum Widerruf somit ein wirksamer Vertrag und folglich auch ein vertraglicher Erfüllungsanspruch des Verbrauchers bestehe,[605] wurde andererseits im Hinblick auf Voraussetzungen und Rechtsfolgen des Widerrufsrechts gemäß § 361a BGB (a.F.)

218, FN. 69: „schwebende Wirksamkeit“ als h.M.). Siehe für die Vertreter der „schwebenden Wirksamkeit“ - regelmäßig unter Berufung auf die amtliche Begründung, BT-Dr. 14/2658, S. 41 ff., 47 - *Berger*, Jura 2001, S. 289 ff., 291 f.; *Tonner*, BB 2000, S. 1413 ff., 1415; *Schmidt-Räntsch*, VuR 2000, S. 427 ff., 431; *Gaertner/Gierschmann*, DB 2000, S. 1601 ff., 1604 (mit widersprüchlichem Verweis auf §§ 1 I HWiG, 7 I VerbKrG); *Riehm*, Jura 2000, S. 505 ff., 506; *Kamanabrou*, WM 2000, S. 1417 ff., 1418; jeweils m.w.N. Zum RefE *Bülow*, ZIP 1999, S. 1293 ff., 1295. Offen z.B. *Flume*, ZIP 2000, S. 1427 ff., 1429.

602 *Palandt*, 60. Aufl., *Heinrichs* zu § 361a BGB, Rn. 2, 28 (insoweit widersprüchlich, als in Rn. 8 von einem „Schwebezustand“ die Rede ist); vor § 104 BGB, Rn. 32a; zu § 3 FernAG, Rn. 1; vgl. auch *Palandt*, 60. Aufl., *Putzo* zu § 7 VerbrKrG, Rn. 7; *Putzo* zu § 5 TzWrG, Rn. 2; *Bülow*, WM 20010, S. 2361 ff., 2361 f.; *Fuchs*, ZIP 2000, S. 1273 ff., 1281 f. („Widerrufsrecht als modifiziertes gesetzliches Rücktrittsrecht“); s.a. *Härting/ Schirmbacher*, MDR 2000, S. 917 ff., 922 („Anlehnung der dem Verbraucher gegebenen Widerrufsrechte an das Rücktrittsrecht des BGB“). Vgl. noch zur FARL und zum RefE des FernAG *Heinrichs*, FS *Medicus*, S. 177 ff., 191 f.; *Micklitz/Reich*, BB 1999, S. 2093 ff., 2094; *Artz*, VuR 1999, S. 393 ff., 395; *Waldenberger*, K&R 1999, S. 345 ff., 348 ff., 350 („befristetes Rücktrittsrecht des Verbrauchers von einem wirksamen Vertrag“).

603 Siehe *Bülow/Artz*, NJW 2000, S. 2049 ff., 2052 f.; *S. Lorenz*, JuS 2000, S. 833 ff., 835 f., 838.

604 *Bülow/Artz*, NJW 2000, S. 2049 ff., 2052. Vgl. auch *Bülow*, WM 20010, S. 2361 ff., 2361 f. Siehe dazu die Kritik von *Härting*, VuR 2001, S. 11 ff., 11, der sich fragt, warum „die Rechtsfolgen des Widerrufsrechts nicht an das Rücktrittsrecht angepasst worden sind“.

605 Vgl. auch die Kritik am RefE von *Bülow*, ZIP 1999, S. 1293 ff., 1295. Siehe auch für die „schwebende Wirksamkeit“ bei §§ 361a BGB (a.F.), 355 BGB *von Koppenfels*, WM 2001, S. 1360 ff., 1361 f. - entgegen *Kroppenberg*, WM 2001, S. 844 ff., 845 (zu § 361a BGB a.F.).

für die „schwebende Wirksamkeit“ als „neue dogmatische Kategorie“ „kaum ein Bedürfnis gesehen“[606]. Auch war „unklar“, „was mit dieser dogmatischen Konstruktion in concreto ausgesagt werden soll“[607]. Dabei wurde zwar übersehen, daß das „Modell der schwebenden Wirksamkeit“ keine „neue“ Konstruktion ist[608], da sie bereits aus der Diskussion um die Wirkungsweise der verbraucherschützenden Widerrufsrechte bekannt ist und früher speziell bei den Widerrufsrechten nach §§ 11 I AuslInvmG, 23 I KAGG und dem (ursprünglichen) § 4 I FernUSG vertreten wurde.[609] Weiterhin bezog sich die Kritik darauf, daß nach der - „alten“ wie „neuen“ - Konzeption des Widerrufsrechts (nach § 361a I 1 BGB a.F. sowie gemäß § 355 BGB) dem Verbraucher schon vor Ablauf der Widerrufsfrist ein Erfüllungsanspruch gegen den Unternehmer zustehe, so daß sich die Rechtslage „insoweit nicht von der Situation bei einem anfechtbaren oder mit einem (gesetzlichen oder vertraglichen) Rücktritts- oder Wandlungsrecht belasteten Vertrag“[610] unterscheide: In allen diesen Fällen soll der Vertrag nämlich vor der Ausübung des jeweiligen Gestaltungsrechts voll und nicht nur „schwebend“ wirksam sein, allein bei der Beseitigung der Rechtswirkungen des Vertrags durch die Ausübung des Gestaltungsrechts wurde (und wird) zwischen ex nunc- und ex tunc-Wirkung unterschieden.[611] Dagegen wurde bereits damals eingewendet, daß jeder unter Rücktrittsvorbehalt stehende Vertrag insoweit nur „schwebend wirksame Bindung“ bezüglich der vertraglich vereinbarten Leistungspflichten erzeuge, da diese Leistungspflichten durch die Rücktrittserklärung erlöschen.[612] Auch unterscheide sich das „Modell

---

606 *Palandt*, 60. Aufl., *Heinrichs* zu § 361a BGB, Rn. 2, 28; vor § 104 BGB, Rn. 32a. Vgl. auch *Härting*, VuR 2001, S. 11 ff., 11, der es für „wenig hilfreich“ hält, die Willenserklärung vor dem Ablauf der Widerrufsfrist als „schwebend wirksam“ zu bezeichnen.

607 *Fuchs*, ZIP 2000, S. 1273 ff., 1282. Nach *Fuchs*, a.a.O., ist eine „eigenständige dogmatische Kategorie der schwebenden Wirksamkeit“ der Zivilrechtswissenschaft unbekannt, wenngleich er einräumt, daß der Begriff in der Kontroverse um die verbraucherschützenden Widerrufsrechte verwendet worden ist, wenn auch mit unterschiedlichen Inhalten.

608 So aber *Härting*, VuR 2001, S. 11 ff., 11, der davon ausgeht, daß durch § 361a BGB (a.F.) „die neue Kategorie des Fortfalls der Bindung einer Willenserklärung in das BGB“ eingeführt worden ist. Siehe zu der „schwebenden Unwirksamkeit“ z.B. *Larenz/Wolf*, AT, S. 730., 837.

609 Siehe oben, Teil B.II.1.a), b).

610 *Fuchs*, ZIP 2000, S. 1273 ff., 1282.

611 Vgl. *Fuchs*, ZIP 2000, S. 1273 ff., 1282, der weitergehend die Annahme einer „schwebenden Wirksamkeit“ nur dann für sinnvoll hält, wenn man mit ihr „eine personell gespaltene Wirksamkeit“ verbindet, wie sie im Rahmen der Lehre von der „relativ schwebenden Teilunwirksamkeit“ von *M. Wolf*, Korea Law Review, Vol. 32 (1996), S. 621 ff., 623; *Larenz/Wolf*, AT, S. 729 f., 836 f.; *Pudor*, Wirkungsweise, insbesondere S. 36 f., vertreten wird. Nach *Fuchs*, a.a.O., sprechen dafür aber weder die Gesetzesbegründung zu § 361a BGB (a.F.) noch „ein unabweisbares Bedürfnis zu einer solchen Ausgestaltung des Verbraucherschutzes“.

der schwebenden Wirksamkeit" dadurch von einer Rücktrittslage, daß der Rücktritt den Vertrag nicht beseitige, sondern „ihn mit neuem Inhalt, nämlich auf Rückabwicklung gerichtet, fortbestehen läßt, während durch den Widerruf die Bindung an den Vertrag endet"[613].
Insgesamt betrachtet schien sich der Streit um die Wirkungsweise des ersten „allgemeinen" verbraucherschützenden Widerrufsrechts (gemäß § 361a BGB a.F.) somit nicht mehr wie früher im wesentlichen um die Modelle „schwebende Wirksamkeit" und „schwebende Unwirksamkeit"[614] zu drehen. Angesichts der gesetzgeberischen Entscheidung, das gesetzestechnische Vorbild des ursprünglichen § 4 I 1 FernUSG für (fast) alle verbraucherschützenden Widerrufsrechte zu verwenden, wurde seit der Einführung des § 361a BGB (a.F.) versucht, die Wirkungsweise des „allgemeinen" verbraucherschützenden Widerrufsrechts mehr von seinen Rechtsfolgen und dem kodifikatorischen Standort der Norm aus zu erklären.[615] Diese Tendenz ist im wesentlichen unverändert auch bei § 355 BGB festzustellen.[616] Darauf, daß dieser Streit mehr theoretischer als praktischer Natur als die ursprüngliche Kontroverse um die Wirkungsweise verbraucherschützender Widerrufsrechte ist, deutet auch hin, daß (sowohl bei § 361a BGB a.F. als auch bei § 355 BGB) Einigkeit in der Frage zu bestehen scheint, ob es sich bei dem „allgemeinen" verbraucherschützenden Widerrufsrecht um ein Gestaltungsrecht handelt: Entgegen der früheren Kontroverse[617] (wurde und) wird das Widerrufsrecht bislang unwidersprochen als

---

612 Siehe *Bülow/Artz*, NJW 2000, S. 2049 ff., 2052. Vgl. auch *Bülow*, WM 20010, S. 2361 ff., 2362, wonach der „Begriff der schwebenden Wirksamkeit exakt die Rücktrittslage" beschreiben soll. Siehe auch *von Koppenfels*, WM 2001, S. 1360 ff., 1365, 1369.

613 *Bülow/Artz*, NJW 2000, S. 2049 ff., 2052.

614 Eine Ausnahme stellt insoweit *Mankowski*, WM 2001, S. 793 ff.; 833 ff., dar, der nur für Fernabsatzgeschäfte und Fernunterrichtsverträge die „schwebende Wirksamkeit" beibehalten, ansonsten wieder zur „schwebenden Unwirksamkeit" zurückkehren will. Die „schwebende Unwirksamkeit" fand sich (bisher) interessanterweise auch in einem anderen Zusammenhang wieder, nämlich bei dem früheren Widerrufsrecht nach § 7 I VerbrKrG, wenn zu dem Ausschlußtatbestand des § 7 III VerbrKrG in Fortsetzung der Problematik der bisherigen Rechtslage umstritten war (vgl. dazu nur MK-BGB, 3. Aufl., *Ulmer* zu § 7 VerbrKrG, Rn. 58), ob der Widerruf bei Nichtrückzahlung des Darlehens (fiktiv) nicht erfolgt oder unwirksam ist, so daß der Widerruf bis zur Rückzahlung also „schwebend unwirksam" (ähnlich §§ 158 I, 177 I BGB) sein soll - vgl. *Palandt*, 60. Auflage, *Putzo* zu § 7 VerbrKrG, Rn. 18.

615 In dieses Bild paßt die Äußerung von *S. Lorenz*, JuS 2000, S. 833 ff., 835 f., daß „die Abkehr von der Konstruktion der schwebenden Unwirksamkeit" (...) „in jeder Hinsicht zu begrüßen" ist. Vgl. zum Problem des Regelungszusammenhangs auch *Härting*, VuR 2001, S. 11 ff., 11.

616 Siehe z.B. *Dauner-Lieb/Heidel/Lepa/Ring* (Hg.): Anwaltkommentar Schuldrecht, *Ring* zu § 355 BGB, Rn. 12, 15; *Ring*, in *Dauner-Lieb/Heidel/Lepa/Ring*, Neues Schuldrecht, S. 343 ff., 383, 403 f.; krit. dazu schon *N. Fischer*, DB 2002, S. 253 ff., 256 f.; jeweils m.w.N.

617 Vgl. oben, Teil B.II.1.

Gestaltungsrecht eingeordnet[618]; dieses „ist seinem Inhalt nach die Rechtsmacht, einen zunächst wirksamen Vertrag durch Widerruf der Willenserklärung des Verbrauchers in ein Abwicklungsverhältnis umzugestalten".[619] Obwohl das Gesetz und seine Begründung[620] - damals wie heute - keine explizite Aussage darüber treffen, ob der Widerruf ex nunc oder ex tunc wirkt, wurde bisher (bei § 361a BGB a.F.) (fast) einhellig eine bloße ex nunc-Wirkung des ausgeübten Widerrufsrechts angenommen, wobei zur Begründung sowohl auf die - von dem ursprünglichen Wortlaut von § 4 I 1 FernUSG und aus den Widerrufsrechten gemäß §§ 11 I AuslInvmG, 23 I KAGG - bekannte Formulierung („nicht mehr gebunden") als auch auf die Regelung der Rechtsfolgen des Widerrufs in § 361a II BGB (a.F.) und dort speziell auf § 361a II 1 BGB (a.F.), der auf das Rücktrittsrecht verweist (vgl. nunmehr § 357 I 1 BGB), abgestellt wurde.[621]
Bei allen Unterschieden und Übereinstimmungen in der („vertragsbezogenen") Kontroverse um die Wirkungsweise des ersten „allgemeinen" verbraucherschützenden Widerrufsrechts ist entscheidend und besonders relevant für das - noch näher zu beleuchtende - „vertragsbezogene" Verständnis auch der Wirkungsweise von § 355 BGB, daß - wie schon in der ursprünglichen Diskussion vor Einführung des § 361a BGB (a.F.) - zwei wesentliche Vereinfachungen und damit Verkürzungen der Problematik vorgenommen werden, zum einen die Annahme der „Vertragsbezogenheit" des Widerrufsrechts und zum anderen die Einordnung des ausgeübten Widerrufsrechts als (Un-) Wirksamkeitsvoraussetzung des „Verbrauchervertrags" (bzw. der „vertragsgerichteten" Willenserklärung des Verbrauchers). Diese „Vertragswirksamkeitsbezogenheit" der

618 Siehe zu § 361a BGB (a.F.) z.B. *Palandt*, 60. Aufl., *Heinrichs* zu § 361a BGB, Rn. 7, 28; *Heinrichs* vor § 104 BGB, Rn. 32a; *Heinrichs* zu § 3 FernAG, Rn. 1; *Putzo* zu § 7 VerbrKrG, Rn. 7; *Putzo* zu § 5 TzWrG, Rn. 2; *Riehm*, Jura 2000, S. 505 ff., 506 f. Ferner gehen konsequenterweise auch diejenigen, die das Widerrufsrecht für ein „besonderes gesetzliches Rücktrittsrecht" halten, von einem Gestaltungsrecht aus, vgl. z.B. *Fuchs*, ZIP 2000, S. 1273 ff., 1283 f. Vgl. zu § 355 BGB m.w.N. *Dauner-Lieb/Heidel/Lepa/Ring* (Hg.): Anwaltkommentar Schuldrecht, *Ring* zu § 355 BGB, Rn. 2, 12; *Ring*, in *Dauner-Lieb/Heidel/Lepa/Ring*, Neues Schuldrecht, S. 343 ff., 401, 403 f.; *Palandt*, (Ergänzungsband) 61. Aufl., *Heinrichs* zu § 355 BGB, Rn. 3.

619 *Palandt*, 60. Aufl., *Heinrichs* zu § 361a BGB, Rn. 7. Siehe auch *Palandt*, (Ergänzungsband) 61. Aufl., *Heinrichs* zu § 355 BGB, Rn. 3, 5.

620 Vgl. die amtliche Begründung zum Gesetz vom 27.06.2000, BT-Dr. 14/2658, S. 41 ff.; vgl. die Gesetzbegründung zur „Schuldrechtsmodernisierung", BT-Dr. 14/6040, S. 200.

621 Siehe zu § 361a BGB (a.F.) z.B. *S. Lorenz*, JuS 2000, S. 833 ff., 835; *Bülow/Artz*, NJW 2000, S. 2049 ff., 2052 f., *Fuchs*, ZIP 2000, S. 1273 ff., 1283; *Riehm*, Jura 2000, S. 505 ff., 506; vgl. auch *von Koppenfels*, WM 2001, S. 1360 ff., 1362, 1364 (zu §§ 361a BGB a.F., 355 BGB); a.A. *Härting*, VuR 2001, S. 11 ff., 11, der von „rückwirkender Beseitigung" des Vertrags ausgeht, und eine Parallele zu der Rechtsfolge des Anfechtungsrechts gemäß § 142 I BGB zieht. Siehe zu dieser Frage auch *Mankowski*, WM 2001, S. 833 ff., 842 f., der sich auch mit den Folgen einer Rückwirkung auseinandersetzt. Vgl. zu § 355 BGB unten, Teil B.IV. und Teil C.V.3.; sowie z.B. *Dauner-Lieb/Heidel/Lepa/Ring* (Hg.): Anwaltkommentar Schuldrecht, *Ring* zu § 355 BGB, Rn. 13; *Ring*, in *Dauner-Lieb/Heidel/Lepa/Ring*, Neues Schuldrecht, S. 343 ff., 403 f.; jeweils m.w.N.

Sichtweise findet sich dann auch explizit wie implizit sowohl bei denjenigen, die das „Modell der schwebenden Vertragswirksamkeit“ favorisieren[622], als auch bei denjenigen, die diese Konstruktion - zumindest sprachlich - vermeiden und stattdessen das Widerrufsrecht als „modifiziertes Rücktrittsrecht“ ansehen[623]. Insoweit ist die Bezugnahme auf „den Vertrag“ aber wiederum konsequent, da sich ein derartiges Gestaltungsrecht gerade dadurch auszeichnet, daß eine „einseitige Einwirkung auf ein Rechtsverhältnis“[624] stattfindet. Unberücksichtigt bleibt dabei allerdings, daß weiterhin noch zwischen den verschiedenen Gestaltungsrechten und ihren unterschiedlichen dogmatischen Anknüpfungspunkten differenziert werden muß.[625] Die zweite Problemverkürzung, die Einordnung des Widerrufs als „Unwirksamkeitsvoraussetzung des Vertrags“, läßt sich ebenfalls an zahlreichen Beispielen[626] belegen. Selbst wenn im Rahmen der Wirkungsweise des Widerrufsrechts sorgfältig zwischen Willenserklärung und Vertrag differenziert wird, findet sich noch die Einordnung des ausgeübten Widerrufs als „negative Wirksamkeitsvoraussetzung“ der widerrufenen Willenserklärung des Verbrauchers:[627] So wurde der Wortlaut des § 361a I 1 BGB (a.F.) beispielsweise dahingehend interpretiert, daß die Willenserklärung des Verbrauchers „wirksam, aber vernichtbar ist“[628]. Ausdrücklich abgelehnt wurde dabei die Parallele zur „Unverbindlichkeit“ (des Wettbewerbsverbots) in § 74a I 1, 2 HGB mit deren Folge, daß die Willenserklärung des Verbrauchers nach seiner Wahl wirksam oder unwirksam sein soll, während der Unternehmer an seine Willenserklärung gebunden ist. Vielmehr wurde angenommen, daß der

---

622 Vgl. *Berger*, Jura 2001, S. 289 ff., 291 f.; *Tonner*, BB 2000, S. 1413 ff., 1415; *Gaertner/Gierschmann*, DB 2000, S. 1601 ff., 1604 (mit widersprüchlichem Verweis auf §§ 1 I HWiG, 7 I VerbrKrG); *Riehm*, Jura 2000, S. 505 ff., 506; *Kamanabrou*, WM 2000, S. 1417 ff., 1418; jeweils m.w.N. Zum RefE schon *Bülow*, ZIP 1999, S. 1293 ff., 1295. Offen z.B. *Flume*, ZIP 2000, S. 1427 ff., 1429.

623 *Palandt*, 60. Aufl., *Heinrichs* zu § 361a BGB, Rn. 2, 28; vor § 104 BGB, Rn. 32a; zu § 3 FernAG, Rn. 1; vgl. auch *Palandt*, 60. Aufl., *Putzo* zu § 7 VerbrKrG, Rn. 7; *Putzo* zu § 5 TzWrG, Rn. 2; *Fuchs*, ZIP 2000, S. 1273 ff., 1281 f.; s.a. *Härting/Schirmbacher*, MDR 2000, S. 917 ff., 922. Vgl. noch zur FARL und zum RefE des FernAG *Heinrichs*, FS *Medicus*, S. 177 ff., 191 f.; *Micklitz/Reich*, BB 1999, S. 2093 ff., 2094; *Artz*, VuR 1999, S. 393 ff., 395; *Waldenberger*, K&R 1999, S. 345 ff., 348 ff., 350 („befristetes Rücktrittsrecht des Verbrauchers von einem wirksamen Vertrag“). Vgl. zu § 355 BGB m.w.N. *Dauner-Lieb/Heidel/Lepa/Ring* (Hg.): Anwaltkommentar Schuldrecht, *Ring* zu § 355 BGB, Rn. 12 ff.; *Ring*, in *Dauner-Lieb/Heidel/Lepa/Ring*, Neues Schuldrecht, S. 343 ff., 382 f., 403 f.; *Palandt*, (Ergänzungsband) 61. Aufl., *Heinrichs* zu § 357 BGB, Rn. 2; krit. dazu *N. Fischer*, DB 2002, S. 253 ff., 256 f.

624 *Medicus*, AT, 2. Aufl., S. 36.

625 Siehe z.B. das Rücktrittsrecht nach §§ 346 ff. BGB einerseits und das Anfechtungsrecht nach §§ 142 I, 119 ff. BGB andererseits. Vgl. zum ganzen nur *Medicus*, AT, 2. Aufl., S. 36 ff. m.w.N.

626 Siehe beispielsweise *Bülow/Artz*, NJW 2000, S. 2049 ff., 2052; *Berger*, Jura 2000, S. 289 ff., 291 f.

627 Vgl. nur *S. Lorenz*, JuS 2000, S. 833 ff., 835 f.

628 *S. Lorenz*, JuS 2000, S. 833 ff., 836.

Widerruf die Willenserklärung des Verbrauchers - „ähnlich wie bei § 142 I" BGB - vernichtet mit der Folge, „dass der vom Verbraucher geschlossene Vertrag unwirksam wird"[629], nur mit dem Unterschied, daß dem Widerruf eine ex nunc-Wirkung beigemessen wird.[630] So verwundert es auch nicht, wenn sich (später) zu der Wirkungsweise von § 355 BGB genau die gleichen Begründungsmuster finden, die trotz ihrer Differenzierung zwischen „Verbrauchervertrag"[631] und „Verbrauchererklärung" im Rahmen der widerrufsrechtlichen Wirkungsweise im wesentlichen noch der „vertragswirksamkeitsbezogenen" Sichtweise verhaftet bleiben.[632] Angesichts dieser Einordnung der widerrufsrechtlichen Wirkungsweise stellt sich die Frage, ob das „allgemeine" verbraucherschützende Widerrufsrecht (sowohl nach § 361a I 1 BGB a.F. als auch gemäß § 355 I 1 BGB) tatsächlich die Willenserklärung des Verbrauchers in ihrer (rechtlichen) Existenz „vernichtet" oder aber nur ihre „Bindungswirkung" von dem Widerruf betroffen ist. Ob dabei die Unterscheidung zwischen einem wirksamen Vertrag, „der die gewollten Rechtsfolgen bereits entstehen läßt", und einem „bindenden Vertrag", „bei dem die Rechtsfolgen unwiderruflich feststehen"[633], weiterhilft, ist fraglich. Gleiches läßt sich von dem Konstrukt[634] einer „schwebenden Unwirksamkeit" sagen, nach dem „der wirksame Vertrag wegen der fehlenden Bindung mit Wirkung ex nunc noch unwirksam werden kann"[635]. Es stellt sich eher die Frage, ob nicht die fehlende Bindung des Verbrauchers an seine Willenserklärung einerseits die Wirksamkeit der Willenserklärung wie des tatsächlich zustandegekommenen Vertrags unberührt läßt, die vertraglichen Rechtsfolgen aber andererseits im Ergebnis und in einer noch zu untersuchenden Weise „aufhebt"[636].

---

629 *S. Lorenz*, JuS 2000, S. 833 ff., 836.

630 Siehe *S. Lorenz*, JuS 2000, S. 833 ff., 836; vgl. auch *Palandt*, 60. Aufl., *Heinrichs* zu § 361a BGB, Rn. 28; *Bülow/Artz*, NJW 2000, S. 2049 ff., 2052 f., *Fuchs*, ZIP 2000, S. 1273 ff., 1283; *Riehm*, Jura 2000, S. 505 ff., 506; a.A. *Härting*, VuR 2001, S. 11 ff., 11, der von einer ex tunc-Wirkung ausgeht.

631 Vgl. § 310 III BGB, s. zum „Verbrauchergeschäft" auch *Krebs*, DB 2002, S. 517 ff., 520 m.w.N.

632 Siehe anschaulich z.B. *Dauner-Lieb/Heidel/Lepa/Ring* (Hg.): Anwaltkommentar Schuldrecht, *Ring* zu § 355 BGB, Rn. 6 ff., 12 ff.; *Ring*, in *Dauner-Lieb/Heidel/Lepa/Ring*, Neues Schuldrecht, S. 343 ff., 382 f., 403 f.; jeweils m.w.N. *Ring* vergleicht dabei sogar die widerrufsrechtliche Wirkung mit der des Anfechtungsrechts gemäß § 142 I BGB, siehe *Dauner-Lieb/Heidel/Lepa/Ring* (Hg.): Anwaltkommentar Schuldrecht, *Ring* zu § 355 BGB, Rn. 13.

633 *Larenz/Wolf*, AT, 8. Aufl., S. 730.

634 Siehe *Medicus*, AT, 2. Aufl., S. 112: „(...) der Gesetzgeber soll eben nicht konstruieren!".

635 *Larenz/Wolf*, AT, 8. Aufl., S. 730. Vgl. dazu auch krit. *N. Fischer*, DB 2002, S. 253 ff., 253 f.

636 Siehe *Larenz/Wolf*, AT, 8. Aufl., S. 730.

3. Alte und neue Probleme der „vertragsbezogenen“ Betrachtung der widerrufsrechtlichen Wirkungsweise

Schon angesichts dieser fortgesetzten Kontroverse ist es dogmatisch lohnenswert, das die Wirkungsweise des „allgemeinen“ verbraucherschützenden Widerrufsrechts (gemäß § 361a I 1 BGB a.F. und nach § 355 I 1 BGB) angeblich bestimmende „Modell der schwebenden (Vertrags-) Wirksamkeit“ einer kritischen Betrachtung zu unterziehen. Es zeigt sich nämlich, daß in diesem Zusammenhang alte wie neue Probleme der „vertragswirksamkeitsbezogenen“ Sichtweise auftauchen.

Einerseits stellt sich dabei die Frage, inwieweit sich durch die - seit der Einführung des § 361a BGB (a.F.) geltende - (angeblich) „neue“ Wirkungsweise praktische wie theoretische Probleme erledigt haben, die insbesondere durch die Sicht von der „schwebenden Unwirksamkeit“ entstanden sind. So hat das „Modell der schwebenden Unwirksamkeit“ zu zahlreichen materiellen wie prozessualen Rechtsanwendungsproblemen[637] geführt. Diese wurden - insbesondere aufgrund der „dogmatischen Neukonzeption“ des verbraucherschützenden Widerrufsrechts - bereits weitgehend als überholt angesehen:[638] So sollen sich nicht nur die geschilderten praktischen Probleme erledigt haben[639], da (seit der Einführung von § 361a BGB a.F.) mit dem Vertragsschluß auch Erfüllungsansprüche entstehen, sondern es sollen sich auch Überlegungen zu der Frage erübrigen, ob der Verbraucher bei nicht ordnungsgemäßer oder unterbliebener Belehrung auf sein Widerrufsrecht verzichten kann. Obsolet soll zudem die Diskussion[640] um die Verzichtbarkeit auf das Widerrufsrecht sein.[641] Auch in prozessualer Hinsicht wird angenommen, daß sich die aufgrund der „schwebenden Unwirksamkeit“ entstandenen Probleme[642] erledigt haben.[643] Andererseits sind nicht alle praktischen wie theoretischen Probleme mit dem ersten „einheitlichen“[644] verbraucherschützenden Widerrufsrecht und seiner gesetzgeberisch intendierten Wirkungsweise der „schwebenden Wirksamkeit“ weggefallen.[645] So bestehen seit der Einführung des § 361a BGB (a.F.) zahlreiche „alte“ wie „neue“ Probleme, die insbesondere auch für die Wirkungsweise des § 355 BGB

---

637 Vgl. oben, Teil B.II.2.b).

638 Siehe z.B. *S. Lorenz*, JuS 2000, S. 833 ff., 835; *Bülow/Artz*, NJW 2000, S. 2049 ff., 2052.

639 Und mit ihnen auch die entsprechenden dogmatischen Lösungsansätze, siehe Teil B.II.2.c).

640 Vgl. dazu noch *Fuchs*, AcP 196 (1996), S. 314 ff., 355; *Krämer*, ZIP 1997, S. 93 ff., 96; a.A. *Bülow*, ZIP 1998, S. 945.

641 So *Bülow/Artz*, NJW 2000, S. 2049 ff., 2052; *S. Lorenz*, JuS 2000, S. 833 ff., 835.

642 Siehe *Gottwald/Honold*, JZ 1996, S. 577 ff.; *S. Lorenz*, NJW 1995, S. 2258 ff.; jeweils m.w.N.

643 Vgl. nur *S. Lorenz*, JuS 2000, S. 833 ff., 835 m.w.N.

644 Die amtliche Begründung zum Gesetz vom 27.06.2000 spricht von „Vereinheitlichung“ der Rechtsfolgen der Verbraucherschutzgesetze, siehe BT-Dr. 14/2658, S. 46.

645 Siehe dazu nur *S. Lorenz*, JuS 2000, S. 833 ff., 835.

zu berücksichtigen sind: So bleibt beispielsweise der „Flickenteppich“[646] der widerrufsrechtlichen Spezialregelungen mit seinen sämtlichen Problemen auch nach der Einführung des § 355 BGB und trotz aller damit verbundenen Vereinheitlichungsanstrengungen grundsätzlich bestehen. Hinzu kommen weitere - durch das Gesetz vom 27.06.2000 erst geschaffene - Widersprüche, Unklarheiten und Gefahren, die auch für das Verständnis der widerrufsrechtlichen Wirkungsweise Bedeutung erlangen können: So zeigten sich beispielsweise schon sehr früh terminologische Ungereimtheiten[647] und Schwierigkeiten bei dem in das BGB integrierten „Allgemeinen Teil des Verbraucherrechts“[648]. Soweit nämlich die damals neugeschaffenen Vorschriften der §§ 13, 14 BGB, die grundsätzlich den persönlichen Anwendungsbereich des „allgemeinen“ verbraucherschützenden Widerrufsrechts (nach § 361a BGB a.F. und § 355 BGB) bestimmen, tatsächliche und rechtliche Probleme aufwerfen,[649] betrifft dies letztlich auch die Frage nach dem Bezugsobjekt des Widerrufsrechts, also gemäß § 361a I 1 BGB (a.F.) und nach § 355 I 1 BGB die Willenserklärung des „Verbrauchers“ (§ 13 BGB), die auf einen Vertragsschluß mit einem „Unternehmer“ (§ 14 BGB) gerichtet ist. Weiterhin ließ bereits die Systematik[650] und die Verweisungstechnik[651] in den Regelungen des Gesetzes vom 27.06.2000 zu wünschen übrig; dieses „Verweisungssystem“ wurde aber gerade für das Zusammenspiel des „allgemeinen“ Widerrufsrechts in § 355 BGB mit den (neugeregelten) „besonderen“ Widerrufsrechten (inner- und außerhalb des BGB) beibehalten. Außerdem erschwert - nach wie vor - auch der Umfang (siehe z.B. den früheren § 361a I BGB a.F. und den heutigen § 355 II BGB sowie die früheren §§ 2, 3 FernAG und die heutigen §§ 312c, 312d BGB) und insbesondere die Sprache des Gesetzes, die teilweise (zu) eng an dem Wortlaut der EG-Fernabsatzrichtlinie orientiert ist, das Verständnis des Regelungsgehalts der widerrufsrechtlichen Vorschriften[652]. So sind es auch und insbesondere diese „kodifi-

---

646 *Tonner*, BB 2000, S. 1413 ff., 1413 („System statt Flickenteppich“), S. 1414 (BGB-Nebengesetze als „juristischer Flickenteppich“) bzgl. der früheren §§ 3 FernAG, 7 III VerbrKrG, 2 HWiG, 5 II, III TzWrG, 4 I, III FernUSG. S.a. *Palandt*, 60. Aufl., *Heinrichs* zu § 361a BGB, Rn. 3.

647 Vgl. zu §§ 13, 14 BGB *Hensen*, ZIP 2000, S. 1151 f., 1151; *Flume*, ZIP 2000, S. 1427 ff., 1427 f.

648 *Berger*, Jura 2001, S. 289 ff., 293; vgl. auch *Larenz/Wolf*, AT, 8. Aufl., S. 53.

649 Vgl. dazu nur *Krebs*, DB 2002, S. 517 ff. m.w.N.

650 Siehe z.B. die Kritik von *Tonner*, BB 2000, S. 1413 ff., 1417; *Härting*, VuR 2001, S. 11 ff., 12 f.

651 Vgl. krit. *Tonner*, BB 2000, S. 1413 ff., 1415, bezüglich § 361a II 1 BGB (a.F.); siehe auch die Kritik von *Lütcke*, Fernabsatzrecht, zu § 312d BGB, Rn. 1.

652 Vgl. zum Wortlaut des früheren FernAG *Härting*, CR 1999, S. 507 ff., 508, 511 (zu § 2 FernAG-RefE). Zudem sind manche mit der Einführung von § 361a BGB (a.F.) neugeschaffenen und klärungsbedürftigen Begriffe, wie der „dauerhafter Datenträger“ (in § 361a I 2, 3, III BGB a.F.) bereits wieder aus dem Gesetz verschwunden; siehe dazu z.B. *S. Lorenz*, JuS 2000, S. 833 ff., 836 f.; *Meents*, CR 2000, S. 610 ff., 611 ff; *Dauner-Lieb/Heidel/Lepa/Ring* (Hg.): Anwaltkommentar Schuldrecht, *Ring* zu § 360 BGB, Rn. 1 ff. m.w.N. Vgl. zum „Fernabsatzsystem“ (früher § 1 I FernAG, heute § 312b I BGB)

katorisch" bedingten Probleme, die weiterhin nicht zu einer besseren Rezeption der von europäischen Recht geprägten verbraucherschützenden Regelungen (speziell bezüglich der Widerrufsrechte) beitragen. Gerade die in wachsender Zahl vorhandenen „europarechtlichen" Begriffe innerhalb des BGB stellen „Begriffsinseln"[653] im nationalen Recht dar, die durch eigene Auslegungsvorgaben die Rechtsanwendung zusätzlich erschweren. Insbesondere besteht die Gefahr von „Begriffspaltungen"[654] (im Sinn von unterschiedlicher gemeinschaftsrechtlicher und nationaler Auslegung einer Norm), wenn ein- und derselbe Begriff in einer Kodifikation je nach Ursprung unterschiedliche Bedeutung aufweist. Weitergehend wird dadurch sogar die Begrifflichkeit und das System des BGB in Frage gestellt.[655] Dies alles wiederum stellt auch die Zielsetzung der damaligen wie aktuellen Neuregelungen in Frage, die gerade auf eine Verbesserung insbesondere der Transparenz des Verbraucherschutzrechts und auf eine einfachere Rechtsanwendung abzielen.[656] Dies alles beeinflußt das - von der „vertragsbezogenen" Sichtweise geprägte - Verständnis der Wirkungsweise der verbraucherschützenden Widerrufsrechte nachhaltig, zumal gerade auch die dogmatischen und systematischen Zusammenhänge zwischen verbraucherschützenden Widerrufsrechten als Sonderprivatrecht und den allgemeinen Grundsätzen und Regelungsmustern des BGB nach wie vor ungeklärt sind.[657]

IV. Das Dogma der „Vertragsbezogenheit" von § 355 BGB

Die letzten wesentlichen Veränderungen der verbraucherschützenden Widerrufsrechte erfolgten im Rahmen der „Schuldrechtsmodernisierung".[658] Im

---

z.B. *Bülow/Artz*, NJW 2000, S. 2049 ff., 2053 f; *Tonner*, BB 2000, S. 1413 ff., 1416; *S. Lorenz*, JuS 2000, S. 833 ff., 838; *Meents*, CR 2000, S. 610 ff., 611.

653 *W.-H. Roth*, JZ 2001, S. 475 ff., 482.

654 *W.-H. Roth*, JZ 2001, S. 475 ff., 482 (zur „Schriftlichkeit" in § 126 BGB und § 675a BGB).

655 Siehe *W.-H. Roth*, JZ 2001, S. 475 ff., 475 (Fehlende Autonomie des deutschen Rechts in Fragen der Verbraucherschutzkonzeption), 483 („System- und Wertungsbrüche" im nationalen Recht).

656 Vgl. nur die amtliche Begründung zum Gesetz vom 27.06.2000, BT-Dr. 14/2658, S. 29.

657 Die Vereinheitlichung und Integration der verbraucherschützenden Widerrufsrechte wurde nicht nur seit längerer Zeit (vgl. z.B. *E. Jung*, ZRP 1981, S. 137 ff., 143) gefordert, sondern war auch Gegenstand der Überlegungen im Rahmen der Vorarbeiten zur Überarbeitung des Schuldrechts, vgl. dazu *Medicus* und *H.P. Westermann*, beide in BMJ (Hg.): Gutachten und Vorschläge zur Überarbeitung des Schuldrechts, Köln 1981; *Medicus*: Verschulden bei Vertragsverhandlungen, Band I, S. 479 ff.; *H.P. Westermann*: Verbraucherschutz, Band III (1983), S. 1 ff. Dieses Projekt wurde aber im Rahmen der Arbeiten der „Kommission zur Überarbeitung des Schuldrechts" nicht weiter verfolgt, vgl. *Rolland*, NJW 1992, S. 2377 ff., 2379. Der Gesetzgeber war noch bei Erlaß des HWiG (BT-Dr. 10/2876, S. 10 f.) der Auffassung, daß sich die verbraucherschützenden Widerrufsrechte nicht systemgerecht in das BGB integrieren lassen.

658 Zu beachten sind auch die jüngsten Änderungen durch das „Gesetz zur Änderung des Rechts der Vertretung durch Rechtsanwälte vor den OLG" v. 23.07.2002 (OLG-Vertretungsänderungsgesetz), BGBl. 2002 I S. 2850, 2856 ff., siehe BT-Dr. 14/8763, BT-

Rahmen dieses - u.a. von der EG-Richtlinie zum Verbrauchsgüterkauf[659] veranlaßten - Reformgesetzes wurden die Regelungen sowohl für das „allgemeine" Widerrufsrecht als auch für die „besonderen" Widerrufsrechte nochmals modifiziert. Insbesondere die Integration fast aller sonderprivatrechtlicher Nebengesetze, die ein Widerrufsrecht enthalten, in das BGB[660] führt zu bisher unabsehbaren Folgen für die privatrechtliche Dogmatik und Rechtsanwendung. Nach einer kurzen Darstellung der wesentlichen widerrufsrechtlichen Neuregelungen gemäß §§ 355 ff. BGB soll der Frage nachgegangen werden, ob und inwieweit das Dogma von der „Vertragsbezogenheit" in der Gestalt des „Modells der schwebenden Wirksamkeit" auch das derzeitige Verständnis der Wirkungsweise des „allgemeinen" verbraucherschützenden Widerrufsrechts bestimmt, bevor es um alte und neue Probleme der „vertragsbezogenen" Betrachtung von § 355 BGB geht.

1. Die wesentlichen widerrufsrechtlichen Regelungen des „Schuldrechtsmodernisierungsgesetzes" gemäß §§ 355 ff. BGB

Die allgemeinen Regelungen für alle (neugeregelten) verbraucherschützenden Widerrufsrechte finden sich in den §§ 355 ff. BGB, wobei § 355 I 1 BGB die Wirkungen des „Rechts zum Widerruf" bestimmt, während die widerrufsrecht-

---

Dr. 14/9266, BT-Dr. 14/9633. Vgl. dazu nur *N. Fischer*, DB 2002, S. 1643 ff. m.w.N. Siehe zu dem „Gesetz zur Modernisierung des Schuldrechts" vom 26.11.2001 (Schuldrechtsmodernisierungsgesetz), BGBl. 2001 I S. 3138, die Gesetzesmaterialien, insb. den Regierungsentwurf (RegE) vom 09.05.2001, vgl. BT-Dr. 14/6040, sowie die Stellungnahme des Deutschen Bundesrats vom 13.07.2001, BR-Dr. 338/01. Vgl. zum Überblick nur *Henssler*, ZAP 22/2001, S. 1391 ff. (Fach 2, S. 291 ff.) m.w.N.; zu der Entstehungsgeschichte z.B. *Dauner-Lieb*, in *Dauner-Lieb/Heidel/Lepa/Ring* (Hg.): Textausgabe des BGB mit neuem Schuldrecht, 2002, Einführung, S. 5 ff. Siehe zur wiss. Kritik z.B. das Symposium „Die Schuldrechtsreform vor dem Hintergrund des Gemeinschaftsrechts" am 22.01.2001 in Münster; dazu den Tagungsbericht von *Artz*, NJW 2001, S. 1703 f.; sowie den Tagungsband: *Schulze/Schulte-Nölke* (Hg.): Die Schuldrechtsreform vor dem Hintergrund des Gemeinschaftsrechts, Tübingen 2001. Vgl. auch *Ernst/Zimmermann* (Hg.): Zivilrechtswissenschaft und Schuldrechtsreform, Tübingen 2001, zum Symposium „Schuldrechtsmodernisierung" vom 17./18.11.2000 in Regensburg; sowie die Vorträge auf der Zivilrechtslehrertagung am 31.03.2001 in Berlin (veröffentlicht in JZ 10/2001), siehe z.B. *Ulmer*, JZ 2001, S. 491 ff.; *Canaris*, JZ 2001, S. 499 ff.; *H.P. Westermann*, JZ 2001, S. 530 ff.; *Leenen*, JZ 2001, S. 552 ff.; vgl. für einen ersten Überblick auch oben, Teil B.I.3.

659 Richtlinie 1999/44/EG des Europäischen Parlaments und des Rats vom 25. Mai 1999 zu bestimmten Aspekten des Verbrauchsgüterkaufs und der Garantie für Verbrauchsgüter (ABl. EG L 171 S. 12), im folgenden Verbrauchsgüterkaufrichtlinie genannt. Siehe dazu z.B. *Kainer*, AnwBl 2001, S. 380 ff.; *Tonner*, BB 1999, S. 1769 ff.; jeweils m.w.N. Vgl. zu den ebenfalls umgesetzten europäischen Vorgaben nur die amtliche Begründung, BT-Dr. 14/6040, S. 79.

660 Vgl. dazu insbesondere *Brüggemeier/Reich*, BB 2001, S. 213 ff., 213; *Pfeiffer*, in *Ernst/Zimmermann* (Hg.): Zivilrechtswissenschaft und Schuldrechtsreform, S. 481 ff.; *Medicus*, in *Ernst/Zimmermann* (Hg.), a.a.O., S. 607 ff., 607; *Wilhelm*, JZ 2001, S. 861 ff., 868 f.

lichen Rechtsfolgen einheitlich gemäß den §§ 357 f. BGB geregelt werden. Anders als noch im Diskussionsentwurf vorgesehen, erfahren die allgemeinen widerrufsrechtlichen Regelungen gemäß §§ 355 ff. BGB jedoch nicht nur eine neue Numerierung, sondern auch sachliche Änderungen.[661] Sämtliche Neuerungen der §§ 355 ff. BGB waren bei der Schaffung des § 361a BGB (a.F.) nicht verwirklicht worden und boten bisher Anlaß zur Kritik[662].

a) Das „allgemeine" Widerrufsrecht nach § 355 BGB und die „besonderen" Widerrufsrechte des BGB

Die auffälligste Veränderung des „allgemeinen" verbraucherschützenden Widerrufsrechts liegt darin, daß es nunmehr in § 355 BGB geregelt ist.[663] § 355 BGB entspricht damit im wesentlichen dem früheren § 361a I BGB (a.F.), der „lediglich der besseren Übersichtlichkeit wegen in zwei Vorschriften geteilt wird"[664] (§ 355 und § 357 BGB), wobei die bisherigen Sätze 1 und 2 den ersten Absatz von § 355 BGB und die bisherigen Sätze 3 bis 6 den zweiten Absatz des § 355 BGB bilden. Beibehalten wurde auch der „Blankettcharakter" der Vorschrift, so daß die nunmehr im BGB geregelten widerrufsrechtlichen Spezialmaterien[665] (des früheren VerbrKrG, HWiG, TzWrG und des FernAG) nach wie vor darüber entscheiden, in welchen Fällen dem Verbraucher ein Wider-

---

661 Siehe nur *Mankowski*, JZ 2001, S. 745 ff., 745.

662 Vgl. z.B. *Palandt*, 60. Aufl., *Heinrichs* zu § 361a BGB, Rn. 3, 24, im Hinblick auf die unterschiedlichen Fristen- und Erlöschensregelungen in den Sondergesetzen; vgl. dazu auch den Hinweis von *Knütel* und *Micklitz* in der Diskussion zum Referat *Hager*, in *Ernst/Zimmermann* (Hg.): Zivilrechtswissenschaft und Schuldrechtsreform, S. 455 f., 456.

663 Siehe zum Widerrufsrecht des § 355 BGB z.B. *Dauner-Lieb/Heidel/Lepa/Ring* (Hg.): Anwaltkommentar Schuldrecht, *Ring* zu § 355 BGB, Rn. 1 ff.; *Ring*, in *Dauner-Lieb/ Heidel/Lepa/Ring*, Neues Schuldrecht, S. 343 ff., 382 ff.; *Dörner/Ebert/Eckert/Hoeren/ Kemper/Saenger/Schulte-Nölke/Schulze/Staudinger* (Hg.): Handkommentar BGB, 2. Aufl., *Schulze* zu § 355 BGB, Rn. 1 ff.; *Lütcke*, Fernabsatzrecht, zu § 312d BGB, Rn. 15 ff.; *N. Fischer*, DB 2002, S. 253 ff.; *N. Fischer*, ZAP 11/2002, S. 621 ff. (Fach 2, S. 351 ff.); *Brüggemeier/Reich*, BB 2001, S. 213 ff., 218 f.; *von Koppenfels*, WM 2001, S. 1360 ff.; *Artz*, VuR 2001, S. 391 ff., 393. Vgl. auch die Kritik zum RegE von *Wilhelm*, JZ 2001, S. 861 ff., 863. Vgl. zu der Konsolidierten Fassung (KF) sowie zum Diskussionsentwurf (DiskE): *W.-H. Roth*, JZ 2001, S. 475 ff., 487 ff., 489, zu §§ 311d-312c KF; zum DiskE z.B. *Hager*, in *Ernst/Zimmermann* (Hg.), Zivilrechts-wissenschaft und Schuldrechtsreform, S. 429 ff., 446 ff.; *Rott*, VuR 2001, S. 78 ff.; jeweils m.w.N.

664 So die amtliche Begründung, BT-Dr. 14/6040, S. 198.; wegfallen ist der noch bei § 361a I 1 BGB (a.F.) vorhandene Zusatz „mit einem Unternehmer". Vgl. auch *von Koppenfels*, WM 2001, S. 1360 ff., 1360 f.; vgl. schon oben, Teil B.I.3.

665 Vgl. die amtliche Begründung, BT-Dr. 14/6040, S. 79, 197 ff., sowie *Mankowski*, JZ 2001, S. 745 ff., 745, der die Einfügung der Verbraucherschutzgesetze für die „wichtigste Komponente" der Schuldrechtsmodernisierung hält; *Pfeiffer*, in *Ernst/Zimmermann* (Hg.): Zivilrechtswissenschaft und Schuldrechtsreform, S. 481 ff., 482, hält dies für die „augenfälligste Veränderung" durch die Schuldrechtsreform. Siehe dazu z.B. *von Koppenfels*, WM 2001, S. 1360 ff., 1360; siehe auch *N. Fischer*, DB 2002, S. 253 ff., 257.

rufsrecht zusteht. Danach bestehen im BGB folgende „besondere“ verbraucherschützende Widerrufsrechte: § 312 I 1 für das Haustürgeschäft, § 312d I 1 für das Fernabsatzgeschäft, § 485 I für den Teilzeit-Wohnrechtevertrag und § 495 I für den Verbraucherdarlehensvertrag (sowie § 505 I 1 BGB für den Ratenlieferungsvertrag), jeweils mit der gleichlautenden Formulierung, daß dem Verbraucher ein Widerrufsrecht nach § 355 zusteht.[666] Dieser einheitliche Wortlaut für alle (neugeregelten) „besonderen“ Widerrufsrechte hat damit zur Folge, daß insgesamt auch von einer einheitlichen Wirkungsweise aller (neugeregelten) verbraucherschützenden Widerrufsrechte auszugehen ist, da die Wirkungsweise durch die „rechtstechnische Gestaltung“ des „allgemeinen“ verbraucherschützenden Widerrufsrechts gemäß § 355 I 1 BGB bestimmt wird.
Für die Form der Widerrufserklärung (des Widerrufs) verweist § 355 BGB iVm. § 357 I 1 BGB - wie schon früher § 361a II 1 BGB (a.F.) - zum einen auf das Rücktrittsrecht der §§ 346 ff. BGB und damit auf die Rücktrittserklärung nach § 349 BGB:[667] Der Widerruf erfolgt danach mittels einseitiger Erklärung, wobei eine Begründung[668] gemäß § 355 I 2 1. Hs. BGB (vgl. früher § 361a I 2 BGB a.F.) nicht erforderlich ist. Die Widerrufserklärung kann nach § 355 I 2 BGB[669] in Textform (vgl. § 126b BGB)[670] oder durch die Rücksendung der Sache (innerhalb von zwei Wochen) erfolgen, während eine bloße mündliche Erklärung

---

666 Vgl. § 312 I 1 BGB: „Bei einem Vertrag (...) (Haustürgeschäfte), steht dem Verbraucher ein Widerrufsrecht gemäß § 355 zu.“; § 312d I 1 BGB: „Dem Verbraucher steht bei einem Fernabsatzvertrag ein Widerrufsrecht nach § 355 zu.“; § 485 I BGB: „Dem Verbraucher steht bei einem Teilzeit-Wohnrechtevertrag ein Widerrufsrecht nach § 355 zu.“; und schließlich § 495 I BGB: „Dem Darlehensnehmer steht bei einem Verbraucherdarlehensvertrag ein Widerrufsrecht nach § 355 zu.“. Siehe dazu die amtliche Begründung, BT-Dr. 14/6040, S. 13, 14, 17, 25, 28. Vgl. neben dem Widerrufsrecht (für Verbraucherkreditverträge) gem. § 495 I BGB stets auch die „besonderen“ Widerrufsrechte, die auf § 495 BGB verweisen: Das Widerrufsrecht bei Zahlungsaufschüben bzw. sonstigen entgeltlichen Finanzierungshilfen gem. §§ 499, 495 I BGB, bei Finanzierungsleasingverträgen gem. §§ 500, 495 I BGB, bei Teilzahlungsgeschäften nach §§ 501 S. 1, 495 I BGB. Daneben ist auch das Widerrufsrecht nach §§ 507, 495 I BGB für „Existenzgründer“ zu beachten, wodurch das Widerrufsrecht über den Kreis der Verbraucher (§ 13 BGB) hinaus ausgedehnt wird, ähnlich dem Widerrufsrecht gem. § 4 I FernUSG.

667 Vgl. zur Ausübung des Widerrufsrechts z.B. *Dauner-Lieb/Heidel/Lepa/Ring* (Hg.): Anwaltkommentar Schuldrecht, *Ring* zu § 355 BGB, Rn. 35 ff.; *Ring*, in *Dauner-Lieb/Heidel/Lepa/Ring*, Neues Schuldrecht, S. 343 ff., 384, 408; jeweils m.w.N.

668 Siehe zu § 361a BGB (a.F.) noch *Berger*, Jura 2001, S. 289 ff., 291 („Der Verbraucher soll sich nicht rechtfertigen müssen.“). Siehe zu § 355 BGB m.w.N. *Dauner-Lieb/Heidel/Lepa/Ring* (Hg.): Anwaltkommentar Schuldrecht, *Ring* zu § 355 BGB, Rn. 35; *Ring*, in *Dauner-Lieb/Heidel/Lepa/Ring*, Neues Schuldrecht, S. 343 ff., 408.

669 Die Regelung in § 355 I 2 BGB entspricht dabei fast wörtlich dem Inhalt des § 361a I 2 BGB (a.F.). Lediglich aus redaktionellen Gründen ist die Formulierung „muss (...) erfolgen“ durch „ist (...) zu erklären“ ersetzt worden, vgl. die amtliche Begründung, BT-Dr. 14/6040, S. 198.

670 Siehe aber noch § 361a I 2 1. Hs. BGB (a.F.): Schriftliche Erklärung des Widerrufs oder auf einem „dauerhaften Datenträger“.

nicht ausreichend ist.[671] Die näheren Modalitäten der Ausübung des Widerrufsrechts regeln § 355 I 2 und § 355 II BGB. Hervorzuheben ist dabei, daß der Beginn der zweiwöchigen Widerrufsfrist nach § 355 I 2 BGB grundsätzlich von einer ordnungsgemäßen Widerrufsbelehrung gemäß § 355 II BGB abhängt. Ausnahmen davon finden sich in § 312d II BGB für den Fernabsatzvertrag, in § 312e III 2 BGB für den „Vertrag im elektronischen Geschäftsverkehr" und in § 485 III, IV BGB für den Teilzeit-Wohnrechtevertrag. Damit entspricht die Regelung in § 355 II 1 BGB fast wörtlich der Vorgängerregelung in § 361a I 3 BGB (a.F.), während die ursprüngliche Fassung des § 355 II 2 BGB (fast) vollständig § 361a I 5 BGB (a.F.) übernommen hat, wie auch § 355 II 4 BGB die frühere Regelung in § 361a I 6 BGB (a.F.).[672]
Eine Klarstellung gegenüber der bisherigen Rechtslage[673] liegt darin, daß nunmehr § 355 II 3 BGB eindeutig festlegt, daß im Falle eines schriftlich abzuschließenden Vertrags die Frist nicht zu laufen beginnt, „bevor dem Verbraucher auch eine Vertragsurkunde, der schriftliche Antrag des Verbrauchers oder eine Abschrift der Vertragsurkunde oder des Antrags zur Verfügung gestellt werden". Eine wichtige Vereinheitlichung[674] der verbraucherschützenden

---

671 Möglich ist danach der Widerruf auch per E-Mail (vgl. dazu die früheren Regelungen in § 361a I 2, III BGB a.F.), aber nicht mündlich, selbst wenn die Erklärung beim Widerrufsempfänger aufgezeichnet wird (via „voice-mailbox"). Vgl. zur Widerrufserklärung (bei § 361a BGB a.F.) z.B. *Palandt*, 60. Aufl., *Heinrichs* zu § 361a BGB, Rn. 16 ff.; *Berger*, Jura 2001, S. 289 ff., 291; siehe zu § 355 BGB m.w.N. *Dauner-Lieb/Heidel/Lepa/Ring* (Hg.): Anwaltkommentar Schuldrecht, *Ring* zu § 355 BGB, Rn. 39; *Ring*, in *Dauner-Lieb/Heidel/Lepa/Ring*, Neues Schuldrecht, S. 343 ff., 408.

672 Der - nur redaktionell begründete - Unterschied zwischen § 355 II 1 BGB und § 361a I 3 BGB (a.F.) besteht darin, daß es nunmehr anstatt „Namen und Anschrift des Widerrufsempfängers" auf den „Namen und Anschrift desjenigen, gegenüber dem der Widerruf zu erklären ist", ankommt (vgl. § 355 II 1 BGB). Die aktuelle Neufassung des § 355 II 2 BGB (durch das OLG-Vertretungsänderungsgesetz v. 23.07.2002, BGBl. 2002 I S. 2850, 2857) lautet wie folgt: „Wird die Belehrung nach Vertragsschluss mitgeteilt, beträgt die Frist abweichend von Absatz 1 Satz 2 einen Monat." Da diese Neufassung zu einem Wegfall des Erfordernisses einer gesonderten Unterschrift bzw. einer qualifizierten elektronischen Signatur im Rahmen der Widerrufsbelehrung führt, ist diese überstürzte (und wohl kaum durchdachte) Gesetzesänderung als „Irrweg" des Gesetzgebers zu kritisieren, auch und insbesondere da die gesonderte Unterschrift die „Warnfunktion" der Widerrufsbelehrung (für Verbraucher und Unternehmer) regelmäßig noch verstärkt hat (s. dazu m.w.N. nur *N. Fischer*, DB 2002, S. 1643 ff., 1644). Siehe zu dem früheren § 361a I 3 BGB (a.F.) *Mankowski*, WM 2001, S. 833 ff., 842.

673 Vgl. zu § 361a I 5 BGB (a.F.) nur *Palandt*, 60. Aufl., *Heinrichs* zu § 361a BGB, Rn. 15, 23 m.w.N.

674 So z.B. *Mankowski*, JZ 2001, S. 745 ff., 745, der die Beseitigung von „Zersplitterung und Uneinheitlichkeit" begrüßt. Vgl. aber das *Heininger*-Urteil des EuGH v. 13.12.2001, Rs. C-481/99, DB 2001, S. 2710 ff., wonach die „neue" (und mittlerweile schon wieder modifizierte) Erlöschensregelung gemäß § 355 III BGB als „erste der neuen Schuldrechtsmodernisierungsvorschriften" nicht „allgemein angewendet werden darf" (so *Krebs*, DB 2002, S. 517 ff., 519, FN. 36), siehe dazu nur *N. Fischer*, DB 2002, S. 727 ff. m.w.N. Vgl. zu der jüngsten Änderung von § 355 III BGB durch das OLG-

Widerrufsrechte enthält zudem die neue Regelung des § 355 III BGB: Nach Satz 1 erlischt das Widerrufsrecht spätestens sechs Monate nach Vertragsschluß, wodurch eine einheitliche Frist für das Erlöschen des Widerrufsrechts vorliegt für den Fall, daß der Verbraucher nicht oder nicht ordnungsgemäß über sein Widerrufsrecht belehrt worden ist. Da der Beginn der Widerrufsfrist früher (gemäß § 361a I 3 BGB a.F.) von dem Erfordernis einer ordnungsgemäßen Belehrung des Verbrauchers abhing, war bislang damit zu rechnen, daß das Widerrufsrecht häufig auch noch Jahre nach dem Vertragsschluß ausgeübt werden konnte. Gerade in den Fällen einer nur fehlerhaften Widerrufsbelehrung wurde diese Konsequenz für den Unternehmer unzumutbar und außerdem mit dem Rechtsfrieden unvereinbar gehalten und daher eine einheitliche Erlöschensfrist für nötig erachtet.[675] Zugleich wurden damit auch die bisher unterschiedlichen Höchstfristen für den Widerruf (in den früheren sonderprivatrechtlichen Verbraucherschutzgesetzen[676]) vereinheitlicht, was im Rahmen des Gesetzgebungsverfahrens zum Gesetz vom 27.06.2000[677] nicht gelungen[678] und bereits dringend angemahnt worden war[679]. In Erfüllung der Vorgaben von Art. 6 I 5, 6 Fernabsatzrichtlinie beginnt die Widerrufsfrist gemäß § 355 III 2 BGB bei der Lieferung von Waren nicht vor dem Tag ihres Eingangs beim Empfänger. Durch diese Regelung der Dauer und der Beginn der Widerrufsfrist soll ein angemessener „Ausgleich der Interessen des Verbrauchers und des Unternehmers" herbeigeführt werden.[680] Nach dem aktuellen § 355 III 3 BGB erlischt

Vertretungsänderungsgesetz v. 23.07.2002, BGBl. 2002 I S. 2850, 2857 (dazu BT-Dr. 14/9266, BT-Dr. 14/9633) nur *N. Fischer*, DB 2002, S. 1643 ff., 1644 m.w.N.

675 Vgl. die amtliche Begründung, BT-Dr. 14/6040, S. 198. Zu beachten ist, daß der Gesetzgeber aufgrund der Richtlinienwidrigkeit des ursprünglichen § 355 III BGB gemäß des *Heininger*-Urteils des EuGH (DB 2001, S. 2710 ff.) zum Handeln aufgerufen war. Siehe dazu z.B. *N. Fischer*, DB 2002, S. 727 ff.; *N. Fischer*, DB 2002, S. 1643 ff.; jeweils m.w.N.

676 Nach § 3 I 3 FernAG eine Ablauffrist von vier Monaten ab Vertragsschluß bzw. Wareneingang, gemäß § 7 II VerbrKrG eine Ablauffrist von spätestens einem Jahr ab Abgabe der Willenserklärung des Verbrauchers (oder vorher nach beiderseits vollständiger Erbringung der Leistung), nach § 2 HWiG eine Frist von einem Monat nach vollständig beidseitig erbrachter Leistung und schließlich gemäß § 5 II 2, IV TzWrG einen „hinausgeschobenen" Beginn der Widerrufsfrist von drei Monaten ab Aushändigung der Vertragsurkunde oder ihrer Abschrift. Vgl. dazu die amtliche Begründung, BT-Dr. 14/6040, S. 198, sowie *Palandt*, 60. Aufl., *Heinrichs* zu § 361a BGB, Rn. 24.

677 BGBl. I S. 897, siehe dazu oben, Teil B.III.1.

678 Dies gesteht die amtliche Begründung selbst ein, vgl. BT-Dr. 14/6040, S. 198.

679 Vgl. nur die Kritik von *Palandt*, 60. Aufl., *Heinrichs* zu § 361a BGB, Rn. 24 („Musterbeispiel für schlechte, allerdings von der EU zu verantwortende Gesetzgebung."). Siehe auch *Mankowski*, JZ 2001, S. 745 ff., 745 f. zu den Problemen der bisherigen differierenden Regelungen.

680 So die amtliche Begründung, BT-Dr. 14/6040, S. 198. Vgl. zum ursprünglichen § 355 III BGB noch *Mankowski*, JZ 2001, S. 745 ff.; siehe zum „Sprachrisiko" bei der Belehrung *Mankowski*, VuR 2001, S. 359 ff. m.w.N. Anzumerken ist auch, daß allein schon aufgrund der zahlreichen (auch inhaltlich) unterschiedlichen Widerrufsfristen und Be-

das Widerrufsrecht (abweichend von § 355 III 1 BGB) jedoch nicht, wenn der Verbraucher nicht ordnungsgemäß (d.h. überhaupt nicht oder unrichtig) über sein Widerrufsrecht belehrt worden ist.

Hinweisen ist auch noch auf die Neuregelung von „Verträgen im elektronischen Geschäftsverkehr" in § 312e BGB als Teilumsetzung der E-Commerce-Richtlinie[681], die dem Unternehmer im elektronischen Geschäftsverkehr spezielle vorvertragliche Pflichten auferlegt. Diese Bestimmung ist nämlich insbesondere für die „besonderen" verbraucherschützenden Widerrufsrechte des BGB von Bedeutung: Da ein „Vertrag im elektronischen Geschäftsverkehr" gemäß § 312e BGB regelmäßig auch den Vorschriften über Fernabsatzverträge (§§ 312b-312d BGB) unterliegt, handelt es sich bei den praktischen Hauptanwendungsfällen des § 312e BGB um „Fernabsatzverträge im elektronischen Geschäftsverkehr"[682], auf die zum einen §§ 312b ff. BGB und zum anderen § 312e BGB Anwendung finden. Dies bedeutet, daß den Verbrauchern bei Verträgen gemäß § 312e BGB grundsätzlich auch ein Widerrufsrecht nach §§ 312d I 1, 355 BGB zusteht, obwohl § 312e BGB selbst kein solches Widerrufsrecht vorsieht.[683]

Die Widerrufsrechte nach §§ 11 I AuslInvmG, 23 I KAGG bleiben bis zur Umsetzung weiterer Richtlinien mit verbraucherschützendem Inhalt[684] unverändert

---

lehrungsanforderungen im BGB eine ordnungsgemäße Widerrufsbelehrung oft nicht gelingt. Um diesen Mißstand zu beseitigen, hat die Bundesregierung nunmehr die (schon mit der Schuldrechtsreform eingeführte) Ermächtigungsgrundlage gemäß Art. 245 EGBGB genutzt, und in einer darauf basierenden Verordnung (die „Zweite Verordnung zur Änderung der BGB-Informationspflichten-Verordnung" v. 01.08.2002, BGBl. 2002 I S. 2958) eine Musterbelehrung eingeführt, vgl. BT-Dr. 14/9266, S. 84 f., s.a. *N. Fischer*, ZAP 16/2002, S. 917 ff., 922 (Fach 2, S. 361 ff., 366) m.w.N.

681 Siehe Art. 10, 11 und 18 der Richtlinie 2000/31/EG des Europäischen Parlaments und des Rates vom 08.06.2000 über bestimmte rechtliche Aspekte der Dienste der Informationsgesellschaft, insbesondere des elektronischen Geschäftsverkehrs, im Binnenmarkt (ABl. EG Nr. L 178 S. 1); vgl. dazu nur *Ring*, AnwBl 2001, S. 620 f. m.w.N. Vgl. zu den besonderen Informationspflichten im Bereich des Fernabsatzes wie des elektronischen Geschäftsverkehrs nach der „Verordnung über Informationspflichten nach Bürgerlichem Recht" v. 02.01.2002 (BGBl. 2002 I S. 342, zuletzt geändert durch die Verordnung v. 01.08.2002, BGBl. 2002 I, S. 2958) (§§ 1, 3 VO) - iSv. §§ 312c I 1 Nr. 1 BGB iVm. Art. 240 EGBGB; 312e I 1 Nr. 2 BGB iVm. Art. 241 EGBGB - z.B. *Pfeiffer*, Neues Schuldrecht, Einführung, S. IX; *Micklitz*, VuR 2001, S. 71 ff.; vgl. zu § 312e BGB z.B. *Dauner-Lieb/Heidel/Lepa/Ring* (Hg.): Anwaltkommentar Schuldrecht, *Ring* zu § 312e BGB, Rn. 1 ff.; *N. Fischer*, ZAP 11/2002, S. 621 ff., 625 (Fach 2, S. 351 ff., 355); jeweils m.w.N.

682 So *Meub*, DB 2002, S. 359 ff., 361.

683 Dabei ist zu beachten, daß Vertragsparteien iSv. § 312e BGB der „Unternehmer" und der „Kunde" („im elektronischen Geschäftsverkehr") sind. Vgl. z.B. *Ring*, in *Dauner-Lieb/Heidel/Lepa/Ring* (Hg.): Das Neue Schuldrecht, S. 343 ff., 390 ff., 400; *N. Fischer*, ZAP 11/2002, S. 621 ff., 625 (Fach 2, S. 351 ff., 355); jeweils m.w.N.

684 Siehe z.B. den Vorschlag für die Richtlinie über den Fernabsatz von Finanzdienstleistungen vom 14.10.1998, KOM (98) 468, ABl. 1998 C 385/10, WM 1999, S. 1477

(vgl. § 312a BGB).[685] Ebenfalls nicht geändert wurde das Widerrufsrecht des § 8 IV VVG.[686] Auch das - zuletzt durch Gesetz vom 27.06.2000 modifizierte - verbraucherschützende Widerrufsrecht nach § 4 I FernUSG bleibt außerhalb des BGB bestehen, es wird aber an die neue Rechtslage angepaßt,[687] wobei im Hinblick auf die allgemeinen Regelungen gemäß den §§ 355 ff. BGB (nach wie vor) Übereinstimmungen[688] wie Abweichungen[689] vorzufinden sind.

---

ff.; vgl. dazu *K. Riesenhuber*, WM 1999, S. 1441 ff. m.w.N. Siehe auch die Pressemitteilung der Europäischen Kommission vom 26.06.2002.

685 Diese Kontinuität wurde schon bei der Einführung des § 361a BGB (a.F.) gewahrt. Siehe dazu *Bülow/Artz*, NJW 2000, S. 2049 ff., 2052; *S. Lorenz*, JuS 2000, S. 833 ff., 835, FN. 17. Zu beachten ist dabei stets auch das später eingefügte Widerrufsrecht in § 15h AuslInvmG für den Vertrieb von EG-Investmentanteilen gem. der EG-Richtlinie 85/611/EWG, das auf § 11 AuslInvmG verweist, vgl. §§ 11, 15h S. 1 AuslInvmG (vom 28.07.1969, BGBl. I S. 986, zuletzt geändert durch Gesetz v. 24.03.1998, BGBl. I S. 529).

686 Die letzten Änderungen des VVG durch das Schuldrechtsmodernisierungsgesetz v. 26.11.2001 (BGBl. I S. 3138) betrafen nämlich nicht das Widerrufsrecht gem. § 8 IV VVG. Dies gilt entsprechend bei der Einführung des § 361a BGB (a.F.). Nach *S. Lorenz*, JuS 2000, S. 833 ff., 835, FN. 17, liegt der Grund darin, daß auf „spezifisch versicherungsvertragsrechtliche Besonderheiten" Rücksicht genommen wird.

687 Durch Art. 5 Absatz 31 des „Schuldrechtsmodernisierungsgesetzes" wird das FernUSG geändert, vgl. BGBl. 2001 I, S. 3138 ff., 3186, für die amtliche Begründung, BT-Dr. 14/6040, S. 284 f. Siehe zum „neuen" Fernunterrichtsrecht nur *N. Fischer*, VuR 2002, S. 193 ff. m.w.N., zu den letzten Änderungen (§§ 17 II 2, 27 III FernUSG) durch Art. 25 V des OLG-Vertretungsänderungsgesetzes v. 23.07.2002 nur BGBl. 2002 I S. 2850, 2859.

688 Nach § 4 I 1 FernUSG steht dem Teilnehmer „ein Widerrufsrecht nach § 355 des Bürgerlichen Gesetzbuchs zu." Gemäß § 4 I 3 FernUSG gilt für finanzierte Fernunterrichtsverträge § 358 BGB entsprechend. Bei den Änderungen des § 4 FernUSG handelt es sich nach der amtlichen Begründung, BT-Dr. 14/6040, S. 284, lediglich um redaktionelle Anpassungen ohne inhaltliche Änderungen zu dem bisherigen Rechtszustand. Vgl. *N. Fischer*, VuR 2002, S. 193 ff. m.w.N.

689 Beispielsweise beginnt abweichend von § 355 I 2 BGB die Widerrufsfrist beim Fernunterrichtsvertrag nicht vor dem Zugang der ersten Lieferung des Fernunterrichtsmaterials - vgl. § 4 I 2 FernUSG. Für das Erlöschen der Widerrufsfrist beim Fernunterrichtsvertrag bestimmt § 4 II FernUSG, daß das Widerrufsrecht erst bei vollständiger beidseitiger Vertragserfüllung, spätestens mit Ablauf des ersten Halbjahres nach dem Eingang der ersten Lieferung, erlischt. Eine von der allgemeinen Regelung des § 355 II BGB ebenfalls abweichende Bestimmung über den Beginn der Widerrufsfrist bei Fernunterricht gegen Teilzahlung findet sich in § 9 FernUSG. Bei der Neufassung des § 9 FernUSG handelt es sich ebenfalls nur um Anpassungen ohne inhaltliche Änderungen, wie aus der Begründung, BT-Dr. 14/6040, S. 285, folgt. Vgl. zu den Neuregelungen im FernUSG durch Art. 5 Absatz 31 des Schuldrechtsmodernisierungsgesetzes die Begründung, BT-Dr. 14/6040, S. 284 f.; s.a. m.w.N. *N. Fischer*, VuR 2002, S. 193 ff.

b) Das verbraucherschützende Rückgaberecht gemäß § 356 BGB

Das Rückgaberecht war bisher einheitlich in § 361b BGB (a.F.) normiert.[690] Anknüpfend an die schon davor bestehende Rechtslage ermöglichte diese Bestimmung, daß bei ausdrücklicher gesetzlicher Regelung (vgl. z.B. den früheren § 8 II VerbrKrG) das verbraucherschützende Widerrufsrecht bei Warenkäufen durch ein Rückgaberecht ersetzt werden konnte. Dieses Rückgaberecht wird nunmehr als „Rückgaberecht bei Verbraucherverträgen" in § 356 BGB geregelt, wobei das Widerrufsrecht auch weiterhin grundsätzlich nur dann durch ein Rückgaberecht ersetzt werden darf, „soweit dies ausdrücklich durch Gesetz zugelassen ist" - vgl. § 356 I 1 BGB. Diese Möglichkeit sieht das Gesetz für das Haustürgeschäft in § 312 I 2 BGB, für das Fernabsatzgeschäft in § 312d I 2 BGB und für das Teilzahlungsgeschäft (vgl. § 499 II BGB) gemäß § 503 I BGB vor. Das Rückgaberecht nach § 356 BGB entspricht dabei inhaltlich der Regelung in § 361b I, II 1, 3 und 4 BGB (a.F.), wobei die früheren Regelungen zusammengefaßt und gestrafft werden. Die Voraussetzungen und sonstigen Modalitäten für das Rückgaberecht und seine Ausübung sind damit nunmehr in § 356 II BGB geregelt. Der übrige Gehalt des § 361b BGB (a.F.) ist in § 357 BGB geregelt.[691] Dabei dürfen dem Verbraucher die Kosten der Rücksendung - nach wie vor - nicht auferlegt werden, auch nicht bei Bestellungen unter 40 Euro (€) - vgl. §§ 357 II 3, 355 BGB (und früher § 361b II 2 2. Hs. BGB a.F.).[692]

c) Die Rechtsfolgen des Widerrufsrechts gemäß § 357 BGB

Wichtig für das Verständnis der Wirkungsweise des Widerrufsrechts gemäß § 355 BGB - und dabei insbesondere für die „vertragsbezogene" Betrachtung - sind die widerrufsrechtlichen Rechtsfolgenregelungen: § 357 BGB stellt für die „Rechtsfolgen des Widerrufs und der Rückgabe" einheitliche Regelungen auf; Kernstück ist dabei die dem früheren § 361a II 1 BGB (a.F.) (und § 361b II 2 1. Hs. BGB a.F.) entsprechende Verweisung in § 357 I 1 BGB auf die Rechtsfolgen des gesetzlichen Rücktrittsrechts.[693] Ebenfalls an dem Vorbild des §

---

[690] Vgl. die amtliche Begründung zu § 361a BGB, BT-Dr. 14/2658, S. 46 ff., 46 f, 48. Vgl. zu § 361b BGB (a.F.) z.B. *Palandt*, 60. Aufl., *Heinrichs* zu § 361b BGB, Rn. 1 ff.; *Berger*, Jura 2001, S. 289 ff., 293; *Bülow/Artz*, NJW 2000, S. 2049 ff., 2052; *S. Lorenz*, JuS 2000, S. 833 ff., 835; jeweils m.w.N.

[691] Vgl. die amtliche Begründung, BT-Dr. 14/6040, S. 198. Siehe zu § 356 BGB m.w.N. *Dauner-Lieb/Heidel/Lepa/Ring* (Hg.): Anwaltkommentar Schuldrecht, *Ring* zu § 356 BGB, Rn. 1 ff.; *Ring*, in *Dauner-Lieb/Heidel/Lepa/Ring*, Neues Schuldrecht, S. 343 ff., 388 f., 409 ff.

[692] Siehe noch zu § 361b BGB z.B. *Berger*, Jura 2001, S. 289 ff., 293; zu § 356 BGB: *Dauner-Lieb/Heidel/Lepa/Ring* (Hg.): Anwaltkommentar Schuldrecht, *Ring* zu § 356 BGB, Rn. 1 ff.; *Ring* zu § 357 BGB, Rn. 1 ff.; *N. Fischer*, ZAP 11/2002, S. 621 ff., 623 (Fach 2, S. 351 ff., 353).

[693] Eine Ausnahme von dieser einheitlichen Regelung findet sich allerdings in § 4 III des geänderten FernUSG, wonach abweichend von §§ 346 I, 357 I BGB der Wert der Gebrauchsüberlassung oder der Benutzung der Sachen oder der Unterrichtserteilung bis zur

361a II BGB (a.F.)[694] orientiert ist die Anknüpfung an die „Verzugsfrist" des § 286 III BGB in § 357 I 2 BGB.[695] Nach § 357 II 1, 2 BGB[696] ist der Verbraucher zur Rücksendung auf Kosten und Gefahr des Unternehmers[697] verpflichtet, so daß es sich bei der Rückerstattungspflicht des Verbrauchers um eine Schickschuld mit besonders geregelter Kostentragungspflicht zu Lasten des Unternehmers handelt.[698] Die grundsätzliche Möglichkeit der vertraglichen Kosten-

---

Ausübung des Widerrufsrechts nicht zu vergüten ist. Vgl. dazu Art. 5 Absatz 31 des Schuldrechtsmodernisierungsgesetzes, BGBl. 2001 I, S. 3138 ff., 3186. Siehe dazu *N. Fischer*, VuR 2002, S. 193 ff., 196 m.w.N. Vgl. zur aktuellen Änderung von § 346 II BGB durch Art. 25 I des OLG-Vertretungsänderungsgesetzes v. 23.07.2002, BGBl. 2002 I S. 2850, 2856 f., *N. Fischer*, DB 2002, S. 1643 ff., 1645; *N. Fischer*, ZAP 16/2002, S. 917 ff., 923 (Fach 2, S. 361 ff., 367) m.w.N.

694 Nach § 361a II 2 BGB (a.F.) kam der Unternehmer durch die Bezugnahme auf § 284 III 1 BGB (a.F.) mit seiner Erstattungspflicht spätestens 30 Tage nach dem Zugang der Widerrufserklärung in Verzug. Siehe dazu insbesondere *S. Lorenz*, JuS 2000, S. 833 ff., 837; sowie krit. *Tonner*, BB 2000, S. 1413 ff., 1415. Jedenfalls war die Rückerstattungsforderung des Verbrauchers bereits mit dem Zugang beim Unternehmer (vgl. §§ 361a II 1, 349 BGB a.F.) fällig nach § 271 I BGB. Umstritten war allerdings die Frage, ob der Unternehmer bereits gemäß § 284 I, II BGB (a.F.) in Verzug geraten konnte; vgl. zu dieser durch das „Gesetz über die Beschleunigung fälliger Zahlungen" vom 01.05.2000 (BGBl. I S. 330) entstandenen und mittlerweile überholten Problematik *Palandt*, 60. Aufl., *Heinrichs* zu § 284, Rn. 24 ff.; zuletzt *Huber*, JZ 2000, S. 957 ff.

695 Eine besondere Regelung fand auch die Frage des Erfüllungsorts (- diese Frage wurde noch im früheren Rücktrittsrecht der §§ 346 ff. BGB a.F. kontrovers diskutiert, vgl. nur *Palandt*, 60. Aufl., *Heinrichs* zu § 269 BGB, Rn. 16 m.w.N. -) für die Rückerstattungspflicht in § 361a II 3 1. Hs. BGB (a.F.).

696 Die Regelungen in § 357 II 1-3 BGB, wonach der Verbraucher zur Rücksendung auf Gefahr und Kosten des Unternehmers verpflichtet ist, „wenn die Sache durch Paket versandt werden kann", und die grundsätzliche Möglichkeit der vertraglichen Kostenüberwälzung auf den Verbraucher bei Bestellungen bis 40 Euro (€) entsprechen damit im wesentlichen den bisherigen Regelungen in § 361a II 3 BGB (a.F.), die von der entsprechenden Regelung beim Rückgaberecht in § 361b II 2 2.Hs. BGB (a.F.) abweichen: Schon nach § 361a II 3 2.Hs. BGB (a.F.) konnten dem Verbraucher bei einer Bestellung bis zu einem Betrag von 40 Euro (€) die „regelmäßigen Kosten der Rücksendung" vertraglich auferlegt werden, „es sei denn, daß die gelieferte Ware nicht der bestellten entspricht". Vgl. dazu sowie zu dem speziellen (und noch aktuellen) Problem, daß eine einheitliche Bestellung von mehreren Waren zum Preis von mehr als 40 € zum Nachteil des Verbrauchers in Verträge mit Entgelten unter 40 € aufgespalten wird, *Palandt*, 60. Aufl., *Heinrichs* zu § 361a BGB, Rn. 33; *Härting/Schirmbacher*, MDR 2000, S. 917 ff., 921 f.

697 Diese Frage war noch während des damaligen Gesetzgebungsverfahren (zum Gesetz vom 27.06.2000) umstritten; vgl. die Stellungnahme des Bundesrates, BT-Dr. 14/2920, S. 3; sowie die Gegenäußerung der Bundesregierung, BT-Dr. 14/2920, S. 13; Stellungnahme des Rechtsausschusses, BT-Dr. 14/3195, S. 9, 31 ff.; vgl. dazu z.B. *Härting/Schirmbacher*, MDR 2000, S. 917 ff., 921; *Fuchs*, ZIP 2000, S. 1273 ff., 1284, FN. 102.

698 So noch zu § 361b BGB (a.F.) *S. Lorenz*, JuS 2000, S. 833 ff., 837. Vgl. nunmehr m.w.N. *Dauner-Lieb/Heidel/Lepa/Ring* (Hg.): Anwaltkommentar Schuldrecht, *Ring* zu § 357 BGB, Rn. 16 ff.; *Ring*, in *Dauner-Lieb/Heidel/Lepa/Ring*, Neues Schuldrecht, S. 343 ff., 389, 415.

überwälzung auf den Verbraucher bei Bestellungen bis 40 Euro (€) nach § 357 II 3 BGB bei Ausübung des Widerrufsrechts gemäß § 355 BGB entspricht dabei auch der gemeinschaftsrechtlich bedenklichen Vorgängerregelung in § 361a II 3 BGB (a.F.): Bei dieser Bestimmung wurde nämlich angesichts der Vorgaben von Art. 6 I 2, II 2 der Fernabsatzrichtlinie, die vorsehen, daß dem Verbraucher als einzige widerrufsbedingte Kosten nur die unmittelbaren Kosten der Rücksendung auferlegt werden dürfen, schon damals zu Recht problematisiert, ob der deutsche Gesetzgeber zu einer solchen Regelung befugt war und ob insoweit überhaupt eine korrekte Richtlinienumsetzung vorliegt.[699]

Während § 357 IV BGB die bisherige Regelung des § 361a II 7 BGB (a.F.) unverändert übernimmt, ist hingegen zu beachten, daß § 357 III BGB die Frage der Wertminderung durch die bestimmungsgemäße Ingebrauchnahme gegensätzlich zur bisherigen Rechtslage (gemäß § 361a II 6 BGB a.F.) regelt:[700] Nach der Regelung in § 361a II 4, 5 BGB (a.F.) konnte der Verbraucher von seinem Widerrufsrecht (oder Rückgaberecht nach § 361b II 2 1. Hs. BGB a.F.) - abweichend von §§ 351-353 BGB (a.F.) - auch dann Gebrauch machen, wenn durch sein Verschulden die Sache untergegangen oder verschlechtert worden ist; er hatte dann allerdings auch die Wertminderung oder den Wert zu ersetzen. Die Haftung des Verbrauchers unterlag dabei aber bislang einer Begrenzung, auch und insbesondere mußte er nach der früheren Regelung in § 361a II 6 2. Hs. BGB (a.F.) nicht für die Abnutzung aufgrund bestimmungsgemäßer Ingebrauchnahme einer Sache oder Inanspruchnahme einer sonstigen Leistung einstehen. Dieser Rechtszustand wurde - auch angesichts der früheren Kritik an der Regelung des § 3 HWiG[701] und im Hinblick auf Fälle erheblicher Wertminderung, wie etwa im Kraftfahrzeughandel[702] - als unbefriedigend angesehen, da

---

699 Vgl. für die damalige Kritik zu den Regelungen der § 361a II 4-6 BGB (a.F.) insbesondere *Tonner*, BB 2000, S. 1413 ff., 1415; noch zum RefE *Micklitz/Reich*, BB 1999, S. 2093 ff., 2095; zustimmend dagegen z.B. *Fuchs*, ZIP 2000, S. 1273 ff., 1285 (Nutzungsentschädigung nicht aufgrund des Widerrufs, sondern aufgrund der Nutzung); *Heinrichs*, FS *Medicus*, S. 177 ff., 194; während die damalige Gesetzesbegründung (BT-Dr. 14/2658, S. 47) dieses Problem übergeht. An anderer Stelle, nämlich zu § 3 III FernAG, der früher auf § 361b BGB (a.F.) verwies, findet sich aber die Beurteilung, daß das Rückgaberecht nicht richtlinienwidrig ist, aber dennoch eine „gewisse Erschwerung der Geltendmachung des Widerrufsrechts" darstellen soll (BT-Dr. 14/2658, S. 44). Vgl. dazu *Gaertner/Gierschmann*, DB 2000, S. 1601 ff., 1605. Vgl. zu der aktuellen Kritik an § 357 II 3 BGB nur *Dauner-Lieb/Heidel/Lepa/Ring* (Hg.): Anwaltkommentar Schuldrecht, *Ring* zu § 357 BGB, Rn. 16 ff. m.w.N.

700 Vgl. die amtliche Begründung, BT-Dr. 14/6040, S. 199 f.; siehe zu § 357 III BGB m.w.N. z.B. *Dauner-Lieb/Heidel/Lepa/Ring* (Hg.): Anwaltkommentar Schuldrecht, *Ring* zu § 357 BGB, Rn. 21 ff.; siehe auch krit. *N. Fischer*, ZAP 11/2002, S. 621 ff., 627 ff. (Fach 2, S. 351 ff., 357 ff.).

701 Siehe nur *Palandt*, 58. Aufl., *Putzo* zu § 3 HWiG, Rn. 16.

702 Vgl. die amtliche Begründung, BT-Dr. 14/6040, S. 199, die als Beispiel den Wertverlust von 20% des Neupreises eines Kfz. alleine aufgrund der Erstzulassung anführt.

das Risiko dadurch „sehr einseitig auf den Unternehmer“ verlagert wurde.[703] Während die den Unternehmer begünstigende Klausel, erst nach Ablauf der Widerrufs- oder Rückgabefrist zu leisten, grundsätzlich zulässig ist, wie bisher aus § 10 Nr. 1 2. Hs. AGBG folgte und sich nunmehr aus § 308 Nr. 1 2. Hs. BGB ergibt, gilt dies nicht bei Verträgen im Fernabsatz, da die Widerrufsfrist nicht vor dem Eingang der Ware zu laufen beginnt – vgl. § 312d II BGB (früher § 3 I FernAG). Die daraus resultierende Folge, daß der Unternehmer bei Fernabsatzverträgen für die durch die bestimmungsgemäße Ingebrauchnahme eintretende Wertminderung stets allein aufkommen muß, wurde zum Anlaß genommen, im Rahmen eines erneuten „Interessenausgleichs“ die Haftung des Verbrauchers abweichend von den Rücktrittsregeln, auf die § 357 I 1 BGB grundsätzlich verweist, zu erweitern: Nach § 357 III 1 BGB hat der Verbraucher (abweichend von § 346 II 1 Nr. 3 2. Hs. BGB) nunmehr auch eine durch die bestimmungsgemäße Ingebrauchnahme einer Sache eingetretene Wertminderung zu ersetzen. Da der Verbraucher nicht unvorbereitet mit dieser neuen Rechtslage konfrontiert werden soll, gilt dies nach § 357 III 1 2. Hs. BGB nur, wenn er zuvor vom Unternehmer in Textform (§ 126b BGB) auf diese Rechtsfolge hingewiesen und ihm außerdem eine Möglichkeit aufgezeigt wurde, dieses Haftungsrisiko zu vermeiden.[704] Außerdem bestimmt § 357 III 2 BGB, daß die Wertminderung nicht zu ersetzen ist, wenn sie ausschließlich auf die Prüfung der Sache zurückzuführen ist, so daß sich künftig die Frage, ob der Verbraucher für die Wertminderung aufkommen muß, danach richtet, ob diese „prüfungsabhängig“ ist oder nicht.[705] Eine weitere Ausnahme von der Haftung des Verbrauchers für die Wertminderung regelt § 357 III 3 BGB in Anlehnung an den früheren § 361a II 5 BGB (a.F.): Danach kommt dem Verbraucher die Haftungserleichterung des § 346 III 1 Nr. 3 BGB zugute, wenn der Unternehmer selbst vertragswidrig gehandelt hat, indem er den Verbraucher nicht ordnungsgemäß über sein Widerrufsrecht belehrt hat, und der Verbraucher auch „anderweitig“ keine Kenntnis hiervon erlangt hat. Die Beschränkung der Rechtsposition des Verbrauchers durch § 357 III BGB ist nicht nur angesichts von Art. 6 II Fernabsatzrichtlinie im Hinblick auf die gemeinschaftsrechtliche Zulässigkeit hinterfragt worden,[706] aufgrund der Haftungserweiterung für den Verbraucher und der damit verbundenen faktischen Beschränkung des be-

---

703 So die amtliche Begründung, BT-Dr. 14/6040, S. 199.

704 Vgl. dazu auch die amtliche Begründung, BT-Dr. 14/6040, S. 199 f.

705 Siehe dazu sowie zur „klarstellenden Funktion“ des Satzes 2 wiederum die Begründung des RegE, BT-Dr. 14/6040, S. 200, mit dem Beispiel der „prüfungsunabhängigen“ Wertminderung eines Kfz. aufgrund der Erstzulassung; krit. dazu z.B. *Artz*, NJW 36/2001, S. XVIII.

706 Vgl. z.B. *Brüggemeier/Reich*, BB 2001, S. 213 ff., 218 f; s.a. *Dauner-Lieb/Heidel/Lepa/Ring* (Hg.): Anwaltkommentar Schuldrecht, *Ring* zu § 357 BGB, Rn. 38 ff. m.w.N. Siehe zu den Regelungen des DiskE noch *Ernst/Zimmermann* (Hg.): Zivilrechtswissenschaft und Schuldrechtsreform, *Hager*, S. 427 ff., 447 f.; vgl. für Gegenstimmen insbesondere den Diskussionsbericht zu Referat *Hager* in: *Ernst/Zimmermann*, a.a.O., S. 455 f., 456.

gründungslosen Widerrufsrechts[707] ist bereits von einer „Aushöhlung des Widerrufsrechts des Verbrauchers" durch einen „faktischen Vertragsabschlußzwang" die Rede[708], die weitergehend sogar einen „Paradigmenwechsel im Verbraucherprivatrecht"[709] indizieren soll.

d) Weitere allgemeine widerrufsrechtliche Regelungen

Weitere für das Widerrufsrecht gemäß § 355 BGB bedeutsame Regelungen finden sich in den §§ 358 f. BGB: Der frühere Begriff des „dauerhaften Datenträgers" iSv. § 361a I 3 BGB (a.F.), der in § 361a III BGB (a.F.) näher definiert wurde, ist nicht mehr explizit im BGB zu finden (vgl. aber §§ 355 II, 312c BGB).[710]

Weiterhin ist die Regelung gemäß § 358 BGB zu beachten, da sie eine weitere Vereinheitlichung der Rechtsfolgen des Widerrufs darstellt. Mit der Zusammenfassung der früheren Regelungen nach §§ 9 I, II VerbrKrG, 6 TzWrG, 4 FernAG liegt mit § 358 BGB erstmals eine einheitliche Regelung für verbundene Verträge vor. Diese bestimmt die Rechtsfolgen, wenn ein Vertrag über die

---

707 Nach *Hager*, Diskussionsbericht zu Referat *Hager*, in *Ernst/Zimmermann* (Hg.): Zivilrechtswissenschaft und Schuldrechtsreform, S. 455 f., 456, führt dies „praktisch zu einem Kaufzwang". Vgl. auch die Kritik von *Artz*, Neues Verbraucherkreditrecht im BGB, in: Jahrbuch Junger Zivilrechtswissenschaftler 2001, S. 227 ff., 250 ff.; *N. Fischer*, DB 2002, S. 253 ff., 256.

708 Vgl. z.B. *Brüggemeier/Reich*, BB 2001, S. 213 ff., 215, 219; *Artz*, VuR 2001, S. 391 ff., 393 f.; *Gilles/Fischer*, OLG Dresden EWiR § 3 FernAbsG 1/01, S. 1145 f.; *N. Fischer*, DB 2002, S. 253 ff., 256; *N. Fischer*, ZAP 11/2002, S. 621 ff., 627 ff. (Fach 2, S. 351 ff., 357 ff.); jeweils m.w.N.

709 So *Artz*, NJW 36/2001, S. XVIII; siehe auch auch *Artz*, Neues Verbraucherkreditrecht im BGB, in: Jahrbuch Junger Zivilrechtswissenschaftler 2001, S. 227 ff., 248 ff., 252.

710 Obwohl es sich dabei um einen „Schlüsselbegriff" des Gesetzes vom 27.06.2000 (so *S. Lorenz*, JuS 2000, S. 833 ff., 836) handeln sollte. Nach der Begriffsbestimmung im früheren § 361a III 1 BGB (a.F.) standen dem Verbraucher Informationen auf einem dauerhaften Datenträger dann zur Verfügung, „wenn sie ihm in einer Urkunde oder in einer anderen lesbaren Form zugegangen sind, die dem Verbraucher für eine den Erfordernissen des Rechtsgeschäfts entsprechende Zeit die inhaltlich unveränderte Wiedergabe der Informationen erlaubt". Entscheidend für den „dauerhaften Datenträger" war daher, daß nicht die „Art des Mediums" ausschlaggebend ist, sondern dessen Übermittlung und Haltbarkeit. Vgl. dazu auch die amtliche Begründung, BT-Dr. 14/2658, S. 40; s.a. *S. Lorenz*, JuS 2000, S. 833 ff., 836 f.; vgl. auch *Meents*, CR 2000, S. 610 ff., 611 f.; *Berger*, Jura 2001, S. 289 ff., 291. Neben dem Ausdruck auf Papier wurde daher insbesondere für den Bereich des E-Commerce die Bereitstellung der Information auf einem „festen Datenträger" (Diskette oder CD-ROM) als ausreichend angesehen. Im einzelnen wurde aber wiederum differenziert: Bei „festen Datenträgern" muß der Verbraucher die Möglichkeit besitzen, diese Medien im konkreten Fall nutzen zu können (Vorhandensein eines entsprechenden Laufwerks), bei der Versendung von Informationen per E-Mail ist die regelmäßige Zugriffsmöglichkeit entscheidend; vgl. dazu z.B. die amtliche Begründung, BT-Dr. 14/2658, S. 40; *S. Lorenz*, JuS 2000, S. 833 ff., 837; *Berger*, Jura 2001, S. 289 ff., 291; *Geis*, NJW 1997, S. 3000 ff.; jeweils m.w.N. S.a. die Kritik von *Tonner*, BB 2000, S. 1413 ff., 1416.

Lieferung einer Ware oder die Erbringung einer anderen Leistung mit einem Darlehensvertrag derart verbunden ist, daß das Darlehen ganz oder teilweise dazu dient, den anderen Vertrag zu finanzieren und beide Verträge eine wirtschaftliche Einheit bilden, und einer dieser Verträge vom Verbraucher (gemäß § 355 BGB) „wirksam widerrufen" wird.[711] Dieser Zwecksetzung folgt auch der Aufbau der Norm, die in dem ersten Absatz den Fall behandelt, daß ein Verbraucher, der seine auf den Abschluß eines Vertrags über die Lieferung von Waren oder die Erbringung anderer Dienstleistungen gerichtete Willenserklärung „wirksam widerrufen" hat, auch an seine auf den Abschluß eines mit diesem Vertrag verbundenen Verbraucherdarlehensvertrags gerichtete Willenserklärung „nicht mehr gebunden" ist. Dabei braucht der Widerruf bezüglich des Darlehensvertrags weder erklärt werden, noch muß überhaupt ein Widerrufsrecht bestehen, es gilt die Fiktion der „Wirkung" eines Widerrufs, wie sie in § 355 I 1 BGB mit der „fehlenden Gebundenheit" beschrieben wird. Der intendierte „Rückabwicklungsgleichlauf"[712] wird dabei zum einen dadurch und zum anderen durch die in § 358 IV 1 BGB enthaltene Verweisung auf die Rechtsfolgen des § 357 BGB für die Rückabwicklung erreicht. Während die Regelung des § 358 I BGB damit die bisher in §§ 6 TzWrG, 4 FernAG behandelte Konstellation regelt, erfaßt § 358 II 1 BGB den bislang in § 9 II, IV VerbrKrG geregelten umgekehrten Fall, daß der Verbraucher einen Verbraucherdarlehensvertrag widerrufen hat, und zwar in der gleichen Weise wie § 358 I BGB. § 358 II 2 BGB sieht nunmehr vor, daß allein § 358 I BGB gilt (und nicht § 495 I BGB), wenn der Verbraucher bereits den finanzierten Vertrag gemäß den §§ 355, 356 BGB „widerrufen kann"[713]. Wann die für beide Absätze maßgebende „Verbundenheit" zwischen den Verträgen vorliegt, bestimmt sich nach § 358 III BGB, wobei der Inhalt der früheren Definitionen gemäß §§ 9 I VerbrKrG, 6 II 1 TzWrG, 4 II 1 FernAG lediglich zusammengefaßt wird. Dabei geht das neue Recht insoweit über die bisherigen Regelungen in §§ 6 I 3 TzWrG, 4 I 3 FernAG hinaus, da nunmehr nicht lediglich der Fall geregelt ist, daß der verbundene Vertrag ein Darlehensvertrag ist, sondern auch die umgekehrte Konstellation. Eine spezielle Legaldefinition für „verbundene" Immobiliarkauf- und Realkreditverträge (vgl. dazu den neuen § 492 Ia BGB, den bisherigen § 491 III Nr. 1 BGB sowie den früheren § 3 II Nr. 2 VerbrKrG) enthält der aktuelle § 358 III 3 BGB. § 358 IV 2 BGB, der bestimmt, daß dem Verbraucher bei dem Widerruf eines finanzierten Verbrauchervertrags (gemäß § 358 I BGB) aus der

---

711 Vgl. dazu die amtliche Begründung, BT-Dr. 14/6040, S. 200. Siehe zu den jüngsten Änderungen des § 358 III BGB durch Art. 25 I des OLG-Vertretungsänderungsgesetzes v. 23.07.2002, BGBl. 2002 I S. 2850, 2857 (vgl. dazu BT-Dr. 14/9266, BT-Dr. 14/9633), nur *N. Fischer*, DB 2002, S. 1643 ff., 1645 m.w.N. Siehe zu „Abzahlungsgeschäften und Schuldrechtsmodernisierung" nur *Mankowski*, VuR 2001, S. 112 ff. m.w.N.

712 Amtliche Begründung, BT-Dr. 14/6040, S. 200.

713 So die amtliche Begründung, BT-Dr. 14/6040, S. 201, die hier die Willenserklärung und den Vertrag als Bezugsobjekte für den verbraucherschützenden Widerruf gleichsetzt.

Rückabwicklung des Darlehensvertrags keine Zinsen und Kosten auferlegt werden dürfen, folgt der Vorgabe aus Art. 6 IV Fernabsatzrichtlinie, wonach bei verbundenen Geschäften „der Kreditvertrag entschädigungsfrei aufgelöst" werden muß, wenn der Verbraucher seine Willenserklärung bezüglich des finanzierten Geschäfts widerruft. Die Regelung des früheren § 9 II 3 VerbrKrG enthält § 358 IV 3 BGB und erweitert sie auf auch sonstige mit einem Darlehensvertrag verbundene Geschäfte.[714] Die Vorschrift des § 358 V BGB, die den Umfang der Widerrufsbelehrung bei verbundenen Geschäften regelt, entspricht den früheren Regelungen in §§ 9 II 2 VerbrKrG, 6 I 2 TzWrG, 4 I 2 FernAG. Die Regelung des Einwendungsdurchgriffs in § 359 BGB greift den Inhalt des früheren § 9 III, IV VerbrKrG auf;[715] eine nötige Anpassung an das neue Kaufrecht (§ 439 BGB) ist dabei die „Nacherfüllung" in § 359 S. 3 BGB.

2. Die fragliche Maßgeblichkeit des „Modells der schwebenden Wirksamkeit" für die Wirkungsweise von § 355 BGB

Wie bereits gezeigt wurde, hat der einheitliche Wortlaut für alle (neugeregelten) verbraucherschützenden Widerrufsrechte gemäß § 355 I 1 BGB[716] zur Folge, daß auch von einer einheitlichen Wirkungsweise der „besonderen" Widerrufsrechte auszugehen ist, die auf § 355 BGB verweisen. Es stellt sich daher die Frage nach einem Ansatz, der diese Wirkungsweise auch dogmatisch exakt erklären kann.

Bei einer ersten Betrachtung der Wirkungsweise des „allgemeinen" verbraucherschützenden Widerrufsrechts gemäß § 355 I 1 BGB ist von folgendem Befund auszugehen: Zum einen hat sich der Gesetzgeber der „Schuldrechtsmodernisierung" nicht mit der Wirkungsweise von § 355 BGB auseinandergesetzt, und ist - wohl auch und insbesondere aufgrund des fast identischen Wortlauts beider Vorschriften - begründungslos der damaligen gesetzgeberischen Einschätzung zu § 361a BGB (a.F.) gefolgt, die die Wirkungsweise des „allgemeinen" verbraucherschützenden Widerrufsrechts mit dem „vertragsbezogenen" „Modell der schwebenden Wirksamkeit" zu erklären versuchte. Zum anderen folgen auch die bisher vorliegenden Stellungnahmen der Privatrechtswissenschaft[717] (fast) ausschließlich diesem „vertragsbezogenen"

714 Vgl. die Begründung des RegE, BT-Dr. 14/6040, S. 201.

715 Siehe die amtliche Begründung, BT-Dr. 14/6040, S. 201.

716 Nach dem einheitlichen Widerrufsrecht des § 355 I 1 BGB ist folgender Wortlaut maßgebend: „Wird einem Verbraucher durch Gesetz ein Widerrufsrecht nach dieser Vorschrift eingeräumt, so ist er an seine auf den Abschluss eines Vertrags gerichtete Willenserklärung nicht mehr gebunden, wenn er sie fristgerecht widerrufen hat." Siehe auch oben, Teil B.I.3.

717 Siehe zum Widerrufsrecht des § 355 BGB z.B. *Dauner-Lieb/Heidel/Lepa/Ring* (Hg.): Anwaltkommentar Schuldrecht, *Ring* zu § 355 BGB, Rn. 1 ff.; *Ring*, in *Dauner-Lieb/Heidel/Lepa/Ring*, Neues Schuldrecht, S. 343 ff., 382 ff.; *Palandt*, (Ergänzungsband) 61. Aufl., *Heinrichs* vor § 355 BGB, Rn. 1 ff.; *Heinrichs* zu § 355 BGB, Rn. 1 ff.; *Heinrichs* zu § 357 BGB, Rn. 2; *Lütcke*, Fernabsatzrecht, zu § 312d BGB, Rn. 9 ff.; *Brüggemeier/Reich*, BB 2001, S. 213 ff., 218 f.; *von Koppenfels*, WM 2001, S. 1360 ff.;

Verständnis der widerrufsrechtlichen Wirkungsweise. Folgerichtig ist dies im Hinblick auf den identischen Wortlaut der Vorschriften, unverständlich im Hinblick auf die damit verbundenen Unklarheiten, Widersprüche und Kontroversen[718] um die Funktionsweise des verbraucherschützenden Widerrufsrechts im BGB seit der erstmaligen Einführung des „allgemeinen“ verbraucherschützenden Widerrufsrechts.

Für das gesetzgeberische Verständnis der Wirkungsweise von § 355 BGB ist besonders die amtliche Gesetzesbegründung für die Haftungsregelung gemäß § 357 III BGB aufschlußreich, wonach dem Verbraucher die Haftungserleichterung des Rücktrittsrechts deswegen nicht zugute kommen soll, da er aufgrund des „schwebend wirksamen Vertrags gesteigerte Pflichten“[719] habe. Dies zeigt anschaulich, daß der Gesetzgeber der „Schuldrechtsmodernisierung“ die dogmatische Konstruktion der „schwebenden Wirksamkeit“ des „Verbrauchervertrags“ auch in das „neue“ Schuldrecht transferiert hat, obwohl er sich nicht explizit zur Wirkungsweise von § 355 I 1 BGB äußert. Ebenfalls fällt auf, daß die - bisher zu beobachtende - undifferenzierte Gleichsetzung der Willenserklärung als „Bezugsobjekt“ des Widerrufs mit dem „Verbrauchervertrag“ zumindest dadurch gefördert wird, daß nach dem gleichbleibenden Wortlaut der Verweisungen in den jeweiligen Spezialregelungen (der „besonderen“ Widerrufsrechte) dem Verbraucher stets bei einem (bestimmten) Vertrag ein Widerrufsrecht gemäß § 355 BGB zusteht, und nicht etwa eine „neutralere“ Formulierung[720] verwendet wird.[721] Hingegen stellt der Wortlaut des § 355 I 1 BGB - wie schon der des früheren § 361a I 1 BGB (a.F.) - deutlich auf die Willenserklärung als Bezugsobjekt des Widerrufs ab.

Die ersten Reaktionen der Privatrechtswissenschaft[722] deuten ebenfalls darauf hin, daß das „Modell der schwebenden Wirksamkeit“ des Verbrauchervertrags

---

Artz, VuR 2001, S. 391 ff., 393; krit. *N. Fischer*, DB 2002, S. 253 ff. Vgl. auch die Kritik zum RegE von *Wilhelm*, JZ 2001, S. 861 ff., 863. Vgl. zu der Konsolidierten Fassung (KF) sowie zum Diskussionsentwurf (DiskE): *W.-H. Roth*, JZ 2001, S. 475 ff., 487 ff., 489, zu §§ 311d-312c KF; zum DiskE z.B. *Hager*, in *Ernst/Zimmermann* (Hg.), Zivilrechtswissenschaft und Schuldrechtsreform, S. 429 ff., 446 ff.; *Rott*, VuR 2001, S. 78 ff.; jeweils m.w.N.

718 Siehe dazu oben, Teil B.III.2., 3.

719 So die amtliche Begründung, BT-Dr. 14/6040, S. 200.

720 Wie z.B. der frühere „Verweisungswortlaut“ der Widerrufsrechte in den jeweiligen sondergesetzlichen Widerrufsbestimmungen: „Dem Verbraucher steht ein Widerrufsrecht nach § 361a des Bürgerlichen Gesetzbuchs zu.“ (vgl. z.B. § 7 I VerbrKrG), s.a. Teil B.III.1.d).

721 Wie sie zuletzt z.B. in den §§ 7 I VerbrKrG, 5 I TzWrG, 3 I 1 FernAG zu finden war. Dagegen verknüpfte der ab dem 01.10.2000 geltende Wortlaut des § 1 I HWiG bereits Vertrag und Widerrufsrecht: „Einem Verbraucher steht ein Widerrufsrecht (...) bei Verträgen (...) zu (...)“.

722 Siehe z.B. *Dauner-Lieb/Heidel/Lepa/Ring* (Hg.): Anwaltkommentar Schuldrecht, *Ring* zu § 355 BGB, Rn. 1 ff.; *Ring* zu § 357 BGB, Rn. 1 ff.; *Ring*, in *Dauner-*

unkritisch von § 361a I BGB (a.F.) für § 355 I BGB übernommen wurde. Zwar sind die Ausführungen der Privatrechtswissenschaft zu § 355 BGB in ihrer wissenschaftlichen Bandbreite - insbesondere angesichts der Breite der gesamten der „Schuldrechtsmodernisierung" vorausgegangenen Diskussion - bisher erstaunlich spärlich ausgefallen,[723] jedoch ist unverkennbar, daß dieselben „vertragsbezogenen" Begründungs- und Argumentationsmuster, wie sie zur Rechtfertigung des „Modells der schwebenden Wirksamkeit" bei § 361a BGB (a.F.) verwendet wurden, nunmehr auch für die Wirkungsweise von § 355 I 1 BGB Geltung beanspruchen: Dementsprechend beschränken sich die jeweiligen Aussagen zu § 355 BGB auch regelmäßig darauf, eine „Verwandtschaft" des Widerrufsrechts mit einem vertraglichen oder gesetzlichen Rücktrittsrecht zu betonen[724], das Widerrufsrecht als ein „rücktrittsartiges besonderes Gestaltungsrecht"[725] aufzufassen, bzw. als „modifiziertes gesetzliches Rücktrittsrecht"[726] oder gleich als „Rücktrittsrecht"[727] einzuordnen. Weiterhin wird dabei

---

Lieb/Heidel/Lepa/Ring, Neues Schuldrecht, S. 343 ff., 381 ff., 401 ff.; *Lütcke*, Fernabsatzrecht, zu § 312d BGB, Rn. 9 ff.; *Dörner/Ebert/Eckert/Hoeren/Kemper/Saenger/ Schulte-Nölke/Schulze/Staudinger* (Hg.): Handkommentar BGB, 2. Aufl., *Schulze* zu § 355 BGB, Rn. 1 ff.; *Schulze* zu § 357 BGB, Rn. 1; *Brüggemeier/Reich*, BB 2001, S. 213 ff., 218 f.; *von Koppenfels*, WM 2001, S. 1360 ff.; *Artz*, VuR 2001, S. 391 ff., 393; *Rott*, VuR 2001, S. 78 ff.; *Mankowski*, JZ 2001, S. 745 ff., 746 („schwebende Unwirksamkeit" für Fernabsatzverträge); *Artz*, VuR 2001, S. 391 ff., 393; krit. hingegen *Palandt*, (Ergänzungsband) 61. Aufl., *Heinrichs* zu § 357 BGB, Rn. 2; siehe jedoch auch *Palandt*, (Ergänzungsband) 61. Aufl., *Heinrichs* zu § 355 BGB, Rn. 3 f. Vgl. auch *Mankowski*, WM 2001, S. 793 ff.; 833 ff. m.w.N.

723 Siehe z.B. *Brüggemeier/Reich*, BB 2001, S. 213 ff., 218 f.; *von Koppenfels*, WM 2001, S. 1360 ff.; *Artz*, VuR 2001, S. 391 ff., 393; sowie die Beiträge von *Schulze/Schulte-Nölke*, in *Schulze/Schulte-Nölke* (Hg.): Die Schuldrechtsreform vor dem Hintergrund des Gemeinschaftsrechts, S. 3 ff., 9 f., 15 ff.; *Hager*, in *Ernst/Zimmermann* (Hg.), Zivilrechtswissenschaft und Schuldrechtsreform, S. 429 ff., 446 ff.; Vgl. auch die Kritik zum RegE von *Wilhelm*, JZ 2001, S. 861 ff., 863; *Mankowski*, JZ 2001, S. 745 ff.; *Artz*, NJW 36/2001, S. XVIII; jeweils m.w.N.

724 So z.B. *Ring*, in *Dauner-Lieb/Heidel/Lepa/Ring*, Neues Schuldrecht, S. 343 ff., 382, 403 („Widerrufs- als Rücktrittsrecht"); *Dauner-Lieb/Heidel/Lepa/Ring* (Hg.): Anwaltkommentar Schuldrecht, *Ring* zu § 355 BGB, Rn. 12 ff.; *Ring* zu § 357 BGB, Rn. 7; sowie noch zu den Regelungen des DiskE *Hager*, in *Ernst/Zimmermann* (Hg.), Zivilrechtswissenschaft und Schuldrechtsreform, S. 429 ff., 446 ff., 447.

725 Siehe z.B. *von Koppenfels*, WM 2001, S. 1360 ff., 1365, *Bülow*, WM 2000, S. 2361 ff., 2361 f.

726 *Dauner-Lieb/Heidel/Lepa/Ring* (Hg.): Anwaltkommentar Schuldrecht, *Ring* zu § 355 BGB, Rn. 12; *Ring* zu § 357 BGB, Rn. 6 (dort insoweit mißverständlich, als von einem „besonders ausgestalteten gesetzlichen Widerrufsrecht" die Rede ist); *Ring*, in *Dauner-Lieb/Heidel/Lepa/Ring*, Neues Schuldrecht, S. 343 ff., 403 f.; *Palandt*, (Ergänzungsband) 61. Aufl., *Heinrichs* vor § 355 BGB, Rn. 1 („besonderes Rücktrittsrecht"); *Heinrichs* zu § 357 BGB, Rn. 2 („besonders ausgestaltetes gesetzliches Rücktrittsrecht"); s.a. *Lütcke*, Fernabsatzrecht, zu § 312d BGB, Rn. 11 („modifiziertes Rücktrittsrecht").

(fast) unwidersprochen das Konstrukt der „schwebenden Wirksamkeit" des einem Widerrufsrecht unterliegenden „Verbrauchervertrags" zugrundegelegt.[728] Die noch bei § 361a BGB (a.F.) anzutreffende Kritik[729] gegenüber der „schwebenden Wirksamkeit" - insbesondere von denjenigen, die bereits damals das Widerrufsrecht gemäß § 361a BGB (a.F.) als „modifiziertes gesetzliches Rücktrittsrecht" ansahen - scheint bei § 355 BGB verstummt zu sein. Im Gegenteil ist gerade eine dogmatisch bedenkliche Verbindung beider Argumentationsmuster festzustellen:[730] Nach einem Ansatz, der auch der Sicht vom „Widerrufsrecht als modifiziertes gesetzliches Rücktrittsrecht"[731] folgt, „vernichtet" der fristgemäße Widerruf nach § 355 BGB die auf den Abschluß eines Vertrags gerichtete Willenserklärung des Verbrauchers. Die „schwebende Wirksamkeit" des „Verbrauchervertrags" soll sich dabei gerade daraus ergeben, daß die Willenserklärung des Verbrauchers bis zu diesem Zeitpunkt „wirksam", aber „vernichtbar" ist. Durch den Widerruf soll der „Verbrauchervertrag" nicht mit ex tunc-Wirkung unwirksam werden, sondern er soll sich „mit ex nunc-Wirkung in ein Abwicklungsverhältnis (Rückgewährschuldverhältnis)" umwandeln[732], für das gemäß § 357 I 1 BGB grundsätzlich das Rücktrittsrecht (gemäß §§ 346 ff. BGB) relevant ist, weshalb das Widerrufsrecht auch als „modifiziertes gesetzliches Rücktrittsrecht" angesehen wird.

---

727 Vgl. *Dauner-Lieb/Heidel/Lepa/Ring* (Hg.): Anwaltkommentar Schuldrecht, *Ring* zu § 356 BGB, Rn. 21 (gesetzliches Rücktrittsrecht); *Ring*, in *Dauner-Lieb/Heidel/Lepa/Ring*, Neues Schuldrecht, S. 343 ff., 382.

728 Vgl. insbesondere *Mankowski*, JZ 2001, S. 745 ff., 746; *Mankowski*, WM 2001, S. 793 ff., 796; *Lütcke*, Fernabsatzrecht, zu § 312d BGB, Rn. 9 ff.; *von Koppenfels*, WM 2001, S. 1360 ff., 1360 f.; *Artz*, VuR 2001, S. 391 ff., 393; *Bülow*, WM 2000, S. 2361 ff., 2361; siehe auch *Ring*, in *Dauner-Lieb/Heidel/Lepa/Ring*, Neues Schuldrecht, S. 343 ff., 383, 403 („Gestaltungsrecht i.S. einer schwebenden Wirksamkeit"); *Dauner-Lieb/Heidel/Lepa/Ring* (Hg.): Anwaltkommentar Schuldrecht, *Ring* zu § 355 BGB, Rn. 6 ff., 12 ff.; *Ring* zu § 357 BGB, Rn. 1, 7; *Dörner/Ebert/Eckert/Hoeren/Kemper/Saenger/Schulte-Nölke/Schulze/Staudinger* (Hg.): Handkommentar BGB, 2. Aufl., *Schulze* zu § 355 BGB, Rn. 1 ff.; *Schulze* zu § 357 BGB, Rn. 1; a.A. hingegen *Brüggemeier/Reich*, BB 2001, S. 213 ff., 218; *N. Fischer*, DB 2002, S. 253 ff., 256 f.

729 Siehe z.B. *Palandt*, 60. Aufl., *Heinrichs* zu § 361a BGB, Rn. 2, 28; vor § 104 BGB, Rn. 32a; *Fuchs*, ZIP 2000, S. 1273 ff., 1282. Vgl. auch *Härting*, VuR 2001, S. 11 ff., 11; *Palandt*, (Ergänzungsband) 61. Aufl., *Heinrichs* zu § 357 BGB, Rn. 2. Siehe dazu auch oben, Teil B.III.2.

730 Vgl. insbesondere *Dauner-Lieb/Heidel/Lepa/Ring* (Hg.): Anwaltkommentar Schuldrecht, *Ring* zu § 355 BGB, Rn. 12 f.; *Ring* zu § 357 BGB, Rn. 1, 7; *Ring*, in *Dauner-Lieb/Heidel/Lepa/Ring*, Neues Schuldrecht, S. 343 ff., 383, 403 f.; s.a. *Lütcke*, Fernabsatzrecht, zu § 312d BGB, Rn. 9 ff.

731 *Dauner-Lieb/Heidel/Lepa/Ring* (Hg.): Anwaltkommentar Schuldrecht, *Ring* zu § 355 BGB, Rn. 12.

732 *Dauner-Lieb/Heidel/Lepa/Ring* (Hg.): Anwaltkommentar Schuldrecht, *Ring* zu § 355 BGB, Rn. 12 f.; *Ring* zu § 357 BGB, Rn. 1, 7; s.a. *Ring*, in *Dauner-Lieb/Heidel/Lepa/Ring*, Neues Schuldrecht, S. 343 ff., 383, 403 f.; *Palandt*, (Ergänzungsband) 61. Aufl., *Heinrichs* zu § 355 BGB, Rn. 3 f. (Umgestaltung in ein Abwicklungsverhältnis und „Schwebezustand"); *Heinrichs* zu § 357 BGB, Rn. 2 („ex-nunc"-Wirkung).

Somit ist nach wie vor die „vertragsbezogene" Betrachtung[733] für die Erklärung der Wirkungsweise des „allgemeinen" verbraucherschützenden Widerrufsrechts (gemäß § 355 I 1 BGB) maßgeblich, wobei (fast) kritiklos an dem „Modell der schwebenden Vertragswirksamkeit" festgehalten wird - und dies ungeachtet schon aller bisher aufgezeigten alten und neuen Probleme, die aus dieser Sichtweise resultieren.

3. Alte und neue dogmatische und systematische Probleme der „vertragsbezogenen" Betrachtung der Wirkungsweise von § 355 BGB, insbesondere vor dem Hintergrund der Integration der Verbraucherschutzgesetze in das BGB

Wie der kurze Blick auf die Neuerungen des „Schuldrechtsmodernisierungsgesetzes" gezeigt hat, ergeben sich dadurch für die Untersuchung der Wirkungsweise des „allgemeinen" verbraucherschützenden Widerrufsrechts inhaltlich kaum Änderungen: Aufgrund der wesentlichen Übereinstimmung von Wortlaut und Regelungsinhalt der Widerrufsrechte in dem früheren § 361a I 1 BGB (a.F.) und dem jetzigen § 355 I 1 BGB kann sich eine Analyse der Wirkungsweise des „einheitlichen verbraucherschützenden Widerrufsrechts" auch auf die bislang zu § 361a BGB (a.F.) gewonnenen Erkenntnisse stützen, insbesondere da der Gesetzgeber und die überwiegende Privatrechtswissenschaft an dem „Modell der schwebenden Wirksamkeit" des „Verbrauchervertrags" festhalten.[734] Die dadurch bedingte Möglichkeit einer „einheitlichen" Analyse der Wirkungsweise aller neugeregelten „besonderen" Widerrufsrechte, deren Wirkungsweise von § 355 I 1 BGB abhängt, hat sich daher insbesondere mit der „vertragsbezogenen" Betrachtung und ihren dogmatischen und systematischen Problemen, die schon bei dem früheren § 361a BGB (a.F.) aufgezeigt wurden,[735] auseinanderzusetzen.

---

733 Dabei wird auch der „vertragsbezogenen" (ausschließlichen) Differenzierung zwischen der „schwebenden Wirksamkeit" und der „schwebenden Unwirksamkeit" des „Verbrauchervertrags" gefolgt, vgl. z.B. *Dauner-Lieb/Heidel/Lepa/Ring* (Hg.): Anwaltkommentar Schuldrecht, *Ring* zu § 355 BGB, Rn. 6 ff.; s.a. *Ring*, in *Dauner-Lieb/ Heidel/Lepa/Ring*, Neues Schuldrecht, S. 343 ff., 382 f., 401 ff.; s.a. *Lütcke*, Fernabsatzrecht, zu § 312d BGB, Rn. 9 ff.; jeweils m.w.N.

734 Vgl. auch *von Koppenfels*, WM 2001, S. 1360 ff., 1361 f. - entgegen *Kroppenberg*, WM 2001, S. 844 ff., 845 (zu § 361a BGB a.F.). Vgl. auch *Mankowski*, WM 2001, S. 793 ff.; 833 ff., 841 ff.

735 Vgl. Teil B.III.3. Zu beachten ist dabei, daß mit den letzten widerrufsrechtlichen Korrekturen durch das OLG-Vertretungsänderungsgesetz v. 23.07.2002, BGBl. 2002 I S. 2850, 2856 ff. (vgl. dazu BT-Dr. 14/9266, BT-Dr. 14/9633), zwar einerseits einige (vorwiegend gemeinschaftsrechtliche) Probleme der (widerrufsrechtlichen) Regelungen beseitigt wurden, andererseits dadurch auch neue Probleme hinzukamen (s. *N. Fischer*, DB 2002, S. 1643 ff. m.w.N.), vgl. insbesondere die neuen §§ 312a, 312d V BGB für das widerrufsrechtliche Konkurrenzverhältnis, den intransparenten § 355 III BGB und den (jetzt) „verbraucherfeindlichen" § 355 II 2 BGB. Schließlich werfen auch die neuen intertemporalen Regelungen diverse Probleme auf: Für das Inkrafttreten dieser Neuregelungen zum 01.08.2002 ist nämlich zu berücksichtigen, daß das OLG-Vertretungsänderungsgesetz gemäß Art. 34 S. 1 vorbehaltlich der Sätze 2-3 am Tag nach der Verkün-

Über diese Schwierigkeiten hinaus ergeben sich aber aus der Integration fast aller Verbraucherschutzgesetze, die ein Widerrufsrecht enthalten, in das BGB neue Probleme, die das Verständnis der widerrufsrechtlichen Wirkungsweise, und dabei insbesondere das Zusammenspiel von „besonderen" sonderprivatrechtlichen Regelungen im BGB und der allgemeinen BGB-Dogmatik, noch erschweren:
Die (sehr kurzfristig durchgeführte) „Überführung" der sonderprivatrechtlichen Verbraucherschutzgesetze in das BGB als die gravierendste Veränderung durch die „Schuldrechtsmodernisierung"[736] für den Bereich der verbraucherschützenden Widerrufsrechte führte nicht nur dazu, daß sich das Verbraucherschutzrecht „neuerdings in ständiger legislativer Bewegung"[737] befindet, sondern auch dazu, daß die zahlreichen neueren Veränderungen in diesem Bereich keiner breiten wissenschaftlichen Diskussion mehr zugeführt worden sind.[738] Daher ergibt sich die Notwendigkeit, dieses Versäumnis nachzuholen, damit die Aufbereitung und Analyse des neuen Rechts nicht alleine Rechtsanwendungspraxis, Justiz und kommender (Korrektur-)Gesetzgebung[739] überlassen wird.[740] Bereits die be-

---

dung in Kraft tritt, wobei Art. 34 S. 3 anordnet, daß die zeitversetzte Wiederherstellung des ursprünglichen § 506 BGB (nach Art. 25 II) am 01.07.2005 in Kraft tritt. Zu beachten ist auch die (in Art. 25 III geregelte) neue Überleitungsvorschrift des Art. 229 § 8 EGBGB: Während nach Art. 229 § 8 I 1 EGBGB die wesentlichen Neuregelungen nur anzuwenden sind auf Haustürgeschäfte, die nach dem 01.08.2002 abgeschlossen worden sind (sowie auf andere Schuldverhältnisse, die nach dem 01.11.2002 entstanden sind), ist gem. Art. 229 § 8 I 2 EGBGB der neugeregelte § 355 III BGB jedoch auch auf Haustürgeschäfte anzuwenden, die nach dem 31.12.2001 abgeschlossen worden sind, einschließlich ihrer Rückabwicklung. Von erheblicher Bedeutung ist weiterhin, daß (gemäß Art. 229 § 8 II EGBGB) der neue § 355 II BGB auch auf Verträge anzuwenden ist, die vor dem in Art. 229 § 8 I 1 EGBGB genannten Zeitpunkt geschlossen worden sind, wenn die erforderliche Belehrung über das Widerrufs- oder Rückgaberecht erst nach diesem Zeitpunkt erteilt wird (vgl. BT-Dr. 14/9633, S. 4), woraus sich die Möglichkeit einer „Nachbelehrung" in den Fällen ergibt, die dem Fall „*Heininger*" entsprechen. Gerade die Möglichkeit einer solchen Nachbelehrung läßt aber befürchten, daß damit Hunderttausende von „Altfällen" zu Lasten der betroffenen Immobilienkäufer geregelt werden sollen. Vgl. zu dieser Problematik nur das *Heininger*-Urteil des BGH (v. 09.04.2002, Az.: XI ZR 91/99, DB 2002, S. 1262 ff.), dazu z.B. *N. Fischer*, DB 2002, S. 1266 ff. m.w.N.

736 Siehe zu dem Verhältnis von allgemeinem Zivilrecht und Verbraucherrecht als Sonderprivatrecht z.B. *Schulze/Schulte-Nölke*, in *Schulze/Schulte-Nölke* (Hg.): Die Schuldrechtsreform vor dem Hintergrund des Gemeinschaftsrechts, S. 3 ff., 15 ff; sehr differenziert *Pfeiffer*, in *Ernst/Zimmermann* (Hg.): Zivilrechtswissenschaft und Schuldrechtsreform, S. 481 ff., insbesondere S. 499, 522; ablehnend dagegen *Wilhelm*, JZ 2001, S. 861 ff., 868 f. m.w.N.

737 *Mankowski*, JZ 2001, S. 745 ff., 745.

738 Siehe dazu auch *Dauner-Lieb*, in *Dauner-Lieb/Heidel/Lepa/Ring* (Hg.): Textausgabe des BGB mit neuem Schuldrecht, 2002, Einführung, S. 5 ff., 5.

739 Vgl. zu der Richtlinienwidrigkeit der ursprünglichen §§ 355 III 1, 312a BGB nur EuGH DB 2001, S. 2710 ff., siehe zu den Neuregelungen z.B. *N. Fischer*, DB 2002, S. 1643 ff. m.w.N.

stehenden „Spannungslagen" zwischen allgemeinem Zivilrecht und Verbraucherschutzrecht als Sonderprivatrecht können dazu führen, daß die „innere Einheit" des BGB gefährdet wird oder „systemsprengendes Gedankengut" der Sondergesetze[741] zur für die Rechtsanwendungspraxis bedrohlichen Störungen der BGB-Dogmatik führt. Die radikalen Umwälzungen für das Regelungssystem des Privatrechts durch die „Schuldrechtsmodernisierung"[742] werden in Verbindung mit dem Mangel an dogmatischen und systematischen Grundlagen daher zumindest bewirken, daß zu den beschriebenen Gefahren noch weitere hinzutreten, die ebenfalls in ihrer Brisanz nicht zu unterschätzen sind. Dies gilt erst recht vor dem Hintergrund, daß die Umsetzung europäischen Rechts nicht nur als „Daueraufgabe"[743] zu bewältigen ist, sondern auch und in zunehmenden Maße europäisches und deutsches Informations-, Telekommunikations- und Datenschutzrecht zu beachten ist, wie beispielsweise der Vertragsschluß im Internet[744] verdeutlicht. So wird erst die weitere Entwicklung zeigen, ob die Integration der verbraucherschützenden Sondergesetze zur Stärkung der Kodifikation BGB beiträgt, oder ob diese vielmehr „Sprengstoff für die Kodifikation"[745] enthält.

---

740 Schon hinsichtlich der dogmatischen und systematischen Mängel des neuen Rechts. Vgl. dazu z.B. *Zimmermann*, in *Ernst/Zimmermann* (Hg.): Zivilrechtswissenschaft und Schuldrechtsreform, S. 1 ff., 20; *Wilhelm*, JZ 2001, S. 861 ff., 863, 868 f. („methodische Mangelhaftigkeit").

741 Siehe *Gilles*, JA 1980, S. 1 ff., 4 ff. Vgl. auch *Dauner-Lieb*, in *Dauner-Lieb/Heidel/Lepa/Ring* (Hg.): Textausgabe des BGB mit neuem Schuldrecht, 2002, Einführung, S. 5 ff., 9.

742 Siehe zum (anfänglichen) „Aufschrei der Entrüstung" *Barth*, ZAP 10/2001, S. 567; *Altmeppen*, DB 2001, S. 1131 ff., 1131; sowie NJW-Wochenspiegel, NJW 20/2001, S. XLIX.

743 *W.-H. Roth*, JZ 2001, S. 475 ff., 483. Vgl. auch *Staudinger*, VuR 2001, S. 353 ff. m.w.N.

744 Vgl. zu Verbraucherschutz im E-Commerce z.B. *Scherer/Butt*, DB 2000, S. 1009 ff.; *S. Ernst*, VuR 1999, S. 397 ff.; *Moritz*, CR 2000, S. 61 ff.; u.a. zu urheber- und wettbewerbsrechtlichen Aspekten *Bleiweiß*, JA 2000, S. 506 ff.; u.a. zu Problemen des Rechts der AGB im Internet *Borges*, ZIP 1999, S. 130 ff., 135; zu dem Recht der digitalen Signaturen z.B. *Kilian*, BB 2000, S. 733 ff.; *Roßnagel*, NJW 2001, S. 1817 ff.; *Viefhues/Scherf*, ZAP 17/2001, S. 1109 ff. (Fach 23, S. 561 ff.); zum „elektronischen Vertrag" und dem am 18.07.2001 (BGBl. I S. 1542) verkündeten „Formvorschriftenanpassungsgesetz" *Nowak*, MDR 2001, S. 841 ff.; zu Datenschutz im Internet *F. Koch*, in: *Loewenheim/Koch*, Online-Recht, S. 549 ff.; *Gola/Klug*, NJW 2001, S. 3747 ff.

745 So *Dauner-Lieb*, in *Dauner-Lieb/Heidel/Lepa/Ring* (Hg.): Textausgabe des BGB mit neuem Schuldrecht, 2002, Einführung, S. 5 ff., 12.

V. Ergebnis zu Teil B.

Daher ergeben sich Notwendigkeit und Anlaß einer Untersuchung der Wirkungsweise verbraucherschützender Widerrufsrechte nicht zuletzt aus den bedrohlichen Folgen[746] des bisherigen „vertragsbezogenen" Verständnisses der Wirkungsweise von Widerrufsrechten im Privatrecht. Eine besondere Brisanz gewinnen diese Gefahren angesichts des Umstandes, daß eine breite Diskussion in der Zivilrechtswissenschaft bereits zu dem früheren § 361a BGB (a.F.) wegen der Eile der Umsetzung der Fernabsatzrichtlinie - im Gegensatz zu der Fernabsatzrichtlinie selbst[747] - ausgeblieben ist.[748] Damit wurde auch weitgehend die Möglichkeit vertan, korrigierend auf den Gesetzgeber einzuwirken.[749]

Bei aller im Ansatz berechtigten Zustimmung zur Eindämmung der „kodifikatorischen Zersplitterung des Privatrechts"[750] in dem wichtigen Teilbereich der verbraucherschützenden Widerrufsrechte stellt sich angesichts der vielfältigen Probleme und Gefahren die Frage, welche der skizzierten Problematiken vorrangig anzugehen ist. Im Rahmen dieser Untersuchung ist aber nur eines der geschilderten Grundprobleme näher zu untersuchen, und zwar die Frage nach der Wirkungsweise der verbraucherschützenden Widerrufsrechte. Diese erfährt im Rahmen der bisherigen Diskussion eine zweifache Simplifizierung. Diese liegt zum einen in der Annahme der „Vertragsbezogenheit" des Widerrufsrechts und zum anderen in der Einordnung als (Un-) Wirksamkeitsvoraussetzung[751] begründet. Inwieweit diese dogmatisch und systematisch zu hinterfragenden „Sichtweisen" auch den Blick auf die Zusammenhänge des Verbraucherschutzrechts als Sonderprivatrecht mit den allgemeinen zivilrechtlichen Regelungen des BGB verstellen, wenn nicht sogar „verschleiern", wird noch näher zu untersuchen sein.

Wichtig ist jedenfalls bereits in diesem Stadium der Untersuchung die Erkenntnis, daß es bei der Wirkungsweise des „allgemeinen" verbraucherschützenden Widerrufsrechts gemäß § 355 I 1 BGB (- wie schon zuvor bei § 361a I BGB

---

746 Vgl. zu den Problemen bei laufender Widerrufsfrist z.B. *Pudor*, Wirkungsweise, S. 25 ff. m.w.N.

747 Vgl. z.B. *Micklitz*, ZEuP 1999, S. 875 ff.; *Willingmann*, VuR 1998, S. 395 ff.

748 So *Tonner*, BB 2000, S. 1413 ff., 1413 m.w.N. Vgl. für den RefE des FernAG z.B. *Micklitz/Reich*, BB 1999, S. 2093 ff.; *Bülow*, ZIP 1999, S. 1293 ff.; *Härting*, CR 1999, S. 507 ff.; *Waldenberger*, K&R 1999, S. 345 ff.; jeweils m.w.N.

749 Ausnahmen bestätigen auch hier die Regel, wie das Beispiel *Bülow*, ZIP 1999, S. 1293 ff., zeigt.

750 *S. Lorenz*, JuS 2000, S. 833 ff., 835. Siehe auch *Fuchs*, ZIP 2000, S. 1273 ff., 1287 (Erhöhung der „Übersichtlichkeit und Rechtssicherheit"); *Bülow/Artz*, NJW 2000, S. 2049 ff., 2052, FN. 25 („beklagenswerte „Wirrwarr" vergangener Jahre überwunden"); trotz aller Detailkritik auch *Tonner*, BB 2000, S. 1413 ff., 1420 („Der eingeschlagene Weg, der grundsätzlich zu begrüßen ist, kann nur ein Anfang sein.").

751 Siehe für den Bereich des Vertragsrechts nur *Leenen*, AcP 188 (1988), S. 382 ff., 385 ff m.w.N.

a.F. -) nicht um („schwebende“) Wirksamkeit oder Unwirksamkeit einer Willenserklärung oder gar des gesamten Vertrags geht, sondern um die Aufhebung bestimmter Wirkungen der Willenserklärung des Verbrauchers, die zwar letztlich, aber eben nur im Ergebnis, zu dessen „vertraglicher Bindung“ geführt haben. Die Notwendigkeit einer dogmatischen Neubetrachtung folgt dabei schon aus dem Umstand, daß eine überzeugende Analyse der widerrufsrechtlichen Wirkungsweise nach wie vor fehlt.

C. Die Wirkungsweise verbraucherschützender Widerrufsrechte nach „willenserklärungsbezogener" Betrachtung

Wie in Teil B. gezeigt wurde, ist eine kritische[752] Untersuchung der herkömmlichen „vertragsbezogenen" Erklärung der widerrufsrechtlichen Wirkungsweise notwendig. Die folgende „willenserklärungsbezogene" Analyse beinhaltet dabei den Versuch, die Wirkungsweise des „allgemeinen"[753] verbraucherschützenden Widerrufsrechts „neu" zu betrachten.

Erster Ansatzpunkt nach einer einführenden „Grundlegung"[754] zur „willenserklärungsbezogenen" Sichtweise ist die Erkenntnis, für die „willenserklärungsbezogene" Analyse der widerrufsrechtlichen Wirkungsweise zwar an die herrschende Privatrechtsdogmatik bezüglich der „Willenserklärung" und des „Vertrags" anknüpfen zu müssen, obwohl gerade in diesem Bereich der BGB-Dogmatik die Notwendigkeit besteht, eine kritische Neubetrachtung vorzunehmen, die vorliegend aber nicht geleistet werden kann.[755] Anschließend ist die Entwicklung des „allgemeinen" verbraucherschützenden Widerrufsrechts in den Fokus der „willenserklärungsbezogenen" Betrachtung zu stellen.[756] Dabei bietet bereits der Wortlaut des früheren § 361a I 1 BGB (a.F.) wie des jetzigen § 355 I 1 BGB (sowie der jeweiligen „Vorgängerregelungen") mit der Anknüpfung an die (nicht mehr vorhandene) „Gebundenheit" an die Willenserklärung (des Verbrauchers) Ansätze für eine „willenserklärungsbezogene" Betrachtung. Im Rahmen einer solchen Betrachtung gewinnt die „Bindung" oder „Gebundenheit", wie sie in § 145 BGB zu finden ist, und damit auch das System des Vertragsschlusses, wie es im BGB in den §§ 145 ff. geregelt ist, entscheidende Bedeutung für die Erklärung der Funktionsweise des verbraucherschützenden Widerrufsrechts, wobei auch das Widerrufsrecht gem. § 130 I 2 BGB zu berücksichtigen ist. Da bisher nahezu völlig unklar ist, was die „Bindungswirkung" iSv. § 145 BGB ausmacht, ist es zunächst nötig, näher zu untersuchen, was unter „Bindung" oder „Gebundenheit" denn genau zu verstehen ist[757], bevor in einem nächsten Schritt auf die Frage eingegangen werden kann, in welcher Weise der Widerruf überhaupt auf die „Bindungswirkung" einer Willenserklärung einwirkt.[758] Abschließend ist zu untersuchen, ob und inwieweit

---

752 Schon angesichts dessen, daß es rechtsdogmatisch bislang nicht gelungen ist, „der verbraucherschützenden Widerrufsrechte wirklich Herr zu werden" – so *Gernhuber*, WM 1998, S. 1797 ff., 1797.

753 Als „allgemeines" verbraucherschützendes Widerrufsrecht wird im folgenden das verbraucherschützende Widerrufsrecht bezeichnet, wie es in seiner dogmatischen Grundstruktur für alle speziellen verbraucherschützenden Widerrufsrechte erstmals einheitlich in § 361a BGB (a.F.) geregelt war und nunmehr in § 355 BGB geregelt ist.

754 Vgl. Teil C.I.

755 Siehe Teil C.II.

756 Vgl. Teil C.III.

757 Vgl. dazu Teil C.IV.

758 Siehe dazu Teil C.V.

durch die gewonnenen Erkenntnisse die eingangs genannte Hypothese[759] bestätigt wird.[760]

I. Ausgangspunkt und Grundlegung: Die „willenserklärungsbezogene" Sichtweise

Die folgende „Neu"-Betrachtung der Wirkungsweise des verbraucherschützenden Widerrufsrechts, die hier als „willenerklärungsbezogen" bezeichnet werden soll, betont insbesondere den Zusammenhang der widerrufsrechtlichen Regelungen auf der einen und der willenserklärungs- und vertragsschlußbezogenen Regelungen auf der anderen Seite. Der „willenerklärungsbezogenen" Betrachtung liegt dabei als Kernstück und Ausgangspunkt folgende Hypothese zugrunde: Nach normativer Bewertung betrifft die Wirkungsweise des einheitlichen verbraucherschützenden Widerrufsrechts allein die (noch zu untersuchende) rechtliche „Bindungswirkung" einer Willenserklärung des Verbrauchers. Die „willenserklärungsbezogene" Betrachtungsweise berücksichtigt auch, daß im Zeitpunkt des Widerrufs ein Vertrag zwischen Verbraucher und Unternehmer vielleicht noch nicht einmal zustandegekommen ist. Dabei steht die Annahme im Mittelpunkt, daß es bei der maßgebenden Wirkungsweise des „allgemeinen" verbraucherschützenden Widerrufsrechts um das „Rückgängigmachen" von bestimmten rechtlichen Wirkungen (bezüglich intendierter vertraglicher Verpflichtungen oder Rechte) einer bereits abgegebenen Willenserklärung mittels „Gegen"-Willenserklärung (Widerruf) aufgrund „gesetzlicher Anordnung" (Widerrufsgrund) geht, wenn nicht sogar um den normativen Tatbestand der widerrufenen Willenserklärung. Schließlich beinhaltet die Hypothese auch, daß der Vertragsschluß und seine jeweiligen (vertrags-)rechtlichen Wirkungen zwar möglicherweise im Ergebnis von der widerrufsrechtlichen Wirkung betroffen sind, aber nicht von vornherein. Diese Hypothese in Verbindung mit der geschilderten Zielprojektion erfordert zunächst einmal die nähere Betrachtung dessen, was als maßgebliches „Bezugsobjekt"[761] des verbraucherschützenden Widerrufsrechts bereits nach dem Wortlaut von § 355 I 1 BGB feststeht, die Willenserklärung des Verbrauchers.

II. Die herrschende Theorie und Dogmatik hinsichtlich „Willenserklärung" und „Vertrag" als Basis der „willenserklärungsbezogenen" Betrachtung

Nach der rechtstechnischen Gestaltung des „allgemeinen" Widerrufsrechts in der Gestalt sowohl des früheren § 361a I 1 BGB (a.F.) als auch des heutigen § 355 I 1 BGB ist der Verbraucher „an seine auf den Abschluss eines Vertrages

---

[759] Siehe zur Hypothese der widerrufsrechtlichen Wirkungsweise Teil A.III., B.V.

[760] Vgl. Teil C.VI.

[761] „Bezugsobjekt" in diesem Sinn ist der „rechtstechnische Anknüpfungspunkt" für das verbraucherschützende Widerrufsrecht in dem früheren § 361a I 1 BGB (a.F.) und dem heutigen § 355 I 1 BGB.

(mit einem Unternehmer)[762] gerichtete Willenserklärung nicht mehr gebunden, wenn er sie fristgerecht widerrufen hat". Das nach dem Wortlaut des „allgemeinen" verbraucherschützenden Widerrufsrechts maßgebende Bezugsobjekt für den Widerruf ist daher alleine die auf den Vertragsabschluß mit einem Unternehmer gerichtete „Willenserklärung"[763] eines Verbrauchers, nicht etwa der „Vertrag" zwischen beiden. Genauso einfach wie diese Differenzierung noch ist, genauso kompliziert wird die Situation, wenn man die Willenserklärung unter dem Blickwinkel der herrschenden Theorie und Dogmatik hinsichtlich der „Willenserklärung" und des „Vertrags" - und ebenso unter demjenigen der Kritik an dieser - einmal näher und genauer betrachtet: Nach einem Überblick über die herkömmliche Differenzierung zwischen „der Willenserklärung"[764], ihren verschiedenen Bestandteilen, wie sie insbesondere in der Privatrechtswissenschaft[765] unterschieden werden, „dem Rechtsgeschäft"[766] und „dem Vertrag"[767]

---

762 Dieser Teil des Wortlauts findet sich nur bei § 361a I 1 BGB (a.F.), aber nicht bei § 355 I 1 BGB. Während noch der RegE zum „Schuldrechtsmodernisierungsgesetz" (Stand: 14.05.2001), BT-Dr. 14/6040, S. 17, 198, von einem identischen Wortlaut der Vorschriften ausging, wurde der Wortlaut von § 355 I 1 BGB in der endgültigen Gesetzesfassung abgeändert. Aufgrund der fehlenden Gesetzesbegründung dazu ist aber nicht davon auszugehen, daß insoweit eine inhaltliche Veränderung durch den Gesetzgeber beabsichtigt war. Vgl. oben, Teil B.I.3., B.IV.1.

763 So auch *von Koppenfels*, WM 2001, S. 1360 ff., 1364.

764 Siehe m.w.N. z.B. *Palandt*, 60. Aufl., *Heinrichs* vor § 116 BGB, Rn. 1 ff.; *Brox*, AT, 25. Aufl., S. 52; MK-BGB, 3. Aufl., *Kramer* vor § 116 BGB, Rn. 1 ff.; *Klunzinger*, Bürgerliches Recht, 8. Aufl., S. 58 ff.; *Schwab*, Einführung, 7. Aufl., S. 207 ff.; AK-BGB, *Hart* vor § 116 BGB, Rn. 12 ff.; *Eisenhardt*, JZ 1986, S. 875 ff.; *Rüthers*, AT, 6. Aufl., S. 116 ff.; *Hübner*, AT, S. 283 ff.; *Leßmann*, JA 1983, S. 341 ff., 341; *M. Wolf*, in: Grundlagen des Vertrags- und Schuldrechts, S. 59 ff., 66 ff.; *Hanau*, AcP 165 (1965), S. 220 ff.; *Enneccerus/Nipperdey*, AT, 15. Aufl., Band I, 2. Halbband, S. 894 ff.; sowie grundlegend *Manigk*, Willenserklärung und Willensgeschäft, (1907).

765 Wie der objektive Erklärungstatbestand und das subjektive Willensmoment, das wiederum herkömmlich in Handlungswille, Erklärungsbewußtsein und Geschäftswille unterteilt wird, siehe dazu z.B. *Brox*, AT, 25. Aufl., S. 52 f.; *Klunzinger*, Bürgerliches Recht, 8. Aufl., S. 58 ff.; *Leßmann*, JA 1983, S. 341 ff., 341

766 Vgl. dazu z.B. *Brox*, AT, 25. Aufl., S. 57; *Musielak*, Grundkurs BGB, 3. Aufl., S. 36 ff.; *Klunzinger*, Bürgerliches Recht, 8. Aufl., S. 68 ff.; *Schwab*, Einführung, 7. Aufl., S. 183 ff.; *Rüthers*, AT, 6. Aufl., S. 161 ff.; *Hübner*, AT, S. 283 ff.; 262 ff.; *Löwisch*, Rechtsgeschäft, 3. Aufl.; *M. Wolf*, in: Grundlagen des Vertrags- und Schuldrechts, S. 59 ff., 62 ff.; *Enneccerus/Nipperdey*, AT, 15. Aufl., Band I, 2. Halbband, S. 894 ff.; jeweils m.w.N.

767 Siehe *Palandt*, 60. Aufl., *Heinrichs* vor § 145 BGB, Rn. 1 ff.; *Erman*, 10. Aufl., *Hefermehl* vor § 145 BGB, Rn. 1 ff.; *Pawlowski*, AT, 6. Aufl., S. 167 ff.; *Soergel*, 13. Aufl., *M. Wolf* vor § 145 BGB, Rn. 1 ff.; *Brox*, AT, 25. Aufl., S. 51, 93 ff.; *Köhler*, AT, 24. Aufl., S. 168 ff.; *Larenz/Wolf*, AT, 8. Aufl., S. 572 ff.; *Jauernig*, 8. Aufl., *Jauernig* vor § 145 BGB, Rn. 1 ff.; MK-BGB, 3. Aufl., *Kramer* vor § 145 BGB, Rn. 1 ff.; *Klunzinger*, Bürgerliches Recht, 8. Aufl., S. 73 ff.; *Hönn*, JuS 1990, S. 953 ff.; *Leenen*, AcP 188 (1988), S. 381 ff.; *Bydlinski*, JuS 1988, S. 36 ff.; AK-BGB, *Hart* vor § 145 BGB, Rn. 1 ff.; *Honsell/Holz-Dahrenstaedt*, JuS 1986, S. 969 ff.; RGRK, 12. Aufl., *Piper* vor § 145 BGB, Rn. 1 ff.; *von Staudinger*, 12. Aufl., *Dilcher* vor § 145 BGB, Rn. 1 ff.; siehe auch *M. Wolf*, Rechtsgeschäftliche Entscheidungsfreiheit und vertraglicher

stellt sich nämlich die Frage, ob und inwieweit die bisherige Dogmatik, wie sie sich üblicherweise nach der (klassischen) „Rechtsgeschäftslehre“[768] darstellt, überhaupt in der Lage ist, die widerrufsrechtliche Wirkungsweise zutreffend zu charakterisieren: Nicht erst seit kurzem wird - auch und insbesondere unter dem Aspekt der „Selbstbindung ohne Vertrag“[769] - thematisiert, ob die „juristische Kunstwelt“ bzw. die auf dem Gebiet der Willenserklärungs- und Vertragstheorien so bedeutenden „Kunstlehren“ als rein normative Modelle (fast) ohne Wirklichkeitsbezug überhaupt noch eine zeitgemäße Bewältigung der modernen Anforderungen an das Vertragsrecht zu gewährleisten vermögen: So wurde (und wird) der Rechtsgeschäftslehre vorgeworfen, daß sie „mit Vorliebe Technizitäten von marginaler praktischer Relevanz“[770] pflegt. Hinzu kommt, daß der Normenbestand hinsichtlich „Willenserklärung“ und „Vertrag“ und die diesbezügliche „dogmatische Verarbeitung“ über hundert Jahre fast stagnierte, während sich das „soziale und ökonomische Substrat der Institution Vertrag“[771] in derselben Zeitspanne grundlegend veränderte. Diese zunehmende Diskrepanz von „gelehrtem Vertragsrecht“ und „Vertragswirklichkeit“ führte auch dazu, daß die klassische Vertragsrechtsdogmatik, die die Verknüpfung von „Selbstbestimmung“ und „Selbstverantwortung“ als „gemeinsame Wurzel aller schuldrechtlichen Verpflichtung und Haftung“[772] ansah, Entwicklungen, die schlagwortartig als „Selbstbindung ohne Vertrag“[773] beschrieben werden, nicht mehr sachgerecht bewältigen kann. Weiterhin verursachte diese Diskrepanz auch einen voranschreitenden „Aushöhlungsprozeß“ des „klassischen Vertragsrechts“. Die legislatorischen Marksteine dieses Prozesses („Wandel vom subjektiven zum objektiven Vertragsrecht“ unter stetiger Zurückbildung des „Willenselementes“ bis hin zu völliger Bedeutungslosigkeit, wie z.B. bei konkludenten, fiktiven oder „elektronischen“ „Willenserklärungen“) stellen z.B. das Versicherungsvertragsgesetz, das Abzahlungsgesetz und das AGB-Gesetz dar.[774] Diese gesetzgeberischen „Notkorrekturen“ (im Sinne von legislato-

---

Interessenausgleich, 1970, S. 8 ff.; sowie speziell zum „Vertragskonsens“ *Manigk*, Willenserklärung und Willensgeschäft, S. 500 ff.; jeweils m.w.N.

768 Vgl. für deren historische Entwicklung z.B. MK-BGB, 3. Aufl., *Kramer* vor § 116 BGB, Rn. 1 ff.; *Hönn*, JuS 1990, S. 953 ff., 954; *Eisenhardt*, JZ 1986, S. 875 ff., 877 ff.; AK-BGB, *Hart* vor § 116 BGB, Rn. 12 ff.; jeweils m.w.N.

769 Siehe *Köndgen*, Selbstbindung ohne Vertrag. Zur Haftung aus geschäftsbezogenem Handeln, Tübingen 1981.

770 *Köndgen*, Selbstbindung ohne Vertrag, S. 2. *Köndgen* selbst (S. 2) nennt als Bespiele „das Verhältnis von falsa demonstratio und verstecktem Dissens oder Fragen des Zugangs von Willenserklärungen“.

771 *Köndgen*, Selbstbindung ohne Vertrag, S. 2.

772 *Köndgen*, Selbstbindung ohne Vertrag, S. 2.

773 Vgl. *Köndgen*, Selbstbindung ohne Vertrag, passim. Nach *Köndgen* zeichnet sich - auch angesichts einer Rechtsprechungstendenz des BGH (vgl. BGHZ 58, 158 ff., 160 f.; 63, 382 ff.; 70, 356 ff.) - ein „Wandel“ des Vertragsrechts ab, den er schlagwortartig als „Selbstbindung ohne Vertrag“ oder als „Selbstbindung ohne Willenserklärung“ bezeichnet (S. 7).

774 Siehe nur *Köndgen*, Selbstbindung ohne Vertrag, S. 3 m.w.N.

rischen „Zwangsregeln" für eine immer größere Zahl von Vertragstypen), die schon vor Jahrzehnten die „Krise des (herrschenden) liberalen Vertragsdenkens" indizierten, ließen die theoretischen Grundlagen des Schuldvertrags jedoch im wesentlichen unberührt, zumal - neben einem generellen (und fortbestehenden) Mangel an „vertragsrechtlicher Grundlagenforschung" - auch eine systematische Aufarbeitung der neu geschaffenen Sonderprivatrechte unterblieb, von einem legislatorischen Konzept oder „System" der verbraucherschützenden Sondergesetze einmal ganz abgesehen.[775] Dies alles führte dazu, daß dem Schuldvertrag als das „immer noch wichtigste Paradigma juristisch institutionalisierter Selbstbindung" weiterhin der - für die Masse der Schuldverträge regelmäßig realitätsferne - „Idealtypus der willenstheoretisch fundierten Rechtsgeschäftslehre"[776] zugrundeliegt, wonach zwei wirtschaftlich ebenbürtige Parteien im Wege eines privatautonomen und willensmängelfreien Konsenses einen Vertrag schließen.

Angesichts der Unzulänglichkeiten der zwar herrschenden, aber im wesentlichen antiquierten „Rechtsgeschäftslehre" ist fraglich, ob diese für die Erklärung der Wirkungsweise der relativ „modernen" sonderprivatrechtlichen Widerrufsrechte überhaupt tauglich ist, bzw. noch herangezogen werden kann oder noch sollte. Dabei ist für den modernen „Verbrauchervertrag"[777] zusätzlich die Frage zu berücksichtigen, in welcher zeitlichen Folge oder mit welcher „Abschlußtechnik" der Vertrag überhaupt zustandekommt. Dies ist nicht nur in jüngerer Zeit dank moderner Kommunikationsmittel (wie die „Fernkommunikationsmittel" des Fernabsatzes, vgl. § 312b II BGB) immer schwieriger zu beantworten. Auch schon früher ist die „traditionelle Theorie von der sukzessiven Perfektion des Vertrags" nämlich als „nicht realitätsnahe Betrachtung" bewertet worden.[778] Dabei ist insbesondere auch auf die bisher unterbewertete Rolle von Vertragsverhandlungen für den Abschluß und Inhalt des Vertrags hingewiesen worden.[779]

---

775 Vgl. z.B. *Köndgen*, Selbstbindung ohne Vertrag, S. 3 f., 9; s.a. *Gilles*, JA 1980, S. 1 ff. m.w.N.

776 *Köndgen*, Selbstbindung ohne Vertrag, S. 4.

777 Vgl. § 310 III BGB. Der Terminus „Verbrauchervertrag" findet sich auch bei *Köndgen*, Selbstbindung ohne Vertrag, S. 9.

778 Vgl. z.B. MK-BGB, 3. Aufl., *Kramer* zu § 145 BGB, Rn. 1a m.w.N.

779 Insbesondere *Köndgen*, Selbstbindung ohne Vertrag, S. 160 f., weist in seiner Kritik am „Konsens" als „Verpflichtungselement" (S. 156 ff.) darauf hin, daß sich der Verhandlungsprozeß als „ein immer dichter werdendes Geflecht von Selbst- und Fremdbindungen" präsentiert, in dem der Konsens lediglich als „Formalakt" einen „Schlußpunkt" setzt. Daher spricht er auch - anstatt von der „Willenseinigung als Richtigkeitsgewähr", vgl. *Schmidt-Rimpler*, AcP 147 (1941), S. 130 ff. - von dem „Verhandlungsprozeß als Richtigkeitschance" (S. 161). Siehe auch *Gilles*, Kangweon Law Review, Band 2 (1986), S. 85 ff., 87 (Vertragsabschluß als „Prozeß" oder „Abfolge von Phasen", nicht als „Punkt").

Jedoch ist - auch angesichts aller dieser Probleme der klassischen Theorie des Schuldvertrags - ebenfalls zu beachten, daß sich die „traditionellen Paradigmatika des Vertragsrechts“ nicht „von einem Tag auf den anderen auswechseln“[780] lassen, zumal auch eine „Theorie der Selbstbindung“ als mögliche Alternative - bis zum heutigen Stand der Forschung - (noch) nicht existiert.[781] Ob und inwieweit eine solche fällige Ersetzung der klassischen „Vertragstheorie“ möglich ist und (überhaupt) geleistet werden kann, ist aber nicht Gegenstand der vorliegenden Untersuchung. Für diese ist jedoch wenigstens die Kritik an der „herrschenden Vertragsrechtsdoktrin“ im Auge zu behalten, insbesondere wenn im Rahmen der noch zu thematisierenden „Bindungswirkung“[782] die „juristischen Kunstwelten“ hinsichtlich der „Willenserklärung“ und des „Vertrags“[783] bemüht werden (müssen).

Betrachtet man sich die Terminologie der „klassischen“ Rechtsgeschäftslehre bezüglich der „Willenserklärung“ und des „Vertrags“, dann zeigt sich, daß bereits von keiner einheitlichen Begrifflichkeit ausgegangen werden kann. Wie sich noch zeigen wird, gilt dies auch und insbesondere für die im BGB selbst verwendete Terminologie.
Nach der herkömmlichen Definition der „Rechtsgeschäftslehre“ ist ein Rechtsgeschäft ein (normativer) „Tatbestand, der aus mindestens einer Willenserklärung sowie oft aus weiteren Elementen“ (sehr häufig eine andere Willenserklärung) besteht, und „an den die Rechtsordnung den Eintritt des gewollten rechtlichen Erfolges knüpft“.[784] Die Willenserklärung stellt dabei „eine private Willensäußerung“ dar, die auf die Erzielung einer Rechtsfolge gerichtet ist“[785]. Da

780 *Köndgen*, Selbstbindung ohne Vertrag, S. 9. *Köndgen* fordert aber gerade, daß das in Frage gestellte Paradigma durch ein „neues“ substituiert werden muß (S. 8).

781 So auch *Köndgen*, Selbstbindung ohne Vertrag, S. 10, der zugesteht, daß auch seine Untersuchung nicht den Anspruch erhebt, „das privatrechtstheoretische Postulat einer Erneuerung der Vertragstheorie einzulösen“ (S. 9).

782 Siehe unten, Teil C.IV., V.

783 Vgl. zu der Kritik an der „Theorie vom vertraglichen Konsens als Verpflichtungsgrund“ bereits hier die grundsätzliche Kritik von *Köndgen*, Selbstbindung ohne Vertrag, S. 156 ff. m.w.N.

784 *Brox*, AT, 25. Aufl., S. 57. Siehe auch die Motive zum BGB I, S. 126. Diese setzen Willenserklärung und Rechtsgeschäft gleich, worauf z.B. *Palandt*, 60. Aufl., *Heinrichs* vor § 104 BGB, Rn. 2, hinweist: Nach der Definition der Motive ist ein Rechtsgeschäft herkömmlicherweise „eine Privatwillenserklärung, gerichtet auf die Hervorbringung eines rechtlichen Erfolges, der nach der Rechtsordnung deswegen eintritt, weil er gewollt ist“.

785 *Brox*, AT, 25. Aufl., S. 52; vgl. auch statt vieler *Palandt*, 60. Aufl., *Heinrichs* vor § 116 BGB, Rn. 1 ff., der es ausreichen läßt, daß der Wille „primär auf einen wirtschaftlichen Erfolg gerichtet ist, sofern dieser als ein rechtlich gesicherter und anerkannter gewollt ist“ (Rn. 4). Siehe zum Begriff der Willenserklärung auch grundlegend *Manigk*, Willenserklärung und Willensgeschäft, S. 150 ff., sowie S. 27 ff. m.w.N. zur Entwicklung der „Willenserklärungslehre“. Für die Rechtsprechung vgl. nur BGH, Urteil vom 24.05.1993, NJW 1993, S. 2100 f.

für die Wirkungsweise des verbraucherschützenden Widerrufsrechts die „Gebundenheit an die“ - oder die „Bindung der“ - „Willenserklärung des Verbrauchers“ die entscheidende Rolle spielt, muß vor einer Analyse der - wie auch immer gearteten - „Bindungswirkung“ zunächst einmal feststehen, was als Grundlage für eine solche „Gebundenheit“ überhaupt - tatsächlich und bzw. oder rechtlich - in Betracht kommt. Dies ist auch und insbesondere deswegen notwendig, da schon das BGB den Begriff der „Willenserklärung“ an verschiedenen Stellen[786] verwendet, ohne ihn näher zu definieren,[787] und der Begriff zudem unter verschiedenen Blickwinkeln[788] kontrovers diskutiert wurde und teilweise auch noch wird.

Bereits ein kurzer Blick auf die explizit im BGB geregelten Willenserklärungen verdeutlicht diesen Befund: Solche Regelungen finden sich insbesondere im 3. Abschnitt des Ersten Buches des BGB unter der Überschrift „Rechtsgeschäfte“, wobei die maßgebenden Titel „Geschäftsfähigkeit“ (§§ 104-115 BGB), „Willenserklärung“ (§§ 116-144 BGB), „Vertrag“ (§§ 145-157 BGB), „Bedingung und Zeitbestimmung“ (§§ 158-163 BGB) und „Einwilligung und Genehmigung“ (§§ 182-185 BGB) lauten, sowie „Vertretung und Vollmacht“ (§§ 164-181 BGB). Trotz dieser Regelungsvielfalt verwendet das BGB den Begriff der Willenserklärung, ohne ihn einheitlich zu definieren. Ebenso wie der unbestimmte Terminus des „Rechtsgeschäfts“[789] oder des „Vertrags“[790] wurde die Begriffsdeutung und -entwicklung daher Rechtsprechung und Rechtswissenschaft überlassen. Eine Folge davon ist, daß der Begriff nach wie vor Probleme[791] und Deutungsschwierigkeiten birgt, die es zu beachten und jeweils bei Bedarf auszuloten gilt, insbesondere da keine einheitliche Terminologie be-

786 Vgl. z.B. die §§ 105 ff. BGB und §§ 116 ff. BGB.

787 So z.B. *Klunzinger*, Bürgerliches Recht, 8. Aufl., S. 58; vgl. für eine Definition z.B *Brox*, AT, 25. Aufl., S. 51; *Leßmann*, JA 1983, S. 341 ff., 341; *Fabricius*, JuS 1966, S. 1 ff., 6 f., 11.

788 Siehe etwa zum Problem des „Schweigens als Willenserklärung“ z.B. *Fabricius*, JuS 1966, S. 1 ff., 50 ff.; zur „konkludenten“ Willenserklärung *Manigk*, Willenserklärung und Willensgeschäft, S. 214 ff. m.w.N.; zum „subjektiven Tatbestand der Willenserklärung“ beispielsweise *Eisenhardt*, JZ 1986, S. 875 ff.; zum „Vertragsschluß ohne Annahmeerklärung“ *Bydlinski*, JuS 1988, S. 36 ff.

789 Vgl. *Klunzinger*, Bürgerliches Recht, 8. Aufl., S. 67. Vgl. zu „Rechtsgeschäft und Willenserklärung“ nur *Flume*, AT, II. Band, 3. Aufl., S. 23 ff. m.w.N.

790 Siehe beispielsweise *Honsell/Holz-Dahrenstaedt*, JuS 1986, S. 969 ff., 969. Vgl. auch *Flume*, AT, II. Band, 3. Aufl., S. 599 ff. m.w.N., insbesondere zu „dem Vertrag“ als Abstraktion (S. 601).

791 Vgl. inbesondere zum Recht der Willenserklärungen *Hönn*, JuS 1990, S. 953 ff., 960 ff.; *Eisenhardt*, JZ 1986, S. 875 ff., 877 ff.; *Fabricius*, JuS 1966, S. 1 ff., 50 ff.; zu den damit zusammenhängenden „Grundproblemen des Vertragsschlusses“ z.B. *Honsell/Holz-Dahrenstaedt*, JuS 1986, S. 969 ff.; zu dem Spezialproblem des „Vertragschlusses ohne Annahmeerklärung“ *Bydlinski*, JuS 1988, S. 36 ff.; zur „verspäteten Annahme“ nur *Hilger*, AcP 185 (1985), S. 559 ff.

steht.[792] Auch ist festzustellen, daß die Einteilung von „Willenserklärungen", wie sie im BGB vorzufinden ist, unter verschiedenen Gesichtspunkten erfolgen kann, die sich wiederum mit der möglichen Einteilung der „Rechtsgeschäfte" überschneidet, u.a. deshalb, weil nach der klassischen Betrachtung der Rechtsgeschäftslehre[793] ein Rechtsgeschäft aus mehreren oder aber nur aus einer Willenserklärung bestehen kann.[794]

Weiterhin ist das Problem der fehlenden einheitlichen Begrifflichkeit nicht nur im BGB zu finden, sondern auch bei denjenigen Stimmen innerhalb der Privatrechtswissenschaft, die die „Bindung" im Kontext von Willenserklärungen und Verträgen überhaupt als eigenes Problemfeld begreifen und thematisieren.[795] Während diese Ansätze[796] wenigstens noch den Unterschied zwischen rechtsrelevantem und nicht rechtsrelevantem[797] menschlichen Verhalten[798] berücksichtigen, wird dagegen der weitergehenden Differenzierung zwischen „faktischen", „sozialen", „realen", „konkreten" bzw. „tatsächlichen" Handlungen (im Sinne von empirischen Wirklichkeiten) und ihren normativen Entsprechungen von der „klassischen" Rechtsgeschäftslehre regelmäßig keine größere Aufmerksamkeit geschenkt.[799] Das wirkliche Handeln von Personen, hier einmal einschränkend als Verbraucher (iSv. § 13 BGB)[800] bezeichnet, spielt in der

---

792 Im Hinblick auf den Unterschied von Willenserklärung und Rechtsgeschäft, z.B. bei §§ 111, 145 BGB, vgl. dazu *Pawlowski*, AT, 6. Aufl., S. 166.

793 Vgl. z.B. *Brox*, AT, 25. Aufl., S. 57 f.; *Pawlowski*, AT, 6. Aufl., S. 166; *Köhler*, AT, 24. Aufl., S. 168 ff.; *Klunzinger*, Bürgerliches Recht, 8. Aufl., S. 68; *Schwab*, Einführung, 7. Aufl., S. 183 f.; *Hübner*, AT, S. 262 ff.; jeweils m.w.N.

794 Dazu sowie zu den verschiedenen Einteilungen der Willenserklärungen z.B. *Klunzinger*, Bürgerliches Recht, 8. Aufl., S. 62 f.; siehe zu den Arten der Rechtsgeschäfte nur *Flume*, AT, II. Band, 3. Aufl., S. 134 ff. m.w.N.

795 Vgl. insbesondere *Pawlowski*, AT, 6. Aufl., S. 162 ff.; *Klunzinger*, Bürgerliches Recht, 8. Aufl., S. 55 ff.; siehe auch den Überblick bei MK-BGB, 3. Aufl., *Kramer* vor § 116 BGB, Rn. 37; AK, *Hart* vor § 116 BGB, Rn. 114 ff.; jeweils m.w.N. Vgl. zu der grundlegenden Unterscheidung der Willenserklärung als „Akt" (Vorgang) und als „Ergebnis des Akts" (Regelung) nur *Flume*, AT, II. Band, 3. Aufl., S. 78.

796 Vgl. insbesondere *Pawlowski*, AT, 6. Aufl., S. 162 ff. m.w.N.

797 Siehe dazu z.B. die Einteilung bei *Klunzinger*, Bürgerliches Recht, 8. Aufl., S. 56 ff.

798 Dabei wird das menschliche Verhalten beschrieben als „willensgesteuerte Lebensäußerung eines Menschen" - *Köbler*, Etymologisches Rechtswörterbuch, S. 431. Bei dem „willentlichen Verhalten" handelt es sich um „ein vom Willen beherrschtes Tun oder Unterlassen" - vgl. *Larenz*, AT, 4. Aufl., S. 290.

799 Vgl. aber für die Willenserklärung als „Akt zwischenmenschlicher sozialer Kommunikation", als „Sozialakt" bzw. als „sozialer Kommunikationsakt" oder das Recht der Willenserklärungen bezogen auf „kooperatives Handeln", z.B. *Larenz*, AT, 4. Aufl., S. 290 ff., 292; sowie den Überblick bei MK-BGB, 3. Aufl., *Kramer* vor § 116 BGB, Rn. 37; oder AK, *Hart* vor § 116 BGB, Rn. 114 ff.; jeweils m.w.N.

800 Dabei soll an den Begriff des „Verbrauchers", wie er in § 13 BGB geregelt ist, angeknüpft werden - in Kenntnis aller damit verbundenen Schwierigkeiten. Vgl. dazu z.B. *Hensen*, ZIP 2000, S. 1151 f.; *Flume*, ZIP 2000, S. 1427 ff., 1427 f.; *Tonner*, BB 2000, S. 1413 ff., 1414 f.; sowie *Schulze/Schulte-Nölke*, in: *Schulze/Schulte-Nölke* (Hg.): Die

Rechtswissenschaft, die sich traditionellerweise als „Normwissenschaft" versteht, nämlich bis heute keine größere Rolle, allenfalls als „Modellvorstellung des Gesetzgebers". Dementsprechend werden „Willenserklärungen"[801] und „Rechtsgeschäfte" in der juristischen „Kunstwelt" (des „klassischen" Vertragsrechts[802]) üblicherweise auch (nur) als normative und abstrakte Phänomene angesehen.[803]

Da es bei dem verbraucherschützenden Widerrufsrecht um den Widerruf von Willenserklärungen (von Verbrauchern) geht, stellt sich angesichts der weitgehenden Nichtberücksichtigung des Gegensatzes von realen Handlungen und ihren normativen Entsprechungen in der „klassischen" Rechtsgeschäftslehre[804] die Frage, woran eine „willenserklärungsbezogene" Betrachtung anknüpfen kann und soll: Insbesondere ist fraglich, ob anstelle von normativ-abstrakten Willenserklärungen (als Konstrukte von Gesetzgebung und Rechtswissenschaft) hier auf tatsächliche Handlungen abgestellt werden sollte, die dann auch empirisch-soziologisch zu ergründen wären. Für eine - vorrangig dogmatische - Untersuchung der widerrufsrechtlichen Wirkungsweise erscheint es jedoch als folgerichtiger, an die Willenserklärung als normatives und abstraktes Phänomen anzuknüpfen, sofern man sich des erkannten rechtssoziologischen Defizits speziell im Bereich von Willenserklärungen und Rechtsgeschäften stets bewußt ist: Beispielsweise wird im Rahmen einer „Willenserklärung" ein Wille für nötig erachtet, „der auf die Begründung, inhaltliche Änderung oder Beendigung eines privatrechtlichen Rechtsverhältnisses abzielt"[805]. Dabei ist zu berücksichtigen, daß es sich sowohl bei der „Willenserklärung" als auch bei dem

---

Schuldrechtsreform vor dem Hintergrund des Gemeinschaftsrechts, S. 3 ff., 16; *Dreher*, JZ 1997, S. 167 ff.; jeweils m.w.N.

801 Vgl. dazu nur *Flume*, AT, II. Band, 3. Aufl., S. 78 (Willenserklärung als „actus iuridicus").

802 Zum Teil werden auch bei der „Zurechnung" von Handlungen spezielle „Arten" der Zurechnung unterschieden: Unter dem „Aspekt der Verantwortlichkeit" soll sich die Frage nach der Zurechnung von tatsächlichen Folgen einer Handlung stellen, während unter dem „Aspekt der Bindung" die Zurechnung des „rechtlichen Sinnes" oder der rechtlichen Bedeutung einer Handlung thematisiert wird. Siehe dazu insbesondere *Pawlowski*, AT, 6. Aufl., S. 162 f.; vgl. auch *Klunzinger*, Bürgerliches Recht, 8. Aufl., S. 55 f. Siehe zu den Regelungen über Willenserklärungen als „Zurechnungsnormen" nur *Fabricius*, JuS 1966, S. 1 ff., 5 ff. m.w.N.

803 Rechtssoziologen mögen allerdings die Dinge ganz anders sehen, vgl. statt vieler nur den Überblick bei *Schünemann*, Sozialwissenschaften und Jurisprudenz, S. 9 ff., 62 f. m.w.N. („Jurisprudenz und soziale Wirklichkeit").

804 Diese nur unzureichende Differenzierung findet sich auch bei denjenigen Ansätzen innerhalb der (herrschenden) Rechtsgeschäftslehre, die sich immerhin überhaupt einmal näher mit den „Erscheinungsformen menschlichen Handelns" befassen. Siehe z.B. *Pawlowski*, AT, 6. Aufl., S. 162 f.; vgl. auch *Klunzinger*, Bürgerliches Recht, 8. Aufl., S. 55 f. Vgl. zu den Regelungen über Willenserklärungen als „Zurechnungsnormen" nur *Fabricius*, JuS 1966, S. 1 ff., 5 ff. m.w.N.

805 *Leßmann*, JA 1983, S. 341 ff., 341.

darin verkörperten „Willen" eines Individuums[806] nicht um „Realität" oder „Wirklichkeit" handelt, sondern stets um dogmatische „Modelle", also zunächst einmal nur um „Fiktionen" und „Bilder", die insbesondere von der herrschenden Vertragsrechtslehre verwendet werden.[807] Unter Berücksichtigung dieser „juristischen Kunstwelt" soll daher im weiteren auch der herkömmlichen Einteilung von „Willenserklärungen" und „Willensäußerungen" gefolgt werden:[808] Willenserklärungen stellen dabei diejenigen Rechtshandlungen dar, mit denen der Einzelne das Ziel einer rechtlichen Regelung verfolgt, bei den Willensäußerungen kann der rechtliche Erfolg einer Handlung nicht in dieser Weise mit dem Willen des Individuums in Verbindung gebracht werden, vielmehr treten die jeweiligen Rechtsfolgen unabhängig von dem beabsichtigten Willen ein, so beispielsweise bei der Aufforderung zur Erteilung einer Genehmigung nach den §§ 108 II 1, 177 II 1 BGB. Während bei der Gruppe der Willensäußerungen[809] fallweise entschieden werden muß, ob die Regelungen über Willenserklärungen analog anzuwenden sind, sind die Willenserklärungen explizit im BGB (vgl. §§ 104 ff. BGB) geregelt. Da es im Rahmen dieser Untersuchung nur um die Willenserklärung (des Verbrauchers) als Rechtshandlung (d.h. als normativjuristischer Akt) in einem vertraglichen Kontext geht, ist im folgenden die Willenserklärung zunächst ganz allgemein als menschliche Handlung zu verstehen, die in sprachlichen (mündlichen, schriftlichen und sonstigen) Äußerungen besteht und darauf gerichtet ist, das Recht zu gestalten.[810] Wie diese rechtsgestaltende Wirkung im Hinblick auf eine „Bindung" an eine abgegebene Willenserklärung des Verbrauchers aussieht und auf welche Weise darauf ein verbraucherschützendes Widerrufsrecht einwirkt, wird noch unter dem Aspekt der Wirkungs- oder Funktionsweise[811] des „allgemeinen" verbraucherschützenden Widerrufsrechts zu untersuchen sein.[812] In diesem Rahmen ist der Blick insbesondere auf den Zusammenhang der Wirkungsweise des sonderprivatrechtlichen Widerrufsrechts mit bestimmten Vorschriften des BGB zu richten, zum einen bezüglich der Regelungen des bürgerlichen Rechts, die sich unmittelbar auf die Willenserklärung beziehen (§§ 130 ff. BGB), und zum anderen auf die Vorschriften, die das Zustandekommen eines Vertrags zum Gegenstand

---

806 So sollen menschliche Handlungen juristische Relevanz dadurch erhalten, daß sie die „äußere Hülle" für einen Willen darstellen, „der die Herstellung von Rechtsbeziehungen zu Personen oder Sachen bewirkt" - *Klunzinger*, Bürgerliches Recht, 8. Aufl., S. 55; siehe auch *Fabricius*, JuS 1966, S. 1 ff., 7.

807 Siehe nur *Soergel*, 13. Aufl., *M. Wolf* vor § 145 BGB, Rn. 14 zu „Inhalt und Funktion des Vertragswillens". Vgl. zu dem „Begriff der Rechtshandlung als Gegenbegriff zum Begriff des Rechtsgeschäfts" nur *Flume*, AT, II. Band, 3. Aufl., S. 104 ff. m.w.N.

808 Siehe *Pawlowski*, AT, 6. Aufl., S. 165.

809 Die auch als „rechtsgeschäftsähnliche Handlungen" bezeichnet werden, vgl. z.B. *Klunzinger*, Bürgerliches Recht, 8. Aufl., S. 56.

810 Siehe *Pawlowski*, AT, 6. Aufl., S. 165.

811 Auch im folgenden werden - wie bisher - Funktions- und Wirkungsweise synonym verwendet.

812 Vgl. unten, Teil C.V.

haben (§§ 145 ff. BGB). Dabei sind die rechtlichen Wirkungen der auf einen Vertragsschluß gerichteten Willenserklärung des Verbrauchers vor und nach Ausübung des („allgemeinen") verbraucherschützenden Widerrufsrechts genauer zu betrachten. Dafür muß zunächst untersucht werden, welcher Aspekt der rechtlichen Wirkung einer Willenserklärung im Vordergrund steht. Ein erster diesbezüglicher Ansatzpunkt im Rahmen einer „willenserklärungsbezogenen" Betrachtung der Wirkungsweise verbraucherschützender Widerrufsrechte ist somit die Erkenntnis, daß (auch und insbesondere) bei der Willenserklärung der (bisher kaum angemessen beachtete) Gegensatz von realen Handlungen und ihren normativen Entsprechungen[813] zumindest gedanklich zu berücksichtigen ist. Daher ist stets zu beachten, daß die „Willenserklärung" ein bloßes „juristisches Konstrukt" ist. Auch und insbesondere ist der angesprochene „Wille zur Bindung" ebensowenig wie die Inhalte einer Willenserklärung, die da heißen Handlungsbewußtsein, Erklärungsbewußtsein und Geschäftswille, „psychologische Realität", sondern allenfalls ein „rechtstechnischer Maßstab zur Wertung und rechtlichen Anerkennung des Handelns"[814] von Individuen. Dies gilt entsprechend auch für „Verträge", wie sie im Dritten Titel des Dritten Abschnitts des Ersten Buches des BGB (§§ 145-157 BGB) geregelt sind. Auch wenn hier grundsätzlich an die herkömmliche Einteilung von Willenserklärung, Rechtsgeschäft und Vertrag „als Rechtsformen privatautonomer Gestaltung"[815] angeknüpft werden soll, ist dabei stets die Kritik (aus rechtssoziologischem „Blickwinkel") im Auge zu behalten. Festzuhalten ist somit, daß die (noch) herrschende Theorie und Dogmatik der klassischen „Rechtsgeschäftslehre" hinsichtlich „Willenserklärung" und „Vertrag" als - antiquierte, aber noch benötigte - Basis der „willenserklärungsbezogenen" Betrachtung im folgenden Verwendung findet.

III. Die „willenserklärungsbezogene" Betrachtung in der Entwicklung des „allgemeinen" verbraucherschützenden Widerrufsrechts

Fraglich ist bereits, worauf eine „willenserklärungsbezogene" Betrachtung der Wirkungsweise verbraucherschützender Widerrufsrechte aufbauen kann. Ebenso wie bei der Betrachtung der „vertragsbezogenen" Sichtweise wird sich der Blick daher zunächst auf diejenigen Ansätze in der Entwicklungsgeschichte des - nunmehr in § 355 BGB geregelten - „allgemeinen" verbraucherschützenden Widerrufsrechts zu richten haben, die die Willenserklärung schon früher in den Mittelpunkt ihrer Betrachtung gerückt haben und die in diesem Sinn auch „willenserklärungsbezogen" sind. Folglich ist - der historischen Abfolge entsprechend - zuerst auf diejenigen Ansätze in der Privatrechtswissenschaft ein-

---

813 Vgl. für eine rechtssoziologische Betrachtung nur den Überblick bei *Schünemann*, Sozialwissenschaften und Jurisprudenz, S. 9 ff., 62 f. m.w.N. („Jurisprudenz und soziale Wirklichkeit").

814 Siehe *Soergel*, 13. Aufl., *M. Wolf* vor § 145 BGB, Rn. 14 zu „Inhalt und Funktion des Vertragswillens".

815 *Klunzinger*, Bürgerliches Recht, 8. Aufl., S. 56.

zugehen, die sich bereits vor der Einführung des ersten „allgemeinen“ verbraucherschützenden Widerrufsrechts (§ 361a BGB a.F.) mit der Bedeutung der Willenserklärung im Kontext der widerrufsrechtlichen Wirkungsweise beschäftigt haben, dann auf mögliche Ansätze zu § 361a BGB (a.F.), bevor die (nur ansatzweise) vorhandenen „willenserklärungsbezogenen“ Sichtweisen im Rahmen von § 355 BGB thematisiert werden.

1. Die „willenserklärungsbezogene“ Betrachtung vor Einführung des „allgemeinen“ verbraucherschützenden Widerrufsrechts

Es stellt sich daher zunächst die Frage, ob und inwieweit Orientierungshilfen zu der Bedeutung der „Bindung“ an die Willenserklärung des Verbrauchers für die widerrufsrechtliche Wirkungsweise aus der bisherigen Diskussion um die Wirkungsweise der verschiedenen verbraucherschützenden Widerrufsrechte in ihrem Bestand vor der Einführung des § 361a BGB (a.F.)[816] zu erwarten sind. Angesichts dessen, daß die Diskussion um die Wirkungsweise der verbraucherschützenden Widerrufsrechte im wesentlichen von dem Streit um die „vertragsbezogenen“ Modelle der „schwebenden Wirksamkeit“ und „schwebenden Unwirksamkeit“[817] beherrscht war, verwundert es nicht, daß „willenserklärungsbezogene“ Aussagen, und dabei insbesondere solche zu der nunmehr maßgeblichen „Gebundenheit an die Verbrauchererklärung“, in dieser Kontroverse kaum vorzufinden sind, zumal früher auch nur ein Teil der verbraucherschützenden Widerrufsrechte (vgl. §§ 11 I AuslInvmG, 23 I KAGG sowie die ursprüngliche Fassung von 4 I FernUSG) überhaupt an diese „Bindung“ gesetzestechnisch angeknüpft hat.[818] Dies gilt selbst für das „gesetzestechnische Vorbild“ des früheren § 361a I 1 BGB (a.F.) wie des jetzigen § 355 I 1 BGB: Trotz der Übernahme des früheren Wortlauts von § 4 I 1 FernUSG für das „allgemeine“ verbraucherschützende Widerrufsrecht war damit noch keinesfalls eine dogmatisch gesicherte Konstruktion gewährleistet, zumal das frühere Widerrufsrecht nach § 4 I 1 FernUSG schon hinsichtlich seiner Wirkungsweise umstritten war:[819] So wurde - vor der Einführung des § 361a BGB (a.F.) - trotz des unterschiedlichen Wortlauts der Widerrufsrechte gemäß §§ 11 I AuslInvmG, 23 I KAGG, 4 I FernUSG einerseits und gemäß §§ 1 I HWiG, 7 I VerbrKrG, 5 I TzWrG andererseits vertreten, daß der Fernunterrichtsvertrag zunächst „vollwirksam“ sei, und im Fall des Widerrufs nur mit Wirkung ex nunc unwirksam werde,[820] so daß der Widerruf eine auflösende Bedingung im

816 Siehe oben, Teil B.II.

817 Vgl. oben, Teil B.I.2., B.II., sowie die amtliche Begründung zum Fernabsatzgesetz, BT-Dr. 14/2658, S. 41.

818 Vgl. dazu auch *Gernhuber*, WM 1998, S. 1797 ff.; s.a. *S. Lorenz*, Unerwünschter Vertrag, S. 57.

819 Siehe einerseits *Dörner*, BB 1977, S. 1739 ff, 1743; *Faber/Schade*, zu § 4 FernUSG, Rn. 3, 14; *Bülow*, ZIP 1998, S. 945 ff., 947; und andererseits *Heinbuch*, Theorien und Strategien, S. 190; *Gilles/Heinbuch/Gounalakis*, Unterrichtsrecht, S. 315; *Pudor*, Wirkungsweise, S. 83; vgl. dazu näher Teil B.II.1.b).

820 So *Faber/Schade*, zu § 4 FernUSG, Rn. 3, 14.

Sinn von § 158 II BGB darstelle[821]. Dagegen wurde vorgebracht, daß sich der Gesetzgeber angesichts der Zielsetzung des FernUSG für die „Wirksamkeit des Vertrags“ während der laufenden Widerrufsfrist entschieden[822] und somit das Modell der „schwebenden Vertragswirksamkeit“ gewählt habe. Der Wortlaut des § 4 I 1 FernUSG wurde danach so verstanden, daß der diesem Widerrufsrecht unterliegende Fernunterrichtsvertrag zunächst voll wirksam ist.[823] Der Teilnehmer erhalte durch das Widerrufsrecht lediglich die Möglichkeit, das Vertragsverhältnis durch einseitigen Widerruf „rückwirkend zu vernichten“[824]. Abgestellt wurde also wiederum auf den Vertrag und dessen „Wirksamkeit“ bzw. Existenz, nicht aber explizit auf den Wortlaut, der von „Gebundenheit an die Willenserklärung“ spricht. Soweit die „Bindung“ dabei überhaupt eine besondere Rolle spielt, dann ist es im Zusammenhang mit der Befreiung von „vertraglichen Bindungen“, insbesondere wenn es darum geht, den Gegensatz zu dem „Modell der schwebenden Unwirksamkeit“, bei dem solche „Vertragsbindungen“ während des Laufs der Widerrufsfrist verneint wurden,[825] hervorzuheben. Die Bedeutung des ursprünglichen Wortlauts von § 4 I 1 FernUSG für die Wirkungsweise des „allgemeinen“ Widerrufsrechts wurde weiterhin dadurch geschmälert, daß - schon damals - der Vergleich des Widerrufsrechts mit einem vertraglichen oder gesetzlichen Rücktrittsrecht hergestellt und dabei die Ähnlichkeit oder „Nähe“ von Widerrufs- und Rücktrittsrecht betont wurde: Dadurch, daß der Lauf der Widerrufsfrist an den Erhalt des ersten Lehrmaterials gekoppelt und damit von dem Vertragsschluß unabhängig war (und ist), sollte das Widerrufsrecht nach § 4 FernUSG einem „gesetzlichen Rücktrittsrecht sehr ähnlich“[826] sein. Wenn in diesem Zusammenhang auch noch der wesentliche Unterschied zu einem gesetzlichen Rücktrittsrecht[827] „allein“ in dessen „abweichenden Rechtsfolgen“ gesehen wurde,[828] stellt sich angesichts dieser dogmatischen Qualifizierung und Nivellierung zumindest die Frage, warum der Gesetzgeber sich überhaupt die Mühe gemacht hat, unterschiedliche „Vertrags-

---

821 Vgl. *Bülow*, ZIP 1998, S. 945 ff., 947.

822 Siehe *Heinbuch*, Theorien und Strategien, S. 190; *Gilles/Heinbuch/Gounalakis*, Unterrichtsrecht, S. 315; s.a. *Pudor*, Wirkungsweise, S. 84; *Gernhuber*, WM 1998, S. 1797 ff., 1804.

823 Vgl. *Heinbuch*, Theorien und Strategien, S. 190; *Gilles/Heinbuch/Gounalakis*, Unterrichtsrecht, S. 315; *Pudor*, Wirkungsweise, S. 83.

824 *Gilles/Heinbuch/Gounalakis*, Unterrichtsrecht, S. 315.

825 Siehe z.B. für den Verbraucherkreditvertrag z.B. *Palandt*, 58. Aufl., *Putzo* zu § 7 VerbrKrG, Rn. 3; MK-BGB, 3. Aufl., *Ulmer* zu § 7 VerbrKrG, Rn. 12; *Bülow*, NJW 1991, S. 129 ff., 131; jeweils m.w.N.; sowie oben, Teil B.II.1.d).

826 *Heinbuch*, Theorien und Strategien, S. 190; siehe auch *Gilles/Heinbuch/Gounalakis*, Unterrichtsrecht, S. 315.

827 Andere, wie z.B. *Benöhr*, ZHR 138 (1974), S. 492 ff., 492, nahmen schon vor der Einführung des § 361a BGB (a.F.) an, daß es sich bei den verbraucherschützenden Widerrufsrechten um Rücktrittsrechte handele.

828 So für den Fernunterrichtsvertrag *Heinbuch*, Theorien und Strategien, S. 190; für das Abzahlungsgeschäft *Löwe*, NJW 1974, S. 2257 ff., 2259.

lösungsmechanismen"[829] in den verschiedenen Bereichen des allgemeinen Zivilrechts und Sonderprivatrechts einzuführen, wenn es doch letztlich nur um die Begründung von unterschiedlichen Rechtsfolgen gehen soll. Zwar ist der Annahme, der Grund für dieses „dogmatische Chaos" liege u.a. darin, daß unter Widerrufsrechten „zunächst einmal nur eine terminologische Kategorie von Rechtsbehelfen zu verstehen" ist, „deren Verhältnis zueinander und zum übrigen Recht weitgehend ungeklärt ist"[830], im Ansatz zuzustimmen. Selbst der bisherige Verzicht auf eine genaue gesetzliche Definition der Wirkungsweise und der Abgrenzung des verbraucherschützenden Widerrufsrechts etwa zu der Kündigung oder dem Rücktritt[831], der den Widerruf zu einem „dogmatisch wertlosen Allerweltsbegriff"[832] degradiert haben soll, bedeutet aber noch nicht, jegliche Ansätze für eine Systembildung, die von dem Gesetzeswortlaut der normierten Widerrufsrechte ausgehen, dadurch zu unterdrücken, daß der Wortlaut mehr oder weniger für zufällig[833], relativ und damit weitgehend bedeutungslos für die Wirkungsweise der verbraucherschützenden Widerrufsrechte angesehen wird. Im Gegenteil sollte nunmehr der einheitliche Gesetzeswortlaut von § 355 I 1 BGB der grundlegende Ausgangspunkt sein[834] für eine Analyse der verbraucherschützenden Widerrufsrechte „als relativ wenig durchdachter" Zweig der Privatrechtsordnung[835], insbesondere dann, wenn Parallelen und Gemeinsamkeiten mit Begriffen des allgemeinen Zivilrechts, wie sie insbesondere im BGB verwendet werden, vorzufinden sind.[836] Selbst und gerade wenn eine einheitliche Begrifflichkeit und ein einheitliches System der verbraucherschützenden Widerrufsrechte im BGB und den verbraucherschützenden Sonderregelungen (außerhalb und innerhalb des BGB) bislang fehlte und auch immer noch fehlt, sollte dies nicht zum Grund dafür genommen werden, auf die Herausbildung eines solchen Systems der verbraucherschützenden Widerrufsrechte[837] für die Zukunft zu verzichten.

---

829 Vgl. dazu wiederum *Gernhuber*, WM 1998, S. 1797 ff., 1798; siehe auch *S. Lorenz*, Unerwünschter Vertrag, S. 57. Vgl. auch *Löwe*, NJW 1974, S. 2257 ff., 2259, weist für das Widerrufsrecht nach § 1b AbzG darauf hin, daß der Gesetzgeber gerade „nicht den Weg eines Rücktrittsrechts gewählt" habe. Vgl. auch die amtliche Begründung zum FernUSG, BT-Dr. 7/4245, S. 15, sowie *Heinbuch*, Theorien und Strategien, S. 189.

830 *Heinbuch*, Theorien und Strategien, S. 188.

831 Vgl. dazu *E. Jung*, ZRP 1981, S. 137 ff., 139.

832 *Gernhuber*, WM 1998, S. 1797 ff., 1798.

833 Vgl. dagegen insbesondere *Gernhuber*, WM 1998, S. 1797 ff., 1798.

834 Auch *Gernhuber*, WM 1998, S. 1797 ff., 1798, hält die Normtexte der verbraucherschützenden Widerrufsrechte nicht belanglos für die Rechtsdogmatik; die noch bei seiner Untersuchung vorzufindende Vielfalt der Widerrufsrechte ist aber durch die Einführung des ersten einheitlichen Widerrufsrechts nach § 361a BGB (a.F.) eingedämmt worden.

835 *Gernhuber*, WM 1998, S. 1797 ff., 1805.

836 Dagegen hinsichtlich des Vergleichs mit Widerrufsrechten aus dem BGB *Heinbuch*, Theorien und Strategien, S. 188, mit Bezug auf *E. Jung*, ZRP 1981, S. 137 ff., 141.

837 Vgl. zuletzt nur *Wilhelm*, JZ 2001, S. 861 ff., 868 f.

Für die „willenserklärungsbezogene" Betrachtung der Wirkungsweise stellt sich daher weiterhin die Frage nach der Bedeutung früherer Ansätze, die auf den Zusammenhang von verbraucherschützenden Widerrufsrechten mit allgemeiner BGB-Dogmatik schon vor der Einführung des § 361a BGB (a.F.) hingewiesen haben. Dabei sei insbesondere (und insoweit exemplarisch) auf die Ansätze von *Jung*[838], *Jauernig*[839], *Pfeiffer/Dauck*[840] und *Gernhuber*[841] verwiesen, denen gemeinsam ist, daß sie zentrale Verbindungen der sonderprivatrechtlichen Widerrufsrechte mit der Systematik und Dogmatik des Bürgerlichen Gesetzbuches aufgezeigt und hergestellt haben.

a) Bedeutung und Erfassung der verbraucherschützenden Widerrufsrechte nach der Dogmatik des BGB (*Jung*)

Für *Jung*, der sich mit der Bedeutung und dogmatischen Erfassung eines Widerrufsrechts bei „Haustürgeschäften", wie es in dem Gesetzentwurf[842] zum späteren HWiG[843] vorgesehen war, befaßte, standen vor allem die Fragen im Vordergrund, „ob sich ein Widerrufsrecht bei Haustürgeschäften mit dem im BGB verankerten Prinzip der Bindung an Willenserklärungen vereinbaren läßt", und „wie ein solches Widerrufsrecht dogmatisch auszugestalten wäre"[844]. Als Ausgangspunkt für die erste Fragestellung stellte er die „Grundnormen der §§ 130-133 BGB über das Wirksamwerden von Willenserklärungen sowie die §§ 145-147 BGB über den Vertragsabschluß"[845] in den Vordergrund seiner Betrachtung: In einer „Ableitung aus der Dogmatik des BGB" wurde nicht nur auf die zahlreichen Widerrufsmöglichkeiten im BGB[846] hingewiesen, die eine bereits wirksam gewordene Willenserklärung „nachträglich beseitigen können"[847], sondern zum einen auf den Widerruf von Willenserklärungen nach § 130 I 2 BGB und zum anderen auf den Kauf auf Probe gemäß den §§ 454 f. BGB (§§ 495 f. BGB a.F.). Angesichts der in §§ 130-133, 145-147 BGB grundsätzlich festgelegten - und durch §§ 130 I 2, 145 2. Hs. BGB durchbrochenen - Bindung an eine abgegebene Willenserklärung, insbesondere in der Gestalt eines

---

838 Siehe *E. Jung*, ZRP 1981, S. 137 ff.

839 Vgl. *Jauernig*, 7. Aufl., *Jauernig* vor § 145 BGB, Anmerkung 6; sowie *Jauernig*, 8. Aufl., *Jauernig* vor § 145 BGB, Rn. 21.

840 Vgl. *Pfeiffer/Dauck*, NJW 1997, S. 30 ff.

841 Siehe *Gernhuber*, WM 1998, S. 1797 ff.

842 Gesetzentwurf des Bundesrates vom 17.12.1976, BT-Dr. 8/130.

843 Nachdem der Bundesrat schon in der siebten Legislaturperiode einen eigenen Gesetzesentwurf vorgelegt hatte (BT-Dr. 7/4078), brachte er diesen in der achten Legislaturperiode erneut ein (BT-Dr. 8/130) und untermauerte dieses Vorhaben in der neunten Legislaturperiode dann durch eine Entschließung (BR-Dr. 278/81). Siehe zu der Entwicklungsgeschichte des HWiG (BGBl. 1986 I S. 122) die Nachweise unter Teil B.II.1.c).

844 Siehe *E. Jung*, ZRP 1981, S. 137 ff., 141.

845 *E. Jung*, ZRP 1981, S. 137 ff., 141.

846 Vgl. oben, Teil B.I.1. Siehe zu diesem Vorgehen auch die Kritik von *Heinbuch*, Theorien und Strategien, S. 188, FN. 290.

847 *E. Jung*, ZRP 1981, S. 137 ff., 141.

Vertragsantrags, und der „im wirtschaftlichen Ergebnis einem Kauf mit Widerrufsrecht sehr verwandten Kauf auf Probe"[848] kommt *Jung* zu dem Ergebnis, daß ein „allgemeines Widerrufsrecht für Haustürgeschäfte somit dem BGB keinesfalls völlig wesensfremd" sei.[849] Die „dogmatische Berechtigung" für ein solches Rechtsinstitut, das das „allgemeine Prinzip der Bindung an Willenserklärungen" durchbricht, soll dabei in dem atypischen Charakter der Haustürgeschäfte und dabei insbesondere in ihrem „Überraschungs- bzw. Überrumpelungseffekt"[850] liegen. Das Korrektiv für die dadurch beeinträchtigte rechtsgeschäftliche Entscheidungsfreiheit des Verbrauchers sieht *Jung* in der Einführung des der BGB-Dogmatik konformen Widerrufsrechts, das somit allein durch seine Existenz die Möglichkeit schafft, die Entscheidungsfreiheit des Verbrauchers wiederherzustellen.[851] Zwar mündet die anschließende Beschäftigung mit der zweiten Fragestellung, der dogmatischen „Ausgestaltung des Widerrufsrechts"[852], wiederum in die schon als problematisch erkannte Sichtweise der Wirksamkeitsbezogenheit des Widerrufsrechts.[853] Die Bedeutung des Ansatzes für die Analyse der Bindungswirkung wird dadurch aber nicht geschmälert, da es in diesem Zusammenhang maßgebend darauf ankommt, „die Bindungswirkung der Willenserklärung" als Bezugsobjekt des verbraucherschützenden Widerrufsrechts zu erkennen[854] und damit auch die Zusammenhänge mit der allgemeinen Zivilrechtsdogmatik. Soweit diese auf die entsprechenden Grundaussagen des BGB zu dem allgemeinen Prinzip der „Bindung an Willenserklärungen", wie es in den §§ 130, 145 BGB geregelt ist, aufbaut, ist der dogmatische und systematische Zusammenhang zwischen diesem BGB-Prinzip und dem sonderprivatrechtlichen Widerrufsrecht grundsätzlich hergestellt.

---

848 *E. Jung*, ZRP 1981, S. 137 ff., 141.

849 Siehe *E. Jung*, ZRP 1981, S. 137 ff., 141 f.

850 Vgl. *E. Jung*, ZRP 1981, S. 137 ff., 141 f.

851 So *E. Jung*, ZRP 1981, S. 137 ff., 142.

852 Siehe *E. Jung*, ZRP 1981, S. 137 ff., 142 f.

853 *E. Jung*, ZRP 1981, S. 137 ff., 142, sieht nämlich das Widerrufsrecht als Gestaltungsrecht an, „das die endgültige Unwirksamkeit der auf einen Vertragsschluß gerichteten Willenserklärung des Haustürkunden herbeiführt bzw. durch dessen Nichtausübung ein schwebend unwirksamer Vertrag nach dem Ablauf einer Woche endgültig unwirksam wird."

854 So *E. Jung*, ZRP 1981, S. 137 ff., 143, wenn er fordert, „(...) die juristische Ausgestaltung eines solchen Widerrufsrechts (...) dogmatisch mit den Vorschriften des BGB über Willenserklärungen in Einklang zu bringen." Vgl. auch *Gilles*, NJW 1986, S. 1131 ff., 1137 f. (zu § 1 HWiG).

b) Das Widerrufsrecht als Folge mangelnder Bindung an die Willenserklärung (*Jauernig*)

In diese Richtung zielt auch der Ansatz von *Jauernig*[855], der für die Wirkungsweise der verbraucherschützenden Widerrufsrechte an die §§ 145 2. Hs., 873 II, 929 S. 1 BGB anknüpft. Wie bei diesen Vorschriften des allgemeinen Zivilrechts soll danach das sonderprivatrechtliche Widerrufsrecht „die Folge mangelnder Bindung an die Erklärung" darstellen. Da sowohl § 145 2. Hs. BGB mit dem „Ausschluß der Gebundenheit" als auch §§ 873 II, 929 S. 1 BGB mit dem Erfordernis einer fortbestehenden dinglichen Einigung jeweils im BGB enthaltene Möglichkeiten einer „Lockerung" oder einer „Lösung" bzw. „Beseitigung" der Bindung an eine abgegebene Willenserklärung aufzeigen, erscheint die („nicht mehr" bestehende) „Gebundenheit" des Verbrauchers, wie sie in dem Wortlaut des „allgemeinen" verbraucherschützenden Widerrufsrechts beschrieben ist, nicht länger als außerhalb der herkömmlichen Terminologie liegend und damit neuartig, sondern durchaus als Teil dessen, was im BGB zu der „Gebundenheit an Willenserklärungen" in den §§ 130 ff., 145 ff. BGB zu finden ist. Soweit jedoch *Jauernig* für das Widerrufsrecht nach § 7 I VerbrKrG eine „einseitige Bindungslosigkeit" zu Gunsten des Verbrauchers[856] ausmacht und das verbraucherschützende Widerrufsrecht einem Rücktrittsrecht angenähert sieht,[857] wird seine zu §§ 145 2. Hs., 873 II, 929 S. 1 BGB hergestellte Parallele fragwürdig[858], da ausgehend von der Willenserklärung als dem Bezugsobjekt des Widerrufsrechts ein Vergleich mit einem gesetzlichem Rücktrittsrecht hinkt.[859] Festzuhalten, da insoweit mit dem Ansatz von *Jung* übereinstimmend, bleibt aber, daß mit dem verbraucherschützendem Widerrufsrecht die Durchbrechung des im BGB geregelten Prinzips der Bindung an eine Willenserklärung verbunden ist.

---

855 Vgl. *Jauernig*, 7. Aufl., *Jauernig* vor § 145 BGB, Anmerkung 6; sowie *Jauernig*, 8. Aufl., *Jauernig* vor § 145 BGB, Rn. 21.

856 *Jauernig*, 7. Aufl., *Jauernig* vor § 145 BGB, Anm. 6, stützt sich dabei auf § 7 III VerbrKrG; eine Parallele findet die „einseitige Bindungslosigkeit" in der Lehre von der „relativ schwebenden Teilunwirksamkeit", wie sie von *M. Wolf*, Korea Law Review, Vol. 32 (1996), S. 621 ff., 623; *Larenz/Wolf*, AT, S. 729 f., 836 f.; *Pudor*, Wirkungsweise, insbesondere S. 36 f., vertreten wird.

857 Vgl. *Jauernig*, 7. Aufl., *Jauernig* vor § 145 BGB, Anm. 6; daran festhaltend und das Widerrufsrecht ohne Einschränkungen als Rücktrittsrecht einordnend: *Jauernig*, 8. Aufl., *Jauernig* vor § 145 BGB, Rn. 21.

858 Obwohl *Jauernig*, 7. Aufl., *Jauernig* vor § 145 BGB, Anm. 6, diesen Begriff nicht verwendet, ordnet *Pudor*, Wirkungsweise, S. 36, den Ansatz von *Jauernig* der Lehre von der „schwebenden Unwirksamkeit" zu (vgl. auch *Pudor*, a.a.O., S. 36, FN. 195).

859 Darauf weist auch *Gernhuber*, WM 1998, S. 1797 ff., 1801 f., hin. Auf diesen Punkt wird auch später (vgl. Teil C.V.) noch zurückzukommen sein.

c) Fehlende Bindungswirkung aufgrund des Widerrufsrechts (*Pfeiffer/Dauck*)

Den Ansatz von *Jauernig* greifen insbesondere *Pfeiffer/Dauck*[860] auf, die für die Wirkungsweise des verbraucherschützenden Widerrufsrechts (in der Gestalt von § 7 I VerbrKrG) ebenfalls an die §§ 145 2. Hs., 873 II, 929 S. 1 BGB anknüpfen: Danach soll die auf den Vertragsschluß gerichtete Willenserklärung des Verbrauchers bis zum Ablauf der Widerrufsfrist „keine Bindungswirkung" aufweisen. Da damit eine „Bindung an die Willenserklärung" während des Laufs der Widerrufsfrist überhaupt nicht anerkannt wird, stellt sich für den aktuellen § 355 I 1 BGB allerdings die Frage, warum dessen Wortlaut dann von einer nicht „mehr" vorhandenen Bindung spricht. Dies deutet nämlich schon sprachlich darauf hin, daß die „Gebundenheit" vor dem Widerruf einmal vorhanden war, zumal es näher liegt, die Wendung „nicht mehr" als „ab dann" denn als „überhaupt nicht" zu verstehen.[861] Weiterhin weist *Pfeiffer*[862] darauf hin, daß dem einem verbraucherschützenden Widerrufsrecht unterliegenden „Verbrauchervertrag" gerade keine Wirksamkeitsvoraussetzung fehle, sondern vielmehr das Widerrufsrecht für den Verbraucher lediglich ein Instrument darstelle, mit dem er seine Willenserklärung „nachträglich wieder aufheben" kann. Die weitere Folgerung, daß die Willenserklärung und der Verbrauchervertrag aufgrund der fehlenden Bindungswirkung der Verbrauchererklärung während der Widerrufsfrist „schwebend wirksam"[863] sein sollen, führt wiederum zu den o.g. Problemen[864] dieser herkömmlichen Sichtweise.

d) Differenzierung zwischen dem „Widerruf nicht wirksam gewordener Willenserklärungen" und dem „Widerruf nicht bindender Willenserklärungen" (*Gernhuber*)

Diese Betrachtungsweise, die regelmäßig nur zwischen „schwebender Wirksamkeit" und „schwebender Unwirksamkeit" differenziert, vermeidet *Gernhuber*[865], der mit seiner Lehre von der „unvollendeten Verbrauchererklärung"[866] ebenfalls an die Dogmatik des BGB anknüpft. *Gernhuber* unterscheidet dabei anhand des unterschiedlichen Wortlauts der Widerrufsrechte vor der Einführung des § 361a BGB (a.F.) zwei Fallgestaltungen:[867] Bei dem „Widerruf

---

860 Vgl. *Pfeiffer/Dauck*, NJW 1997, S. 30 ff., 33.

861 So auch *Mankowski*, WM 2001, S. 793 ff., 795; 833 ff., 842.

862 Siehe *Pfeiffer*, BGH LM H. 10/1995 Nr. 31 zu § 1b AbzG.

863 *Pfeiffer/Dauck*, NJW 1997, S. 30 ff., 33.

864 Vgl. oben, Teil B.III.2., 3.

865 Siehe *Gernhuber*, WM 1998, S. 1797 ff. Vgl. auch *von Koppenfels*, WM 2001, S. 1360 ff., 1364, die im Anschluß an *Gernhuber* das allgemeine verbraucherschützende Widerrufsrecht gemäß § 355 BGB als „Befugnis des Verbrauchers" ansieht, „sich einseitig von einem bis zur Perfektion gediehenen Rechtsgeschäft loszusagen".

866 Dieser Begriff, der den Ansatz von *Gernhuber* allerdings nur zum Teil zutreffend beschreibt (vgl. WM 1998, S. 1797 ff., 1798, 1803), findet sich z.B. bei *Pudor*, Wirkungsweise, S. 34.

867 Vgl. *Gernhuber*, WM 1998, S. 1797 ff., 1798, 1803.

nicht wirksam gewordener Willenserklärungen"[868] gemäß den Widerrufsrechten nach §§ 1 I HWiG, 7 I VerbrKrG, 5 I TzWrG, (8 IV VVG), die er in den Kontext der §§ 130, 131 BGB stellt, soll das Unterbleiben des Widerrufs eine weitere Bedingung für das Wirksamwerden der Willenserklärung des Verbrauchers sein. Das Unterbleiben der Widerrufserklärung ist danach als „Umstand zu verstehen, der für die Vollendung der Verbrauchererklärung erforderlich ist"[869], wobei das Unterbleiben kein Tatbestandsmerkmal, sondern eine Wirksamkeitsvoraussetzung der Willenserklärung darstellen soll, die den Eintritt der beabsichtigten Rechtsfolge so lange hindert, bis sie erfüllt ist. Das Problem, ob die Wirkungen des Widerrufs ex nunc oder ex tunc eintreten sollen, löst sich nach *Gernhuber* dadurch auf, daß die Verbrauchererklärung erst mit dem Ablauf der Widerrufsfrist vollendet ist, so daß deren Wirkungen auch erst ab diesem Zeitpunkt eintreten können. Somit führt der Widerruf einer nicht wirksam gewordenen Willenserklärung dazu, daß die Willenserklärung niemals wirksam geworden ist.[870] Von dieser Fallgestaltung unterscheidet *Gernhuber* den „Widerruf nicht bindender Willenserklärungen"[871] gemäß den Widerrufsrechten nach §§ 11 I AuslInvmG, 23 I KAGG, 4 I FernUSG. Bei dieser Gruppe knüpft er - wie schon zuvor *Jauernig* und *Pfeiffer/Dauck* - an die Vorschriften des BGB in §§ 145, 873 II über die Bindung an Willenserklärungen an und erklärt damit auch die Wirkungsweise dieser Gruppe von Widerrufsrechten:[872] Da die Bindung an Willenserklärungen, wie sie in den §§ 145, 873 II BGB zum Ausdruck kommt, den Ausschluß der Möglichkeit beschreibt, „sich durch einseitigen Akt (Widerruf) von einer wirksamen gewordenen Willenserklärung zu lösen ohne jeden Restbestand", ergibt sich aus der Durchbrechung dieser Bindung auch die Beschreibung der Wirkung des verbraucherschützenden Widerrufs nicht bindender Willenserklärungen. Nach *Gernhuber* wandelt der Widerruf „die Willenserklärung des Verbrauchers zum rechtlichen nullum"[873], und zwar unabhängig davon, ob der Widerruf vor oder nach der „rechtsgeschäftlichen Reaktion" des Vertragspartners des Verbrauchers ausgeübt wurde. Die Wirkungsweise des Widerrufs nicht bindender Willenserklärungen unterscheidet sich danach von dem Widerruf nicht wirksam gewordener Willenserklärungen:[874] Während *Gernhuber* bei letzterer Gruppe von Widerrufsrechten die Annahme eines „wirksamen Rechtsgeschäfts vor Ablauf der Widerrufsfrist" ausschließt, soll die erstere Gruppe „dagegen weder einen Mangel der Erklärung noch einen des Vertrages, zu dem sie gehört", begründen, denn die „Bindung an die eigene Willenserklärung ist keine Wirksamkeitsvoraussetzung

---

868 Siehe *Gernhuber*, WM 1998, S. 1797 ff., 1798 ff.

869 *Gernhuber*, WM 1998, S. 1797 ff., 1798. Vgl. dazu *Pudor*, Wirkungsweise, S. 34, die sich allein zu diesem Aspekt des Ansatzes von *Gernhuber* äußert.

870 Vgl. *Gernhuber*, WM 1998, S. 1797 ff., 1799 f., 1805.

871 *Gernhuber*, WM 1998, S. 1797 ff., 1803 ff.

872 Siehe *Gernhuber*, WM 1998, S. 1797 ff., 1804.

873 *Gernhuber*, WM 1998, S. 1797 ff., 1804.

874 Siehe *Gernhuber*, WM 1998, S. 1797 ff., 1804 f.

derselben und kein Tatbestandsmerkmal des Vertrages, dessen Element die Verbrauchererklärung ist"[875]. Danach ist bei diesen Widerrufsrechten sowohl die Willenserklärung des Verbrauchers als auch der entsprechende Vertrag während des Laufs der Widerrufsfrist wirksam; fraglich soll allein „der Fortbestand der Wirksamkeit für die Zukunft" sein. Der Widerruf einer nicht bindenden Willenserklärung führt nach *Gernhuber* zur Zerstörung der „Geltung"[876] der Willenserklärung mit Wirkung ex tunc.[877] Folglich bestehen nach seinem Ansatz auch keine Unterschiede hinsichtlich der mit dem verbraucherschützenden Widerruf verbundenen Wirkungen, da der Widerruf in beiden Fallkonstellationen zur „Erledigung" der Verbrauchererklärung ex tunc führt. Die Rechtslage während des Laufs der Widerrufsfrist bewertet er hingegen unterschiedlich: Bei dem Widerruf nicht wirksam gewordener Willenserklärungen bestehe ein „vertragsloser Zustand", während bei dem Widerruf nicht bindender Willenserklärungen (jedenfalls zunächst) ein „wirksamer Schuldvertrag" bestehen soll.[878] Insoweit läßt *Gernhuber* auch eine „schwebende Wirksamkeit" der Willenserklärung und des korrespondierenden Vertrags während des Laufs der Widerrufsfrist zu, weist aber zumindest auf die Gefahr einer damit verbundenen Fehlvorstellung hin.[879] Von Bedeutung ist *Gernhubers* „rechtsdogmatische Studie"[880] für die vorliegende Untersuchung in zweifacher Hinsicht: Zum einen liefert er einen Erklärungsansatz für die Wirkungsweise derjenigen Widerrufsrechte, deren Wortlaut von einer „fehlenden Gebundenheit an die Willenserklärung" des Verbrauchers spricht. Dies ist nach dem „Wegfall" der Gruppe von Widerrufsrechten, die nach *Gernhuber* den „Widerruf nicht wirksam gewordener Willenserklärungen" behandeln, besonders bedeutsam, da sich nunmehr (fast) alle verbraucherschützenden Widerrufsrechte nach dem Wortlaut des einheitlichen und damit „allgemeinen" Widerrufsrechts (in der Gestalt des früheren § 361a I 1 BGB a.F. wie des heutigen § 355 I 1 BGB) richten. Zum anderen betont der Ansatz von *Gernhuber* ebenfalls die Notwendigkeit einer Ableitung der für die Wirkungsweise der Widerrufsrechte maßgebenden Begriffe aus der Dogmatik des BGB:[881] Grundlegend weist er darauf hin, daß mit den in den Normtexten der Verbraucherschutzgesetze enthaltenen Begriffen grund-

---

875 *Gernhuber*, WM 1998, S. 1797 ff., 1804.

876 Womit *Gernhuber* (WM 1998, S. 1797 ff., 1804 f.) wiederum (nur) die „Bindungswirkung"anspricht, siehe dazu wiederum im Detail Teil C.IV. und V.

877 Vgl. *Gernhuber*, WM 1998, S. 1797 ff., 1804 f.

878 Siehe *Gernhuber*, WM 1998, S. 1797 ff., 1805.

879 Vgl. *Gernhuber*, WM 1998, S. 1797 ff., 1804. Ebenfalls differenziert er sorgfältig zwischen Tatbestands- und Wirksamkeitsvoraussetzungen eines Vertrags (S. 1800): „Nicht immer und gerade hier nicht ist eine für die Willenserklärung getroffene Feststellung (hier: Wirksamkeitsvoraussetzung) auf den Vertrag zu übertragen, dessen Element sie werden soll."

880 Siehe *Gernhuber*, WM 1998, S. 1797 ff., 1797. Auf die Bedeutung dieser „Studie" wird auch in der amtlichen Begründung zum Fernabsatzgesetz hingewiesen, vgl. BT-Dr. 14/2658, S. 41.

881 Vgl. *Gernhuber*, WM 1998, S. 1797 ff., 1798.

sätzlich der „tradierte Bedeutungsgehalt" dieser Begriffe, wie sie auch im BGB zu finden sind, gemeint ist. Der dadurch hergestellte Bezug zur allgemeinen Zivilrechtsdogmatik „als sachgerechter Ansatz zur Bewältigung einer sehr modernen Problematik" ist für die „willenserklärungsbezogene" Sichtweise grundsätzlich anzuerkennen und weiterzuverfolgen. Folglich gilt es auch mit *Gernhuber* festzustellen, daß derjenige, der die (zumindest teilweise bestehende) Identität und Kompatibilität sowohl der Terminologie als auch der Systematik in diesem Bereich leugnet, und die Konstruktion nach dem Wortlaut der verbraucherschützenden Widerrufsrechte für einen „sachfremden Mißgriff der Legislative" hält, den es zu korrigieren gilt, „den Nachweis zu führen" hat, „daß der tradierte Bedeutungsgehalt keinesfalls gemeint sein kann". Auf dieser Grundlage baut die „willenserklärungsbezogene" Betrachtung der Wirkungsweise verbraucherschützender Widerrufsrechte auf, wenn sie ausgehend von dem Wortlaut der maßgebenden Normtexte des früheren § 361a I 1 BGB (a.F.) und des heutigen § 355 I 1 BGB die dort verwendete Terminologie in einem ersten Schritt auf Entsprechungen in der Begrifflichkeit des BGB hin untersucht. In einem zweiten Schritt stellt sich dann notwendigerweise die Frage, ob dies auch für die Systematik gilt. Dabei darf aber von vornherein nicht irritieren, daß weder die Terminologie noch die Systematik im Verbraucherprivatrecht einerseits und im allgemeinem Zivilrecht andererseits aufeinander abgestimmt sind. Auch die dogmatischen Konstruktionsvarianten bezüglich eines „Widerrufs", wie ihn das BGB z.B. in § 130 I 2 kennt, können bereits im Ansatz sehr unterschiedlich sein, ohne daß deswegen auf eine Suche nach Parallelen verbunden mit einer Angleichung der zunächst autonom erscheinenden dogmatischen „Rechtsbereiche" „Sonderprivatrecht" und „Zivilrecht" verzichtet werden muß. So weist *Gernhuber* z.B. auch darauf hin, daß der Widerruf von Willenserklärungen nach dem Zustandekommen eines Vertrags durch übereinstimmende Willenserklärungen dem BGB zwar „nicht geläufig sei", es jedoch „der Legislative unbenommen war, im Recht des Verbraucherschutzes einen derartigen Widerruf in bestimmten Fällen anzuerkennen und durch Verwendung eines dem BGB bekannten Begriffs mit jenen Wirkungen auszustatten, die sonst mit diesem Begriff verbunden sind."[882] Wichtig ist daher die Erkenntnis, daß vor diesem Hintergrund der einheitliche Wortlaut von § 355 I 1 BGB bei allen (neugeregelten) „besonderen" verbraucherschützenden Widerrufsrechten erste und auch wichtige Anhaltspunkte für die Antwort auf die zentrale Frage liefert, wie diese Widerrufsrechte im „dogmatischen Detail" wirken.

2. „Willenserklärungsbezogene" Ansätze bei § 361a BGB (a.F.)

Die Annahme, daß auch ein Blick auf das Schrifttum zu § 361a BGB (a.F.) hinsichtlich des einschlägigen Wortlauts dieser Norm weiterhilft, die Frage nach der widerrufsrechtlichen Wirkungsweise im Rahmen einer „willenserklärungsbezogenen" Betrachtung zu beantworten, erweist sich sehr schnell als trüge-

---

882 *Gernhuber*, WM 1998, S. 1797 ff., 1804.

risch: Aus der Literatur zu dem ersten „allgemeinen" Widerrufsrecht in der Gestalt des § 361a BGB (a.F.) ergeben sich gerade keine konkreten Anhaltspunkte, welche Rolle die „nicht mehr" vorliegende „Bindung" oder „Gebundenheit" an die Willenserklärung des Verbrauchers für die widerrufsrechtlichen Wirkungsweise spielt. Dies gilt auch für die speziellen Widerrufsrechte, wie sie - jeweils noch im Rahmen einer eigenständigen Kodifikation - kommentiert und diskutiert wurden. Auch ist - nicht nur der „willenserklärungsbezogene" - wissenschaftliche Ertrag zu § 361a BGB (a.F.) sehr gering,[883] und dies, obwohl diese Norm bereits „praktisch getestet" wurde. Ein kurzer Blick auf die Auseinandersetzungen der Privatrechtswissenschaft und -praxis mit § 361a BGB (a.F.) bestätigt diesen Befund: Wie schon angesichts der („vertragsbezogenen") Kontroverse um die Wirkungsweise der „schwebenden Wirksamkeit"[884] bei § 361a BGB (a.F.) zu beobachten war,[885] ist dieses Modell mit seinen diversen Problemen und Differenzierungsunzulänglichkeiten gerade nicht in der Lage, Licht in das Dunkel der Wirkungsweise verbraucherschützender Widerrufsrechte zu bringen, im Gegenteil wird die überkommene Sichtweise von der „Vertragswirksamkeitsbezogenheit" des Widerrufsrechts durch dieses Modell weiter gepflegt. Die im Rahmen dieser Kontroverse zunehmend vertretene Sichtweise des „allgemeinen" verbraucherschützenden Widerrufsrechts (und des Rückgaberechts[886]) als „besonders ausgestaltetes"[887] bzw. „modifiziertes"

[883] Siehe für die Vertreter der „schwebenden Wirksamkeit" bei § 361a BGB (a.F.) - regelmäßig unter Berufung auf die Begründung des RegE zum FernAG (BT-Dr. 14/2658, S. 47): *Berger*, Jura 2001, S. 289 ff., 291 f.; *Tonner*, BB 2000, S. 1413 ff., 1415; *Schmidt-Räntsch*, VuR 2000, S. 427 ff., 431; *Gaertner/Gierschmann*, DB 2000, S. 1601 ff., 1604 (mit widersprüchlichem Verweis auf §§ 1 I HWiG, 7 I VerbrKrG); *Riehm*, Jura 2000, S. 505 ff., 506; *Kamanabrou*, WM 2000, S. 1417 ff., 1418; jeweils m.w.N. Zum RefE *Bülow*, ZIP 1999, S. 1293 ff., 1295. Offen z.B. *Flume*, ZIP 2000, S. 1427 ff., 1429. Für die Vertreter der Gegenmeinung siehe z.B. *Palandt*, 60. Aufl., *Heinrichs* zu § 361a BGB, Rn. 2, 28; vor § 104 BGB, Rn. 32a; zu § 3 FernAG, Rn. 1; vgl. auch *Palandt*, 60. Aufl., *Putzo* zu § 7 VerbrKrG, Rn. 7; *Putzo* zu § 5 TzWrG, Rn. 2; *Fuchs*, ZIP 2000, S. 1273 ff., 1281 f.; *Härting/Schirmbacher*, MDR 2000, S. 917 ff., 922. Vgl. noch zur FARL und zum RefE *Heinrichs*, FS *Medicus*, S. 177 ff., 191 f.; *Micklitz/Reich*, BB 1999, S. 2093 ff., 2094; *Artz*, VuR 1999, S. 393 ff., 395; *Waldenberger*, K&R 1999, S. 345 ff., 348 ff., 350. Unklar, da beide Aspekte beinhaltend z.B. *Bülow/Artz*, NJW 2000, S. 2049 ff., 2052 f.; *S. Lorenz*, JuS 2000, S. 833 ff., 835 f., 838. Nach *Brüggemeier/Reich*, BB 2001, S. 213 ff., 218, FN. 69, soll die Sicht von der „schwebenden Wirksamkeit" mittlerweile die überwiegende Auffassung darstellen.

[884] Nach *Bülow*, WM 2000, S. 2361 ff., 2362, „beschreibt der Begriff der schwebenden Wirksamkeit exakt die Rücktrittslage".

[885] Siehe oben, Teil B.III.2.

[886] Auch das Rückgaberecht gemäß § 361b BGB (a.F.) soll nach dieser Sicht ein „modifiziertes Widerrufs- und folglich ebenfalls ein Rücktrittsrecht" darstellen - vgl. *Bülow*, WM 2000, S. 2361 ff., 2362.

[887] *Bülow*, WM 2000, S. 2361 ff., 2362.

Rücktrittsrecht[888] oder als „einem Rücktrittsrecht angenähertes Gestaltungsrecht“[889] kann schon angesichts der fehlenden grundlegenden Klarstellung dessen, was dieses Widerrufsrecht im Detail bewirkt, ebenfalls nicht weiterhelfen, es werden dadurch vielmehr zwei unterschiedliche dogmatische Wege der „Lösung“ von bestimmten rechtlichen Wirkungen einer Willenserklärung oder eines Vertrags auf ein- und denselben rechtlichen „Nenner“ gebracht, mit der Konsequenz, daß einer eigenen dogmatischen Kategorie eines „widerrufsrechtlichen Lösungsmechanismus“[890] von vornherein jede Berechtigung abgesprochen wird.[891]

3. „Willenserklärungsbezogene“ Ansätze bei § 355 BGB

Weiterhin ist auch ein Blick auf das Schrifttum zu § 355 BGB hinsichtlich einer „willenserklärungsbezogenen“ Sichtweise wenig ergiebig: Aus der Literatur zu dem „allgemeinen“ Widerrufsrecht in der Gestalt des § 355 I 1 BGB ergeben sich keine Anhaltspunkte, welche Rolle die „nicht mehr“ vorliegende „Bindung“ oder „Gebundenheit“ an die Willenserklärung des Verbrauchers bei der widerrufsrechtlichen Wirkungsweise spielt. Dies gilt auch für die „besonderen“ Widerrufsrechte, wie sie bereits als Teil des BGB kommentiert und diskutiert werden.[892] Insbesondere die Reaktionen der Privatrechtswissenschaft zu § 355 BGB fallen bisher - wie auch schon in der wissenschaftlichen Diskussion seit dem ersten Referentenentwurf des „Schuldrechtsmodernisierungsgesetzes“ bis zu dessen Verabschiedung - in ihrer wissenschaftlichen Bandbreite erstaunlich spärlich aus.[893] Dies mag auf den ersten Blick auch deswegen verwundern, da

---

888 Vgl. dazu z.B. *Palandt*, 60. Aufl., *Heinrichs* zu § 361a BGB, Rn. 2, 28; vor § 104 BGB, Rn. 32a; zu § 3 FernAG, Rn. 1; vgl. auch *Palandt*, 60. Aufl., *Putzo* zu § 7 VerbrKrG, Rn. 7; *Putzo* zu § 5 TzWrG, Rn. 2; *Fuchs*, ZIP 2000, S. 1273 ff., 1281 f.; *Härting/ Schirmbacher*, MDR 2000, S. 917 ff., 922. *Bülow*, WM 2000, S. 2361 ff., 2361 f., zweifelt daran, ob „der Widerruf etwas anderes als der Rücktritt ist“, bei näherem Zusehen sollen die diesbezüglichen Unterschiede zu einem „nicht mehr rechtserheblichen Rest“ zusammengeschmolzen sein.

889 Vgl. z.B. *S. Lorenz*, JuS 2000, S. 833 ff., 838.

890 *von Koppenfels*, WM 2001, S. 1360 ff., 1365, spricht in diesem Zusammenhang von dem Widerrufsrecht als „einseitiges Lösungsrecht vom an sich perfekten Vertrag“.

891 In diesem Sinn etwa *Palandt*, 60. Aufl., *Heinrichs* zu § 361a BGB, Rn. 2, 28; vor § 104 BGB, Rn. 32a.

892 Vgl. zu § 312d BGB nur *Lütcke*, Fernabsatzrecht, zu § 312d BGB, Rn. 9 ff. m.w.N.

893 Siehe zum Widerrufsrecht des § 355 BGB (z.T. noch in der Gestalt des DiskE) z.B. *Dauner-Lieb/Heidel/Lepa/Ring* (Hg.): Anwaltkommentar Schuldrecht, *Ring* zu § 355 BGB, Rn. 1 ff.; *Ring* zu § 357 BGB, Rn. 1 ff.; *Ring*, in *Dauner-Lieb/Heidel/Lepa/Ring*, Neues Schuldrecht, S. 343 ff., 381 ff., 401 ff.; *Palandt*, (Ergänzungsband) 61. Aufl., *Heinrichs* vor § 355 BGB, Rn. 1 ff.; *Heinrichs* zu § 355 BGB, Rn. 1 ff.; *Heinrichs* zu § 357 BGB, Rn. 2; *Brüggemeier/Reich*, BB 2001, S. 213 ff., 218 f.; s.a. *N. Fischer*, DB 2002, S. 253 ff.; *von Koppenfels*, WM 2001, S. 1360 ff.; *Artz*, VuR 2001, S. 391 ff., 393; sowie die Beiträge von *Schulze/Schulte-Nölke*, in *Schulze/Schulte-Nölke* (Hg.): Die Schuldrechtsreform vor dem Hintergrund des Gemeinschaftsrechts, S. 3 ff., 9 f., 15 ff.; *Hager*, in *Ernst/Zimmermann* (Hg.), Zivilrechtswissenschaft und Schuldrechtsreform, S.

die Erkenntnisse der Privatrechtswissenschaft zu § 361 BGB (a.F.) grundsätzlich für § 355 BGB verwendet werden können, da der Wortlaut des § 355 I 1 BGB im wesentlichen von § 361a I 1 BGB (a.F.) übernommen wurde.[894] Da jedoch eine kritische Auseinandersetzung mit dem Wortlaut - trotz der dogmatischen Kontroverse um die widerrufsrechtliche Wirkungsweise - gemäß § 361a I 1 BGB (a.F.)[895] - im wesentlichen unterblieben ist, besteht das Problem der ungeklärten Funktionsanalyse (anhand des „neuen" Wortlauts) auch für § 355 I 1 BGB fort. Entsprechend dem „vertragsbezogenen" Verständnis des früheren § 361a I 1 BGB (a.F.) beschränken sich auch die einschlägigen Aussagen zu § 355 I 1 BGB regelmäßig darauf, eine „Verwandtschaft" des Widerrufsrechts mit dem allgemeinen vertraglichen Rücktrittsrecht zu betonen[896], das Widerrufsrecht als ein „rücktrittsartiges besonderes Gestaltungsrecht"[897] aufzufassen, oder das Konstrukt der „schwebenden Wirksamkeit" des einem Widerrufsrecht unterliegenden Verbrauchervertrags auch für § 355 I 1 BGB anzuerkennen[898] - eine den Wortlaut beachtende „willenserklärungsbezogene" Sicht fehlt dagegen (fast) völlig. Diejenigen Beiträge zu der Wirkungsweise von § 355 I 1 BGB, die sich ganz ausnahmsweise überhaupt mit der „Gebundenheit" an die Willenserklärung des Verbrauchers befassen, tragen aber auch nicht wesentlich dazu bei, „Licht" in das „vertragsbezogene" Dunkel der widerrufsrechtlichen Wirkungsweise zu bringen. Auch die wenigen Beiträge, die dabei der Willenserklärung des Verbrauchers überhaupt Aufmerksamkeit schenken,

---

429 ff., 446 ff.; Vgl. auch die Kritik zum RegE von *Wilhelm*, JZ 2001, S. 861 ff., 863; *Mankowski*, JZ 2001, S. 745 ff.; *Artz*, NJW 36/2001, S. XVIII; jeweils m.w.N.

894 So die amtliche Begründung zum Schuldrechtsmodernisierungsgesetz, BT-Dr. 14/6040, S. 198. Vgl. auch *von Koppenfels*, WM 2001, S. 1360 ff., 1360 f.

895 Vgl. oben, Teil B.III.2.

896 So z.B. *Ring*, in *Dauner-Lieb/Heidel/Lepa/Ring*, Neues Schuldrecht, S. 343 ff., 382, 403 („Widerrufs- als Rücktrittsrecht"); *Dauner-Lieb/Heidel/Lepa/Ring* (Hg.): Anwaltkommentar Schuldrecht, *Ring* zu § 355 BGB, Rn. 12 ff. m.w.N.; sowie noch zu den Regelungen des DiskE *Hager*, in *Ernst/Zimmermann* (Hg.), Zivilrechtswissenschaft und Schuldrechtsreform, S. 429 ff., 446 ff., 447.

897 Siehe z.B. *von Koppenfels*, WM 2001, S. 1360 ff., 1365, *Bülow*, WM 2000, S. 2361 ff., 2361 f.

898 Vgl. insbesondere *Mankowski*, JZ 2001, S. 745 ff., 746; *Mankowski*, WM 2001, S. 793 ff., 796; *von Koppenfels*, WM 2001, S. 1360 ff., 1360 f.; *Artz*, VuR 2001, S. 391 ff., 393; *Bülow*, WM 2000, S. 2361 ff., 2361; siehe auch *Dörner/Ebert/Eckert/Hoeren/Kemper/Saenger/Schulte-Nölke/Schulze/Staudinger* (Hg.): Handkommentar BGB, 2. Aufl., *Schulze* zu § 355 BGB, Rn. 1 ff.; *Schulze* zu § 357 BGB, Rn. 1; *Ring*, in *Dauner-Lieb/Heidel/Lepa/Ring*, Neues Schuldrecht, S. 343 ff., 403 („Gestaltungsrecht i.S. einer schwebenden Wirksamkeit"); *Dauner-Lieb/Heidel/Lepa/Ring* (Hg.): Anwaltkommentar Schuldrecht, *Ring* zu § 355 BGB, Rn. 6 ff.; a.A. hingegen *Brüggemeier/Reich*, BB 2001, S. 213 ff., 218. Siehe auch die amtliche Begründung zum Schuldrechtsmodernisierungsgesetz, BT-Dr. 14/6040, S. 200 („auf Grund des schwebend wirksamen Vertrags gesteigerte Pflichten" des Verbrauchers).

wie z.B. der Ansatz von *Ring*[899], bleiben der „vertragsbezogenen" Sichtweise verhaftet: Nach der u.a. von *Ring* vertretenen Sicht vom „Widerrufsrecht als modifiziertes gesetzliches Rücktrittsrecht"[900] „vernichtet" der fristgemäße Widerruf nach § 355 I 1 BGB die auf den Abschluß eines Vertrags gerichtete Willenserklärung des Verbrauchers. Das - zugleich und ebenfalls von *Ring* befürwortete - „vertragsbezogene" Modell der „schwebenden Wirksamkeit" des „Verbrauchervertrags" (vgl. § 310 III BGB) soll sich dabei gerade daraus ergeben, daß die Willenserklärung des Verbrauchers bis zu diesem Zeitpunkt „wirksam", aber „vernichtbar" ist. Durch den Widerruf soll der „Verbrauchervertrag" nicht mit ex tunc-Wirkung unwirksam werden, sondern er soll sich „mit ex nunc-Wirkung in ein Abwicklungsverhältnis (Rückgewährschuldverhältnis)" umwandeln[901], für das gemäß § 357 I 1 BGB grundsätzlich das Rücktrittsrecht (gemäß §§ 346 ff. BGB) relevant ist, weshalb das Widerrufsrecht auch als „modifiziertes gesetzliches Rücktrittsrecht" angesehen wird. Dieses dogmatische „Chaos" wird noch dadurch gesteigert, daß der Wortlaut von § 355 I 1 BGB („nicht mehr gebunden") so verstanden wird, daß der Widerruf „vergleichbar § 142 Abs. 1 hinsichtlich der Anfechtung"[902] die Willenserklärung des Verbrauchers „vernichtet". Daraus wird dann wiederum „die Unwirksamkeit des zunächst einmal wirksam abgeschlossenen Vertrags zwischen Verbraucher und Unternehmer" abgeleitet, da Folge der „Vernichtung" der Verbrauchererklärung „das Fehlen zweier korrespondierender Willenserklärungen" sei. Da *Ring* damit den Wortlaut und die Wirkungsweise von § 355 I 1 BGB („nicht mehr gebunden") mit der (vollständigen) rechtlichen „Vernichtung" gleichsetzt, befürwortet er - neben seinem „vertragsbezogenen" Verständnis der widerrufsrechtlichen Wirkungsweise - auch einen Ansatz, der die Wirkungsweise des „allgemeinen" verbraucherschützenden Widerrufsrechts gemäß § 355 I 1 BGB den Wirkungen eines ausgeübten Anfechtungsrechts nach § 142 I BGB gleichsetzt. Bei beiden Normen geht es zwar jeweils um die „Willenserklärung"[903], die von der Aus-

---

899 Siehe *Dauner-Lieb/Heidel/Lepa/Ring* (Hg.): Anwaltkommentar Schuldrecht, *Ring* zu § 355 BGB, Rn. 1 ff.; *Ring* zu § 357 BGB, Rn. 1 ff.; *Ring*, in *Dauner-Lieb/Heidel/Lepa/Ring*, Neues Schuldrecht, S. 343 ff., 381 ff., 401 ff.

900 *Dauner-Lieb/Heidel/Lepa/Ring* (Hg.): Anwaltkommentar Schuldrecht, *Ring* zu § 355 BGB, Rn. 12; s.a. *Palandt*, (Ergänzungsband) 61. Aufl., *Heinrichs* zu § 357 BGB, Rn. 2 m.w.N.

901 *Dauner-Lieb/Heidel/Lepa/Ring* (Hg.): Anwaltkommentar Schuldrecht, *Ring* zu § 355 BGB, Rn. 12 f.; *Ring* zu § 357 BGB, Rn. 1, 7; s.a. *Ring*, in *Dauner-Lieb/Heidel/Lepa/Ring*, Neues Schuldrecht, S. 343 ff., 383, 403 f.; *Palandt*, (Ergänzungsband) 61. Aufl., *Heinrichs* zu § 355 BGB, Rn. 3; *Heinrichs* zu § 357 BGB, Rn. 2.

902 *Dauner-Lieb/Heidel/Lepa/Ring* (Hg.): Anwaltkommentar Schuldrecht, *Ring* zu § 355 BGB, Rn. 13; s.a. *Ring*, in *Dauner-Lieb/Heidel/Lepa/Ring*, Neues Schuldrecht, S. 343 ff., 403.

903 Bei § 142 I spricht das BGB zwar von „Rechtsgeschäft", aber damit ist allein die willensmängelbehaftete Willenserklärung gemeint, vgl. nur *Palandt*, 60. Aufl., *Heinrichs* zu § 142 BGB, Rn. 1 m.w.N. Vgl. zur uneinheitlichen BGB-Dogmatik auch oben, Teil C.II.

übung des (jeweiligen) Gestaltungsrechts betroffen ist, es stellt sich aber die Frage nach der Zulässigkeit und Tauglichkeit eines solchen Vergleichs. Bedenken gegen eine solche „Gleichsetzung" von § 142 I BGB mit § 355 I BGB ergeben sich bereits daraus, daß nach dem Wortlaut von § 355 I 1 BGB nur die „Gebundenheit" an die Willenserklärung des Verbrauchers von der Ausübung des Widerrufsrechts betroffen ist. Durch die ebenfalls vorgenommene Einordnung des Widerrufsrechts als („modifiziertes") Rücktrittsrecht bleibt außerdem völlig unklar, wie daneben oder zusätzlich das Widerrufsrecht auch einem Anfechtungsrecht ähnlich oder gleichzusetzen[904] sein soll.

Exemplarisch für eine differenziertere - als die übliche „vertragsbezogene" - Sichtweise hervorzuheben ist insbesondere *von Koppenfels* mit ihrer (schon vor dem Inkrafttreten des „Schuldrechtsmodernisierungsgesetzes" vorliegenden) „Untersuchung des § 355 Abs. 1 BGB-RegE"[905]: Erst bei näherer Betrachtung ihres Ansatzes zeigt sich der weitgehende Rückgriff auf die herkömmlichen „Betrachtungsschemata": In ihrem Beitrag beschäftigt sie sich eingehend mit der Wirkungsweise des (damals noch geltenden) § 361a BGB (a.F.) und des (damals erst geplanten) § 355 BGB und betrachtet das verbraucherschützende Widerrufsrecht auch „in der Systematik des BGB, insbesondere seiner Gestaltungsrechte"[906], und knüpft dabei an einige Ergebnisse der „rechtsdogmatischen Studie" von *Gernhuber*[907] zu der Wirkungsweise verbraucherschützender Widerrufsrechte an.[908] Soweit sie dabei einerseits das Widerrufsrecht (nach § 355 BGB) charakterisiert als die „Befugnis des Verbrauchers, sich einseitig von einem bis zur Perfektion gediehenen Rechtsgeschäfts loszusagen"[909] und in diesem Rahmen das Widerrufsrecht - im Einklang mit der h.M. zu § 361a BGB (a.F.) - als Gestaltungsrecht[910] mit „ex-nunc-Wirkung"[911] einordnet und sich dabei dem zu § 361a BGB (a.F.) vertretenen Konzept der „schwebenden Wirksamkeit" des Vertrags anschließt[912] mit der Folge, daß „der Widerruf der Willenserklärung nach der Regelung des § 355 BGB mittelbar einen bis zu diesem Zeitpunkt wirksamen Vertrag beseitigt"[913], überträgt sie anderseits lediglich die

904 Ausgehend von der Formulierung: „vergleichbar § 142 Abs. 1 hinsichtlich der Anfechtung" - *Dauner-Lieb/Heidel/Lepa/Ring* (Hg.): Anwaltkommentar Schuldrecht, *Ring* zu § 355 BGB, Rn. 13; s.a. *Ring*, in *Dauner-Lieb/Heidel/Lepa/Ring*, Neues Schuldrecht, S. 343 ff., 403.

905 Siehe *von Koppenfels*, WM 2001, S. 1360 ff.

906 *von Koppenfels*, WM 2001, S. 1360 ff., 1363 ff.

907 *Gernhuber*, WM 1998, S. 1797 ff., siehe dazu oben, Teil C.III.1.d).

908 Vgl. z.B. *von Koppenfels*, WM 2001, S. 1360 ff., 1362, 1364.

909 *von Koppenfels*, WM 2001, S. 1360 ff., 1362, 1364.

910 Vgl. *von Koppenfels*, WM 2001, S. 1360 ff., 1361 f., 1364.

911 Siehe *von Koppenfels*, WM 2001, S. 1360 ff., 1364. Vgl. zu § 355 BGB aber auch *Brüggemeier/Reich*, BB 2001, S. 213 ff., 218 (Unwirksamkeit der Verbrauchererklärung ex tunc).

912 Vgl. *von Koppenfels*, WM 2001, S. 1360 ff., 1362.

913 *von Koppenfels*, WM 2001, S. 1360 ff., 1362.

„vertragsbezogene“ herkömmliche Sichtweise, wie sie sich schon zu § 361a I 1 BGB (a.F.) findet, auf das Widerrufsrecht in § 355 I 1 BGB. Soweit sie aber darüberhinaus das allgemeine verbraucherschützende Widerrufsrecht in der Systematik der Gestaltungsrechte des BGB, namentlich Anfechtung, Kündigung und Rücktritt, sowie „im Lichte von Privatautonomie und Vertragsbindung (pacta sunt servanda)“ betrachtet[914], betritt sie weitgehend dogmatisches „Neuland“: Im Rahmen des „willenserklärungsbezogenen“ Ansatzes kann ihr dabei zunächst noch gefolgt werden, wenn sie feststellt, daß das verbraucherschützende Widerrufsrecht „im Vergleich zu den anderen auf Lösung vom Vertrag gerichteten Gestaltungsrechten“ „systemfremd“ sei, „da diese allein die Anordnung des jeweiligen Gestaltungsrechts enthalten und nichts über die Auswirkungen auf die Bindung an die zu beseitigende Willenserklärung aussagen“[915]. Auch soweit sie betont, daß sich das verbraucherschützende Widerrufsrecht - in der Gestalt von § 361a I 1 BGB (a.F.) sowie von § 355 I 1 BGB - stets auf die Willenserklärung bezieht, während z.B. das Rücktrittsrecht „den gesamten Vertrag rückabwickelt“[916], deckt sich das mit den bisher vorliegenden Erkenntnissen[917]. Dies gilt grundsätzlich auch noch, soweit § 361a BGB (a.F.) als „eine der Systematik des BGB bislang fremde Konstruktion“[918] bezeichnet wird, wenn man nämlich berücksichtigt, daß es „der Legislative unbenommen war, im Recht des Verbraucherschutzes einen derartigen Widerruf in bestimmten Fällen anzuerkennen und durch Verwendung eines dem BGB bekannten Begriffs mit jenen Wirkungen auszustatten, die sonst mit diesem Begriff verbunden sind“[919]. Spätestens ihre Kritik an der rechtstechnischen Konstruktion des Widerrufsrechts in der Gestalt von § 361a BGB (a.F.) sowie von § 355 BGB[920] stößt aber auf Widerspruch: Insbesondere soll sich das in diesen Normen geregelte „allgemeine“ verbraucherschützende Widerrufsrecht „nicht in die vom BGB vorgegebenen dogmatischen Konzeptionen von Widerrufsrecht und Rücktritt“[921] einfügen. Dem ist jedoch entgegenzuhalten, daß es ein schlüssiges dogmatisches Konzept sonderprivatrechtlicher Widerrufsrechte bislang gerade

---

914 Siehe *von Koppenfels*, WM 2001, S. 1360 ff., 1363 ff., 1365 ff.

915 *von Koppenfels*, WM 2001, S. 1360 ff., 1364.

916 Vgl. *von Koppenfels*, WM 2001, S. 1360 ff., 1364.

917 Siehe zu der Kritik an der herrschenden Rücktrittsdogmatik in jüngerer Zeit nur *Bülow*, WM 2000, S. 2361 ff., 2361 m.w.N.

918 *von Koppenfels*, WM 2001, S. 1360 ff., 1364.

919 *Gernhuber*, WM 1998, S. 1797 ff., 1804. Der aus dem BGB bekannte Begriff vom „Widerruf“ ist dabei der in § 130 I 2 BGB verwendete für das „Wirksamwerden“ von Willenserklärungen.

920 Darauf, daß der Widerruf im Gegensatz zum Rücktritt regelmäßig bedeuten soll, daß die Rechtsfolgen einer noch nicht endgültig wirksamen Willenserklärung ex tunc beseitigt werden, verweisen z.B. MK-BGB, 3. Aufl., *Janßen* vor § 346 BGB, Rn. 28 f.; *von Koppenfels*, WM 2001, S. 1360 ff., 1364.

921 *von Koppenfels*, WM 2001, S. 1360 ff., 1364, die dabei besonders die „Kombination der Bezeichnung als ‚Widerruf‘ mit der intendierten ‚ex-nunc-Wirkung‘ des Widerrufsrechts“ kritisiert.

nicht gibt, weder im Zusammenspiel mit den verschiedenen Widerrufsrechten im BGB[922], noch mit sonstigen Gestaltungsrechten. Es handelt sich vielmehr zunächst um eine „unklare dogmatische Figur“ in den verschiedensten Ausprägungen, deren mögliche und vorhandene Zusammenhänge mit der allgemeinen Dogmatik und Systematik des BGB erst noch untersucht bzw. ausgelotet werden müssen. Zudem hat nicht einmal der Gesetzgeber nach Voraussetzungen und Rechtsfolgen einen einheitlichen Gebrauch von diesem Verbraucherschutzinstrument gemacht.[923] Auf diese Tatsache hat nicht nur *Heinbuch*[924] schon 1983 hingewiesen, sondern darauf deuten auch und insbesondere die dogmatischen und systematischen Kontroversen um die Wirkungsweise der diversen verbraucherschützenden Widerrufsrechte vor Einführung des § 361a BGB (a.F.) hin[925]. Ein Konzept verbraucherschützender Widerrufsrechte darf daher nicht vorausgesetzt werden, sondern die Wirkungsweise der sonderprivatrechtlichen Widerrufsrechte, wie sie erstmals einheitlich in dem früheren § 361a I 1 BGB (a.F.) geregelt wurde und nunmehr in § 355 I 1 BGB bestimmt ist, muß zunächst in ihrer Eigenart untersucht werden. Allein auf diese Weise lassen sich voreilige Schlüsse vermeiden, so z.B. daß die Norm des § 355 BGB „zwar von Widerruf“ spräche, aber „von ihren Rechtsfolgen her“ Rücktritt meine[926], oder daß das „allgemeine“ verbraucherschützende Widerrufsrecht (noch in der Gestalt des § 361a BGB a.F.) nichts anderes sei, „als ein gesetzliches Rücktrittsrecht, das in Voraussetzungen (§ 361a Abs. 1 BGB) und Folgen (§ 361a Abs. 2 BGB) besonders ausgestaltet ist“[927]. Dabei schließt sich *von Koppenfels* im Ergebnis denjenigen an, die die Nähe des verbraucherschützenden Widerrufsrechts mit einem Rücktrittsrecht betonen[928], indem sie schließlich verbraucherschützende Widerrufsrechte, „die dem Kunden innerhalb einer gewissen Frist eine Abstandnahme vom Vertrag erlauben“, „funktional als befristete gesetzliche Rücktrittsrechte“ einordnet.[929] Als Vertreterin der „rücktrittsorientierten“ Betrachtung des Widerrufsrechts zählt sie daher auch zu denjenigen, die den kodifikatorischen Standort des „allgemeinen“ verbraucherschützenden Widerrufsrechts (sowohl in der Gestalt von § 361a BGB a.F. als auch von § 355 BGB) als Norm im Fünften Titel (Rücktritt u.a.) des Zweiten Buches des BGB begrüßen,[930] und damit letztlich trotz der gesetzlich angeordneten Spezialität (gemäß §§ 355 ff. BGB, vgl. damals schon § 361a II 1-7 BGB a.F.)[931] die Eigen-

922 Vgl. dazu oben, Teil B.I.1.

923 Siehe auch *Schwenzer*, JA 1989, S. 473 ff., 473 („Verhältnis zu anderen Rechtsbehelfen noch kaum geklärt“); S. 505 ff., 512 (fehlendes „legislatorisches Gesamtkonzept“).

924 Siehe *Heinbuch*, Theorien und Strategien, S. 188.

925 Einen guten Überblick darauf bietet z.B. *Boemke*, AcP 197 (1997), S. 161 ff. m.w.N.; siehe im übrigen oben, Teil B.II.

926 Vgl. *von Koppenfels*, WM 2001, S. 1360 ff., 1364.

927 *Bülow*, WM 2000, S. 2361 ff., 2362.

928 Wie z.B. *Bülow*, WM 2000, S. 2361 ff., 2361 f.; *S. Lorenz*, JuS 2000, S. 833 ff., 838.

929 Siehe *von Koppenfels*, WM 2001, S. 1360 ff., 1365.

930 So *von Koppenfels*, WM 2001, S. 1360 ff., 1369 in ihrem „Ergebnis“.

ständigkeit verbraucherschützender Widerrufsrechte leugnen. Soweit *von Koppenfels* aber in ihrer Betrachtung das „allgemeine" verbraucherschützende Widerrufsrecht als „gesetzliches Widerrufsrecht, das auch bei völlig mangelfreier Willensbildung die Lösung von einer rechtsgeschäftlichen Bindung erlaubt"[932], ansieht und den Zusammenhang mit der grundsätzlichen „Bindung an den Vertragsantrag" iSv. § 145 BGB herstellt,[933] verfolgt sie eine dogmatische Richtung[934], die es bei der „willenserklärungsbezogenen" Betrachtung fortzusetzen und zu vertiefen gilt.

4. Zwischenfazit: Die Bedeutung des § 355 I 1 BGB für die Wirkungsweise verbraucherschützender Widerrufsrechte

Rückt man den Wortlaut von § 355 I 1 BGB als für die widerrufsrechtliche Wirkungsweise maßgebliche Norm in den Fokus der Betrachtung, dann stellt sich die Wirkung des „allgemeinen" verbraucherschützenden Widerrufsrechts - unter Berücksichtigung der bisherigen „willenserklärungsbezogenen" Erkenntnisse - wie folgt dar: Nach der „rechtstechnischen Gestaltung" des Widerrufsrechts nach § 355 I 1 BGB ist der Verbraucher „an seine auf den Abschluss eines Vertrages gerichtete Willenserklärung nicht mehr gebunden, wenn er sie fristgerecht widerrufen hat". Demnach geht es um eine „Gebundenheit" an eine Willenserklärung des Verbrauchers, die nach der Ausübung des Widerrufsrechts - in einer noch zu klärenden Art und Weise - „nicht mehr vorhanden" ist. Aus dem Wortlaut des früheren § 361a I 1 BGB (a.F.) folgt weiterhin, daß diese Willenserklärung stets auf einen Abschluß eines (hier nicht näher bezeichneten)

---

931 Trotz der grundsätzlichen Verweisung auf die Rechtsfolgen des Rücktritts ergibt sich nämlich gerade aus der Existenz der davon abweichenden und spezielleren Regelungen in dem früheren § 361 I 2-7 BGB (a.F.) und im heutigen § 357 I 1 BGB, daß ein Unterschied zum Rücktrittsrecht von Gesetzes wegen besteht, vgl. aber dazu den gegenteiligen Standpunkt von *Bülow*, WM 2000, S. 2361 ff., 2361 f.; *von Koppenfels*, WM 2001, S. 1360 ff., 1364.

932 *von Koppenfels*, WM 2001, S. 1360 ff., 1365.

933 Vgl. *von Koppenfels*, WM 2001, S. 1360 ff., 1365. Dabei betont *von Koppenfels*, a.a.O., das „natürliche Spannungsverhältnis" von verbraucherschützendem Widerrufsrecht und „Bindungswirkung" iSv. § 145 BGB Nach *von Koppenfels*, a.a.O., S. 1366, steht das Widerrufsrecht aber nur auf „den ersten Blick im Widerspruch zum Grundsatz der Vertragsbindung" gemäß „pacta sunt servanda", da die bestehende „Relativierung" der „aus der Vertragsfreiheit folgenden Bindungswirkung" einer „tragfähigen materiellen Rechtfertigung" bedarf, die *von Koppenfels*, a.a.O., S. 1368, in der „Kompensation der gestörten Vertragsgerechtigkeit" durch den gewährten „Schutz vor übereilten oder unüberlegten Bindungen" gesehen wird, so daß sich die Durchbrechung der Vertragsbindung als „angemessene Reaktion auf spezifische Risiken der Vertragsgestaltungen (Vertragsgegenstand, Vertragsabschlussituation, Vertragspartner) liegt".

934 Nach *von Koppenfels*, WM 2001, S. 1360 ff., 1368 f., sind verbraucherschützende Widerrufsrechte schließlich „Mittel zur Wiederherstellung der Vertragsfreiheit bzw. Privatautonomie und Vertragsgerechtigkeit" und „fügen sich daher stimmig in die von der Privatrechtsordnung vorgesehenen Mechanismen zum Ausgleich gestörter Vertragsparität ein".

„Vertrags mit einem Unternehmer" gerichtet ist. Dies ergibt sich auch aus dem Charakter des damaligen § 361a I BGB (a.F.) und des geltenden § 355 I BGB als „Blankettnormen"[935] in Verbindung mit der jeweiligen Verweisungsnorm (vgl. z.B. den heutigen § 495 I BGB und den früheren § 7 I VerbrKrG für den Verbraucherdarlehensvertrag). Der Wortlaut läßt dabei - möglicherweise sogar bewußt - offen, ob im Zeitpunkt des Widerrufs bereits überhaupt ein Vertrag zwischen Verbraucher und Unternehmer zustande gekommen ist. Da aber nach dem Wortlaut wenigstens feststeht, daß eine „Gebundenheit" an die Willenserklärung „nicht mehr" besteht, wenn der Verbraucher diese fristgerecht widerrufen hat, muß die „Bindung" an die vorhandene Willenserklärung des Verbrauchers aber zumindest für eine „logische Sekunde" einmal bestanden haben. Wenn der Verbraucher durch den Widerruf „nicht mehr gebunden" ist, impliziert dies nämlich bereits sprachlich, daß er es vor dem Widerruf war.[936] Dies gilt zumindest dann, wenn man den (auch insoweit mit dem früheren § 361a I 1 BGB a.F. übereinstimmenden) Wortlaut von § 355 I 1 BGB ernst nimmt und von vornherein beachtet, daß die diversen verbraucherschützenden Widerrufsrechte vor der Einführung des „allgemeinen" verbraucherschützenden Widerrufsrechts in ganz unterschiedlichen Formulierungen[937] vorlagen, wobei deren Wirkungsweise gerade vor diesem Hintergrund kontrovers diskutiert worden ist.[938] Zu der schon gewonnenen Erkenntnis, daß die Willenserklärung des Verbrauchers alleiniger Anknüpfungspunkt und ausschließliches „Bezugsobjekt" des Widerrufs darstellt, gesellt sich nunmehr das Verständnis, daß es nicht etwa um die (gesamte) rechtliche Existenz[939] der vom Verbraucher - in irgendeiner Weise - zuvor entäußerten Willenserklärung (als normativer Tatbestand) geht, sondern um die „Gebundenheit" als ein bestimmtes rechtliches „Merkmal" einer vorhandenen Willenserklärung des Verbrauchers, die von der Ausübung des Widerrufsrechts betroffen ist. Die Ausübung des Widerrufsrechts führt nach dem Wortlaut des „allgemeinen" Widerrufsrechts gemäß § 355 I 1 BGB also dazu, daß nur ein bestimmter - und noch näher zu untersuchender - „Teil" der „vertragsgerichteten" Willenserklärung betroffen ist, nämlich die „Gebundenheit an die Willenserklärung", die infolge des Widerrufs „nicht mehr" gegeben ist. Dabei stellen sich bereits zwei grundsätzliche Fragen: Zum einen ist unklar, ob die „Gebundenheit" noch zum normativen Tatbestand der betroffenen Willenserklärung oder schon zu deren „Wirkung" gehört. Zum anderen steht bisher nicht fest, ob mit der - insbesondere in der „klassischen Rechtsgeschäftslehre"

---

935 *Bülow/Artz*, NJW 2000, S. 2049 ff., 2052. Siehe auch *Schmidt-Räntsch*, VuR 2000, S. 427 ff., 431, der von einer „Rahmenregelung" spricht, die eine Rechtsgrundverweisung enthält.

936 So auch *Mankowski*, WM 2001, S. 793 ff., 795; 833 ff., 842; sowie *Kamanabrou*, WM 2000, S. 1417 ff., 1418.

937 Vgl. nur *Gernhuber*, WM 1998, S. 1797 ff., 1798; siehe auch oben, Teil B.I.2.

938 Siehe oben, Teil B.II.1.

939 Vgl. zur Differenzierung von (tatsächlicher) Existenz und (rechtlichem) Wirksamwerden einer Willenserklärung nur *Brox*, AT, 25. Aufl., S. 81.

verwendeten - „Bindung“ an die Willenserklärung eine - wie auch immer geartete - „Selbstbindung“ des Erklärenden oder eine „Fremdbindung“ des Empfängers gemeint ist. Gerade diese beiden Fragen werden später noch näher zu untersuchen sein.[940]

Für eine erste Annäherung an den Begriff der „Gebundenheit“ ist aber zunächst zu erörtern, ob und inwieweit die „klassische“ Zivilrechtsdogmatik im Bereich des Rechts der Willenserklärungen weiterhelfen kann. Legt man die herkömmliche Dogmatik[941] zugrunde, wonach bei einer Willenserklärung nicht nur zwischen der Art der Willensäußerung, sondern auch nach der Notwendigkeit der Äußerung gegenüber dem Erklärungsgegner und nach der Anwesenheit des Erklärungsgegners differenziert wird,[942] so ergibt sich für die „Bindung“ oder die „Gebundenheit“ im Kontext von Willenserklärungen folgendes Bild: Da die „Bindung“ an eine abgegebene Willenserklärung überhaupt nur bestehen soll, wenn die Willenserklärung „wirksam geworden“ (vgl. nur § 130 I BGB) ist,[943] bedeutet dies, daß als „Grundvoraussetzung“ für einen Widerruf, der die „Bindungswirkung“ „zurücknimmt“, zunächst einmal eine „wirksam gewordene“ (iSv. § 130 I BGB) und damit „vollendete“[944] Willenserklärung des Verbrauchers vorliegen muß, um auch nur (irgendeine) „Bindung“ erzeugen zu können[945]. Für das „Wirksamwerden“ einer Willenserklärung (iSv. § 130 I 1 BGB) wird üblicherweise danach unterschieden, ob eine Willenserklärung empfangsbedürftig ist oder nicht und ob sie gegenüber einem An- oder Abwe-

940 Vgl. unten, Teil C.V. Siehe zu „Selbst- und Fremdbindung“ auch anschaulich *Köndgen*, Selbstbindung ohne Vertrag, insb. S. 1 ff., 156 ff. m.w.N.

941 Siehe z.B. *Pawlowski*, AT, 6. Aufl., S. 181 ff.; *Brox*, AT, 25. Aufl., S. 52 ff.; MK-BGB, 3. Aufl., *Kramer* vor § 116 BGB, Rn. 17 ff.; *Hübner*, AT, S. 283 ff.; *Leßmann*, JA 1983, S. 341 ff., 403 ff.; jeweils m.w.N. Vgl. zur Kritik daran wiederum *Köndgen*, Selbstbindung ohne Vertrag, S. 290 f.

942 Vgl. z.B. *Palandt*, 60. Aufl., *Heinrichs* zu § 130 BGB, Rn. 1 ff.; *Brox*, AT, 25. Aufl., S. 81 ff.; MK-BGB, 3. Aufl., *Förschler* zu § 130 BGB, Rn. 1 ff.; *Klunzinger*, Bürgerliches Recht, 8. Aufl., S. 62 ff.; *Flume*, AT, II. Band, 3. Aufl., S. 138 ff.; jeweils m.w.N.

943 Siehe nur AK-BGB, *Hart* zu § 130 BGB, Rn. 1.

944 Vgl. MK-BGB, 3. Aufl., *Förschler* zu § 130 BGB, Rn. 1, auch zu dem bei Schaffung des BGB bereits vorhandenen Streit um die Frage, wann eine empfangsbedürftige Willenserklärung vollendet ist. Dabei ist zu berücksichtigen, daß das BGB den Zeitpunkt, in dem eine vollendete Willenserklärung vorliegt, als den der Abgabe der Erklärung bezeichnet (vgl. § 130 II BGB). Davon unterscheidet sich der Zeitpunkt, in dem die Willenserklärung wirksam wird (vgl. § 130 I BGB). Je nach Art der Willenserklärung kann daher der Zeitpunkt des „Wirksamwerdens“ der Erklärung mit dem ihrer Abgabe zusammenfallen oder ihm nachfolgen. Vgl. nur *Larenz/Wolf*, AT, 8. Aufl., S. 503 ff., 503. Siehe zu der Widerruflichkeit iSv. § 130 I 2 BGB als „Rückziehungsbefugnis“ nur *Manigk*, Willenserklärung und Willensgeschäft, S. 595 ff.

945 Siehe z.B. *Brox*, AT, 25. Aufl., S. 95; vgl. auch MK-BGB, 3. Aufl., *Förschler* zu § 130 BGB, Rn. 1.

senden abgegeben wird.[946] Da dic Willenserklärung des Verbrauchers im Rahmen von § 355 I 1 BGB als „vertragsgerichtet" bezeichnet wird, ist davon auszugehen, daß sie stets Bestandteil eines Vertrags zwischen Verbraucher und Unternehmer ist oder zumindest werden soll. Außerdem ist zu beachten, daß „vertragsgerichtet" nicht notwendigerweise bedeutet, daß (irgend) ein Vertrag zwischen Verbraucher und Unternehmer bereits zustandegekommen ist oder sein muß. Aufgrund der nach dem Wortlaut von § 355 I 1 BGB notwendigen „Vertragsgerichtetheit" der Willenserklärung des Verbrauchers handelt es sich bei dieser Willenserklärung also (gemäß der „klassischen Rechtsgeschäftslehre") stets um eine empfangsbedürftige Willenserklärung in der Gestalt eines Vertragsantrags bzw. Vertragsangebots (vgl. § 145 BGB) oder einer Vertragsannahme (vgl. §§ 146, 147 BGB) des Verbrauchers. Für das „Wirksamwerden" (vgl. § 130 I, II BGB) einer solchen empfangsbedürftigen Willenserklärung wird aber herkömmlicherweise gefordert, daß sowohl Abgabe als auch Empfang der Erklärung grundsätzlich vorliegen.[947] Der „Empfang" bestimmt sich bei einem anwesenden Erklärungsempfänger nach der „Vernehmung", bei einem abwesenden Erklärungsempfänger nach dem „Zugang" der Erklärung.[948] Dies ist - mangels anderer Hinweise im Wortlaut und der Systematik von § 355 I 1 BGB - auch für die dort genannte Willenserklärung des Verbrauchers zugrundezulegen. Da weiterhin weder aus dem Wortlaut noch aus dem Regelungszusammenhang von § 355 I 1 BGB hervorgeht, welche Form die vertragsgerichtete Willenserklärung des Verbrauchers aufweisen muß, ist eine solche auch nicht erforderlich. Aufgrund dieser „Formzwanglosigkeit" kann es sich folglich z.B. um schriftliche, mündliche oder sogar nur „konkludente" (d.h. fiktive) - bzw. um „telematische", „elektronische" oder „automatische" - „vertragsgerichtete" Willenserklärungen des Verbrauchers handeln. Ebenfalls nicht in § 355 I 1 BGB bestimmt ist die Frage, ob die vertragsgerichtete Willenserklärung des Verbrauchers einem an- oder einem abwesenden Erklärungsempfänger gegenüber abgegeben wurde bzw. wird.[949] Für die von dem Widerruf betroffene

---

946 Vgl. z.B. *Palandt*, 60. Aufl., *Heinrichs* zu § 130 BGB, Rn. 2 ff.; MK-BGB, 3. Aufl., *Förschler* zu § 130 BGB, Rn. 1 ff.; *Larenz/Wolf*, AT, 8. Aufl., S. 503 ff.; *Klunzinger*, Bürgerliches Recht, 8. Aufl., S. 62 ff.; jeweils m.w.N.

947 Siehe nur MK-BGB, 3. Aufl., *Förschler* zu § 130 BGB, Rn. 1 ff., 4.

948 Während § 130 BGB seinem Wortlaut nach nur für Willenserklärungen gegenüber Abwesenden gilt, enthält das BGB für das Wirksamwerden von Erklärungen gegenüber Anwesenden keine ausdrücklichen Vorschriften, entsprechend der Regelung des § 130 BGB ist aber ebenfalls auf den Zugang bzw. auf die „Vernehmung" (Wahrnehmung) der Erklärung abzustellen. Vgl. dazu z.B. *Palandt*, 60. Aufl., *Heinrichs* zu § 130 BGB, Rn. 5, 13; MK-BGB, 3. Aufl., *Förschler* zu § 130 BGB, Rn. 1 ff.; *Larenz/Wolf*, AT, 8. Aufl., S. 505 f.; jeweils m.w.N. Vgl. auch die Übersicht bei *Klunzinger*, Bürgerliches Recht, 8. Aufl., S. 67.

949 Während § 130 BGB seinem Wortlaut nach nur für Willenserklärungen gegenüber Abwesenden gilt, enthält das BGB für das Wirksamwerden von Erklärungen gegenüber Anwesenden keine ausdrücklichen Vorschriften, entsprechend der Regelung des § 130 BGB ist aber ebenfalls auf den Zugang bzw. auf die „Vernehmung" (Wahrnehmung) der

Willenserklärung des Verbrauchers iSv. § 355 I 1 BGB ist aufgrund der geforderten Empfangsbedürftigkeit daher zugrundezulegen, daß sowohl deren Abgabe als auch deren Empfang bereits vor der Ausübung des Widerrufsrechts vorliegt. Schließlich darf nach der herrschenden „klassischen" Rechtsgeschäftslehre auch kein Widerruf nach § 130 I 2 BGB vorliegen, da ein solcher ebenfalls das „Wirksamwerden" der „vertragsgerichteten" Willenserklärung und damit im Ergebnis verhindert, daß die Willenserklärung überhaupt rechtliche Wirkungen (bezüglich des intendierten Vertrags) entfaltet.[950] In diesem Zusammenhang ist noch zu überlegen, ob und inwieweit eine „Bindung" auch nicht nach § 145 2. Hs. BGB ausgeschlossen sein darf, da in diesem Fall ebenfalls von vornherein keine „Gebundenheit" vorliegt,[951] so daß der „bindungslösende" Widerruf nach dem Wortlaut des früheren § 361a I 1 BGB (a.F.) wie des heutigen § 355 I 1 BGB nicht mehr möglich ist. In diesem Zusammenhang stellt sich unmittelbar die Frage, was diese „Bindung" denn genau ausmacht,[952] und in welcher Weise der Widerruf überhaupt auf die „Gebundenheit" einwirkt[953].

Anknüpfend an die herrschende „Rechtsgeschäftslehre" und unter Berücksichtigung der Ansätze von *Jung, Jauernig, Pfeiffer/Dauck* und *Gernhuber* ist der Wortlaut von § 355 I 1 BGB daher folgendermaßen zu verstehen, wobei der „Schlüsselbegriff" der „Gebundenheit" bzw. „Bindung" gleich noch näher zu untersuchen ist: Wird einem Verbraucher (iSv. § 13 BGB) durch Gesetz ein Widerrufsrecht nach dieser Vorschrift eingeräumt, so ist er an seine auf den Abschluß eines Vertrags (mit einem Unternehmer iSv. § 14 I BGB) gerichtete und „wirksam gewordene" (iSv. § 130 BGB bzw. § 130 BGB analog) Willenserklärung nicht mehr „gebunden" (iSv. § 145 BGB), wenn er sie fristgerecht widerrufen hat. In dieser „traditionell-dogmatischen"[954] Lesart, die im folgenden zugrundegelegt wird, liefert der Wortlaut des „allgemeinen" verbraucherschützenden Widerrufsrechts mit der Anknüpfung an die nicht mehr vorhandene „Gebundenheit" an die abgegebene Willenserklärung bereits erste Ansätze für eine „willenserklärungsbezogene" Betrachtung und hilft zugleich auch die Ursachen für die „vertragsbezogene" Sicht zu beseitigen.

Erklärung abzustellen. Vgl. dazu z.B. *Palandt*, 60. Aufl., *Heinrichs* zu § 130 BGB, Rn. 5, 13; MK-BGB, 3. Aufl., *Förschler* zu § 130 BGB, Rn. 1 ff.; *Larenz/Wolf*, AT, 8. Aufl., S. 505 f.; jeweils m.w.N. Vgl. auch die Übersicht bei *Klunzinger*, Bürgerliches Recht, 8. Aufl., S. 67.

950 Siehe z.B. *Palandt*, 60. Aufl., *Heinrichs* zu § 130 BGB, Rn. 11; MK-BGB, 3. Aufl., *Förschler* zu § 130 BGB, Rn. 29; *Brox*, AT, 25. Aufl., S. 87; jeweils m.w.N.

951 Vgl. für viele nur *Brox*, AT, 25. Aufl., S. 95.

952 Vgl. dazu Teil C.IV.

953 Siehe dazu Teil C.V.

954 Vgl. *Gernhuber*, WM 1998, S. 1797 ff., 1798. Siehe auch für die Verknüpfung von „Bindung" und verbraucherschützendem Widerrufsrecht: *von Koppenfels*, WM 2001, S. 1360 ff., 1363 f.

IV. Die „Bindungswirkung" gemäß § 145 BGB

Wie die bisherigen Erkenntnisse hinsichtlich des Wortlauts und der Systematik von § 355 I 1 BGB gezeigt haben, bezieht sich das „allgemeine" verbraucherschützende Widerrufsrecht auf eine „Gebundenheit" an die Willenserklärung des Verbrauchers. Es stellen sich damit unmittelbar die Fragen, was diese „Gebundenheit" denn genau ausmacht und in welcher Weise der Widerruf überhaupt darauf einwirkt[955]. Diese Reihenfolge bestimmt auch das weitere Untersuchungsprogramm, denn bevor geklärt werden kann, ob die Ausübung des verbraucherschützenden Widerrufsrechts die Aufhebung, eine volle oder nur teilweise Beseitigung oder Suspendierung der „Gebundenheit" bewirkt, sollte sinnvollerweise feststehen, um welche Art der „Bindung" es dabei geht und was deren Inhalt ist. Grundsätzlich und vorab muß darauf hingewiesen werden, daß die Analyse einer „Bindung" bzw. „Gebundenheit", wie sie in dem Wortlaut - sowohl des früheren § 361a I 1 BGB (a.F.) als auch des heutigen § 355 I 1 BGB - enthalten ist, in vielfacher Weise vorgenommen werden kann. So können ausgehend von diesen Begriffen beispielsweise diejenigen Normen innerhalb und außerhalb des BGB (z.B. § 74a HGB) untersucht werden, die diese Begriffe explizit (wie z.B. §§ 145, 873 II BGB) oder implizit (vgl. beispielsweise § 929 S. 1 BGB) verwenden. Nähert man sich der „Bindung" oder „Gebundenheit" zunächst einmal sprachlich-begrifflich an, um die Themenstellung einzugrenzen, dann fallen die mit der „Bindung" sinn- und sachverwandten Wörter: Dies sind z.B. „binden" als „zusammenhängen" oder „bindend" als „verbindlich",[956] sowie „gebunden sein" als „verpflichtet"[957]. Der Ursprung von „binden" findet sich sowohl im mittelhochdeutschen „binden" als auch im althochdeutschen „bintan", jeweils als „binden, verbinden, fesseln, verpflichten", die „Bindung" entsprechend als „Verpflichtung, Vereinbarung".[958] Die „Gebundenheit" taucht wiederum als Synonym für „Bindung"[959] auf. Weiterhin wird die „Bindung" in der deutschen Sprache auch als die „Verbindung, Vereinigung, Verknüpfung und Kombination", aber auch als „Wechselbeziehung, Bündnis" bzw. „Verkettung, Kuppelung, Verknotung, Verflechtung" oder „Ankettung" verstanden oder schließlich als „Vereinigungs-, Berührungs-, Angel- oder Drehpunkt".[960] Unter „Gebundenheit" fallen beispielsweise solche verschiedenen Synonyme wie „Zwang, Verpflichtung, Verbindlichkeit, Unterordnung, Gehorsam" oder „Pflicht, Verpflichtung, Pflichttreue, Pflichterfüllung", „Verantwortung, Verantwortlichkeit, Last" und „Obliegenheit".[961]

Die sich daraus ergebenden Hinweise auf Rechtsnormen sind bereits so zahlreich, daß es einer grundlegenden Eingrenzung der Analyse bedarf. Für den

---

955 Siehe dazu Teil C.V.

956 *Duden*, Bd. 8, Sinn- und sachverwandte Wörter, 1972, S. 131.

957 *Duden*, Bd. 8, Sinn- und sachverwandte Wörter, 1972, S. 268.

958 Siehe *Köbler*, Etymologisches Rechtswörterbuch, S. 60.

959 Vgl. *Köbler*, Etymologisches Rechtswörterbuch, S. 145.

960 Siehe *Wehrle/Eggers*, Deutscher Wortschatz, 13. Aufl., (1967), S. 12, 408.

961 Vgl. *Wehrle/Eggers*, Deutscher Wortschatz, 13. Aufl., (1967), S. 257, 259, 314.

vorliegenden Zusammenhang der Wirkungsweise des „allgemeinen" verbraucherschützenden Widerrufsrechts ist von vornherein eine Beschränkung erforderlich: Ausgehend von den bisherigen Erkenntnissen zu dem Wortlaut und der Systematik von § 355 I 1 BGB steht allein die (nicht mehr vorhandene) „Gebundenheit" an die Willenserklärung des Verbrauchers im Vordergrund. Danach scheiden zunächst alle diejenigen Normen inner- und außerhalb des BGB aus, bei denen zwar von „Bindung" (vgl. z.B. § 719 BGB für die gesamthänderische Bindung), „Gebundenheit" (siehe § 873 II BGB für die Bindung an die dingliche Einigung), „Verbindlichkeit" (siehe z.B. § 74 II HGB für das Wettbewerbsverbot) etc. die Rede ist, soweit diese nicht unmittelbar im Kontext mit Willenserklärungen im Zusammenhang eines bevorstehenden oder schon erfolgten Vertragsschlusses stehen. Da die „Bindung" an die jeweilige Willenserklärung bei der dinglichen Einigung gemäß den §§ 873 I, 929 S. 1 BGB nicht explizit gesetzlich angeordnet ist,[962] wie die Ausnahmeregelung des § 873 II BGB[963] zeigt, sondern vielmehr die Parteien bis zur Übergabe bzw. Eintragung gerade nicht gebunden sind[964], steht die „Bindung an den Vertragsantrag", wie sie sich in den §§ 145 ff. BGB findet, im Fokus der folgenden Betrachtung. Dafür sei nur ergänzend darauf hingewiesen, daß „das Leitbild der Normen des BGB über den Vertragsschluß" (§§ 145 ff. BGB) „der schuldrechtliche Vertrag über die Begründung eines Schuldverhältnisses"[965] (vgl. § 311 I BGB, zuvor § 305 BGB a.F.) ist.

1. Überblick zur „Bindung" iSv. §§ 145 ff. BGB

Bereits ein kurzer Blick auf die Sichtweise der Privatrechtswissenschaft und der Rechtsprechung der Zivilgerichte von der „Bindung" oder „Gebundenheit", wie sie in den §§ 145 ff. BGB zum Ausdruck kommt, zeigt jedoch, daß weder eine einheitliche Begrifflichkeit noch eine dogmatisch eindeutige Analyse der „Bindung" vorliegt.

a) Privatrechtswissenschaft

Schon eine kurze Betrachtung der Aussagen der Privatrechtswissenschaft zu der „Bindung", wie sie im Rahmen der Vertragsschlußsystematik des BGB in den §§ 145 ff. BGB thematisiert wird, bietet ein Bild, das von sehr unterschiedlicher Begrifflichkeit bei im wesentlich gleichen oder gleichartigen Aussagen ge-

---

962 Dennoch wird die dingliche Einigung als Teil des Verfügungsgeschäfts unter den „formalen Vertragsbegriff des BGB", der nach h.M. alle „Einigungen" des BGB und des gesamten Privatrechts umfassen soll, eingeordnet, vgl. z.B. *Soergel*, 13. Aufl., *M. Wolf* vor § 145 BGB, Rn. 5; differenzierend *Flume*, AT, II. Band, 3. Aufl., S. 603 f.; jeweils m.w.N.

963 Vgl. dazu nur *Palandt*, 60. Aufl., *Bassenge* zu § 873 BGB, insb. Rn. 16; MK-BGB, 3. Aufl., Wacke zu § 873 BGB, Rn. 39 ff.; *Flume*, AT, II. Band, 3. Aufl., S. 604; sowie *Larenz/Wolf*, AT, 8. Aufl., S. 515 für den Zusammenhang von Bindung iSv. § 145 BGB und iSv. § 873 II BGB.

964 Vgl. z.B. *Hübner*, AT, S. 403.

965 *Flume*, AT, II. Band, 3. Aufl., S. 603.

zcichnct ist: Obwohl § 145 BGB („Bindung an den Antrag“) nur davon spricht, daß derjenige, der „einem anderen die Schließung eines Vertrags anträgt“, „an den Antrag gebunden“ ist, „es sei denn, daß er die Gebundenheit ausgeschlossen hat“, findet sich in der Literatur dazu eine Vielfalt unterschiedlichster Beschreibungen, Erklärungen und Verwendungszusammenhänge.[966]

Dies zeigt bereits ein kurzer Blick auf die herkömmliche Betrachtung des Vertragsangebots in dem System des Vertragsschlusses gemäß §§ 145 ff. BGB: So ist beispielsweise von der „bindenden Kraft“ des Vertragsangebot als „Offerte“ die Rede[967], wobei „bindend“ sogleich als „unwiderruflich“ beschrieben wird. § 145 2. Hs. BGB behandelt danach die Konstellation, „daß der Offerent die bindende Kraft ausgeschlossen“[968] hat. Dabei wird auch die weitergehende Bedeutung des Vorbehalts, „daß man nicht gebunden sein wolle“ gesehen, nämlich daß der Antragende „selbst durch das Zugehen der Annahme nicht gebunden sein“ will; in diesem Fall liege „in Wahrheit also noch keine Offerte“, sondern nur eine Aufforderung, Angebote abzugeben („invitatio ad offerendum“) vor.[969] Von dieser Beschreibung der „bindenden Kraft“ des Angebots wird aber sogleich wieder abgerückt, wenn im Rahmen der Annahme und des Vertragsschlusses davon die Rede ist, daß „der Vertrag“ „bindend“ wird, „wenn die An-

966 Siehe z.B. *Enneccerus/Nipperdey*, AT, 15. Aufl., Band I, 2. Halbband, S. 893 ff.; *M. Wolf*, Rechtsgeschäftliche Entscheidungsfreiheit und vertraglicher Interessenausgleich, 1970, S. 8 ff.; *Larenz*, AT, 4. Aufl., S. 290 ff.; *Löwisch*, Rechtsgeschäft, 3. Aufl., S. 18 ff.; *Flume*, AT, II. Band, 3. Aufl., S. 45 ff., 78 ff., 104 ff., 160 ff., 599 ff.; *M. Wolf*, in: Grundlagen des Vertrags- und Schuldrechts, S. 59 ff., 62 ff.; *von Staudinger*, 12. Aufl., *Dilcher* vor § 145 BGB, Rn. 1 ff.; *Dilcher* zu § 145 BGB, Rn. 1 ff.; *Dilcher* zu § 146 BGB, Rn. 1 ff.; *Dilcher* zu § 147 BGB, Rn. 1; RGRK, 12. Aufl., *Krüger-Nieland* zu § 130 BGB, Rn. 1 ff.; *Piper* vor § 145 BGB, Rn. 1 ff.; *Piper* zu § 145 BGB, Rn. 1 ff.; *Piper* zu § 146 BGB, Rn. 1 ff.; AK-BGB, *Hart* zu § 130 BGB, Rn. 1 ff.; *Hart* vor § 145 BGB, Rn. 1 ff.; *Hart* zu § 145 BGB, Rn. 1 ff.; *Leßmann*, JA 1983, S. 341 ff., *Hübner*, AT, S. 395 ff.; *Hilger*, AcP 185 (1985), S. 559 ff.; *Rüthers*, AT, 6. Aufl., S. 239 ff.; *Honsell/Holz-Dahrenstaedt*, JuS 1986, S. 969 ff.; *Schwab*, Einführung, 7. Aufl., S. 206 ff., 222 ff.; *Leenen*, AcP 188 (1988), S. 381 ff.; *Bydlinski*, JuS 1988, S. 36 ff.; *Hönn*, JuS 1990, S. 953 ff.; *Klunzinger*, Bürgerliches Recht, 8. Aufl., S. 73 ff.; *Musielak*, Grundkurs BGB, 3. Aufl., S. 36 ff.; MK-BGB, 3. Aufl., *Kramer* vor § 145 BGB, Rn. 1 ff.; *Kramer* zu § 145 BGB, Rn. 1 ff.; *Kropholler*, Studienkommentar, vor § 145 BGB, Rn. 1 ff.; zu § 145 BGB, Rn. 1 ff.; *Larenz/Wolf*, AT, 8. Aufl., S. 515 ff.; *Jauernig*, 8. Aufl., *Jauernig* zu § 145 BGB, Rn. 1 ff.; *Köhler*, AT, 24. Aufl., S. 168 ff; *Brox*, AT, 25. Aufl., S. 47 ff., 93 ff.; *Medicus*, AT, 7. Aufl., S. 137 ff., *Soergel*, 13. Aufl., *M. Wolf* vor § 145 BGB, Rn. 1 ff.; *M. Wolf* zu § 145 BGB, Rn. 1 ff.; *Medicus*, Bürgerliches Recht, 18. Aufl., S. 33 ff.; *Palandt*, 60. Aufl., *Heinrichs* vor § 145 BGB, Rn. 1 ff.; *Heinrichs* zu § 145 BGB, Rn. 1 ff.; *Heinrichs* zu § 146 BGB, Rn. 1 ff.; *Erman*, 10. Aufl., *Hefermehl* vor § 145 BGB, Rn. 1 ff.; *Hefermehl* zu § 145 BGB, Rn. 1 ff.; *Pawlowski*, AT, 6. Aufl., S. 167 ff.; jeweils m.w.N. Siehe schließlich auch die Motive zum BGB I, S. 161 ff., 163 ff.

967 Vgl. *Enneccerus/Nipperdey*, AT, 15. Aufl., Band I, 2. Halbband, S. 893 ff., 991.

968 *Enneccerus/Nipperdey*, AT, 15. Aufl., Band I, 2. Halbband, S. 893 ff., 991.

969 Siehe *Enneccerus/Nipperdey*, AT, 15. Aufl., Band I, 2. Halbband, S. 893 ff., 991 f.

nahme rechtzeitig erfolgt, d.h. wenn die Annahmeerklärung vollendet wird, während die Offerte noch besteht."[970] Ob die „Bindung an das Angebot" und die „Bindung an den Vertrag" identisch oder zu unterscheiden sind, wird dabei ebenso wenig erklärt wie der Inhalt der (jeweiligen) Bindung. Da weiterhin „zur Gültigkeit des Vertrages" „die Übereinstimmung der Antrags- und Annahmeerklärung" gefordert wird,[971] stellt sich die Frage, ob mit „Bindung an den Vertrag" (bzw. mit „Bindung an das Angebot") vielleicht die „Gültigkeit des Vertrags" iSv. „Wirksamkeit des Vertrags" (bzw. die „Gültigkeit des Angebots" iSv. „Wirksamkeit des Angebots") gemeint ist, im Sinne von rechtlicher Geltung (vgl. z.B. die §§ 108, 110 BGB). Ohne diese Frage gleich beantworten zu können, sei jedenfalls darauf hingewiesen, daß diese Sicht von der „Bindung" exemplarischen Charakter hat, da sie sich (fast) in der gesamten Literatur zu § 145 BGB wiederfindet: So taucht z.B. die o.g. Deutung der „Bindung" als „Unwiderruflichkeit" ebenso im überwiegenden Schrifttum auf wie die hervorzuhebende fehlende einheitliche Begrifflichkeit, was „Bindung", „Gebundenheit", „Bindungswirkung" oder „Verbindlichkeit" betrifft: So soll die „Bindungswirkung" bedeuten, daß der Antragende nach Abgabe des Antrags nur das Widerrufsrecht nach § 130 I 2 BGB hat.[972] Danach beschreibt die „Bindungswirkung" die Situation des Antragenden nach dem Wirksamwerden des Antrags, da er dann keinen Einfluß mehr darauf nehmen könne, „ob der Vertrag zustande kommt oder nicht; dies liegt jetzt in der Entscheidung des Antragsempfängers"[973]. In diese Richtung zielt auch die „Gebundenheit" als Ausschluß der Möglichkeit, sich umzuentschließen,[974] oder die Nicht-Bindung als Erhaltung der „Dispositionsfreiheit",[975] bzw. die „Bindung" an den Antrag nach § 145 BGB als Verhinderung, sich „einseitig" von dem Antrag loszusagen.[976] Auch wird darauf hingewiesen, daß „der Ausschluß der Gebundenheit" auch als „Vorbehalt eines Widerrufsrechts" verstanden werden kann.[977] Dafür, daß mit „Gebundenheit" immer nur die „Gebundenheit" an den Antrag gemeint sein kann, spricht der Hinweis, daß bei einem Erlöschen des Antrags nach § 146 BGB auch die „Gebundenheit des Antragstellers" erlischt.[978] Dies findet sich auch an anderer Stelle wieder, wenn etwa darauf hingewiesen wird, daß der Erklärende mit dem Zugang der Willenserklärung beim Empfänger „an die Erklärung gebunden"[979] sei, oder daß die abgegebene Willenserklärung „bindend" wird, „wenn sie wirksam geworden ist"[980]. Danach soll der Widerruf nach § 130

970 *Enneccerus/Nipperdey*, AT, 15. Aufl., Band I, 2. Halbband, S. 893 ff., 997.
971 Vgl. *Enneccerus/Nipperdey*, AT, 15. Aufl., Band I, 2. Halbband, S. 893 ff., 1002.
972 Siehe *von Staudinger*, 12. Aufl., *Dilcher* zu § 145 BGB, Rn. 9.
973 *von Staudinger*, 12. Aufl., *Dilcher* zu § 145 BGB, Rn. 9.
974 Vgl. *Pawlowski*, AT, 6. Aufl., S. 168.
975 So *Honsell/Holz-Dahrenstaedt*, JuS 1986, S. 969 ff., 970.
976 Vgl. *Brox*, AT, 25. Aufl., S. 93.
977 Siehe *von Staudinger*, 12. Aufl., *Dilcher* zu § 145 BGB, Rn. 19.
978 So *von Staudinger*, 12. Aufl., *Dilcher* zu § 146 BGB, Rn. 2.
979 RGRK, 12. Aufl., *Krüger-Nieland* zu § 130 BGB, Rn. 7.
980 AK-BGB, *Hart* zu § 130 BGB, Rn. 1.

I 2 BGB bewirken, daß die abgegebene Erklärung nicht wirksam werde, so daß der Erklärende an „seine Erklärung rechtlich nicht gebunden" sei.[981] Werden diese Aussagen aber in den vertraglichen Kontext gestellt, dann erweitert sich auch die bestehende Begriffsvielfalt: Ausgehend von dem auf die Erzielung eines bestimmten Rechtserfolgs gerichteten gemeinsamen Willen der Beteiligten als Charakteristikum eines Vertrags iSv. §§ 145 ff. BGB[982] wird die „Einigung über die Rechtsverbindlichkeit der getroffenen Abrede" als für diesen Willen erforderlich angesehen,[983] wobei dieser auch als „Vertragswille, Rechtsbindungswille, Rechtsfolgewille"[984] bezeichnet wird. Über die Annahme einer „vertraglichen Bindung" wiederum entscheidet eine objektive Betrachtung des „Vertragswillens" unter Berücksichtigung der Umstände des Einzelfalls.[985] Wenig später in diesem Zusammenhang ist dann allerdings wieder von der „Bindung an den Antrag" die Rede, deren Voraussetzung sei, daß der „Antragende mit Rechtsbindungswillen handelt"[986]; dieser liege vor, wenn „er im Fall der Annahme durch den Antragsgegner rechtsgeschäftlich gebunden sein will"[987]. Auch wird der „Vertrag als Bindung der Vertragspartner"[988] verstanden. Unter „Bindungswirkung" heißt es dann wiederum, daß die „Bindung an den Antrag" bedeute, „daß der Widerruf grundsätzlich ausgeschlossen ist".[989] Ein Ausschluß der „Bindungswirkung" werde dabei durch den Vorbehalt der „Aufhebung der Bindungswirkung" iSv. § 145 2. Hs. BGB oder des Widerrufs (iSv. § 130 I 2 BGB) ermöglicht.[990] Eine Mittelstellung zwischen der „Bindung an das Angebot" und der „Bindung an den Vertrag" liegt dabei in der Sichtweise, nach der das „Vertragsangebot als empfangsbedürftige Willenserklärung" den „möglichen Vertragsinhalt bindend" festlegt.[991] Aber auch bei diesem Ansatz ist später wieder die Rede davon, daß § 145 BGB für den Antrag „die prinzipielle Bindung des Antragenden an die zugegangene Willenserklärung" anordne[992], so daß „Bindung" auch hier nur bedeutet, „daß der Antragende sein Angebot (nach Zugang) nicht einseitig widerrufen kann"[993]. Der - im Wege der Auslegung zu ermittelnde - beabsichtigte „Ausschluß der Bindung" kann danach in der Gestalt eines „Widerrufsvorbehalts" als „Widerrufsmöglichkeit bis zur Annahme" oder durch das Fehlen eines Angebots mittels „invitatio ad of-

---

981 Vgl. RGRK, 12. Aufl., *Krüger-Nieland* zu § 130 BGB, Rn. 33.

982 Siehe dazu RGZ 157, 228 ff., 233; BGHZ 21, 102 ff., 106; 56, 204 ff., 208.

983 Vgl. RGRK, 12. Aufl., *Piper* vor § 145 BGB, Rn. 4.

984 RGRK, 12. Aufl., *Piper* vor § 145 BGB, Rn. 4.

985 So RGRK, 12. Aufl., *Piper* vor § 145 BGB, Rn. 6.

986 RGRK, 12. Aufl., *Piper* zu § 145 BGB, Rn. 9.

987 RGRK, 12. Aufl., *Piper* zu § 145 BGB, Rn. 9.

988 *Flume*, AT, II. Band, 3. Aufl., S. 605.

989 RGRK, 12. Aufl., *Piper* zu § 145 BGB, Rn. 13.

990 Vgl. RGRK, 12. Aufl., *Piper* zu § 145 BGB, Rn. 13.

991 Siehe z.B. AK-BGB, *Hart* vor § 145 BGB, Rn. 64.

992 Vgl. AK-BGB, *Hart* zu § 145 BGB, Rn. 1.

993 AK-BGB, *Hart* zu § 145 BGB, Rn. 12.

ferendum" vorliegen.[994] Eine weitere Anreicherung der Begriffsvielfalt ist die „Verbindlichkeit" des Vertragsangebots, die bei einem fehlenden „Ausschluß der Gebundenheit" (iSv. § 145 2. Hs. BGB) angenommen wird,[995] und die „Rechtsverbindlichkeit"[996], bei deren Fehlen „keine rechtlichen Ansprüche und Verpflichtungen bestehen" sollen. Der „Ausschluß der Gebundenheit" soll danach auf drei Arten erfolgen können, erstens als „invitatio ad offerendum", zweitens als Widerrufsvorbehalt (iSv. § 130 I 2 BGB) und drittens durch den nicht näher erläuterten „Ausschluß der Gebundenheit" iSv. § 145 2. Hs. BGB.[997] Ähnlich tautologisch wird z.B. die „Bindungswirkung" nur bei einer „verbindlichen Offerte" angenommen, wobei der schon erwähnte „Bindungswille" in seiner Auslegung nach dem Empfängerhorizont die maßgebende Rolle spielen soll.[998] So wird der „Bindungswille" zudem als entscheidendes Abgrenzungskriterium bei der Abgrenzung zwischen Angebot und „invitatio ad offerendum" herangezogen.[999] Hinzu kommt noch, daß zum Teil auch eine nicht mehr vorhandene „Gebundenheit" einerseits mit dem Erlöschen des Angebots gleichgesetzt wird,[1000] während andererseits zwischen der rechtlichen Existenz des Angebots als Willenserklärung und ihrer „Bindungswirkung" unterschieden wird, wenn es um das Erlöschen des Antrags iSv. § 146 BGB geht.[1001] Teilweise wird die „Bindung" aber auch nur als „Geltungsfrist" des Antrags iSv. § 145 BGB aufgefaßt.[1002]

Ohne weiterhin auf die zahlreichen Beispiele[1003] für die Gleichsetzung der „Bindung" (und ihrer Synonyme) mit der „Unwiderruflichkeit"[1004] einzugehen, läßt sich bereits eine Eigenart der bisherigen „Definition" der „Bindung" erkennen, nämlich die zweifache „Erklärung mit dem Gegenteil", die systematisch verwirrt: Zum einen wird nicht gesagt, was die „Bindung" genau ausmacht, sie

---

994 Siehe AK-BGB, *Hart* zu § 145 BGB, Rn. 13.
995 Vgl. *Musielak*, Grundkurs BGB, 3. Aufl., S. 47.
996 *Flume*, AT, II. Band, 3. Aufl., S. 92.
997 Vgl. *Musielak*, Grundkurs BGB, 3. Aufl., S. 47.
998 Siehe z.B. *Rüthers*, AT, 6. Aufl., S. 240.
999 Vgl. z.B. *Hübner*, AT, S. 402.
1000 Siehe z.B. *Schwab*, Einführung, 7. Aufl., S. 225.
1001 Vgl. nur *Palandt*, 60. Aufl., *Heinrichs* zu § 146 BGB, Rn. 2.
1002 So z.B. *Hilger*, AcP 185 (1985), S. 559 ff., 581.
1003 Siehe z.B. *Enneccerus/Nipperdey*, AT, 15. Aufl., Band I, 2. Halbband, S. 991; *M. Wolf*, in: Grundlagen des Vertrags- und Schuldrechts, S. 126; *von Staudinger*, 12. Aufl., *Dilcher* zu § 145 BGB, Rn. 9; RGRK, 12. Aufl., *Krüger-Nieland* zu § 130 BGB, Rn. 33; *Piper* zu § 145 BGB, Rn. 13; AK-BGB, *Hart* zu § 145 BGB, Rn. 12; *Schwab*, Einführung, 7. Aufl., S. 224 f.; *Musielak*, Grundkurs BGB, 3. Aufl., S. 47; MK-BGB, 3. Aufl., *Kramer* zu § 145 BGB, Rn. 11; *Larenz/Wolf*, AT, 8. Aufl., S. 515, 579; *Jauernig*, 8. Aufl., *Jauernig* zu § 145 BGB, Rn. 4; Vgl. *Brox*, AT, 25. Aufl., S. 95; *Medicus*, AT, 7. Aufl., S. 140, *Soergel*, 13. Aufl., *M. Wolf* zu § 145 BGB, Rn. 9; *Palandt*, 60. Aufl., *Heinrichs* zu § 145 BGB, Rn. 3; *Erman*, 10. Aufl., *Hefermehl* zu § 145 BGB, Rn. 13.
1004 Siehe *Larenz/Wolf*, AT, 8. Aufl., S. 515, für den Zusammenhang von Bindung iSv. § 145 BGB und der Gebundenheit nach § 873 II BGB.

wird nur negativ mit dem Gegenteil von „Widerruflichkeit“ (zumeist in der Bedeutung des § 130 I 2 BGB) erklärt; geht es zum anderen um den „Ausschluß der Gebundenheit“ iSv. § 145 2. Hs. BGB, dann findet sich die „Widerruflichkeit“ als Ausschlußmöglichkeit der Bindung erneut wieder. So soll eine andere Ausschlußmöglichkeit z.B. darin liegen, daß in einer „vertragsgerichteten Erklärung“ enthaltene Klauseln wie „freibleibend“ dazu führen, daß die Willenserklärung gar nicht erst als Angebot iSv. § 145 BGB, sondern nur als Aufforderung dazu qualifiziert wird. Dies bedeutet im Ergebnis, daß sich „Bindung“ (an das Angebot) in beiden Fällen vollinhaltlich mit „Unwiderruflichkeit“ (iSv. § 130 I 2 BGB) beschreiben läßt, ohne daß eine „überschießende Bedeutung“ verbleibt. Keine Hilfe bietet dabei das Verständnis der Bindung als fehlende „Widerruflichkeit“ im Rahmen des - regelmäßig nicht näher erklärten[1005] - „Ausschlusses der Gebundenheit“ in § 145 2. Hs. BGB, da dadurch die „Bindung“ wiederum negativ mit ihrem Gegenteil erklärt wird, ohne daß feststeht, was dieses Gegenteil ausmacht. Ähnliches gilt für die verbreitete Sichtweise[1006], die die gewollte „Bindung“ (und ihre Synonyme) als Abgrenzungskriterium zwischen Angebot und Aufforderung zum Angebot verwendet. Damit wird zwar der „Bindungswille“[1007] als weiterer Terminus eingeführt, nicht aber erklärt, was dieser „Bindungswille“ beinhaltet, sondern zumeist auf den „rechtlichen Bindungswillen“ als wesentlichen Bestandteil einer Willenserklärung[1008] verwiesen. So wird z.B. - ausgehend von dem auf die Erzielung eines bestimmten Rechtserfolgs gerichteten (gemeinsamen) Willen der Beteiligten als Charakteristikum eines Vertrags iSv. §§ 145 ff. BGB[1009] - die „Einigung über die Rechtsverbindlichkeit der getroffenen Abrede“ als für diesen Willen erforderlich angesehen,[1010] wobei dieser auch als „Vertragswille, Rechtsbindungswille,

---

[1005] Eine Ausnahme stellt insoweit *von Staudinger*, 12. Aufl., *Dilcher* zu § 145 BGB, Rn. 21, dar („freibleibend-Klausel“ als „vertragliches Rücktrittsrecht“).

[1006] Vgl. z.B. *Enneccerus/Nipperdey*, AT, 15. Aufl., Band I, 2. Halbband, S. 987, 991 f.; *Löwisch*, Rechtsgeschäft, 3. Aufl., S. 21; *von Staudinger*, 12. Aufl., *Dilcher* zu § 145 BGB, Rn. 20 („unbeschränkte Freiklausel als invitatio“); RGRK, 12. Aufl., *Piper* zu § 145 BGB, Rn. 9; AK-BGB; *Hart* zu § 145 BGB, Rn. 12; *Hübner*, AT, S. 402; *Rüthers*, AT, 6. Aufl., S. 240; *Schwab*, Einführung, 7. Aufl., S. 226; *Klunzinger*, Bürgerliches Recht, 8. Aufl., S. 75; *Musielak*, Grundkurs BGB, 3. Aufl., S. 47; MK-BGB, 3. Aufl., *Kramer* zu § 145 BGB, Rn. 8; *Kropholler*, Studienkommentar, zu § 145 BGB, Rn. 1; *Larenz/Wolf*, AT, 8. Aufl., S. 576; *Jauernig*, 8. Aufl., *Jauernig* zu § 145 BGB, Rn. 1 ff.; *Köhler*, AT, 24. Aufl., S. 171 f.; *Brox*, AT, 25. Aufl., S. 94; *Medicus*, AT, 7. Aufl., S. 138, *Soergel*, 13. Aufl., *M. Wolf* zu § 145 BGB, Rn. 6; *Palandt*, 60. Aufl., *Heinrichs* zu § 145 BGB, Rn. 2; *Heinrichs* zu § 146 BGB, Rn. 1 ff.; *Erman*, 10. Aufl., *Hefermehl* zu § 145 BGB, Rn. 4.

[1007] Siehe für den „Bindungswillen“ z.B. RGRK, 12. Aufl., *Piper* zu § 145 BGB, Rn. 9; *Rüthers*, AT, 6. Aufl., S. 240; *Schwab*, Einführung, 7. Aufl., S. 225.

[1008] Vgl. dazu nur *Brox*, AT, 25. Aufl., S. 53, auch zum „Geschäftswillen“ als „Wille, mit der Erklärung eine ganz bestimmte Rechtsfolge herbeizuführen“.

[1009] Siehe dazu RGZ 157, 228 ff., 233; BGHZ 21, 102 ff., 106; 56, 204 ff., 208.

[1010] Vgl. RGRK, 12. Aufl., *Piper* vor § 145 BGB, Rn. 4.

Rechtsfolgewille"[1011] bezeichnet wird. Über die Annahme einer „vertraglichen Bindung" wiederum entscheidet eine objektive Betrachtung des „Vertragswillens" unter Berücksichtigung der Umstände des Einzelfalls.[1012] Ob dieser Wille nun als „Vertragswille, Rechtsbindungswille, Rechtsfolgewille"[1013], oder - entsprechend der Willenserklärung als „Geltungserklärung"[1014] und entsprechend dem „Vertrag als übereinstimmende Geltungserklärung"[1015] - als „Geltungswille"[1016], „Wille zu einer rechtlichen Bindung"[1017], „rechtlicher Bindungswille"[1018] oder „natürlicher Bindungswille"[1019], oder als Wille, „Rechtswirkungen durch die Erklärung zu bewirken"[1020], bzw. als „endgültiger Wille", „mit der Erklärung eine rechtliche Bindung zu bewirken"[1021], bezeichnet wird,[1022] ist allerdings solange unerheblich, wie nicht feststeht, was diesen Willen im Gegensatz zu einem „Nicht-Bindungswillen" oder einem (von vornherein oder erst später) fehlenden Bindungswillen unterscheidet. Dabei hilft auch die reichhaltige Kasuistik zur „invitatio ad offerendum"[1023] nicht unbedingt weiter, da diese - wie übrigens auch die „Ausschlußklauseln" im Rahmen von § 145 2. Hs. BGB[1024] - von einzelfallabhängiger Auslegung geprägt ist.

1011 RGRK, 12. Aufl., *Piper* vor § 145 BGB, Rn. 4.

1012 So RGRK, 12. Aufl., *Piper* vor § 145 BGB, Rn. 6.

1013 RGRK, 12. Aufl., *Piper* vor § 145 BGB, Rn. 4.

1014 *Larenz*, AT, 4. Aufl., S. 291; *Flume*, AT, II. Band, 3. Aufl., S. 78.

1015 *Larenz/Wolf*, AT, 8. Aufl., S. 573.

1016 Vgl. *Larenz/Wolf*, AT, 8. Aufl., S. 575. Vgl. zur „Willenserklärung als actus iuridicus, als das In-Geltung-Setzen einer rechtlichen Regelung" *Flume*, AT, II. Band, 3. Aufl., S. 78. Hier findet sich auch die grundsätzliche Unterscheidung zwischen der „Willenserklärung als Akt" (Vorgang) und „als das Ergebnis des Akts, als Regelung".

1017 *Kropholler*, Studienkommentar, zu § 145 BGB, Rn. 1.

1018 MK-BGB, 3. Aufl., *Kramer* vor § 145 BGB, Rn. 22a.

1019 *Soergel*, 13. Aufl., *M. Wolf* vor § 145 BGB, Rn. 4.

1020 AK-BGB, *Hart* zu § 145 BGB, Rn. 12.

1021 MK-BGB, 3. Aufl., *Kramer* zu § 145 BGB, Rn. 5.

1022 Und damit letztlich die „rechtliche Bindung" als alleinige „Folge des privatautonomen Wollens des Antragenden" - AK-BGB, *Hart* zu § 145 BGB, Rn. 8.

1023 Siehe zur diesbezüglichen Kasuistik z.B. *Enneccerus/Nipperdey*, AT, 15. Aufl., Band I, 2. Halbband, S. 987; MK-BGB, 3. Aufl., *Kramer* zu § 145 BGB, Rn. 8; und zur Auslegung *Brox*, AT, 25. Aufl., S. 94; jeweils m.w.N. Vgl. zur Kritik an der h.L. nur *Köndgen*, Selbstbindung ohne Vertrag, S. 291 ff. m.w.N. In diesem Zusammenhang geht *Köndgen* auch auf den Zusammenhang von „Bindung" iSv. § 145 BGB und der „Widerruflichkeit" der Offerte ein (vgl. z.B. S. 293 f.), wobei er insbesondere das Unvermögen der h.L. beklagt, zwischen „der Existenz der Offerte und deren Widerruflichkeit" zu trennen (S. 293, FN. 48); vgl. zum Zusammenhang von „Widerruflichkeit" und dem „Zugang einer Erklärung" auch *Köndgen*, a.a.O., S. 290.

1024 Siehe zu den verschiedenen Auslegungsmöglichkeiten des § 145 2. Hs. BGB z.B. *von Staudinger*, 12. Aufl., *Dilcher* zu § 145 BGB, Rn. 21 („Ausschlußklauseln" je nach Auslegung als „invitatio ad offerendum", Widerrufsvorbehalt, spezieller Vertragsbestandteil, bzw. Bedingung, vertragliches Rücktrittsrecht oder Potestativbedingung bezüglich der Erfüllungspflicht des Antragenden); ähnlich differenziert z.B. MK-BGB, 3. Aufl., *Kramer* zu § 145 BGB, Rn. 6 ff.; *Erman*, 10. Aufl., *Hefermehl* zu § 145 BGB,

Um den Überblick abzurunden, sei noch kurz auf andere Verwendungszusammenhänge hingewiesen, wie z.B. die „Bindung“ (an den Antrag) und das dadurch begründete (und auf § 242 BGB gestützte) „Vertrauensverhältnis“[1025], wie es z.B. aufgrund von Vertragsverhandlungen[1026] eintreten kann, im Zusammenhang damit insbesondere die „Bindung“ als Grundlage für gegenseitige Sorgfalts- und Schutzpflichten[1027], und schließlich auch - ausgehend von der „Bindung als Pflichtverstärkung“[1028] - die „Bindung“ als „Haftbarkeit“[1029] oder als Grundlage für „Haftung“. Ein weiterer interessanter Kontext ist schließlich noch - neben „Bindung und Optionsrecht“[1030] - die „Bindung“ als „Vorstufe zu Verpflichtungen und Ansprüchen“[1031] oder der Zusammenhang mit dem Gebot „pacta sunt servanda“[1032]; auf die beiden letztgenannten Verwendungszusammenhänge wird aber an anderer Stelle noch explizit eingegangen.[1033]

Den kurzen Überblick zusammenfassend fallen im wesentlichen fünf Dinge auf: Erstens scheint es eine einheitliche Begrifflichkeit zur „Bindung“ oder „Gebundenheit“ iSv. § 145 BGB nicht zu geben, da „Bindung“ und sprachlich verwandte Begriffe wie „Gebundenheit“, „Verbindlichkeit“ oder „Bindungswirkung“ samt ihrer jeweiligen Negationen regelmäßig synonym und ohne weitere Erklärung gebraucht werden. Zweitens ist die hauptsächlich vorzufindende Umschreibung des Bedeutungsgehalts für „Bindung“ und „Gebundenheit“ die „Unwiderruflichkeit“ einer Willenserklärung iSv. § 130 I 2 BGB. Dabei wird die „Bindung“ im Sinn von „Unwiderruflichkeit“ verstanden und somit als „Verlust der Einwirkungsmöglichkeit auf das Zustandekommen (und den Inhalt) des Vertrags“ beschrieben. Drittens wird die „Bindung“ einschließlich

---

Rn. 15 f.; *Hübner*, AT, S. 403 f.; weniger umfassend dagegen RGRK, 12. Aufl., *Piper* zu § 145 BGB, Rn. 13; *Musielak*, Grundkurs BGB, 3. Aufl., S. 47; *Medicus*, AT, 7. Aufl., S. 140; *.Palandt*, 60. Aufl., *Heinrichs* zu § 145 BGB, Rn. 4; jeweils m.w.N.

1025 Vgl. etwa *Jauernig*, 8. Aufl., *Jauernig* zu § 145 BGB, Rn. 4; RGRK, 12. Aufl., *Piper* zu § 145 BGB, Rn. 12.

1026 Siehe dazu sowie zu anderen „Vorstufen des Vertrags“ nur MK-BGB, 3. Aufl., *Kramer* vor § 145 BGB, Rn. 33 ff. m.w.N. Vgl. zu der „vorzeitigen Bindung“ im Sinne eines Vorvertrags z.B. *Palandt*, 60. Aufl., *Heinrichs* vor § 145 BGB, Rn. 19.

1027 Siehe dazu und zur Haftung aus c.i.c. bei Verletzung dieser Pflichten nur RGRK, 12. Aufl., *Piper* zu § 145 BGB, Rn. 12.

1028 Vgl. nur *Soergel*, 13. Aufl., *M. Wolf* vor § 145 BGB, Rn. 12 („intensive Bindung aufgrund Einigung“).

1029 Vgl. z.B. MK-BGB, 3. Aufl., *Kramer* zu § 145 BGB, Rn. 14.

1030 Siehe nur RGRK, 12. Aufl., *Piper* zu § 145 BGB, Rn. 58. Siehe zu „langfristiger Bindung und Optionsrecht“ z.B. *Palandt*, 60. Aufl., *Heinrichs* vor § 145 BGB, Rn. 23; zu der „Rechtsposition des Angebotsempfängers als Optionsrecht“ *Larenz/Wolf*, AT, 8. Aufl., S. 581; sowie unten, Teil C.IV.2.a).

1031 Siehe dazu insbesondere *von Staudinger*, 12. Aufl., *Dilcher* zu § 145 BGB, Rn. 14, 21; *Flume*, AT, II. Band, 3. Aufl., S. 605.

1032 Vgl. nur *Köhler*, AT, 24. Aufl., S. 171, im Zusammenhang verbraucherschützender Widerrufsrechte: S. 181 ff.

1033 Siehe unten, Teil C.IV.2.a).

ihres bestimmenden „Bindungswillens“ als das maßgebende Differenzierungskriterium zwischen einem Angebot und einer Aufforderung zum Angebot („invitatio ad offerendum“) thematisiert. Viertens wird mehr oder weniger sorgfältig nur hinsichtlich der verschiedenen Möglichkeiten des „Ausschlusses der Gebundenheit“ iSv. § 145 2. Hs. BGB unterschieden, und zwar zumeist als „Widerruflichkeit“ iSv. § 130 I 2 BGB oder als eigene, aber nicht näher erläuterte Kategorie gemäß § 145 2. Hs. BGB. Fünftens und schließlich wird noch unterschieden zwischen der rechtlichen Existenz des Angebots (oder der Annahme) als Willenserklärung und ihrer jeweiligen „Bindungswirkung“, wenn es um das Erlöschen des Antrags iSv. § 146 BGB geht. Gemeinsam ist (fast) allen Beschreibungen der „Bindung“ nur, daß sie gerade nicht explizit erklären, was die „Bindung“ inhaltlich ausmacht und ob es um eine „Bindung an das Angebot als Willenserklärung“ oder um eine „Bindung an den Vertrag“ geht. Unklar bleibt dabei insbesondere, ob mit „Gebundenheit“ eine „Selbstbindung“ oder „Fremdbindung“[1034], eine „Selbstverpflichtung“ oder „Fremdverpflichtung“, eine wie immer geartete „Pflicht“ oder (nur) eine „Obliegenheit“ gemeint ist.

b) Rechtsprechung der Zivilgerichte

Angesichts eines so unklaren und sogar verwirrenden Bildes der „Bindung“ in der überwiegenden Privatrechtswissenschaft verwundert es nicht, daß die diesbezüglichen Aussagen der Rechtsprechung der Zivilgerichte ebenfalls nicht deutlicher ausfallen. Dies sei im folgenden skizzenartig an einigen exemplarischen Entscheidungen des Reichsgerichts, des Bundesgerichtshofs und einiger Obergerichte belegt.[1035]

Erstens finden sich in der einschlägigen Rechtsprechung nicht nur die gleichen Synonyme für die „Gebundenheit“ iSv. § 145 BGB[1036], wie sie in der Privatrechtswissenschaft verwendet werden, wie z.B. „Bindung“[1037], „Rechtsbindung“[1038], „Rechtsverbindlichkeit“[1039] oder „Bindungswirkung“[1040], sondern

1034 Siehe zu „Selbstbindung“ und „Fremdbindung“ nur *Köndgen*, Selbstbindung ohne Vertrag, S. 1 ff., 156 ff. m.w.N.

1035 Vgl. für die Rspr. insbesondere: RGZ 64, 17 ff.; 72, 385 ff.; 102, 227 ff.; 103, 312 ff.; 104, 98 ff.; 104, 306 ff.; 105, 8 ff.; 124, 336 ff.; 131, 24 ff.; 132, 6 ff.; 151, 75 ff.; BGHZ 21, 102 ff.; 56, 204 ff.; BGH, Urteil vom 24.6.1958, NJW 1958, S. 1628 f.; BGH, Urteil vom 13.07.1973, NJW 1973, S. 1789 f.; BGH, Urteil vom 08.03.1984, NJW 1984, S. 1885 f.; BGH, Urteil vom 02.11.1995, NJW 1996, S. 919 ff.; OLG Celle, Urteil vom 31.07.1961, NJW 1962, S. 743 ff.; OLG Nürnberg, Urteil vom 14.07.1966, BB 1969, S. 1106.

1036 Vgl. für die „Gebundenheit“ beispielsweise RGZ 72, 385 ff., 387; 102, 227 ff., 228; BGH NJW 1958, S. 1628 f., BGH NJW 1984, S. 1885 f., 1886.

1037 RGZ 102, 227 ff., 228 f. Siehe für die „Bindung an das Angebot“ RGZ 124, 336 ff., 338; 132, 6 ff., 7; BGH NJW 1973, S. 1789 f.; BGHZ 56, 204 ff., 208; OLG Celle NJW 1962, S. 743 ff., 744; vgl. für die „vertragliche Bindung“ etwa RGZ 72, 385 ff., 385, 387; 124, 336 ff., 338.

1038 Vgl. BGHZ 21, 102 ff., 106.

1039 Siehe z.B. RGZ 67, 17 ff., 19; 151, 75 ff., 77; BGHZ 21, 102 ff., 106 f.

1040 Vgl. etwa BGH NJW 1984, S. 1885 f., 1885; OLG Celle NJW 1962, S. 743 ff., 744.

auch die unterschiedliche und uneinheitliche Anknüpfung der „Bindung" an das Angebot[1041] oder an den Vertrag[1042]. Zweitens werden diese Synonyme regelmäßig ebensowenig erklärt wie in der Privatrechtswissenschaft, sondern bestenfalls mit einem weiteren Synonym umschrieben oder allenfalls mittels der entsprechenden Negation „definiert" - oder aber mit einem Willenselement angereichert, so z.B. dem „Bindungswillen"[1043], „rechtlichen Bindungswillen"[1044] oder „Rechtsbindungswillen"[1045]. Für diesen Willen wird zudem gefordert, daß er „endgültig"[1046] sein müsse und zwar in dem Sinn, „daß beiderseits der Wille bestand, rechtsgeschäftliche Verpflichtungen auf sich zu nehmen und entgegenzunehmen"[1047], so daß wiederum der Bezug zur „Unwiderruflichkeit" hergestellt ist. Ebenfalls finden sich viertens in der Regel die gleichen Verwendungszusammenhänge, wenn es um die „Beschreibung" der „Bindung" geht: Beispielsweise wird neben der „Bindung" als fehlende „Widerruflichkeit" iSv. § 130 I 2 BGB[1048] thematisiert, ob und inwieweit durch die bei einem „Angebot" verwendeten „freibleibend"-Klauseln (wie z.B. die häufig verwendeten Formulierungen: „Angebot freibleibend" bzw. „Ohne obligo"[1049]) ein „Ausschluß der Gebundenheit" iSv. § 145 2. Hs. BGB vorliegen soll:[1050] Nachdem das Reichsgericht[1051] bei einem „freibleibenden Angebot" kein Angebot iSv. § 145 BGB angenommen, sondern darin nur die Aufforderung gesehen hatte, ein Angebot erst abzugeben („invitatio ad offerendum"), hat sich der Bundesgerichtshof dieser umstrittenen Sicht letztlich im wesentlichen angeschlossen,[1052], nachdem er zuvor lediglich am Rande darauf hingewiesen hatte, daß der Verkäufer bei einer solchen Klausel „jede Gebundenheit" ausschließen wolle[1053], bzw. die „freibleibend-Klausel" in Kenntnis der verschiedenen Deutungsmöglichkeiten als einen nicht näher definierten „Widerrufsvorbehalt" iSv. § 145 2. Hs. BGB eingeordnet hatte[1054]. Das Reichsgericht hatte seine Auffassung damit begründet, daß die Klausel „freibleibend" beinhalte, daß der Erklärende eine „Bin-

---

1041 Siehe dazu z.B. RGZ 124, 336 ff., 338; 132, 6 ff., 7; BGH NJW 1973, S. 1789 f.; BGHZ 56, 204 ff., 208; siehe zur „Bindungswirkung an ein Vertragsangebot in den §§ 145, 148, 153 BGB" nur OLG Celle NJW 1962, S. 743 ff., 744.

1042 Vgl. RGZ 72, 385 ff., 385, 387; 124, 336 ff., 338.

1043 Siehe z.B. RGZ 67, 17 ff., 19; BGHZ 21, 102 ff., 106 f.; BGH NJW 1984, S. 1885 f., 1885.

1044 BGHZ 21, 102 ff., 107.

1045 BGHZ 21, 102 ff., 107; 56, 204 ff., 209 f.

1046 Vgl. nur RGZ 72, 385 ff., 385: „Wer sich verpflichtet, daß er künftig wolle, gibt gegenwärtig eine verpflichtende Erklärung noch nicht ab."

1047 BGHZ 56, 204 ff., 208.

1048 Vgl. z.B. OLG Celle NJW 1962, S. 743 ff., 744; siehe auch OLG Nürnberg BB 1969, S. 1106.

1049 Siehe dazu nur MK-BGB, 3. Aufl., *Kramer* zu § 145 BGB, Rn. 6 m.w.N.

1050 Für einen Rechtsprechungsüberblick vgl. z.B. BGH NJW 1984, S. 1885 f., 1885.

1051 Vgl. RGZ 102, 227 ff., 229 f.; 103, 312 ff., 313; 105, 8 ff., 12.

1052 Siehe insbesondere BGH NJW 1996, S. 919 ff. (X. Senat).

1053 Vgl. die Entscheidung des VIII. Senats in BGH NJW 1958, S. 1628 f., 1628.

1054 Siehe BGH NJW 1984, S. 1885 f., 1886 (VII. Zivilsenat).

dung" ablehnt und sich eine „Entscheidung über den Vertragsschluß" bis zum Eintreffen der Antwort des Erklärungsempfängers vorbehält. Aus diesem Grunde müsse er auch den Erklärungsempfänger unverzüglich benachrichtigen, ob er von dem Vorbehalt, „den Vertragsschluß abzulehnen", Gebrauch mache. Falls der „freibleibend Anbietende" dieser Antwortpflicht nicht nachkommen sollte, wurde in seinem Schweigen die Annahme des Angebots gesehen.[1055] In diesem Sinn hat auch der Bundesgerichtshof[1056] entschieden, indem er festgestellt hat, daß es sich bei einem „freibleibenden Angebot" im Regelfall nicht um ein Vertragsangebot handele, sondern nur um eine Aufforderung zur Abgabe eines Angebots zu denselben Bedingungen.
Obwohl der Bundesgerichtshof[1057] wie schon das Reichsgericht[1058] letztlich die einzelfallabhängige Betrachtung nach dem objektiven Empfängerhorizont unter Berücksichtigung von Treu und Glauben (§ 242 BGB) darüber entscheiden läßt, wie eine solche „freibleibend"-Klausel auszulegen ist, werden in der Rechtsprechung hinsichtlich eines solchen „Ausschlusses der Gebundenheit" iSv. § 145 2. Hs. BGB im wesentlichen nur drei Arten unterschieden:[1059] Einmal stellt sich die Erklärung des „freibleibend"-Anbietenden lediglich als „invitatio ad offerendum" dar. In diesem Fall liegt kein Angebot iSv. § 145 BGB vor, der „freibleibend Anbietende" muß sich aber unverzüglich auf die Antwort des Empfängers der Aufforderung erklären; sein Schweigen kann dabei im Rahmen der §§ 133, 157, 242 BGB auch als (konkludente) Annahme des Angebots gewertet werden. Zweitens kann die Klausel auch als Widerrufsvorbehalt analog § 130 I 2 BGB zu verstehen sein, so daß der Antrag - als bereits vorliegende und in diesem Sinn auch „bindende" Willenserklärung - bis zur Annahme durch den Erklärungsempfänger widerrufen werden kann. Drittens soll auch die Möglichkeit eines nicht näher erläuterten „Ausschlusses der Gebundenheit" iSv. § 145 2. Hs. BGB bestehen, nach der der Antrag „unter Ausschluß der Bindungswirkung" auch nach dem Zugang der Annahmeerklärung noch unverzüglich widerrufen werden kann, so daß es sich gerade nicht um den Vorbehalt eines Widerrufs nach § 130 I 2 BGB handelt.

Die Zusammenfassung des kurzen Rechtsprechungsüberblicks ergibt daher ein ähnliches Bild wie bei der Betrachtung der Privatrechtswissenschaft, da es eine einheitliche Begrifflichkeit zur „Bindung" oder „Gebundenheit" iSv. § 145 BGB ebenfalls nicht zu geben scheint. Dies zeigt sich dadurch, daß die „Bindung" und sprachlich verwandte Begriffe wie „Gebundenheit", „Verbindlichkeit" oder „Bindungswirkung" samt ihrer jeweiligen Negationen regelmäßig

1055 Siehe z.B. RGZ 102, 227 ff., 229 f.; 103, 312 ff., 313; 105, 8 ff., 12. Vgl. zu der im Ergebnis gleichen Rechtsprechung des BGH zu „Preisvorbehaltsklauseln" nur BGHZ 1, 353 ff., 355 f.

1056 Vgl. nur BGH NJW 1996, S. 919 ff., 919.

1057 Siehe z.B. BGHZ 21, 102 ff., 106 f.; 56, 204 ff., 204 ff., 210.

1058 Vgl. z.B. RGZ 102, 227 ff., 228 ff.; 103, 312 ff., 313; 105, 8 ff., 12.

1059 Siehe nur BGH NJW 1984, S. 1885 f., 1885.

synonym und regelmäßig ohne weitere Erklärung gebraucht werden. Insbesondere bei der Auseinandersetzung der Rechtsprechung mit den „freibleibend"-Klauseln finden sich die typischen Verwendungs- und Erklärungsmuster der „Bindung" wieder, nämlich als Unwiderruflichkeit einer Willenserklärung iSv. § 130 I 2 BGB sowie als das maßgebende Differenzierungskriterium zwischen einem Angebot und einer Aufforderung zum Angebot. Schließlich besteht mit einem „Widerrufs"-Vorbehalt iSv. § 145 2. Hs. BGB auch die unhinterfragte Möglichkeit, die „Bindung" an den Antrag von vornherein auszuschließen.

Um den Rechtsprechungsüberblick abzurunden, soll noch ein weiterer Verwendungszusammenhang (und Bedeutungsgehalt) der „Gebundenheit" iSv. § 145 2. Hs. BGB nicht unbeachtet bleiben, der insbesondere für die anschließende Betrachtung unterschiedlicher Konzepte einer „Bindung" iSv. § 145 BGB[1060] maßgebend ist, nämlich die bereits in der Rechtsprechung des Reichsgerichts[1061] auftauchende Frage nach der Bedeutung der Rechtsposition des Angebotsempfängers. Diese Frage wurde bereits im Ansatz in den Motiven zum BGB thematisiert, wobei der Vorbehalt einer „Bindung" folgendermaßen charakterisiert wurde: Danach sei der durch den Vorbehalt begünstigte Teil (zunächst) „in keiner Weise, auch nicht bedingt, gebunden", sondern nur die „Verpflichtung des anderen Theiles" „aufschiebend bedingt"[1062]. Ausgehend von der (nicht einheitlich beantworteten) Frage, ob bei gegenseitigen Verträgen die Vertragserfüllung von der „reinen Willkür" einer Vertragspartei abhängig gemacht werden könne[1063], hatte sich schon das Reichsgericht wiederholt zu dem Problem eines „bedingten Vertragsschlusses" zu äußern.[1064] Anläßlich einer Klausel, die die Geltung eines Vertrags von einer „Gegenbestätigung" abhängig machte, die allein im Belieben der dazu berechtigten „Vertragspartei" stand, führte das Reichsgericht aus, daß „nicht schon die Bindung der Partei in die Willkür gestellt sein" dürfe, „weil dann das Zustandekommen des Vertrages selbst (...) in Frage gestellt wäre"[1065]. Aus der Selbstverständlichkeit, daß kein Anspruch auf Vertragserfüllung gegeben sein kann, solange noch kein Vertrag geschlossen wurde, folgerte das Reichsgericht weiter, daß in diesem Fall auch keine „Vertragsbedingung" in dem Sinn vorhanden sein könne, daß sich eine Partei die Entschließung vorbehalte, „ob sie überhaupt Verträge" abschließen wolle; vielmehr habe sich die durch den Vorbehalt begünstigte Partei gerade dadurch „in keiner Weise gebunden".[1066] Daher geht es nach der Auffassung des Reichsgerichts auch nicht an, „in jedem Vertragsangebot einen durch die Zu-

---

[1060] Siehe unten, Teil C.IV.2.a).
[1061] Vgl. z.B. RGZ 132, 6 ff.; 151, 75 ff.
[1062] So die Motive zum BGB I, S. 164.
[1063] Siehe bejahend der I. Zivilsenat in RGZ 104, 98 ff., 100 im Anschluß an RGZ 72, 385 ff. Vgl. aber zweifelnd der III. Zivilsenat in RGZ 104, 306 ff., 307.
[1064] Vgl. z.B. RGZ 131, 24 ff.; 132, 6 ff.
[1065] So der VII. Zivilsenat in RGZ 131, 24 ff., 26.
[1066] Vgl. RGZ 131, 24 ff., 26 f.

stimmung des anderen Teils aufschiebend bedingten Vertragsschluß zu sehen."[1067] In einer weiteren Entscheidung des Reichsgerichts[1068] wird dazu ausgeführt, „daß ein Vertragsangebot dem Empfänger keinen gegenwärtigen Anspruch auf Leistung, sondern nur ein Gestaltungsrecht gewährt (...), das unter Umständen übertragbar ist"[1069]. Zu der Frage, ob ein Vertragsangebot auch als „aufschiebend bedingter Vertragsschluß" eingeordnet werden kann, stellt das Gericht fest, daß die „Bedingung der Annahme des Vertrags" lediglich eine „Rechtsbedingung" (- und damit keine Bedingung iSv. § 158 BGB[1070] -) darstellt, „von der notwendigerweise schon kraft Gesetzes die Rechtswirkung abhängig ist"[1071]. Insbesondere relevant für die Rechtsposition des Angebotsempfängers sind die dann folgenden Ausführungen zu dem „Inhalt" des Antrags iSv. § 145 BGB:[1072] „Jeder Vertragsantrag schließt die Willenserklärung des Antragenden in sich, den Anspruch des Antragsempfängers für den Fall der Annahme des Antrags zur Entstehung zu bringen. Der Antragende, der sich zum Vertragsschluß bereit erklärt, ist kraft Gesetzes (§ 145 BGB) an seinen Antrag gebunden. Seine Erklärung hat mithin einen künftigen, durch die Annahme entstehenden Anspruch des Antragsempfängers zum Gegenstand und Inhalt."

Die dadurch eröffnete Sichtweise von dem Antrag als „Vorstufe" oder „Anwartschaft" des mit dem Vertragsschluß entstehenden vertraglichen Anspruchs ist nicht nur die Grundlage für die eingehende Beschäftigung der Privatrechtswissenschaft mit der (rechtlichen Einordnung der) „Position" des Antragsempfängers[1073], sondern ist auch in einer weiteren Entscheidung des Reichsgerichts[1074] implizit bestätigt worden, als es um die Voraussetzungen eines „künftigen" Anspruchs für eine Auflassungsvormerkung (gemäß § 883 I 2 BGB) ging. Das Reichsgericht forderte für einen „künftigen Anspruch" nicht nur, daß er „nach Inhalt und Gegenstand genügend bestimmt oder bestimmbar ist", sondern für die „künftige Entstehung des Anspruchs" auch, daß nicht lediglich „eine bloße Möglichkeit", sondern „ein Rechtsverhältnis" vorliege, „aus dem der künftige Anspruch erwachsen kann"[1075]. Ein solches Rechtsverhältnis ist nach der Auffassung des Senats z.B. bei dem Vorliegen „eines bindenden formgerechten Antrags auf Abschluß eines Grundstückskaufvertrags für den Antragsgegner vor dessen Annahmeerklärung" gegeben, „da ein solcher Antrag bereits eine

1067 RGZ 131, 24 ff., 27.
1068 Siehe RGZ 132, 6 ff.
1069 So der IV. Zivilsenat in RGZ 132, 6 ff., 6 f.
1070 Vgl. zur „Rechtsbedingung" nur *Palandt*, 60. Aufl., *Heinrichs* vor § 158 BGB, Rn. 5.
1071 RGZ 132, 6 ff., 7.
1072 RGZ 132, 6 ff., 7.
1073 Vgl. z.B. *von Staudinger*, 12. Aufl., *Dilcher* zu § 145 BGB, Rn. 11 ff. m.w.N.; vgl. im übrigen unten, Teil C.IV.2.a).
1074 Siehe RGZ 151, 75 ff.
1075 So der V. Zivilsenat in RGZ 151, 75 ff., 75.

rechtlich beachtliche Anwartschaft begründet"[1076]. Auf die sich anschließende Frage, inwieweit die Rechtsposition einer solchen „Vertragsanwartschaft" zugunsten des Antragsempfängers geeignet ist, den Inhalt der „Bindung" iSv. § 145 BGB zu beschreiben, ist im folgenden einzugehen, wenn es um die Betrachtung verschiedener möglicher Konzepte einer „Bindung" geht.

2. Unterschiedliche inhaltliche Konzepte einer „Bindung" iSv. § 145 BGB

Wie der Überblick zu der „Bindung" iSv. § 145 BGB gezeigt hat, scheint es einerseits schon angesichts der uneinheitlichen Begrifflichkeit schwierig, wenn nicht gar unmöglich zu sein, den Bedeutungsgehalt der „Bindung" oder der „Gebundenheit" zu bestimmen. Anderseits sind auch verschiedene Ansätze und Verwendungszusammenhänge (sowohl in der Rechtsprechung der Zivilgerichte als auch in der Privatrechtswissenschaft) erkennbar, die dazu beitragen können, das Phänomen der „Bindung" zu erklären. Vor dem Hintergrund der Annahme, daß die im Wortlaut von § 355 I 1 BGB erscheinende „Gebundenheit" für die Wirkungsweise dieses Widerrufsrechts maßgebend ist, sind im folgenden zwei „Spuren" weiterzuverfolgen und auf ihre Ergiebigkeit hin zu untersuchen, zum einen die aufgrund der „Bindung" nach den §§ 145 ff. BGB entstehende „Rechtsposition" für den Antragsempfänger, wie sie in der o.g. Rechtsprechung der Zivilgerichte angenommen und in der Privatrechtswissenschaft kontrovers diskutiert wurde,[1077] und zum anderen die bereits aufgeworfene Frage, ob sich die „Bindung" iSv. § 145 BGB auf den Antrag oder auf den (beabsichtigten) Vertrag bezieht.[1078]

a) Die „Bindung" des Antragenden und die daraus resultierende Rechtsposition des Antragsempfängers

Im Anschluß an die Beschreibung des Vertragsantrags in der Rechtsprechung des Reichsgerichts als „eine rechtlich beachtliche Anwartschaft"[1079] für den Antragsempfänger oder des „Gegenstands und Inhalts" des Vertragsantrags als „künftigen, durch die Annahme entstehenden Anspruch des Antragsempfängers"[1080] hat sich auch die Privatrechtswissenschaft mit der aus der „Bindungswirkung" resultierenden Position des Antragsempfängers beschäftigt.[1081]

1076 RGZ 151, 75 ff., 75.

1077 Vgl. dazu Teil C.IV.2.a).

1078 Siehe dazu Teil C.IV.2.b).

1079 RGZ 151, 75 ff., 75.

1080 RGZ 132, 6 ff., 7.

1081 Siehe z.B. *Enneccerus/Nipperdey*, AT, 15. Aufl., Band I, 2. Halbband, S. 993; *Furtner*, NJW 1964, S. 745 ff.; *Georgiades*, JZ 1966, S. 285 f., 286; *Larenz*, AT, 4. Aufl., S. 458 ff.; *Flume*, AT, II. Band, 3. Aufl., S. 635 ff., 650; *von Staudinger*, 12. Aufl., *Dilcher* zu § 145 BGB, Rn. 9 ff.; RGRK, 12. Aufl., *Piper* zu § 145 BGB, Rn. 19; AK-BGB, *Hart* vor § 145 BGB, Rn. 64; *Hart* zu § 145 BGB, Rn. 8, 27 ff.; *Hübner*, AT, S. 403; *Schwab*, Einführung, 7. Aufl., S. 225 f.; MK-BGB, 3. Aufl., *Kramer* zu § 145 BGB, Rn. 15 f.; *Larenz/Wolf*, AT, 8. Aufl., S. 580; *Jauernig*, 8. Aufl., *Jauernig* zu § 145 BGB, Rn. 4; *Köhler*, AT, 24. Aufl., S. 173; *Brox*, AT, 25. Aufl., S. 95; *Medicus*, AT, 7. Aufl., S. 143

Da der Antragende nach der Abgabe des Antrags grundsätzlich nur das Widerrufsrecht nach § 130 I 2 BGB hat, um den Eintritt des „Wirksamwerdens" des Antrags (vgl. § 130 I, II BGB) noch zu verhindern, kann der Antragende nach dem „Wirksamwerden" durch „Empfang" (entweder durch „Zugang" oder durch „Vernehmung") der Antragserklärung beim (ab- oder anwesenden) Erklärungsempfänger „keinen Einfluß mehr darauf nehmen, ob der Vertrag zustandekommt oder nicht; dies liegt jetzt in der Entscheidung des Antragsempfängers"[1082], wobei die Dauer dieser „Bindungswirkung" aus den §§ 146 ff. BGB folgt. Diese Rechtsposition, die in der Möglichkeit besteht, „durch" - die dem Angebot entsprechende (vgl. § 150 II BGB) - „Annahme den Vertrag zustande zu bringen"[1083], wird sehr unterschiedlich beschrieben und damit zusammenhängend auch sehr unterschiedlich rechtlich bewertet. So reichen die Beschreibungen der „für den Angebotsempfänger begründeten Rechtsposition"[1084] von einem „Gestaltungsrecht"[1085], das für den Angebotsempfänger eine entsprechende „Anwartschaft"[1086] begründen soll, über eine „Annahmeposition"[1087] als „Rechtsposition"[1088] (bzw. die Annahme selbst als „ausgeübte Rechtsposition"[1089]), eine schlichte „Rechtsposition des Antragsempfängers"[1090], eine „günstige Rechtsposition"[1091] bzw. „vorteilhafte"[1092], „gesicherte"[1093] oder „starke Rechtsposition"[1094], eine „Annahmebefugnis"[1095] als die sich „aus der Bindung des Antragenden" ergebende „Rechtsmacht des Empfängers"[1096] bis

---

f., *Soergel*, 13. Aufl., *M. Wolf* zu § 145 BGB, Rn. 15 ff.; *Palandt*, 60. Aufl., *Heinrichs* zu § 145 BGB, Rn. 5; *Erman*, 10. Aufl., *Hefermehl* zu § 145 BGB, Rn. 15 ff.; jeweils m.w.N. Siehe schließlich auch die Motive zum BGB I, S. 163 f.

1082 *von Staudinger*, 12. Aufl., *Dilcher* zu § 145 BGB, Rn. 9.

1083 *Enneccerus/Nipperdey*, AT, 15. Aufl., Band I, 2. Halbband, S. 993.

1084 *von Staudinger*, 12. Aufl., *Dilcher* zu § 145 BGB, Rn. 11.

1085 *Enneccerus/Nipperdey*, AT, 15. Aufl., Band I, 2. Halbband, S. 993; *von Staudinger*, 12. Aufl., *Dilcher* zu § 145 BGB, Rn. 11, der sich auf RGZ 132, 6 ff., 7; OLG Celle, Urteil vom 31.07.1961, NJW 1962, S. 743 ff., 744, beruft. Vgl. zum „Gestaltungsrecht" auch RGRK, 12. Aufl., *Piper* zu § 145 BGB, Rn. 19.

1086 *von Staudinger*, 12. Aufl., *Dilcher* zu § 145 BGB, Rn. 12, der sich auf RGZ 151, 75 ff., 75, beruft. Vgl. auch *Furtner*, NJW 1964, S. 745 ff.

1087 AK-BGB, *Hart* vor § 145 BGB, Rn. 64; *Hart* zu § 145 BGB, Rn. 29; MK-BGB, 3. Aufl., *Kramer* zu § 145 BGB, Rn. 15.

1088 AK-BGB, *Hart* vor § 145 BGB, Rn. 64; *Hart* zu § 145 BGB, Rn. 27.

1089 AK-BGB, *Hart* zu § 145 BGB, Rn. 8.

1090 AK-BGB, *Hart* zu § 145 BGB, Rn. 27. Siehe zur „Rechtsposition" auch *Köhler*, AT, 24. Aufl., S. 173.

1091 *Larenz*, AT, 4. Aufl., S. 458 f. Vgl. auch *Brox*, AT, 25. Aufl., S. 95.

1092 MK-BGB, 3. Aufl., *Kramer* zu § 145 BGB, Rn. 15.

1093 *Larenz/Wolf*, AT, 8. Aufl., S. 580; *Soergel*, 13. Aufl., *M. Wolf* zu § 145 BGB, Rn. 15.

1094 *Schwab*, Einführung, 7. Aufl., S. 225 f.

1095 *Erman*, 10. Aufl., *Hefermehl* zu § 145 BGB, Rn. 18.

1096 *Erman*, 10. Aufl., *Hefermehl* zu § 145 BGB, Rn. 18. Vgl. zur „Rechtsmacht" auch *Georgiades*, JZ 1966, S. 285 f., 286.

hin zur „Rechtsstellung des Empfängers“[1097] oder der bloßen „rechtlich gesicherten Chance“[1098], durch die Annahmeerklärung den Vertrag zustandezubringen.

Entsprechend dieser terminologischen Uneinheitlichkeit der Einordnung ist auch umstritten, ob die Entscheidungs- oder Einflußmöglichkeit des Antragsempfängers aufgrund der „Gebundenheit des Antragenden“ in den Fällen, bei denen „der Antrag die vertragliche Begründung eines Rechts zum Inhalt hat“, als „Anwartschaft“[1099] bzw. als „Gestaltungsrecht“ des Antragsempfängers bezeichnet werden darf:[1100] So wird zum Teil vertreten, daß es sich bei der Rechtsposition des Antragsempfängers deswegen um ein Gestaltungsrecht handele, da die für den Angebotsempfänger begründete Rechtsposition die Befugnis zum Inhalt habe, durch (notwendig einseitige) „Annahmeerklärung den Vertrag zustandezubringen“[1101]. Dabei beruft sich diese Auffassung hinsichtlich der von ihr angenommenen (einseitigen) Gestaltungsbefugnis des Antragsempfängers u.a. auf die o.g. Entscheidungen des Reichsgerichts[1102], das zum einen in dem Vertragsantrag die Willenserklärung des Antragenden sieht, „den Anspruch des Antragsempfängers für den Fall der Annahme des Antrags zur Entstehung zu bringen“, so daß diese Erklärung „mithin einen künftigen, durch die Annahme entstehenden Anspruch des Antragsempfängers zum Gegenstand und Inhalt“ [1103] hat, und zum anderen annimmt, daß ein bindender formgerechter Antrag auf Abschluß eines Vertrags „bereits eine rechtlich beachtliche Anwartschaft begründet“[1104]. Gegen die Einordnung der Rechtsposition des Antragsempfängers als Gestaltungs- oder „subjektives Recht“[1105] wird im wesentlichen

---

1097 *Medicus*, AT, 7. Aufl., S. 143 f. Siehe auch *Erman*, 10. Aufl., *Hefermehl* zu § 145 BGB, Rn. 18.

1098 *Köhler*, AT, 24. Aufl., S. 173.

1099 *von Staudinger*, 12. Aufl., *Dilcher* zu § 145 BGB, Rn. 12, der sich auf RGZ 151, 75 ff., 75, beruft. Vgl. auch *Furtner*, NJW 1964, S. 745 ff; ; *Larenz/Wolf*, AT, 8. Aufl., S. 581.

1100 Vgl. zu dem Streit m.w.N. z.B. *Furtner*, NJW 1964, S. 745 ff.; *Georgiades*, JZ 1966, S. 285 f., 286; *Larenz*, AT, 4. Aufl., S. 459 f.; *von Staudinger*, 12. Aufl., *Dilcher* zu § 145 BGB, Rn. 11; AK-BGB, *Hart* zu § 145 BGB, Rn. 27; MK-BGB, 3. Aufl., *Kramer* zu § 145 BGB, Rn. 15; *Jauernig*, 8. Aufl., *Jauernig* zu § 145 BGB, Rn. 4; *Köhler*, AT, 24. Aufl., S. 173; *Palandt*, 60. Aufl., *Heinrichs* zu § 145 BGB, Rn. 5; *Erman*, 10. Aufl., *Hefermehl* zu § 145 BGB, Rn. 18.

1101 *von Staudinger*, 12. Aufl., *Dilcher* zu § 145 BGB, Rn. 11. Vgl. zu den Vertretern eines Gestaltungsrechts insbesondere *Enneccerus/Nipperdey*, AT, 15. Aufl., Band I, 2. Halbband, S. 993; *Furtner*, NJW 1964, S. 745 ff., 745; *von Staudinger*, 12. Aufl., *Dilcher* zu § 145 BGB, Rn. 11; RGRK, 12. Aufl., *Piper* zu § 145 BGB, Rn. 19; *Jauernig*, 8. Aufl., *Jauernig* zu § 145 BGB, Rn. 4; *Palandt*, 60. Aufl., *Heinrichs* zu § 145 BGB, Rn. 5; jeweils m.w.N.

1102 RGZ 132, 6 ff., 7; 151, 75 ff., 75; siehe oben, Teil C.IV.1.b).

1103 RGZ 132, 6 ff., 7.

1104 RGZ 151, 75 ff., 75.

1105 Vgl. *Soergel*, 13. Aufl., *M. Wolf* zu § 145 BGB, Rn. 16, der insofern eine „Mittelstellung“ einnimmt, da er zwar ein Gestaltungsrecht ablehnt, aber die „Annahme- und Abvorgebracht[1106], daß die Annahme „nicht isoliert gesehen" werden dürfe[1107], da wegen der „genetischen Abhängigkeit von Antrag und Annahme"[1108] bzw. der Annahme als „Element des Gesamtvorgangs"[1109] „Vertragsschluß" die „Annahme nur ein (notwendiges) Element des Vertragsschlusses"[1110] ist. Dabei gehen beide Auffassungen von derselben herkömmlichen Definition eines Gestaltungsrechts aus: Dieses ist „das einer bestimmten Person zustehende Recht, durch einseitigen Gestaltungsakt, meist eine empfangsbedürftige Willenserklärung, ein Rechtsverhältnis zwischen ihr und einer anderen Person entweder zustandezubringen oder inhaltlich näher zu bestimmen, es zu ändern oder aufzuheben."[1111] Dieser „Rechtsmacht", „die in der Möglichkeit besteht, allein nach seinem Willen Rechtsfolgen herbeizuführen, zu deren Herbeiführung, weil dadurch der Rechtskreis eines anderen betroffen wird, es normalerweise der Zustimmung dieses anderen bedarf", korrespondiert auf Seiten des „Gestaltungsgegners" „eine Gebundenheit, derzufolge dieser die Gestaltung und den in ihr liegenden Einbruch in seinen eigenen Rechtskreis hinnehmen, sie gelten lassen muß"[1112]. Auf der Grundlage dieser Begriffsbestimmung eines Gestaltungsrechts wird - neben der Erkenntnis, daß der Begriff der „Gebundenheit" auch in diesem Zusammenhang Verwendung findet - deutlich, daß der Vergleich der Rechtsposition des Antragsempfängers mit einem Gestaltungsrecht schon deswegen „hinkt", da zwar das Zustandekommen des Vertrags und das Entstehen der vertraglichen Ansprüche als dessen wesentliche Rechtsfolge im Ergebnis durch die Annahme bewirkt werden, aber der Antragsempfänger den Vertrag nur auf der Grundlage eines Angebots iSv. § 145 BGB und damit durch eigenes Handeln zustandebringen kann und muß[1113]. Dadurch fehlt es zudem an der - nach der o.g. Definition für ein Gestaltungsrecht typischen - „Unterwerfungsposition"[1114] des Gestaltungsgegners. Vielmehr ist die „Rechtsmacht" des Antragsempfängers nur die (indirekte) Folge der vom BGB in §§ 145 ff. BGB zeitlich beschränkten „Bindungswirkung" bezüglich des Angebots im Sinne eines Überlegungs- und Dispositionszeitraums für den Antragsempfänger. Könnte sich nämlich der Antragende jederzeit bis zur Annahme von dem Antrag „los-

---

lehnungsbefugnis", „gleichgültig, ob sie einfache Anwartschaft oder gesichertes Anwartschaftsrecht ist", als „subjektives Recht" und die Annahmeerklärung als „gestaltendes Element" bezeichnet.

1106 Siehe zu den Vertretern der Gegenauffassung z.B. *Larenz*, AT, 4. Aufl., S. 459 f.; AK-BGB, *Hart* zu § 145 BGB, Rn. 27; *Köhler*, AT, 24. Aufl., S. 173; *Larenz/Wolf*, AT, 8. Aufl., S. 581; *Erman*, 10. Aufl., *Hefermehl* zu § 145 BGB, Rn. 18; jeweils m.w.N.

1107 MK-BGB, 3. Aufl., *Kramer* zu § 145 BGB, Rn. 15, der den Streit letztlich dahinstehen läßt.

1108 AK-BGB, *Hart* zu § 145 BGB, Rn. 27.

1109 *Larenz*, AT, 4. Aufl., S. 459.

1110 *Erman*, 10. Aufl., *Hefermehl* zu § 145 BGB, Rn. 18.

1111 *Larenz*, AT, 4. Aufl., S. 185 m.w.N.

1112 *Larenz*, AT, 4. Aufl., S. 185.

1113 Vgl. auch *Soergel*, 13. Aufl., *M. Wolf* zu § 145 BGB, Rn. 15.

1114 *Soergel*, 13. Aufl., *M. Wolf* zu § 145 BGB, Rn. 16.

sagen", wie dies früher im gemeinen Recht[1115] und heute z.B. im Rahmen der oben erörterten „freibleibend"-Klauseln[1116] möglich ist, dann fehlt es gerade an der einseitigen Einflußmöglichkeit des Antragsempfängers, allein durch eigenes Handeln einen Vertrag zustandezubringen; dies wird auch von den Verfechtern eines Gestaltungsrechts gesehen.[1117]
Ebenfalls ist der Einwand berechtigt, daß man die Rechtsposition des Antragsempfängers bereits deswegen nicht als „Gestaltungsrecht" einordnen sollte, da die Ausübung dieser Rechtsposition, d.h. die Abgabe der Annahmeerklärung, nicht durch ein „einseitiges Rechtsgeschäft"[1118] erfolgt, sondern Angebot und Annahme zusammen erst den Tatbestand des dann entstehenden Vertrags als Rechtsgeschäft bilden.[1119] Die Bezeichnung als vertragliches „Anwartschaftsrecht" oder „Vertragsanwartschaft"[1120] wirft zudem die Frage auf, welchen Inhalt ein solches Recht haben soll, zumal die Bezeichnung „Anwartschaft" keinen „festen juristischen Begriff"[1121] darstellt, sondern eine sehr unterschiedliche Bedeutung beinhalten kann, die z.B. von dem dinglichen Anwartschaftsrecht als „Vorstufe des Eigentums" über eine „rechtlich gesicherte Anwartschaft" bis hin zu einer „tatsächlichen Anwartschaft" im Sinne einer „bloßen Aussicht oder Hoffnung auf einen späteren Rechtserwerb"[1122] reicht. Entsprechend dieser Unterscheidung wird auch ein „Anwartschaftsrecht" nur bei „Unwiderruflichkeit des Antrags" angenommen, während der Antrag im Regelfall nur „eine bloße Anwartschaft"[1123] begründen soll, ohne daß die Unterschiede im Detail erläutert werden. Nach der o.g. Rechtsprechung des Reichsgerichts[1124] begründet der formgerechte und „bindende" Antrag eine „gesicherte Rechtsposition"[1125], die sich aber zunächst in der tatsächlichen Entscheidungsmöglichkeit mit rechtlichen Folgen für das Zustandekommen des Vertrags erschöpft, da der Antrag eben nur „einen künftigen, durch die Annahme entstehenden Anspruch des An-

1115 Vgl. dazu z.B. *Ennecerus/Nipperdey*, AT, 15. Aufl., Band I, 2. Halbband, S. 991; *von Staudinger*, 12. Aufl., *Dilcher* zu § 145 BGB, Rn. 8.
1116 Siehe dazu auch *von Staudinger*, 12. Aufl., *Dilcher* zu § 145 BGB, Rn. 9, 18 ff. m.w.N.
1117 Vgl. z.B. *von Staudinger*, 12. Aufl., *Dilcher* zu § 145 BGB, Rn. 11.
1118 Siehe dazu, daß der Antrag kein selbständiges „einseitiges Rechtsgeschäft" (vgl. z.B. §§ 111, 174 BGB), sondern Teil des zweiseitigen Rechtsgeschäfts „Vertrag" ist, z.B. OLG Hamm, Rechtsentscheid vom 28.05.1982, NJW 1982, S. 2076 f.; sowie *Palandt*, 60. Aufl., *Heinrichs* zu § 145 BGB, Rn. 1.
1119 So zutreffend *Köhler*, AT, 24. Aufl., S. 173.
1120 *Larenz/Wolf*, AT, 8. Aufl., S. 581.
1121 *Schreiber*, Jura 2001, S. 623 ff., 623.
1122 *Furtner*, NJW 1964, S. 745 ff., 745; vgl. auch *Schreiber*, Jura 2001, S. 623 ff. m.w.N.
1123 *Soergel*, 13. Aufl., *M. Wolf* zu § 145 BGB, Rn. 15.
1124 Siehe oben, Teil C.IV.1.b). Vgl. auch OLG Celle, Urteil vom 31.07.1961, NJW 1962, S. 743 ff., 744, das aus der „Bindungswirkung der §§ 145, 148, 153 BGB" für den Angebotsempfänger ein „Gestaltungsrecht" ableitet, „das ihn in die Lage setzte, den Vertrag und damit den Erfüllungsanspruch ohne weiteres Zutun des Beklagten und ohne daß dieser es verhindern konnte, zu begründen".
1125 RGZ 151, 75 ff., 75.

tragsempfängers zum Gegenstand und Inhalt“[1126] hat und gerade keinen „Anspruch auf Erfüllung“[1127] und „auch keinen durch die Annahme aufschiebend bedingten“[1128]. Ebenfalls scheidet ein „Anspruch auf Abschluß des Vertrags“ aus, da der Antragsempfänger den Vertrag durch eigenes Handeln zustandebringen muß,[1129] ein solcher „Anspruch“ also auch gegen ihn gerichtet wäre.

Aus diesem vorrangig um die „begriffliche Zuordnung“ geführten Streit werden regelmäßig keine unterschiedlichen Rechtsfolgen abgeleitet[1130], wie die entsprechenden Aussagen der Privatrechtswissenschaft verdeutlichen.[1131] Entsprechend gering sind auch die praktischen Auswirkungen: So entscheidet die Lösung dieses „begrifflichen Einordnungsproblems“[1132] nicht über die Antworten auf die Fragen, ob und wie eine solche Rechtsposition übertragbar und zu schützen ist.[1133] Bereits die Frage der Übertragbarkeit ist nicht einfach zu beantworten:[1134] So wurde die rechtsgeschäftliche Übertragbarkeit in der Vergangenheit bereits grundsätzlich ausgeschlossen, da das Angebot stets „höchstpersönlicher Natur“ sei[1135], während die überwiegende Meinung[1136] derzeit auf den jeweiligen Erklärungsinhalt abstellt, und in diesem Rahmen ermittelt, inwieweit der beabsichtigte Vertrag „persönlichen oder unpersönlichen Charakter“[1137] hat. Dabei wird sowohl das generelle Einverständnis des Antragenden für erforder-

---

1126 RGZ 132, 6 ff., 7.

1127 *Soergel*, 13. Aufl., *M. Wolf* zu § 145 BGB, Rn. 15.

1128 *Soergel*, 13. Aufl., *M. Wolf* zu § 145 BGB, Rn. 15.

1129 Vgl. *Soergel*, 13. Aufl., *M. Wolf* zu § 145 BGB, Rn. 15.

1130 Siehe *Soergel*, 13. Aufl., *M. Wolf* zu § 145 BGB, Rn. 15.

1131 Darauf, daß dieser Streit nur sehr geringe praktische Auswirkungen hat, weisen z.B. *Larenz*, AT, 4. Aufl., S. 459 f.; MK-BGB, 3. Aufl., *Kramer* zu § 145 BGB, Rn. 15; *Jauernig*, 8. Aufl., *Jauernig* zu § 145 BGB, Rn. 4; AK-BGB, *Hart* zu § 145 BGB, Rn. 27, hin.

1132 MK-BGB, 3. Aufl., *Kramer* zu § 145 BGB, Rn. 15.

1133 So auch AK-BGB, *Hart* zu § 145 BGB, Rn. 27.

1134 Siehe zur Übertragbarkeit und Vererblichkeit der Rechtsposition des Antragsempfängers z.B. *Larenz*, AT, 4. Aufl., S. 460; *von Staudinger*, 12. Aufl., *Dilcher* zu § 145 BGB, Rn. 14; RGRK, 12. Aufl., *Piper* zu § 145 BGB, Rn. 19; AK-BGB, *Hart* zu § 145 BGB, Rn. 29; MK-BGB, 3. Aufl., *Kramer* zu § 145 BGB, Rn. 16; *Soergel*, 13. Aufl., *M. Wolf* zu § 145 BGB, Rn. 19 ff.; *Palandt*, 60. Aufl., *Heinrichs* zu § 145 BGB, Rn. 5; *Erman*, 10. Aufl., *Hefermehl* zu § 145 BGB, Rn. 18; jeweils m.w.N.

1135 Siehe dazu nur RG, Urteil vom 10.06.1911, JW 1911, S. 752 f.

1136 Vgl. z.B. *Larenz*, AT, 4. Aufl., S. 460; *von Staudinger*, 12. Aufl., *Dilcher* zu § 145 BGB, Rn. 14; RGRK, 12. Aufl., *Piper* zu § 145 BGB, Rn. 19; MK-BGB, 3. Aufl., *Kramer* zu § 145 BGB, Rn. 16; *Palandt*, 60. Aufl., *Heinrichs* zu § 145 BGB, Rn. 5; *Erman*, 10. Aufl., *Hefermehl* zu § 145 BGB, Rn. 18; jeweils m.w.N. Dieser Sicht folgt grundsätzlich auch *Soergel*, 13. Aufl., *M. Wolf* zu § 145 BGB, Rn. 19, der dabei jedoch grundsätzlich von einer „höchstpersönlichen Rechtsposition“ ausgeht. AK-BGB, *Hart* zu § 145 BGB, Rn. 29, sieht die „Übertragbarkeitsproblematik bei typischen Massengeschäften“ allerdings als „kaum relevant“ an.

1137 MK-BGB, 3. Aufl., *Kramer* zu § 145 BGB, Rn. 16.

lich[1138] bzw. ausreichend[1139] gehalten, als auch im Rahmen der rechtsgeschäftlichen Übertragbarkeit nach §§ 398, 413 BGB[1140] die Anwendbarkeit der §§ 414 f. BGB (analog) befürwortet bzw. die Notwendigkeit einer gesonderten Vereinbarung nach §§ 399, 413 BGB verneint[1141]. Im Ergebnis ist festzuhalten, daß die Möglichkeit einer Übertragung und die damit zusammenhängenden Fragen in jedem Falle sorgfältig gemäß §§ 133, 157 BGB zu untersuchen sind.[1142] In gleicher Weise wie bei der Frage nach der Übertragbarkeit der Rechtsposition des Antragsempfängers wird hinsichtlich der Vererblichkeit[1143] (vgl. § 153 BGB), der Pfändbarkeit[1144] (vgl. § 851 I ZPO) und der Verwertbarkeit in der Insolvenzmasse (siehe § 80 I InsO)[1145] differenziert.

Ebenfalls kontrovers diskutiert wurde (und wird) das Problem des Schutzes dieser Rechtsstellung (d.h. das Problem der Haftung bei deren Verletzung):[1146] So wird z.B. die Verwendung des Begriffs „Anwartschaftsrecht" z.T. schon deshalb abgelehnt, da „weder ein deliktischer noch ein dinglicher Schutz dieser Rechtsposition notwendig oder wünschenswert"[1147] sei. Während mittlerweile nicht mehr umstritten ist, daß ein deliktischer Schutz nach §§ 823 I, 823 II BGB ausscheidet[1148], weil es sich bei der Vorschrift des § 145 BGB weder um eine Schutznorm iSv. § 823 II BGB[1149] noch - selbst bei der Einordnung als Gestal-

---

1138 Vgl. dazu beispielsweise AK-BGB, *Hart* zu § 145 BGB, Rn. 29; MK-BGB, 3. Aufl., *Kramer* zu § 145 BGB, Rn. 16.

1139 Vgl. nur *Soergel*, 13. Aufl., *M. Wolf* zu § 145 BGB, Rn. 19.

1140 Nach MK-BGB, 3. Aufl., *Kramer* zu § 145 BGB, Rn. 16, ist es im Einzelfall zu prüfen, ob dem Antragenden „dadurch kein anderer Vertragspartner aufgedrängt" werde. Siehe auch *Soergel*, 13. Aufl., *M. Wolf* zu § 145 BGB, Rn. 19.

1141 Siehe nur *Soergel*, 13. Aufl., *M. Wolf* zu § 145 BGB, Rn. 19.

1142 Vgl. *Erman*, 10. Aufl., *Hefermehl* zu § 145 BGB, Rn. 18. *Palandt*, 60. Aufl., *Heinrichs* zu § 145 BGB, Rn. 5, geht davon aus, daß die Position „unter Umständen" gemäß §§ 398, 413 BGB übertragen werden kann.

1143 Vgl. nur MK-BGB, 3. Aufl., *Kramer* zu § 145 BGB, Rn. 16 m.w.N.

1144 Siehe nur *Erman*, 10. Aufl., *Hefermehl* zu § 145 BGB, Rn. 18.

1145 Siehe allein *Soergel*, 13. Aufl., *M. Wolf* zu § 145 BGB, Rn. 22 m.w.N.

1146 Vgl. zu dem Schutz der Rechtsposition z.B. für die Rechtsprechung RGZ 50, 191 ff., 195; 57, 353 ff.; 59, 326 ff., 327; für die Privatrechtswissenschaft *von Staudinger*, 12. Aufl., *Dilcher* zu § 145 BGB, Rn. 15; AK-BGB, *Hart* zu § 145 BGB, Rn. 27; MK-BGB, 3. Aufl., *Kramer* zu § 145 BGB, Rn. 14; *Soergel*, 13. Aufl., *M. Wolf* zu § 145 BGB, Rn. 18; *Erman*, 10. Aufl., *Hefermehl* zu § 145 BGB, Rn. 18; jeweils m.w.N.

1147 AK-BGB, *Hart* zu § 145 BGB, Rn. 27.

1148 Siehe aber noch zu der Annahme eines Schutzgesetzes iSv. § 823 II BGB: *von Staudinger*, 12. Aufl., *Dilcher* zu § 145 BGB, Rn. 15; sowie zu der Rechtsposition des Antragsempfängers als „sonstiges Recht" iSv. § 823 I BGB nur die Entscheidung des I. Zivilsenats in RGZ 50, 191 ff., 195. Vgl. dazu wiederum die Gegenmeinung in RGZ 57, 353 ff. (VI. Zivilsenat); 59, 326 ff., 327 (V. Zivilsenat); sowie dazu *Erman*, 10. Aufl., *Hefermehl* zu § 145 BGB, Rn. 18 m.w.N.

1149 Vgl. zu § 823 II BGB einerseits *von Staudinger*, 12. Aufl., *Dilcher* zu § 145 BGB, Rn. 15; andererseits *Soergel*, 13. Aufl., *M. Wolf* zu § 145 BGB, Rn. 18; *Erman*, 10. Aufl., *Hefermehl* zu § 145 BGB, Rn. 18; jeweils m.w.N.

tungsrecht[1150] - aufgrund der fehlenden „absoluten Wirkung“[1151] um ein „sonstiges Recht“ iSv. § 823 I BGB handelt[1152], ist im Detail noch vieles ungeklärt, z.B. die Anwendung eines Anspruchs aus § 826 BGB[1153] in „Ausnahmefällen“[1154], oder umstritten, wie z.B. der Versuch, die Rechtzeitigkeit einer Erklärung bei der Verhinderung ihres Zugangs mittels einer Schadensersatzpflicht zu begründen.[1155] Die überwiegende Auffassung[1156] sieht den Schutz der „genuin vertragsrechtlichen“[1157] Rechtsposition (im Sinn einer „Vertragsanbahnungsposition“) in ausreichender Weise durch die Grundsätze der „culpa in contrahendo“ (vgl. §§ 311 II, 241 II, 282, 280 BGB) als gewährleistet an, z.B. wenn der Antragende die Rechtsstellung des Antragsempfängers dadurch beeinträchtigt, daß er eine Zwischenverfügung trifft oder den Gegenstand zerstört.[1158] Für den Fall, daß der Antragende die Annahme seines Antrags durch den Empfänger schuldhaft vereitelt, soll eine Schadensersatzverpflichtung aus culpa in contrahendo entstehen, die (analog § 162 BGB) dazu führt, daß sich der Antragende so behandeln lassen muß, als sei der Antrag angenommen worden.[1159] Dementsprechend wird überwiegend die (Schadensersatz-) Haftung des Antragenden aus culpa in contrahendo bejaht, wenn dieser während der Bindungsfrist

---

1150 So *Erman*, 10. Aufl., *Hefermehl* zu § 145 BGB, Rn. 18.

1151 Vgl. dazu nur *Soergel*, 13. Aufl., *M. Wolf* zu § 145 BGB, Rn. 18. Eine Ausnahme stellt insoweit die Verletzung eines dinglichen Anwartschaftsrechts des Angebotsempfängers dar, vgl. dazu z.B. *von Staudinger*, 12. Aufl., *Dilcher* zu § 145 BGB, Rn. 15; *Palandt*, 60. Auflage, *Thomas* zu § 823 BGB, Rn. 12 m.w.N., insbesondere diff. zur Rechtsstellung des „Auflassungsempfängers“. Vgl. dazu auch *Schreiber*, Jura 2001, S. 623 ff., 628.

1152 Siehe aber noch RGZ 50, 191 ff., 195, gegen RGZ 57, 353 ff.; 59, 326 ff., 327. Vgl. für die insoweit einhellige Privatrechtswissenschaft z.B. *Soergel*, 13. Aufl., *M. Wolf* zu § 145 BGB, Rn. 18; *Erman*, 10. Aufl., *Hefermehl* zu § 145 BGB, Rn. 18; jeweils m.w.N.

1153 Vgl. zu § 826 BGB beispielsweise *Soergel*, 13. Aufl., *M. Wolf* zu § 145 BGB, Rn. 18; *Erman*, 10. Aufl., *Hefermehl* zu § 145 BGB, Rn. 18; *Hefermehl* zu § 145 BGB, Rn. 18; *Hefermehl* zu § 147 BGB, Rn. 20, sowie ebenfalls ohne nähere Erläuterung RGZ 57, 353 ff., 358; 59, 325 ff., 326. Dagegen ist die z.T. zitierte Entscheidung RGZ 63, 280 ff., 285, in dieser Hinsicht unergiebig.

1154 *Soergel*, 13. Aufl., *M. Wolf* zu § 145 BGB, Rn. 18.

1155 Vgl. zu dem in RGZ 97, 336 ff. behandelten Fall z.B. *Flume*, AT, II. Band, 3. Aufl., S. 239 f.; *Erman*, 10. Aufl., *Hefermehl* zu § 145 BGB, Rn. 18.

1156 Siehe zu dem „(vor-)vertraglichen Schutz“ z.B. *von Staudinger*, 12. Aufl., *Dilcher* zu § 145 BGB, Rn. 17; RGRK, 12. Aufl., *Piper* zu § 145 BGB, Rn. 12; AK-BGB, *Hart* zu § 145 BGB, Rn. 27; MK-BGB, 3. Aufl., *Kramer* zu § 145 BGB, Rn. 14; *Soergel*, 13. Aufl., *M. Wolf* zu § 145 BGB, Rn. 18; *Erman*, 10. Aufl., *Hefermehl* zu § 145 BGB, Rn. 18; jeweils m.w.N.

1157 AK-BGB, *Hart* zu § 145 BGB, Rn. 27.

1158 So zu Recht AK-BGB, *Hart* zu § 145 BGB, Rn. 27. Vgl. auch MK-BGB, 3. Aufl., *Kramer* zu § 145 BGB, Rn. 14 (insbesondere im Hinblick auf §§ 306, 307 BGB a.F.); jeweils m.w.N.

1159 Vgl. nur *Erman*, 10. Aufl., *Hefermehl* zu § 145 BGB, Rn. 18; *Hefermehl* zu § 147 BGB, Rn. 20 (mit dem Hinweis, daß dasselbe Ergebnis auch über § 242 BGB erreicht werden kann); *Hefermehl* zu § 148 BGB, Rn. 8.

„die Rechtspositionen vereitelt oder erschwert, welche ansonsten für den Angebotsempfänger entstanden wären“[1160]; die Voraussetzung für die Haftung soll aber gerade die (spätere) Annahme des Antrags sein.[1161] Aber schon bei dem Eintritt in Vertragsverhandlungen, also im Vorfeld der Annahme, wird eine Haftung aus culpa in contrahendo bereits dann bejaht, wenn der Angebotsempfänger die „Pflicht zur sorgfältigen Behandlung des Angebots“[1162] verletzt hat; im Rahmen von § 278 BGB wird dabei auch für Gehilfen gehaftet.[1163] Hinsichtlich des „vertragsrechtlichen Schutzes“ der Rechtsposition des Antragsempfängers wird aber auch darauf hingewiesen, daß durch die einfache Möglichkeit, die Annahme zu erklären, „der Schritt ins Vertragsrecht eröffnet und damit der vertragsrechtliche Schutz“[1164] der Leistungsinteressen des Antragsempfängers gewährleistet ist. Falls der Antragende (noch) nicht den Willen hat, den Vertragsschluß durch die Annahmeerklärung herbeizuführen, muß er sich daher zu Recht entgegenhalten lassen, daß die unausgeübte Rechtsposition ihm gerade „noch keinen Leistungsanspruch“[1165] verschafft. Davon geht im Ergebnis auch die o.g. Rechtsprechung des Reichsgerichts aus, wenn sie feststellt, daß bei fehlendem Vertrag auch kein Leistungsanspruch gegeben ist[1166], bzw. das Vertragsangebot alleine dem Empfänger noch keinen gegenwärtigen Leistungsanspruch gewährt[1167].

Der kurze Überblick zum Inhalt der Rechtsposition des Antragsempfängers hat bereits gezeigt, daß trotz eines durchaus vorhandenen Schutzes mittels der vorvertraglichen Haftung aus culpa in contrahendo (vgl. §§ 311 II, 241 II, 282, 280 BGB) und der grundsätzlichen Übertragbarkeit der Rechtsposition („Vertragsanbahnungsposition“) weder eine „absolut wirkende“[1168] „Vertragsanwartschaft“ noch ein spezielles „Gestaltungsrecht“ anzuerkennen ist. Vielmehr können für den Inhalt der „Bindungswirkung“ aus der Rechtsstellung des Angebotsempfängers keine weitergehenden Folgerungen abgeleitet werden, als sie sich nicht ohnehin aus den §§ 145 ff. BGB ergeben, also insbesondere einen

[1160] MK-BGB, 3. Aufl., *Kramer* zu § 145 BGB, Rn. 14; m.w.N.

[1161] Vgl. nur MK-BGB, 3. Aufl., *Kramer* zu § 145 BGB, Rn. 14; m.w.N.

[1162] *von Staudinger*, 12. Aufl., *Dilcher* zu § 145 BGB, Rn. 17; siehe dazu auch RGZ 107, 240 ff., 242; sowie RGRK, 12. Aufl., *Piper* zu § 145 BGB, Rn. 12; MK-BGB, 3. Aufl., *Kramer* zu § 145 BGB, Rn. 14; *Soergel*, 13. Aufl., *M. Wolf* zu § 145 BGB, Rn. 18; diff. *Erman*, 10. Aufl., *Hefermehl* zu § 145 BGB, Rn. 18; jeweils m.w.N. Vgl. aber einschränkender z.B. AK-BGB, *Hart* zu § 145 BGB, Rn. 27.

[1163] Vgl. dazu z.B. RGZ 107, 240 ff.; 242 f.; sowie *von Staudinger*, 12. Aufl., *Dilcher* zu § 145 BGB, Rn. 17; MK-BGB, 3. Aufl., *Kramer* zu § 145 BGB, Rn. 14; jeweils m.w.N.

[1164] AK-BGB, *Hart* zu § 145 BGB, Rn. 27.

[1165] AK-BGB, *Hart* zu § 145 BGB, Rn. 27.

[1166] Vgl. RGZ 131, 24 ff., 26 f.

[1167] So der IV. Zivilsenat des RG in RGZ 132, 6 ff., 6 f.

[1168] So gibt es auch und insbesondere keine „Verfügungssperre“ für den Antragenden aufgrund der „Bindungswirkung“, vgl. dazu nur *von Staudinger*, 12. Aufl., *Dilcher* zu § 145 BGB, Rn. 10 m.w.N.

rechtlich gesicherten und zeitlich begrenzten „Überlegungsspielraum“ für den Empfänger des Antrags, negativ auch als „Spekulationsmöglichkeit“[1169] umschrieben. Da die Rechtsstellung des Antragsempfängers diesem weder einen unmittelbaren vertraglichen Erfüllungsanspruch, noch einen „aufschiebend durch die Annahme bedingten“ und schließlich ebenfalls keinen „Anspruch auf Abschluß des Vertrags“ gewährt, sollte im Zweifel auf die Annahme einer „Vertragsanwartschaft“ verzichtet und die „farblose Bezeichnung“[1170] „Rechtsposition“ beibehalten werden. Da ebenfalls deutlich wurde, daß sich die „Bindungswirkung“ im wesentlichen in den Rechtswirkungen der §§ 145 ff. BGB erschöpft, gewinnt die Erkenntnis von *Larenz*[1171] Bedeutung, wonach die „günstige Rechtsposition“ aufgrund des empfangenen Antrags nicht dessen eigentlicher Inhalt ist, da das Vertragsangebot „nach dem ihm eigenen Sinn“ nicht auf „die Einräumung einer besonderen Rechtsmacht für den Empfänger“ abzielt, „sondern auf den Vertragsschluß selbst“, so daß die Rechtsposition des Empfängers nur „die mittelbare Folge der vom Gesetz angeordneten Bindung an das Angebot ist“[1172]. Damit rückt gleichzeitig die Frage in den Vordergrund, welche „Gebundenheit“ in § 145 BGB gemeint ist, die an den Antrag oder eine davon zu unterscheidende „Bindung an den Vertrag“.

b) Die Differenzierung zwischen der „Bindung an den Antrag“ und der „Bindung an den Vertrag“

Nachdem der Überblick zur Betrachtungsweise der „Bindung“ in der Privatrechtswissenschaft insbesondere die fehlende einheitliche Terminologie offenbart und dabei die Frage aufgeworfen hat, um welche Art von „Bindung“ es sich bei der „Gebundenheit“ in § 145 BGB handelt, ist zur Klärung dieser Frage nunmehr auf diejenigen Ansätze einzugehen, die sich eingehend damit auseinandergesetzt haben. Mit der („objektbezogenen“) Unterscheidung zwischen der „Bindung an den Antrag als Willenserklärung“ und der „Bindung der Parteien an den Vertrag“ als „übereinstimmende Geltungserklärung“ hat sich insbesondere *Larenz*[1173] befaßt. Dieser Sicht ist nicht nur *M. Wolf*[1174] gefolgt, sie findet

---

1169 Vgl. die Motive zum BGB I, S. 166; s.a. MK-BGB, 3. Aufl., *Kramer* zu § 145 BGB, Rn. 13 m.w.N.

1170 *Soergel*, 13. Aufl., *M. Wolf* zu § 145 BGB, Rn. 16.

1171 Vgl. *Larenz*, AT, 4. Aufl., S. 459.

1172 *Larenz*, AT, 4. Aufl., S. 459.

1173 Vgl. *Larenz*, AT, 4. Aufl., S. 36 ff., 290 ff.; 453 ff. Siehe zu der Unterscheidung aber auch schon RGZ 124, 336 ff., 338, mit der Differenzierung zwischen der „Gebundenheit“ an das Angebot und der „Gebundenheit“ beider Teile an den „zustandegekommenen Kaufvertrag“.

1174 Siehe *M. Wolf*, Rechtsgeschäftliche Entscheidungsfreiheit und vertraglicher Interessenausgleich, 1970, S. 278 ff.; *Larenz/Wolf*, AT, 8. Aufl., S. 515 ff., 572; *Soergel*, 13. Aufl., *M. Wolf* vor § 145 BGB, Rn. 11 ff.; zu § 145 BGB, Rn. 1 ff.

sich vereinzelt auch in dem Schrifttum zu den §§ 145 ff. BGB[1175]; als „Geltungstheorie" ist sie auch nicht kritiklos geblieben.[1176]
Ausgehend von seiner Sicht der Willenserklärung als „Geltungserklärung und Akt sozialer Kommunikation"[1177] sieht *Larenz* die Willenserklärung nicht allein als Mitteilung, sondern auch und insbesondere als „Geltungserklärung"[1178] an, da die Willenserklärung regelmäßig bereits die „Verwirklichung des in ihr sich zur Geltung bringenden Rechtsfolgewillens"[1179] enthalte. Durch ihre Kernaussage, „ich verpflichte mich dazu, dies oder jenes zu tun", ergibt sich der Verzicht auf eine Willensänderung, da der Erklärende dadurch auf die Möglichkeit verzichtet, „sich auf eine Änderung seines Willens zu berufen", es sei denn, er hat sich den Widerruf vorbehalten. In dieser Weise ist der Erklärende durch seine Erklärung als „bestimmenden Akt" „gebunden"[1180], und die Willenserklärung ist nicht nur ein „Beweisanzeichen für das Vorhandensein eines ihr entsprechenden Rechtsfolgewillens, sondern ihrerseits der unmittelbare Grund für den Eintritt der Rechtsfolge".[1181] Diese Einordnung der Willenserklärung als „Geltungserklärung" setzt sich dann konsequent auf der vertraglichen Ebene fort, wenn bei der Betrachtung des „Vertragsschlusses durch Willenserklärungen"[1182] dem Vertrag - als „zweiseitiger Akt rechtlicher Geltungserzeugung"[1183] - die Wirkung einer „lex contractus"[1184] beigemessen wird, da die Vertragsparteien für ihr „beiderseitiges Verhältnis" eine „Norm" setzen (wollen). Die Bedeutung der „lex contractus" als „von beiden Vertragspartnern einvernehmlich gesetzte Regelung" liegt nach *Larenz* inbesondere in ihrer „bin-

---

1175 Siehe z.B. und insbesondere *Flume*, AT, II. Band, 3. Aufl., S. 78 (Willenserklärung als „actus iuridicus"), 92 (zur „Rechtsverbindlichkeit"), 602 (zur „lex contractus"), 605 f. (zum „Vertrag als Bindung der Vertragspartner"), 641 (zum „bindenden Vertrag" als Voraussetzung für die „Bindungswirkung des Angebots"); sowie MK-BGB, 3. Aufl., *Kramer* zu § 145 BGB, Rn. 2, 5, 11 ff.; *Köhler*, AT, 24. Aufl., S. 172.

1176 Siehe z.B. und insbesondere die Kritik von *Köndgen*, Selbstbindung ohne Vertrag, insbes. S. 156 ff.: *Köndgen* hält die „moderne" „Geltungstheorie" von *Larenz* (S. 157), die auf der Grundlage der (seit *Savigny* herrschenden) „klassischen" Vertragstheorie „im Parteikonsens den Geltungsgrund der Verträge im allgemeinen und des Schuldvertrages im besonderen" (S. 156) sieht, für überholt, da auch sie „vorkonsensualistische Bindungseffekte" - zu denen *Köndgen* auch die „(limitierte) Bindung an die eigene Offerte" zählt (S. 157) - nicht angemessen berücksichtigt. Nach *Köndgen*, a.a.O., S. 188, setzen auch „quasi-vertragliche Selbstbindungen" eine „Regelung in Geltung", wobei er diesbezüglich (wieder) auf die „Geltungstheorie" verweist.

1177 Vgl. *Larenz*, AT, 4. Aufl., S. 290 ff., 290, 292.

1178 *Larenz*, AT, 4. Aufl., S. 291.

1179 *Larenz*, AT, 4. Aufl., S. 291.

1180 Siehe *Larenz*, AT, 4. Aufl., S. 291.

1181 *Larenz*, AT, 4. Aufl., S. 191.

1182 Vgl. *Larenz*, AT, 4. Aufl., S. 453 ff.

1183 *Larenz*, AT, 4. Aufl., S. 453.

1184 Vgl. *Larenz*, AT, 4. Aufl., S. 35 ff., 36, 453 ff.

denden" Wirkung.[1185] Das „Wesen" dieser „Bindung" ergibt sich dabei gerade aus dem Wesen sowohl des Vertrags als auch der privatautonom handelnden Vertragspartei: Nach *Larenz*[1186] liegt es „im Sinne jedes Vertrages als zweiseitigen Aktes, daß die Beteiligten sich eben dadurch wechselseitig an das Vereinbarte binden". Dabei liegt die Möglichkeit, Verpflichtungen einzugehen, d.h. „sich durch entsprechende Erklärungen moralisch und rechtlich zu ‚binden' (...), ebenso wie die Fähigkeit, Verantwortung auf sich zu nehmen, im Wesen der Person (im ethischen Sinn)." Teilt man diese „privatautonome" Sicht der „Bindung", dann ist mit *Larenz* zu folgern, daß es nicht erst eines entsprechenden Gebotes der Rechtsordnung bedarf („pacta sunt servanda"), um die „Bindung" zu begründen.[1187] Die Frage, ob und unter welchen Bedingungen diese „Bindung" auch eine „rechtliche" - und nicht lediglich eine „moralische" - ist, beantwortet *Larenz* dahingehend, daß die „rechtliche Bindung" beinhalte, daß „die Einhaltung der Übereinkunft notfalls mit Hilfe der Rechtsordnung erzwungen werden kann". Dafür sei aber die rechtliche Anerkennung der „privatautonomen Bindung" als eines „gültigen Rechtsakts" durch das positive Recht nötig. Für diese „Legalisierung" bzw. „Legitimierung" werden bestimmte „rechtliche Mindestanforderungen" aufgestellt, wie z.B. die Einhaltung gesetzlicher Verbote oder der „guten Sitten" (vgl. §§ 134, 138 BGB).[1188] Damit hat die „rechtliche Geltung einer vertraglichen Regelung" einen „doppelten Grund", zum einen den die „Regelung schaffenden gemeinsamen Willensakt der Vertragsschließenden, durch den sie sich selbst binden", und zum anderen die „Anerkennung dieses Aktes durch die Rechtsordnung"[1189].

Hinterfragt man die „privatautonome Bindung" und läßt dabei die „rechtliche Anerkennung" (zunächst) beiseite, dann findet diese Bindung ihre Entsprechung in der Unterworfenheit der Vertragsschließenden unter ihre vom gemeinsamen Willen getragene Vereinbarung, der „lex contractus". Die Bedeutung der „lex contractus"[1190] liegt nach *Larenz*[1191] darin, die vertragliche Regelung sich grundsätzlich „auf den sie in Geltung setzenden Willen der Vertragschließenden selbst" gründet: Allein wenn „die vertragliche Regelung im Augenblick des Vertragsschlusses vom erklärten Willen beider Vertragspartner getragen ist, ist sie Ausdruck und Verwirklichung der Privatautonomie oder

---

1185 Siehe *Larenz*, AT, 4. Aufl., S. 35 ff., 35 („Die Privatautonomie und die Selbstbindung im Vertrag"), 36.

1186 *Larenz*, AT, 4. Aufl., S. 36.

1187 So *Larenz*, AT, 4. Aufl., S. 36.

1188 Vgl. *Larenz*, AT, 4. Aufl., S. 36.

1189 *Larenz*, AT, 4. Aufl., S. 37.

1190 Siehe dazu nur die Kritik von *Köndgen*, Selbstbindung ohne Vertrag", insbes. S. 156 ff.: Die Hervorhebung der „lex contractus" durch die „Geltungstheorie" betont nach *Köndgen* die herrschende „konsensualistische" Sichtweise und vernachlässigt eine „verpflichtungsspezifische" Betrachtung (S. 157 f.), die eine „Selbstbindung" auch „ohne Vertrag" - und sogar „ohne Willenserklärung" - zuläßt (vgl. S. 7).

1191 Vgl. *Larenz*, AT, 4. Aufl., S. 454.

Selbstbestimmung eines jeden von ihnen". Danach erfordert der Vertrag „zwei einander entsprechende Geltungserklärungen", die „hinsichtlich des Inhalts der vertraglichen Regelung übereinstimmen und beide besagen, diese Regelung solle gelten"[1192]. Daher können auch nur die „Erklärungen beider zusammen" „die vertragliche Regelung in Gang setzen", so daß Angebot und Annahme als „übereinstimmende Geltungserklärungen" in ihrer „wechselseitigen Bezogenheit aufeinander" das Rechtsgeschäft „Vertrag" bilden. Nach *Larenz* binden sich durch den Vertrag die Vertragsschließenden daher „wechselseitig", „d.h. jeder sich und dadurch zugleich auch den anderen"[1193]. Dabei werden die vertraglichen Erklärungen insoweit als „rechtlich unselbständig" angesehen, als die Nichtigkeit nur einer der Erklärungen zur Nichtigkeit des Vertrags als „zweiseitiges Rechtsgeschäft" führen soll.[1194] Diesbezüglich kann auf die Kritik zu der fehlenden Differenzierung zwischen Wirksamkeit und Zustandekommen eines Vertrags[1195] verwiesen werden, während die weitere Differenzierung innerhalb der „Bindung" uneingeschränkte Aufmerksamkeit verdient:
Larenz unterscheidet nämlich grundlegend zwischen der zum Vertrag führenden Willenserklärung, z.B. dem Angebot als Erklärung, daß der Antragende den Vertrag mit einem (hinreichend) bestimmten Inhalt, wenn sein Angebot angenommen wird, „gelten lassen" will[1196], und ihrer „Bindung", der „Gebundenheit an das Angebot"[1197], die er von der „Gebundenheit an den Vertrag" abgrenzt:[1198] Während die „Gebundenheit an den Vertrag" „in erster Linie die Maßgeblichkeit der vertraglichen Regelung für die Vertragschließenden" und damit ihre „Unterwerfung unter die von ihnen selbst geschaffene lex contractus als eine für sie maßgebliche Norm" bedeute, sei die „Gebundenheit an das Angebot" als „Unwiderruflichkeit" im Sinn der „Unstatthaftigkeit einer einseitigen Lösung vom Vertrage" zu verstehen[1199], wobei diese „Gebundenheit" von jener stets umfaßt sei. Nach *Larenz* ergibt sich die „Gebundenheit an das Angebot" weiterhin bereits aus dem Gesetz, da § 145 BGB (bei fehlendem Ausschluß der Gebundenheit) gerade diese, wenn auch zeitlich begrenzt, anordne. Der Zweck der „Gebundenheit an das Angebot" liege darin, dem Empfänger des Antrags für die Zeit bis zu dessen Erlöschen eine „gesicherte Rechtsposition zu geben", insbesondere bei länger befristeten Angeboten. Dadurch habe er die gesetzlich geschützte Möglichkeit, bis zum Fristablauf „in Ruhe überlegen zu können, ob er das Angebot annehmen will, ohne befürchten zu müssen, der Antragende könne

---

[1192] *Larenz*, AT, 4. Aufl., S. 454.
[1193] *Larenz*, AT, 4. Aufl., S. 453.
[1194] So *Larenz*, AT, 4. Aufl., S. 454.
[1195] Siehe nur *Leenen*, AcP 188 (1988), S. 381 ff., 385 ff. m.w.N.
[1196] Vgl. *Larenz*, AT, 4. Aufl., S. 455.
[1197] Siehe *Larenz*, AT, 4. Aufl., S. 458 ff., 458.
[1198] Vgl. *Larenz*, AT, 4. Aufl., S. 458.
[1199] Und damit als „Unwiderruflichkeit" des Angebots als „vertragsgerichtete" Willenserklärung. Somit geht es letztlich um die Frage der „Bestandskraft" des (normativen) Tatbestands der („vertragsgerichteten") Willenserklärung, vgl. *Larenz*, AT, 4. Aufl., S. 458.

seinen Entschluß ändern und sein Angebot widerrufen"[1200]. Daher besteht die „Gebundenheit an das Angebot" aufgrund Gesetzes (§ 145 BGB), sie ist zwar abdingbar, aber eben nur, weil es das Gesetz selbst zuläßt, während die „Gebundenheit an den Vertrag" allein aus den übereinstimmenden Geltungserklärungen beider Vertragspartner und damit im Ergebnis aus der Privatautonomie folgt.[1201] Die in § 145 2. Hs. BGB vorgesehene Möglichkeit des Ausschlusses der „Gebundenheit an das Angebot" für den Antragenden zeigt dabei zweierlei: Zum einen bleibt das Angebot auch bei einem Ausschluß der „Bindungswirkung" weiterhin ein „annahmefähiges Vertragsangebot", so daß die „Gebundenheit an das Angebot" kein „notwendiges Element eines Vertragsangebots" ist.[1202] Zum anderen ist die „günstige Rechtsposition" des Antragsempfängers und die daraus erwachsende Rechtsmacht[1203] eben nur „mittelbare Folge der vom Gesetz angeordneten Bindung an das Angebot" gemäß den §§ 145 ff. BGB und hat, wie bereits gezeigt wurde, kaum praktische Bedeutung.[1204] Auch „zielt" das Vertragsangebot auf „den Vertragsschluß selbst"[1205] und gewährt nicht bereits einen vertraglichen Erfüllungsanspruch für den Antragsempfänger.

Dieser grundsätzlichen Einteilung ist insbesondere *M. Wolf*[1206] gefolgt, indem er ausgehend von dem „Vertrag als bindende Vereinbarung"[1207] und im Anschluß an *Larenz* die „vertragliche Bindung" weiter konkretisiert hat: Diese soll in jedem Fall bedeuten, „daß keine der Parteien ihre Erklärung einseitig frei widerrufen kann und damit an den Rechtsfolgen des Vertrags vom anderen Teil festgehalten werden kann". Dabei beinhalte die „durch den Vertrag erzeugte Bindung" „nicht notwendig, daß die Parteien wie im Schuldvertrag bestimmte Leistungspflichten übernehmen".[1208] Die Rechtsfolgen des Vertrags als entscheidender Gesichtspunkt betont *M. Wolf* auch bei der „wechselseitigen Bezogenheit" von Annahme und Angebot, wenn er diese Erklärungen „für sich allein genommen" nicht als Rechtsgeschäft ansieht, „da sie nur beide zusammen die Rechtsfolgen, auf die sie abzielen, herbeizuführen und den Vertrag als Regelung in Gang zu setzen vermögen"[1209]. Wenn allerdings in diesem Zusammenhang auch davon die Rede ist, daß kein „Vertrag im rechtlichen Sinne" vorliegen soll, wenn die Parteien die rechtliche Bindung ausdrücklich aus-

---

1200 *Larenz*, AT, 4. Aufl., S. 458.

1201 Vgl. *Larenz*, AT, 4. Aufl., S. 458.

1202 Vgl. *Larenz*, AT, 4. Aufl., S. 458.

1203 Siehe dazu oben, Teil C.IV.2.a).

1204 Vgl. *Larenz*, AT, 4. Aufl., S. 459.

1205 Siehe *Larenz*, AT, 4. Aufl., S. 459.

1206 Siehe *M. Wolf*, Rechtsgeschäftliche Entscheidungsfreiheit und vertraglicher Interessenausgleich, 1970, S. 278 ff.; *Larenz/Wolf*, AT, 8. Aufl., S. 515 ff., 572 ff.; *Soergel*, 13. Aufl., *M. Wolf* vor § 145 BGB, Rn. 11 ff.; *M. Wolf* zu § 145 BGB, Rn. 1 ff.

1207 *Larenz/Wolf*, AT, 8. Aufl., S. 572.

1208 *Larenz/Wolf*, AT, 8. Aufl., S. 572.

1209 *Larenz/Wolf*, AT, 8. Aufl., S. 573.

schließen,[1210] dann kann damit nur die „Bindung an den Vertrag“ im Sinne eines „gegenseitigen Festhaltens“ (der Vertragsparteien) an die übereinstimmende Geltungserklärung („lex conctractus“[1211]) gemeint sein, und nicht die „Bindung an den Antrag“, die *M. Wolf* im Anschluß an *Larenz* ebenfalls von der „vertraglichen Bindung“ unterscheidet.[1212] Dabei definiert auch *M. Wolf* den Vertrag als „zweiseitigen Akt rechtlicher Geltungserzeugung im Verhältnis der daran beteiligten Privatrechtssubjekte“. Die dafür notwendige „Einigkeit“ der Parteien ist nach *M. Wolf* das entscheidende Charakteristikum des Vertrags und „die Grundlage der vertraglich gewollten Rechtsfolgen, nicht nur weil grundsätzlich niemandem vertragliche Bindungen ohne sein Einverständnis auferlegt oder Rechte ohne seinen Willen entzogen werden sollen, sondern auch weil der Begünstigte an dem Vertragsverhältnis mitgestalten und Rechte nach Inhalt, Ort, Zeit nur mit seinem Einverständnis erwerben soll“[1213]. Die daraus folgende „lex contractus“ gilt daher für die Vertragsparteien „aufgrund ihrer für sie bindenden Einigung“.[1214] Demgegenüber wird die „Bindung an den Antrag“ lediglich als „Unwiderruflichkeit“ im Sinne einer Unstatthaftigkeit der „einseitigen Lösung vom Vertrage“ verstanden und als „nicht selbstverständlich“ angesehen.[1215] Insbesondere wird deutlich, daß die „Bindung an das Angebot“ trotz der Möglichkeit, diese gemäß § 145 2. Hs. BGB auszuschließen, „nicht auf dem typischerweise vorhandenen Willen des Antragenden selbst“ beruht, da dieser Wille „in der Regel nur darauf gerichtet“ ist, „sich für den Fall der Annahme des Angebots an den Vertrag zu binden“[1216]. Die „Bindung an den Antrag“ hat daher eine „Bindungswirkung“ dergestalt, daß sie durch das „Verbot“ (oder den Ausschluß) eines „einseitigen Widerrufs“ oder einer „inhaltlichen Änderung“ „dem Antragsempfänger eine sichere Grundlage“ dafür schafft, „den vorliegenden Antrag mit seinem Inhalte annehmen oder ablehnen zu können“.[1217] Die Abgrenzung des Antrags zu „Vorbesprechungen und vorbereitenden Äußerungen“ geschieht dabei durch den Willen, „eine endgültige Erklärung in der Rechtssphäre abzugeben“; *M. Wolf* - und andere[1218] - bezeichnen diese „Endgültigkeit“ bei einem Vertrag als „rechtlichen Bindungswillen“.[1219] Dieser Wille zu einer „rechtlichen Bindung“, der bei einem Vertrag auf beiden Seiten vor-

---

1210 Siehe *Larenz/Wolf*, AT, 8. Aufl., S. 572 f. mit dem Hinweis auf die „Einigung“ in §§ 929, 873 BGB.

1211 Vgl. auch *Soergel*, 13. Aufl., *M. Wolf* zu § 145 BGB, Rn. 1.

1212 Vgl. *Larenz/Wolf*, AT, 8. Aufl., S. 579 f.; *Soergel*, 13. Aufl., *M. Wolf* zu § 145 BGB, Rn. 5.

1213 *Soergel*, 13. Aufl., *M. Wolf* zu § 145 BGB, Rn. 1.

1214 Vgl. *Soergel*, 13. Aufl., *M. Wolf* zu § 145 BGB, Rn. 1.

1215 Siehe *Larenz/Wolf*, AT, 8. Aufl., S. 579; *Soergel*, 13. Aufl., *M. Wolf* zu § 145 BGB, Rn. 5 f.

1216 *Larenz/Wolf*, AT, 8. Aufl., S. 579.

1217 *Soergel*, 13. Aufl., *M. Wolf* zu § 145 BGB, Rn. 9.

1218 Siehe z.B. *Köhler*, AT, 24. Aufl., S. 171 („ernstlichen und endgültigen Willen“); MK-BGB, 3. Aufl., *Kramer* zu § 145 BGB, Rn. 5 („Verbindlichkeit“).

1219 Vgl. *Soergel*, 13. Aufl., *M. Wolf* zu § 145 BGB, Rn. 5.

liegen muß, ist dabei von dem Willen bezüglich einer „Bindung an das Angebot“ iSv. § 145 BGB zu unterscheiden, da der Wille zur „Bindung“ im Rahmen dieser Norm „nur die Widerrufspflicht und die Zeitdauer, innerhalb derer der Antrag angenommen werden kann“ betrifft.[1220] Soweit *M. Wolf* diese Differenzierung heranzieht, um z.B. den Antrag von einer invitatio ad offerendum abzugrenzen,[1221] bewegt er sich noch in den herkömmlichen Kategorien der herrschenden Privatrechtswissenschaft[1222]. Verwendet man diese Unterscheidung aber darüber hinausgehend, um den Inhalt der „Bindung“ für den jeweiligen Verwendungszusammenhang zu bestimmen, so ergeben sich aus dem insbesondere von *M. Wolf* fortgeführten Ansatz von *Larenz* zur differenzierten Betrachtung der „Bindung“ folgende zentrale Erkenntnisse[1223], die im Rahmen des „willenserklärungsbezogenen“ Ansatzes zu berücksichtigen sind.

3. „Bindung“, „Gebundenheit“ und „Bindungswirkung“ nach der Systematik des bürgerlichen Rechts

Erstens ist zwischen der „Gebundenheit“, wie sie im BGB in § 145 zur Sprache kommt, der „Bindung“ (und ihrer Synonyme), wie sie insbesondere in der Privatrechtswissenschaft anhand der §§ 145 ff. BGB[1224] diskutiert wird, grundlegend zu differenzieren und kein „einheitlicher Begriff“ der „Bindung“, Gebundenheit“ oder „Bindungswirkung“ zugrundezulegen. Zweitens besteht der wesentliche Unterschied zwischen der „Bindung an den Antrag“ und der „Bindung an den Vertrag“ darin, daß jene maßgebend vom Gesetz (in dieser oder einer anderen Weise) bestimmt wird, während diese entscheidend von dem privatautonomen - und von der Rechtsordnung anerkannten - „vertragsgerichteten“ Willen der Parteien selbst abhängt. Drittens ist der Zweck dieser „Bindungen“ dabei jeweils ein verschiedener: Während die „Bindung an den Vertrag“ die Grundlage dafür ist, daß aus dem Vertrag überhaupt Rechtsfolgen, vertragliche Ansprüche und Verpflichtungen der Parteien, abgeleitet werden können[1225], verfolgt die „Bindung an den Antrag“ den Zweck, dem Antragsempfänger zum einen eine „sichere Entscheidungsgrundlage“ (in Form des „Antrags“ nach § 145 BGB) überhaupt erst zu gewähren und zum anderen für die Dauer eines zeitlich beschränkten Zeitraums auch als Entscheidungsmöglichkeit zu erhalten (vgl. die §§ 146 ff. BGB). Dementsprechend bedeutet die „Bindung an den

---

1220 Siehe *Soergel*, 13. Aufl., *M. Wolf* zu § 145 BGB, Rn. 5 f.

1221 Vgl. *Soergel*, 13. Aufl., *M. Wolf* zu § 145 BGB, Rn. 5 f.

1222 Wie bereits oben - unter Teil C.IV.1a) - gezeigt wurde.

1223 Für (alle) diese Erkenntnisse ist allerdings stets auch die Kritik von *Köndgen*, Selbstbindung ohne Vertrag, im Auge zu behalten (vgl. insbes. S. 156 ff. m.w.N.).

1224 Vgl. zu den §§ 145 ff. BGB als den Vertrag „im Sinne des zur Einigung hinführenden Vertragsschlusses“ regelnde Normen *Soergel*, 13. Aufl., *M. Wolf* zu § 145 BGB, Rn. 1.

1225 Wobei diese „Bindung“ nicht mit den Rechtsfolgen selbst gleichzusetzen ist (vgl. z.B. *Larenz*, AT, 4. Aufl., S. 37; *Soergel*, 13. Aufl., *M. Wolf* zu § 145 BGB, Rn. 1), zumal die Anerkennung der „vertraglichen Bindung“ durch die Rechtsordnung stets hinzutreten muß, um „rechtsverbindliche“ und damit im Klagewege durchsetzbare Ansprüche zu erhalten.

Vertrag" auch (noch) nicht, daß die Vertragspartner aus dem Vertrag (in einer ganz bestimmten Weise) verpflichtet sind, sondern nur, daß der einzelne Vertragspartner die vertragliche Regelung nicht einseitig aufheben kann, unabhängig davon, welchen konkreten Inhalt diese Regelung im Einzelfall hat.[1226] Aus den unterschiedlichen Zwecken resultieren viertens auch unterschiedliche „Bindungswirkungen": Die „Bindung an den Vertrag", die auch als selbstgewählte und -bestimmte gemeinsame Unterworfenheit der Vertragsparteien unter die „lex contractus" umschrieben werden kann, äußert sich unmittelbar in dem - im Zeitpunkt des Vertragsschlusses „endgültig" festgelegten - Vertragsinhalt und nur mittelbar in den sich daraus ergebenden vertraglichen Rechtsfolgen. Die „Bindung an den Antrag" hat dagegen eine „Bindungswirkung" dergestalt, daß sie durch das grundsätzliche „Verbot" eines „einseitigen Widerrufs" oder einer „einseitigen inhaltlichen Änderung" (vgl. auch § 150 II BGB) „dem Antragsempfänger eine sichere Grundlage" dafür schafft, den vorliegenden Antrag als „Vertragsentwurf" oder „künftige Vertragsgrundlage"[1227] mit seinem Inhalt annehmen oder ablehnen zu können. Dabei ist zu betonen, daß die gesetzliche Anordnung der „Bindung an das Angebot" nicht selbstverständlich ist, wie schon ein Blick auf das gemeine Recht[1228] zeigt und die eingehende Auseinandersetzung damit in den Motiven zum BGB[1229] belegt. Fünftens und schließlich ist hervorzuheben, daß die „Bindung an das Angebot" nur vor dem Hintergrund der „Bindung an den Vertrag" überhaupt erst einen Sinn ergibt: Insbesondere *Flume* hat mit Blick auf die dingliche Einigung gemäß § 873 II BGB hervorgehoben, daß die „Bindungswirkung" des Angebots nur eintritt, „soweit der Vertrag selbst bindend ist"[1230].

Folgt man dieser Differenzierung und macht man sich zudem klar, daß ein derart differenzierter „Wille zur Bindung" ebensowenig wie die Inhalte einer Willenserklärung, die da heißen Handlungsbewußtsein, Erklärungsbewußtsein und Geschäftswille, „psychologische Realität" sind, sondern allenfalls ein „rechtstechnischer Maßstab zur Wertung und rechtlichen Anerkennung des Handelns"[1231] von Individuen, dann ergibt sich für den „willenserklärungsbezogenen" Ansatz folgendes: Die Bestimmung des Inhalts der „Bindung" ist stets von dem jeweiligen Verwendungszusammenhang abhängig. Insbesondere stellt sich die Frage, ob die „Bindung" und ihre Synonyme, wie sie insbesondere von der Privatrechtswissenschaft im Kontext der §§ 145 ff. BGB gebraucht werden, auf

---

[1226] Vgl. insbesondere *Flume*, AT, II. Band, 3. Aufl., S. 605, der weiterhin darauf hinweist, daß sich „die Verpflichtungswirkung" „aus der Geltung des Vertrages" ergebe.

[1227] *Larenz/Wolf*, AT, 8. Aufl., S. 576.

[1228] Vgl. dazu nur *von Staudinger*, 12. Aufl., *Dilcher* zu § 145 BGB, Rn. 8.

[1229] Siehe die Motive zum BGB I, S. 164 ff.

[1230] *Flume*, AT, II. Band, 3. Aufl., S. 641 f.; vgl. im Anschluß daran auch MK-BGB, 3. Aufl., *Kramer* zu § 145 BGB, Rn. 11.

[1231] Siehe *Soergel*, 13. Aufl., *M. Wolf* vor § 145 BGB, Rn. 14 zu „Inhalt und Funktion des Vertragswillens".

den - unter Umständen erst beabsichtigten - Vertrag oder auf das Angebot iSv. § 145 BGB bezogen ist, wobei zwischen beiden Aspekten strikt zu trennen ist aufgrund unterschiedlicher Zwecke, Inhalte und Wirkungen. In diesem Sinn ist „Bindung", wie sie im bürgerlichen Recht insbesondere in den §§ 145 ff. BGB erscheint, eben nicht gleich „Bindung", „Gebundenheit" oder „Bindungswirkung".

V. Die „Bindungswirkung" im Rahmen der Wirkungsweise des „allgemeinen" verbraucherschützenden Widerrufsrechts

Damit gerät die Frage in den Vordergrund, welche „Bindung" mit der in § 355 I 1 BGB enthaltenen „Gebundenheit" angesprochen ist, die an den Antrag oder die an den (beabsichtigten) Vertrag. Möglicherweise ist mit der „Gebundenheit" im Sinne dieser Vorschrift aber auch eine eigene Kategorie von „Bindung" gemeint, die weder mit der „Bindung an den Antrag" noch mit der „Bindung an den Vertrag" übereinstimmt, also eine noch näher zu bestimmende „Bindung" des Verbrauchers an seine Willenserklärung.

1. Überblick zur „Bindung" im Rahmen der Wirkungsweise verbraucherschützender Widerrufsrechte

Im Rahmen einer „willenserklärungsbezogenen" Beschreibung der Wirkungsweise des „allgemeinen" verbraucherschützenden Widerrufsrechts gemäß § 355 I 1 BGB ist zunächst kurz auf diejenigen Ansätze in der Privatrechtswissenschaft einzugehen, bei denen die „Bindung", „Gebundenheit" oder Bindungswirkung" (überhaupt) in einen Zusammenhang mit der Wirkungsweise verbraucherschützender Widerrufsrechte gebracht wird. Dabei soll die kritische Auseinandersetzung nicht nur auf die Privatrechtswissenschaft beschränkt sein, auch die Rechtsprechung der Zivilgerichte ist zu berücksichtigen.[1232] Dabei ist insbesondere zwei noch offenen grundsätzlichen Fragen nachzugehen: Zum einen ist zu klären, ob die „Gebundenheit" noch zum normativen Tatbestand der (vom Widerruf) betroffenen Willenserklärung des Verbrauchers oder schon zu deren „Wirkung" (d.h. Rechtsfolge) gehört. Zum anderen ist zu untersuchen, ob mit der - insbesondere in der „klassischen Rechtsgeschäftslehre" verwendeten - „Bindung" an die Willenserklärung eine - wie auch immer geartete - „Selbstbindung" des Erklärenden oder eine „Fremdbindung" des Empfängers gemeint ist.

[1232] Für diesen Überblick zur Bedeutung der „Bindung" im Rahmen der Wirkungsweise verbraucherschützender Widerrufsrechte ist sowohl für die Privatrechtswissenschaft als auch für die Rechtsprechung der Zivilgerichte zu berücksichtigen, daß dabei in der Regel die Rechtslage vor Einführung des § 361a BGB (a.F.) zugrundegelegt ist. Im übrigen werden die Begriffe der „Gebundenheit" wie der „Bindung" samt der „Bindungswirkung" idR. synonym verwendet.

a) Privatrechtswissenschaft

Wie bereits aus der Darstellung der dogmatischen und systematischen Schwächen der „vertragsbezogenen“ Betrachtung[1233] bekannt ist, sieht die überwiegende Meinung in der Privatrechtswissenschaft die verbraucherschützenden Widerrufsrechte als Gestaltungsrechte[1234] an. Vereinzelt wird der verbraucherschützende Widerruf auch als „einseitige Willenserklärung mit rechtsgestaltender Wirkung“[1235] bezeichnet, bzw. das Widerrufsrecht als „einseitiger Rechtsbehelf des Verbrauchers, dessen fristgerechte Ausübung die Vertragspartner von den übernommenen primären Hauptleistungspflichten aus dem geschlossenen Vertrag befreit“[1236]. Sofern sich die Privatrechtswissenschaft überhaupt näher mit der „rechtstechnischen Konstruktion“[1237] der Widerrufsrechte und in diesem Rahmen insbesondere mit der Bedeutung der „Bindung“ im Sinn der §§ 145 ff. BGB auseinandersetzt, dann bewegt sich das Verständnis deren Wirkungsweise im wesentlichen zwischen der „Beseitigung noch nicht (endgültig) wirksamer Bindungen“[1238], einer „Auflösung“[1239] oder „Lösung“ (von der „unmittelbar bevorstehenden Bindung“)[1240] und der „Lockerung“[1241] der „Bin-

---

1233 Vgl. oben, Teil B.II.2.

1234 Siehe die bis zur Einführung des § 361a BGB (a.F.) herrschende Meinung: *Palandt*, 58. Auflage, *Heinrichs* vor § 346 BGB, Rn. 9; *Putzo* zu § 1 HWiG, Rn. 12; *Putzo* zu § 7 VerbrKrG, Rn. 3 f.; *Putzo* zu § 5 TzWrG, Rn. 1; *Martinek*, NJW 1997, S. 1393 ff., 1396; *Krämer*, ZIP 1997, S. 93 ff.; *Boemke*, AcP 197 (1997), S. 161 ff., 164 ff.; *Fuchs*, AcP 196 (1996), S. 313 ff.; *Hadding*, FS *Brandner*, S. 207 ff.; MK-BGB, 3. Aufl., *Ulmer* zu § 7 VerbrKrG, Rn. 12; zu § 1 HWiG, Rn. 3; *Bruchner/Ott/Wagner-Wieduwilt*, *Bruchner* zu § 7 VerbrKrG, Rn. 7, 9; *Bülow*, NJW 1991, S. 129 ff., 131; *Teske*, NJW 1991, S. 2793 ff., 2794, 2796; *Teske*, ZIP 1986, S. 624 ff., 631; *Gilles*, NJW 1986, S. 1131 ff., *Werner/Machunsky*, zu § 1 HWiG, Rn. 256 f.; *Knütel*, AcP 185 (1985), S. 308 ff., 312; *Löwe*, NJW 1974, S. 2257 ff., 2259. Obwohl sie gegenüber der „schwebenden Unwirksamkeit“ der h.M. andere Ansätze vertreten, nehmen ein Gestaltungsrecht z.B. auch *Ollmann*, WM 1992, S. 2005 ff. („Rechtszeitbestimmung“); *Pfeiffer/Dauck*, NJW 1997, S. 30 ff., 33; *Gernhuber*, WM 1998, S. 1797 ff.; *Pudor*, Wirkungsweise, z.B. S. 36 f. („relativ schwebende Teilunwirksamkeit“), an.

1235 *Fuchs*, AcP 196 (1996), S. 313 ff., 321; s.a. *Gilles*, NJW 1986, S. 1131 ff., 1138 („einseitiges, empfangsbedürftiges Rechtsgeschäft mit rechtsgestaltender Wirkung“); *Ollmann*, WM 1992, S. 2005 ff., 2007 (das verbraucherschützende Widerrufsrecht als eine mit § 130 I 2 BGB vergleichbare „einseitige empfangsbedürftige Willenserklärung, die das Wirksamwerden der auf den Vertragsschluß gerichteten Willenserklärung des Verbrauchers verhindert“).

1236 *Hadding*, FS *Brandner*, S. 207 ff., 211.

1237 Diese will z.B. *Medicus* bewußt „offenlassen“, vgl. *Medicus*, in BMJ (Hg.): Gutachten und Vorschläge zur Überarbeitung des Schuldrechts, Band I, 1981, S. 479 ff., 526, 533.

1238 *Fuchs*, AcP 196 (1996), S. 313 ff., 339 f.

1239 *Larenz/Wolf*, AT, 8. Aufl., S. 723.

1240 *Fuchs*, AcP 196 (1996), S. 313 ff., 314.

1241 *Fuchs*, AcP 196 (1996), S. 313 ff., 314 f. Vgl. auch *von Koppenfels*, WM 2001, S. 1360 ff., 1364.

dung" - entweder an die Willenserklärung[1242] oder gleich an den Vertrag[1243]. Andere hingegen gehen davon aus, daß ein „Schwebezustand eigener Art" bestehe, wonach bei der Willenserklärung des Verbrauchers „ein Wirksamkeitsaufschub entsprechend § 158 Abs. 1 BGB" vorliege, während die Willenserklärung des Vertragspartners (z.B. des Kreditgebers oder Verkäufers) „schon von Anfang an, also ab dem Zeitpunkt der Vertragsabrede, bindend und lediglich die Erfüllungspflicht aufgeschoben ist"[1244], womit sie sich im Gegensatz zu denjenigen befinden, die annehmen, daß schon die Existenz des Widerrufsrechts bewirkt, „daß die auf den Vertragsschluß gerichtete Willenserklärung des Verbrauchers lediglich der Bindungswirkung entbehrt"[1245], bzw. das Widerrufsrecht selbst die „Folge mangelnder Bindung an die Erklärung"[1246] sein soll. Sofern dabei nicht der Auffassung gefolgt wird, wonach die Willenserklärung durch den Widerruf als solche „vernichtet" wird „mit der Folge, daß der vom Verbraucher geschlossene Vertrag unwirksam wird"[1247], findet sich auch die Differenzierung, nach der die „Bindung an die Willenserklärung" von „(potentiellen) Rechtswirkungen" der Willenserklärung, die auch ohne „Bindung" vorliegen können, abgegrenzt wird.[1248] Im Rahmen einer solchen Unterscheidung, wie sie beispielsweise von *Fuchs* vorgenommen wird, ist auch die Rede davon, daß die Ausübung des Widerrufsrechts als „nachträgliche, erneute Willensbetätigung" durch die „Zurücknahme des zunächst geäußerten rechtsgeschäftlichen Willens" dazu führt, daß die „durch die ursprüngliche Willenserklärung eingeschränkte Handlungsfreiheit" wiederhergestellt wird mit der Folge, daß „eine erneute Disposition" möglich ist.[1249] Da dieser „Schutz der rechtsgeschäftlichen Dispositionsfreiheit" „in einem natürlichen Spannungsverhältnis zur Bindungswirkung abgegebener Willenserklärungen und dem allgemeinen Grundsatz ‚pacta sunt servanda'" stehen soll,[1250] wird der durch die nicht speziell verbraucherschützenden Widerrufsrechte (des BGB) gewährte Schutz auf „bestimmte Fallkonstellationen" beschränkt, so auf die „Aufhebung wirksamer Bin-

---

1242 Siehe z.B. *Fuchs*, AcP 196 (1996), S. 313 ff., 314, 319. Vgl. auch *Jauernig*, 8. Aufl., *Jauernig* zu § 145 BGB, Rn. 2; *Pfeiffer/Dauck*, NJW 1997, S. 30 ff., 33; *Gilles*, NJW 1986, S. 1131 ff., 1138; *Reich*, JZ 1975, S. 550 ff., 552.

1243 *Larenz/Wolf*, AT, 8. Aufl., S. 723.

1244 Vgl. nur *Krämer*, ZIP 1997, S. 93 ff., 94 f.

1245 Siehe etwa *Pfeiffer/Dauck*, NJW 1997, S. 30 ff., 33.

1246 *Jauernig*, 8. Aufl., *Jauernig* zu § 145 BGB, Rn. 21; vgl. auch *Jauernig*, 7. Aufl., *Jauernig* zu § 145 BGB, Anm. 6.

1247 *S. Lorenz*, JuS 2000, S. 833 ff., 835.

1248 Siehe dazu insbesondere *Fuchs*, AcP 196 (1996), S. 313 ff., 322 (im Hinblick auf §§ 130 II, 153 BGB und „die Heilungsmöglichkeit schwebend unwirksamer Verträge").

1249 Vgl. *Fuchs*, AcP 196 (1996), S. 313 ff., 337.

1250 Siehe *Fuchs*, AcP 196 (1996), S. 313 ff., 337 f. Vgl. zu der Durchbrechung des Grundsatzes „pacta sunt servanda" durch verbraucherschützende Widerrufsrechte auch und insbesondere *H.P. Westermann*, in BMJ (Hg.): Gutachten und Vorschläge zur Überarbeitung des Schuldrechts, Verbraucherschutz, Band III (1983), S. 1 ff., 62, 93 ff.

dungen"[1251] iSv. §§ 168, 530 ff., 671, 1413 BGB und die „Beseitigung noch nicht (endgültig) wirksamer Bindungen"[1252], z.B. nach den §§ 81 II, 183 BGB, und schließlich auf die „Beendigung von rechtlichen Schwebezuständen"[1253], wie sie sich bei den §§ 108 f., 111, 130 I 2, 178, 1366 II, 1427 II, 1453 II, 1830 BGB findet. Zu dieser letzten Gruppe zählt *Fuchs* aber gerade nicht die verbraucherschützenden Widerrufsrechte, da er - ausgehend von der „schwebenden Vertragsunwirksamkeit" - bei ihrer Geltendmachung ebenfalls die „Beendigung des Schwebezustandes" annimmt, diese Beendigung aber nicht als „Funktion" der verbraucherschützenden Widerrufsrechte, sondern lediglich als „Wirkung" ihrer Ausübung ansieht.[1254] Dies soll sich darin zeigen, daß der „grundsätzlich an seine Vertragserklärung gebundene Vertragspartner des Verbrauchers keine Möglichkeit" habe, „den Schwebezustand vorzeitig zu beenden"[1255]. An diese „einseitige Gebundenheit" knüpft auch *S. Lorenz*[1256] an, wenn er die Frage aufwirft, inwieweit die in § 361a I 1 BGB (a.F.) enthaltene Formulierung „nicht mehr gebunden" mit dem „Rechtsbegriff der ‚Unverbindlichkeit' in § 74a HGB" in dem Sinn vergleichbar ist, daß „die widerrufene Willenserklärung je nach Wahl des Verbrauchers wirksam oder unwirksam, der Unternehmer aber gebunden sein soll". Da sich *S. Lorenz* dafür entscheidet, daß die Willenserklärung „nicht schwebend unwirksam, sondern wirksam, aber vernichtbar"[1257] ist, hält er die Wortwahl des Gesetzgebers (in § 361a I 1 BGB a.F.) auch für „ungenau und systemfremd", allerdings ohne eine „systemimmanente" Alternative zu nennen. Darauf, daß die „Bindung an Willenserklärungen" auch im Zusammenhang der Wirkungsweise verbraucherschützender Widerrufsrechte weder ein einheitliches dogmatisches Modell darstellt, noch ein durchdachtes Schutzkonzept verfolgt, deutet nicht nur der ursprüngliche Wortlaut von § 4 I FernUSG hin[1258], sondern veranschaulicht auch der Umstand, daß eine nähere Auseinandersetzung mit der „Bindungswirkung" im Rahmen der Funktionsweise der Widerrufsrechte regelmäßig selbst dort unterbleibt, wo die „Bindung" (einschließlich ihrer Synonyme) überhaupt aufgegriffen wird: So wird weder deutlich, in welcher „rechtstechnischen" Weise das Widerrufsrecht bewirkt, daß ein „Schwebezustand eigener Art" entsteht mit der Folge, daß bei der Verbrauchererklärung ein „Wirksamkeitsaufschub" entsprechend § 158 I BGB vorliegt und bei der Willenserklärung des Unternehmers „lediglich die Erfüllungspflicht aufgeschoben ist"[1259], noch wird „dogmatisch-konstruktiv" erklärt, warum genau „die beiderseitigen primären Hauptleistungspflichten" („aus dem

---

1251 *Fuchs*, AcP 196 (1996), S. 313 ff., 338 f.
1252 *Fuchs*, AcP 196 (1996), S. 313 ff., 339 f.
1253 *Fuchs*, AcP 196 (1996), S. 313 ff., 340 ff.
1254 Vgl. *Fuchs*, AcP 196 (1996), S. 313 ff., 342.
1255 *Fuchs*, AcP 196 (1996), S. 313 ff., 342 f.
1256 *S. Lorenz*, JuS 2000, S. 833 ff., 835.
1257 *S. Lorenz*, JuS 2000, S. 833 ff., 835.
1258 Siehe (insb. zu der früheren Kontroverse) oben, Teil B.II.1.b) sowie Teil C.III.1.
1259 *Krämer*, ZIP 1997, S. 93 ff., 94 f.

geschlossenen Vertrag") mit „dem Zugang der Widerrufserklärung erlöschen"[1260]. Auch die Deutung, wonach die Widerrufsrechte als Gestaltungsrechte „unmittelbar die Rechtswirkungen der Vorerklärung" „beseitigen" und dadurch dem Berechtigten ermöglichen, „sich einseitig von einer bereits eingetretenen oder (unmittelbar) bevorstehenden rechtlichen Bindung zu lösen"[1261], erklärt nicht, wie diese „Beseitigung" denn genau erfolgt. Dies ist insbesondere von Bedeutung, wenn in demselben Zusammenhang dann auch noch von einer (lediglichen) „Lockerung der rechtsgeschäftlichen Bindung des Widerrufsberechtigten" die Rede ist.[1262] Auch ein anderer, differenzierterer Erklärungsversuch (zur dogmatischen Konstruktion des Widerrufsrechts nach § 1 I HWiG in seinem ursprünglichen Wortlaut), nach dem „der Eintritt der Bindungswirkung jener fraglichen Willenserklärung kraft Gesetzes aufschiebend befristet bis zum Ablauf der Widerrufsfrist" ist, so daß die „Bindungswirkung noch in der Schwebe resp. suspendiert" ist, „während die frist- und formgerechte Ausübung des Widerrufs die noch nicht oder noch nicht voll wirksame Willenserklärung als Rechtsakt einschließlich ihrer schwebenden Bindungswirkung rückwirkend konstitutiv beseitigt"[1263], kann nur dann weiterhelfen, wenn vorher feststeht, welchen Inhalt diese „Bindungswirkung" hat. Somit laufen selbst diejenigen Ansätze, die im Rahmen der Wirkungsweise verbraucherschützender Widerrufsrechte überhaupt an die „Bindung" bezüglich der Willenserklärung und bzw. oder des (beabsichtigten) Vertrags anknüpfen, auf die Frage hinaus, welche „Bindung" mit welchem Inhalt jeweils gemeint ist. Nicht zum besseren Verständnis der Problematik trägt dabei die häufig zu beobachtende Vorgehensweise bei, zunächst zwar an die „Bindung" bezüglich der Willenserklärung des Verbrauchers anzuknüpfen, in einem weiteren Schritt dann aber die „Durchbrechung der Vertragsbindung" durch das Widerrufsrecht hervorzuheben,[1264] oder auf die vertraglichen Erfüllungsansprüche abzustellen[1265], ohne den diesbezüglichen Zusammenhang zu erläutern. Daher stellt sich auch nach dieser kurzen Betrachtung schon die Frage, ob die „Gebundenheit" iSv. § 355 I 1 BGB, wie sie schon bei dem früheren § 361a I 1 BGB (a.F.) anzutreffen war, wirklich diejenige bezüglich eines Angebots iSv. § 145 BGB (und damit die Einräumung einer gesetzlich gesicherten Dispositions- und Entscheidungsmöglichkeit hinsichtlich der Annahme des Angebots) ist, oder etwa - entgegen dem Wortlaut dieser Vorschriften[1266] - die „Bindung an den beabsichtigten

---

1260 *Hadding*, FS *Brandner*, S. 207 ff., 211.

1261 *Fuchs*, AcP 196 (1996), S. 313 ff., 391.

1262 Vgl. *Fuchs*, AcP 196 (1996), S. 313 ff., 391. Siehe auch *von Koppenfels*, WM 2001, S. 1360 ff., 1364, 1365 f. („Bindung an die abgegebene Willenserklärung bzw. an den geschlossenen Vertrag").

1263 *Gilles*, NJW 1986, S. 1131 ff., 1138.

1264 Siehe z.B. *Fuchs*, AcP 196 (1996), S. 313 ff., 391.

1265 Vgl. etwa *Pfeiffer/Dauck*, NJW 1997, S. 30 ff., 33; *Hadding*, FS *Brandner*, S. 207 ff., 211; *Krämer*, ZIP 1997, S. 93 ff., 95.

Vertrag" im Sinne einer Unterworfenheit unter den gemeinsamen Vertragswillen („lex contractus") gemeint ist.

b) Rechtsprechung der Zivilgerichte

Fraglich ist weiterhin, ob ein Blick auf die Rechtsprechung der Zivilgerichte bei der Beantwortung dieser bisher unbehandelten Frage weiterhilft. Hilfreich ist er jedenfalls insoweit, daß er einige zentrale Aspekte der verbraucherschützenden Widerrufsrechte deutlich macht, die im folgenden noch relevant werden. Wie bereits gezeigt wurde, beschränken sich beispielsweise die Meinungsverschiedenheiten zu der Frage der „Rechtsnatur" der verbraucherschützenden Widerrufsrechte nicht nur auf die Privatrechtswissenschaft, sondern sind auch in der Rechtsprechung der Zivilgerichte zu finden: Zunächst ging der Bundesgerichtshof überwiegend von dem Charakter des verbraucherschützenden Widerrufsrechts als Gestaltungsrecht aus.[1267] In dieser Rechtsprechung wird zwar stets die ausdrückliche Einordnung als Gestaltungsrecht vermieden, aber durch die Verwendung der Sicht von der „schwebenden Vertragsunwirksamkeit" wird dem verbraucherschützenden Widerruf dadurch eine „rechtsgestaltende Wirkung" beigemessen, daß der Widerruf „den Zustand der schwebenden Unwirksamkeit der widerrufenen Verträge" insoweit beendet, als „vom Augenblick seiner Wirksamkeit" an feststeht, „daß die Verträge nicht zustande gekommen sind"[1268]. In einer anderen Entscheidung wird die Geltendmachung des ausgeübten Widerrufsrechts nach § 1 I HWiG (in seiner ursprünglichen Fassung) als „rechtshindernde Einwendung" beurteilt, da „die Ausübung des Widerrufsrechts" zur Folge habe, „daß der schwebend unwirksame Vertrag beseitigt wird"[1269]. Ganz der herkömmlichen „vertragsbezogenen" Sichtweise folgt auch eine weitere Entscheidung, nach der „bereits die Widerruflichkeit der auf den Vertragsschluß gerichteten Willenserklärung" dazu führen soll, daß „sich der Vertrag in einem der Vorschrift des § 177 BGB entsprechenden Schwebezustand" befindet; aus diesem „schwebend unwirksamen Vertrag" soll „weder Erfüllung noch Schadensersatz wegen Nichterfüllung verlangt werden"[1270] können. Dies bekräftigt derselbe Senat in einer späteren Entscheidung, wenn er ausgehend von der „schwebenden Unwirksamkeit" des einem Widerrufsrecht unterliegenden Vertrags die „Widerruflichkeit" als Wirksamkeitshindernis einordnet, die dem „Vertrag ‚anhaftet'", so daß „der Fortbestand der Rechtsfolge der schwebenden Unwirksamkeit nicht davon abhängig ist, daß der Käufer als

---

1266 Die zwar von einer (- bei Widerruf nicht mehr vorhandenen -) „Gebundenheit" an die Willenserklärung sprechen, aber nicht sagen, ob die Willenserklärung des Verbrauchers dabei erst das Angebot oder schon die Annahme ist.

1267 Siehe BGHZ 109, 97 ff., 103; 113, 222 ff., 225; 119, 283 ff., 298; 129, 371 ff., 376 f.; siehe auch BGH, Urteil vom 21.10.1992, NJW 1993, S. 128 f., 129.

1268 So der VIII. Zivilsenat in BGHZ 109, 97 ff., 103.

1269 BGHZ 113, 222 ff., 225 (II. Zivilsenat).

1270 Vgl. wiederum den VIII. Zivilsenat in BGHZ 119, 283 ff., 298.

Vertragspartner schutzwürdig bleibt"[1271]. Dabei hält das Gericht auch an der früher[1272] geäußerten Auffassung fest, daß aus einem „schwebend unwirksam" gebliebenen Vertrag keine vertraglichen Rechte hergeleitet werden können.[1273] Dieser Sicht von der Ausübung des Widerrufsrechts, die den Zustand der „schwebenden Unwirksamkeit" endgültig beendet,[1274] ist auch im wesentlichen die übrige Rechtsprechung der Zivilgerichte gefolgt.[1275] Die implizite Annahme eines Gestaltungsrechts in der Rechtsprechung liegt gerade darin, daß der einem „verbraucherschützenden Widerrufsrecht unterliegende" Vertrag als „schwebend unwirksam" angesehen wird mit der Folge, daß der fristgemäße Widerruf den „Schwebezustand" beendet. Dies hat die Konsequenz, daß der Vertrag endgültig unwirksam wird und aus ihm keine Ansprüche und Verpflichtungen abgeleitet werden können. In diesem Sinne zielt die Ausübung des Widerrufsrechts wie die Ausübung eines Gestaltungsrechts auf die Herbeiführung einer bestimmten Rechtsfolge, nämlich die einseitige Einwirkung auf vertragliche Ansprüche,[1276] wenn auch nur mittelbar, d.h. über den „Umweg" der „Vernichtung"[1277] der für den Vertragsschluß nötigen Willenserklärung des Verbrauchers.

Diesen gemeinsamen Ausgangspunkt der Rechtsprechung hat dann aber der II. Zivilsenat des BGH in seinem Urteil vom 16.10.1995[1278] verlassen, indem er die Annahme eines Gestaltungsrechts verneinte. In dieser Entscheidung ging es im wesentlichen um die Frage, ob die Klägerin ein nach rechtskräftigem Urteil ausgeübtes Widerrufsrecht nach § 1 I HWiG (in seiner ursprünglichen Fassung) als „neue" Einwendung im Rahmen einer Vollstreckungsgegenklage nach § 767 ZPO geltend machen kann. Der II. Senat begründete seine ablehnende Haltung -

---

1271 So erneut der VIII. Zivilsenat in BGHZ 129, 371 ff., 376 f. (= BGH ZIP 1995, S. 996 ff., 998).

1272 Vgl. BGHZ 119, 283 ff., 298

1273 Siehe BGHZ 129, 371 ff., 377.

1274 Vgl. auch BGH, Urteil vom 21.10.1992, NJW 1993, S. 128 f., 129.

1275 Siehe z.B. OLG Karlsruhe, Urteil vom 21.02.1990, NJW 1990, S. 2474 f. (die „Rechtsnatur" der verbraucherschützenden Widerrufsrechte aber offenlassend); OLG Stuttgart, Urteil vom 26.01.1993, NJW 1994, S. 1225 f. (mit der Bezeichnung der Widerrufsrechte nach dem HWiG und VerbrKrG als Gestaltungsrechte); insoweit übereinstimmend mit OLG Hamm, Urteil vom 05.06.1992, NJW 1993, S. 140 f. (verbraucherschützender Widerruf einem Gestaltungsrecht „ähnlich").

1276 Vgl. anschaulich zur Sicht der Rechtsprechung nur OLG Hamm, Urteil vom 05.06.1992, NJW 1993, S. 140 f., 141.

1277 So *S. Lorenz*, JuS 2000, S. 833 ff., 835.

1278 BGHZ 131, 82 ff. Vgl. zu dieser grundlegenden Entscheidung z.B. *Mankowski*, WM 2001, S. 793 ff., 800 f.; *Pudor*, Wirkungsweise, S. 32 f.; *Krämer*, ZIP 1997, S. 93 ff., 94 f.; *Boemke*, AcP 197 (1997), S. 161 ff., 177 ff.; *Gottwald/Honold*, JZ 1996, S. 577 ff.; *S. Lorenz*, NJW 1995, S. 2258 ff.; jeweils m.w.N.

nach Auseinandersetzung mit Rechtsprechung[1279] und Literatur[1280] - wie folgt: Ausgehend davon, daß „vor dem Wirksamwerden der Willenserklärung und damit vor dem Wirksamwerden des Vertrages weder der Kunde noch die andere Vertragspartei zur Erbringung der vertraglich vereinbarten Leistung verpflichtet" sei, erkennt das Gericht zwar an, daß es insbesondere die Terminologie hinsichtlich des überwiegend vertretenen „Schwebezustands" nahelege, „dem Widerruf des Kunden rechtsgestaltende Wirkung beizumessen"[1281], sieht aber die Einordnung des verbraucherschützenden Widerrufsrechts (gemäß § 1 I HWiG) als „mit dem Gesetz nicht vereinbar" an und beruft sich für die Annahme einer „rechtshindernden Einwendung" auf seine frühere Entscheidung BGHZ 113, 222 ff., 225.[1282] Zur weiteren Begründung führt das Gericht aus, daß der Widerruf des Kunden „nicht die Unwirksamkeit des ohnehin nicht wirksamen Vertrages" herbeiführe, sondern gerade verhindere, daß der Vertrag mit dem Ablauf der Widerrufsfrist (nach § 1 I HWiG) wirksam wird. In Abgrenzung zur Anfechtung, Kündigung, Aufrechnung sowie dem Rücktritt[1283] führe der Widerruf nach den §§ 1 I HWiG, 7 I VerbrKrG (jeweils in der ursprünglichen Fassung) daher „keine Änderung der bis dahin bestehenden Rechtslage" herbei, „sondern verhindert eine anderenfalls ipso jure eintretende Änderung"[1284]. Dabei verweist das Gericht[1285] auch auf die Ansicht von *Ollmann*, der das verbraucherschützende Widerrufsrecht mit dem Widerrufsrecht in § 130 I 2 BGB vergleicht, weil in beiden Fällen der Widerruf das Wirksamwerden der ursprünglichen Willenserklärung verhindere.[1286] Mit dieser Prämisse kann das Gericht auch weiterhin zu Recht davon ausgehen, daß sowohl vor als auch nach Ausübung des Widerrufsrechts kein wirksamer Vertrag bestanden habe und daher der Widerruf auch keine „neue" Rechtslage iSv. § 767 II ZPO geschaffen habe. Vielmehr habe der Widerruf lediglich verhindert, daß die Wirksamkeit des Vertrags durch Ablauf der Widerrufsfrist oder Erfüllung des Vertrags habe eintreten können. Damit habe die Ausübung des Widerrufs nur eine bereits bestehende Rechtslage perpetuiert, nicht aber eine neue Rechtslage geschaffen, so daß der Widerruf auch nicht als Gestaltungsrecht,

---

1279 Siehe die Frage bejahend z.B. OLG Karlsruhe, Urteil vom 21.02.1990, NJW 1990, S. 2474 f.; OLG Stuttgart, Urteil vom 26.01.1993, NJW 1994, S. 1225 f.; verneinend hingegen OLG Hamm, Urteil vom 05.06.1992, NJW 1993, S. 140 f.

1280 Mit dem Verweis u.a. auf *Teske*, NJW 1991, S. 2793 ff., 2794; *Gilles*, NJW 1986, S. 1131 ff., 1138.

1281 So der II. Zivilsenat in BGHZ 131, 82 ff., 84.

1282 Vgl. BGHZ 131, 82 ff., 85.

1283 An anderer Stelle geht das Gericht auch (anhand der BT-Dr. 7/1398, S.2) auf die gesetzgeberische Möglichkeit ein, die verbraucherschützenden Widerrufsrechte als Rücktrittsrechte auszugestalten und damit die Wirksamkeit des Vertrags während des Laufs der Widerrufsfrist zu begründen; „aufgrund der eindeutigen Gesetzeslage" läßt das Gericht eine solche „wertende Auslegung" aber gerade nicht zu, vgl. BGHZ 131, 82 ff., 88 f.

1284 So der II. Zivilsenat in BGHZ 131, 82 ff., 85.

1285 Vgl. BGHZ 131, 82 ff., 86.

1286 Siehe *Ollmann*, WM 1992, S. 2005 ff., 2006.

sondern nur als rechtshindernde Einwendung betrachtet werden könne. Da sich die Klägerin bereits im Vorprozeß auf die Unwirksamkeit des Vertrags hätte berufen können, könne die Ausübung des Widerrufsrechts im Rahmen der Vollstreckungsgegenklage nach § 767 II ZPO nicht mehr mit Erfolg geltend gemacht werden.[1287]

Diese Entscheidung ist der Folgezeit gerichtlich unwidersprochen geblieben[1288]. Auch angesichts dessen, daß sich die „schwebende Unwirksamkeit" der einem verbraucherschützenden Widerrufsrecht unterliegenden Willenserklärung weiterhin in der Rechtsprechung der Zivilgerichte findet[1289], muß auch im folgenden von dieser Sicht der Rechtsprechung ausgegangen werden. In diesem Zusammenhang stellt sich allerdings die Frage, inwieweit die Rechtsprechung des Bundesgerichtshofs durch BGHZ 131, 82 ff. auch von der Sichtweise der „schwebenden Vertragsunwirksamkeit" abgerückt ist.[1290] So ist insbesondere hervorgehoben worden, daß die Ausgangsposition des II. Senats, daß die Rechtslage vor und nach Ausübung des Widerrufsrechts unverändert sei, die Ablehnung der Konstruktion der „schwebenden Unwirksamkeit" des Vertrags impliziere.[1291] Nimmt man nämlich „schwebende Unwirksamkeit" des Vertrags in Übereinstimmung mit der bisher überwiegenden Ansicht in Privatrechtswissenschaft und Rechtsprechung[1292] an, dann lasse sich die wesentliche Begründung der Entscheidung, daß die Rechtslage durch den Widerruf nicht geändert werde, nicht mehr nachvollziehen, denn „schwebende Unwirksamkeit" könne

---

1287 Vgl. BGHZ 131, 82 ff., 82, 86.

1288 Die bisher veröffentlichten Entscheidungen äußern sich gerade nicht zu dem Problem der Rechtsnatur verbraucherschützender Widerrufsrechte, vgl. z.B. den II. Zivilsenat des BGH, Urteil vom 02.07.2001, MDR 2001, S. 1163 (insbesondere ablehnend zu der Frage der entsprechenden Anwendung der Jahresfrist des früheren § 7 II 3 VerbrKrG auf sämtliche Geschäfte, die dem HWiG unterfallen); vgl. im übrigen auch BGHZ 137, 115 ff.; 142, 23 ff.

1289 Siehe für die Rechtsprechung des BGH insbesondere BGHZ 135, 124 ff., 138 (VIII. Zivilsenat) zum früheren § 1 I HWiG. Vgl. auch BGHZ 137, 115 ff., 122 (VIII. Zivilsenat): Wirksamkeit des Vertrags bei Ablauf der Frist des früheren § 7 II 2 VerbrKrG; BGHZ 142, 23 ff., 28 f. (VIII. Zivilsenat) zur Anwendung des VerbrKrG bei Vertragsübernahme (unter Berufung auf BGHZ 129, 371 ff.): Das Widerrufsrecht bewirkt, daß die Vertragsübernahme bis zum Ablauf der Widerrufsfrist „schwebend unwirksam" ist.

1290 Dies befürwortet z.B. *Krämer*, ZIP 1997, S. 93 ff., 94 f.; dagegen *Pudor*, Wirkungsweise, S. 32 f.

1291 Vgl. *Krämer*, ZIP 1997, S. 93 ff., 94.

1292 Siehe z.B. die Begründung des RegE zum VerbrKrG, BT-Dr. 11/5462, S. 22; MK-BGB, 3. Aufl., *Ulmer* zu § 7 VerbrKrG, Rn. 12; *S. Lorenz*, NJW 1995, S. 2258 ff., 2260; *Bülow*, NJW 1991, S. 129 ff., 131; *Teske*, NJW 1991, S. 2793 ff., 2796; *Knütel*, AcP 185 (1985), S. 308 ff., 315. Vgl. für die Rechtsprechung des BGH: BGHZ 109, 97 ff., 103; 113, 222 ff., 225; 119, 283 ff., 298. Sogar Autoren, die sich gegen die Annahme eines Gestaltungsrechts wenden, lehnen die Konstruktion der „schwebenden Unwirksamkeit" nicht ab - vgl. nur *Ollmann*, WM 1992, S. 2005 ff., 2006; differenzierend allerdings *Jauernig*, 7. Aufl., *Jauernig* vor § 145 BGB, Anm. 6.

nicht dasselbe sein wie endgültige Unwirksamkeit.[1293] Dabei wird auch der in der Urteilsbegründung herangezogene Vergleich des verbraucherschützenden Widerrufsrechts mit dem Widerruf in § 130 I 2 BGB als nicht tauglich kritisiert, da in diesem Fall die Willenserklärung selbst noch nicht wirksam geworden sei und daher ein „Schwebezustand eigener Art“[1294] vorliege. Gegen die Abkehr des BGH von der Sichtweise der „schwebenden Vertragswirksamkeit“ wird vorgebracht, daß aus der übrigen Rechtsprechung des Gerichtshofs hervorgehe, daß dieser „selbstverständlich“ von schwebender Unwirksamkeit des Vertrags während des Laufs der Widerrufsfrist ausgeht.[1295] Im Hinblick auf die dieser Entscheidung nachfolgende Rechtsprechung des BGH[1296] ist diese Einschätzung zutreffend, allerdings ist auch auf die in der Entscheidung vorzufindende Tendenz hinzuweisen, sich jedenfalls von der Terminologie der herkömmlichen Sichtweise zu distanzieren.[1297] Zu Recht stellt sich auch die Frage, inwieweit die Annahme einer rechtshindernden Einwendung schon die Annahme eines Gestaltungsrechts ausschließt.[1298] Gerade nach der o.g. Definition eines Gestaltungsrechts als „Macht zu Gestaltung konkreter Rechtsbeziehungen durch einseitiges Rechtsgeschäft“ sind die verbraucherschützenden Widerrufsrechte - in alter wie neuer Fassung[1299] - Gestaltungsrechte, da sie die Berechtigung gewähren, bestimmte Wirkungen einer einmal abgegebenen Willenserklärung zu beseitigen.[1300] Jeweils zu unterscheiden ist dabei die Widerruflichkeit als (regelmäßig zeitlich beschränkte) Möglichkeit des Widerrufs[1301] und die Ausübung des Widerrufsrechts selbst.

1293 Vgl. *Krämer*, ZIP 1997, S. 93 ff., 94.

1294 Siehe *Krämer*, ZIP 1997, S. 93 ff., 94.

1295 Vgl. insbesondere *Pudor*, Wirkungsweise, S. 33, mit dem Hinweis auf BGHZ 113, 222 ff., 225; 119, 283 ff., 298; 129, 371 ff., 375; 135, 124 ff., 124-140, wobei allerdings die zeitlich früheren Entscheidungen diese Einschätzung nicht belegen können.

1296 Siehe insbesondere BGHZ 135, 124 ff., 138; 137, 115 ff., 122; 142, 23 ff., 28 f., diese Entscheidungen stammen jedoch alle vom VIII. Zivilsenat.

1297 So weist der II. Zivilsenat in BGHZ 131, 82 ff., 84, z.B. darauf hin, daß die von der überwiegenden Sichtweise verwendete Terminologie vom Gesetz nicht gebraucht wird und im übrigen auch die - im Ergebnis abgelehnte - Einordnung der verbraucherschützenden Widerufsrechte als Gestaltungsrechte nahelegt.

1298 Vgl. dazu z.B. *Boemke*, AcP 197 (1997), S. 161 ff., 177 ff.; *Gottwald/Honold*, JZ 1996, S. 577 ff.; *S. Lorenz*, NJW 1995, S. 2258 ff.; jeweils m.w.N.

1299 Damit sind die diversen „besonderen“ verbraucherschützenden Widerrufsrechte vor und nach Einführung des ersten „allgemeinen“ Widerrufsrechts (§ 361a BGB a.F.) gemeint. Auch durch deren Integration in das BGB im Wege der „Schuldrechtsmodernisierung“ (vgl. dazu Teil B.IV.) hat sich an ihrem Charakter als Gestaltungsrechte nichts geändert, vgl. auch unten, Teil C.VI.

1300 So auch für die verbraucherschützenden Widerrufsrechte vor Einführung des § 361a BGB (a.F.) *Boemke*, AcP 197 (1997), S. 161 ff., 178.

1301 Siehe zu § 361a BGB (a.F.) insbesondere *Mankowski*, WM 2001, S. 793 ff., 801 („Widerruflichkeit als Gestaltungslage“).

Darauf, daß die Terminologie der (nach wie vor) herrschenden „vertragsbezogenen“ Sichtweise für die Erklärung der Wirkungsweise verbraucherschützender Widerrufsrechte nicht „zwingend“ ist, sondern auch andere Ansätze möglich sind, deutet schließlich auch der in der Entscheidung enthaltene Hinweis des II. Zivilsenats auf das Widerrufsrecht in § 130 I 2 BGB hin, das der Senat hinsichtlich der Wirkungsweise mit den verbraucherschützenden Widerrufsrechten (jeweils in ursprünglicher Fassung) vergleicht.[1302] So stellt sich - auch angesichts der mittlerweile einheitlichen (und anderslautenden) Gesetzesfassung aller „besonderen“ verbraucherschützenden Widerrufsrechte, die auf das „allgemeine“ verbraucherschützende Widerrufsrecht gemäß § 355 I 1 BGB verweisen - die Frage, ob und inwieweit der Gesetzgeber angesichts eines bisher nicht einheitlich ausgestalteten „Grundmodells“ der Wirkungsweise verbraucherschützender Widerrufsrechte nicht auch in der Lage sein soll, das Widerrufsrecht entweder „von vornherein auf wirksam begründete Rechtsbeziehungen“ zu beschränken oder es auch „auf wirksame Willenserklärungen“[1303] zu beziehen. Jedenfalls muß es dem Gesetzgeber möglich sein, den Widerruf auch in den Fällen zuzulassen, in denen ein Vertrag und damit eine Rechtsbeziehung bereits bis zur „Perfektion“ gediehen ist,[1304] wobei die Rechtfertigung für diese Durchbrechung der allgemeinen Grundsätze des BGB - zumindest im Ansatz - eine davon getrennt zu diskutierende und damit auch zu untersuchende Fragestellung ist. Damit stellt sich automatisch auch die Frage nach möglichen rechtsdogmatischen Konzepten der Wirkungsweise des einheitlichen - und damit auch „allgemeinen“ - verbraucherschützenden Widerrufsrechts gemäß § 355 BGB. Ein schlüssiges dogmatisches Konzept der widerrufsrechtlichen Wirkungsweise ist auch notwendig: Wie der kurze Überblick nämlich auch gezeigt hat, fehlen bislang sowohl in der Privatrechtswissenschaft als auch in der Rechtsprechung der Zivilgerichte nähere Aussagen zu der Frage nach dem Inhalt der „Gebundenheit“, und insbesondere dazu, ob diese „Gebundenheit“, wie sie sich nunmehr in § 355 I 1 BGB findet, als „Selbst- oder Fremdbindung“ zu verstehen ist. Dies gilt ebenfalls für die Unterscheidung nach „Tatbestand“ und „Wirkung“ der Willenserklärung des Verbrauchers im Rahmen der widerrufsrechtlichen Wirkungsweise, die - trotz aller bisherigen Erkenntnisse - noch im „dogmatischen Detail“ zu klären ist.

2. Unterschiedliche Konzepte einer „Bindung“ im Rahmen der Wirkungsweise von § 355 I 1 BGB

Damit gewinnt letztlich die Frage entscheidende Bedeutung, welche „Bindung“ mit der „Gebundenheit“ in § 355 I 1 BGB angesprochen ist, die „Bindung an den Antrag“ oder die an den (beabsichtigten) Vertrag. Da weder der frühere § 361a I 1 BGB (a.F.) noch der heutige § 355 I 1 BGB festlegt, ob die zu widerrufende Willenserklärung des Verbrauchers schon das Angebot oder bereits die

---

1302 Vgl. BGHZ 131, 82 ff., 86.

1303 *Boemke*, AcP 197 (1997), S. 161 ff., 170.

1304 Vgl. *Gernhuber*, WM 1998, S. 1797 ff., 1804.

Annahme darstellt, sondern beide Vorschriften lediglich davon sprechen, daß der fristgerechte Widerruf dazu führt, daß der Verbraucher „an seine auf den Abschluß eines Vertrags (mit einem Unternehmer) gerichtete Willenserklärung nicht mehr gebunden ist", ist fraglich, ob für eine nähere Bestimmung des Inhalts dieser „Gebundenheit" an die o.g. Differenzierung zwischen der „Bindung an den Antrag" und der „Bindung an den Vertrag"[1305] angeknüpft werden kann. Insbesondere kommt nämlich auch eine eigene Kategorie von „Bindung" in Betracht, eine noch zu klärende „Bindung" des Verbrauchers an seine Willenserklärung.

a) Die „Gebundenheit" an die „Verbrauchererklärung" iSv. § 355 I 1 BGB im Zusammenhang der Differenzierung zwischen der „Bindung an den Antrag" und der „Bindung an den Vertrag"

Zunächst stellt sich schon aufgrund des insoweit eindeutigen Wortlauts die Frage, ob die „Gebundenheit" iSv. § 355 I 1 BGB wirklich diejenige bezüglich eines Angebots iSv. § 145 BGB ist. Da diese oben[1306] nicht lediglich als „Unwiderruflichkeit" (iSv. § 130 I 2 BGB), sondern - ausgehend von der Position des Angebotsempfängers - als „Einräumung einer gesetzlich gesicherten Dispositions- und Entscheidungsmöglichkeit hinsichtlich der Annahme des Angebots" qualifiziert wurde, kann einer vorschnellen Einordnung der „Gebundenheit" iSv. § 355 I 1 BGB unter die „Bindung an das Angebot" iSv. § 145 BGB bereits ein Wortlautargument entgegenhalten werden: Zum einen ist zwar von der (nicht mehr vorhandenen) „Gebundenheit" an eine Willenserklärung, nämlich die des Verbrauchers, die Rede, zum anderen wurde aber gesetzestechnisch gerade offen gelassen, ob es sich dabei um das Angebot (Antrag) bezüglich des angestrebten Vertrags oder die Annahme handelt. Für die Qualifizierung der Willenserklärung des Verbrauchers als Angebot spricht allerdings die Erfahrungstatsache, daß sehr häufig erst der Verbraucher ein Angebot nach § 145 BGB abgibt, insbesondere immer dann, wenn es sich bei der vorangegangenen vertragsgerichteten Erklärung des Unternehmers[1307] lediglich um eine invitatio ad offerendum („Vertragsanbahnungsmaßnahme", „Werbung", „Marketing") handelt, die gerade darauf abzielt, Offerten des Verbrauchers zu provozieren.[1308] Ebenfalls - wenngleich auch entgegen dem Wortlaut dieser Vorschriften - kommt ausgehend von dem Zweck des verbraucherschützenden Widerrufsrecht als „Lösungsmöglichkeit von dem unerwünschten Vertrag" die Einordnung der „Gebundenheit" iSv. § 355 I 1 BGB unter die „Bindung an den Vertrag" im Sinne einer „Unterworfenheit unter den gemeinsamen Vertrags-

---

[1305] Siehe oben, Teil C.IV.2.b).

[1306] Vgl. oben, Teil C.IV.2., 3.

[1307] Siehe zum rechtstatsächlichen Erscheinungsbild allein MK-BGB, 3. Aufl., *Kramer* zu § 145 BGB, Rn. 8 m.w.N.

[1308] Vgl. für viele nur *Brox*, AT, 25. Aufl., S. 94.

willen" („lex conctractus")[1309] in Betracht. Im folgenden ist daher zu erörtern, welche Gründe für und gegen die jeweilige Einordnung sprechen.

aa) Die „Gebundenheit" an die „Verbrauchererklärung" iSv. § 355 I 1 BGB als „Bindung an das Angebot"

Zieht man nicht nur den unmißverständlichen Wortlaut sowohl des früheren § 361a I 1 BGB (a.F.) als auch des heutigen § 355 I 1 BGB heran, sondern auch diejenigen Ansätze in der Privatrechtswissenschaft, die die „Bindung", „Gebundenheit" oder „Bindungswirkung" (überhaupt) in einen Zusammenhang mit der Wirkungsweise verbraucherschützender Widerrufsrechte bringen[1310], dann ergibt sich insoweit eine Übereinstimmung, daß überwiegend auf die „Bindung" oder „Bindungswirkung" der Willenserklärung des Verbrauchers abgestellt wird,[1311] wobei regelmäßig nicht unterschieden wird, ob die „vertragsgerichtete" „Verbrauchererklärung" das Angebot oder die Annahme darstellt. Überhaupt nicht thematisiert wird auch, ob mit der „Gebundenheit" an die „Verbrauchererklärung" eine „Selbstbindung" oder eine „Fremdbindung", eine „Selbstverpflichtung" oder eine „Fremdverpflichtung" gemeint ist.[1312]
Für eine (erste) Annäherung an die „Gebundenheit an die „Verbrauchererklärung" iSv. § 355 I 1 BGB als „Bindung an das Angebot" kann dabei der Vergleich zwischen der rechtlichen Stellung des Angebotsemfängers (vgl. § 145 BGB) mit der Rechtsstellung des Verbrauchers gemäß § 355 I 1 BGB herangezogen werden: Insbesondere läßt sich für die Vergleichbarkeit der durch § 145 BGB gewährten Rechtsposition (des Angebotsempfängers) mit der sich aus § 355 I 1 BGB ergebenden Rechtsstellung (des Verbrauchers) der Sinn und Zweck der (jeweiligen) „Bindung" anführen: Ebenso wie die „Bindung" iSv. § 145 BGB dem Antragsempfänger eine zeitlich beschränkte, aber rechtlich gesicherte Entscheidungs- und damit Dispositionsmöglichkeit gewährt, stellt die „fehlende Gebundenheit" des Verbrauchers an seine vorausgegangene Willenserklärung im Falle des Widerrufs (gemäß § 355 I 1 BGB) die Dispositionsmöglichkeit des Verbrauchers und damit auch seine Entscheidungsfreiheit wieder her: Die durch die Ausübung des Widerrufs entstehende „fehlende Gebundenheit" bewirkt, daß die bereits abgegebene Willenserklärung des Ver-

---

1309 Vgl. dazu *Larenz*, AT, 4. Aufl., S. 458, sowie die Kritik von *Köndgen*, Selbstbindung ohne Vertrag, S. 156 ff. m.w.N.

1310 Siehe oben, Teil C.V.1.a).

1311 Vgl. z.B. *Reich*, JZ 1975, S. 550 ff., 552; *Gilles*, NJW 1986, S. 1131 ff., 1138; *Fuchs*, AcP 196 (1996), S. 313 ff., 319; *Pfeiffer/Dauck*, NJW 1997, S. 30 ff., 33; *Jauernig*, 8. Aufl., *Jauernig* zu § 145 BGB, Rn. 21; sowohl auf die Bindung an die Willenserklärung als auch an das „Rechtsgeschäft" (Vertrag) eingehend z.B. *Fuchs*, AcP 196 (1996), S. 313 ff., 314 f.; *von Koppenfels*, WM 2001, S. 1360 ff., 1364, 1365 f. („Bindung an die abgegebene Willenserklärung bzw. an den geschlossenen Vertrag"); unmittelbar auf die vertraglichen „Hauptleistungspflichten" abstellend dagegen *Hadding*, FS *Brandner*, S. 207 ff., 211, vgl. auch *Larenz/Wolf*, AT, 8. Aufl., S. 723.

1312 Vgl. dazu nur *Köndgen*, Selbstbindung ohne Vertrag, insbes. S. 1 ff., 156 ff., 158 ff. m.w.N.

brauchers - entweder das Angebot (vgl. § 145 BGB) oder die Annahme (vgl. § 146 BGB) - mit ihren jeweiligen „Verpflichtungswirkungen" (bei Vertragsschluß), d.h. nach der „klassischen" Rechtsgeschäftslehre insbesondere die mit der Entstehung des normativen „Vertragstatbestands" eintretenden vertraglichen Verpflichtungen und entstehenden Ansprüche der Vertragspartner, nachträglich wieder „aufgehoben" bzw. „beseitigt" wird.[1313] In beiden Fällen sichert also eine gesetzliche Anordnung eine Entscheidungs- und damit Dispositionsmöglichkeit: Im Fall des § 145 BGB geschieht dies von vornherein, sofern der Anbietende nicht von § 145 2. Hs. BGB Gebrauch macht, im Fall des § 355 I 1 BGB erfolgt dies durch die Gewährung der Dispositionsmöglichkeit einer „nachträglichen" Entscheidungskorrektur bezüglich des einmal geäußerten „vertragsgerichteten" Willens. Wie auch die in § 145 2. Hs. BGB vorgesehene Ausschlußmöglichkeit zeigt, ist die „Bindung an das Angebot" dispositiv und es lassen sich daher auch privatautonom oder legislatorisch andere „Modelle" einer Bindung als das „gesetzliche" Modell, wie es in § 145 BGB verwendet wird, „konstruieren". Dies zeigen für die privatautonome Dispositionsmöglichkeit z.B. die unterschiedlichen Gestaltungs- und Auslegungsvarianten einer Klausel wie „Angebot freibleibend"[1314], für die „Gestaltungsfreiheit" des Gesetzgebers beispielsweise (frühere und andere) legislatorische „Modelle", die von dem heutigen System gemäß §§ 145 2. Hs., 146 ff. BGB abweichen.[1315] Zudem bedeutet der Ausschluß der „Bindung an das Angebot" nicht, daß dadurch der - zunächst tatsächlich beim Verbraucher vorhandene - Wille zur Bindung an den (beabsichtigten) Vertrag geleugnet wird, da die „Bindungswirkung des Angebots" nach der o.g. Differenzierung eben kein „notwendiges Element eines Vertragsangebots"[1316] ist. Da es den Vertragsparteien somit noch nicht einmal verboten ist, die „Bindung an das Angebot" zu modifizieren, kann es dem Gesetzgeber auch nicht verwehrt sein, mit den verbraucherschützenden Widerrufsrechten an eben diese Bindung - wenn auch in einem anderem Zusammenhang - anzuknüpfen. Diese Gestaltungsfreiheit des Gesetzgebers, bekannte Begriffe aus der Dogmatik des BGB auch für moderne verbraucherschützende Zusammenhänge zu verwenden, ist schon früher betont worden.[1317]

bb) Die „Gebundenheit" an die „Verbrauchererklärung" iSv. § 355 I 1 BGB als „Bindung an den Vertrag"

Aus diesem Unterschied in der Verwendung können bereits die ersten Gegenargumente abgeleitet werden, einmal abgesehen von dem grundlegenden Unter-

---

1313 Siehe dazu insbesondere *Boemke*, AcP 197 (1997), S. 161 ff.; 178 f.

1314 Vgl. dazu nur *von Staudinger*, 12. Aufl., *Dilcher* zu § 145 BGB, Rn. 21 f. m.w.N.

1315 Siehe dazu m.w.N. MK-BGB, 3. Aufl., *Kramer* zu § 145 BGB, Rn. 1; *Flume*, AT, II. Band, 3. Aufl., S. 640 f.

1316 *Larenz*, AT, 4. Aufl., S. 458.

1317 So insbesondere für den Aspekt der „Bindung" *Gernhuber*, WM 1998, S. 1797 ff., 1804, im Anschluß daran auch *von Koppenfels*, WM 2001, S. 1360 ff., 1362, 1364.

schied, daß zwar die in §§ 145 ff. BGB geregelte „Bindung" dispositiv ist[1318], nicht aber grundsätzlich das verbraucherschützende Widerrufsrecht nach § 355 I 1 BGB zu Lasten des Verbrauchers.[1319] Auch von Sinn und Zweck des verbraucherschützenden Widerrufsrechts - als „Vertragslösungsrecht" des Verbrauchers „bei bestimmten typischen Gefährdungen der freien Willensbildung"[1320] oder als Recht zur „Abstandnahme vom Vertrag"[1321] - her ist das Widerrufsrecht stets im Kontext des (angestrebten) Vertrags betrachtet worden. Aus diesen Gründen ist auch eine Einordnung der „Gebundenheit" an die „Verbrauchererklärung" iSv. § 355 I 1 BGB unter die „Bindung an den Vertrag" denkbar, mit der Folge, daß das Widerrufsrecht als Lösungsrecht von der „vertraglichen Bindung" zu qualifizieren ist. Weitergehend stellt sich sogar die Frage, inwieweit eine Anknüpfung an § 145 BGB als „Spezialregelung" für den sukzessiven Vertragsschluß[1322] hinsichtlich der Widerrufsrechte als „spezielle Vertragslösungsmechanismen" überhaupt statthaft ist. Schließlich stellt die Beseitigung der rechtlichen Wirkungen einer Willenserklärung im Wege des Widerrufs nur das „rechtstechnische Mittel" dar, die Wirkungen (Rechtsfolgen) des dem Verbrauchers „unerwünschten Vertrags"[1323] zu beseitigen. Allein zu dieser Qualifizierung als „Vertragslösungsrecht" paßt die - wiederholt anzutreffende - Abgrenzung des Widerrufsrechts zu anderen „Vertragslösungsrechten des BGB"[1324], die nicht selten nur deswegen nicht vollständig gelingt, weil das „allgemeine" verbraucherschützende Widerrufsrecht letztlich wieder als „modifiziertes Rücktrittsrecht"[1325] eingeordnet wird. Für die Einordnung der

---

1318 Siehe nur *von Staudinger*, 12. Aufl., *Dilcher* zu § 147 BGB, Rn. 1.

1319 Vgl. dazu nur *Dörner/Ebert/Eckert/Hoeren/Kemper/Saenger/Schulte-Nölke/Schulze/Staudinger* (Hg.): Handkommentar BGB, 2. Aufl., *Schulze* zu § 355 BGB, Rn. 3; vgl. noch zu § 361a BGB *Palandt*, 60. Aufl., *Heinrichs* zu § 361a BGB, Rn. 4 m.w.N.

1320 *Palandt*, 60. Aufl., *Heinrichs* vor § 145 BGB, Rn. 17. Vgl. auch *von Koppenfels*, WM 2001, S. 1360 ff., 1364 („einseitiges Lösungsrecht").

1321 *Schwenzer*, JA 1989, S. 473 ff.; 505 ff. („Neue Formen der Abstandnahme vom Vertrag").

1322 Die Frage, in welcher zeitlichen Folge oder „Abschlußtechnik" der Vertrag letztlich zustandekommt, ist nicht nur in jüngerer Zeit dank moderner Kommunikationsmittel des Fernabsatzes immer schwieriger zu beantworten, sondern die „traditionelle Theorie von der sukzessiven Perfektion des Vertrags" ist bereits früher als „nicht realitätsnahe Betrachtung" bewertet worden, vgl. z.B. MK-BGB, 3. Aufl., *Kramer* zu § 145 BGB, Rn. 1a m.w.N.

1323 Vgl. insbesondere *S. Lorenz*, Unerwünschter Vertrag, (passim); im Anschluß an *Medicus*, in BMJ (Hg.): Gutachten und Vorschläge zur Überarbeitung des Schuldrechts, Band I, 1981, S. 479 ff., 519 ff., 519.

1324 Siehe z.B. *Medicus*, in BMJ (Hg.): Gutachten und Vorschläge zur Überarbeitung des Schuldrechts, Band I, 1981, S. 479 ff., 519 ff., 521; *Gernhuber*, WM 1998, S. 1797 ff., 1801 f., siehe zuletzt *von Koppenfels*, WM 2001, S. 1360 ff., 1363 ff.

1325 Vgl. noch zu § 361a BGB (a.F.) z.B. *Palandt*, 60. Aufl., *Heinrichs* zu § 361a BGB, Rn. 2, 8; *Heinrichs* vor § 104 BGB, Rn. 32a; siehe zu §§ 361a BGB (a.F.), 355 BGB z.B. *Bülow*, WM 2000, S. 2361 ff., 2362; *von Koppenfels*, WM 2001, S. 1360 ff., 1364 f.,

„Gebundenheit an die Verbrauchererklärung“ gemäß § 355 I 1 BGB unter die „Vertragsbindung“ läßt sich zudem anführen, daß sich das Gesetz in diesen Vorschriften gerade nicht festlegt, ob es sich bei der Willenserklärung des Verbrauchers um das Angebot oder die Annahme handelt[1326], so daß sich daher auch eine Anknüpfung an die „Bindung an das Angebot“ verbietet. Insbesondere paßt auch die „Rechtsposition des Antragsempfängers“[1327] nicht zu einer solchen Einordnung: Wenn (erfahrungsgemäß) davon ausgegangen werden kann, daß sich regelmäßig der Unternehmer in die „günstige Lage“ eines Antragsempfängers begeben will, dann wird folglich auch er und nicht der Verbraucher (als Antragender) durch § 145 BGB geschützt. Da das „allgemeine“ verbraucherschützende Widerrufsrecht nur die Lösung von der „Gebundenheit“ des Verbrauchers (an seine Willenserklärung) vorsieht, liegt insoweit eine „spiegelverkehrte“ Situation im Vergleich zur „Bindung an das Angebot“ vor: Da der Unternehmer durch die Bindung des Verbrauchers an das Angebot die Entscheidungsposition nach den §§ 145 ff. BGB erlangt hat, ist nicht der Verbraucher, sondern der Unternehmer „besonders“ geschützt: Durch die Position des Angebotsempfängers erhält er nämlich eine gesetzlich gesicherte „Dispositions- und Entscheidungsmöglichkeit hinsichtlich der Annahme des Angebots“ eingeräumt.[1328] Im Ergebnis ist aber gerade der Verbraucher durch die einseitige Befreiung von der „Bindung“ mittels des Widerrufsrechts in bestimmten Fällen zu schützen.

Stellt man für die „Gebundenheit“ iSv. § 355 I 1 BGB entscheidend auf die Vertragsbindung ab, dann stellt sich immer noch die Frage, wie die fehlende „Unterworfenheit“ des Verbrauchers unter die „lex contractus“ als Ausdruck des gemeinsamen Vertragswillens dogmatisch zu gestalten ist. Um die Eigenständigkeit und den Ausnahmecharakter der verbraucherschützenden Widerrufsrechte zu betonen, könnte es sich z.B. anbieten, sich die Gewährung des Widerrufsrechts als einseitigen und vom Gesetz für bestimmte Fälle angeordneten „contrarius consensus“[1329] vorzustellen, der die „lex contractus“ zu Gunsten des Verbrauchers außer Kraft setzt. Als dogmatischer Anknüpfungspunkt für einen solchen „actus contrarius“[1330] bietet sich insbesondere „die Anerkennung der Rechtsordnung“ an, die zur Durchsetzung der mit der „lex contractus“ verabredeten Ansprüche und Verpflichtungen stets notwendig ist. Diese ist nämlich in den typisierten Fällen der Gefährdung der freien Willensbildung

1369; vgl. zu § 355 BGB z.B. *Dauner-Lieb/Heidel/Lepa/Ring* (Hg.): Anwaltkommentar Schuldrecht, *Ring* zu § 355 BGB, Rn. 12 f.

1326 Immerhin spricht § 355 I 1 BGB (wie schon früher § 361a BGB a.F.) aber von der „Gebundenheit“ an eine „einseitige“ Erklärung des Verbrauchers.

1327 Vgl. dazu oben, Teil C.IV.2.a).

1328 Siehe oben, Teil C.IV.2., 3.

1329 Vgl. zu der Aufhebung des Vertrags durch (einverständlichen) „contrarius consensus“ *Flume*, AT, II. Band, 3. Aufl., S. 607 ff.

1330 Auch als Gegensatz zu der Willenserklärung als „actus iuridicus“, vgl. dazu *Flume*, AT, II. Band, 3. Aufl., S. 78.

ebenso zu versagen wie bei dem Verstoß der „lex contractus“ gegen gesetzliche Verbote oder Sittengebote (§§ 134, 138 BGB).[1331] Allerdings darf bei einer solchen Betonung der „Vertragsbindung“ - neben allen Unzulänglichkeiten der o.g. „Geltungstheorie“[1332] - auch nicht unberücksichtigt bleiben, daß dadurch wiederum die „vertragsbezogene“ Sichtweise mit ihren dogmatischen und systematischen Problemen[1333] hervorgehoben wird.

b) Die „Gebundenheit“ iSv. § 355 I 1 BGB als eigene Kategorie der „Bindung an die Verbrauchererklärung“

Wie das Zusammenspiel der Argumente pro und contra hinsichtlich der Einordnung der „Gebundenheit“ iSv. § 355 I 1 BGB in den Rahmen der Differenzierung von „Bindung an den Antrag“ und „Bindung an den Vertrag“ gezeigt hat, kann der „neue“ Verwendungszusammenhang der „alten“ Gebundenheit das „Phänomen“ der Wirkungsweise verbraucherschützender Widerrufsrechte jeweils nur unzureichend erklären. Es stellt sich daher die Frage nach einem Ansatz, der sowohl die aus dieser Differenzierung gewonnenen Erkenntnisse als auch die aufgezeigten Verschiedenartigkeiten berücksichtigt. In diesem Rahmen ist auch das bisher ungelöste Problem zu berücksichtigen, ob zum einen die „Gebundenheit“ iSv. § 355 I 1 BGB noch zum normativen Tatbestand der betroffenen („vertragsgerichteten“) Willenserklärung des Verbrauchers oder schon zu deren „Wirkung“ (d.h. Rechtsfolge) gehört. Zum anderen steht bisher nicht fest, ob es sich bei der „Gebundenheit“ an die „Verbrauchererklärung“ um eine - wie auch immer geartete - „Selbstbindung“ oder „Fremdbindung“ bzw. „Selbst- oder Fremdverpflichtung“ handelt.

aa) Die „Gebundenheit“ an die „Verbrauchererklärung“ iSv. § 355 I 1 BGB als „Vorstufe“ einer vertraglichen Verpflichtung

In die oben skizzierte Rechtsprechung der Zivilgerichte zu der Wirkungsweise verbraucherschützender Widerrufsrechte läßt sich zwar die Aussage des Reichsgerichts zu dem „künftigen Anspruch“ als Inhalt des Angebots[1334] nicht einordnen, aber sie deutet bereits auf ein (erstes) mögliches Konzept der Wirkungsweise verbraucherschützender Widerrufsrechte hin: Aufgrund der Annahme, daß das Angebot schon den künftigen vertraglichen Anspruch „in sich trägt“, läßt sich nämlich weiter überlegen, inwieweit durch die „Bindung an das Angebot“ (iSv. § 145 BGB) bereits die (zeitliche und) inhaltliche „Vorstufe“ vertraglicher Ansprüche und Verpflichtungen enthalten ist.

Die entscheidende Frage ist dabei zunächst, welche „Wirkungen“ (d.h. Rechtsfolgen) - oder Eigenschaften, die den Tatbestand ausmachen - eine „auf einen

---

[1331] Vgl. dazu nur *Larenz*, AT, 4. Aufl., S. 36 f.

[1332] Siehe zur Kritik an der sog. Geltungstheorie nur *Köndgen*, Selbstbindung ohne Vertrag, insbes. S. 156 ff. m.w.N.

[1333] Siehe dazu oben, Teil B.II.2. und B.III.3.

[1334] RGZ 132, 6 ff., 7.

Vertragsschluß gerichtete" Willenserklärung hat. Diese Frage nach Rechtsfolge oder Tatbestand der „vertragsgerichteten" Willenserklärung, im Kontext von § 355 I 1 BGB die „Verbrauchererklärung", kann nämlich bei der Beantwortung der aufgeworfenen Fragen nach „Selbst- oder Fremdbindung" weiterhelfen, da ein inhaltlicher Zusammenhang zwischen der „Gebundenheit" iSv. § 355 I 1 BGB und der „Selbst- oder Fremdbindung" (von vertraglichen Willenserklärungen) zu bestehen scheint. Wie die bisherigen Ausführungen gezeigt haben, fehlen sowohl in der „klassischen" Rechtsgeschäftslehre als auch in der Rechtsprechung der Zivilgerichte jedoch nähere Aussagen zu der Frage nach der „Gebundenheit" iSv. § 355 I 1 BGB als „Selbst- oder Fremdbindung". Auf diese fehlende Berücksichtigung der „Selbstbindung als Schlüsselkonzept für Verpflichtungsverhalten" durch die überwiegende Privatrechtswissenschaft, die dem vertraglichen „Konsens als Verpflichtungselement" verhaftet bleibt, hat auch und insbesondere *Köndgen* hingewiesen: Nach dem Ansatz von *Köndgen*, der die „Selbstbindung ohne Vertrag"[1335] nicht unter dem Aspekt der widerrufsrechtlichen Wirkungsweise, sondern hinsichtlich der „Haftung aus geschäftsbezogenem Handeln"[1336] untersucht hat, stellt z.B. das „Versprechen, verkaufen zu wollen" als Vertragsangebot (§ 145 BGB) nicht nur (als Versprechen) eine „Selbstbindung" des Erklärenden dar, sondern artikuliert gleichzeitig auch eine Entgelterwartung, d.h. eine erwartete (künftige) „Fremdbindung" des Erklärungsempfängers, da sich der Verkäufer durch sein Angebot nur dann „selbst" binden will, wenn der Käufer sich - durch sein „Gegenleistungsversprechen" - auch „binden" will. Dies geschieht durch die Vertragsannahme (vgl. § 146 BGB), die nicht nur das Einverständnis mit der Offerte, sondern wiederum ein „selbständiges Versprechen" - und damit eine „Selbstbindung" des erklärenden Käufers - darstellt: Sie beinhaltet das „Versprechen" der (vom Verkäufer) „erwarteten Gegenleistung"[1337] Damit stellt nach *Köndgen*[1338] der vertragliche Konsens „erst als Verknüpfung zweier Versprechen"[1339] die Einheit des gegen-

---

[1335] Vgl. *Köndgen*, Selbstbindung ohne Vertrag. Zur Haftung aus geschäftsbezogenem Handeln, insbes. S. 1 ff., 156 ff. m.w.N. Siehe auch MK-BGB, 3. Aufl., *Kramer* zu § 145 BGB, Rn. 1 („Bindung an eine einseitige Willenserklärung" als Bindung an „ein einseitiges ‚Versprechen'"); *Flume*, AT, II. Band, 3. Aufl., S. 640 f., weist darauf hin, daß die „Wertung der Offerte als eines ‚Versprechens' (Preuß. ALR I, 5, §§ 90 ff.) und die Anerkennung des einseitigen Versprechens als Verpflichtungsgrund" „mit der Tradition des römischen Rechts unvereinbar" war.

[1336] Vgl. zu der von *Köndgen*, Selbstbindung ohne Vertrag, insbes. S. 284 ff., 295 ff., befürworteten „Werbung als Möglichkeit der Selbstbindung" auch m.w.N. AK-BGB, *Hart* zu § 145 BGB, Rn. 5, 16: „Werbung ist insofern nicht nur Teil eines Marketingkonzepts, das Kunden gewinnen soll, sondern enthält auch Selbstbindungselemente, die die Einstufung als Angebot riskieren." Siehe dazu auch die „Haftungsregelung für Werbung" im „neuen" Kaufrecht gemäß § 434 I 3 BGB.

[1337] Siehe *Köndgen*, Selbstbindung ohne Vertrag, S. 158 f., 161 f.

[1338] *Köndgen*, Selbstbindung ohne Vertrag, S. 162.

[1339] Vgl. auch MK-BGB, 3. Aufl., *Kramer* zu § 145 BGB, Rn. 2: Antrag und Annahme als „voneinander genetisch abhängige Verpflichtungserklärungen".

seitigen Schuldverhältnisses „Vertrag“ her. Unter Berücksichtigung dieses Verständnisses von „Selbst- und Fremdbindung“ bei Angebot und Annahme ergibt sich für die „Gebundenheit“ an die „Verbrauchererklärung“ iSv. § 355 I 1 BGB folgendes Bild:

Geht man davon aus, daß der Verbraucher mit seiner - auf einen Vertrag (mit einem Unternehmer) gerichteten - Willenserklärung bereits eine unmittelbare „Selbst- und Fremdbindung“ für den o.g. Fall der Annahme des Angebots (durch den Unternehmer) erreichen will, nämlich die von ihm gewollte und mit seiner „einseitigen Verpflichtungserklärung“ auch bezweckte „Anerkennung“ der (später entstehenden) vertraglichen Ansprüche und Verpflichtungen entsprechend des gewollten „Austauschverhältnisses“ (Leistung nur für Gegenleistung und umgekehrt)[1340], dann kann man sich eine derartige „Selbstbindung“ im Sinne einer „Selbstverpflichtung“[1341] möglicherweise auch (und schon) als „unvollendete“ oder „unvollständige“ vertragliche Verpflichtung, bzw. als „Vorstufe“ einer vertraglichen Verpflichtung wie auch eines vertraglichen Anspruchs vorstellen, oder wenigstens als (gerade nicht anspruchsbegründende) „Obligation“. Legt man diesem „Bindungsverständnis“ weiterhin die o.g. Differenzierung zwischen der „Bindung an das Angebot“ - und damit an eine Willenserklärung - und der „Bindung an den (beabsichtigten) Vertrag“ zugrunde, dann stellt sich die „Bindung an die Verbrauchererklärung“ - bezogen auf einen „gegenseitigen Schuldvertrag“[1342] - folgendermaßen dar: Mit dem Empfang (Zugang oder Vernehmung) der abgegebenen „vertragsgerichteten“ Willenserklärung (des Verbrauchers) besteht zum einen aufgrund Gesetzes grundsätzlich (vgl. § 145 2. Hs. BGB) eine „Bindung“ des Erklärenden, die sich herkömmlicherweise in der „Unwiderruflichkeit“ der einmal abgegebenen Erklärung erschöpft (vgl. § 130 I 2 BGB). Während diese Art der „Bindung“ lediglich eine abdingbare gesetzliche Anordnung darstellt, bezieht sich die „(Selbst-)Bindung“ bereits auf die rechtlichen Wirkungen des (beabsichtigten) Vertrags, also maßgebend auf dessen Rechtsfolgen, eine vertragliche Verpflichtung, einen Anspruch, ein Recht (siehe § 194 I BGB): Mit dem geäußerten „vertragsgerichteten“ Willen des Verbrauchers entsteht nämlich zum anderen eine „Bindungswirkung“ in dem Sinn, daß der Verbraucher sich an seinem Willen zu einer vertraglichen Verpflichtung festhalten lassen will („Selbstbindung“ im Sinn einer einseitigen „Selbstverpflichtung“) für den Fall auch der korrespondierenden (d.h. ebenfalls einseitigen) vertraglichen Verpflichtung des Erklä-

[1340] Und in diesem Sinn auch die „Unterwerfung“ unter die (künftigen) Regelungen des Vertrags - siehe dazu krit. *Köndgen*, Selbstbindung ohne Vertrag, S. 158 f.

[1341] Nach *Köndgen*, Selbstbindung ohne Vertrag, S. 164, ist der „Selbstbindungsbegriff“ dabei „semantisch enger“ als „Verpflichtung“, da Verpflichtung nicht nur „Selbstbindung“, sondern auch „Fremdbindung“ bedeutet („jemanden sich verpflichten“). Da danach die „Verpflichtung“ kein Synonym für „Selbstbindung“ ist, wird auch im folgenden - in Anlehnung an *Köndgen* - die „Selbstbindung“ nur als „Selbstverpflichtung“ verstanden, entsprechend der „Fremdbindung“ als „Fremdverpflichtung“.

[1342] Vgl. *Köndgen*, Selbstbindung ohne Vertrag, S. 158 f.

rungsempfängers („Fremdbindung" im Sinn einer „Fremdverpflichtung"). Da aber für die Begründung vertraglicher Rechte und Pflichten (vgl. §§ 241 I, 311 I BGB) das Zustandekommen eines Vertrags und damit zwei korrespondierende Willenserklärungen (vgl. §§ 145, 146 BGB)[1343] nötig sind, ist die Erklärung des Verbrauchers insoweit „unvollständig" oder in ihren (beabsichtigten) „vertraglichen Wirkungen" (aufschiebend) „bedingt" oder vielleicht auch „schwebend", als ein Vertragsangebot keine vertraglichen Rechtsfolgen ohne Vertragsannahme auslösen kann. Die rechtliche Wirkung der auf einen Vertragsschluß gerichteten Willenserklärung ist danach die eines „unvollkommenen Vertrags" oder eines „unvollkommenen vertraglichen Rechts, Anspruchs bzw. Verpflichtung". Die „Unvollkommenheit" ergibt sich dabei daraus, daß die vertragsgerichtete Willenserklärung nur ein „einseitiges Verpflichtungsversprechen" des Erklärenden darstellt, das zwar auch die intendierte Fremdbindung des Erklärungsempfängers artikuliert, aber alleine noch keine Wirkungen erzeugen kann.[1344] Nach dieser Betrachtung erzeugt die auf den Vertragsschluß gerichtete Willenserklärung also stets bestimmte „Vorwirkungen"[1345], zum einen bezüglich §§ 130, 145 BGB und zum anderen im Hinblick auf die o.g. „Selbst- und Fremdbindung". Dies wirft aber nunmehr die Frage auf, worauf sich das („allgemeine") verbraucherschützende Widerrufsrecht in seiner „Wirkungsweise" bezieht, auf die „Bindung" als „Unwiderruflichkeit" (vgl. insbesondere §§ 130 I 2, 145 2. Hs. BGB) oder auf die (privatautonome) „Selbst- und Fremdbindung" als „Verpflichtungselemente"[1346]. Sollte das „allgemeine" verbraucherschützende Widerrufsrecht gemäß § 355 I 1 BGB nur auf die gesetzlich angeordnete „Bindung" gemäß den §§ 130, 145 BGB einwirken, dann bezieht sich der Widerruf (- insoweit tautologisch -) nur auf die gesetzlich statuierte „Unwiderruflichkeit", indem er diese lediglich kraft (gegenteiliger) gesetzlicher Anordnung beseitigt. Wirkt das „allgemeine" verbraucherschützende Widerrufsrecht aber auch auf die privatautonome „Selbstverpflichtung" ein, dann

---

1343 *Köndgen*, Selbstbindung ohne Vertrag, S. 162, weist auch darauf hin, daß die „praktisch-dogmatische Bedeutung" des herkömmlichen „Konsensprinzips" in der Beachtlichkeit des Dissenses liegt, da die herrschende Rechtsgeschäftslehre die Geltung des Vertrags beim „versteckten" Dissens (vgl. § 155 BGB) trotz „aktuell mißlungener Willenseinigung" mit einem „normativen Konsens" (siehe z.B. MK-BGB, 3. Aufl., *Kramer* zu § 155 BGB, Rn. 3) rechtfertigt.

1344 Vgl. auch MK-BGB, 3. Aufl., *Kramer* zu § 145 BGB, Rn. 2: Antrag und Annahme als „voneinander genetisch abhängige Verpflichtungserklärungen", und nicht als „einseitige Rechtsgeschäfte" (vgl. z.B. §§ 111, 180 BGB).

1345 Vgl. zu „Vorwirkungen" von Verpflichtungsverträgen allgemein *Kroppenberg*, WM 2001, S. 844 ff. m.w.N. *Kroppenberg* betrachtet die Vorwirkung eines „schwebend unwirksamen" Vertrags als „tertium" zwischen Wirksamkeit und Unwirksamkeit (a.a.O., S. 844 f.), wobei sie die „Bindungswirkung" (iSv. „beschränkter Rechtswirkung") unter den Oberbegriff der „Vorwirkung" einordnet (a.a.O., S. 845). Leider klammert sie dabei die Wirkungsweise verbraucherschützender Widerrufsrechte frühzeitig aus, ohne deren geänderten Wortlaut zu berücksichtigen (S. 845).

1346 Vgl. nur *Köndgen*, Selbstbindung ohne Vertrag, S. 161 ff. m.w.N.

nimmt die Ausübung des Widerrufsrechts der Willenserklärung ihre „vertragsgerichtete“ (einseitige) „Verpflichtungswirkung“.[1347] Diese besteht darin, im Fall auch der (gewollten) Fremdverpflichtung die vertraglichen Rechtsfolgen herbeizuführen.
Problematisch an einem solchen Verständnis, das die „vertragsgerichtete“ Willenserklärung (insbesondere in der Gestalt des Vertragsangebots) des Verbrauchers bereits als „Vorstufe“ zu den später entstehenden vertraglichen Verpflichtungen ansieht, ist jedoch zum einen die Nähe zu der o.g. „Vertragsanwartschaft“[1348], die in dem Zusammenhang mit der Verbrauchererklärung schon deshalb vermieden werden sollte, da regelmäßig der Verbraucher das Angebot abgeben wird[1349] und er daher gerade nicht die Rechtsposition des Angebotsempfängers erhält. Zum anderen ist die - bislang gerichtlich unwidersprochen gebliebene - Rechtsprechung des Reichsgerichts[1350] zu beachten, wonach das Angebot gerade keinen „aufschiebend durch die Annahme bedingten“ Vertragsschluß beinhaltet und folglich auch keinen „bedingten vertraglichen Erfüllungsanspruch“ gewährt. Schließlich ist zu berücksichtigen, daß die dadurch vorliegende Anknüpfung an die vertragliche Bindung dazu führt, daß die „lex conctractus“ wieder allein in den Vordergrund der Betrachtung rückt.[1351] Daß diese „Unterworfenheit der Vertragsparteien unter den gemeinsamen Vertragswillen“ aber gerade von den daraus resultierenden vertraglichen Ansprüchen und Verpflichtungen zu trennen ist, wurde bereits verdeutlicht.[1352] Insbesondere die Anerkennung durch die Rechtsordnung ist nämlich der Grund für die Durchsetzbarkeit der - entweder jeweils einseitig gewollten[1353] oder verabredeten[1354] - vertraglichen Verpflichtungen. Wie die verbraucherschützenden Widerrufsrechte zeigen, ist dem Unternehmer die Durchsetzung vertraglicher Ansprüche gegen den Verbraucher aber gerade in den Fällen verwehrt, wo es die Rechtsordnung dem Verbraucher ermöglicht, durch die Ausübung des Widerrufsrechts die „Gebundenheit“ an seine vertragsgerichtete Willenserklärung nachträglich wieder aufzuheben. Dadurch erhält der Verbraucher schließlich die Möglichkeit, mittelbar auch die Entstehung (oder den Fortbestand) vertraglicher Wirkungen und Rechtsfolgen zu verhindern.

1347 Und in diesem Sinn „beseitigt“ der Widerruf die „Vorstufe“ der vertraglichen Wirkungen, nach den bisherigen Erkenntnissen also die „halbe“ Verpflichtungswirkung des Vertrags.

1348 Vgl. oben, Teil C.IV.2.a).

1349 Siehe dazu nur AK-BGB, *Hart* zu § 145 BGB, Rn. 2 m.w.N.: Der Unternehmer versucht bei Massenverträgen „der Bindungswirkung zu entgehen, ohne die Inhaltsbestimmung aufzugeben“.

1350 Vgl. RGZ 131, 24 ff., 27; 132, 6 ff., 7; siehe im Detail oben, Teil C.IV.1.b).

1351 Siehe dazu aber schon oben, Teil C.V.2.a) bb).

1352 Vgl. dazu nur *Larenz*, AT, 4. Aufl., S. 36 f.; siehe dazu näher oben, Teil C.IV.2.b).

1353 Siehe nur *Köndgen*, Selbstbindung ohne Vertrag, S. 158 f., 161 ff. m.w.N.

1354 Oder bei Massenverträgen regelmäßig vom Unternehmer und damit einseitig diktierten Bestimmungen, siehe nur AK-BGB, *Hart* zu § 145 BGB, Rn. 2 m.w.N.

bb) Die „Gebundenheit" iSv. § 355 I 1 BGB als „(Selbst-)Bindung an die Verbrauchererklärung"

Zumindest die Probleme einer Anknüpfung an die „Rechtsposition des Antragsempfängers"[1355] werden aber vermieden, wenn man die „Gebundenheit" iSv. § 355 I 1 BGB grundsätzlich als eigene Kategorie der „(Selbst-)Bindung an die Verbrauchererklärung" auffaßt. Auch unter Berücksichtigung dessen, daß sich der Unternehmer regelmäßig in die „günstige Lage" eines Angebotsempfängers begeben will,[1356] wird nach Wortlaut und Zweck des Widerrufsrechts nach § 355 I 1 BGB nur der Verbraucher geschützt, unabhängig davon, ob als Antragender iSv. § 145 BGB oder als Antragsempfänger (vgl. § 146 BGB). Da das „allgemeine" verbraucherschützende Widerrufsrecht nach seinem Wortlaut nur die aufgrund der Widerrufsausübung fehlende „Gebundenheit" des Verbrauchers an seine Willenserklärung vorsieht, läßt sich die „Lösung" von der „Gebundenheit" danach folgendermaßen beschreiben: „Nicht mehr gebunden" im Rahmen der Wirkungsweise des „allgemeinen" verbraucherschützenden Widerrufsrechts meint (zunächst) den Ausschluß bzw. die Beseitigung der „Bindungswirkung" (im Sinn von „Unwiderruflichkeit"), wie sie als Möglichkeit in § 145 2. Hs. BGB ausdrücklich nur für das Angebot vorgesehen ist. Diese Möglichkeit des Ausschlusses der prinzipiell gesetzlich angeordneten Bindung (an das Angebot) wird durch § 355 I 1 BGB auf sämtliche Willenserklärungen des Verbrauchers übertragen, die in der Lage sind, den Verbraucher als Vertragspartei zu verpflichten. In dieser Hinsicht ist auch die in der Privatrechtswissenschaft vorzufindende Gleichsetzung der fehlenden „Bindungswirkung" bezüglich des Angebots mit der „Widerruflichkeit" (iSv. § 130 I 2 BGB)[1357] kompatibel: Der Verbraucher erhält durch die Widerruflichkeit seiner bereits abgegebenen Willenserklärung[1358] die gesicherte und zeitlich beschränkte[1359] Rechtsposition, seine geäußerte Entscheidung bezüglich des konkreten Vertragsschlusses noch einmal zu überdenken im Sinne „nachträglicher Dispositionsfreiheit"[1360]. Dabei ist nicht die Ausübung des Widerrufsrechts, sondern die Widerrufsmöglichkeit (Widerrufslage) als „Widerruflichkeit" maßgebend, da der Verbraucher mit der Abgabe der Widerrufserklärung (des Widerrufs) seine nachträgliche Entscheidungs- und damit auch Korrekturmöglichkeit ausgeschöpft hat; die Widerrufsfrist bestimmt dabei die zeitliche Grenze. Daher ist die „nicht mehr bestehende Gebundenheit" an seine Willenserklärung als maßgebende Wirkung des Widerrufs auch nicht so zu verstehen, daß die Willenser-

---

1355 Siehe dazu oben, Teil C.IV.2.a).

1356 Vgl. dazu nur AK-BGB, *Hart* zu § 145 BGB, Rn. 2 m.w.N.

1357 Siehe nur RGRK, 12. Aufl., *Piper* zu § 145 BGB, Rn. 13; vgl. im übrigen Teil C.IV.1.a).

1358 Vgl. dazu oben, Teil C.III.4.

1359 Im Sinn der Notwendigkeit einer fristgerechten Widerrufserklärung - vgl. den früheren § 361a I 2 BGB (a.F.) und den heutigen § 355 I 2 BGB.

1360 Oder nachträgliche Dispositionsmöglichkeit, vgl. insoweit auch *von Koppenfels*, WM 2001, S. 1360 ff., 1365; *Gottwald/Honold*, JZ 1996, S. 577 ff., 579.

klärung des Verbrauchers nach seiner Wahl gilt oder nicht, während der Unternehmer an seine Erklärung gebunden ist.[1361]
Nach diesem Verständnis der widerrufsrechtlichen Wirkungsweise hat der Gesetzgeber mit der Gewährung eines „allgemeinen" verbraucherschützenden Widerrufsrechts - in der Gestalt sowohl des früheren § 361a I 1 BGB (a.F.) als auch des heutigen § 355 I 1 BGB - die im BGB vorhandenen allgemeinen Widerrufsmöglichkeiten bezüglich Willenserklärungen über die in §§ 130 I 2, 145 2. Hs. BGB geregelten Fälle hinaus für alle auf einen Vertragsschluß (mit einem Unternehmer) gerichteten Willenserklärungen eines Verbrauchers ausgeweitet, in denen gesetzlich ein („besonderes") verbraucherschützendes Widerrufsrecht vorgesehen ist. Entsprechend - aber eben nicht parallel - zu der Stellung des Antragsempfängers nach den §§ 145 ff. BGB erhält der Verbraucher dadurch eine vom Gesetz angeordnete und gesicherte Rechtsposition (Einräumung einer „nachträglichen Entscheidungsmöglichkeit"), so insbesondere durch den Ausschluß von für den Verbraucher nachteiligen Dispositionsmöglichkeiten.[1362] Zudem ist diese Rechtsposition vererblich und kann zusammen mit den vertraglichen Pflichten und Rechten auch rechtsgeschäftlich (§§ 398, 413 BGB) übertragen werden.[1363]
Entgegen der „vertragsbezogenen" Sicht vom Widerruf des „Verbrauchervertrags"[1364] „entfällt" der Vertragstatbestand erst dadurch (und somit nur mittelbar), daß nach der Ausübung des Widerrufsrechts - und der damit verbundenen Einwirkung auf die „Verbrauchererklärung" - die Willenserklärung des Unternehmers alleine keine vertraglichen Rechtsfolgen mehr begründen kann: Die durch die Widerrufserklärung erfolgende Ausübung des Widerrufsrechts führt nämlich dazu, daß zum einen die (nur) gesetzlich bestimmte „Bindung an das Angebot" im Sinn von „Unwiderruflichkeit" (vgl. §§ 130 I 2, 145 2. Hs. BGB) entfällt. Wie die o.g. Ausführungen[1365] gezeigt haben, ist diese „Bindung" aber ohnehin keine Selbstverständlichkeit, und ebenfalls kein (notwendiges) „Tatbestandsmerkmal" einer Willenserklärung, auch nicht eines „vertragsgerichteten" Angebots. Daher führt die Aufhebung der „Unwiderruflichkeit" (§§ 130 I 2, 145

1361 Daher ist die „Gebundenheit" auch nicht mit der „Rechtsverbindlichkeit" in §§ 74 II, 74a HGB gleichzusetzen, so auch *S. Lorenz*, JuS 2000, S. 833 ff., 835.

1362 Siehe noch zu § 361a BGB (a.F.) *Palandt*, 60. Aufl., *Heinrichs* zu § 361a BGB, Rn. 4; zu § 355 BGB *Dörner/Ebert/Eckert/Hoeren/Kemper/Saenger/Schulte-Nölke/Schulze/Staudinger* (Hg.): Handkommentar BGB, 2. Aufl., *Schulze* zu § 355 BGB, Rn. 3.

1363 Vgl. zu § 361a BGB (a.F.) *Palandt*, 60. Aufl., *Heinrichs* zu § 361a BGB, Rn. 7; vgl. zu § 355 BGB nur *Dauner-Lieb/Heidel/Lepa/Ring* (Hg.): Anwaltkommentar Schuldrecht, *Ring* zu § 355 BGB, Rn. 4 m.w.N. Siehe allgemein zu der Übertragbarkeit von Gestaltungsrechten nur *Palandt*, 60. Aufl., *Heinrichs* zu § 413 BGB, Rn. 5 ff. m.w.N.

1364 Vgl. noch zu § 361a BGB (a.F.) *Palandt*, 60. Aufl., *Heinrichs* zu § 361a BGB, Rn. 7, 28; siehe zu § 355 BGB nur *Dauner-Lieb/Heidel/Lepa/Ring* (Hg.): Anwaltkommentar Schuldrecht, *Ring* zu § 355 BGB, Rn. 12; *Ring* zu § 357 BGB, Rn. 6 f. m.w.N.

1365 Vgl. oben, Teil C.IV.2.b), sowie *Gernhuber*, WM 1998, S. 1797 ff., 1804.

2. Hs. BGB) einer einmal abgegebenen Verbrauchererklärung auch nicht zwingend und unbedingt zu deren rechtlicher „Vernichtung"[1366].
Zum anderen und darüberhinaus führt der Widerruf jedoch auch dazu, daß die in der Verbrauchererklärung enthaltene „Selbstbindung" (im Sinne einer „Selbstverpflichtung") „aufgehoben" wird: Auf diese vertragsgerichtete Verbrauchererklärung als „einseitige Verpflichtungserklärung" des Verbrauchers, die mit der ebenfalls intendierten „Fremdbindung" (im Sinn einer „Fremdverpflichtung") des Unternehmers als Erklärungsempfänger bereits die Rechtsfolgen des (beabsichtigten) Vertrags („lex conctractus") akzeptiert[1367], wird nämlich insoweit eingewirkt, als die rechtliche Anerkennung des darin vom Verbraucher geäußerten Willens, der auf einen Vertragsschluß gerichtet ist, versagt wird.[1368] Damit ist wiederum das fehlende Wahlrecht des Verbrauchers hinsichtlich der Rechtsfolgen des Widerrufs sowie der Ausschluß des Verzichts auf das Widerrufsrecht kompatibel. Auch diese „Selbstbindung" im Hinblick auf die (erwarteten und gewollten) vertraglichen Verpflichtungen und Ansprüche ist kein (notwendiges) Tatbestandsmerkmal einer Willenserklärung, so daß auch die Einwirkung des ausgeübten Widerrufsrechts auf die vertragsgerichtete Verbrauchererklärung nicht zu deren rechtlicher „Vernichtung" führt.[1369] Dies bedeutet, daß die Verbrauchererklärung hinsichtlich beider widerrufsrechtlicher „Einwirkungen" - zum einen auf die gesetzlich bestimmte „Bindung an die Willenserklärung des Verbrauchers" als „Unwiderruflichkeit" (vgl. §§ 130 I 2, 145 2. Hs. BGB) und zum anderen auf die angestrebte „vertragliche Bindung" („lex contractus") im Sinn einer einseitigen „Selbstbindung" bzw. „Selbstverpflichtung" des Verbrauchers bei gleichzeitig gewollter „Fremdbindung" bzw. „Fremdverpflichtung" des Unternehmers - bestehen bleibt. Soweit man die „Bindung an die Willenserklärung" und die „Bindung an den Vertrag" nicht als (notwendige) Tatbestandsmerkmale der vertragsgerichteten Verbrauchererklärung auffaßt, geht es im Rahmen der widerrufsrechtlichen Wirkungsweise dann aber nicht um den Tatbestand bzw. die Bestandskraft (von Willenserklärungen), sondern immer (nur) um bestimmte „Wirkungen" (d.h. Rechtsfolgen) der „vertragsgerichteten" Verbrauchererklärung: Diese wird nämlich mit dem Widerruf gemäß § 355 I 1 BGB als nicht mehr geeignet angesehen, vertragliche Verpflichtungen des Verbrauchers herbeizuführen, da mit der fehlenden Anerkennung des „vertragsgerichteten" Verbraucherwillens

[1366] So aber *Dauner-Lieb/Heidel/Lepa/Ring* (Hg.): Anwaltkommentar Schuldrecht, *Ring* zu § 355 BGB, Rn. 12 f.

[1367] Und die vertraglichen Rechtsfolgen insofern auch schon vor der Vertragsannahme durch den Unternehmer „vorwegnimmt".

[1368] Ob eine solche Konstruktion bei tatsächlich schon bis zur Perfektion gediehenen Verträgen die „schonendste Lösung" ist, bleibt sicherlich fraglich, der Gesetzgeber hat sie mit seiner Konstruktion aber dennoch gewählt. Vgl. auch *Gernhuber*, WM 1998, S. 1797 ff., 1804.

[1369] Vgl. auch *Gernhuber*, WM 1998, S. 1797 ff., 1804; die „Vernichtung" der Willenserklärung des Verbrauchers als widerrufsrechtliche Folge findet sich z.B. bei *Dauner-Lieb/Heidel/Lepa/Ring* (Hg.): Anwaltkommentar Schuldrecht, *Ring* zu § 355 BGB, Rn. 12 f.

durch die Rechtsordnung der „Verbrauchererklärung" jedenfalls die Eigenschaft genommen wird, rechtlich anerkannte „Selbstverpflichtungen" (im Sinn von „Selbstbindungen") einzugehen. Die Willenserklärung des Unternehmers hat damit kein taugliches „Bezugsobjekt" mehr, um im Wege des Vertragsschlusses in der Rechtsordnung anerkannte und durchsetzbare vertragliche Rechtsfolgen herbeizuführen.[1370] Dies hat wiederum zur Folge, daß vertragliche Ansprüche und Verpflichtungen jedenfalls im Ergebnis nicht vorliegen. Dabei ist zunächst noch offen, ob vertragliche Ansprüche und Verpflichtungen entweder gar nicht erst entstehen, da sie aufgrund einer (gesetzlich konstruierten) ex tunc-Wirkung des Widerrufs rückwirkend entfallen oder aber von dem Zeitpunkt der Ausübung des Widerrufsrechts an entfallen bei angenommener ex nunc-Wirkung.[1371] In diesem Sinne ist die „Gebundenheit" des Verbrauchers an seine auf einen Vertragsschluß mit einem Unternehmer gerichtete Erklärung jedenfalls immer nur eine „vorläufige", und dies in zweierlei Hinsicht.

3. „Bindung", „Gebundenheit" und „Bindungswirkung" als Bezugsobjekte des Widerrufsrechts gemäß § 355 I 1 BGB nach der Systematik des bürgerlichen Rechts

Die „zweifache Wirkung" der Ausübung des „allgemeinen" verbraucherschützenden Widerrufsrechts ist im folgenden für die „willenserklärungsbezogene" Betrachtung zugrundezulegen: Nach dieser Sichtweise bezieht sich das verbraucherschützende Widerrufsrecht gemäß § 355 I 1 BGB auf die „Bindung an die Verbrauchererklärung": Durch die Erweiterung der für alle Willenserklärungen geltenden Widerrufsmöglichkeit des § 130 I 2 BGB auch auf schon empfangene Verbrauchererklärungen gewährt das Gesetz dem Verbraucher einen mit der Stellung des Angebotsempfängers vergleichbaren Entscheidungsspielraum, wie er aus der „Bindung an das Angebot" iSv. § 145 BGB bekannt ist. Darauf ist die Wirkung des verbraucherschützenden Widerrufs aber nicht beschränkt, da letztlich immer auch auf die einseitige „Selbstverpflichtung" (im Sinn der gewollten „lex contractus") eingewirkt wird, und damit auf die „(Selbst-) Bindung an die Verbrauchererklärung".[1372] Diese Einwirkung besteht in der Versagung der rechtlichen Anerkennung einer Belastung des Verbrauchers mit vertraglichen Verpflichtungen in den gesetzlich vorgesehenen Widerrufstatbeständen. Die „Beweislast" dafür, daß dem Gesetzgeber eine solche dogmatische Konstruktion des Widerrufsrechts verwehrt sein sollte, trägt

---

1370 Strenggenommen muß man daher mit *Gernhuber*, WM 1998, S. 1797 ff., 1804, auch annehmen, daß die „Bindung an die eigene Erklärung" auch kein (notwendiges Tatbestandselement) des Verbrauchervertrags ist, zu dem die Verbrauchererklärung gehört. Der „bindungslösende" Widerruf führt danach jedenfalls zur fehlenden Anerkennung der „lex contractus" durch die Rechtsordnung auf „Verbraucherseite".

1371 Vgl. zu dieser Frage unten, Teil C.V.3.

1372 Jedenfalls insoweit kann *von Koppenfels*, WM 2001, S. 1360 ff., 1364, gefolgt werden, wenn sie davon spricht, daß durch den Widerruf „der Verbraucher von jeder Bindung" freigestellt wird.

dabei derjenige, der dies behaupten mag. Vielmehr sprechen für eine solche Konstruktion bereits bisherige Überlegungen zu einem „außerordentlichen“ (nicht verbraucherschützenden) Widerrufsrecht:[1373] Insbesondere für Fälle, in denen aufgrund des Empfangs (d.h. Zugang oder Vernehmung) des Angebots beim Empfänger kein Widerrufsrecht nach § 130 I 2 BGB mehr besteht, wurde zumindest in der Privatrechtswissenschaft schon diskutiert, dem Anbietenden bei der Veränderung wesentlicher wirtschaftlicher Umstände vor Vertragsschluß ein Widerrufsrecht auch außerhalb des Anwendungsbereichs der §§ 130 I 2, 145 2. Hs. BGB einzuräumen, wobei dieses „außerordentliche Widerrufsrecht“ nur restriktiv anzuwenden sein sollte.[1374] Denn auch in diesem Fall soll der Widerruf bewirken, daß das widerrufene Angebot nicht mehr angenommen werden kann,[1375] und damit dessen „Annahmefähigkeit“[1376] ausschließen. Eine derartige „Relativierung der Bindungswirkung“[1377] bedarf aber einer grundsätzlichen Rechtfertigung, wenn sie eine Ausnahme bleiben soll. Die Gefährdung des Verbrauchers in bestimmten Fallkonstellationen, wie sie bisher inbesondere im VerbrKrG, HWiG, FernAG und TzWrG geregelt waren und nunmehr im BGB zu finden sind, ist vom Gesetzgeber jeweils im Grundsatz angenommen worden. Über die Reichweite und insbesondere die Ausgestaltung dieses Schutzes mag man streiten[1378], nicht aber darüber, daß dem Gesetzgeber von Verfassungs wegen eine „Einschätzungsprärogative“[1379] zusteht, die ihn auch zu der rechtstechnischen Konstruktion des „allgemeinen“ verbraucherschützenden Widerrufsrechts nach § 355 I 1 BGB in der hier vorgenommenen Deutung berechtigt.

Auf diese Weise hebt sich das „allgemeine“ verbraucherschützende Widerrufsrecht - in der Gestalt sowohl des früheren § 361a I 1 BGB (a.F.) als auch des heutigen § 355 I 1 BGB - auch deutlich von den anderen „Vertragsbindungs-

---

[1373] Siehe dazu *Flume*, AT, II. Band, 3. Aufl., S. 643 f.; MK-BGB, 3. Aufl., *Kramer* zu § 145 BGB, Rn. 13. Sowohl *Flume* als auch *Kramer* sprechen dabei nur von Ausnahmen vom Prinzip der „Bindungswirkung“ gemäß §§ 130, 145 BGB infolge „veränderter Umstände“ vor Annahme der bereits abgegebenen Offerte.

[1374] Siehe z.B. *Flume*, AT, II. Band, 3. Aufl., S. 643 f.; MK-BGB, 3. Aufl., *Kramer* zu § 145 BGB, Rn. 13, einschränkend AK-BGB, *Hart* zu § 145 BGB, Rn. 28, jeweils m.w.N. Siehe auch OLG Düsseldorf, Urteil vom 10.10.1990, NJW-RR 1991, S. 311 ff., 312, unter Berufung auf *Flume* und *Kramer*, a.a.O.

[1375] So *Flume*, AT, II. Band, 3. Aufl., S. 644, FN. 28.

[1376] Vgl. aber *Larenz*, AT, 4. Aufl., S. 458, wonach der Ausschluß der Bindungswirkung nach § 145 2. Hs. BGB nicht die „Annahmefähigkeit“ des Angebots ausschließt.

[1377] AK-BGB, *Hart* zu § 145 BGB, Rn. 28.

[1378] Siehe instruktiv z.B. *Medicus*, in BMJ (Hg.): Gutachten und Vorschläge zur Überarbeitung des Schuldrechts, Band I, 1981, S. 479 ff., 520 ff.; *S. Lorenz*, Unerwünschter Vertrag, insb. S. 44 ff.; zuletzt *Mankowski*, WM 2001, S. 793 ff.; 833 ff.; jeweils m.w.N.

[1379] Vgl. dazu nur *Pieroth/Schlink*, Staatsrecht II, 17. Aufl., S. 65 f. m.w.N. Siehe zu der Gestaltungsfreiheit für den Bereich der sonderprivatrechtlichen Widerrufsrechte auch *Gernhuber*, WM 1998, S. 1797 ff., 1804.

lösungsrechten des BGB"[1380] ab: Als Gestaltungsrecht, dessen Ausübung die „Bindung" an eine bereits vollendete Verbrauchererklärung „nicht mehr" bestehen läßt, unterscheidet sich dieses speziell verbraucherschützende Widerrufsrecht damit von Gestaltungsrechten, die es „jedermann" im Falle der in §§ 119 f., 123 BGB geregelten Willensmängel ermöglichen, sich von wirksam gewordenen Willenserklärungen zu lösen (Anfechtungsrechte) sowie von denjenigen Gestaltungsrechten, die es durch Anknüpfung an ein Rechtsverhältnis ermöglichen, diese umzugestalten (Rücktrittsrechte) oder zu beenden (Kündigungsrechte). Daher ist auch mit *Gernhuber*[1381] davor zu warnen, der Versuchung zu erliegen, das verbraucherschützende Widerrufsrecht einem (besonderen) Rücktrittsrecht gleichzusetzen[1382], denn sowohl der Tatbestand als auch die Rechtsfolgen sind jeweils „unüberbrückbar geschieden"[1383]. Dies zeigt nicht nur bereits das unterschiedliche Anknüpfungsobjekt[1384], d.h. die Willenserklärung des Verbrauchers beim Widerrufsrecht, sondern auch die bisherigen Ausführungen.[1385]

Abschließend zur widerrufsrechtlichen Wirkungsweise ist auf die noch offene Frage einzugehen, wie die Ausübung des Widerrufsrechts „zeitlich" wirkt. Es ist nämlich von vornherein nicht festgelegt, ob der Widerruf ex nunc oder ex tunc wirkt, da das Gesetz und seine Begründung[1386] keine explizite Aussage

---

1380 Vgl. z.B. *Medicus*, in BMJ (Hg.): Gutachten und Vorschläge zur Überarbeitung des Schuldrechts, Band I, 1981, S. 479 ff., 519 ff., 521; *Gernhuber*, WM 1998, S. 1797 ff., 1801 f., siehe zuletzt *von Koppenfels*, WM 2001, S. 1360 ff., 1363 ff.

1381 WM 1998, S. 1797 ff., 1801 f. m.w.N.

1382 Siehe z.B. *Dauner-Lieb/Heidel/Lepa/Ring* (Hg.): Anwaltkommentar Schuldrecht, *Ring* zu § 355 BGB, Rn. 12; *Lütcke*, Fernabsatzrecht, zu § 312d BGB, Rn. 11; *von Koppenfels*, WM 2001, S. 1360 ff., 1363 ff.; *Palandt*, 60. Aufl., *Heinrichs* zu § 361a BGB, Rn. 2, 28 (insoweit widersprüchlich, als in Rn. 8 von einem „Schwebezustand" die Rede ist); vor § 104 BGB, Rn. 32a; zu § 3 FernAG, Rn. 1; vgl. auch *Palandt*, 60. Aufl., *Putzo* zu § 7 VerbrKrG, Rn. 7; *Putzo* zu § 5 TzWrG, Rn. 2; *Bülow*, WM 2000, S. 2361 ff., 2361 f.; *Fuchs*, ZIP 2000, S. 1273 ff., 1281 f. („Widerrufsrecht als modifiziertes gesetzliches Rücktrittsrecht"); s.a. *Härting/Schirmbacher*, MDR 2000, S. 917 ff., 922 („Anlehnung der dem Verbraucher gegebenen Widerrufsrechte an das Rücktrittsrecht des BGB"). Vgl. noch zur FARL und zum RefE *Heinrichs*, FS *Medicus*, S. 177 ff., 191 f.; *Micklitz/Reich*, BB 1999, S. 2093 ff., 2094; *Artz*, VuR 1999, S. 393 ff., 395; *Waldenberger*, K&R 1999, S. 345 ff., 348 ff., 350 (befristetes Rücktrittsrecht des Verbrauchers von einem wirksamen Vertrag").

1383 So *Gernhuber*, WM 1998, S. 1797 ff., 1801.

1384 Siehe z.B. *Fuchs*, AcP 196 (1996), S. 313 ff.,323; vgl. auch *von Koppenfels*, WM 2001, S. 1360 ff., 1365; *Gernhuber*, WM 1998, S. 1797 ff., 1804 f. (auch in Abgrenzung zum Anfechtungsrecht).

1385 An anderer Stelle geht der BGH auch (anhand der BT-Dr. 7/1398, S.2) auf die gesetzgeberische Möglichkeit ein, die verbraucherschützenden Widerrufsrechte als Rücktrittsrechte auszugestalten und damit die „Wirksamkeit des Vertrags" während des Laufs der Widerrufsfrist zu begründen; „aufgrund der eindeutigen Gesetzeslage" läßt das Gericht eine solche „wertende Auslegung" aber gerade nicht zu, vgl. BGHZ 131, 82 ff., 88 f.

1386 Vgl. die amtliche Begründung zu § 361a BGB, BT-Dr. 14/2658, S. 41 ff.

dazu enthalten.[1387] Die Frage nach der zeitlichen Wirkung bedingt entscheidend, ob vertragliche Ansprüche und Verpflichtungen entweder gar nicht erst entstehen, indem sie aufgrund einer ex tunc-Wirkung des Widerrufs rückwirkend wegfallen, oder aber erst von dem Zeitpunkt der Ausübung des Widerrufsrechts an entfallen bei angenommener ex nunc-Wirkung. Von dem Standpunkt der „willenserklärungsbezogenen" Betrachtung, nach der der Widerruf zu einer Aufhebung der „Bindung an die Verbrauchererklärung" führt, sind zunächst beide Wirkungsweisen denkbar: Danach wird nicht nur die „Bindung an die Verbrauchererklärung" beseitigt, sondern auch dem auf den Vertragsschluß - und damit auf eine „lex contractus" - gerichteten Willen des Verbrauchers die rechtliche Anerkennung versagt. Die Willenserklärung des Unternehmers hat mit der widerrufenen „Verbrauchererklärung" nämlich kein taugliches „Bezugsobjekt" mehr, um im Wege des Vertragsschlusses vertragliche Rechtsfolgen herbeizuführen. Dies hat in jedem Fall zur Folge, daß vertragliche Ansprüche und Verpflichtungen im Ergebnis nicht bestehen. Im Unterschied zur Anfechtung (vgl. § 142 I BGB) wird die Willenserklärung dabei nicht in ihrem „rechtlichen Bestand" vernichtet, sondern sie wird nur ihrer „zweifachen Bindungswirkung" beraubt, im übrigen mag sie bestehenbleiben.[1388] Hinsichtlich beider „Einwirkungen", zum einen auf die „Bindung an die Willenserklärung" und zum anderen auf die beabsichtigte „vertragliche Bindung", besteht nämlich keine Notwendigkeit, daß die Willenserklärung des Verbrauchers „vernichtet"[1389] wird. Entscheidend ist nur, daß die Erklärung des Verbrauchers als nicht mehr geeignet angesehen wird, vertragliche Verpflichtungen zu dessen Lasten herbeizuführen. Damit „schrumpft" sie angesichts ihrer beabsichtigten Wirkungen (die vertraglichen Rechtsfolgen) zu einem „rechtlichen nullum"[1390], mag auch ihr Tatbestand bestehenbleiben. Soweit aber keine vollständige und damit auch rückwirkende „Vernichtung" einer Willenserklärung durch die Ausübung des Widerrufsrechts eintritt, ist die Wirkung dieses verbraucherschützenden Gestaltungsrechts auch in dieser Hinsicht von den Wirkungen der Ausübung eines Anfechtungsrechts gemäß § 142 I BGB zu unterscheiden.[1391] Unter Berücksichtigung dessen, daß auch die Anfechtungswirkung nach § 142 I BGB „nicht als Gebot der Rechtslogik, sondern als Ausdruck einer Wertung"[1392] anzusehen ist, stellt sich daher die Frage, inwieweit diese Rückwir-

---

1387 Angesichts dieser „zweifelsbehafteten Frage" rät z.B. *Mankowski*, WM 2001, S. 833 ff., 843, dem Gesetzgeber zu einer „verbindlichen Klarstellung".

1388 Siehe aber *Gernhuber*, WM 1998, S. 1797 ff., 1801; vgl. auch *von Koppenfels*, WM 2001, S. 1360 ff., 1365.

1389 So aber z.B. *S. Lorenz*, JuS 2000, S. 833 ff., 835.

1390 Siehe auch für den „Widerruf nicht bindender Willenserklärungen" *Gernhuber*, WM 1998, S. 1797 ff., 1803 f.

1391 Vgl. zum Unterschied zwischen (und den Gemeinsamkeiten von) Widerrufsrecht und Anfechtungsrecht auch *Gernhuber*, WM 1998, S. 1797 ff., 1804 f.; *Fuchs*, ZIP 2000, S. 1273 ff., 1283; *Mankowski*, WM 2001, S. 833 ff., 843 f.; *von Koppenfels*, WM 2001, S. 1360 ff., 1363 ff.; jeweils m.w.N.

1392 MK-BGB, 3. Aufl., *Mayer-Maly* zu § 142 BGB, Rn. 14.

kung bei dem „allgemeinen“ verbraucherschützenden Widerrufsrecht geboten ist.[1393]

Sowohl in der Literatur zu dem früheren § 361a BGB (a.F.) als auch zu dem jetzigen § 355 BGB wird (fast) einhellig eine bloße ex nunc-Wirkung des ausgeübten Widerrufsrechts angenommen, wobei zur Begründung sowohl auf die Formulierung des an der ursprünglichen Fassung von § 4 I FernUSG orientierten Wortlauts („nicht mehr gebunden“)[1394], als auch auf die Regelung der Rechtsfolgen des Widerrufs in § 357 BGB (früher § 361a II BGB a.F.) und dort speziell auf § 357 I 1 BGB (früher § 361a II 1 BGB a.F.), der auf das Rücktrittsrecht verweist, abgestellt wird.[1395] Dies ist zum einen im Hinblick auf die Richtlinienkonformität bezüglich Art. 6 I, II der Fernabsatzrichtlinie fraglich, wonach der Verbraucher von allen widerrufsbedingten Nachteilen freizustellen ist, falls die ex nunc-Wirkung zu Ansprüchen gegen den Verbraucher oder zu dessen Schädigung[1396] führt.[1397] Zum anderen ist nach den bisherigen Erkenntnissen zu berücksichtigen, daß die „Bindung an die Willenserklärung“ weder eine Wirksamkeitsvoraussetzung derselben noch eine Tatbestandsvoraussetzung des Vertrags ist, „dessen Element die Verbrauchererklärung ist“[1398], so daß der Widerruf nicht bindender Verbrauchererklärungen „weder einen Mangel der Erklärung noch einen des Vertrages, zu dem sie gehört“[1399], begründet. Dies hat

---

1393 So stellt z.B. *Härting*, VuR 2001, S. 11 ff., 11, die Frage, „weshalb § 361a BGB nicht einfach auf § 142 Abs. 1 BGB verweist“.

1394 Nach *Mankowski*, WM 2001, S. 833 ff., 843, ist der Gesetzeswortlaut („nicht mehr“) als „ab dann“ zu verstehen.

1395 Siehe zu § 361a BGB (a.F.) z.B. *S. Lorenz*, JuS 2000, S. 833 ff., 835; *Bülow/Artz*, NJW 2000, S. 2049 ff., 2052 f., *Fuchs*, ZIP 2000, S. 1273 ff., 1283; *Riehm*, Jura 2000, S. 505 ff., 506; s.a. *von Koppenfels*, WM 2001, S. 1360 ff., 1362, 1364 (zu §§ 361a BGB a.F., 355 BGB); a.A. *Härting*, VuR 2001, S. 11 ff., 11, der von „rückwirkender Beseitigung“ des Vertrags ausgeht, und eine Parallele zu der Rechtsfolge des Anfechtungsrechts gemäß § 142 I BGB zieht. Vgl. auch *Mankowski*, WM 2001, S. 833 ff., 842 f., der sich auch mit den Folgen einer Rückwirkung auseinandersetzt. S.a. *Gernhuber*, WM 1998, S. 1797 ff., 1803 f. Vgl. zu § 355 BGB z.B. *Dauner-Lieb/Heidel/Lepa/Ring* (Hg.): Anwaltkommentar Schuldrecht, *Ring* zu § 355 BGB, Rn. 12 ff. m.w.N.; *Ring*, in *Dauner-Lieb/Heidel/Lepa/Ring*, Neues Schuldrecht, S. 343 ff., 382 ff., 401 ff.; s.a. *Dörner/Ebert/Eckert/Hoeren/Kemper/Saenger/Schulte-Nölke/Schulze/Staudinger* (Hg.): Handkommentar BGB, 2. Aufl., *Schulze* zu § 357 BGB, Rn. 1; *Lütcke*, Fernabsatzrecht, zu § 312d BGB, Rn. 11; krit. zur „schwebenden Wirksamkeit“ schon *N. Fischer*, DB 2002, S. 253 ff., 256 f.

1396 Man denke z.B. an Verzugsschäden des Verbrauchers (vgl. §§ 286, 287 BGB).

1397 Der Frage kann in diesem Zusammenhang nicht nachgegangen werden, hinzuweisen ist aber darauf, daß derselbe Einwand bereits gegen die frühere Ausgestaltung des Widerrufsrechts nach dem RefE zum FernAG vorgebracht wurde - vgl. dazu *Bülow*, ZIP 1999, S. 1293 ff., 1295.

1398 So insbesondere *Gernhuber*, WM 1998, S. 1797 ff., 1804; vgl. auch *Larenz*, AT, 4. Aufl., S. 458.

1399 *Gernhuber*, WM 1998, S. 1797 ff., 1804.

wiederum zur Folge, daß sowohl die Erklärung des Verbrauchers als auch der - u.U. schon zustandegekommene - Vertrag zwischen Verbraucher und Unternehmer während des Laufs der Widerrufsfrist als „tatbestandsmäßig" gegeben und allein der „Fortbestand" (bezüglich der Rechtsfolgen) derselben in der Zukunft als fraglich angesehen werden.[1400] Dies schließt aber wiederum nicht aus, daß die Rückwirkung des Widerrufs angeordnet wird, da es sich insoweit wie beim Anfechtungsrecht um eine Wertungsfrage handelt, die auch Ausnahmen im Wege richterlicher Rechtsfortbildung zuläßt.[1401] Soweit sich in den Gesetzesmaterialien daher (allein) die „schwebende Wirksamkeit" des Vertrags als Erklärungsansatz findet,[1402] bedeutet dies noch keine Ablehnung einer solchen Rückwirkung, da damit auch die bloße Vernichtbarkeit während der Widerrufsfrist (Widerrufslage) gemeint sein kann, wie auch die Fehldeutungen und Begriffsunklarheiten im alten Rechtszustand belegen.[1403] Auch hinsichtlich der Anwendung des Fernabsatzrechts (vgl. §§ 312b-312d BGB, früher FernAG) widerspricht die Rückwirkung nicht Art. 7 Fernabsatzrichtlinie, da der danach vorausgesetzte Erfüllungsanspruch des Verbrauchers jedenfalls grundsätzlich mit dem Vertragsschluß entsteht.[1404] Der „Wegfall" der vertraglichen Erfüllungsansprüche nach der Ausübung des Widerrufsrechts ist in dieser Hinsicht daher unproblematisch, so daß sich im wesentlichen nur die Frage nach der zwischenzeitlichen Berechtigung zum Besitz stellt.[1405] Dagegen ist das Problem der Geltendmachung von Rechten wegen Mängeln der Sache während der kurzen zweiwöchigen Frist von § 355 I 2 BGB zu vernachlässigen, da der Verbraucher die jederzeitige Widerrufsmöglichkeit hat. Wird dieses Problem aber dennoch einmal virulent, dann stellt sich bei einer Rückwirkung dieselbe Problematik ein, wie sie bisher insbesondere aus dem Verhältnis von kaufrechtlichen Gewährleistungsansprüchen (nach heutiger Terminologie: „Rechte des Käufers bei Mängeln" der Sache gemäß § 437 BGB) und der (zulässigen) Anfechtung des Kaufvertrags bekannt ist.[1406] Wenigstens für diese Fallkonstellationen ist die Rückwirkung der widerrufsrechtlichen Wirkungen für den Ver-

---

1400 Siehe für den „Widerruf nicht bindender Willenserklärungen" *Gernhuber*, WM 1998, S. 1797 ff., 1804. Darin stimmen für § 361a BGB (a.F.) auch *Bülow/Artz*, NJW 2000, S. 2049 ff., 2052, überein, wonach „mit der Vollendung des Vertragsabschlusstatbestands Erfüllungsansprüche entstehen".

1401 Siehe zum Anfechtungsrecht und den Ausnahmen contra legem nur MK-BGB, 3. Aufl., *Mayer-Maly* zu § 142 BGB, Rn. 14 ff. m.w.N.

1402 Vgl. die amtliche Begründung, BT-Dr. 14/2658, S. 41 ff., 41 („...Vertrag während der Frist für die Ausübung des Widerrufsrechts schwebend wirksam"), 47.

1403 Darauf weist auch *Gernhuber*, WM 1998, S. 1797 ff., 1804, hin, der den Terminus der „schwebenden Wirksamkeit" allein bei der Widerruflichkeit „nicht bindender Willenserklärungen", nicht aber bei der Widerruflichkeit „nicht wirksam gewordener Willenserklärungen" zulassen will. Siehe im übrigen auch oben, Teil B.II.2 und B.III.3.

1404 Vgl. auch *Bülow/Artz*, NJW 2000, S. 2049 ff., 2051 m.w.N.; s.a. oben, Teil B.II.2.

1405 Siehe dazu z.B. *Berger*, Jura 2001, S. 289 ff., 292; *Gernhuber*, WM 1998, S. 1797 ff., 1800.

1406 Vgl. nur *Palandt*, 60. Aufl., *Putzo* vor § 459 BGB, Rn. 8 f. m.w.N.

braucher nachteiliger als eine bloße ex nunc-Wirkung des Widerrufs. Außerdem ist die Rückwirkung stets eine normative Fiktion (vgl. § 142 I BGB), die als gesetzgeberische Wertung „eines besonderen Ausdrucks bedarf“[1407]. Da es sowohl bei dem früheren § 361a I BGB (a.F.) als auch bei dem heutigen § 355 I BGB daran fehlt[1408], ist jedenfalls grundsätzlich für die „willenserklärungsbezogene“ Sichtweise nur von einer ex nunc-Wirkung auszugehen, es sei denn, der Schutz des Verbrauchers vor widerrufsbedingten Nachteilen erfordert angesichts der vom Gesetzgeber offengelassenen Frage eine Korrektur extra legem. In diesem Zusammenhang ist auch davor zu warnen, die Konstruktion des „allgemeinen“ verbraucherschützenden Widerrufsrechts (gemäß § 355 I 1 BGB) so zu verstehen, daß die „Wirksamkeit“ der Verbrauchererklärung wie des Verbrauchervertrags auflösend bedingt durch die Ausübung des Widerrufsrechts sei.[1409] Nach den bisherigen Erkenntnissen kann eine auflösende Bedingung gemäß § 158 II BGB schon deshalb nicht vorliegen, da das Unterbleiben des (fristgerechten) Widerrufs als künftiger ungewisser Umstand, von dem der Fortbestand der Geltung abhängt, nicht von dem Willen der Parteien abhängig ist. Vielmehr werden die maßgeblichen Wirkungen der Verbrauchererklärung aufgrund gesetzlicher Anordnung infolge des Widerrufs aufgehoben, so daß es sich um eine sog. Rechtsbedingung handelt, auf die die §§ 158 ff. BGB nicht anzuwenden sind.[1410]

VI. Ergebnis zu Teil C.

Wie die bisherigen Erkenntnisse gezeigt haben, handelt es sich bei der Regelung des § 355 I 1 BGB zwar insoweit um „eine der Systematik des BGB bislang fremde Konstruktion“[1411], als der aus der Vertragsschlußdogmatik des BGB[1412] entlehnte und bislang in seinem Inhalt unklare Begriff der „Gebundenheit“ in einem anderen, modernen sonderprivatrechtlichen Zusammenhang vom Gesetzgeber verwendet worden ist. Richtig ist auch, daß dieses einheitliche verbraucherschützende Widerrufsrecht im Vergleich zu anderen im BGB enthaltenen Gestaltungsrechten, die unmittelbar (wie das vertragsbezogene Rücktrittsrecht) oder mittelbar (wie das willenserklärungsbezogene Anfechtungsrecht) auf die „Lösung vom Vertrag“ gerichtet sind, „systemfremd“ ist, da diese allein die Anordnung des jeweiligen Gestaltungsrechts enthalten, aber „nichts

1407 *Mankowski*, WM 2001, S. 833 ff., 843.

1408 Wie *Mankowski*, WM 2001, S. 833 ff., 844, hervorhebt, fehlt es im ganzen Verbraucherschutzrecht an einer solchen Rückwirkungsanordnung.

1409 Vgl. z.B. *Mankowski*, WM 2001, S. 833 ff., 843 f. („schwebende Wirksamkeit“ als auflösende Bedingung nach § 158 II BGB); s.a. *Dauner-Lieb/Heidel/Lepa/Ring* (Hg.): Anwaltkommentar Schuldrecht, *Ring* zu § 355 BGB, Rn. 6.

1410 Darauf weist insbesondere *Gernhuber*, WM 1998, S. 1797 ff., 1804, hin. Vgl. allgemein zu § 158 II BGB nur *Palandt*, 60. Aufl., *Heinrichs* vor § 158 BGB, Rn. 5 m.w.N.

1411 So *von Koppenfels*, WM 2001, S. 1360 ff., 1364.

1412 Im Sinn der §§ 145 ff. BGB, wobei § 151 S. 1 BGB nur beiläufig verdeutlicht, daß durch das Übereinstimmen von Annahme und Antrag der Vertrag zustandekommt - vgl. auch *Larenz/Wolf*, AT, 8. Aufl., S. 583.

über die Auswirkungen auf die Bindung an die zu beseitigende Willenserklärung aussagen“[1413]. Dennoch sind die diversen verbraucherschützenden Widerrufsrechte, die ihre „rechtstechnische Konstruktion“ jeweils in dem einheitlichen (und in diesem Sinne auch „allgemeinen“) verbraucherschützenden Widerrufsrecht finden, in alter (vgl. § 361a I 1 BGB a.F.) wie neuer (siehe § 355 I 1 BGB) Fassung Gestaltungsrechte, da sie die Berechtigung gewähren, bestimmte Wirkungen einer einmal abgegebenen Willenserklärung des Verbrauchers zu beseitigen. Jeweils zu unterscheiden ist dabei die Widerruflichkeit als (regelmäßig zeitlich beschränkte) Möglichkeit des Widerrufs (Widerrufslage) und die Ausübung des Widerrufsrechts (durch den „Widerruf“ als Widerrufserklärung). Während die Widerruflichkeit noch keine entscheidenden Auswirkungen auf den tatsächlichen oder rechtlichen Bestand der Verbrauchererklärung hat, bewirkt die Ausübung des Widerrufsrechts, daß der Willenserklärung des Verbrauchers zentrale rechtliche Wirkungen genommen werden, zum einen die „Bindungswirkung“ iSv. § 145 BGB[1414], zum anderen die rechtliche Anerkennung des vom Verbraucher auf eine vertragliche Regelung (mit dem Unternehmer) gerichteten und geäußerten Willens. Diese gesetzliche Einschränkung des „Vertragswillens“ beim Verbraucher führt dazu, daß der Verbraucher - auch bei entgegenstehendem tatsächlichen Willen - nicht der intendierten „lex contractus“ unterworfen wird mit der weiteren Folge, daß vertragliche Rechtsfolgen, also im wesentlichen Verpflichtungen und Ansprüche, mit der Ausübung des Widerrufs ex nunc wegfallen. Daher handelt es sich bei dem Widerruf auch um eine rechtsvernichtende Einwendung[1415] des Verbrauchers.
Damit findet auch das prozessuale Problem[1416] seine Klärung, wie die Ausübung des Widerrufsrechts im Rahmen einer Vollstreckungsgegenklage nach § 767 ZPO wirkt. In der Fassung sowohl des früheren § 361a I 1 BGB (a.F.) als auch des heutigen § 355 I 1 BGB ist die Ausübung des Widerrufsrechts gerade keine rechtshindernde, sondern eine rechtsvernichtende Einwendung mit der Folge, daß der Einwand des Widerrufs nicht automatisch gemäß § 767 II ZPO präkludiert ist.[1417] Damit ist jedoch „eine weitere nachteilige Folge der schwe-

---

1413 *von Koppenfels*, WM 2001, S. 1360 ff., 1364.

1414 Dies gilt zumindest für den Regelfall, daß der Verbraucher das Angebot abgibt. Auch für die umgekehrte Konstellation ist die „Bindung an die Verbrauchererklärung“ betroffen, da ein Widerruf gerade über den Fall des § 130 I 2 BGB hinaus ermöglicht wird.

1415 Insoweit in Übereinstimmung z.B. mit *Lütcke*, Fernabsatzrecht, zu § 312d BGB, Rn. 12; *Mankowski*, WM 2001, S. 793 ff., 800; *Berger*, Jura 2001, S. 289 ff., 292; *S. Lorenz*, JuS 2000, S. 833 ff., 836; vgl. zum Rechtszustand vor Einführung des „allgemeinen“ verbraucherschützenden Widerrufsrechts z.B. schon *Boemke*, AcP 197 (1997), S. 161 ff., 179; jeweils m.w.N.

1416 Vgl. oben, Teil B.II.2.b).

1417 Zum selben Ergebnis in einer solchen Fallkonstellation, wie sie BGHZ 131, 82 ff. zugrundeliegt, kommen z.B. *Lütcke*, Fernabsatzrecht, zu § 312d BGB, Rn. 12; *Mankowski*, WM 2001, S. 793 ff., 800 f.; *Berger*, Jura 2001, S. 289 ff., 292; *S. Lorenz*, JuS 2000, S. 833 ff., 836.

benden Unwirksamkeit"[1418] noch nicht beseitigt, denn die in BGHZ 131, 82 ff. angesprochenen Probleme[1419] werden jedenfalls im wesentlichen auf die Beantwortung der Streitfrage verlagert, ob im Rahmen des § 767 II ZPO auf das Bestehen oder die Ausübung des Gestaltungsrechts abzustellen ist.[1420] Dabei wird - schon seit der Einführung des ersten „allgemeinen" verbraucherschützenden Widerrufsrechts in § 361a BGB (a.F.) und auch beim geltenden § 355 BGB - überwiegend - und damit entgegen der Differenzierung der Rechtsprechung[1421] - auf den Zeitpunkt der Ausübung des Widerrufsrechts abgestellt.[1422] Dieser „rechtspolitisch wünschenswerten" Entscheidung[1423] der überwiegenden Privatrechtswissenschaft ist auch für den „willenserklärungsbezogenen" Ansatz zu folgen: Nicht nur dogmatische Gründe[1424], sondern auch die gesetzgeberische Wertung sprechen dafür: Zum einen stellt die Widerrufserklärung mit ihren rechtsgestaltenden Wirkungen eine „neue Tatsache" dar, wenn die Gestaltungserklärung erst nach dem Urteil erfolgt, dessen Vollstreckbarkeit angegriffen wird. Zum anderen ist es mit der Intention des deutschen Gesetzgebers[1425] wie des europäischen „Richtliniengebers"[1426] unvereinbar, daß der Unternehmer durch Klageerhebung oder Mahnbescheid das Widerrufsrecht des Verbrauchers und damit seine nachträgliche Dispositionsmöglichkeit vereiteln kann, insbesondere wenn es der Verbraucher mangels Belehrung noch nicht einmal kennt und sich daher auch nicht entsprechend „verteidigen" kann. Die damit einhergehende Möglichkeit der Verkürzung der Widerrufsfrist mit Hilfe

---

1418 So *S. Lorenz*, JuS 2000, S. 833 ff., 836.

1419 Siehe dazu z.B. *Gottwald/Honold*, JZ 1996, S. 577 ff.; sowie im Detail oben, Teil C.V.1.b).

1420 So zutreffend *Berger*, Jura 2001, S. 289 ff., 292. Vgl. zum Streitstand oben, Teil B.II.2.b).

1421 Nach BGHZ 94, 29 ff., 34 f., wird differenziert zwischen einem gesetzlichen Gestaltungsrecht (maßgebender Zeitpunkt: Entstehung) und einem vertraglichen Gestaltungsrecht (Ausübung als relevanter Zeitpunkt).

1422 Siehe zu §§ 361a BGB (a.F.), 355 BGB z.B. *Mankowski*, WM 2001, S. 793 ff., 800 f.; vgl. im übrigen *Berger*, Jura 2001, S. 289 ff., 292; *S. Lorenz*, JuS 2000, S. 833 ff., 836; jeweils m.w.N. Vgl. zum früheren Rechtszustand z.B. *Krämer*, ZIP 1997, S. 93 ff., 95; *Gottwald/Honold*, JZ 1996, S. 577 ff., 580; a.A. z.B. *Boemke*, AcP 197 (1997), S. 161 ff., 181 ff., 186; *S. Lorenz*, NJW 1995, S. 2258 ff., 2263.

1423 So *S. Lorenz*, JuS 2000, S. 833 ff., 836.

1424 Wie gezeigt wurde, ist die Widerruflichkeit unbeachtlich, wenn kein fristgemäßer Widerruf erfolgt, erst mit der Gestaltungserklärung ergeben sich auch die Wirkungen des Gestaltungsrechts, vgl. auch *Mankowski*, WM 2001, S. 793 ff., 801.

1425 Siehe (zum ursprünglichen Wortlaut von § 1 I HWiG) insbesondere *Gottwald/Honold*, JZ 1996, S. 577 ff., 579 f. m.w.N.

1426 Siehe dazu z.B. *Berger*, Jura 2001, S. 289 ff., 292, mit dem Hinweis auf die siebentägige „Rücktrittsfrist" in Art. 5 I der Haustürgeschäfterichtlinie (Richtlinie 85/577/EWG vom 20.12.1985, ABl. EG Nr. L 372, S. 31). *Berger*, a.a.O., weist zudem darauf hin, daß richtlinienkonform auch solche nationalen Bestimmungen auszulegen sind, die nicht erst anläßlich einer Richtlinienumsetzung geschaffen worden sind.

des Prozeßrechts[1427] ist weder privatrechtsdogmatisch gerechtfertigt noch prozessual zwingend[1428], so daß letztlich im Sinn eines effektiven Verbraucherrechtsschutzes das Widerrufsrecht nach § 355 BGB „als gesetzliches Gestaltungsrecht zu begreifen" ist, das dem Verbraucher „eine Überlegungsfrist einräumt, die er in allen Fällen bis zum Ende ausschöpfen kann"[1429].

Insgesamt betrachtet ist die entscheidende Hypothese des „willenserklärungsbezogenen" Ansatzes bestätigt worden, nach der die Wirkungsweise des „allgemeinen" verbraucherschützenden Widerrufsrechts in der Gestalt sowohl des früheren § 361a I 1 BGB (a.F.) als auch des jetzigen § 355 I 1 BGB allein die „Gebundenheit" bei einer bereits abgegebenen Willenserklärung des Verbrauchers betrifft, die im Zeitpunkt ihrer Abgabe vielleicht noch nicht einmal zu einem Vertrag zwischen Verbraucher und Unternehmer geführt hat. Dies alles steht im Gegensatz zu der bisher überwiegenden Sicht von der „Vertragsbezogenheit" der widerrufsrechtlichen Wirkungsweise: Danach soll nämlich die Ausübung des Widerrufsrechts dazu führen, daß der Vertrag „unwirksam" wird. Mit der „willenserklärungsbezogenen" Betrachung der widerrufsrechtlichen Wirkungsweise ist somit der Weg geebnet für eine differenziertere Sichtweise, die zugleich den Abschied von der „vertragsbezogenen" Sicht einleiten kann.

1427 Die nach *Gottwald/Honold*, JZ 1996, S. 577 ff., 580, insbesondere bei den „keineswegs seltenen Fällen der Titulierung einer Gegenleistung in einem Vollstreckungsbescheid" vorliegt.

1428 Auf den „außerordentlichen Rechtsschutz" mit einer Klage nach § 826 BGB weisen z.B. *Gottwald/Honold*, JZ 1996, S. 577 ff., 580, hin; zur Gefahr der „Prozeßverschleppung" siehe z.B. *Berger*, Jura 2001, S. 289 ff., 292.

1429 *Gottwald/Honold*, JZ 1996, S. 577 ff., 580.

D. Fazit und Ausblick

Im folgenden sollen die Ergebnisse der Untersuchung zusammengefaßt und das mit dem „willenserklärungsbezogenen“ Ansatz verbundene „neue Verständnis“ der Wirkungsweise verbraucherschützender Widerrufsrechte als zentrales Anliegen dieser Arbeit hervorgehoben werden. Schließlich wird in einem Ausblick auf die voranschreitende „Europäisierung des Privatrechts“ in ihrer Bedeutung für die sonderprivatrechtlichen Widerrufsrechte eingegangen.

I. Zusammenfassung der Einzelergebnisse

Bei der Betrachtung der herkömmlichen „vertragsbezogenen“ Sichtweise der verbraucherschützenden Widerrufsrechte, wie sie sich schon vor Einführung des § 361a BGB (a.F.) insbesondere in den Modellen der „schwebenden Unwirksamkeit“ wie der „schwebenden Wirksamkeit“ äußerte, hat sich gezeigt, daß deren dogmatische und systematische Schwächen, Unklarheiten und Probleme noch nicht überwunden sind, da sie ihre Fortsetzung in der sowohl zu § 361a BGB (a.F.) als auch bei § 355 BGB vertretenen Sichtweise der „schwebenden Wirksamkeit“ des Verbrauchervertrags findet. Diese „vertragswirksamkeitsbezogene“ Sichtweise trägt vor allem eine zweifache Simplifizierung in sich, zum einen die Annahme der „Vertragsbezogenheit“ des Widerrufsrechts und zum anderen die Einordnung des ausgeübten Widerrufs als „Unwirksamkeitsvoraussetzung“ des Vertrags wie der darauf gerichteten Willenserklärung des Verbrauchers. Nicht nur die entsprechende Begrifflichkeit, sondern vor allem der Umstand, daß diese Sichtweise den dogmatisch wie systematisch kaum hinterfragten Hintergrund für das allgemeine Verständnis der Wirkungsweise verbraucherschützender Widerrufsrechte bildet, trägt entscheidend dazu bei, daß der Blick auf die Zusammenhänge des Verbraucherschutzrechts als Sonderprivatrecht mit den allgemeinen zivilrechtlichen Regelungen des BGB verschleiert, wenn nicht sogar völlig verstellt wird. So verwundert es auch nicht, daß bisherige Untersuchungen[1430] von diesem „vertragsorientierten“ Vorverständnis ausgehen. Um diese herkömmliche Betrachtungsweise zu überwinden, ist die Erkenntnis wichtig, daß es bei der Wirkungsweise des Widerrufsrechts nach § 355 I 1 BGB nicht um („schwebende“) Wirksamkeit oder Unwirksamkeit einer Willenserklärung des Verbrauchers („Verbrauchererklärung“) oder gar des gesamten Vertrags („Verbrauchervertrag“) geht, sondern um die Aufhebung bestimmter „Wirkungen“ (d.h. Rechtsfolgen) der Willenserklärung des Verbrauchers, die zwar letztlich, aber eben nur im Ergebnis, zu dessen „vertraglicher Bindung“ führen können. Die Notwendigkeit einer dogmatischen Neubetrachtung der widerrufsrechtlichen Wirkungsweise, wie sie im Rahmen einer „willenserklärungsbezogenen“ Betrachtung in Teil C. erfolgt, ergibt sich dabei schon aus dem Umstand, daß eine überzeugende Analyse der Wirkungs-

[1430] Siehe in jüngerer Zeit z.B. *Pudor*, Wirkungsweise, insb. S. 162 f.; *Fuchs*, ZIP 2000, S. 1273 ff., 1283; *Mankowski*, WM 2001, S. 793 ff.; 833 ff., *von Koppenfels*, WM 2001, S. 1360 ff.; einen anderen Ansatz verfolgt insbesondere *Gernhuber*, WM 1998, S. 1797 ff., jeweils m.w.N.

weise nach wie vor fehlt[1431], wie die Ausführungen in Teil B. veranschaulicht haben.

Im Rahmen der „willenserklärungsbezogenen“ Sichtweise ist zunächst die Kritik an der „Kunstwelt“ der „klassischen“ Rechtsgeschäftslehre hinsichtlich der „Willenserklärung“ und des „Vertrags“ zu berücksichtigen,[1432] so daß sich im Ergebnis folgendes Bild der widerrufsrechtlichen Wirkungsweise ergibt: Die (zu widerrufende) „vertragsgerichtete“ Erklärung des Verbrauchers (iSv. § 355 I 1 BGB) hat als „normativer Tatbestand“ stets eine bestimmte intendierte (vertrags-) rechtliche Wirkung.[1433] Da die „vertragsgerichtete“ Erklärung des Verbrauchers erfahrungsgemäß das Vertragsangebot (vgl. § 145 BGB) darstellt, tritt mit der Annahme (vgl. § 146 BGB) durch den Unternehmer die zweite Willenserklärung hinzu, die wiederum rechtliche (und „vertragsgerichtete“) Wirkungen aufweist. Erst mit dem Vorliegen beider Willenserklärungen, die zudem inhaltlich aufeinander bezogen sein müssen (vgl. § 151 S. 1 BGB), liegt der normative Tatbestand eines „Vertrags“ vor, der wiederum selbst rechtliche Wirkungen nach sich zieht, wie sie ihm grundsätzlich (vgl. aber z.B. §§ 134, 138 BGB) von Gesetzes wegen zuerkannt werden, nämlich die rechtlichen Wirkungen des Vertrags, das Entstehen von Rechten und Pflichten, Ansprüchen und Gegenansprüchen (vgl. §§ 241, 311 I BGB). Das Gegenbeispiel ist der Dissens (vgl. §§ 154, 155 BGB), bei dem zwar auch zwei Willenserklärungen mit intendierten Rechtswirkungen vorliegen, die aber deswegen keine weiteren (vertraglichen) Folgen haben, da sie nicht „korrespondieren“, so daß gerade kein normativer Vertragstatbestand mit seinen Rechtsfolgen, den Ansprüchen und Verpflichtungen aus dem Vertragsverhältnis, entsteht. Nach der „willenserklärungsbezogenen“ Betrachtungsweise bezieht sich das „allgemeine“ verbraucherschützende Widerrufsrecht gemäß § 355 I 1 BGB zum einen auf die „Bindungswirkung“ iSv. § 145 BGB[1434], zum anderen auf die rechtliche Anerkennung des vom Verbraucher auf eine vertragliche Regelung (mit dem Unternehmer) gerichteten und geäußerten Willens. Diese gesetzliche Einschränkung des „Vertragswil-

---

1431 Daran ändert auch die eingehende Untersuchung von *Pudor* zur „Wirkungsweise verbraucherschützendender Widerrufsrechte“ nichts, da sie nicht nur von dem überholten ursprünglichen Wortlaut der §§ 1 HWiG, 7 VerbrKrG, 5 TzWrG ausgeht und vor diesem Hintergrund die „Wirksamkeit des Verbrauchervertrags“ untersucht, sondern auch zahlreiche Problemstellungen, die sie mit Hilfe der „relativ schwebenden Teilunwirksamkeit“ lösen will, mittlerweile entweder gar nicht mehr existieren oder nunmehr von dem „neuen“ Gesetzeswortlaut von § 355 BGB abhängen, vgl. *Pudor*, Wirkungsweise, insbesondere S. 162 f.

1432 Siehe oben, Teil C.II.

1433 Diese den „Willen zu einer vertraglichen Verpflichtung“ enthaltende Erklärung (des Verbrauchers) kann dabei als „Vorstufe“ der später entstehenden vertraglichen Rechtsfolgen bezeichnet werden - vgl. Teil C.V.2.b)aa).

1434 Dies gilt zumindest für den Regelfall, daß der Verbraucher das Angebot abgibt. Auch für die umgekehrte Konstellation ist die „Bindung an die Verbrauchererklärung“ betroffen, da ein Widerruf gerade über den Fall des § 130 I 2 BGB hinaus ermöglicht wird.

lens" beim Verbraucher führt dazu, daß der Verbraucher gerade nicht aufgrund seiner mit der „vertragsgerichteten" Willenserklärung bezweckten „Selbstbindung" (im Sinn einer einseitigen „Selbstverpflichtung") der intendierten „lex contractus" unterworfen wird. Dies hat die weitere Folge, daß vertragliche Rechtsfolgen, also im wesentlichen Verpflichtungen und Ansprüche, mit der Ausübung des Widerrufs ex nunc wegfallen. Daher handelt es sich bei dem ausgeübten Widerrufsrecht des Verbrauchers auch um eine rechtsvernichtende Einwendung. Diese widerrufsrechtliche Wirkung gemäß § 355 I 1 BGB gilt auch unabhängig davon, ob es sich bei der „vertragsgerichteten Verbrauchererklärung" iSv. § 355 I 1 BGB um das Vertragsangebot (vgl. § 145 BGB) oder die Vertragsannahme (vgl. § 146 BGB) handelt: Stellt die „Verbrauchererklärung" das Angebot dar, dann ist durch das Widerrufsrecht die „Gebundenheit" an das Angebot iSv. § 145 BGB betroffen, jedoch in dem Sinn, daß dem Verbraucher eine nachträgliche Dispositionsmöglichkeit gewährt wird. Ist die Verbrauchererklärung die Annahme (vgl. § 146 BGB), ändert sich inhaltlich nichts, da auch in diesem Fall dem Verbraucher die Möglichkeit eröffnet wird, die „Gebundenheit" an seine abgegebene Willenserklärung, die auf einen Vertragsschluß gerichtet ist, über den Anwendungsbereich des § 130 I 2 BGB hinaus nachträglich zu beseitigen.[1435] In beiden Konstellationen erweitert damit das verbraucherschützende Widerrufsrecht[1436] die für alle Willenserklärungen geltende Widerrufsmöglichkeit des § 130 I 2 BGB auch auf schon abgegebene Verbrauchererklärungen, indem es dem Verbraucher einen nachträglichen und durch die Widerrufsfrist zeitlich beschränkten Entscheidungsspielraum gewährt, der mit der Stellung des Angebotsempfängers nach den §§ 145 ff. BGB vergleichbar ist. Die entscheidende widerrufsrechtliche Einwirkung besteht jedoch darin, daß die rechtliche Anerkennung einer Belastung des Verbrauchers mit (gemeinsam) gewollten vertraglichen Verpflichtungen (im Sinn der „lex contractus") in den vom Gesetz aufgeführten Widerrufstatbeständen[1437] versagt wird. Ein „Dammbruch" hinsichtlich des Gebots „pacta sunt servanda" ist daher angesichts der grundsätzlichen Rechtfertigungsbedürftigkeit des verbraucher-

---

[1435] Vgl. oben, Teil C.V.2.b), 3.

[1436] Das im Vergleich zu § 130 I 2 BGB ein „außerordentliches" Widerrufsrecht darstellt.

[1437] Vgl. die auf § 355 BGB verweisenden „besonderen" Widerrufsrechte des BGB gemäß § 312 I 1 (Haustürgeschäft); § 312d I 1 (Fernabsatzvertrag); § 485 I (Teilzeit-Wohnrechtevertrag) und § 495 I (Verbraucherdarlehensvertrag) sowie gem. § 505 I 1 BGB (Ratenlieferungsvertrag). Siehe auch die „besonderen" Widerrufsrechte gem. §§ 499 ff. BGB, die auf § 495 BGB (und damit auf § 355 BGB) verweisen: Das Widerrufsrecht bei Zahlungsaufschüben bzw. sonstigen entgeltlichen Finanzierungshilfen gem. §§ 499, 495 I BGB, bei Finanzierungsleasingverträgen gem. §§ 500, 495 I BGB, bei Teilzahlungsgeschäften nach §§ 501 S. 1, 495 I BGB. Daneben ist auch das Widerrufsrecht nach §§ 507, 495 I BGB für „Existenzgründer" zu beachten, wodurch das Widerrufsrecht über den Kreis der Verbraucher (§ 13 BGB) hinaus ausgedehnt wird, ähnlich dem Widerrufsrecht für Fernunterrichtsteilnehmer (§ 4 I FernUSG), das nach wie vor außerhalb des BGB ebenfalls auf § 355 BGB verweist (vgl. dazu *N. Fischer*, VuR 2002, S. 193 ff. m.w.N.).

schützenden Widerrufsrechts auch für die Zukunft nicht zu erwarten,[1438] eher dagegen eine Korrektur des richtlinienwidrigen § 357 III BGB, der in seiner aktuellen Fassung zu einer „faktischen Aushöhlung“ des Widerrufsrechts nach § 355 BGB führt.[1439]

Die „willenserklärungsbezogene“ Betrachtung erfordert damit insgesamt eine genaue und differenzierte Betrachtung der verschiedenen mit der Willenserklärung zusammenhängenden „Bindungen“ und den jeweiligen rechtlichen Wirkungen. Nur wenn klar ist, welche Rechtswirkungen die Willenserklärung des Verbrauchers im Kontext der „Gebundenheit“ iSv. § 355 I 1 BGB hat, dann ist auch die Funktionsweise des „allgemeinen“ verbraucherschützenden Widerrufsrechts verständlich, das sich in seiner Wirkung auf die Verbrauchererklärung und nicht auf den gesamten Vertrag bezieht. Damit ist der Weg frei für ein „neues“[1440] Verständnis der Wirkungsweise des verbraucherschützenden Widerrufsrechts gemäß § 355 I BGB, das sowohl mit dem - im alten Rechtszustand vorherrschenden - „Modell der schwebenden Vertragsunwirksamkeit“[1441] als auch mit dem nunmehr angeblich maßgebenden „Modell der schwebenden Vertragswirksamkeit“[1442] bricht.

Schließlich ist damit auch die eher „kodifikationstechnisch-formale“[1443] Frage[1444] angesprochen, welchen Standort in welchem Gesetz[1445] das ver-

---

1438 Entgegen *H. Roth*, JZ 1999, S. 529 ff., 533; mit *S. Lorenz*, JuS 2000, S. 833 ff., 843. Von einer diesbezüglichen „Modifizierung“ spricht z.B. *Tonner*, BB 1999, S. 1769 ff., 1769.

1439 Auf den Verstoß gegen Art. 6 I 2 FARL weisen z.B. *Brüggemeier/Reich*, BB 2001, S. 213 ff., 215, 219, hin; siehe auch *Gilles/Fischer*, OLG Dresden EWiR § 3 FernAbsG 1/01, S. 1145 f.; *N. Fischer*, ZAP 11/2002, S. 621 ff., 627 ff. (Fach 2, S. 351 ff., 357 ff.); siehe zu der ersten „Korrekturnovelle“ nach der Schuldrechtsreform (durch das OLG-Vertretungsänderungsgesetz v. 23.07.2002, BGBl. 2002 I S. 2850, 2856 ff., dazu BT-Dr. 14/9266, BT-Dr. 14/9633) z.B. m.w.N. *N. Fischer*, DB 2002, S. 1643 ff.; *N. Fischer*, ZAP 16/2002, S. 917 ff. (Fach 2, S. 361 ff.).

1440 Dieses Verständnis einer „willenserklärungsbezogenen“ Betrachtung ist jedoch kein eigentlich „neues“, sondern ein altes und bewährtes, da es sich an der BGB-Dogmatik orientiert. Siehe zu der Notwendigkeit einer „neuen“ Betrachtungsweise auch *N. Fischer*, DB 2002, S. 253 ff., 258.

1441 Siehe z.B. *Bülow*, NJW 1991, S. 129 ff., 131.

1442 Vgl. dazu die amtliche Begründung zu § 361a BGB, BT-Dr. 14/2658, S. 42; sowie *Bülow/Artz*, NJW 2000, S. 2049 ff., 2052.

1443 Vgl. *Gilles*, JA 1980, S. 1 ff., 4.

1444 Siehe dazu in jüngerer Zeit z.B. *S. Lorenz*, JuS 2000, S. 833 ff.; *Bülow/Artz*, NJW 2000, S. 2049 ff., *Mankowski*, WM 2001, S. 793 ff., 799; 833 ff., 843, *von Koppenfels*, WM 2001, S. 1360 ff., 1365, 1369.

1445 Siehe zum Streit über „Verselbständigung oder Reintegration“ von Sonderprivatrechten außerhalb des BGB schon *Gilles*, JA 1980, S. 1 ff., 4 m.w.N. Die Frage nach einem Allgemeinen oder Besonderen Teil (siehe *Gärtner*, JZ 1992, S. 73 ff., 77 f.) eines Verbraucherrechts werfen in neuerer Zeit z.B. *Tonner*, BB 1999, S. 1769 ff., 1770 ff.;

braucherschützende Widerrufsrecht richtigerweise haben sollte. Obwohl diese Frage hier nicht weiter thematisiert werden soll, ist dennoch darauf hinzuweisen, daß nach dem Ansatz der „willenserklärungsbezogenen" Betrachtung statt einer Anknüpfung an das Rücktrittsrecht des BGB[1446] eine Verankerung im Allgemeinen Teil des BGB[1447] (vgl. schon die §§ 13 f. BGB) oder im allgemeinen Schuldvertragsrecht der §§ 311 ff. BGB[1448] als BGB-konforme Lösung[1449] nahegelegen hätte. Wichtiger als ein weiterer Vorschlag für die kommende Gesetzgebung ist aber und insbesondere die Durchsetzung der gewonnenen Erkenntnisse und deren Konsolidierung auf nationaler Ebene, da nicht nur die dringende Frage des Verhältnisses von Verbraucherschutzrecht und allgemeinem Zivilrecht[1450] ansteht mit der einhergehenden Ausweitung des Verbraucherschutzgedankens[1451], sondern auch die „Europäisierung des Privatrechts" unaufhörlich voranschreitet[1452].

II. Die sonderprivatrechtlichen Widerrufsrechte vor dem Hintergrund der „Europäisierung des deutschen Privatrechts"

Der wachsende Einfluß des Europarechts auf das deutsche Privatrecht[1453] und dabei speziell auf das Verbraucherschutzrecht[1454] ist insbesondere an der rasch wachsenden Zahl der Umsetzungsakte des deutschen Gesetzgebers[1455] zu er-

---

Brüggemeier/Reich, BB 2001, S. 213 ff., 213 f.; *Schubel*, JZ 2001, S. 1113 ff., 1120, auf.

1446 Siehe die amtliche Überschrift des 5. Titels des 3. Abschnitts („Schuldverhältnisse aus Verträgen") im 2. Buch des BGB: „Rücktritt; Widerrufs- und Rückgaberecht bei Verbraucherverträgen" (§§ 346-360 BGB).

1447 Vgl. insbesondere den 3. Abschnitt im 1. Buch des BGB: „Rechtsgeschäfte" (§§ 104-185 BGB). sowie dort den 3. Titel: „Vertrag" (§§ 145-157 BGB).

1448 Siehe insbesondere den 1. Untertitel im 1. Titel („Begründung, Inhalt und Beendigung") des 3. Abschnitts im 2. Buch des BGB: „Begründung" (§§ 311-311c BGB).

1449 Während z.B. *S. Lorenz*, JuS 2000, S. 833 ff., 843, für das „allgemeine" verbraucherschützende Widerrufsrecht die Anknüpfung an das Rücktrittsrecht des BGB aufgrund seiner Auffassung von dem „Widerrufsrecht als Rücktrittsrecht" ausdrücklich begrüßt, wurde auch schon früher eine Verankerung im allgemeinen Schuldvertragsrecht der §§ 311 ff. BGB (§§ 305 ff. BGB a.F.) befürwortet, vgl. dazu nur den früheren Vorschlag eines § 305a BGB-E von *Medicus*, BMJ (Hg.): Gutachten und Vorschläge zur Überarbeitung des Schuldrechts, Band I, 1981, S. 479 ff., 533 f.

1450 Vgl. dazu z.B. *W.-H. Roth*, JZ 2001, S. 475 ff.; *H. Weis*, in *Ernst/Zimmermann* (Hg.): Zivilrechtswissenschaft und Schuldrechtsreform, S. 25 ff., 28; *Dreher*, JZ 1997, S. 167 ff., 177; *Gärtner*, JZ 1992, S. 73 ff., 73; jeweils m.w.N.

1451 Vgl. z.B. *Ring*, AnwBl 2001, S. 620 f., 621.

1452 Zurückhaltender hier *Horn*, NJW 2000, S. 40 ff., 46.

1453 Vgl. krit. z.B. *H. Roth*, JZ 1999, S. 529 ff. m.w.N.

1454 Siehe z.B. *W.-H. Roth*, JZ 2001, S. 475 ff., 475, 488; *Larenz/Wolf*, AT, 8. Aufl., S. 53 ff. m.w.N.

1455 Vgl. insbesondere die Umsetzung der Verbrauchsgüterkaufrichtlinie (Richtlinie 1999/44/EG vom 25. Mai 1999, ABl. EG L 171 S. 12) durch das „Schuldrechtsmodernisierungsgesetz" vom 26.11.2001 (BGBl. I S. 3138), als (bisher) letztes Produkt dieser Entwicklung.

kennen. Trotz aller damit verbundenen Vorteile[1456] stellt sich im Rahmen eines Ausblicks auch und insbesondere die Frage nach den daraus resultierenden Problemen und Gefahren[1457], insbesondere für den Regelungsbereich der verbraucherschützenden Widerrufsrechte[1458], da das Widerrufsrecht verstärkt als Instrumentarium zum Schutze des Verbrauchers auf europäischer und nationaler Ebene eingesetzt wird.[1459]
Einhergehend mit der seit ca. 20 Jahren voranschreitenden[1460] „Europäisierung des Privatrechts"[1461] vollzieht sich eine voranschreitende „Modifizierung des deutschen Privatrechts".[1462] Diese Umgestaltung erfolgte bisher im wesentlichen durch die Umsetzung zahlreicher EG-Richtlinien[1463], zumeist zum Verbraucherschutz.[1464] Insbesondere die bisherige punktuelle Umsetzung von EG-Richtlinien, die auch „in Kernbereiche der nationalen Privatrechte immer stärker eingriffen"[1465], führte u.a. dazu, daß die außerhalb des BGB bereits ent-

---

1456 Siehe instruktiv *Leible*, EWS 2001, S. 471 ff., *Stürner*, JZ 1996, S. 741 ff., 751, jeweils m.w.N.

1457 So ist nach *H. Roth*, JZ 1999, S. 529 ff., 538, bereits die „Einheit unserer Zivilrechtsordnung" bedroht. Vgl. auch *Stürner*, JZ 1996, S. 741 ff., 751 m.w.N.

1458 Vgl. dazu z.B. *W.-H. Roth*, JZ 2001, S. 475 ff., 480 f.; *Mankowski*, WM 2001, S. 833 ff., 843; *Leible*, EWS 2001, S. 471 ff., 473; *H. Roth*, JZ 1999, S. 529 ff., 533 f.; auch ist die Rede davon, daß durch das Verbraucherrecht eine „Erosion des BGB" droht, vgl. nur *Dreher*, JZ 1997, S. 167 ff., 176 f.

1459 Siehe z.B. zur europäischen Ebene *Leible*, EWS 2001, S. 471 ff., zur nationalen Ebene *Berger*, Jura 2001, S. 289 ff., 289; *Gaertner/Gierschmann*, DB 2000, S. 1601 ff., 1601; *S. Lorenz*, JuS 2000, S. 833 ff., 834.

1460 Vgl. zu dieser „Harmonisierung des Vertragsrechts" z.B. *Staudenmayer*, VuR 2001, 313 f., 313, *Leible*, EWS 2001, S. 471 ff., 471; jeweils m.w.N. Siehe auch (schon) *Hallstein*, RabelsZ 28 (1964), S. 211 ff., zur „Angleichung des Privat- und Prozeßrechts" in der EWG.

1461 Vgl. zu den Anstrengungen auf europäischer Ebene zum einen die „institutionellen" Bewegungen (bisher zwei Resolutionen des Europäischen Parlaments zu einem „Europäischen Zivilgesetzbuch", ABl. EG 1989 C 158/400; EG 1994 C 205/518, sowie die Mitteilung der Europäischen Kommission zum Europäischen Vertragsrecht vom 11.07.2001, ABl. EG 2001 C 255/1, dazu z.B. *Staudenmayer*, VuR 2001, 313 f.) zum anderen die insbesondere von der „Europäischen Privatrechtswissenschaft" getragenen Vereinheitlichungs(vor-)arbeiten (z.B. die sog *Lando*-Kommission: „Commission on European Contract Law"); siehe zu beidem insbesondere *Leible*, EWS 2001, S. 471 ff. m.w.N.

1462 Siehe *W.-H. Roth*, JZ 2001, S. 475 ff.; *Larenz/Wolf*, AT, 8. Aufl., S. 53 ff. m.w.N.

1463 Für einen Überblick vgl. z.B. *W.-H. Roth*, JZ 2001, S. 475 ff., 480 ff., *H. Roth*, JZ 1999, S. 529 ff., 529 f.; jeweils m.w.N.

1464 Vgl. dazu z.B. *Zimmermann*, in *Ernst/Zimmermann* (Hg.): Zivilrechtswissenschaft und Schuldrechtsreform, S. 1 ff., 16 ff. (zu VII. „Die Europäisierung des Privatrechts").

1465 *Zimmermann*, in *Ernst/Zimmermann* (Hg.): Zivilrechtswissenschaft und Schuldrechtsreform, S. 1 ff., 16.

standende „zweite Privatrechtsordnung der Sonder- und Nebengesetze“[1466] immer stärker europäisch geprägt wurde. Hinzu kommt, daß insbesondere das betroffene deutsche Verbraucherschutzrecht bislang ebenfalls nur aus speziellem Anlaß[1467] und dann auch nur sachgebietsbezogen und damit „punktualistisch oder partikularistisch“[1468] geschaffen wurde. Beide Entwicklungen hatten wiederum zur Folge, daß sich das europäische wie das deutsche Verbraucherschutzrecht durch „Normenflut und Rechtszersplitterung“[1469] auszeichnen, so daß insgesamt ein „Regelungswirrwarr“[1470] besteht, das ein erhebliches „Rechtssicherheitsproblem“[1471] auf diesem Gebiet bedingt. Entsprechend dem „funktional-selektiven Regelungsansatz“[1472] des Gemeinschaftsprivatrechts[1473] erweiterte der deutsche Umsetzungsgesetzgeber bisher stets den verbraucherschutzrechtlichen „Flickenteppich“[1474], der nach wie vor eine höchst komplexe „Konkurrenzlage der Spezialbestimmungen“[1475] aufweist, bis er schließlich dazu überging, die erforderlichen Änderungen im BGB selbst vorzunehmen.[1476] Für den wichtigen Bereich der verbraucherschützenden Widerrufsrechte geschah dies zuletzt durch die Integration fast sämtlicher sonderprivatrechtlicher Regelungen, die ein Widerrufsrecht enthalten, in das BGB. Diese Integration erfolgte ungeachtet dessen, daß bisher ein wünschenswertes „einheitliches und voraus-

---

1466 Siehe dazu insbesondere *Stürner*, JZ 1996, S. 741 ff., 742; dieses Bild greifen z.B. *Zimmermann*, in *Ernst/Zimmermann* (Hg.): Zivilrechtswissenschaft und Schuldrechtsreform, S. 1 ff., 10; *Leible*, EWS 2001, S. 471 ff., 476 f.; jeweils m.w.N., auf.

1467 Dies waren wiederum zumeist geplante, bevorstehende oder auch schon existente EG-Richtlinien, vgl. nur *W.-H. Roth*, JZ 2001, S. 475 ff., 475 m.w.N.

1468 *Gilles*, ZRP 1979, S. 265 ff., 265.

1469 So schon *Gilles*, ZRP 1979, S. 265 ff., 265, für das deutsche Verbraucherschutzrecht, siehe in neuerer Zeit mit Bezug auf die uneinheitlichen europäischen Vorgaben z.B. *Schmid*, JZ 2001, S. 674 ff., 677 f.; *Leible*, EWS 2001, S. 471 ff., 471; *W.-H. Roth*, JZ 2001, S. 475 ff., 475; *H. Roth*, JZ 1999, S. 529 ff., 538; *Knütel*, JuS 1996, S. 768 ff., 768; *Gärtner*, JZ 1992, S. 73 ff., 73, 78; jeweils m.w.N.

1470 *Gilles*, ZRP 1979, S. 265 ff., 266. Vgl. auch *H. Weis*, in: *Ernst/Zimmermann* (Hg.), Zivilrechtswissenschaft und Schuldrechtsreform, S. 25 ff., 28, der von einem „Flickenteppich“ der Sondergesetze spricht.

1471 *Gilles*, ZRP 1979, S. 265 ff., 266. Siehe in neuerer Zeit etwa *Dreher*, JZ 1997, S. 167 ff., 170 (Probleme für Rechtsklarheit und Rechtssicherheit); *Sturm*, JZ 2001, S. 1097 ff., 1101 (Gefahr für Rechtssicherheit und Rechtsgleichheit).

1472 *Schmid*, JZ 2001, S. 674 ff., 677 f.

1473 Das mittlerweile bereits eine „kritische Masse“ erreicht haben soll, vgl. dazu z.B. *W.-H. Roth*, JZ 2001, S. 475 ff., 475; *Leible*, EWS 2001, S. 471 ff., 476. Nach *Leible*, a.a.O., ist das europ. Verbraucherschutzrecht bereits so weit konsolidiert, daß ein „fixer Kernbestand“ erkennbar sei, der die Schaffung eines „europäischen Verbrauchervertragsgesetzbuches“ ermögliche.

1474 Siehe auch *Sturm*, JZ 2001, S. 1097 ff., 1101, der von „Flickschusterei“ spricht.

1475 *Gilles*, JA 1980, S. 1 ff., 2 m.w.N. Siehe im übrigen nur Teil B.III.1., IV.1.

1476 Siehe zu dieser Entwicklung nur *Zimmermann*, in *Ernst/Zimmermann* (Hg.): Zivilrechtswissenschaft und Schuldrechtsreform, S. 1 ff., 17 f. m.w.N.

schauendes Gesamtkonzept des Verbraucherschutzes"[1477] weder auf europäischer noch auf nationaler Ebene überhaupt zu erkennen ist. Auch ist zu beachten, daß unter der gemeinsamen Zielsetzung, die mit dem Schlagwort „Verbraucherschutz" umschrieben werden kann, höchst unterschiedliche Ziele verfolgt werden können.[1478] Wie das „Schuldrechtsmodernisierungsgesetz"[1479] gerade gezeigt hat, wird Deutschland wohl auch künftig nicht dem Vorbild anderer Mitgliedstaaten der Gemeinschaft[1480] folgen und ein einheitliches „Verbrauchergesetzbuch" erlassen.[1481] Diese mit der „Schuldrechtsmodernisierung"[1482] fortgeführte „Integrationstendenz"[1483] hat jedoch nicht nur dieselben Probleme, wie sie bisher aus den sonderprivatrechtlichen Verbraucherschutzgesetzen bekannt waren[1484], mit sich gebracht, sondern vor allem durch

---

1477 Vgl. bereits *Gilles*, JA 1980, S. 1 ff., 1, 6. Siehe dazu auch *Gärtner*, JZ 1992, S. 73 ff., 73, 78; *Dreher*, JZ 1997, S. 167 ff., 176; *Sonnenberger*, JZ 1998, S. 982 ff., 983; *Sturm*, JZ 2001, S. 1097 ff., 1101.

1478 So *S. Lorenz*, JuS 2000, S. 833 ff., 838. Siehe zum „Europäischen Verbraucherschutzrecht" nur *W.-H. Roth*, JZ 2001, S. 475 ff., 477 ff. m.w.N.

1479 Mit ihrer fast nur „äußerlichen Integration" der Verbraucherschutzgesetze, vgl. *Zimmermann*, in *Ernst/Zimmermann* (Hg.): Zivilrechtswissenschaft und Schuldrechtsreform, S. 1 ff., 20. Selbst diese wurde nicht ausgiebig diskutiert. Siehe zur Kritik an der Schuldrechtsreform, insbesondere an den widerrufsrechtlichen Regelungen der §§ 355 ff. BGB z.B. *Brüggemeier/Reich*, BB 2001, S. 213 ff., 215, 218 f.; *N. Fischer*, DB 2002, S. 253 ff., 256 ff.; *N. Fischer*, DB 2002, S. 727 ff.; allgemein warnend vor übereilter „Modernisierung" z.B. *Huber*, JZ 2000, S. 957 ff., 967. Siehe zu der Kritik an den Neuerungen der ersten „Korrekturnovelle" nach der Schuldrechtsreform (durch das OLG-Vertretungsänderungsgesetz v. 23.07.2002, BGBl. 2002 I S. 2850, 2856 ff.) z.B. *N. Fischer*, DB 2002, S. 1643 ff.; *N. Fischer*, ZAP 16/2002, S. 917 ff. (Fach 2, S. 361 ff.) m.w.N.

1480 Siehe zu „ausländischen Lösungen" (Österreich: „Konsumentenschutzgesetz" oder Frankreich: „code de la consommation") etwa *W.-H. Roth*, JZ 2001, S. 475 ff., 476 f. m.w.N.

1481 Vgl. dazu insbesondere *W.-H. Roth*, JZ 2001, S. 475 ff. *W.-H. Roth*, a.a.O., 475, liegt damit auf der Linie des Vorschlags von *H.P. Westermann*, in: BMJ (Hg.): Gutachten und Vorschläge zur Überarbeitung des Schuldrechts, Bd. III, 1983, S. 1 ff. m.w.N.

1482 Vgl. zu der mit der Schuldrechtsreform verfolgten Integration der Sondergesetze *Knütel*, NJW 2001, S. 2519 ff., 2521; siehe auch *Heldrich*, NJW 2001, 2521 ff., 2253 („Aufwertung" des BGB durch Integration der Sondergesetze).

1483 Siehe zur Frage des Standorts und der Integration des Verbraucherrechts in das BGB z.B. krit. *Gärtner*, JZ 1992, S. 73 ff.; *Dreher*, JZ 1997, S. 167 ff., 169, 176 ff.; tendenziell eher für ein Nebeneinander von BGB und verbraucherschützenden Sondergesetzen für die Lösung von Rechtsproblemen des E-Commerce z.B. *Scherer/Butt*, DB 2000, S. 1009 ff., 1016; eher positiv dagegen *Tonner*, BB 1999, S. 1769 ff., 1772; sowie zur „Schuldrechtsmodernisierung" (und zum Standort der Verbraucherrechtsmaterien innerhalb des BGB) diff. *Brüggemeier/Reich*, BB 2001, S. 213 ff., 214. Insbesondere *Medicus*, JuS 1996, S. 761 ff., 761, hebt hervor, daß die Frage des Standorts dabei oft mehr von „historischen Zufällen" als von „systematischen Gründen" abhängt.

1484 Vgl. zu den Problemen des bisherigen „Flickenteppichs" der Sonder- und Nebengesetze nur *Gilles*, ZRP 1979, S. 265 ff.; *Gilles*, JA 1980, S. 1 ff.; jeweils m.w.N.

die Einbeziehung des „schwer integrierbaren“[1485] - und später nicht mehr „sichtbaren“[1486] - europäischen „Einheitsrechts“[1487] eine Fülle weiterer terminologischer[1488], systematischer und dogmatischer Probleme[1489], die nicht nur die Privatrechtswissenschaft, sondern auch die Rechtsanwendung in einem immer stärkeren Maß beschäftigen[1490]. Die Ursachen dafür sind insbesondere gesetzestechnische Mängel und Unvollkommenheiten, die zum Teil in der zu wortgenauen Übernahme der „detailversessenen“ EG-Vorgaben[1491] und der „andersartigen Gesetzgebungstechnik des Gemeinschaftsrechts“[1492] begründet liegen, zum Teil aber auch allein der - oft überhasteten - deutschen Umsetzungsgesetzgebung[1493] angelastet werden müssen[1494]. Dies zeigt sich bei-

---

1485 So *Horn*, NJW 2000, S. 40 ff., 46.

1486 Siehe dazu nur *Lutter*, JZ 1992, S. 593 ff.; 595 f. m.w.N.

1487 Vgl. dazu z.B. *Leible*, EWS 2001, S. 471 ff., 471; *Zimmermann*, in *Ernst/Zimmermann* (Hg.): Zivilrechtswissenschaft und Schuldrechtsreform, S. 1 ff., 17; *Horn*, NJW 2000, S. 40 ff., 46; jeweils m.w.N.

1488 Insbesondere seit der EuGH damit begonnen hat, eigene europäische „Begriffe, Regeln und Prinzipien“ zu bilden, vgl. *Zimmermann*, in *Ernst/Zimmermann* (Hg.): Zivilrechtswissenschaft und Schuldrechtsreform, S. 1 ff., 16 f. Siehe zu der Gefahr einer „gespaltenen Begriffsverwendung“ bei „abweichender Begrifflichkeit“ z.B. *W.-H. Roth*, JZ 2001, S. 475 ff., 483, 488.

1489 Vgl. dazu beispielsweise *H. Roth*, JZ 1999, S. 529 ff., siehe auch *Leible*, EWS 2001, S. 471 ff., 471, 476 f.; *W.-H. Roth*, JZ 2001, S. 475 ff., 483; jeweils m.w.N. Siehe i.ü. oben, Teil B.IV.3.

1490 Siehe für die zunehmenden Fälle der Kollision der Rechtsprechung des EuGH (vgl. z.B. EuGH, Urteil vom 17.03.1998, Rs. C-45/96, JZ 1998, 1071 ff.) und des BGH (Beschluß vom 11.01.1996, NJW 1996, S. 930 ff.) auf dem Gebiet des Privatrechts *H. Roth*, JZ 1999, S. 529 ff., 534 f. In jüngster Zeit ist insbes. das *Heininger*-Urteil des EuGH v. 13.12.2001 (Rs. C-481/99, DB 2001, S. 2710 ff., dazu *N. Fischer*, DB 2002, S. 727 ff.) zu erwähnen (s.a. BGH, Beschluß vom 30.11.1999, XI ZR 91/99, NJW 2000, S. 521 ff.) sowie das *Heininger*-Urteil des BGH v. 09.04.2002 (Az.: XI ZR 91/99, DB 2002, S. 1262 ff., vgl. nur *N. Fischer*, DB 2002, S. 1266 ff. m.w.N.), siehe dazu schließlich OLG München, Urteil v. 29.07.2002, Az.: 31 U 4034/98.

1491 Siehe z.B. *Härting*, VuR 2001, S. 11 ff., 11, 14, für das FernAG. Diese europ. Vorgaben sind auch oft von „schlechter Qualität“, worauf z.B. *C. Schmid*, JZ 2001, S. 674 ff., 677, hinweist.

1492 *W.-H. Roth*, JZ 2001, S. 475 ff., 488.

1493 Vgl. z.B. *Palandt*, 60. Aufl., *Heinrichs* zu § 361a BGB, Rn. 3. Siehe zur fehlenden Gemeinschaftsrechtskonformität des § 284 III BGB (a.F.) nur *Huber*, JZ 2000, S. 957 ff. m.w.N.

1494 Vgl. z.B. *W.-H. Roth*, JZ 2001, S. 475 ff., 475, 483, 488; s.a. *Zimmermann*, in *Ernst/ Zimmermann* (Hg.): Zivilrechtswissenschaft und Schuldrechtsreform, S. 1 ff., 16 ff., 20; für den Bereich der Widerrufsrechte z.B. *Mankowski*, WM 2001, S. 793 ff.; 833 ff., 843; *Gilles/Fischer*, OLG Dresden EWiR § 3 FernAbsG 1/01, S. 1145 f. Siehe zur (Un-) Fähigkeit des Umsetzungs-Gesetzgebers für „BGB-adäquate Gesetzgebung“ nur *Flume*, ZIP 2000, S. 1427 ff., 1430.

spielsweise anhand der terminologischen Ungereimtheiten[1495] und Schwierigkeiten bei dem in das BGB transferierten sog. „Allgemeinen Teil des Verbraucherrechts“[1496]. Das Thema „Europäischer Verbraucherschutz und BGB“[1497] vor dem Hintergrund der „Europäisierung des Zivilrechts“[1498] erfreut sich daher nicht nur anhaltender Aktualität und stetig wachsender Bedeutung, sondern ist in seiner Brisanz bisher vielfach unterschätzt worden, obwohl (bzw. möglicherweise gerade weil) die Folgen des „Einbruchs“ des europäischen Rechts und dabei insbesondere des europäischen Verbraucherschutzrechts in Terminologie[1499], Dogmatik, Strukturen und Systematik des deutschen Privatrechts bislang noch nicht abzusehen sind.[1500] Eine dieser Auswirkungen betrifft beispielsweise die Frage, ob das Verbraucherschutzrecht im deutschen Recht mittlerweile überhaupt noch ein Sonderprivatrecht darstellt oder ob nicht vielmehr umgekehrt das Verbraucherschutzrecht immer mehr zum Teil des allgemeinen Privatrechts wird.[1501] Dieser sich andeutende „Systemwechsel“[1502], dessen Auswirkungen auf die Rechtspraxis ebenfalls noch nicht abzusehen sind, zeigt sich insbesondere darin, daß der Verbraucherschutz in zunehmendem Maße bereits ein „schuldrechtsimmanenter allgemeiner Gedanke“ ist und der Verbrauchervertrag zur „typischen Erscheinungsform des schuldrechtlichen Vertrags“[1503] geworden ist. Angesichts dessen verwundert es nicht, daß bereits von

---

[1495] Siehe z.B. den Begriff von „Verbraucher“ in § 13 BGB und „Unternehmer“ in § 14 I BGB, vgl. dazu z.B. *Hensen*, ZIP 2000, S. 1151 f., 1151; *Flume*, ZIP 2000, S. 1427 ff., 1427 f.

[1496] *Berger*, Jura 2001, S. 289 ff., 293; vgl. auch *Larenz/Wolf*, AT, 8. Aufl., S. 53. Vgl. zu einem „AT des europäischen Verbrauchervertragsrechts“ nur *Leible*, EWS 2001, S. 471 ff., 476.

[1497] Siehe z.B. *W.-H. Roth*, JZ 2001, S. 475 ff. m.w.N.

[1498] Vgl. *Artz*, NJW 2001, S. 1703 f., 1703; *Zimmermann*, in *Ernst/Zimmermann* (Hg.), Zivilrechtswissenschaft und Schuldrechtsreform, S. 1 ff., 16 ff.; *Larenz/Wolf*, AT, 8. Aufl., S. 53 ff.; jeweils m.w.N.

[1499] Vgl. hierzu im Hinblick auf den RefE des FernAG *Härting*, CR 1999, S. 507 ff., 508, 511. Siehe zur eigenen Begrifflichkeit des Gemeinschaftsrechts etwa *Brüggemeier/Reich*, BB 2001, S. 213 ff., 213; zum „Verbraucherbegriff“ insbesondere *Dreher*, JZ 1997, S. 167 ff. m.w.N.; im Hinblick auf § 24a AGBG z.B. *Schmidt-Salzer*, BB 1995, S. 733 ff., 739 f.

[1500] Vgl. z.B. m.w.N. *W.-H. Roth*, JZ 2001, S. 475 ff., 475; *Zimmermann*, in *Ernst/Zimmermann* (Hg.), Zivilrechtswissenschaft und Schuldrechtsreform, S. 1 ff., 16 ff., 20; siehe auch *N. Fischer*, ZAP 16/2002, S. 917 ff., 924 (Fach 2, S. 361 ff., 368).

[1501] Vgl. dazu z.B. *Ring*, AnwBl 2001, S. 620 f., 621; *Henssler*, ZAP 22/2001, S. 1391 ff., 1420 f. (Fach 2, S. 291 ff., 302 f.). In diesem Zusammenhang stellt sich auch die Frage, ob das Privatrecht nicht schon insgesamt längst zu einem Verbraucherschutzrecht geworden ist.

[1502] *Henssler*, ZAP 22/2001, S. 1391 ff., 1420 f. (Fach 2, S. 291 ff., 302 f.). Von einem „Perspektivenwechsel“ (im Kaufrecht) spricht z.B. *Schubel*, JZ 2001, S. 1113 ff.

[1503] So die amtliche Begründung zum „Schuldrechtsmodernisierungsgesetz“, vgl. BR-Dr. 338/01, S. 200; sowie *Ring*, AnwBl 2001, S. 620 f., 621; *Schubel*, JZ 2001, S. 1113 ff., 1115.

einer „Hypertrophie des Verbraucherrechts“[1504] oder sogar vom Verbraucherrecht als „legislativer Hydra“[1505] die Rede ist. Da bereits die angedeuteten „Spannungslagen“ dazu führen können, daß die „innere Einheit“ des BGB vollständig aufgelöst wird oder „systemsprengendes Gedankengut“ des Sonderprivatrechts[1506] zu bedrohlichen Störungen der Rechtsanwendungspraxis führt, würde die Verfestigung einer solchen Tendenz zu ungeahnten Folgen nicht nur für das BGB[1507] als das „Grundgesetz der bürgerlichen Gesellschaft“[1508], sondern für das gesamte Privatrecht führen. Dies gilt erst recht vor dem Hintergrund, daß die Umsetzung europäischen Rechts als „Daueraufgabe“[1509] zu erwarten ist. Diese Entwicklung der „Europäisierung des Privatrechts“[1510], deren Perspektive ein „Europäischen Verbrauchergesetzbuch“[1511], ein „Europäisches Vertragsgesetzbuch“[1512] oder ein „Europäischen Zivilgesetzbuch“[1513] ist, stellt nicht nur immer höhere Anforderungen auch und insbesondere hinsichtlich der Kenntnisse im Europäischen Gemeinschaftsrecht an den Ziviljuristen[1514], sondern bringt auch weitere Probleme mit sich, die an Bedeutung und Brisanz noch gewinnen werden, man denke z.B. an die Probleme der gemeinschaftsrechtskonformen oder „harmonisierenden“ Auslegung des nationalen Rechts[1515] und

---

1504 So *Grundmann*, (Diskussionsbeitrag in der Aussprache zur Sondertagung der Zivilrechtslehrervereinigung am 30./31.03.2001 in Berlin), zu finden bei *Schulte-Nölke*, JZ 2001, S. 497 f., 498. Siehe auch *Leible*, EWS 2001, S. 471 ff., 477; *H. Roth*, JZ 1999, S. 529 ff., *Stürner*, JZ 1996, S. 741 ff., 743.

1505 *Dreher*, JZ 1997, S. 167 ff., 169.

1506 Siehe *Gilles*, JA 1980, S. 1 ff., 4 ff.

1507 Vor der „Erosion des BGB“ warnen z.B. *W.-H. Roth*, JZ 2001, S. 475 ff., 487; *Dreher*, JZ 1997, S. 167 ff., 176 f.; zur „Erosion des Privatrechts“ vgl. *Leible*, EWS 2001, S. 471 ff., 476 f. m.w.N.

1508 *Horn*, NJW 2000, S. 40 ff., 40. Vgl. zur „Überalterung“ des BGB nur *Bartsch*, CR 2000, S. 3 ff.

1509 *W.-H. Roth*, JZ 2001, S. 475 ff., 483.

1510 Siehe z.B. *Zimmermann*, in *Ernst/Zimmermann* (Hg.): Zivilrechtswissenschaft und Schuldrechtsreform, S. 1 ff., 16 ff., 16; *Sonnenberger*, JZ 1998, S. 982 ff.; *Knütel*, JuS 1996, S. 768 ff., 769. Mit der Problem der diesbezüglichen EG-Kompetenz befassen sich z.B. *Leible*, EWS 2001, S. 471 ff., 473 f.; *W.-H. Roth*, JZ 2001, S. 475 ff., 477 ff.; *Schmid*, JZ 2001, S. 674 ff., 676 f.; *Tonner*, BB 1999, S. 213 ff., 1769 ff., 1769; zuletzt *Staudinger*, VuR 2001, S. 353 ff., 357; s.a. *Sturm*, JZ 2001, S. 1097 ff., 1102 (eine Kompetenz aus Art. 95 EGV bejahend).

1511 Vgl. dazu *Leible*, EWS 2001, S. 471 ff., 476. Siehe auch *Medicus*, JuS 1996, S. 761 ff., 766 f.; krit. hingegen *H. Roth*, JZ 1999, S. 529 ff., 533.

1512 Siehe dazu insbesondere *Sturm*, JZ 2001, S. 1097 ff. m.w.N. Siehe zu einem „Europäischen HGB“ nur *Sonnenberger*, JZ 1998, S. 982 ff., 985 m.w.N.

1513 Vgl. dazu z.B. *C. Schmid*, JZ 2001, S. 674 ff.; *Zimmermann*, in *Ernst/Zimmermann* (Hg.): Zivilrechtswissenschaft und Schuldrechtsreform, S. 1 ff., 17; *Horn*, NJW 2000, S. 40 ff., 46; *Sonnenberger*, JZ 1998, S. 982 ff., 988; jeweils m.w.N.

1514 Vgl. dazu *Larenz/Wolf*, AT, 8. Aufl., S. 53 ff. m.w.N.

1515 Siehe etwa *W. Brechmann*, Die richtlinienkonforme Auslegung, 1994; *Lutter*, JZ 1992, S. 593 ff.; *Jarass*, EuR 1991, S. 211 ff.; *Di Fabio*, NJW 1990, S. 947 ff.; jeweils der damit verbundenen Frage nach der letztverbindlichen Auslegung des nationalen Privatrechts[1516]. Schließlich ist auch nicht auszuschließen, daß weitere verbraucherschützende Widerrufsrechte[1517] im deutschen Recht aus europäischen Vorgaben erwachsen, von der zunehmenden Verrechtlichung der Gesamtordnung[1518] und der „Globalisierung des Rechts“[1519] einmal ganz abgesehen. Bereits aus diesem Grund ist ein schlüssiges Gesamtkonzept der widerrufsrechtlichen Wirkungsweise nötiger denn je.[1520] Einen Beitrag zu diesem „widerrufsrechtlichen Gesamtkonzept“ soll die „willenserklärungsbezogene“ Sicht der Wirkungsweise der verbraucherschützenden Widerrufsrechte leisten - und damit zugleich auch „Licht“ in das „Dunkel“ des Zusammenspiels eines zentralen verbraucherschützenden Instrumentariums mit der Systematik des BGB bringen.

---

m.w.N.; sowie für die Rechtsprechung jüngst BGH, Urteil vom 10.07.2001, XI ZR 198/00, MDR 2001, S. 1224.

1516 Vgl. z.B. EuGH, Urteil vom 13.11.1990, Slg. 1990 I, S. 4135 ff., 4156 ff. Zu der Rolle des EuGH im „Dialog“ mit den nationalen Gerichten siehe *Hirsch*, NJW 2000, S. 1817 ff., 1819 f; vgl. auch *C. Schmid*, JZ 2001, S. 674 ff.; 678 f.; *Sonnenberger*, JZ 1998, S. 982 ff., 989; *Dreher*, JZ 1997, S. 167 ff., 171 f., *Knütel*, JuS 1996, S. 768 ff., 777; jeweils m.w.N. Vgl. dazu auch den Vorlagebeschluß des BGH in der Sache *Heininger* (Beschluß vom 30.11.1999, XI ZR 91/99, NJW 2000, S. 521 ff.), das *Heininger*-Urteil des EuGH v. 13.12.2001 (Rs. C-481/99, DB 2001, S. 2710 ff.; dazu *N. Fischer*, DB 2002, S. 727 ff.) sowie das *Heininger*-Urteil des BGH v. 09.04.2002 (Az.: XI ZR 91/99, DB 2002, S. 1262 ff.; dazu *N. Fischer*, DB 2002, S. 1266 ff.).

1517 Als „neues Rechtsinstitut des Allgemeinen Teils oder des Allgemeinen Schuldrechts“, „das bis zu einem gewissen Grade Irrtumsanfechtung, Rücktritt und Kündigung unter dem gemeinsamen Leitgedanken des Schutzes vor voreiligen oder nicht genügend kalkulierbaren Entschlüssen zusammenführt“ - so *H.P. Westermann*, in: BMJ (Hg.): Gutachten und Vorschläge zur Überarbeitung des Schuldrechts, Bd. III, 1983, S. 1 ff., 94. Siehe auch *Brüggemeier/Reich*, BB 2001, S. 213 ff., 218 f.

1518 Für das Verbraucherrecht schon *Gilles*, JA 1980, S. 1 ff., 1 f.

1519 Siehe dazu z.B. *Lutterbeck*, CR 2000, S. 52 ff.; *Horn*, NJW 2000, S. 40 ff., 46.

1520 Es sei denn, man sieht mit *H. Roth*, JZ 1999, S. 529 ff., 533, bereits in dem Widerrufsrecht den „Bruch“ mit der Privatautonomie. Vgl. aber *Gilles*, NJW 1986, S. 1131 ff., 1137 f. m.w.N.

E. Annex: Zehn Leitsätze zu Auslegung und Anwendung von § 355 BGB

I. Das „allgemeine“ verbraucherschützende Widerrufsrecht wurde mit § 361a I 1 BGB (a.F.) erstmals im BGB verankert und einheitlich ausgestaltet; die Neuregelung in § 355 I 1 BGB entspricht dabei in Wortlaut und Gesetzestechnik der Vorgängerregelung.

II. Durch die Übernahme des früheren Wortlauts von § 4 I FernUSG sowohl für § 361a I 1 BGB (a.F.) als auch für § 355 I 1 BGB hat der ausgeübte Widerruf zur Folge, daß der Verbraucher nicht mehr an seine auf den Vertragsschluß (mit einem Unternehmer) gerichtete Willenserklärung „gebunden“ ist.

III. Der „willenserklärungsbezogene“ Ansatz hinsichtlich der Wirkungsweise verbraucherschützender Widerrufsrechte als Theorieansatz und Untersuchungsmethode vermeidet die bisherige undifferenzierte Gleichsetzung von Vertrag und Willenserklärung auf der einen, sowie zwischen Wirksamkeit und Zustandekommen eines Vertrags auf der anderen Seite.

IV. Anknüpfend an den Wortlaut von § 355 I 1 BGB geht es bei der Wirkungsweise aller „besonderen“ verbraucherschützenden Widerrufsrechte, die inner- und außerhalb des BGB auf § 355 BGB verweisen, nicht um „schwebende Vertragsunwirksamkeit“ oder „schwebende Vertragswirksamkeit“, sondern um die durch den Widerruf betroffene „Gebundenheit an die Verbrauchererklärung“.

V. „Gebundenheit an die Verbrauchererklärung“ ist dabei in zweifacher Hinsicht zu verstehen, einmal als „Unwiderruflichkeit“ im Sinne einer Bindung, wie sie für die vertragsgerichtete Willenserklärung in den §§ 130 I 2, 145 2. Hs. BGB zum Ausdruck kommt, zum anderen in der vom Verbraucher beabsichtigten „Gebundenheit“ an den künftigen Vertrag mit dem Unternehmer im Sinne einer (einseitigen) Selbstbindung bezüglich der gewollten „lex contractus“.

VI. Entsprechend dieser zweifachen „Gebundenheit“ ist auch die Wirkungsweise verbraucherschützender Widerrufsrechte zu verstehen, nämlich in der zweifachen Einwirkung auf die „Gebundenheit“.

VII. Danach bedeutet die Widerruflichkeit als Widerrufslage die Gewährung einer nachträglichen Dispositionsmöglichkeit und damit -freiheit hinsichtlich des Vertragsschlusses in den Fällen der gesetzlich geregelten Widerrufstatbestände.

VIII. Die Ausübung des Widerrufsrechts bewirkt, daß zum einen die „Gebundenheit" an die Willenserklärung des Verbrauchers über die Fälle der §§ 130 I 2, 145 2. Hs. BGB hinaus aufgehoben wird, und zum anderen der (einseitigen) „Selbstbindung" des Verbrauchers hinsichtlich der - u.U. schon verabredeten - vertraglichen Regelung die nötige rechtliche Anerkennung versagt wird.

IX. Damit hat der ausgeübte Widerruf zur Folge, daß vertragliche Ansprüche und Verpflichtungen (bei noch fehlender Willenserklärung des Unternehmers) entweder erst gar nicht entstehen oder in dem Zeitpunkt der Widerrufsausübung entfallen, und zwar grundsätzlich mit ex nunc-Wirkung.

X. Damit ist das verbraucherschützende Widerrufsrecht ein Gestaltungsrecht; dessen Ausübung gewährt folglich eine rechtsvernichtende Einwendung.

LITERATURVERZEICHNIS

Alternativkommentar zum Bürgerlichen Gesetzbuch: *Brüggemeier, Gert/Däubler, Wolfgang* (Hg.): Kommentar zum Bürgerlichen Gesetzbuch, Band 1: Allgemeiner Teil: §§ 1-120, Neuwied, Darmstadt 1987.
Zitiert als AK-BGB, Bearbeiter zu § ... BGB, Rn.

Altmeppen, Holger: Schadensersatz wegen Pflichtverletzung - ein Beispiel für die Überhastung der Schuldrechtsreform, DB 2001, S. 1131 ff.
Zitiert als *Altmeppen*, DB 2001, S. 1131 ff.

Artz, Markus: Hürden auf dem Weg zu einem Fernabsatzgesetz, VuR 1999, S. 393 ff.
Zitiert als *Artz*, VuR 1999, S. 393 ff.

Artz, Markus: Neues Verbraucherkreditrecht im BGB, in *Helms, Tobias/Neumann, Daniela/Caspers, Georg/Sailer, Rita/Schmidt-Kessel, Martin* (Hg. für die Gesellschaft Junger Zivilrechtswissenschaftler e.V.): Jahrbuch Junger Zivilrechtswissenschaftler 2001: Das neue Schuldrecht, Freiburger Tagung 5.-8. September 2001, Stuttgart u.a. 2001, S. 227 ff.
Zitiert als *Artz*, Neues Verbraucherkreditrecht im BGB, in Jahrbuch Junger Zivilrechtswissenschaftler 2001, S. 227 ff.

Artz, Markus: Aushöhlung des Widerrufsrechts des Verbrauchers durch § 357 BGB-E, NJW 36/2001, S. XVIII.
Zitiert als *Artz*, NJW 36/2001, S. XVIII.

Artz, Markus: Die Schuldrechtsreform vor dem Hintergrund des Gemeinschaftsrechts, NJW 2001, S. 1703 f.
Zitiert als *Artz*, NJW 2001, S. 1703 f.

Artz, Markus: Änderungen des Verbraucherkreditgesetzes durch die Schuldrechtsmodernisierung, VuR 2001, S. 391 ff.
Zitiert als *Artz*, VuR 2001, S. 391 ff.

Baur, Jürgen: Investmentgesetze. Kommentar zum Gesetz über Kapitalanlagegesellschaften (KAGG) und zum Gesetz über den Vertrieb ausländischer Investmentanteile (AuslInvmG), Berlin 1970.
Zitiert als *J. Baur*, Investmentgesetze, 1970, S.

Barth, Dieter: Anwaltsmagazin: Schuldrechtsreform – Harte Nuß für Anwälte, ZAP 10/2001, S. 567.
Zitiert als *Barth*, ZAP 10/2001, S. 567.

Barth, Dieter: Anwaltsmagazin: Kabinett beschließt Rahmenbedingungen für den elektronischen Geschäftsverkehr, ZAP 5/2001, S. 244 ff.
Zitiert als *Barth*, ZAP 5/2001, S. 244 ff.

Barth, Dieter: Anwaltsmagazin: „Elektronische Form“ wird zulässig, ZAP 22/2000, S. 1327 f.
Zitiert als *Barth*, ZAP 22/2000, S. 1327 f.

Bartl, Harald: Verbraucherschutz im Durchbruch, ZRP 1976, S. 13 ff.
Zitiert als *Bartl*, ZRP 1976, S. 13 ff.

Bartsch, Hans-Jürgen: Privatrechtlicher Schutz des Verbrauchers bei Haustürgeschäften. Vergleichende Betrachtung neuer Schutzbestimmungen, ZRP 1973, S. 219 ff.
Zitiert als *H.-J. Bartsch*, ZRP 1973, S. 219 ff.

Bartsch, Michael: Das BGB und die modernen Vertragstypen, CR 2000, S. 3 ff.
Zitiert als *Bartsch*, CR 2000, S. 3 ff.

Bassenge, Peter: Kommentierung zu § 873 BGB, in *Palandt*, 60. Auflage, München 2001.
Zitiert als *Palandt*, 60. Aufl., *Bassenge* zu § 873 BGB, Rn.

Beise, Herward: Rechtswahlklauseln in Time-Sharing-Verträgen, NJW 1995, S. 1724 f.
Zitiert als *Beise*, NJW 1995, S. 1724 f.

Benöhr, Hans-Peter: Konsumentenschutz vor 80 Jahren. Zur Entstehung des Abzahlungsgesetzes vom 16. Mai 1894, ZHR 138 (1974), S. 492 ff.
Zitiert als *Benöhr*, ZHR 138 (1974), S. 492 ff.

Berger, Christian: Die Neuregelung des verbraucherrechtlichen Widerrufsrechts in § 361a BGB, Jura 2001, S. 289 ff.
Zitiert als *Berger*, Jura 2001, S. 289 ff.

Beuthien, Volker/Fuchs, Maximilian/Roth, Herbert/Schiemann, Gottfried/Wacke, Andreas (Hg.): Festschrift für Dieter Medicus. Zum 70. Geburtstag, Köln u.a. 1999.
Zitiert als Verf., FS *Medicus*, S.

Bleiweiß, Christian: Rechtliche Aspekte des „Electronic Commerce“, JA 2000, S. 506 ff.
Zitiert als *Bleiweiß*, JA 2000, S. 506 ff.

Boemke, Burkhard: Das Widerrufsrecht im allgemeinen Verbraucherschutzrecht und seine Ausübung in der Zwangsvollstreckung, AcP 197 (1997), S. 161 ff.
Zitiert als *Boemke*, AcP 197 (1997), S. 161 ff.

Borges, Georg: Verbraucherschutz beim Internet-Shopping, ZIP 1999, S. 130 ff.
Zitiert als *Borges*, ZIP 1999, S. 130 ff.

Brechmann, Winfried: Die richtlinienkonforme Auslegung. Zugleich ein Beitrag zur Dogmatik der EG-Richtlinie, München 1994, zugleich Dissertation Univ. München 1993.
Zitiert als *W. Brechmann*, Die richtlinienkonforme Auslegung, 1994, S.

Brockhaus, F.A.: Der Volksbrockhaus A-Z, 15. Auflage, Wiesbaden 1978.
Zitiert als *Brockhaus*, Der Volksbrockhaus A-Z, 1978, S.

Brox, Hans: Allgemeiner Teil des BGB, 25. Auflage, Köln u.a. 2001.
Zitiert als *Brox*, AT, 25. Aufl., S.

Brox, Hans/Walker, Wolf-D., Zwangsvollstreckungsrecht, 5. Auflage, Köln u.a. 1996.
Zitiert als *Brox/Walker*, Zwangsvollstreckungsrecht, 5. Aufl., S.

Bruchner, Helmut/Ott, Claus/Wagner-Wieduwilt, Klaus: Kommentar zum Verbraucherkreditgesetz, 1. Auflage, München 1992.
Zitiert als *Bruchner/Ott/Wagner-Wieduwilt*, VerbrKrG, 1. Aufl., Bearbeiter zu § ... VerbrKrG, Rn.

Bruchner, Helmut: Kommentierung zu § 7 VerbrKrG, in *Bruchner, Helmut/Ott, Claus/Wagner-Wieduwilt, Klaus*: Kommentar zum Verbraucherkreditgesetz, 1. Auflage, München 1992.
Zitiert als *Bruchner/Ott/Wagner-Wieduwilt*, VerbrKrG, 1. Aufl., *Bruchner* zu § 7 VerbrKrG, Rn.

Brüggemeier, Gert/Reich, Norbert: Europäisierung des BGB durch große Schuldrechtsreform? Stellungnahme zum Entwurf eines Schuldrechtsmodernisierungsgesetzes, BB 2001, S. 213 ff.
Zitiert als *Brüggemeier/Reich*, BB 2001, S. 213 ff.

Bühler, Michael: Fernunterrichtsvertrag und Fernunterrichtsschutzgesetz, Frankfurt/M. u.a. 1984, zugleich Dissertation Univ. Genf 1983.
Zitiert als *Bühler*, Fernunterrichtsvertrag, S.

Bülow, Peter: Das neue Verbraucherkreditgesetz, NJW 1991, S. 129 ff.
Zitiert als *Bülow*, NJW 1991, S. 129 ff.

Bülow, Peter: Einseitiger Verzicht des Verbrauchers auf sein Widerrufsrecht?, ZIP 1998, S. 945 ff.
Zitiert als *Bülow*, ZIP 1998, S. 945 ff.

Bülow, Peter: Unsinniges im Fernabsatz. Das Widerrufsrecht im Referentenentwurf für ein Fernabsatzgesetz, ZIP 1999, S. 1293 ff.
Zitiert als *Bülow*, ZIP 1999, S. 1293 ff.

Bülow, Peter: Heidelberger Kommentar zum Verbraucherkreditgesetz, 3. Auflage, Heidelberg 1998.
Zitiert als *Bülow*, VerbrKrG, 3. Aufl., zu § ... VerbrKrG, Rn.

Bülow, Peter: Widerruf und Anwendung der Vorschriften über den Rücktritt, WM 2000, S. 2361 ff.
Zitiert als *Bülow*, WM 2000, S. 2361 ff.

Bülow, Peter/Artz, Markus: Fernabsatzverträge und Strukturen eines Verbraucherprivatrechts im BGB, NJW 2000, S. 2049 ff.
Zitiert als *Bülow/Artz*, NJW 2000, S. 2049 ff.

Büßer, Janko: Das Widerrufsrecht des Verbrauchers. Das verbraucherschützende Vertragslösungsrecht im europäischen Vertragsrecht, Frankfurt/M. u.a. 2001, zugleich Dissertation Univ. Frankfurt/Oder 2000/2001.
Zitiert als *J. Büßer*, Das Widerrufsrecht des Verbrauchers, 2001, S.

Bundesamt, Statistisches (Hg.): Statistisches Jahrbuch 2000, Wiesbaden 2000.
Zitiert als *Statistisches Bundesamt* (Hg.), Statistisches Jahrbuch 2000, S.

Bundesministerium der Justiz (BMJ) (Hg.): Gutachten und Vorschläge zur Überarbeitung des Schuldrechts, Band I, Köln 1981, Band III, Köln 1983.
Zitiert als Verf., in *Bundesministerium der Justiz* (BMJ) (Hg.): Gutachten und Vorschläge zur Überarbeitung des Schuldrechts, Bd., (Jahr), S.

Bundesministerium der Justiz (BMJ) (Hg.): Abschlußbericht der Kommission zur Überarbeitung des Schuldrechts, Köln 1992.
Zitiert als *Bundesministerium der Justiz* (BMJ) (Hg.): Abschlußbericht der Kommission zur Überarbeitung des Schuldrechts, 1992, S.

Burmann, Hans: Zur Problematik eines werberechtlichen Verbraucherschutzes, WRP 1973, S. 313 ff.
Zitiert als *Burmann*, WRP 1973, S. 313 ff.

Bydlinski, Peter: Probleme des Vertragsabschlusses ohne Annahmeerklärung, JuS 1988, S. 36 ff.
Zitiert als *Bydlinski*, JuS 1988, S. 36 ff.

Canaris, Claus-Wilhelm: Die Reform des Rechts der Leistungsstörungen, JZ 2001, S. 499 ff.
Zitiert als *Canaris*, JZ 2001, S. 499 ff.

Certa, Patrick: Widerruf und schwebende Unwirksamkeit nach den Verbraucherschutzgesetzen, Dissertation Univ. Mannheim 2000 (masch.).
Zitiert als *P. Certa*, Widerruf und schwebende Unwirksamkeit nach den Verbraucherschutzgesetzen, Mannheim 2000, S.

Claussen, Carsten Peter: Bank und Börsenrecht. Handbuch für Lehre und Praxis, 1. Auflage, München 1996.
Zitiert als *Claussen*, Bank und Börsenrecht, 1. Aufl., § ..., Rn.

Claussen, Carsten Peter: Bank- und Börsenrecht, 2. Auflage, München 2000.
Zitiert als *Claussen*, Bank- und Börsenrecht, 2. Aufl., S.

Däubler-Gmelin, Herta: Die Entscheidung für die so genannte Große Lösung bei der Schuldrechtsreform. Zum Entwurf eines Gesetzes zur Modernisierung des Schuldrechts, NJW 2001, S. 2281 ff.
Zitiert als *Däubler-Gmelin*, NJW 2001, S. 2281 ff.

Dauner-Lieb, Barbara: Verbraucherschutz durch Ausbildung eines Sonderprivatrechts für Verbraucher. Systemkonforme Weiterentwicklung oder Schrittmacher der Systemveränderung?, Berlin 1983, zugleich Dissertation Univ. Tübingen 1982/1983.
Zitiert als *Dauner-Lieb*, Verbraucherschutz, 1983, S.

Dauner-Lieb, Barbara: Einführung, in *Dauner-Lieb, Barbara/Heidel, Thomas/ Lepa, Manfred/Ring, Gerhard* (Hg.): Textausgabe des BGB (mit neuem Schuldrecht), Bonn 2002, S. 5 ff.
Zitiert als *Dauner-Lieb*, in *Dauner-Lieb/Heidel/Lepa/Ring* (Hg.): Textausgabe des BGB mit neuem Schuldrecht, 2002, Einführung, S. 5 ff.

Dauner-Lieb, Barbara/Heidel, Thomas/Lepa, Manfred/Ring, Gerhard (Hg.): Textausgabe des BGB (mit neuem Schuldrecht), Bonn 2002.
Zitiert als Verf., in *Dauner-Lieb/Heidel/Lepa/Ring* (Hg.): Textausgabe des BGB mit neuem Schuldrecht, 2002, S.

Dauner-Lieb, Barbara/Heidel, Thomas/Lepa, Manfred/Ring, Gerhard (Hg.): Das Neue Schuldrecht, Heidelberg 2002.
Zitiert als Bearbeiter, in *Dauner-Lieb/Heidel/Lepa/Ring* (Hg.): Neues Schuldrecht, S.

Dauner-Lieb, Barbara/Heidel, Thomas/Lepa, Manfred/Ring, Gerhard (Hg.): Anwaltkommentar Schuldrecht. Erläuterungen der Neuregelungen zum Verjährungsrecht, Schuldrecht, Schadensersatzrecht und Mietrecht, Bonn 2002.
Zitiert als *Dauner-Lieb/Heidel/Lepa/Ring* (Hg.): Anwaltkommentar Schuldrecht, Bearbeiter zu § ... BGB, Rn.

Deckers, Stefan: Zusendung unbestellter Ware, NJW 2001, S. 1474 f.
Zitiert als *Deckers*, NJW 2001, S. 1474 f.

Deutsche Richterzeitung-Redaktion (DRiZ-Informationen): Elektronischer Rechtsverkehr – Segen oder Fluch?, DRiZ 2001, S. 93 ff.
Zitiert als DRiZ-Informationen, DRiZ 2001, S. 93 ff.

Di Fabio, Udo: Richtlinienkonformität als ranghöchstes Normauslegungsprinzip? Überlegungen zum Einfluß des indirekten Gemeinschaftsrechts auf die nationale Rechtsordnung, NJW 1990, S. 947 ff.
Zitiert als *Di Fabio*, NJW 1990, S. 947 ff.

Dilcher, Hermann: Kommentierung vor § 145 BGB, zu § 145 BGB, zu § 146 BGB, zu § 147 BGB, jeweils in *Staudinger, Julius von*: Kommentar zum Bürgerlichen Gesetzbuch, Buch 1: Allgemeiner Teil: §§ 90-240, 12. Auflage, Berlin 1980.
Zitiert als *von Staudinger*, 12. Aufl., *Dilcher* zu § ... BGB, Rn.

Dörner, Heinrich: Zur Anwendung des Fernunterrichtsschutzgesetzes, BB 1977, S. 1739 ff.
Zitiert als *Dörner*, BB 1977, S. 1739 ff.

Dörner, Heinrich/Ebert, Ina/Eckert, Jörn/Hoeren, Thomas/Kemper, Rainer/Saenger, Ingo/Schulte-Nölke, Hans/Schulze, Reiner/Staudinger, Ansgar (Hg.): Bürgerliches Gesetzbuch. Handkommentar, 2. Auflage, Baden-Baden 2002.
Zitiert als *Dörner/Ebert/Eckert/Hoeren/Kemper/Saenger/Schulte-Nölke/Schulze Staudinger* (Hg.): Handkommentar BGB, 2. Aufl., Bearbeiter zu § ... BGB, Rn.

Dreher, Meinrad: Der Verbraucher – Das Phantom in den opera des europäischen und deutschen Rechts?, JZ 1997, S. 167 ff.
Zitiert als *Dreher*, JZ 1997, S. 167 ff.

Duden: Herausgegeben vom Wissenschaftlichen Rat der Dudenredaktion: *Drosdowski, Günther/Grebe, Paul/Köster, Rudolf/Müller, Wolfgang*: Sinn- und sachverwandte Wörter und Wendungen. Wörterbuch der treffenden Ausdrücke, (Duden Bd. 8), Mannheim1972.
Zitiert als *Duden*, Bd. 8, Sinn- und sachverwandte Wörter, 1972, S.

Eisenhardt, Ulrich: Deutsche Rechtsgeschichte, München 1984.
Zitiert als *Eisenhardt*, Deutsche Rechtsgeschichte, 1984, S.

Eisenhardt, Ulrich: Zum subjektiven Tatbestand der Willenserklärung. Aktuelle Probleme der Rechtsgeschäftslehre, JZ 1986, S. 875 ff.
Zitiert als *Eisenhardt*, JZ 1986, S. 875 ff.

Ennecerus, Ludwig/Nipperdey, Hans Carl: Allgemeiner Teil des Bürgerlichen Rechts. Erster Band des Lehrbuchs des Bürgerlichen Rechts, Zweiter Halbband: Entstehung, Untergang und Veränderung der Rechte; Ansprüche und Einreden, Ausübung und Sicherung der Rechte, 15. Auflage, Tübingen 1960.
Zitiert als *Ennecerus/Nipperdey*, AT, 15. Aufl., Band I, 2. Halbband, S.

Erman, Walter/Harm Peter Westermann (Hg.): Handkommentar zum Bürgerlichen Gesetzbuch mit Abzahlungsgesetz, Haustürwiderrufsgesetz, AGB-Gesetz, Erbbaurechtsverordnung, Wohnungseigentumsgesetz, Schiffsrechtegesetz, Ehegesetz, Hausratsverordnung, Beurkundungsgesetz, 8. Auflage, Köln 1989.
Zitiert als *Erman*, 8. Aufl., Bearbeiter zu § ..., Rn.

Erman, Walter/Harm Peter Westermann (Hg.): Bürgerliches Gesetzbuch, Handkommentar mit AGBG, EGBGB, ErbbauVO, HausratsVO, HausTWG, ProdHaftG, SachenRBerG, SchuldRAnpG, VerbrKrG, 10. Auflage, Köln 2000.
Zitiert als *Erman*, 10. Aufl., Bearbeiter zu § ..., Rn.

Ernst, Stefan: Verbraucherschutzrechtliche Aspekte des EU-Richtlinienvorschlags zum Electronic Commerce, VuR 1999, S. 397 ff.
Zitiert als *S. Ernst*, VuR 1999, S. 397 ff.

Ernst, Wolfgang: Die Schuldrechtsreform 2001/2002. Zum Diskussionsentwurf des Schuldrechtsmodernisierungsgesetzes, ZRP 2001, S. 1 ff.
Zitiert als *Ernst*, ZRP 2001, S. 1 ff.

Ernst, Wolfgang/Gsell, Beate: Kaufrechtsrichtlinie und BGB. Gesetzentwurf für eine „kleine" Lösung bei der Umsetzung der EU-Kaufrechtsrichtlinie, ZIP 2000, S. 1410 ff.
Zitiert als *W. Ernst/Gsell*, ZIP 2000, S. 1410 ff.

Ernst, Wolfgang/Zimmermann, Reinhard (Hg.): Zivilrechtswissenschaft und Schuldrechtsreform, Tagungsband zum Symposium in Regensburg am 17./18. November 2000, Tübingen 2001.
Zitiert als Verf., in *Ernst/Zimmermann* (Hg.): Zivilrechtswissenschaft und Schuldrechtsreform, S.

Faber, Klaus/Schade, Rüdiger: Fernunterrichtsschutzgesetz, München 1980.
Zitiert als *Faber/Schade*, zu § ... FernUSG, Rn.

Fabricius, Fritz: Stillschweigen als Willenserklärung. 1. Teil. Rechtliche Problematik und Grundlagen für die Bewertung eines Stillschweigens als Willenserklärung, JuS 1966, S. 1 ff.
Zitiert als *Fabricius*, JuS 1966, S. 1 ff.

Fabricius, Fritz: Stillschweigen als Willenserklärung. 2. Teil. Soziale Verhaltenspflichten als Zurechnungsvoraussetzungen für eine Rechtswirkung des Schweigens, JuS 1966, S. 50 ff.
Zitiert als *Fabricius*, JuS 1966, S. 50 ff.

Finsinger, Jörg/Simon, Jürgen: Recht und Risiko. Juristische und ökonomische Analysen, München 1988.
Zitiert als Verf., in *Finsinger/Simon*: Recht und Risiko, 1988, S.

Fischer, Nikolaj: Das verbraucherschützende Widerrufsrecht und die Schuldrechtsreform. Von § 361a BGB zu § 355 BGB – eine kritische Bestandsaufnahme, DB 2002, S. 253 ff.
Zitiert als *N. Fischer*, DB 2002, S. 253 ff.

Fischer, Nikolaj: Die Gemeinschaftsrechtswidrigkeit der Befristung des Widerrufsrechts gemäß § 355 Abs. 3 S. 1 BGB bei „Haustürgeschäften". Die Schuldrechtsreform und die Auswirkungen des „Heininger"-Urteils des EuGH vom 13.12.2001: Notwendigkeit einer Gesetzeskorrektur, DB 2002, S. 727 ff.
Zitiert als *N. Fischer*, DB 2002, S. 727 ff.

Fischer, Nikolaj: Das neue Fernunterrichtsrecht. Ein Beitrag zu den Sonderprivatrechten nach der „Schuldrechtsmodernisierung", VuR 2002, S.193 ff.
Zitiert als *N. Fischer*, VuR 2002, S. 193 ff.

Fischer, Nikolaj: Verbraucherschützende Widerrufsrechte nach der Schuldrechtsmodernisierung, ZAP 11/2002, S. 621 ff. (Fach 2, S. 351 ff.).
Zitiert als *N. Fischer*, ZAP 11/2002, S. 621 ff. (Fach 2, S. 351 ff.).

Fischer, Nikolaj: Anmerkung zu BGH, Urteil v. 09.04.2002, Az.: XI ZR 91/99, DB 2002, S. 1266 ff.
Zitiert als *N. Fischer*, DB 2002, S. 1266 ff.

Fischer, Nikolaj: Die aktuellen Änderungen des BGB zum Recht der Verbraucherkredit-, Haustür- und Realkreditverträge, DB 2002, S. 1643 ff.
Zitiert als *N. Fischer*, DB 2002, S. 1643 ff.

Fischer, Nikolaj: Korrekturen im Verbraucherschutzrecht der Schuldrechtsreform, ZAP 16/2002, S. 917 ff. (Fach 2, S. 361 ff.).
Zitiert als *N. Fischer*, ZAP 16/2002, S. 917 ff. (Fach 2, S. 361 ff.).

Flume, Werner: Allgemeiner Teil des Bürgerlichen Rechts, Zweiter Band: Das Rechtsgeschäft, 3. Auflage, Berlin u.a. 1979.
Zitiert als *Flume*, AT, II. Band, 3. Aufl., S.

Flume, Werner: Vom Beruf unserer Zeit für Gesetzgebung. Die Änderungen des BGB durch das Fernabsatzgesetz, ZIP 2000, S. 1427 ff.
Zitiert als *Flume*, ZIP 2000, S. 1427 ff.

Förschler, Hermann: Kommentierung zu § 130 BGB, in *Münchener Kommentar zum Bürgerlichen Gesetzbuch*: *Rebmann, Kurt/Säcker, Franz Jürgen* (Hg.), 3. Auflage, Band 1: Allgemeiner Teil (§§ 1-240), AGB-Gesetz, München 1993.
Zitiert als MK-BGB, 3. Aufl., *Förschler* zu § 130 BGB, Rn.

Fuchs, Andreas: Zur Disponibilität gesetzlicher Widerrufsrechte im Privatrecht. Unter besonderer Berücksichtigung der Widerrufsrechte nach §§ 7 VerbrKrG, 168 S. 2 und 130 Abs. 1 BGB, AcP 196 (1996), S. 313 ff.
Zitiert als *Fuchs*, AcP 196 (1996), S. 313 ff.

Fuchs, Andreas: Das Fernabsatzgesetz im neuen System des Verbraucherschutzrechts, ZIP 2000, S. 1273 ff.
Zitiert als *Fuchs*, ZIP 2000, S. 1273 ff.

Furtner, Georg: Sicherung eines künftigen Rechtserwerbs durch eine einstweilige Verfügung, NJW 1964, S. 745 ff.
Zitiert als *Furtner*, NJW 1964, S. 745 ff.

Gärtner, Rudolf: Zum Standort des Verbraucherrechts, JZ 1992, S. 73 ff.
Zitiert als *Gärtner*, JZ 1992, S. 73 ff.

Gaertner, Reinhard/Gierschmann, Sybille: Das neue Fernabsatzgesetz, DB 2000, S. 1601 ff.

Zitiert als *Gaertner/Gierschmann*, DB 2000, S. 1601 ff.

Gaul, Hans Friedhelm: Die Ausübung privater Gestaltungsrechte nach rechtskräftigem Verfahrensabschluß – ein altes und beim „verbraucherschützenden" Widerrufsrecht erneut aktuell gewordenes Thema, in *Schön, Wolfgang* (Hg.): Gedächtnisschrift für Brigitte Knobbe-Keuk, Köln 1997, S. 135 ff.
Zitiert als *Gaul*, GS *Knobbe-Keuk*, S. 135 ff.

Geis, Ivo: Die digitale Signatur, NJW 1997, S. 3000 ff.
Zitiert als *Geis*, NJW 1997, S. 3000 ff.

Georgiades, Apostolos: (Besprechung von) Dieter Henrich, Vorvertrag, Optionsvertrag, Vorrechtsvertrag. Eine dogmatisch-systematische Untersuchung der vertraglichen Bindungen vor und zu einem Vertragsschluß, Berlin, Tübingen 1965, JZ 1966, S. 285 f.
Zitiert als *Georgiades*, JZ 1966, S. 285 f.

Gerlach, Axel: Änderung des Abzahlungsgesetzes, NJW 1969, S. 1939 ff.
Zitiert als *Gerlach*, NJW 1969, S. 1939 ff.

Gernhuber, Joachim: Verbraucherschutz durch Rechte zum Widerruf von Willenserklärungen. Eine rechtsdogmatische Studie, WM 1998, S. 1797 ff.
Zitiert als *Gernhuber*, WM 1998, S. 1797 ff.

Gilles, Peter: Der sog. Einwendungsdurchgriff bei finanzierten Umsatz- und Dienstleistungsgeschäften als rechtspolitisches und methodisches Problem, JZ 1975, S. 305 ff.
Zitiert als *Gilles*, JZ 1975, S. 305 ff.

Gilles, Peter: „Das B-Geschäft lebt". Anmerkungen zu dem verfrühten Nachruf von Scholz auf eine noch weithin praktizierte Form des Konsumentenkredits, JZ 1975, S. 729 f.
Zitiert als *Gilles*, JZ 1975, S. 729 f.

Gilles, Peter: Verbraucherpolitische Vertragsrechtsformen im Bürgerlichen Gesetzbuch. Zu dem Gesetzentwurf über finanzierte Rechtsgeschäfte und Maklerverträge, ZRP 1979, S. 265 ff.
Zitiert als *Gilles*, ZRP 1979, S. 265 ff.

Gilles, Peter: Kundenschutz bei sog. Haustürgeschäften. Zu den neuesten deutschen und europäischen Gesetzesinitiativen zum Verbraucherschutz bei Vertragsabschlüssen außerhalb von Geschäftsräumen - Zugleich ein Beitrag zu neu geplanten Verbraucherschutzklagen im Wettbewerbsrecht, in Hogaku Zasshi, Comparative Law Review (Japan), Bd. 13, Heft 2 (1979), S. 57 ff.

Zitiert als *Gilles*, in Hogaku Zasshi, Comparative Law Review (Japan), Bd. 13, Heft 2 (1979), S. 57 ff.

Gilles, *Peter*: Zur neueren Verbraucherschutzgesetzgebung in ihrem Verhältnis zum klassischen Privatrecht, JA 1980, S. 1 ff.
Zitiert als *Gilles*, JA 1980, S. 1 ff.

Gilles, *Peter*: Das Recht des Direktmarketing. Kundenwerbung und Verträge außerhalb von Geschäftsräumen, Heidelberg 1982.
Zitiert als *Gilles*, Direktmarketing, S.

Gilles, *Peter*: Vertragsanbahnung und Zivilrecht. Tendenzen zivilistischer Verrechtlichung vorvertraglichen Verhaltens, Kangweon Law Review (Süd-Korea), Band 2 (1986), S. 85 ff.
Zitiert als *Gilles*, Kangweon Law Review, Band 2 (1986), S. 85 ff.

Gilles, *Peter*: Das Gesetz über den Widerruf von Haustürgeschäften und ähnlichen Geschäften. Anmerkungen zum jüngsten Verbraucherschutzsondergesetz im Zivilrecht unter Berücksichtigung seines rechtspolitisches Gesamtkontextes, NJW 1986, S. 1131 ff.
Zitiert als *Gilles*, NJW 1986, S. 1131 ff.

Gilles, *Peter*: Recht und Praxis des Telemarketing. Werbung und Vertrieb unter Einsatz teletechnischer Kommunikationsmittel und ihre Schranken im privat- und insbesondere Wettbewerbsrecht, NJW 1988, S. 2424 ff.
Zitiert als *Gilles*, NJW 1988, S. 2424 ff.

Gilles, *Peter*: Auf dem Weg zu einem Verbraucherkreditgesetz, ZRP 1989, S. 299 ff.
Zitiert als *Gilles*, ZRP 1989, S. 299 ff.

Gilles, *Peter*: ZIP-Kolumne: HtürGeschWidG oder HausTGuäGWiG oder wie?, ZIP 1992, S. 1679.
Zitiert als *Gilles*, ZIP 1992, S. 1679.

Gilles, Peter (Hg.): Prozeßrecht an der Jahrtausendwende. Deutsche Landesberichte zur Weltkonferenz für Prozeßrecht in Wien, Österreich 1999, Baden-Baden 1999.
Zitiert als Verf., in *Gilles* (Hg.): Prozeßrecht an der Jahrtausendwende, 1999, S.

Gilles, Peter/Fischer, Nikolaj: Kurzkommentar zu OLG Dresden, Urteil vom 23.08.2001 – 8 U 1535/01, EWiR § 3 FernAbsG 1/01, S. 1145 f.
Zitiert als *Gilles/Fischer*, OLG Dresden EWiR § 3 FernAbsG 1/01, S. 1145 f.

Gilles, Peter/Heinbuch, Holger/Gounalakis, Georgios: Handbuch des Unterrichtsrechts. Schulung, Bildung und Freizeitgestaltung durch kommerziellen Direktunterricht und Fernunterricht privater Dienstleistungsunternehmen in Recht und Praxis, München 1988.
Zitiert als *Gilles/Heinbuch/Gounalakis*, Unterrichtsrecht, S.

Gößmann, Christine: Electronic Commerce. Die EU-Fernabsatzrichtlinie und ihre Auswirkungen auf den Handel über neue Medien, MMR 1998, S. 88 ff.
Zitiert als *Gößmann*, MMR 1998, S. 88 ff.

Gola, Peter/Klug, Christoph: Die Entwicklung des Datenschutzrechts in den Jahren 2000/2001, NJW 2001, S. 3747 ff.
Zitiert als *Gola/Klug*, NJW 2001, S. 3747 ff.

Goll, Hans: Verbraucherschutz im Kartellrecht, GRUR 1976, S. 486 ff.
Zitiert als *Goll*, GRUR 1976, S. 486 ff.

Gottwald, Peter/Honold, Barbara: Anmerkung zu BGH, Urteil vom 16.10.1995, II ZR 298/94, JZ 1996, S. 577 ff.
Zitiert als *Gottwald/Honold*, JZ 1996, S. 577 ff.

Gralka, Peer: Time-Sharing und Dauernutzungsrecht, NJW 1987, S. 1997 f.
Zitiert als *Gralka*, NJW 1987, S. 1997 f.

Grigoleit, Hans Christoph: Rechtsfolgenspezifische Analyse „besonderer" Informationspflichten am Beispiel der Reformpläne für den E-Commerce, WM 2001, S. 597 ff.
Zitiert als *Grigoleit*, WM 2001, S. 597 ff.

Grundmann, Stefan: (Diskussionsbeitrag in der Aussprache zur Sondertagung der Zivilrechtslehrer in Berlin), bei *Schulte-Nölke*, Diskussionsbericht zu den Vorträgen von W.-H. Roth und Ulmer, JZ 2001, S. 497 f.
Zitiert als *Grundmann*, (Diskussionsbeitrag in der Aussprache zur Sondertagung der Zivilrechtslehrer in Berlin), zu finden bei *Schulte-Nölke*, JZ 2001, S. 497 f.

Habersack, Mathias: Kommentierung zu § 9 VerbrKrG, in *Münchener Kommentar zum Bürgerlichen Gesetzbuch*: *Rebmann, Kurt/Säcker, Franz Jürgen* (Hg.), 3. Auflage, Band 3: Schuldrecht. Besonderer Teil I (§§ 433-606), Finanzierungsleasing, Verbraucherkreditgesetz, Haustürwiderrufsgesetz, Erbschaft- und Schenkungsteuergesetz, Gesetz zur Regelung der Miethöhe, Heizkostenverordnung, München 1995.
Zitiert als MK-BGB, 3. Aufl., *Habersack* zu § 9 VerbrKrG, Rn.

Habersack, Mathias: Haustürgeschäfterichtlinie und Realkreditverträge, WM 2000, S. 981 ff.
Zitiert als *Habersack*, WM 2000, S. 981 ff.

Hadding, Walther: Welche Maßnahmen empfehlen sich zum Schutz des Verbrauchers auf dem Gebiet des Konsumentenkredits? Gutachten zum 53. Deutschen Juristentag Berlin 1980, München 1980.
Zitiert als *Hadding*, Gutachten zum 53. Deutschen Juristentag, Berlin 1980, S.

Hadding, Walther: Zur Rückabwicklung nach einem verbraucherschützenden Widerruf der Vertragserklärung, in *Pfeiffer, Gerd/Kummer, Joachim/Scheuch, Silke* (Hg.): Festschrift für Hans Erich Brandner zum 70. Geburtstag, Köln 1996, S. 207 ff.
Zitiert als *Hadding*, FS *Brandner*, S. 207 ff.

Härting, Niko: Referentenentwurf für ein neues Fernabsatzgesetz, CR 1999, S. 507 ff.
Zitiert als *Härting*, CR 1999, S. 507 ff.

Härting, Niko: Das Widerrufsrecht des Verbrauchers nach § 3 FernAbsG, VuR 2001, S. 11 ff.
Zitiert als *Härting*, VuR 2001, S. 11 ff.

Härting, Niko: Fernabsatz – Änderungen durch das Schuldrechtsmodernisierungsgesetz, MDR 2002, 61 ff.
Zitiert als *Härting*, MDR 2002, S. 61 ff.

Härting Niko/Schirmbacher, Martin: Fernabsatzgesetz – Ein Überblick über den Anwendungsbereich, die Systematik und die wichtigsten Regelungen, MDR 2000, S. 917 ff.
Zitiert als *Härting/Schirmbacher*, MDR 2000, S. 917 ff.

Hager, Johannes: Das geplante Recht des Rücktritts und des Widerrufs, in *Ernst/Zimmermann* (Hg.): Zivilrechtswissenschaft und Schuldrechtsreform, Tübingen 2001, S. 429 ff.
Zitiert als *Hager*, in *Ernst/Zimmermann* (Hg.): Zivilrechtswissenschaft und Schuldrechtsreform, S. 429 ff.

Hallstein, Walter: Angleichung des Privat- und Prozeßrechts in der Europäischen Wirtschaftsgemeinschaft, Rabels Zeitschrift für ausländisches und internationales Privatrecht (RabelsZ) 28 (1964), S. 211 ff.
Zitiert als *Hallstein*, RabelsZ 28 (1964), S. 211 ff.

Hanau, Peter: Objektive Elemente im Tatbestand der Willenserklärung. Ein Beitrag zur Kritik der „stillschweigenden und schlüssigen Willenserklärungen", AcP 165 (1965), S. 220 ff.
Zitiert als *Hanau*, AcP 165 (1965), S. 220 ff.

Hart, Dieter: Kommentierung vor § 116 BGB, zu § 130 BGB, vor § 145 BGB, zu § 145 BGB, jeweils in *Alternativkommentar zum Bürgerlichen Gesetzbuch: Brüggemeier, Gert/Däubler, Wolfgang* (Hg.): Kommentar zum Bürgerlichen Gesetzbuch, Band 1: Allgemeiner Teil: §§ 1- 120, Neuwied, Darmstadt 1987.
Zitiert als AK-BGB, *Hart* zu § ... BGB, Rn.

Hart, Dieter/Köck, Wolfgang: Zum Stand der Verbraucherrechtsentwicklung, ZRP 1991, S. 61 ff.
Zitiert als *D. Hart/Köck*, ZRP 1991, S. 61 ff.

Heckmann, Dirk: E-Commerce: Flucht in den virtuellen Raum? Zur Reichweite gewerberechtlicher Bindungen des Internethandels, NJW 2000, S. 1370 ff.
Zitiert als *Heckmann*, NJW 2000, S. 1370 ff.

Hefermehl, Wolfgang: Kommentierung vor § 145 BGB, zu § 145 BGB, zu § 147 BGB, zu § 148 BGB, jeweils in *Erman, Walter/Harm Peter Westermann* (Hg.): Bürgerliches Gesetzbuch, Handkommentar mit AGBG, EGBGB, ErbbauVO, HausratsVO, HausTWG, ProdHaftG, SachenRBerG, SchuldRAnpG, VerbrKrG, 10. Auflage, Köln 2000.
Zitiert als *Erman*, 10. Aufl., *Hefermehl* zu § ... BGB, Rn.

Heinbuch, Holger: Theorien und Strategien des Verbraucherschutzes – am Beispiel des Fernunterrichtsschutzgesetzes, Frankfurt./M. u.a. 1983, zugleich Dissertation Univ. Frankfurt/M. 1982/1983.
Zitiert als *Heinbuch*, Theorien und Strategien, S.

Heinrichs, Helmut: Das Widerrufsrecht nach der Richtlinie 97/7/EG über den Verbraucherschutz bei Vertragsabschlüssen im Fernabsatz, in *Beuthien, Volker/Fuchs, Maximilian/Roth, Herbert/Schiemann, Gottfried/Wacke, Andreas* (Hg.): Festschrift für Dieter Medicus. Zum 70. Geburtstag, Köln u.a. 1999, S. 177 ff.
Zitiert als *Heinrichs*, FS *Medicus*, S. 177 ff.

Heinrichs, Helmut: Kommentierung vor § 104 BGB, vor § 346 BGB, jeweils in *Palandt*, 58. Auflage, München 1999.
Zitiert als *Palandt*, 58. Auflage, *Heinrichs* zu § ... BGB, Rn.

Heinrichs, Helmut: Kommentierung vor § 104 BGB, zu § 130 BGB, zu § 142 BGB, vor § 145 BGB, zu § 145 BGB, zu § 146 BGB, vor § 158 BGB, zu § 269 BGB, zu § 361a BGB, zu § 361b BGB, zu § 413 BGB, zu § 22 AGBG, zu § 1 FernAG, zu § 2 FernAG, zu § 3 FernAG, zu § 4 FernAG, zu § 5 FernAG, jeweils in *Palandt*, 60. Auflage, München 2001.
Zitiert als *Palandt*, 60. Aufl., *Heinrichs* zu § ..., Rn.

Heinrichs, Helmut: Kommentierung vor § 355 BGB, zu § 355 BGB, zu § 357 BGB, jeweils in *Palandt*, Ergänzungsband zur 61. Auflage, München 2002.
Zitiert als *Palandt*, (Ergänzungsband) 61. Aufl., *Heinrichs* zu § ... BGB, Rn.

Heldrich, Andreas: Ein zeitgemäßes Gesicht für unser Schuldrecht, NJW 2001, 2521 ff.
Zitiert als *Heldrich*, NJW 2001, 2521 ff.

Helms, Tobias/Neumann, Daniela/Caspers, Georg/Sailer, Rita/Schmidt-Kessel, Martin (Hg. für die Gesellschaft Junger Zivilrechtswissenschaftler e.V.): Jahrbuch Junger Zivilrechtswissenschaftler 2001: Das neue Schuldrecht, Freiburger Tagung 5.-8. September 2001, Stuttgart u.a. 2001.
Zitiert als Verf., Titel, in Jahrbuch Junger Zivilrechtswissenschaftler 2001, S.

Hensen, Horst-Diether: Das Fernabsatzgesetz oder: Man könnte heulen, ZIP 2000, S. 1151 f.
Zitiert als *Hensen*, ZIP 2000, S. 1151 f.

Henssler, Martin: Überblick über das Schuldrechtsmodernisierungsgesetz, ZAP 22/2001, S. 1391 ff. (Fach 2, S. 291 ff.).
Zitiert als *Henssler*, ZAP 22/2001, S. 1391 ff. (Fach 2, S. 291 ff.).

Herdegen, Matthias: Europarecht, 2. Auflage, München 1999.
Zitiert als *Herdegen*, Europarecht, 2. Aufl., S.

Herget, Kurt: Kommentierung zu § 767 ZPO, in *Zöller, Richard*: Zivilprozeßordnung mit Gerichtsverfassungsgesetz und den Einführungsgesetzen, mit Internationalem Zivilprozeßrecht, Kostenanmerkungen, 21. Auflage, Köln 1999.
Zitiert als *Zöller*, 21. Aufl., *Herget* zu § 767 ZPO, Rn.

Heymann, Ekkehardt von: Zum neuen Verbraucherkreditgesetz, WM 1991, S. 1285 ff.
Zitiert als *von Heymann*, WM 1991, S. 1285 ff.

Hildenbrand, Thomas: Vertragsgestaltung und Verbraucherschutz im Time-Sharing-Vertragsrecht, Frankfurt/M. u.a. 1997, zugleich Dissertation Univ. Frankfurt/M. 1996.

Zitiert als *Hildenbrand*, Time-Sharing, S.

Hildenbrand, Thomas: Time-Sharing-Verträge in der Rechtspraxis, NJW 1994, S. 1992 ff.
Zitiert als *Hildenbrand*, NJW 1994, S. 1992 ff.

Hilger, Norbert: Die verspätete Annahme. Eine vergleichende Betrachtung der §§ 149, 150 BGB und des Art. 9 EAG, AcP 185 (1985), S. 559 ff.
Zitiert als *Hilger*, AcP 185 (1985), S. 559 ff.

Hippel, Eike von: Grundfragen des Verbraucherschutzes, JZ 1972, S. 417 ff.
Zitiert als *von Hippel*, JZ 1972, S. 417 ff.

Hippel, Eike von: Verbraucherschutz durch Richterrecht – Möglichkeiten und Grenzen, DRiZ 1979, S. 208 ff.
Zitiert als *von Hippel*, DRiZ 1979, S. 208 ff.

Hippel, Eike von: Verbraucherschutz, 2. Auflage, Tübingen 1979.
Zitiert als *von Hippel*, Verbraucherschutz, 2. Aufl., S.

Hippel, Eike von: Besserer Schutz des Verbrauchers bei Haustürgeschäften?, BB 1983, S. 2024 f.
Zitiert als *von Hippel*, BB 1983, S. 2024 f.

Hippel, Eike von: Verbraucherschutz, 3. Auflage, Tübingen 1986.
Zitiert als *von Hippel*, Verbraucherschutz, 3. Aufl., S.

Hirsch, Günter: Der EuGH im Spannungsverhältnis zwischen Gemeinschaftsrecht und nationalem Recht, NJW 2000, S. 1817 ff.
Zitiert als *Hirsch*, NJW 2000, S. 1817 ff.

Hoeren, Thomas: Internet und Jurisprudenz – zwei Welten begegnen sich, NJW 2000, S. 188 ff.
Zitiert als *Hoeren*, NJW 2000, S. 188 ff.

Hoeren, Thomas/Oberscheidt, Jörn: Verbraucherschutz im Internet, VuR 1999, S. 371 ff.
Zitiert als *Hoeren/Oberscheidt*, VuR 1999, S. 371 ff.

Hönn, Günther, Zum persönlichen Anwendungsbereich von Verbraucherschutznormen, in *G. Jahr* (Hg.): Gedächtnisschrift für Dietrich Schultz, Köln u.a. 1987, S. 79 ff.
Zitiert als *Hönn*, GS *D. Schultz*, 1987, S. 79 ff.

Hönn, Günther: Privatrechtlicher Verbraucherschutz und Sonderprivatrecht. Überlegungen zum Verbraucherbegriff am Beispiel des Rechts der Verbraucherkredite der Bundesrepublik Deutschland, Keio Law Review, Commemorative Issue, Nr. 6, 1990, S. 201 ff.
Zitiert als *Hönn,* Keio Law Review, Comemmorative Issue, 1990, S. 201 ff.

Hönn, Günther: Entwicklungslinien des Vertragsrechts, JuS 1990, S. 953 ff.
Zitiert als *Hönn*, JuS 1990, S. 953 ff.

Honsell, Heinrich/Holz-Dahrenstaedt, Andrea: Grundprobleme des Vertragsschlusses, JuS 1986, S. 969 ff.
Zitiert als *Honsell/Holz-Dahrenstaedt*, JuS 1986, S. 969 ff.

Horn, Norbert: Ein Jahrhundert Bürgerliches Gesetzbuch, NJW 2000, S. 40 ff.
Zitiert als *Horn*, NJW 2000, S. 40 ff.

Huber, Ulrich: Das Gesetz zur Beschleunigung fälliger Zahlungen und die europäische Richtlinie zur Bekämpfung von Zahlungsverzug im Geschäftsverkehr, JZ 2000, S. 957 ff.
Zitiert als *Huber*, JZ 2000, S. 957 ff.

Hübner, Heinz: Allgemeiner Teil des Bürgerlichen Gesetzbuches, Berlin u.a. 1985.
Zitiert als *Hübner*, AT, S. 283 ff.

Jahr, Günther (Hg. im Auftrag des Fachbereiches Rechtswissenschaft der Universität des Saarlandes): Gedächtnisschrift für Dietrich Schultz, Köln u.a. 1987.
Zitiert als Verf., GS *D. Schultz*, 1987, S.

Janßen, Fritz: Kommentierung vor § 346 BGB, in *Münchener Kommentar zum Bürgerlichen Gesetzbuch*: *Rebmann, Kurt/Säcker, Franz Jürgen* (Hg.), 3. Auflage, Band 2: Schuldrecht. Allgemeiner Teil (§§ 241-432), München 1994.
Zitiert als MK-BGB, 3. Aufl., *Janßen* vor § 346 BGB, Rn.

Jarass, Hans D.: Richtlinienkonforme bzw. EG-rechtskonforme Auslegung nationalen Rechts, EuR 1991, S. 211 ff.
Zitiert als *Jarass*, EuR 1991, S. 211 ff.

Jauernig, Othmar (Hg.): Bürgerliches Gesetzbuch mit Gesetz zur Regelung des Rechts der Allgemeinen Geschäftsbedingungen, 7. Auflage, München 1994.
Zitiert als *Jauernig*, 7. Aufl., Bearbeiter zu § ... BGB, Anm.

Jauernig, Othmar: Kommentierung vor § 145 BGB, zu § 145 BGB, jeweils in *Jauernig, Othmar* (Hg.): Bürgerliches Gesetzbuch mit Gesetz zur Regelung des Rechts der Allgemeinen Geschäftsbedingungen, 7. Auflage, München 1994.
Zitiert als *Jauernig*, 7. Aufl., *Jauernig* zu § ... BGB, Anm.

Jauernig, Othmar (Hg.): Bürgerliches Gesetzbuch mit Gesetz zur Regelung des Rechts der Allgemeinen Geschäftsbedingungen, 8. Auflage, München 1997.
Zitiert als *Jauernig*, 8. Aufl., Bearbeiter zu § ... BGB, Rn.

Jauernig, Othmar: Kommentierung vor § 145 BGB, zu § 145 BGB, jeweils in *Jauernig, Othmar* (Hg.): Bürgerliches Gesetzbuch mit Gesetz zur Regelung des Rechts der Allgemeinen Geschäftsbedingungen, 8. Auflage, München 1997.
Zitiert als *Jauernig*, 8. Aufl., *Jauernig* zu § ... BGB, Rn.

Jung, Eberhard: Bedeutung und dogmatische Erfassung eines Widerrufsrechts bei „Haustürgeschäften", ZRP 1981, S. 137 ff.
Zitiert als *E. Jung*, ZRP 1981, S. 137 ff.

Kainer, Friedemann: Die Verbrauchsgütergewährleistungsrichtlinie und ihre kaufrechtliche Umsetzung in das deutsche Recht, AnwBl 2001, S. 380 ff.
Zitiert als *Kainer*, AnwBl 2001, S. 380 ff.

Kamanabrou, Sudabeh: Die Umsetzung der Fernabsatzrichtlinie, WM 2000, S. 1417 ff.
Zitiert als *Kamanabrou*, WM 2000, S. 1417 ff.

Karollus, Martin: Grundfälle zum Verbraucherkreditgesetz, JuS 1993, S. 651 ff.
Zitiert als *Karollus*, JuS 1993, S. 651 ff.

Kessler, Heinrich: Kommentierung zu § 1b AbzG, in *Reichsgerichtsrätekommentar*: Mitglieder des Bundesgerichtshofs (Hg.): Kommentar zum Bürgerlichen Gesetzbuch, unter besonderer Berücksichtigung der Rechtsprechung des Reichsgerichts und des Bundesgerichtshofes, Band II, 2. Teil: §§ 414-610 (Anhang nach § 455: Abzahlungsgesetz), 12. Auflage, Berlin 1978.
Zitiert als RGRK, 12. Aufl., *Kessler* zu § 1b AbzG, Rn.

Kilian, Wolfgang: EG-Richtlinie über digitale Signaturen in Kraft, BB 2000, S. 733 ff.
Zitiert als *Kilian*, BB 2000, S. 733 ff.

Klauss, Herbert/Ose, Ludwig: Verbraucherkreditgeschäfte: Kommentar zu § 13a UWG, zum Gesetz über den Widerruf von Haustürgeschäften und ähnlichen Geschäften, zum Gesetz betreffend die Abzahlungsgeschäfte, 2. Auflage, Herne, Berlin 1988.
Zitiert als *Klauss/Ose*, Verbraucherkreditgeschäfte, 2. Aufl., zu § ..., Rn.

Klunzinger, Eugen: Zur Einführung gesetzlicher Rücktrittsrechte beim Kauf, ZRP 1970, S. 270 ff.
Zitiert als *Klunzinger*, ZRP 1970, S. 270 ff.

Klunzinger, Eugen: Einführung in das Bürgerliche Recht. Grundkurs für Studierende der Rechts- und Wirtschaftswissenschaften, 8. Auflage, München 1998.
Zitiert als *Klunzinger*, Bürgerliches Recht, 8. Aufl., S.

Knoblich, Hans/Arnold, Ulli: Rechtstatsachenforschung im Bereich des Marketing, BB 1982, S. 1677 ff.
Zitiert als *Knoblich/Arnold*, BB 1982, S. 1677 ff.

Knütel, Rolf: Widerruf und Widerrufsbelehrung in § 1b AbzG, AcP 185 (1985), S. 308 ff.
Zitiert als *Knütel*, AcP 185 (1985), S. 308 ff.

Knütel, Rolf: Ius Commune und Römisches Recht vor den Gerichten der Europäischen Union, JuS 1996, S. 768 ff.
Zitiert als *Knütel*, JuS 1996, S. 768 ff.

Knütel, Rolf: (Diskussionsbeitrag zum Referat *Hager)*, in *Ernst/Zimmermann* (Hg.): Zivilrechtswissenschaft und Schuldrechtsreform, Diskussionsbericht zum Referat Hager (*Meier, Sonja*), Tübingen 2001, S. 455 f., 456.
Zitiert als *Knütel* in der Diskussion zum Referat *Hager*, in *Ernst/Zimmermann* (Hg.): Zivilrechtswissenschaft und Schuldrechtsreform, S. 455 f.

Knütel, Rolf: Zur Schuldrechtsreform, NJW 2001, S. 2519 ff.
Zitiert als *Knütel*, NJW 2001, S. 2519 ff.

Koch, Robert/Artz, Markus: Die Neuregelung des § 13 Abs. 2 Nr. 2 AGBG. Beschränkung der AGB-Verbandsklagebefugnis von Wirtschaftsverbänden durch das Gesetz über Fernabsatzverträge und andere Fragen des Verbraucherrechts sowie zur Umstellung von Vorschriften auf Euro, WM 2001, S. 1016 ff.
Zitiert als *Koch/Artz*, WM 2001, S. 1016 ff.

Koch, Frank: Datenschutz in Datennetzen, in *Loewenheim, Ulrich/Koch, Frank* (Hg.): Praxis des Online-Rechts, Weinheim u.a. 1998, S. 549 ff.
Zitiert als *F. Koch*, in *Loewenheim/Koch*, Online-Recht, S. 549 ff.

Köbler, Gerhard: Etymologisches Rechtswörterbuch, Tübingen 1995.
Zitiert als *Köbler*, Etymologisches Rechtswörterbuch, S.

Köhler, Helmut: Die Rechte des Verbrauchers bei Teleshopping (TV-Shopping, Internet-Shopping), NJW 1998, S. 185 ff.
Zitiert als *Köhler*, NJW 1998, S. 185 ff.

Köhler, Helmut: BGB, Allgemeiner Teil: Ein Studienbuch, 24. Auflage, München 1998.
Zitiert als *Köhler*, AT, 24. Aufl., S.

Köndgen, Johannes: Selbstbindung ohne Vertrag. Zur Haftung aus geschäftsbezogenem Handeln, Tübingen 1981, zugleich Habilitationsschrift Univ. Tübingen 1979/1980.
Zitiert als *Köndgen*, Selbstbindung ohne Vertrag, S.

Koppenfels, Katharina von: Das Widerrufsrecht bei Verbraucherverträgen im BGB – eine Untersuchung des § 355 Abs. 1 BGB-RegE, WM 2001, S. 1360 ff.
Zitiert als *von Koppenfels*, WM 2001, S. 1360 ff.

Krämer, Gerd: Der Verzicht auf das verbraucherschützende Widerrufsrecht und die Rückbeziehung der vertraglichen Pflichten, ZIP 1997, S. 93 ff.
Zitiert als *Krämer*, ZIP 1997, S. 93 ff.

Kramer, Ernst: Kommentierung vor § 116 BGB, vor § 145 BGB, zu § 145 BGB, zu § 155 BGB, jeweils in *Münchener Kommentar zum Bürgerlichen Gesetzbuch*: *Rebmann, Kurt/Säcker, Franz Jürgen* (Hg.), 3. Auflage, Band 1: Allgemeiner Teil (§§ 1-240), AGB-Gesetz, München 1993.
Zitiert als MK-BGB, 3. Aufl., *Kramer* zu § ... BGB, Rn.

Krebs, Peter: Verbraucher, Unternehmer oder Zivilpersonen. Zur Einordnung von BGB-Gesellschaften und anderen „Verbänden" ohne eigenes Gewerbe oder selbständige berufliche Tätigkeit, DB 2002, S. 517 ff.
Zitiert als *Krebs*, DB 2002, S. 517 ff.

Kropholler, Jan: Studienkommentar BGB, 2. Auflage, München 1995.
Zitiert als *Kropholler*, Studienkommentar, zu § ... BGB, Rn.

Kroppenberg, Inge: Die so genannten Vorwirkungen von schwebend unwirksamen Verpflichtungsverträgen, WM 2001, S. 844 ff.
Zitiert als *Kroppenberg*, WM 2001, S. 844 ff.

Krüger-Nieland, Gerda: Kommentierung zu § 130 BGB, in *Reichsgerichtsräte-kommentar*: Mitglieder des Bundesgerichtshofs (Hg.): Kommentar zum Bürgerlichen Gesetzbuch, unter besonderer Berücksichtigung der Rechtsprechung des Reichsgerichts und des Bundesgerichtshofes, Band I: §§ 1-240, 12. Auflage, Berlin 1982.
Zitiert als RGRK, 12. Aufl., *Krüger-Nieland* zu § 130 BGB, Rn.

Larenz, Karl: Allgemeiner Teil des deutschen Bürgerlichen Rechts, 4. Auflage, München 1977.
Zitiert als *Larenz*, AT, 4. Aufl., S.

Larenz, Karl/Wolf, Manfred: Allgemeiner Teil des Bürgerlichen Rechts, 8. Auflage, München 1997.
Zitiert als *Larenz/Wolf*, AT, 8. Aufl., S.

Leenen, Detlef: Abschluß, Zustandekommen und Wirksamkeit des Vertrages. Zugleich ein Beitrag zur Lehre vom Dissens, AcP 188 (1988), S. 381 ff.
Zitiert als *Leenen*, AcP 188 (1988), S. 381 ff.

Leenen, Detlef: Die Neuregelung der Verjährung, JZ 2001, S. 552 ff.
Zitiert als *Leenen*, JZ 2001, S. 552 ff.

Leible, Stefan: Die Mitteilung der Kommission zum Europäischen Vertragsrecht – Startschuss für ein Europäisches Vertragsgesetzbuch?, EWS 2001, S. 471 ff.
Zitiert als *Leible*, EWS 2001, S. 471 ff.

Leßmann, Herbert: Die willentliche Gestaltung von Rechtsverhältnissen im BGB (1. Teil). Inhalt und Grenzen des Parteiwillens bei der Willenserklärung, JA 1983, S. 341 ff.
Zitiert als *Leßmann*, JA 1983, S. 341 ff.

Leßmann, Herbert: Die willentliche Gestaltung von Rechtsverhältnissen im BGB (2. Teil). Inhalt und Grenzen des Parteiwillens bei der Willenserklärung, JA 1983, S. 403 ff.
Zitiert als *Leßmann*, JA 1983, S. 403 ff.

Lieb, Manfred: Sonderprivatrecht für Ungleichgewichtslagen? Überlegungen zum Anwendungsbereich der sogenannten Inhaltskontrolle privatrechtlicher Verträge, AcP 178 (1978), S. 196 ff.
Zitiert als *M. Lieb*, AcP 178 (1978), S. 196 ff.

Limbach, Jutta: Das Rechtsverständnis in der Vertragslehre, JuS 1985, S. 10 ff.
Zitiert als *Limbach*, JuS 1985, S. 10 ff.

Löwe, Walter: Neuerungen im Abzahlungsrecht. Zweites Gesetz zur Änderung des Abzahlungsgesetzes, NJW 1974, S. 2257 ff.
Zitiert als *Löwe*, NJW 1974, S. 2257 ff.

Löwe, Walter: Schutz gegen Überrumpelung beim Vertragsabschluß. Zum Gesetz über den Widerruf von Haustürgeschäften und ähnlichen Geschäften, BB 1986, S. 821 ff.
Zitiert als *Löwe*, BB 1986, S. 821 ff.

Loewenheim, Ulrich/Koch, Frank (Hg.): Praxis des Online-Rechts, Weinheim u.a. 1998.
Zitiert als Verf., in *Loewenheim/Koch*, Online-Recht, S.

Löwisch, Manfred: Das Rechtsgeschäft, 3. Auflage, München 1977.
Zitiert als *Löwisch*, Rechtsgeschäft, 3. Aufl., S.

Lorenz, Stephan: Schwebende Unwirksamkeit und Präklusion im Zwangsvollstreckungsrecht, NJW 1995, S. 2258 ff.
Zitiert als *S. Lorenz*, NJW 1995, S. 2258 ff.

Lorenz, Stephan: Der Schutz vor dem unerwünschten Vertrag. Eine Untersuchung von Möglichkeiten und Grenzen der Abschlußkontrolle im geltenden Recht, München 1997, zugleich Habilitationsschrift Univ. München 1996/1997.
Zitiert als *S. Lorenz*, Unerwünschter Vertrag, S.

Lorenz, Stephan: Im BGB viel Neues: Die Umsetzung der Fernabsatzrichtlinie, JuS 2000, S. 833 ff.
Zitiert als *S. Lorenz*, JuS 2000, S. 833 ff.

Lüke, Wolfgang: Gesetzgebungsübersicht: Fernabsatzgesetz und allgemeines Verbraucherrecht, JuS 2000, S. 1139 f.
Zitiert als *Lüke*, JuS 2000, S. 1139 f.

Lütcke, Jens: Fernabsatzrecht, Kommentar zu den §§ 312b-312f BGB, München 2002.
Zitiert als *Lütcke*, Fernabsatzrecht, zu § ... BGB, Rn.

Lutter, Marcus: Die Auslegung angeglichenen Rechts, JZ 1992, S. 593 ff.
Zitiert als *Lutter*, JZ 1992, S. 593 ff.

Lutterbeck, Bernd: Globalisierung des Rechts – am Beginn einer neuen Rechtskultur?, CR 2000, S. 52 ff.
Zitiert als *Lutterbeck*, CR 2000, S. 52 ff.

Mäsch, Gerald: Das deutsche Time-Sharing-Recht nach dem neuen Teilzeit-Wohnrechte-Gesetz, DNotZ 1997, S. 180 ff.
Zitiert als *Mäsch*, DNotZ 1997, S. 180 ff.

Magoulas, Georgios/Simon, Jürgen (Hg.): Recht und Ökonomie beim Konsumentenschutz und Konsumentenkredit. Interdisziplinäre Studie zu den Problemen und Konzepten des Verbraucherschutzes, Baden-Baden 1985.
Zitiert als Verf., in *Magoulas/J. Simon*: Recht und Ökonomie, 1985, S.

Manigk, Alfred: Willenserklärung und Willensgeschäft. Ihr Begriff und ihre Behandlung nach Bürgerlichem Gesetzbuch. Ein System der juristischen Handlungen, Berlin 1907.
Zitiert als *Manigk*, Willenserklärung und Willensgeschäft, S.

Mankowski, Peter: Schwebende Wirksamkeit unter § 361a BGB. Probleme, Reaktionsmöglichkeiten, Kritik und Korrektur. Teil I, WM 2001, S. 793 ff.
Zitiert als *Mankowski*, WM 2001, S. 793 ff.

Mankowski, Peter: Schwebende Wirksamkeit unter § 361a BGB. Probleme, Reaktionsmöglichkeiten, Kritik und Korrektur. Teil II, WM 2001, S. 833 ff.
Zitiert als *Mankowski*, WM 2001, S. 833 ff.

Mankowski, Peter: Zur Neuregelung der Widerrufsfrist bei Fehlen einer Belehrung im Verbraucherschutzrecht, JZ 2001, S. 745 ff.
Zitiert als *Mankowski*, JZ 2001, S. 745 ff.

Mankowski, Peter: Verbraucherschutzrechtliche Widerrufsbelehrung und Sprachrisiko, VuR 2001, S. 359 ff.
Zitiert als *Mankowski*, VuR 2001, S. 359 ff.

Marschall von Bieberstein, Wolfgang Freiherr: Gutachten zur Reform des finanzierten Abzahlungskaufs. Untersuchung der Möglichkeiten einer künftigen gesetzlichen Regelung des finanzierten Abzahlungskaufs und andere Formen des Konsumentenkredits, Köln 1978.
Zitiert als *Marschall von Bieberstein*: „Gutachten zur Reform des finanzierten Abzahlungskaufs“, 1978, S.

Martinek, Michael: Moderne Vertragstypen, Bd. III: Computerverträge, Kreditkartenverträge sowie sonstige moderne Vertragstypen, München 1993.
Zitiert als *Martinek*, Moderne Vertragstypen, Bd. III, S.

Martinek, Michael: Das neue Teilzeit-Wohnrechtegesetz – mißratener Verbraucherschutz bei Time-Sharing-Verträgen, NJW 1997, S. 1393 ff.
Zitiert als *Martinek*, NJW 1997, S. 1393 ff.

Martinek, Michael: Verbraucherschutz im Fernabsatz – Lesehilfe mit Merkpunkten zur neuen EU-Richtlinie, NJW 1998, S. 207 f.
Zitiert als *Martinek*, NJW 1998, S. 207 f.

Mayer-Maly, Theo: Kommentierung zu § 142 BGB, in *Münchener Kommentar zum Bürgerlichen Gesetzbuch*: *Rebmann, Kurt/Säcker, Franz Jürgen* (Hg.), 3. Auflage, Band 1: Allgemeiner Teil (§§ 1-240), AGB-Gesetz, München 1993.
Zitiert als MK-BGB, 3. Aufl., *Mayer-Maly* zu § 142 BGB, Rn.

Medicus, Dieter: Verschulden bei Vertragsverhandlungen. Empfiehlt sich eine Normierung der Lehre vom Verschulden bei Vertragsverhandlungen und eine Neuregelung vorvertraglicher Rechte und Pflichten im BGB? Können Widerrufsrechte und ähnliche sondergesetzliche Reglungen zum Schutz vor nachteiligen Vertragsbindungen im BGB geregelt werden?, in Bundesministerium der Justiz (BMJ) (Hg.): Gutachten und Vorschläge zur Überarbeitung des Schuldrechts, Band I, 1981, S. 479 ff.
Zitiert als *Medicus*, in Bundesministerium der Justiz (BMJ) (Hg.): Gutachten und Vorschläge zur Überarbeitung des Schuldrechts, Band I, 1981, S. 479 ff.

Medicus, Dieter: Schutzbedürfnisse (insbesondere der Verbraucherschutz) und das Privatrecht, JuS 1996, S. 761 ff.
Zitiert als *Medicus*, JuS 1996, S. 761 ff.

Medicus, Dieter: Allgemeiner Teil des BGB: Ein Lehrbuch, 7. Auflage, Heidelberg 1997.
Zitiert als *Medicus*, AT, 7. Aufl., S.

Medicus, Dieter: Bürgerliches Recht: Eine nach Anspruchsgrundlagen geordnete Darstellung zur Examensvorbereitung, 18. Auflage, Köln u.a. 1999.
Zitiert als *Medicus*, Bürgerliches Recht, 18. Aufl., S.

Medicus, Dieter: Schlußbetrachtung, in *Ernst/Zimmermann* (Hg.): Zivilrechtswissenschaft und Schuldrechtsreform, Tübingen 2001, S. 607 ff.
Zitiert als *Medicus*, in *Ernst/Zimmermann* (Hg.): Zivilrechtswissenschaft und Schuldrechtsreform, S. 607 ff.

Meents, Jan Geert: Ausgewählte Probleme des Fernabsatzgesetzes bei Rechtsgeschäften im Internet, CR 2000, S. 610 ff.
Zitiert als *Meents*, CR 2000, S. 610 ff.

Meier, Sonja: Diskussionsbericht zum Referat *Hager*, in *Ernst/Zimmermann* (Hg.): Zivilrechtswissenschaft und Schuldrechtsreform, Tübingen 2001, S. 455 f.

Zitiert als Diskussionsteilnehmer, (Diskussionsbeitrag) zum Referat *Hager*, in *Ernst/Zimmermann* (Hg.): Zivilrechtswissenschaft und Schuldrechtsreform, S. 455 f.

Meub, Michael: Fernabsatz und E-Commerce nach neuem Recht, DB 2002, S. 359 ff.
Zitiert als *Meub*, DB 2002, S. 359 ff.

Micklitz, Hans-W.: Die Fernabsatzrichtlinie 97/7/EG, ZEuP 1999, S. 875 ff.
Zitiert als *Micklitz*, ZEuP 1999, S. 875 ff.

Micklitz Hans-W: (Diskussionsbeitrag zum Referat *Hager)*, in *Ernst/Zimmermann* (Hg.): Zivilrechtswissenschaft und Schuldrechtsreform, Diskussionsbericht zum Referat Hager (*Meier, Sonja*), Tübingen 2001, S. 455 f., 456.
Zitiert als *Micklitz* in der Diskussion zum Referat *Hager*, in *Ernst/Zimmermann* (Hg.): Zivilrechtswissenschaft und Schuldrechtsreform, S. 455 f., 456.

Micklitz, Hans-W: Vertragsschlussmodalitäten im Diskussionsentwurf eines Schuldrechtsmodernisierungsgesetzes, VuR 2001, S. 71 ff.
Zitiert als *Micklitz*, VuR 2001, S. 71 ff.

Micklitz, Hans-W./Reich, Norbert: Umsetzung der EG-Fernabsatzrichtlinie. Im Blickpunkt: Referentenentwurf eines Fernabsatzgesetzes, BB 1999, S. 2093 ff.
Zitiert als *Micklitz/Reich*, BB 1999, S. 2093 ff.

Moritz, Hans-Werner: Quo vadis elektronischer Geschäftsverkehr?, CR 2000, S. 61 ff.
Zitiert als *Moritz*, CR 2000, S. 61 ff.

Motive zu dem Entwurfe eines Bürgerlichen Gesetzbuches für das Deutsche Reich, Band I: Allgemeiner Theil, Amtliche Ausgabe, 2. Auflage, Berlin 1896.
Zitiert als Motive zum BGB I, S.

Mülbert, Peter: Die Auswirkungen der Schuldrechtsmodernisierung im Recht des „bürgerlichen" Darlehensvertrags, WM 2002, S. 465 ff.
Zitiert als *Mülbert*, WM 2002, S. 465 ff.

Münchener Kommentar zum Bürgerlichen Gesetzbuch: Rebmann, Kurt/Säcker, Franz Jürgen (Herausgeber): Kommentar zum Bürgerlichen Gesetzbuch, 3. Auflage:
Band 1: Allgemeiner Teil (§§ 1-240), AGB-Gesetz, München 1993.
Band 2: Schuldrecht. Allgemeiner Teil (§§ 241-432), München 1994.

Band 3: Schuldrecht. Besonderer Teil I (§§ 433-606), Finanzierungsleasing, Verbraucherkreditgesetz, Haustürwiderrufsgesetz, Erbschaft- und Schenkungsteuergesetz, Gesetz zur Regelung der Miethöhe, Heizkostenverordnung, München 1995.
Band 6: Sachenrecht (§§ 854-1296), Wohnungseigentumsgesetz, Erbaurechtsverordnung, Sachenrechtsbereinigungsgesetz, Schuldrechtsänderungsgesetz, München 1997.
Zitiert als MK-BGB, 3. Aufl., Bearbeiter zu § ..., Rn.

Münchener Kommentar zur Zivilprozeßordnung: Lüke, Gerhard/Walchshöfer, Alfred (Hg.): Kommentar zur Zivilprozeßordnung, 1. Auflage:
Band 1: §§ 1-354, München 1992;
Band 2: §§ 355-802, München 1992;
Zitiert als MK-ZPO, Bearbeiter zu § ... ZPO, Rn.

Münstermann, Walter/Hannes, Rudi: Verbraucherkreditgesetz. Kommentar, Münster 1991.
Zitiert als *Münstermann/Hannes*, zu § ... VerbrKrG, Rn.

Musielak, Hans-Joachim: Grundkurs BGB: Eine Darstellung zur Vermittlung von Grundlagenwissen im bürgerlichen Recht mit Fällen und Fragen zur Lern- und Verständniskontrolle sowie mit Übungsklausuren, 3. Auflage, München 1992.
Zitiert als *Musielak*, Grundkurs BGB, 3. Aufl., S.

Nowak, Ulrich: Der elektronische Vertrag - Zustandekommen und Wirksamkeit unter Berücksichtigung des neuen „Formvorschriftenanpassungsgesetzes“, MDR 2001, S. 841 ff.
Zitiert als *Nowak*, MDR 2001, S. 841 ff.

Neue Juristische Wochenschrift-Redaktion: NJW-Wochenspiegel: Schuldrechtsreform: „Rebellion“ von Zivilrechtslehrern, NJW 20/2001, S. XLIX f.
Zitiert als NJW-Wochenspiegel, NJW 20/2001, S. XLIX f.

Ollmann, Horst: Die schwebende Unwirksamkeit des Verbrauchervertrages, WM 1992, S. 2005 ff.
Zitiert als *Ollmann*, WM 1992, S. 2005 ff.

Palandt, Otto: Bürgerliches Gesetzbuch, 58. Auflage, München 1999.
Zitiert als *Palandt*, 58. Aufl., Bearbeiter zu § ..., Rn.

Palandt, Otto: Bürgerliches Gesetzbuch, 60. Auflage, München 2001.
Zitiert als *Palandt*, 60. Aufl., Bearbeiter zu § ..., Rn.

Palandt, Otto: Gesetz zur Modernisierung des Schuldrechts. Ergänzungsband zu *Palandt*, Bürgerliches Gesetzbuch, 61. Auflage, München 2002.
Zitiert als *Palandt*, (Ergänzungsband) 61. Auflage, Bearbeiter zu § ..., Rn.

Pawlowski, Hans-Martin: Allgemeiner Teil des BGB, 6. Auflage, Heidelberg 2000.
Zitiert als *Pawlowski*, AT, 6. Aufl., S.

Pfeiffer, Gerd/Kummer, Joachim/Scheuch, Silke (Hg.): Festschrift für Hans Erich Brandner zum 70. Geburtstag, Köln 1996.
Zitiert als Verf., FS *Brandner*, S.

Pfeiffer, Thomas: Anmerkung zu BGH, Urteil vom 10.05.1995 – VIII ZR 264/94, BGH LM H. 10/1995 Nr. 31 zu § 1b AbzG.
Zitiert als *Pfeiffer*, BGH LM H. 10/1995 Nr. 31 zu § 1b AbzG.

Pfeiffer, Thomas: Die Integration von „Nebengesetzen" in das BGB, in *Ernst/Zimmermann* (Hg.): Zivilrechtswissenschaft und Schuldrechtsreform, Tübingen 2001, S. 481 ff.
Zitiert als *Pfeiffer*, in *Ernst/Zimmermann* (Hg.): Zivilrechtswissenschaft und Schuldrechtsreform, S. 481 ff.

Pfeiffer, Thomas: Neues Schuldrecht – Gesetzessynopse mit Kurzerläuterung, Neuwied, Kriftel 2002.
Zitiert als *Pfeiffer*, Neues Schuldrecht, Einführung, S.

Pfeiffer, Thomas/Dauck, Andreas: BGH-Rechtsprechung aktuell: Verbraucherkreditgesetz. Entscheidungen und LM-Anmerkungen 1991-1995, NJW 1997, S. 30 ff.
Zitiert als *Pfeiffer/Dauck*, NJW 1997, S. 30 ff.

Pieroth, Bodo/Schlink, Bernhard: Grundrechte. Staatsrecht II, 17. Auflage, Heidelberg 2001.
Zitiert als *Pieroth/Schlink*, Staatsrecht II, 17. Aufl., S.

Piper, Henning: Kommentierung vor § 145 BGB, zu § 145 BGB, zu § 146 BGB, jeweils in *Reichsgerichtsrätekommentar*: Mitglieder des Bundesgerichtshofs (Hg.): Kommentar zum Bürgerlichen Gesetzbuch, unter besonderer Berücksichtigung der Rechtsprechung des Reichsgerichts und des Bundesgerichtshofes, Band I: §§ 1-240, 12. Auflage, Berlin 1982.
Zitiert als RGRK, 12. Aufl., *Piper* zu § ... BGB, Rn.

Pudor, Kerstin: Dic Wirkungsweise verbraucherschützender Widerrufsrechte. Zur Wirksamkeit des Verbrauchervertrages bei bestehendem Widerrufsrecht nach den §§ 1 HWiG, 7 VerbrKrG und 5 TzWrG, Frankfurt/M. 2000, zugleich Dissertation Univ. Frankfurt/M. 1999.
Zitiert als *Pudor*, Wirkungsweise, S.

Putzo, Hans: Kommentierung zu § 1 HWiG, zu § 2 HWiG, der Einführung zum TzWrG, zu § 5 TzWrG, zu § 7 TzWrG, zu § 7 VerbrKrG, jeweils in *Palandt*, 58. Auflage, München 1999.
Zitiert als *Palandt*, 58. Auflage, *Putzo* zu § ..., Rn.

Putzo, Hans: Kommentierung vor § 459 BGB, zu § 460 BGB, zu § 2 TzWrG, zu § 3 TzWrG, zu § 4 TzWrG, zu § 5 TzWrG, zu § 7 VerbrKrG, jeweils in *Palandt*, 60. Auflage, München 2001.
Zitiert als *Palandt*, 60. Aufl., *Putzo* zu § ..., Rn.

Prölls, Erich/Martin, Anton (bis 7. Aufl.); *Knappmann, Ulrich/Prölls, Jürgen/ Kollhosser, Helmut/Voit, Wolfgang*: Versicherungsvertragsgesetz. Kommentar zu VVG und EGVVG sowie Kommentierung wichtiger Versicherungsbedingungen unter Berücksichtigung des ÖVVG und österreichischer Rechtsprechung, 26. Auflage, München 1998.
Zitiert als *Prölls/Martin*, VVG, 26. Aufl., Bearbeiter zu § ... VVG, Rn.

Prölls, Jürgen: Kommentierung der Vorbemerkung, Kommentierung zu § 8 VVG, jeweils in *Prölls, Erich/Martin, Anton* (bis 7. Aufl.); *Knappmann, Ulrich/ Prölls, Jürgen/Kollhosser, Helmut/Voit, Wolfgang*: Versicherungsvertragsgesetz. Kommentar zu VVG und EGVVG sowie Kommentierung wichtiger Versicherungsbedingungen unter Berücksichtigung des ÖVVG und österreichischer Rechtsprechung, 26. Auflage, München 1998.
Zitiert als *Prölls/Martin*, VVG, 26. Aufl., *Prölls* zu § ... VVG, Rn.

Reiff, Peter: Die Auswirkungen des Gemeinschaftsrechts auf das deutsche Versicherungsvertragsgesetz, VersR 1997, S. 267 ff.
Zitiert als *Reiff*, VersR 1997, S. 267 ff.

Reich, Norbert: Zivilrechtstheorie, Sozialwissenschaften und Verbraucherschutz, ZRP 1974, S. 187 ff.
Zitiert als *Reich*, ZRP 1974, S. 187 ff.

Reich, Norbert: Abzahlungsrecht und Verbraucherschutz. Die Neuerungen der 2. Novelle zum Abzahlungsgesetz und ihre Auswirkungen auf die Struktur des Abzahlungsgeschäfts, JZ 1975, S. 550 ff.
Zitiert als *Reich*, JZ 1975, S. 550 ff.

Reich, Norbert: (Besprechung von) Barbara Dauner-Lieb, Verbraucherschutz durch Ausbildung eines Sonderprivatrechtes für Verbraucher. Systemkonforme Weiterentwicklung oder Schrittmacher der Systemveränderung?, Berlin 1983, ZRP 1984, S. 215.
Zitiert als *Reich*, ZRP 1984, S. 215.

Reich, Norbert: Verbraucherpolitik und Verbraucherschutz im Vertrag von Amsterdam, VuR 1999, S. 3 ff.
Zitiert als *Reich*, VuR 1999, S. 3 ff.

Reichsgerichtsrätekommentar: Mitglieder des Bundesgerichtshofs (Hg.): Kommentar zum Bürgerlichen Gesetzbuch, unter besonderer Berücksichtigung der Rechtsprechung des Reichsgerichts und des Bundesgerichtshofes, Band I: §§ 1-240, 12. Auflage, Berlin 1982, Band II, 2. Teil: §§ 414-610 (Anhang nach § 455: Abzahlungsgesetz), 12. Auflage, Berlin 1978.
Zitiert als RGRK, 12. Aufl., Bearbeiter zu § ..., Rn.

Reifner, Udo: Der Schutzbereich eines Verbraucherschutzgesetzes und die Schutzwürdigkeit des Verbrauchers, ZVP 1978, S. 203 ff.
Zitiert als *Reifner*, ZVP 1978, S. 203 ff.

Riehm, Thomas: Das Gesetz über Fernabsatzverträge und andere Fragen des Verbraucherrechts, Jura 2000, S. 505 ff.
Zitiert als *Riehm*, Jura 2000, S. 505 ff.

Riesenhuber, Karl: Fernabsatz von Finanzdienstleistungen im europäischen Schuldvertragsrecht. Zum Richtlinienvorschlag der Kommission vom 14.10.1998, WM 1999, S. 1441 ff.
Zitiert als *K. Riesenhuber*, WM 1999, S. 1441 ff.

Ring, Gerhard: Besondere Vertriebsformen im BGB nach der Schuldrechtsreform, AnwBl 2001, S. 620 f.
Zitiert als *Ring*, AnwBl 2001, S. 620 f.

Ring, Gerhard: Der Verbraucherschutz, in *Dauner-Lieb, Barbara/Heidel, Thomas/Lepa, Manfred/Ring, Gerhard* (Hg.): Das Neue Schuldrecht, Heidelberg 2002, S. 343 ff.
Zitiert als *Ring*, in *Dauner-Lieb/Heidel/Lepa/Ring* (Hg.): Neues Schuldrecht, S. 343 ff.

Ring, Gerhard: Kommentierung zu § 312e BGB, vor §§ 355-360 BGB, zu § 355 BGB, zu § 357 BGB, zu § 360 BGB, jeweils in *Dauner-Lieb, Barbara/Heidel, Thomas/Lepa, Manfred/Ring, Gerhard* (Hg.): Anwaltkommentar Schuldrecht. Erläuterungen der Neuregelungen zum Verjährungsrecht, Schuldrecht, Schadensersatzrecht und Mietrecht, Bonn 2002.
Zitiert als *Dauner-Lieb/Heidel/Lepa/Ring* (Hg.): Anwaltkommentar Schuldrecht, *Ring* zu § ... BGB, Rn.

Rolland, Walter: Schuldrechtsreform – allgemeiner Teil, NJW 1992, S. 2377 ff.
Zitiert als *Rolland*, NJW 1992, S. 2377 ff.

Rosenberg, Leo/Gaul, Hans Friedhelm/Schilken, Eberhard: Zwangsvollstreckungsrecht, 10. Auflage, München 1987.
Zitiert als *Rosenberg/Gaul/Schilken*, Zwangsvollstreckungsrecht, 10. Aufl., S.

Roßnagel, Alexander: Das neue Recht elektronischer Signaturen. Neufassung des Signaturgesetzes und Änderung des BGB und der ZPO, NJW 2001, S. 1817 ff.
Zitiert als *Roßnagel*, NJW 2001, S. 1817 ff.

Roth, Herbert: EG-Richtlinien und Bürgerliches Recht, JZ 1999, S. 529 ff.
Zitiert als *H. Roth*, JZ 1999, S. 529 ff.

Roth, Herbert: Das Fernabsatzgesetz, JZ 2000, S. 1013 ff.
Zitiert als *H. Roth*, JZ 2000, S. 1013 ff.

Roth, Herbert: Die Reform des Werkvertragsrechts, JZ 2001, S 543 ff.
Zitiert als *H. Roth*, JZ 2001, S 543 ff.

Roth, Marianne: Wege zur Prozeßökonomie: Die Reduktion von Verfahrensdauer und Verfahrenskosten im Zivilprozeß, in *Gilles, Peter* (Hg.): Prozeßrecht an der Jahrtausendwende. Deutsche Landesberichte zur Weltkonferenz für Prozeßrecht in Wien, Österreich 1999, Baden-Baden 1999, S. 181 ff.
Zitiert als *M. Roth*, in *Gilles* (Hg.): Prozeßrecht an der Jahrtausendwende, 1999, S. 181 ff.

Roth, Wulf-Henning: Europäischer Verbraucherschutz und BGB, JZ 2001, S. 475 ff.
Zitiert als *W.-H. Roth*, JZ 2001, S. 475 ff.

Rott, Peter: Widerruf und Rückabwicklung nach der Umsetzung der Fernabsatzrichtlinie und dem Entwurf eines Schuldrechtsmodernisierungsgesetzes, VuR 2001, S. 78 ff.
Zitiert als *Rott*, VuR 2001, S. 78 ff.

Rüthers, Bernd: Allgemeiner Teil des BGB, 6. Auflage, München 1986.
Zitiert als *Rüthers*, AT, 6. Aufl., S.

Ruppert, Andrea: Lauterkeitsrechtliche Beurteilung der DRTV-Werbung unter besonderer Berücksichtigung des Teleshopping, Frankfurt/M. u.a. 1999, zugleich Dissertation Univ. Frankfurt/M. 1999.
Zitiert als *Ruppert*, Teleshopping, S.

Ruth, Annette: Hausbesuche auf Bestellung in Recht und Praxis. Gewerberechtliche, wettbewerbsrechtliche, privatrechtliche Analysen, Frankfurt/M. u.a. 1996, zugleich Dissertation Univ. Frankfurt/M. 1994.
Zitiert als *Ruth*, Hausbesuche, S.

Saenger, Ingo: Kommentierung zu § 7 VerbrKrG, in *Erman, Walter/Harm Peter Westermann* (Hg.): Bürgerliches Gesetzbuch, Handkommentar mit AGBG, EGBGB, ErbbauVO, HausratsVO, HausTWG, ProdHaftG, SachenRBerG, SchuldRAnpG, VerbrKrG, 10. Auflage, Köln 2000.
Zitiert als *Erman*, 10. Aufl., *Saenger* zu § 7 VerbrKrG, Rn.

Schaaff, Petra: Time Sharing – Modell oder Risiko? Ein Versuch rechtlicher Einordnung des Teilzeiteigentums aus rechtsvergleichender Sicht, ZIP 1984, S. 908 ff.
Zitiert als *Schaaff*, ZIP 1984, S. 908 ff.

Scheffler, Hauke/Dressel, Christian: Vorschläge zur Änderung zivilrechtlicher Formvorschriften und ihre Bedeutung für den Wirtschaftszweig E-Commerce, CR 2000, S. 378 ff.
Zitiert als *Scheffler/Dressel*, CR 2000, S. 378 ff.

Scherer, Josef/Butt, Mark Eric: Rechtsprobleme bei Vertragsschluss via Internet. Unter Berücksichtigung der EG-Fernabsatzrichtlinie, der Signaturrichtlinie und der geplanten E-Commerce-Richtlinie, DB 2000, S. 1009 ff.
Zitiert als *Scherer/Butt*, DB 2000, S. 1009 ff.

Schirmer, Helmut: Änderungen des VVG nach der Deregulierung mit den Schwerpunkten: Abschluß des Versicherungsvertrages und Einbeziehung von AVB, VersR 1996, S. 1045 ff.
Zitiert als *Schirmer*, VersR 1996, S. 1045 ff.

Schmelz, Karl-Joachim/Klute, Sabine: Zum Gesetzentwurf für ein Verbraucherkreditgesetz, ZIP 1989, S. 1509 ff.
Zitiert als *Schmelz/Klute*, ZIP 1989, S. 1509 ff.

Schmid, Christoph: Legitimitätsbedingungen eines Europäischen Zivilgesetzbuchs, JZ 2001, S. 674 ff.
Zitiert als *Schmid*, JZ 2001, S. 674 ff.

Schmidt, Eike: Verbraucherschützende Verbandsklagen, NJW 2002, S. 25 ff.
Zitiert als *E. Schmidt*, NJW 2002, S. 25 ff.

Schmidt, Karsten: Kommentierung zu § 767 ZPO, in *Münchener Kommentar zur Zivilprozeßordnung: Lüke, Gerhard/Walchshöfer, Alfred* (Hg.): Kommentar zur Zivilprozeßordnung, 1. Auflage, Band 2: §§ 355-802, München 1992.
Zitiert als MK-ZPO, *K. Schmidt* zu § 767 ZPO, Rn.

Schmidt-Räntsch, Jürgen: Zum Gesetz über Fernabsatzverträge und andere Fragen des Verbraucherrechts sowie zur Umstellung von Vorschriften auf Euro, VuR 2000, S. 427 ff.
Zitiert als *Schmidt-Räntsch*, VuR 2000, S. 427 ff.

Schmidt-Rimpler, Walter: Grundfragen einer Erneuerung des Vertragsrechts, AcP 147 (1941), S. 130 ff.
Zitiert als *Schmidt-Rimpler*, AcP 147 (1941), S. 130 ff.

Schmidt-Salzer, Joachim: Transformation der EG-Richtlinie über mißbräuchliche Klauseln in Verbraucherverträgen in deutsches Recht und AGB-Gesetz, BB 1995, S. 733 ff.
Zitiert als *Schmidt-Salzer*, BB 1995, S. 733 ff.

Schneider, Tilmann: Der Begriff des Verbrauchers im Recht, BB 1974, S. 764 ff.
Zitiert als *T. Schneider*, BB 1974, S. 764 ff.

Schober, Bernd: Internationales Time-Sharing von Wohnungen. Moderne Entwicklungen beim Eigentum an Ferienwohnungen, DB 1985, S. 1513 ff.
Zitiert als *Schober*, DB 1985, S. 1513 ff.

Schön, Wolfgang (Hg.) im Zusammenwirken mit *Flume, Werner/Jakobs, Horst Heinrich/Picker, Eduard/Wilhelm, Jan*: Gedächtnisschrift für Brigitte Knobbe-Keuk, Köln 1997.
Zitiert als Verf., GS *Knobbe-Keuk*, S.

Scholz, Franz Josef: Die 2. Novelle zum Abzahlungsgesetz (I), MDR 1974, S. 881 ff.
Zitiert als *F. J. Scholz*, MDR 1974, S. 881 ff.

Schomerus, Andreas: Time-Sharing-Verträge in Spanien im Lichte der EG-Richtlinie über den Erwerb von Teilzeitnutzungsrechten an Immobilien, NJW 1995, S. 359 ff.
Zitiert als *Schomerus*, NJW 1995, S. 359 ff.

Schreiber, Klaus: Anwartschaftsrechte, Jura 2001, S. 623 ff.
Zitiert als *Schreiber*, Jura 2001, S. 623 ff.

Schubel, Christian: Schuldrechtsreform: Perspektivenwechsel im Bürgerlichen Recht und AGB-Kontrolle für den Handelskauf, JZ 2001, S. 1113 ff.
Zitiert als *Schubel*, JZ 2001, S. 1113 ff.

Schünemann, Hans-Wilhelm: Sozialwissenschaften und Jurisprudenz. Eine Einführung für Praktiker, München 1976.
Zitiert als *Schünemann*, Sozialwissenschaften und Jurisprudenz, S.

Schulte-Nölke, Hans: Diskussionsbericht zu den Vorträgen von W.-H. Roth und Ulmer, JZ 2001, S. 497 f.
Zitiert als *Schulte-Nölke*, JZ 2001, S. 497 f.

Schulze, Reiner: Kommentierung zu § 355 BGB, zu § 357 BGB, jeweils in *Dörner, Heinrich/Ebert, Ina/Eckert, Jörn/Hoeren, Thomas/Kemper, Rainer/Saenger, Ingo/Schulte-Nölke, Hans/Schulze, Reiner/Staudinger, Ansgar* (Hg.): Bürgerliches Gesetzbuch. Handkommentar, 2. Auflage, Baden-Baden 2002.
Zitiert als *Dörner/Ebert/Eckert/Hoeren/Kemper/Saenger/Schulte-Nölke/Schulze/ Staudinger* (Hg.): Handkommentar BGB, 2. Aufl., *Schulze* zu § ... BGB, Rn.

Schulze, Reiner/Schulte-Nölke, Hans (Hg.): Die Schuldrechtsreform vor dem Hintergrund des Gemeinschaftsrechts, Tagungsband zum Symposium „Die Schuldrechtsreform vor dem Hintergrund des Gemeinschaftsrechts" am 22.01.2001 in Münster, Tübingen 2001.
Zitiert als Verf., in *Schulze/Schulte-Nölke* (Hg.): Die Schuldrechtsreform vor dem Hintergrund des Gemeinschaftsrechts, S.

Schulze, Reiner/Schulte-Nölke, Hans: Schuldrechtsreform und Gemeinschaftsrecht, in *Schulze/Schulte-Nölke* (Hg.): Die Schuldrechtsreform vor dem Hintergrund des Gemeinschaftsrechts, Tübingen 2001, S. 3 ff.
Zitiert als *Schulze/Schulte-Nölke,* in *Schulze/Schulte-Nölke* (Hg.): Die Schuldrechtsreform vor dem Hintergrund des Gemeinschaftsrechts, S. 3 ff.

Schwab, Dieter: Einführung in das Zivilrecht, 7. Auflage, Heidelberg 1987.
Zitiert als *Schwab*, Einführung, 7. Aufl., S.

Schwarz, Günter Christian: § 241a BGB als Störfall für die Zivilrechtsdogmatik. Zu den systemwidrigen Folgen der Umsetzung der EG-Fernabsatz-Richtlinie, NJW 2001, S. 1449 ff.
Zitiert als *Schwarz*, NJW 2001, S. 1449 ff.

Schwenzer, Ingeborg: Neue Formen der Abstandnahme vom Vertrag. Teil 1: Der Anwendungsbereich der Schutzgesetze, JA 1979, S. 473 ff.
Zitiert als *Schwenzer*, JA 1979, S. 473 ff.

Schwenzer, Ingeborg: Neue Formen der Abstandnahme vom Vertrag. Teil 2: Widerruf und Rückabwicklung, JA 1979, S. 505 ff.
Zitiert als *Schwenzer*, JA 1979, S. 505 ff.

Simitis, Konstantin: Verbraucherschutz, Schlagwort oder Rechtsprinzip?, Baden-Baden 1976.
Zitiert als *K. Simitis*, Verbraucherschutz – Schlagwort oder Rechtsprinzip?, 1976, S.

Soergel, Theodor/Siebert, Wolfgang/Baur, Jürgen (Hg.): Kommentar zum Bürgerlichen Gesetzbuch mit Einführungsgesetz und Nebengesetzen, Band 2: Allgemeiner Teil – 2. (§§ 104-240), 13. Auflage, Stuttgart u.a. 1999.
Zitiert als *Soergel*, 13. Aufl., Bearbeiter zu § ..., Rn.

Sonnenberger, Hans Jürgen: Der Ruf unserer Zeit nach einer europäischen Ordnung des Zivilrechts, JZ 1998, S. 982 ff.
Zitiert als *Sonnenberger*, JZ 1998, S. 982 ff.

Spindler, Gerald: Der Entwurf zur Umsetzung der E-Commerce-Richtlinie, ZRP 2001, S. 203 ff.
Zitiert als *Spindler*, ZRP 2001, S. 203 ff.

Spindler, Gerald: Das Gesetz zum elektronischen Geschäftsverkehr – Verantwortlichkeit der Diensteanbieter und Herkunftslandprinzip, NJW 2002, S. 921 ff.
Zitiert als *Spindler*, NJW 2002, S. 921 ff.

Staudenmayer, Dirk: Verbraucherrecht im Rahmen eines Europäischen Vertragsrechts – Zur Kommissionsmitteilung zum Europäischen Vertragsrecht, VuR 2001, 313 f.
Zitiert als *Staudenmayer*, VuR 2001, 313 f.

Staudinger, Ansgar: Die Mitteilung der Kommission zum europäischen Vertragsrecht, VuR 2001, S. 353 ff.
Zitiert als *Staudinger*, VuR 2001, S. 353 ff.

Staudinger, Julius von: Kommentar zum Bürgerlichen Gesetzbuch, Buch 1: Allgemeiner Teil: §§ 90-240, 12. Auflage, Berlin 1980.
Zitiert als *von Staudinger*, 12. Aufl., Bearbeiter zu § ... BGB, Rn.

Stillner, Walter: Verbraucherkreditgeschäfte. Eine Einführung, VuR 2002, S. 79 ff.
Zitiert als *Stillner*, VuR 2002, S. 79 ff.

Stürner, Rolf: Der hundertste Geburtstag des BGB – nationale Kodifikation im Greisenalter?, JZ 1996, S. 741 ff.
Zitiert als *Stürner*, JZ 1996, S. 741 ff.

Sturm, Fritz: Der Entwurf eines Europäischen Vertragsgesetzbuchs, JZ 2001, S. 1097 ff.
Zitiert als *Sturm*, JZ 2001, S. 1097 ff.

Teske, Wolfgang: Der Begriff des „Verbrauchers“ – Resümee und Annäherung, in *Magoulas, Georgios/Simon, Jürgen* (Hg.): Recht und Ökonomie beim Konsumentenschutz und Konsumentenkredit. Interdisziplinäre Studie zu den Problemen und Konzepten des Verbraucherschutzes, Baden-Baden 1985, S. 15 ff.
Zitiert als *Teske*, in *Magoulas/J. Simon*: Recht und Ökonomie, 1985, S. 15 ff.

Teske, Wolfgang: Das neue Gesetz über den Widerruf von Haustürgeschäften und ähnlichen Geschäften, ZIP 1986, S. 624 ff.
Zitiert als *Teske*, ZIP 1986, S. 624 ff.

Teske, Wolfgang: Verbraucherschutz – Schutz des Schwächeren?, in *Finsinger, Jörg/Simon, Jürgen*, Recht und Risiko. Juristische und ökonomische Analysen, München 1988, S. 390 ff.
Zitiert als *Teske*, in *Finsinger/Simon*: Recht und Risiko, 1988, S. 390 ff.

Teske, Wolfgang: Neue Widerrufsrechte beim Abschluß von Versicherungs- und Verbraucherkreditverträgen, NJW 1991, S. 2793 ff.
Zitiert als *Teske*, NJW 1991, S. 2793 ff.

Thomas, Heinz: Kommentierung zu § 823 BGB, in *Palandt*, 60. Auflage, München 2001.
Zitiert als *Palandt*, 60. Auflage, *Thomas* zu § 823 BGB, Rn.

Tonner, Klaus: Zum Stellenwert des Verbraucherschutzes, DuR 1975, S. 119 ff.
Zitiert als *Tonner*, DuR 1975, S. 119 ff.

Tonner, Klaus: Verbraucherrecht und Selbstregulierungskonzepte, KJ 1985, S. 107 ff.
Zitiert als *Tonner*, KJ 1985, S. 107 ff.

Tonner, Klaus: Verbrauchsgüterkauf-Richtlinie und Europäisierung des Zivilrechts, BB 1999, S. 1769 ff.
Zitiert als *Tonner*, BB 1999, S. 1769 ff.

Tonner, Klaus: Das neue Fernabsatzgesetz – oder: System statt „Flickenteppich", BB 2000, S. 1413 ff.
Zitiert als *Tonner*, BB 2000, S. 1413 ff.

Tonner, Klaus/Jäckel-Hutmacher, Christine: Mehr Urlaubsbeweglichkeit durch Time-sharing?, VuR 1994, S. 9 ff.
Zitiert als *Tonner/Jäckel-Hutmacher*, VuR 1994, S. 9 ff.

Ulmer, Peter: Kommentierung zu § 1 HWiG, zu § 6 HWiG, zu § 7 VerbrKrG, jeweils in *Münchener Kommentar zum Bürgerlichen Gesetzbuch*: *Rebmann, Kurt/Säcker, Franz Jürgen* (Hg.), 3. Auflage, Band 3: Schuldrecht. Besonderer Teil I (§§ 433-606), Finanzierungsleasing, Verbraucherkreditgesetz, Haustürwiderrufsgesetz, Erbschaft- und Schenkungsteuergesetz, Gesetz zur Regelung der Miethöhe, Heizkostenverordnung, München 1995.
Zitiert als MK-BGB, 3. Aufl., *Ulmer* zu § ..., Rn.

Ulmer, Peter: Das AGB-Gesetz: Ein eigenständiges Kodifikationswerk, JZ 2001, S. 491 ff.
Zitiert als *Ulmer*, JZ 2001, S. 491 ff.

Vahlen, Franz: Verlag Franz Vahlen (Hg.): Grundlagen des Vertrags- und Schuldrechts, Band 1, München 1974.
Zitiert als Verf., in Grundlagen des Vertrags- und Schuldrechts, S.

Vehslage, Thorsten: Das neue Fernabsatzgesetz, ZAP 14/2000, S. 891 ff. (Fach 3, S. 169 ff.).
Zitiert als *Vehslage*, ZAP 14/2000, S. 891 ff. (Fach 3, S. 169 ff.).

Viefhues, Wolfram/Scherf, Uwe: Die digitale Signatur in der juristischen Praxis, ZAP 17/2001, S. 1109 ff. (Fach 23, S. 561 ff.).
Zitiert als *Viefhues/Scherf*, ZAP 17/2001, S. 1109 ff. (Fach 23, S. 561 ff.).

Vogel, Hans-Jochen: Verbraucherschutz als Aufgabe der Rechtspolitik, Rede vom 12. September 1977 in Bonn, recht 1977, S. 104 ff.

Zitiert als *H.-J. Vogel*, recht 1977, S. 104 ff.

Vollkommer, Max: Kommentierung zu § 688 ZPO, zu § 700 ZPO, jeweils in *Zöller, Richard*: Zivilprozeßordnung mit Gerichtsverfassungsgesetz und den Einführungsgesetzen, mit Internationalem Zivilprozeßrecht, Kostenanmerkungen, 21. Auflage, Köln 1999.
Zitiert als *Zöller*, 21. Aufl., *Vollkommer* zu § ... ZPO, Rn.

Wacke, Andreas: Kommentierung zu § 873 BGB, in *Münchener Kommentar zum Bürgerlichen Gesetzbuch*: *Rebmann, Kurt/Säcker, Franz Jürgen* (Hg.), 3. Auflage, Band 6: Sachenrecht (§§ 854-1296), Wohnungseigentumsgesetz, Erbaurechtsverordnung, Sachenrechtsbereinigungsgesetz, Schuldrechtsänderungsgesetz, München 1997.
Zitiert als MK-BGB, 3. Aufl., *Wacke* zu § 873 BGB, Rn.

Wahrig, Gerhard (Hg.): Deutsches Wörterbuch. Mit einem „Lexikon der deutschen Sprachlehre", Gütersloh 1978.
Zitiert als Wahrig, Deutsches Wörterbuch, 1978, S.

Waldenberger, Arthur: „Alles schwebend unwirksam" – Distanzgeschäfte nach dem Referentenentwurf eines Fernabsatzgesetzes, K&R 1999, S. 345 ff.
Zitiert als *Waldenberger*, K&R 1999, S. 345 ff.

Walker, Wolf-Dietrich: Die Verbandsklage nach dem Unterlassungsklagengesetz (UKlaG), in *Dauner-Lieb/Heidel/Lepa/Ring* (Hg.): Das Neue Schuldrecht, Heidelberg 2002, S. 206 ff.
Zitiert als *Walker*, in *Dauner-Lieb/Heidel/Lepa/Ring* (Hg.): Neues Schuldrecht, S. 206 ff.

Weis, Hubert: Einführung in den Diskussionsentwurf, in *Ernst/Zimmermann* (Hg.): Zivilrechtswissenschaft und Schuldrechtsreform, Tübingen 2001, S. 25 ff.
Zitiert als *H. Weis*, in *Ernst/Zimmermann* (Hg.): Zivilrechtswissenschaft und Schuldrechtsreform, S. 25 ff.

Weitnauer, Hermann/Klingsporn, Burkhard: Kommentierung zu § 1b AbzG, in *Erman, Walter/Harm Peter Westermann* (Hg.): Handkommentar zum Bürgerlichen Gesetzbuch mit Abzahlungsgesetz, Haustürwiderrufsgesetz, AGB-Gesetz, Erbbaurechtsverordnung, Wohnungseigentumsgesetz, Schiffsrechtegesetz, Ehegesetz, Hausratsverordnung, Beurkundungsgesetz, 8. Auflage, Köln 1989.
Zitiert als *Erman*, 8. Aufl., *Weitnauer/Klingsporn* zu § 1b AbzG, Rn.

Wehrle, Hugo/Eggers, Hans: Deutscher Wortschatz. Ein Wegweiser zum treffenden Ausdruck, 13. Auflage, Stuttgart 1967.

Zitiert als *Wehrle/Eggers*, Deutscher Wortschatz, 13. Aufl., (1967), S.

Werner, Horst/Machunsky, Jürgen: Kommentar zum Haustürwiderrufsgesetz, 1. Auflage, Göttingen 1990.
Zitiert als *Werner/Machunsky*, zu § ... HWiG, Rn.

Westermann, Harm Peter: Verbraucherschutz. Empfiehlt es sich bei der Aufnahme bisher entwickelter Verbraucherschutzvorschriften (z.B. Abzahlungsgesetz, AGB-Gesetz, Fernunterrichtsschutzgesetz) in das Bürgerliche Recht eine einheitliche Abgrenzung ihrer Anwendung? Welche Normen, die jetzt die Rechtsstellung bestimmter Personen betreffen, enthalten allgemeingültige Regeln, die verallgemeinert werden können? Können Regelungen in der Europäischen Gemeinschaft oder in den Nachbarstaaten als Vorbild dienen?, in Bundesministerium der Justiz (BMJ) (Hg.): Gutachten und Vorschläge zur Überarbeitung des Schuldrechts, Band III, Köln 1983, S. 1 ff.
Zitiert als *H.P. Westermann*, in BMJ (Hg.): Gutachten und Vorschläge zur Überarbeitung des Schuldrechts, Band III (1983), S. 1 ff.

Westermann, Harm Peter: Das neue Kaufrecht einschließlich des Verbrauchsgüterkaufs, JZ 2001, S. 530 ff.
Zitiert als *H.P. Westermann*, JZ 2001, S. 530 ff.

Westphalen, Friedrich Graf von: AGB-Recht ins BGB – Eine erste Bestandsaufnahme, NJW 2002, S. 12 ff.
Zitiert als *von Westphalen*, NJW 2002, S. 12 ff.

Westphalen, Friedrich Graf von/Emmerich, Volker/von Rottenburg, Franz: Verbraucherkreditgesetz. Kommentar, 2. Auflage, Köln 1996.
Zitiert als *von Westphalen/Emmerich/von Rottenburg*, VerbrKrG, 2. Aufl., Bearbeiter zu § ... VerbrKrG, Rn.

Westphalen, Friedrich Graf von: Kommentierung zu § 7 VerbrKrG, in *Westphalen, Friedrich Graf von/Emmerich, Volker/von Rottenburg, Franz*: Verbraucherkreditgesetz. Kommentar, 2. Auflage, Köln 1996.
Zitiert als *von Westphalen/Emmerich/von Rottenburg*, VerbrKrG, 2. Aufl., *von Westphalen* zu § 7 VerbrKrG, Rn.

Weyers, Hans-Leo: Versicherungsvertragsrecht, 2. Auflage, Neuwied u.a. 1995.
Zitiert als *Weyers*, Versicherungsvertragsrecht, 2. Aufl., S.

Wilhelm, Jan: Schuldrechtsreform 2001, JZ 2001, S. 861 ff.
Zitiert als *Wilhelm*, JZ 2001, S. 861 ff.

Willingmann, Armin: Auf dem Weg zu einem einheitlichen Vertriebsrecht für Waren und Dienstleistungen in der Europäischen Union? – Die Richtlinie über den Verbraucherschutz bei Vertragsabschlüssen im Fernabsatz (97/7/EG), VuR 1998, S. 395 ff.
Zitiert als *Willingmann*, VuR 1998, S. 395 ff.

Wittig, Judith/Wittig, Arne: Das neue Darlehensrecht im Überblick, WM 2002, S. 145 ff.
Zitiert als *Wittig/Wittig*, WM 2002, S. 145 ff.

Wolf, Manfred: Rechtsgeschäftliche Entscheidungsfreiheit und vertraglicher Interessenausgleich, Tübingen 1970, zugleich Habilitationsschrift Univ. Tübingen 1970.
Zitiert als *M. Wolf*, Rechtsgeschäftliche Entscheidungsfreiheit und vertraglicher Interessenausgleich, 1970, S.

Wolf, Manfred: Rechtsgeschäftslehre, in *Vahlen, Franz*: Verlag Franz Vahlen (Hg.): Grundlagen des Vertrags- und Schuldrechts, Band 1, München 1974, S. 59 ff.
Zitiert als *M. Wolf*, in Grundlagen des Vertrags- und Schuldrechts, S. 59 ff.

Wolf, Manfred: Kommentierung der Einleitung, in *Wolf, Manfred/Horn, Norbert/Lindacher, Walter*: AGB-Gesetz. Gesetz zur Regelung des Rechts der Allgemeinen Geschäftsbedingungen, 3. Auflage, München 1994.
Zitiert als *Wolf/Horn/Lindacher*, AGBG, 3. Aufl., *Wolf*, Einleitung, Rn.

Wolf, Manfred: Das Widerrufsrecht in neueren Verbraucherschutzgesetzen, Korea Law Review, Vol. 32 (1996), S. 621 ff.
Zitiert als *M. Wolf*, Korea Law Review, Vol. 32 (1996), S. 621 ff.

Wolf, Manfred: Kommentierung vor § 145 BGB, zu § 145 BGB, jeweils in *Soergel, Theodor/Siebert, Wolfgang/Baur, Jürgen* (Hg.): Kommentar zum Bürgerlichen Gesetzbuch mit Einführungsgesetz und Nebengesetzen, Band 2: Allgemeiner Teil – 2. (§§ 104-240), 13. Auflage, Stuttgart u.a. 1999.
Zitiert als *Soergel*, 13. Aufl., *M. Wolf* zu § ... BGB, Rn.

Wolf, Manfred: Sechs Thesen zu Schuldrechtsreform und AGB-Gesetz, (NJW-Informationen), NJW 25/2001, S. XVI f.
Zitiert als *M. Wolf*, Sechs Thesen zu Schuldrechtsreform und AGB-Gesetz, NJW-Informationen, NJW 25/2001, S. XVI f.

Wolf, Manfred/Pfeiffer, Thomas: Der richtige Standort des AGB-Rechts innerhalb des BGB, ZRP 2001, S. 303 ff.
Zitiert als *M. Wolf/Pfeiffer*, ZRP 2001, S. 303 ff.

Wolf, Manfred/Horn, Norbert/Lindacher, Walter: AGB-Gesetz. Gesetz zur Regelung des Rechts der Allgemeinen Geschäftsbedingungen, 3. Auflage, München 1994.
Zitiert als *Wolf/Horn/Lindacher*, AGBG, 3. Aufl., Bearbeiter zu § AGBG, Rn.

Zeitschrift für Rechtspolitik (*Schulz, Burkhard/Weck, Gerhard*): ZRP-Gesetzgebungsreport September/Oktober 2000, ZRP 10/2000, S. 453 ff.
Zitiert als ZRP-Gesetzgebungsreport, ZRP 10/2000, S. 453 ff.

Zimmermann, Reinhard: Schuldrechtsmodernisierung?, in *Ernst/Zimmermann* (Hg.): Zivilrechtswissenschaft und Schuldrechtsreform, Tübingen 2001, S. 1 ff.
Zitiert als *Zimmermann*, in *Ernst/Zimmermann* (Hg.): Zivilrechtswissenschaft und Schuldrechtsreform, S. 1 ff.

Zöller, Richard: Zivilprozeßordnung mit Gerichtsverfassungsgesetz und den Einführungsgesetzen, mit Internationalem Zivilprozeßrecht, Kostenanmerkungen, 21. Auflage, Köln 1999.
Zitiert als *Zöller*, 21. Aufl., Bearbeiter zu § ... ZPO, Rn.

Studien zum europäischen Privat- und Prozeßrecht

Herausgegeben von Prof. Dr. Manfred Wolf

Band 1 Axel Pajunk: Die Bedeutung und Reichweite der Kapitalverkehrs- und Dienstleistungsfreiheit des EG-Vertrages. Die gegenseitige Anerkennung von Privatrechtsinstituten am Beispiel der englischen Mobiliarkreditsicherheiten. 1999.

Band 2 Kerstin Pudor: Die Wirkungsweise verbraucherschützender Widerrufsrechte. Zur Wirksamkeit des Verbrauchervertrages bei bestehendem Widerrufsrecht nach den §§ 1 HWiG, 7 VerbrKrG und 5 TzWrG. 2000.

Band 3 Michael Brück: Das Vorabentscheidungsverfahren vor dem Europäischen Gerichtshof als Bestandteil des deutschen Zivilprozesses. Rechtsschutzhemmendes Integrationsproblem oder kohärente Rechtsschutzerweiterung. 2001.

Band 4 Christine Steven: Immobiliarsicherheiten im englischen und deutschen Recht. Eine rechtsvergleichende Untersuchung unter besonderer Berücksichtigung der Insolvenz des Sicherheitengebers. 2002.

Band 5 Jochen Kaiser: Schutzrechtsfremde Wettbewerbsverbote in immaterialgüterrechtlichen Lizenzverträgen. 2002.

Band 6 Nikolaj Fischer: Das allgemeine verbraucherschützende Widerrufsrecht gemäß § 355 BGB. Ein Beitrag zur Dogmatik der Wirkungsweise von Widerrufsrechten im Privatrecht. 2003.